讀史方輿紀要

（一）

〔清〕顧祖禹 撰

團結出版社

图书在版编目（CIP）数据

读史方舆纪要 / (清) 顾祖禹撰 ; 学谦等校. —北京 : 团结出版社, 2022.2

ISBN 978-7-5126-7774-6

Ⅰ.①读… Ⅱ.①顾… ②学… Ⅲ.①历史地理—中国—清代 Ⅳ.①K928.649

中国版本图书馆CIP数据核字(2020)第036418号

出版：团结出版社

（北京市东城区东皇城根南街84号 邮编：100006）

电话：(010) 65228880　　65244790　（传真）

网址：www.tjpress.com

Email：65244790@163.com

经销：全国新华书店

印刷：天宇万达印刷有限公司

开本：145×210　1/32

印张：184.5

字数：4360千字

版次：2022年2月　第1版

印次：2022年2月　第1次印刷

书号：978-7-5126-7774-6

定价：680.00元 (全十册)

《谦德国学文库》出版说明

人类进入二十一世纪以来，经济与科技超速发展，人们在体验经济繁荣和科技成果的同时，欲望的膨胀和内心的焦虑也日益放大。如何在物质繁荣的时代，让我们获得内心的满足和安详，从经典中获取智慧和慰藉，或许是我们不二的选择。

之所以要读经典，根本在于，我们应当更好地认识我们自己从何而来，去往何处。一个人如此，一个民族亦如此。一个爱读经典的人，其内心世界必定是丰富深邃的。而一个被经典浸润的民族，必定是一个思想丰赡、文化深厚的民族。因为，文化是民族之灵魂，一个民族如果不能认识其民族发展的精神源泉，必定就会失去其未来的生机。而一个民族的精神源泉，就保藏在经典之中。

今日，我们提倡复兴中华优秀传统文化，当自提倡重读经典始。然而，读经典之目的，绝不仅在徒增知识而已，应是古人所说的"变化气质"，进一步，是要引领我们进德修业。《易》曰："君子以多识前言往行，以蓄其德。"实乃读经典之要旨所在。

基于此理念，我们决定出版此套《谦德国学文库》，"谦德"，即本《周易》谦卦之精神。正如谦卦初六爻所言："谦谦君子，用涉大川"，我们期冀以谦虚恭敬之心，用今注今译的方式，让古圣先贤的教诲能够普及到每一个人。引导有心的读者，透过扫除古老经典的文字障碍，从而进入经典的智慧之海。

作为一套普及型的国学丛书，我们选择经典，不仅广泛选录以儒家文化为主的经、史、子、集，也将视野开拓到释、道的各种经典。一些大家所熟知的经典，基本全部收录。同时，有一些不太为人熟知，但有当代价值的经典，我们也选择性收录。整个丛书几乎囊括中国历史上哲学、史学、文学、宗教、科学、艺术等各领域的基本经典。

在注译工作方面，版本上我们主要以主流学界公认的权威版本为底本，在此基础上参考古今学者的研究成果，使整套丛书的注译既能博采众长而又独具一格。今文白话不求字字对应，只在保证文意准确的基础上进行了梳理，使译文更加通俗晓畅，更能贴合现代读者的阅读习惯。

古籍的注译，固然是现代读者进入经典的一条方便门径，然而这也仅仅是阅读经典的一个开端。要真正领悟经典的微言大义，我们提倡最好还是研读原本，因为再完美的白话语译，也不可能完全表达出文言经典的原有内涵，而这也正是中国经典的古典魅力所在吧。我们所做的工作，不过是打开阅读经典的一扇门而已。期望藉由此门，让更多读者能够领略经典的风采，走上领悟古人思想之路。进而在生活中体证，方能直趋圣贤之境，真得圣贤典籍之大用。

经典，是一代代的古圣先贤留给我们的恩泽与财富，是前辈先人的智慧精华。今日我们在享用这一份财富与恩泽时，更应对古人心存无尽的崇敬与感恩。我们虽恭敬从事，求备求全，然因学养所限、才力不及，舛误难免，恳请先贤原谅，读者海涵。期望这一套国学经典文库，能够为更多人打开博大精深之中华文化的大门。同时也期望得到各界人士的襄助和博雅君子的指正，让我们的工作能够做得更好！

团结出版社

2017年1月

前　言

　　《读史方舆纪要》是清代最杰出的地理学著作，它不仅包括历朝历代的疆域、行政区域的变化，还阐明了自然地理和经济地理的历史变迁。它规模宏大、取材丰富、旁征博引、体例严谨、记载翔实、考订精详，自问世以来备受人们的重视，至今仍是人们研究中国军事史以及历史地理的重要参考文献，被后世誉为"千古绝作""海内奇书"。

　　《读史方舆纪要》的作者是明末清初的顾祖禹（1631-1692），字景范，江苏无锡人。清兵入关后，其父顾柔谦目睹家国沦丧之状，悲愤不已，举家隐遁常熟虞山避祸，入赘常熟城东的谭氏。顾祖禹在常熟出生，长大后返回原籍，后来在家乡宛溪讲学，自号宛溪子，后世学者尊其为"宛溪先生"。

　　童年和青年时期，顾祖禹跟随父亲躬耕于虞山之野，父亲常常勉励他要继承舆地家学。父亲临终前对他说："园陵宫阙，城郭山河，俨然在望，而十五国之幅员，三百年之图籍，泯焉沦没，文献莫征，能无悼叹乎? 予死, 汝其志之矣!"父亲嘱咐他: 第一, 要继承家学, "掇拾遗言, 网罗旧典", 贯通祖先的思想精神, 以待来日有补于世。第二, 《明一统志》虽是地理善本, 但仍有所欠缺, 对古今战守攻取之要论述不详。在叙述各地的山川走势及形貌时, 割裂琐碎, 没有对全貌进行分析。……至于疆域形势、关河险要, 很多都语焉不详, 这会误国害民。

面对父亲的嘱托, 顾祖禹"匍匐呜咽", 接受父亲的遗命, 走上了舆地学的探索之路。同时, 他有感于明朝统治者对国家山川形势险要的无知, 欠缺全局战略, 加速了明朝的覆灭。因此, 他终生避居乡里, 潜心研究舆地学, 在"子号于前, 妇叹于室"的窘迫境况下, 苦心孤诣, 著述不辍。

顺治十六年 (1659), 在经过十余年的积累后, 顾祖禹着手《读史方舆纪要》的编撰工作。他潜心研究了二十一史, 并大量参阅历代总志及上百种地方志, 以及稗官野乘, 然后对这些资料进行梳理, "以史为主, 以志证之"。顾祖禹治学极为严谨, 历代典籍中记述粗略、相互矛盾的地方, 他都要一一查证。同时, 他还经常向外出经商者以及服兵役、徭役回乡者虚心请教。并且, 他还徒步考察了很多地方, 每至一处, 他都必须实地察看城郭、道路、关隘、渡口等实际情况, 以订正史书记载的缺失和谬误。

康熙十三年 (1674), 顾祖禹独自前往福建, 投入靖南王耿精忠的幕府。这次经历给了他考察沿途的山川、关津、里道、城郭的机会, 并且得以访问、请教当时的诸多学者, 对他日后完成《读史方舆纪要》有着很大的帮助。

不久，顾祖禹来到昆山徐乾学家坐馆授学。徐乾学家里藏书很多，徐家的"传是楼"是中国藏书史上著名的藏书楼之一。在这里，顾祖禹得以遍览群书，同时也有机会继续编撰《读史方舆纪要》。他给自己立了一个规矩，每天必须完成几个条目，即使是不吃不睡也一定要完成。康熙十九年（1680），《读史方舆纪要》初稿终于完成。

康熙二十六年（1687），徐乾学奉诏编纂《大清一统志》，他极力邀请顾祖禹参与。起先，顾祖禹不肯答应，但后来考虑到参加这项工作有机会接触到大量非常珍贵、难觅的文献资料，所以便答应进修志局。在修志局，顾祖禹和当时的著名学者阎若璩、胡渭等共事，并且接触了大量宋元以来的郡县志书。书成后，顾祖禹拒绝在书上列名，并且推辞掉徐乾学向朝廷的保荐，毅然归乡，这正是他的气节和操守的体现。他的一首名为《甲辰九日感事》的诗，也是他的节操和理想的佐证："萧飒西风动客愁，携尊无处漫登楼。赭衣天地骊山道，白帢亲朋易水秋。征雁南飞无故国，啼猿北望有神州。茱萸黄菊寻常事，此日催人易白头。"

顾祖禹归乡后，继续修订《读史方舆纪要》，于康熙三十一年（1692）终于修订完成。书成不久，顾祖禹便病逝于无锡胶山，葬于崇德里。从开始动笔，到逝世前定稿，他三十三年苦心孤诣，十易其稿，"穷年累月，矻矻不休"，终于完成了这部皇皇巨著。

《读史方舆纪要》是一部伟大的历史地理学著作，全书一百三十卷，附录"舆图要览"四卷。"凡职方广舆诸书，承讹袭谬，皆一一驳正，悉据正史考订折中之。于山川形势险要，古今用兵战守攻取成败得失之迹，皆有论证。""虽荒僻幽仄之地，皆如目见而身履之。"

纵览《读史方舆纪要》，全书大致可分为四个部分：

第一部分主要介绍历代的州域形势，共九卷，概括叙述明以前各代州郡位置、形势，及其与用兵进退之策和成败的关系。"州域之分合，形势之重轻，了然于中，然后可以条分缕析，随处贯通。"

第二部分主要介绍各省方舆，按明末清初的行政区域分述十五省的府、州、县形势与沿革、区划，以及各处历代所发生的重要战争。并且每省卷首都有一篇总序，论述其历史要点，使全省形势一目了然。

第三部分为川渎，共六卷，采集历代地理书中有关山川、河流的记载，"以川渎异同，昭九州之脉络"。

第四部分为分野，共一卷，采集历代史志中有关各地星宿分野的论述。另外，附录有舆图要览四卷，京师各省、边疆漕运乃至海洋等，都有图表，堪称明代最为完备的兵要图籍。

作为一部历史地理巨著，《读史方舆纪要》最主要的贡献有以下两点：

第一，是浓厚的军事地理色彩。"以古今之史，质之以方舆。"如书中所载拒马河与虎丘山：

拒马河，县西南二十里。《志》云：卢沟河入县境，复分流入霸州界，谓之拒马河。或谓之安阳河。五代周显德六年，世宗遣先锋将刘重进据固安，自至安阳水作桥，谋取幽州。会有疾而还。又明建文时，燕王驻兵固安，渡拒马河，即此。

虎丘山，府西北七里。一名海涌山，相传阖闾葬处。唐时讳虎，亦曰武丘。远望之,平田中一大阜耳。中有泉石之胜,四面皆水流环绕,上为浮屠。登眺则城邑川原了如指掌,亦形胜处也。明初,常遇春攻苏州,军于此。张士诚引兵出盘门,欲奔遇春,遇春与战于北濠,又战于山塘。山塘路狭,士诚兵前后填塞,遇春奋击,败之,敌兵壅入沙盆潭,溺死无算。今皆在阊门外。

由此可见《读史方舆纪要》的军事地理特点,顾祖禹对地方的介绍,侧重于记述、分析"山川险易,古今用兵战守攻取之宜,兴亡成败得失之迹",其目的在于说明各地的地理形势在军事上的战略价值。所以,当时的学者魏禧说:"其书言山川险易,古今用兵战守攻取之宜,兴亡成败得失之迹所可见,而景物游览之胜不录焉。"晚清名臣张之洞撰写的《书目答问》将它列入兵家,认为"此书专为兵事而作,意不在地理考证"。

第二,是搜集绘制了详细的舆图要览,可以说它是当时最为详备的兵要图籍。主要由概况说明、图和表三部分组成。在概况说明中,顾祖禹用简明扼要的文字论述了天下之大势,以及各省的形势、山川险易、物产户口、边地设防、兵员粮饷等大体情况。关于地图,除了一省绘制一图外,他还绘有总图、京师图、九边图说、河海漕运图及朝鲜、安南、海夷、沙漠诸国的地图。关于表,顾祖禹详细整理了府州县、山川险要、卫、所、关城的沿革以及方位、区划、财赋、丁差、民情等众多资料。

《读史方舆纪要》所取得的成就,远远超过了《元和郡县志》《太平寰宇记》《舆地纪胜》《方舆胜览》等等诸多前人撰写的历史地理著作。即便是在《大清一统志》问世后，《读史方舆纪要》仍然备受人们重视。顾祖禹的好友魏禧在看到此书后，不由惊叹："此数千百年绝无仅有之书也！"当时的学者彭士望称赞此书："远追《禹贡》《职方》之纪，近考春秋历代之文，旁及稗官野乘之说，参订百家之志，续成昭代之书，垂之后世。""读古今上下数千百年之书，以自成一书，兼括数千百年之上，使数千百年下之人不能不读。"清人江藩说："读其书，可以不出户牖而周知天下之形胜。为地理之学者，莫之或先也。"《无锡县志》称："自《禹贡》、《职方》、《桑经》、郦注而下，一大归宿也。"晚清名臣左宗棠对此书也推崇备至。他在十八岁时开始阅读《读史方舆纪要》，并说，"喜其所载山川险要，战守机宜，了如指掌"，认为"实学之要，首在通晓舆图"。可以说，左宗棠那过人的军事才能和一生的文治武功，和《读史方舆纪要》有着很大的关系。梁启超更是称赞此书："体裁组织之严整明晰，古今著述中盖罕其比。"

近人罗章龙是毛泽东年轻时的挚友，他曾在自己的回忆录里记载，毛泽东在湖南第一师范时最爱读的书里，有一部叫《读史方舆纪要》，他几乎把这本书翻烂了，而且非常喜欢和别人讨论。正是因为对《读史方舆纪要》的烂熟于心，才有了1935年红军长征路上的"飞夺泸定桥"，这是中国革命能够最终取得胜利的关键。这次生死之战在中国的革命战争史上留下了光辉、浓重的一笔。

1935年5月24日，蒋介石接到报告说，红军将直接到达大渡河安顺场。接到报告后，蒋介石认为红军犯了"低级错误"，在他看来，这是一条"绝路"，便立即给各路将领发电报："大渡河是太平天国石达开大军覆灭之地"……"希各军师长鼓励所部建立'殊勋'"。(《红军长征在贵州史料选辑》)其实走这条路,是毛泽东经过了深思熟虑和深入调查的。在安顺场前线,毛泽东听取了刘伯承、聂荣臻的详细汇报后,当即做了一个决定,红军要沿大渡河两岸赶到安顺场以北一百七十公里的泸定桥,限期两天。就是这一决定,创造了一个奇迹,便是我们熟知的"飞夺泸定桥"。之所以有这样的决策,和毛泽东熟读《读书方舆纪要》有非常大的关系,书中有这样一段记载:

> 铁龙堡。所东七十六里。有两山对峙,峭壁万仞,二水会流,深不可测。上为铁索桥,索凡六条,各长一十五丈,引于河之西岸,系以铁柱,中道板荡,行者戒心焉。(《卷七十三·四川八》)

这段文字所记载的铁索桥正是"泸定桥"。另外,在《云南方舆纪要序》中还有这样一段记载:

> 关索岭路,本非正道。正道又在西北。此亦不专事黔中之一验也。吾观从古用兵,出没恍惚,不可端倪者,无如蒙古忽必烈之灭大理也。自临洮经行山谷二千余里,自金沙江济,降摩获,入大理,分兵收鄯阐诸部,又入吐蕃,悉降其众。夫从临洮而抵金沙,亦不过二千里,行军于无人之地,更不事假道蜀中也。夫彼可以来,我何不可以往?设有人焉,出丽江而北招纳诸番,结以信义,径上洮、岷,直趋秦、陇,天下之视听,必且一易,以为此师从天而降也。(《云南方舆

纪要序》）

红军从云南强渡金沙江，之后飞渡泸定桥、翻雪山、过草地，到达陕北吴起镇，最终在会宁胜利会师。通过对上面文字的分析，我们可以看到，顾祖禹所说的路线和红军长征的路线相当吻合。而且，当时要渡河就必须经过彝族人的领地。当红军进入彝族人的领地时，力主民族团结，刘伯承和彝族的首领叶小丹歃血盟誓，最终顺利突围，避免了重蹈石达开的覆辙。这也就是顾祖禹说的"招纳诸番，结以信义"，意思是要团结当地少数民族。这足以说明《读史方舆纪要》在军事地理中的重要性。

毛泽东还经常推荐身边的人阅读研究《读史方舆纪要》。1970年12月，毛泽东让身在安徽的李德生进京，调任他为北京军区司令员。在任命之前，毛泽东专门找了李德生谈话，其中就有说到《读史方舆纪要》，他说："你看过顾祖禹的《读史方舆纪要》吗？这是一部军事地理的参考书，要找来看看，先读有关华北部分。你知道北京为什么叫燕京，北京最早的居民点在哪里？当北京军区司令员，要了解北京的历史地理，了解华北的历史地理。"

《读史方舆纪要》成书后，有不少的抄本刊行。康熙五年（1666），《读史方舆纪要》中的《历代州域形势》，由无锡华家刊刻，仅有五卷，题名《二十一史方舆纪要》。嘉庆十六年（1811）四川龙万育的敷文阁本，是《读史方舆纪要》的第一个全本。此后，又有道光三年（1823）的活字本、光绪九年（1883）的石印本、光绪二十五年（1899）的上海铅印本以及三味书室本、光绪二十六年(1900)的广雅书局本、光绪三十年(1904)的慎记书庄石印本……此次出版,我们以《读史方舆纪要稿本》为底本,对稿本中的缺漏和错误,则参照其他版本以及史籍进行了补正。同时,对于稿本中为避清初文字之讳以及誊抄过程中出现的别字,也进行了校订。对于不能补正的,则用"□"标记。由于本书体例庞大,整理过程中难免有所疏漏,恳请广大读者不吝指正!

目 录

读史方舆纪要叙

宁都　魏禧

　　《读史方舆纪要》一百三十卷，常熟顾祖禹所撰述也。其书言山川险易，古今用兵战守攻取之宜，兴亡成败得失之迹所可见，而景物游览之胜不录焉。《历代州域形势》凡九卷，《南北直隶十三省》凡一百十四卷，《山川源委》凡六卷，《天文分野》一卷。《职方》《广舆》诸书，袭讹踵谬，名实乖错，悉据正史考订，折衷之。祖禹沈敏有大略，为人奇贫而廉介，宽厚朴挚，不求名于时，与宁都魏禧为兄弟交。禧既笃服其书，祖禹因请为之叙。禧愀然而叹曰：有是哉！此数千百年所绝无而仅有之书也。惟禧学不足贯穿诸史，足迹不及天下五分之一，顾何足推明祖禹意？然窃尝得举其论之最伟且笃者，以示子弟。盖其大者有二：一以为天下之形势，视乎建都。故边与腹无定所，有在此为要害而彼为散地，此为散地彼为要害者。一以为有根本之地，有起事之地。立本者必审天下之势，而起事者不择地。呜呼！古今豪杰，暴起草昧，往往迫而应天人之会，初未尝迁地而谋形胜也。用其地之人，因其地之势，以驱策天下，而天下无以难之。盖其故可思矣。失其术，则据十二百二之雄而可以亡；得其术，则虽迫狭瘠弱，而无不可批邵导窾，以中天下之要。祖禹贯穿诸史，出以己所独见，其深思远识，有在于言语文字之外，非方舆可得纪者。呜呼！非其人，谁与知之？此则禧所欲为祖禹叙而不复辞让者也。北平韩子孺时从余案上见此书，瞪目视余曰：何哉？吾不敢他论。吾侨家云南，出入黔、蜀间者二十馀年，颇能知其山川道里。顾先生闭户宛溪，足不出吴会，而所论攻守奇正荒僻幽仄之地，一一如目见而足履之者，岂不异哉！禧于是并识之。

读史方舆纪要叙

南昌　彭士望

　　读古今上下数千百年之书以自成一书，兼括数千百年之上，使数千百年下之人不能不读。此其志，岂文人经生之所能及者哉！而成是书者，则有数难：识难朗而精，资难敏而决，断制严而难确，心胸阔而难细，此难之在己者也；其待资于外者，博考难于书，明辩难于友，取给繁费难于财，游涉方域难于遍，为尤难焉。夫使其书为悬解冥悟，综合事理，殚一夫之精力，虽极穷困无聊时，犹或可以坐致，古之人有能之者矣。惟撰述方舆之书，则高山大川之寥阔，渎壑丘陵之琐细，古今名号之建置不一，崩筑疏凿之因创损益各异，或侨设而名存，或陵谷变迁而实没，舟车之所不通，人力之所罕至，容并有之。而是人则踽踽穷饿妻子之不惜，独身闭一室之中，心周行大地九万里之内外，别白真伪，如视掌中，手画口宣，立为判决，召东西南北海之人，质之而无疑，聚魁奇雄杰闳深敏异之士，辩之而不穷，据之而有用。此其人之资赋，盖乔岳翁河之所降生，使之续禹书之遗，以诏告于天下万世，为开辟之所仅见。望行年七十，得此一士，数常熟顾祖禹之为《方舆纪要》是矣。祖禹之创是书也，年二十九，秉厥考之遗言，及先祖所为之地志，九边之图说，僻处宛溪，不交州府，间藉资于馆榖；游历所至，惟有借书，随即钞纂，睹记所及，更获新胜，即改窜增益之。虽十易草所不惮，经二十年，始成是书。自为《历代州域形势》通论至《天文分野》，共百三十卷，可六千页。祖禹尝语望曰：历代之书，世远言湮，难穷其蕴，惟览者能自得其指归。禹之为是书也，以史为主，以志证之；形势为主，以理通之；河渠沟洫，足备式遏；关隘尤重，则增入之；朝贡四夷诸蛮，严别内外；风土嗜好，则详载之；山川设险，所以守国；游观诗赋，何与人事？则汰去之。此书之立体者也。其采用之书，自二十一史地志而下，凡百十种，具见于《发凡》。是其志之超迈，用力之专勤，而成书之浩博，亦既无复加矣。乃其意中绝不自矜喜，若身未尝与其事。望故尤笃服祖禹之人，其胆似韩稚圭，而先几旁瞩，不敢置胜负于度外；智似李长源，而愿学邹、鲁，不好神仙；德量似娄师德，含弘光大，唾面自干，而人卒不能唾其面；清操似卢怀慎，吐纳万有，而不为无口匏；宽静似谢安石，绝意声色，不事矫情；奇才博学似王景略，虽去桓温，必不为苻坚所用。祖禹之人如是。望盖观摩朝夕，阴察其人而得之。惟有其人，而后可用其书；有其书，而益知其人之用大。宁都魏禧已备言其书之用，望第述其书与人之本末如是。天下后世，当共见之矣。

总叙一

　　昔在神禹，克平洪水之灾，作为《禹贡》。孔子删书，列于六经。其并传者，又有《山海经》，其词迂诞。太史公曰：言山川者，断自《禹贡》，允矣。自禹以神圣平成天下，传之子孙，其支庶列为侯伯。其在《商颂》曰：韦顾既伐。说《诗》者曰：顾亦桀党也。呜呼！桀之暴虐，天下皆知弃之，顾为同姓国，葛藟相庇，宗社无陨，义也。汤欲倾夏，则不得不先剪顾，顾亡而夏随之矣。然则顾非党于桀也。后有弃其宗祀，献符瑞于仇雠之庭者，是则顾之罪人也已。自汤伐顾，而顾遂微于商周之世。及汉兴，顾始得姓于江、淮之南，盖少康封少子于会稽，以奉禹祀。至春秋时，越子允常而始大，其子勾践遂以其国霸，灭吴而有其地，通盟于上国。又数传，为楚所灭，子孙审处于江南，各保城邑，自为君长。而海阳侯以灭秦诛项功，分符汉室，五传侯绝。侯之子孙，皆以顾为姓，保氏族于江南。及吴丞相雍以功名显，累传以降，皆有功德文章，载在史册。至黄门侍郎野王，则以著述显于梁、陈之际，所著书数百卷，而舆地志尤见重于世，至今学者犹宗师而俎豆之。由隋、唐以迄两宋，子孙代有名人。而征君原九，于宋端平元年，由临安避地梁溪，耕读于宛溪之上，子孙奉遗命，历元世皆隐居不仕。明成化中，征仕郎允敬，始官于朝。曾孙光禄丞大栋，当嘉靖间，好谈边徼利病，跃马游塞上，与大司马灵宝许公论善，撰次《九边图说》，梓行于世。子奉训大夫文耀，万历中，以光禄大官正奉使九边，还对，条奏甚悉，天子称善。文耀生郡诸生龙章，早卒。龙章生柔谦，九岁而孤，好读书，补邑弟子员，深慨科举之学，不足裨益当世，慨然欲举一朝之典故，讨论成书。年及强仕，而遭流寇之变，遂遁入山，焚笔瘗砚，率子祖禹躬耕于虞山之野。久之益穷困，愤懑无聊，得奇疾，将卒，呼小子命之曰：吾家自两汉以来，称为吴中文献，先代所著述，小子可考而知也。士君子遭时不幸，无可表见于世，亦惟有掇拾遗言，网罗旧典，发舒志意，昭示来兹耳。尝怪我明《一统志》，先达推为善本，然于古今战守攻取之要，类皆不详；于山川条列，又复割裂失伦，源流不备。夫以一代之全力，聚诸名臣为之讨论，而所存仅仅若此，何怪今之学者，语以封疆形势，惘惘莫知。一旦出而从政，举关河天险，委而去之，曾不若藩篱之限、门庭之阻哉！先光禄在世庙时，傍徨京邑，岌岌乎有肩背之虑，图论九边，以风示谋国者。先奉训当神庙中，四方无虞，以边备渐弛，伏戎可虑，先事而忧，卒中忌讳，仕不获振。先文学请缨有志，揽辔无年。及余之身，而四海陆沈，九州腾沸，仅获保首领，具衣冠，以从祖父于地下耳。嗟乎！园陵宫阙，城郭山河，俨然在望，而十五国之幅员，三百年之图籍，泯焉沦没，文献莫征，能无悼叹乎？予死，汝其志之矣！小子匍伏呜咽而对曰：小子虽不敏，敢放弃今日之所闻？卒一年，而祖禹以疾废。又三年，疾愈。不揣愚陋，思欲远追《禹贡》《职方》之纪，近考春秋历代之文，旁及裨官野乘之说，参订百家之志，续成昭代之书，垂之后世，俾览者有所考镜。而贫贱忧戚，杂乱其中。上之，不能涉江逾河，登五岳，浮沅、湘，探禹穴，穷天下之形势；次之，不能访求故老，参稽博识，因以尽知天下险易扼塞之处；下之，不能备图志，列史乘，不出户而周知山川城郭里道之详。惟是守残抱缺，痛叹穷庐，吮笔含毫，消磨岁月，庶几无负先人提命之意。若以语于著作之林，馀小子夫何敢？

总叙二

　　客谓顾子曰：子所著《方舆纪要》一书，集百代之成言，考诸家之绪论，穷年累月，矻矻不休。至于舟车所经，亦必览城郭，按山川，稽里道，问关津，以及商旅之子，征戍之夫，或与从容谈论，考核异同。子于是书，可谓好之勤，思之笃矣。后有起者，考求险要，辩别攻守，远而周知天下之故，近而都邑之间，非子之书，何所适从焉。余曰：否否不然。古人有言，尺有所短，寸有所长，明于匠石之任者，或昧于雕镂之细。予也未尝溯江、河，登恒、岱，南穷岭、海，北上燕然。间有涉历，或拘于往返之程，或困于羁旅之次。不获放旷优游，博观广询，间尝按之图画，索之典籍，亦举一而废百耳。又或了了于胸中，而身至其地，反若瞢瞢焉。所谓所见异辞，所闻异辞，所传闻又异辞者，不可胜数也。予之书，其足据乎！且孙子有言：不知山林险阻沮泽之形者，不能行军；不用乡导者，不能得地利。夫论兵之妙，莫如孙子；而论地利之妙，亦莫如孙子。使信馀之书，而不取信于乡导，譬之掩耳而求闻，闭目而求见，所误必多矣。且夫地利亦何常之有哉？函关、剑阁，天下之险也。秦人用函关，却六国而有馀，迨其末也，拒群盗而不足。诸葛武侯出剑阁，震秦陇，规三辅，刘禅有剑阁，而成都不能保也。故金城汤池，不得其人以守之，曾不及培塿之丘、泛滥之水；得其人，即枯木朽株，皆可以为敌难。是故九折之坂、羊肠之径，不在邛崃之道、太行之山；无景之溪、千寻之壑，不在岷江之峡、洞庭之津。及肩之墙，有时百仞之城不能过也；渐车之洧，有时天堑之险不能及也。知求地利于崇山深谷、名城大都，而不知地利即在指掌之际，乌足与言地利哉？善乎孙子之言曰：我不欲战，虽画地而守之，敌不能与我战；我欲战，敌虽高垒深沟，不得不与我战。然则变化无穷者，地利也。地利之微，图不能载，论不能详，而变化于神明不测之心，所谓可以意会，不可以言传者乎！故曰：方圆奇偶，千秋不易也。伏羲以之画八卦，大禹以之演九畴。伍两卒旅，千秋不易也。武侯以之列八阵，李靖以之变六花。城郭山川，千秋不易也。起于西北者，可以并东南，而起于东南者，又未尝不可以并西北。故曰：不变之体，而为至变之用；一定之形，而为无定之准。阴阳无常位，寒暑无常时，险易无常处。知此义者，而后可与论方舆。使铢铢而度之，寸寸而比之，所失必多矣。吾尝考蒙古之用兵，奇变恍惚，其所出之道，皆师心独往，所向无前。故其武略，比往古为最高。彼岂尝求之于山海之图、里道之志哉？然则求地利于吾书，无乃犹是刻舟之见乎？吾虑举足动步，或将有碍焉者也。客其益广所闻，无过恃吾之书也已。

总叙三

　　或曰：审如子言，则乡导之于地利重矣。然则子之书，其可废乎？曰：何可废也？孙子言：不用乡导者，不能得地利。然不得吾书，亦不可以用乡导。夫南行之不可以北辕也，东泛之不可以西楫也，此易知也。西北多山，而未尝无沮洳之地；东南多水，而未尝无险仄之乡。此易知而不易知者也。且夫一指蔽前，则泰山不见；十步易辙，则日景不分，使其惘惘焉。左陷大泽而不知，前入深谷而不悟，乃欲执途之人，而求其为乡导，乡导其可恃乎哉？何也？乡导用之于临时者也，地利知之于平日者也。平日未尝于九州之形胜、四方之险易，一一辨其大纲，识其条贯，而欲取信于临时之乡导，安在不为敌所愚也？是故先知马陵之险，而后可以定入魏之谋；先知井陉之狭，而后可以决胜赵之计。不然，曹瞒之智，犹惕息于阳平；武侯之明，尚迟回于子午。乃谓求地利于临时，而不求地利于平日，岂通论哉？是故途有所必由，城有所必攻，此知之于平日者也。欲出此途，而不径出此途者，乃善于出此途者也；欲攻此城，而不即攻此城者，乃善于攻此城者也。此知之于平日，而不得不资于临时者也。攻则攻敌之所不能守，守则守敌之所不能攻。辨要害之处，审缓急之机，奇正断于胸中，死生变于掌上，因地利之所在，而为权衡焉。此固大将之任，而非可问之于乡导者也。凡吾所以用多用寡，用分用合，用实用虚之处，既已灼然知之，而后博求之于乡导，从其可信，缺其可疑，以善吾地利之用。岂徒寄耳目于仆夫云尔哉？此吾书所以必不可废也。且不独行军之一端也。天子内抚万国，外莅四夷，枝干强弱之分，边腹重轻之势，不可以不知也。宰相佐天子以经邦，凡边方利病之处，兵戎措置之宜，皆不可以不知也。百司庶府，为天子综理民物，则财赋之所出，军国之所资，皆不可以不知也。监司守令，受天子民社之寄，则疆域之盘错，山泽之薮慝，与夫耕桑水泉之利，民情风俗之理，皆不可以不知也。四民行役往来，凡水陆之所经，险夷趋避之实，皆不可以不知也。世乱则由此而佐折冲、锄强暴；时平则以此而经邦国、理人民。皆将于吾书有取焉耳。然则孙子之说，固未当乎？曰：非也。孙子之言，固以地利者，行军之本；而乡导者，地利之助也。先知地利，而后可以行军；以地利行军，而复取资于乡导，夫然后可以动无不胜。凡吾所以为此书者，亦重望夫世之先知之也。不先知之，而以惘然无所适从者任天下之事，举宗庙社稷之重，一旦束手而畀之他人，此先君子所为愤痛呼号，扼腕以至于死也。予小子既已奉遗命，采旧闻，旁搜记载，规之正史，稍成一家之言，合为一十八部，分为百三十卷，藏之家塾，以俟来者。

凡例 二十六则

　　天下之形势，视乎山川；山川之包络，关乎都邑。然不考古今，无以见因革之变；不综源委，无以识形势之全。是书首以列代州域形势，先考镜也；次之以北直、南直，尊王畿也；次以山东、山西，为京室之夹辅也；次以河南、陕西，重形胜也；次之以四川、湖广，急上游也；次以江西、浙江，东南财赋所聚也；次以福建、广东、广西、云南、贵州，自北而南，声教所为远暨也；又次以川渎异同，昭九州之脉络也；终之以分野，庶几俯察仰观之义与！

　　地道静而有恒，故曰方；博而职载，故曰舆。然其高下险夷、刚柔燥湿之繁变，不胜书也；人事之废兴损益、圮筑穿塞之不齐，不胜书也。名号屡更，新旧错出，事会滋多，昨无今有，故详不胜详者，莫过于方舆。是书以古今之方舆，衷之于史，即以古今之史，质之于方舆。史其方舆之乡导乎？方舆其史之图籍乎？苟无当于史，史之所载不尽合于方舆者，不敢滥登也。故曰《读史方舆纪要》。

　　天地位而山川奠，山川奠而州域分，形势出于其间矣。是书以一代之方舆，发四千馀年之形势，治乱兴亡，于此判焉。其间大经大猷，创守之规，再造之绩，孰合孰分，谁强谁弱，帝王卿相之谟谋，奸雄权术之拟议，以迄师儒韦布之所论列，无不备载。或决于几先，或断于当局，或成于事后，皆可以拓心胸、益神智。《书》曰：与治同道，罔不兴；与乱同事，罔不亡。俯仰古今，亦可以深长思矣。

禹平水土，主名山川。《职方》辨州，惟表山薮川浸。司马迁作《史记》，昔人谓其能言山川条列，得《禹贡》之意，班、范诸家所不逮。唐太宗因山川形便，分天下为十道。《六典》所载，犁然可观。是书亦师其意。两京十三司之首，皆列疆域、名山、大川、重险，俾一方之形势，灿列在前；而后分端别绪，各归条理，亦以详前人之所略也。

王者体国经野，于是乎有城邑。城邑定而方位列焉，缓急分焉，于是乎有山薮川浸。山川布而相其阴阳，察其险易，于是乎有关梁阻厄，为城邑之卫。自古及今，经理方舆者，不能异也。是书于两京十三司各郡邑中，皆以此为次第，从同者则以例附焉，所以便于考索也。

城邑、山川、关隘之属，有特见者，如专言某城某山是也；有附见者，如言某山而附以某山，言某川而复及某水是也；有互见者，如言某山而旁及于某川某关，言某关而旁及于某城某山是也。

《地理志》始于班固，最为雅驯。刘昭《补后汉郡国》，参入古今地名，为功不少，所惜微有缪误耳。《晋志》仅存郛郭，《齐志》略标形似。沈约《州郡》，详而未精；魏收《地形》，秽而不备。《隋志》兼及梁、陈、齐、周，裨益颇多，而经纬未尽。刘昫《唐志》略于天宝以后，欧阳氏略于天宝以前，功过不相掩也。《五代史》薛《志》，曾见数条，较《欧志》颇胜。《欧志》无乃过略，与《宋志》详略失伦。辽、金二《志》，《金志》差胜。明初《元志》缺漏，又在《宋志》之下也。是书参考沿革，大约本之正史，而他书所见，亦节取焉。虽然，秦汉城邑，其不可见于今者，盖什之二三。六朝以降，废置纷更，其不可见于今者，乃什之四五也。隋唐以来，边荒蛮落，时有兴革，其不可考者，亦什之一二矣。

从来沿革，有竟不入是书者。王莽篡汉，尽易天下郡县名号；侯景陷台城，契丹入汴，皆妄有改易之类是也。若夫晋弃中原，南北淆乱，州郡县邑，纷纭侨置，河南有广陵、丹阳之名，江渚有晋阳、太原之号；又疆埸战争，得失屡变；荒左依附，有无顿岐。循名责实，大都湮废。余力为考订，其引据不诬，义类可据者，悉为采入。至传闻互异，史氏浮靡，史臣撰述，往往地属前朝，而讳从当代。如《晋书》《隋书》，皆讳虎为武，讳渊为泉之类。或地名相同，而方域绝异；地名本异，而里道正同。千里毫厘，未尝敢忽也。

古人著述，类皆慎重。《左氏传》析实白羽，夷实城父，慎之也。杜氏释《传》，或但曰鲁地、齐地，或竟曰地阙，不敢强为之辞也。盖寡陋之过小，缪戾之罪大。近世言方舆者，依据失伦，是非莫主；或一事而彼此相悬，一说而前后互异；称名偶同，漫为附会，传习不察，竟昧由来；欲矜博洽之名，转滋缪戾之罪。余不敢妄为附和也。

方舆之书，自经史而外，彬彬成家者，魏、晋以降，代有其人。余辑《方舆书目》凡二卷，约千有馀家。然自唐以前，传者绝少。由唐以迄宋、元，可见者亦不过数家耳。《括地志》序于唐太宗，称其度越前载，然在宋时已不可多得。宋《崇文目》云：《坤元录》一本，即《括地志》。按杜氏《通典》，《坤元》与《简地志》并列，则非一书也。括，唐大历中讳曰简。其闻于世者，有江融、郑虔及贾耽之书，亦不可复见也。余尝读《元和志》，善其敷陈时事，条列兵戎，然考古无乃太疏。《寰宇记》自谓远轶贾、李之上，贾耽、李吉甫。而引据不经，指陈多误。《纪胜》山川稍备，求其攻守利害则已迁。《广记》考核有馀，而于形势险夷，则未尽晰也。《胜览》以下，皆偏于词章之学，于民物远，犹无当焉。国家著作之材，虽接踵而出，大都取裁于乐史、祝穆之间，求其越而上之者，盖鲜也。

近代《一统》《寰宇》《名胜》诸志及《十三司通志》，余皆得见之。其天下郡县志得见者，十未六七也。局蹐田野，无从搜集，间有已得其书，而时会粗牾，未及采录，旋复失之者。故虽耳目流传之书，而阙略正不能免。虽然，形势详而名胜略，如录衡山。而不载七十二峰之号；志太湖，而不及百渎七十二溇之名之类。中国详而四裔略，亦有边陲详而中土反略者。览者当得其大意，毋遽以闻见浅陋斥之，则几矣。

地利有错见于他条，而不载于郡邑之下者，有两说互异，而并存之者，疑以从疑也。

宋葛文康公曰：记问之博，当如陶隐居，耻一事不知；记问之审，又当如谢安，不误一事。世皆称胡氏注《通鉴》，见闻博而取舍精。然除口见于《水经注》，而误引蒗除水；万岁县见于《晋志》，而误改为延寿。他如永世未辨其在溧阳，定陵不知其近洺水。甚哉著作之难也。要亦耳目偶遗，无关大故。余生而椎鲁，困穷失学，读书无多，自省多误。偶有所见，误则正之，甚者削之，不敢妄为争辨，求胜于古人也。

高都、丹城，一城也，而误以为二。昭信、济阴、睢陵，一城也，而误以为三。云中、云州，胜州、东胜，夏州、灵夏，皆两地也，而误以为一。至于宛唐、死虎、虑虒、驴夷，字之讹也。居庸、翳桑，土军、吐京，声之变也。举一例馀，类难悉数。每见近代诸志，一水一山，方位偶移，辄列为数处；千里百里，声称相似，则牵为一端。见闻日荒，义理日缪，安能与古人相上下乎？

六经而外，《左》《国》《史》《汉》，皆有诠释。古人散逸之书，见于古人援引者为多，是书悉为搜讨。至杜、郑、马三家之书，其言方舆，皆资采取，而杜氏尤长。王厚斋《玉海》一书，中所称引，类多精确。而《通释》一种，为功于《通鉴》甚巨，胡身之从而益畅其说，搜剔几无馀蕴，余尤所服膺，故采辑尤备。

水道迁流，最难辨晰。《河渠》《沟洫》，班、马仅纪大端，而馀史或缺焉。其详为之辞者，惟郦氏《水经注》，而杜佑甚病其荒缪。盖河源纡远，尚依《史》《汉》旧文，而江、汉以南，又皆意为揣测，宜其未尽审也。若其掇拾遗闻，参稽往迹，良为考古之助。余尝谓郦氏之病，在立意修辞，因端起类，牵连附合，百曲千回，文采有馀，本旨转晦。使其据事直书，从原竟委，恐未可多求也。后世河防、水利之书，作者相继。至于晚近，记载尤多，浮杂相仍，鲜裨实用、馀所见河防、海防、江防、水利、泉河、筹海诸书，不下十馀种，惟潘氏《河防》、张氏《三吴水利》两书，差有可采。《川渎》一书，略仿《水经》之文，仰追《禹贡》之义，务期明确，无取辞费。

名山支山，山之大端也。其间有特峙者焉，有并峙者焉，连峙、叠峙者焉。山主分而脉本同，其间或起或伏，有突然独起者，有判然并峙者，有连接千百里，虽异名而实一山，又或一山而中包数山，一山而上起数山，诡异不可名状。经川支流，水之大端也。其间有汇流者焉，分流者焉，并流、绝流者焉。水主合而源各异，其间或合或离。有数流而汇为一川者，一川而散为数川者；有两川势敌，既合而并流数里，仍分二川者；有水性劲弱不同，清浊互异，绝流各出，竟不相通者，诡异亦不可名状也。蔡氏曰：山本同而末异，水本异而末同。丘氏曰：山体阳而用阴，用阴故静而能深。天下之幽奇险奥，莫过于山也；水体阴而用阳，用阳故动而多变。天下之纵横恣肆，莫甚于水也。此可以语山川之性情矣。

水之至浊者莫如河，故河最善决。北纪大川，漳水最浊。南条大川，汉水最浊。故漳、汉之水，亦多溃溢。水道既变，小而城郭关津，大而古今形势，皆为一易矣。余尝谓天至动，而言天者不可不守其常；地至静，而言地者不可不通其变。此亦一验也。

管子曰：不知地利者，不能行军。孙子曰：地形者，兵之助。晁错曰：用兵临战，合刃之急者三，一曰得地形。何承天曰：山陵水泉，地阵也。盖地利之于兵，如养生者必藉于饮食，远行者必资于舟车也。《孙子》十三篇，大都推明地利，不特《九攻》《九地》之文而已。李吉甫序《元和志》曰：今言地利者，凡数十家。尚古远者，或搜古而略今；采谣俗者，或传疑而失实。至于丘壤山川、攻守利害，皆略而不书。此微臣所以精研，圣后所宜周览也自宋《寰宇记》以后，凡兵戎战守之事，皆略而不书。岂欲公之天下，如汉人所云《史记》载山川险易远近，不当在诸侯王者乎？

正方位，辨里道，二者方舆之眉目也，而或则略之。尝谓言东，则东南、东北皆可谓之东。审求之，则方同而里道参差，里同而山川回互。图绘可凭也，而未可凭；记载可信也，而未可信。惟神明其中者，始能通其意耳。若并方隅里道而去之，与面墙何异乎？

前代之史易读，近代之史难读。司马公作《通鉴》，于《史》《汉》《三国》，采取最多，晋、宋而降，则旁稽博考，参取成书。其正史所存，什或未能三四也。《十七史》以后，宋、元二史，最为芜缪。《通鉴续编》，引蔓延流，开卷欲卧。《续纲目》因袭义例，稍成体裁，然而疏漏不少矣。近时史学益荒，方舆一家，尤非所属意。余尝谓五代以前，尚可据史以绳志；五代以后，又当据志以律史。盖志犹凭实，而史全蹈虚也。是书于宋、元诸史，不能尽存，而近时闻见，尤用阙如。盖不欲以可据之方舆，乱以无稽之记载也。

储氏瓘曰：知古非难，知今为难。夫古不参之以今，则古实难用；今不考之于古，则今且安恃？自世庙以来，黄河决塞，朝暮不常；边塞震惊，出入无候。至于倭夷突犯，流毒纵横；盗贼乘衅，播恶未已。其间城堡之覆败，亭障之消亡，村落之涂炭，留心民社者，不忍委于不知也。知之亦必考前人之方略，审从来之要害，因时而发，择利而行，弭灾消患，不虞无术耳。然则真能知古而知今，正不难矣。

编户多寡不同，大约以嘉、隆间为断。水陆道里，远近不同，大约以水道为主。其后先迂直之数，可折衷而得之也。

九边厄口，盘互纡回；西南洞寨，纷岐错杂。累举难详，烦称未尽。苟非事实可稽，图籍可据者，无庸漫存其名，徒眩耳目为也。

说者曰：风后受图，九州始布，此舆图之始也；山海有经，为篇十三，此地志之始也。《周礼》大司徒而下，职方、司书、司险之官，俱以地图周知险阻，辨正名物。战国时，苏秦、甘茂之徒，皆据图而言天下险易。萧何入关，先收图籍。邓禹、马援，亦以此事光武成功名。儒者自郑玄、孔安国而下，皆得见图籍，验周、汉山川。盖图以察其象，书以昭其数，左图右书，真学者事也。余初事方舆，即采集诸家图说，手为摸写。旧藏朱思本画方图及罗洪先《广舆图》，寻得宋人《南北对境图》及近时长江、海防及九边图，凡数种。既成，病其疏略，乃殚力于书。苏氏曰：图者，所以辅书之成也。书以立图之根柢，图以显书之脉络。以图从书，图举其要可也，不患其略也。

洪武初有天下，即编列天下地理形势为书，藏之太府。既又诏天下各献图籍，以求山川险易之实。英庙时，诏大臣撰《一统志》，所成乃仅如此。惜当时争其事者，不诏之以祖训，而遽格于陈循之诐说也。倘有任修明之责者，明示体裁，使郡邑各上图志，正封域，稽里道，验山川、城池、关塞之大，邮亭烽堠之细，无不具载，而古今政事、贡赋、风俗，以次详焉。散而为百国之车书，合而为一朝之典故，此亦度越古今之一端与？

方舆所该，郡邑、河渠、食货、屯田、马政、盐铁、职贡、分野之属是也。《禹贡》记九州，亦叙田赋、贡物、贡道及岛夷、西戎。

《职方》则兼详人民、六畜、土宜、地利。《唐六典》亦载贡赋、外夷。余初撰次历代盐铁、马政、职贡及分野，共四种，寻皆散轶，惟《分野》仅存。病侵事扰，未遑补缀，其大略仅错见于篇中，以俟他时之审定，要未敢自信为已成之书也。

历代州域形势纪要序

天下不能有治而无乱也。由乱而之治，则州域奠定，而形势操于一人。由治而之乱，则州域纷更，而形势散于天下。盖有都会焉，有藩服焉，有疆索焉，此州域也，而即一人之形势也。封域不可恃为强，城郭不可恃为固，山溪不可恃为险。一夫荷戈，群雄角逐，天下各有其形势，而州域于是乎不可问矣。有大力者出焉，提衡握机，取天下之形势，而独决于指掌之中，于以芟除僭伪，削平祸乱，而形势复定。呜呼！自生民以来，乱则必归于治也。其治也，必有所以致之者也。治则必趣于乱也。其乱也，亦必有所以致之者也。时代之因革，视乎州域；州域之乘除，关乎形势。州域之建置有定，而形势之变动无方，譬之奕焉：州域其画方之道也，形势其布子之法也；譬之治田者焉：州域其疆理之迹也，形势其垦辟之宜也。布子同而胜负不同，则存乎奕者之心手而已矣。垦辟同而获否不同，则存乎田者之材力而已矣。禹迹茫茫，其得失成败之故，不越于此也。览者盖亦知其大指焉。

读史方舆纪要卷一

历代州域形势一　　唐虞三代　春秋战国　秦

　　昔黄帝方制九州，列为万国。《周公职录》：黄帝割地布九州。《汉志》：黄帝方制万里，画野分州。或曰：九州颛帝所建，帝喾受之。《帝王世纪》：冀、兖、青、徐、扬、荆、豫、梁、雍九州，颛帝所建。《通典》亦云。尧遭洪水，天下分绝。舜摄帝位，命禹平水土，以冀、青地广，分冀东恒山之地为并州，恒山，在直隶曲阳县西北百四十里。详直隶名山。舜之并州，今直隶之真定、保定、山西之太原、大同等府皆是。又东北医无闾之地为幽州。医无闾山，在辽东广宁卫西五里。幽州，今直隶之顺天、永平府及辽东广宁等卫以西北，皆是其境。又分青州东北、辽东之地为营州。辽东，地在辽水东也。辽水，在辽东都司城西百六十里。营州，今沈阳、定辽诸卫以北，又东至朝鲜之境。《书》曰肇十有二州，是也。

　　刘氏曰：舜分幽、并，内固王畿，外维疆索，包天下后世之虑也。○叶氏曰：《祭法》云共工氏霸九州，然则九州之名旧矣。共工氏在黄帝以前。《春秋纬》云，人皇氏分九州。又邹衍《淮南》所称九州，其辞甚诞。大抵九州者，古今之通谓也。

夏有天下，还为九州。《禹贡》所称，其较著矣。

《都邑考》：夏都安邑，安邑，今山西解州属县。其后帝相都帝丘，帝丘，今北直开州西南三十里，旧濮阳城是。少康中兴，复还安邑。又曰：昔伏羲都陈，即今河南陈州。神农亦都陈，又营曲阜。即今山东曲阜县。黄帝邑于涿鹿之阿。涿鹿，《地理总要》云：即今涿州。《括地志》：妫州怀戎县东南五十里有涿鹿山，城在山侧，黄帝所都也。涿州，今北直顺天府属州。唐妫州怀戎县，今为宣府镇怀来卫。少昊自穷桑登位，穷桑，在曲阜北。后徙曲阜。颛帝自穷桑徙帝丘。见上。帝喾都亳。今河南偃师县。至尧始都平阳。《世纪》：尧始封唐县，后徙晋阳。今山西太原县。及为天子，都平阳，即今山西平阳府治临汾县。舜都蒲阪，今山西蒲州。禹都安邑，《世纪》：鲧封崇伯，地在秦、晋之间，或曰即陕西鄠县。禹封夏伯，今河南禹州也。及受禅，都平阳，或云安邑，或又以为晋阳。尧、舜、禹之都，相去不过二百里，皆在冀州之内。

○冀州，今直隶、山西，及河南之彰德、卫辉、怀庆三府，及辽东之广宁诸卫，皆是。

孔氏曰：冀州，帝都也，三面距河。河，大河也。自积石入中国，历《禹贡》雍、豫、冀、兖四州之域。冀州东西南三面皆距河。大河，详川渎异同，下仿此。蔡氏曰：《禹贡》冀州，不言所至，盖王者无外之义。

○济、河惟兖州，济水，发源河南济源县王屋山，至山东利津县入海。详川渎异同。兖州，今山东东昌府及济南府北境、兖州府西境，又兼有北直大名府及河间府景、沧诸州境。

孔氏曰：兖州，东南据济，西北距河。

〇海、岱惟青州，海，大海，今环绕青、登、莱三府之境。详见川渎异同，下仿此。岱，泰山，在山东泰安州北五里。详见山东名山。青州，今青、登、莱三府，以至济南府之西境。又辽东定辽诸卫，亦《禹贡》青州地也。

孔氏曰：青州，东北据海，西南距岱。

〇海、岱及淮惟徐州，海在南直淮安府东北。淮水，出河南桐柏县桐柏山，至南直安东县东北入海。详见川渎异同。徐州，今山东兖州府及南直徐州，又凤阳府之宿州、泗州，淮安府之邳州、海州，皆是其地。

孔氏曰：徐州之域，东至海，北至岱，南及淮。

〇淮、海惟扬州，海在古扬州东境。扬州，今南直、浙江、江西、福建皆是。

孔氏曰：扬州，北据淮，东南距海。

〇荆及衡阳惟荆州，荆山，在湖广南漳县西北八十里。衡山，在湖广衡山县西三十里。详见湖广名山。荆州，今湖广州郡至四川遵义府及重庆府南境，又贵州思南、铜仁、思州、石阡等府及广西之全州、广东之连州，皆是其地。

孔氏曰：荆州，北据荆山，南及衡山之阳。

〇荆、河惟豫州，豫州，今河南州郡及湖广襄阳、郧阳府境，皆是其地。

孔氏曰：豫州，西南至荆山，北距河。

〇华阳、黑水惟梁州，华山，在陕西华阴县南十里。详陕西名山。黑水，或以为云南境之澜沧江。详川渎异同。梁州，今四川州郡及陕西汉中府境。

孔氏曰：梁州，东据华山之阳，西距黑水。

〇黑水、西河惟雍州。黑水，今陕西肃州卫西北十五里有黑水河。在古雍州东，曰西河者，主冀州而言也。雍州，今陕西州郡皆是。

孔氏曰：雍州，西据黑水，东距河。

郑氏曰：州县之设，有时而更；山川之形，千古不易。所以《禹贡》分州，必以山川定疆界。使兖州可移，而济、河之兖不能移；梁州可迁，而华阳、黑水之梁不能迁。是故《禹贡》为万世不易之书。

蔡氏曰：《禹贡》作于虞时，而系之《夏书》者，禹之王以是功，又即夏有天下以后之成制也。

殷商革命，《诗》称九有，因夏之制，无所变更。

《都邑考》：契始封商，今陕西商州。相土迁商丘，今河南归德府附郭县。**汤居亳**，《括地志》：宋州谷熟县西南三十五里南亳故城，汤所都也。又蒙城西北有亳城，为北亳。河南偃师为西亳，帝喾始居此。汤即位，自南亳徙都焉。故《书序》曰：从先王居也。今详见商丘之亳城，**仲丁迁嚣**，《世纪》：今河南敖仓是也。《括地志》：今郑州荥泽县西南十七里故荥阳城是。详见河南荥阳县。**河亶甲居相**，今河南彰德府西北五里有相城。**祖乙圮于耿**，今山西河津县南十三里有耿城。《史记》：祖乙迁于邢。或以为今北直顺德府治邢台县。《索隐》曰：邢，即耿也。**盘庚迁殷**，即西亳。**武乙徙朝歌**，今北直濬县西七十里废卫县是。亦见河南淇县。所谓沫邦也。王氏曰：《尔雅》两河间曰冀，河南曰豫，济东曰徐，河西曰雍，汉南曰荆，江南曰扬，燕曰幽，济、河间曰兖，齐曰营。孙氏炎以为分《禹贡》之冀，而复舜之幽，又并青于徐，而复舜之营。殷之九州，灿然可考。陆氏佃亦云：《禹贡》有青、徐、梁，而无并、幽、营。《尔雅》有徐、幽、营，而无青、梁、并。《职方》有青、幽、并，而无徐、梁、营。三代不同故也。然班氏志地理，以为殷因于夏，无所变改。杜佑亦曰：殷汤受命，亦为九州，分统天下。《尔雅》之文，未可据为商制矣。

陈氏曰：商书言九有之师，《商颂》曰奄有九有，又曰式于九围；《王制》于商，亦曰九州千七百七十三国。商之九州，盖袭夏而已。孙炎以《尔雅》与《禹贡》《周礼》不同，故疑为商制，亦无明文言殷改夏也。

周既定鼎，亦曰九州，属职方氏。

《都邑考》：后稷始封邰，今陕西武功县西南二十里故斄城是。斄、邰同。公刘徙邑于豳。今陕西三水县西三十里有古豳城。太王迁于岐，今陕西岐山县东北五十里岐山镇，是也。南有周原，改号曰周。王季宅程，亦曰郢。今陕西咸阳县东二十里有安陵城，古程邑也。文王迁丰，《通典》：今长安西北灵台乡丰水上，文王作邑于丰，即其地也。又今陕西鄠县东有丰城。武王徙都镐。《通典》：长安西北十八里，昆明池北有镐陂。郑康成曰：丰邑在丰水西，镐京在丰水东，相去盖二十五里。《括地志》：周丰宫在鄠县东二十五里，镐在雍州西南二十五里。未详孰是。成王营洛邑，西曰王城，今河南府治西偏。东曰下都，在今河南府城东洛水北，西去王城三十馀里，亦谓之成周。今详见河南府城。名曰东周。懿王徙犬丘，今陕西兴平县东南十里槐里城是。平王避犬戎之难，东迁于洛，即洛邑也。

○东南曰扬州。山会稽，在浙江绍兴府城东南十三里。详见浙江名山。薮具区，即太湖也，在南直苏州府城西南五十里，与常州府及浙江湖州府分界。详南直大川，川三江，三江，一曰松江，自太湖分流，由苏州府吴江县长桥口至嘉定县东南四十里吴淞口入海；一曰娄江，亦自太湖分流，经苏州府城东至太仓州东南七十里刘家河口入海；一曰东江，亦自太湖分流，从吴江县东南入浙江嘉兴府境，至海盐县东北三十五里入海，今由南直松江府合松江入海。详南直大川。浸五湖。五湖，孔氏曰：太湖东岸五湾也。水弥漫而滩浅者曰薮，洼下而钟水者曰浸。

○正南曰荆州。山衡山。衡山，见《禹贡》荆州。薮云梦。在湖广德安府城南五十里，川江、汉，江水，发源四川茂州西北之岷山，历梁、荆、扬三州之域，至南直海门县入海。汉水，发源陕西宁羌州东北之嶓冢山，至湖广汉阳府城东北入大江。俱详川渎异同，浸颍、湛。颍水，发源河南登封县阳乾山，至南直颍上县东南入淮。详河南大川。湛水，出河南汝州鱼齿山，经叶县北下流入汝。二水在《禹贡》为豫州域内。

○河南曰豫州。山华山，华山，见《禹贡》梁州。薮圃田，圃田泽，在河南中牟县西北七里。川荥、洛，荥，或以为荥泽，误也。荥、瀄同。郑氏曰：河出为水瀄。今之汴水是矣。洛水，出陕西商州南冢岭山，至河南巩县北入河。俱详河南大川。浸波、溠。波水，出河南鲁山县西北歇马岭，流入汝水。溠水，出湖广枣阳县东北黄山，流入涢水。

○正东曰青州，山沂山，沂山，在山东临朐县南百五十里。详山东名山。薮孟诸，孟诸泽，在河南归德府东北，于《禹贡》为豫州境。川淮、泗，淮水，见《禹贡》徐州。泗水，出山东泗水县陪尾山，至南直清河县南入淮。详见南直大川清河。二水，于《禹贡》皆徐州川也。浸沂、沭。沂水，出山东临朐县沂山，至南直邳州南入泗水。沭水，亦出沂山，至南直安东县入淮水。

○河东曰兖州，山岱山，见《禹贡》青州。薮大野，大野泽，在山东巨野县东五里。川河、沛，河，见《禹贡》冀州。沛，见《禹贡》兖州。浸卢、潍。卢水，《通典》曰：在济阳郡卢县。今山东长清县有废卢县，卢水湮废，不可考。潍水，源出山东莒州西北箕屋山，至潍县北入海，于《禹贡》为青州川也。

○正西曰雍州，山岳山，吴岳山也，在陕西陇州南百四十里。薮弦蒲，弦蒲薮，在陇州西四十里。川泾、汭，泾水，出陕西平凉府西南开头山，至高陵县西南入渭。详陕西大川。汭水，出弦蒲薮，至邠州长武县合于泾水。亦详见大川泾水。浸渭、洛。渭水，出陕西临洮府渭源县西南谷山，至华阴县北入于河。洛水，出陕西合水县北白於山，南流合漆沮水，至朝邑县南入渭水。此雍州之洛水也。俱详见陕西大川。

○东北曰幽州，山医无闾，医无闾山，见舜十二州。薮㺄养，㺄养泽，在山东莱阳县东，于《禹贡》属青州境。川河、沛，浸菑、时。菑水，出山东莱芜县东原山，至寿光县东北入于海，亦曰淄水。时水，出山东临淄县西二十五里，至博兴县合小清河入海。二水于《禹贡》皆在青州境。

○河内曰冀州，山霍山，霍山，在山西平阳府霍州东南三十里。详山西名山。薮扬纡，《水经注》：大陆泽，一名扬纡薮。今在北直宁晋、隆平及钜鹿县境。川漳，漳水有二：浊漳，出山西潞安府长子县西发鸠山；清漳，出山西太原府平定州乐平县西南少山，至河南临漳县西合焉。其下流复分为二：经流自北直献县，合滹沱河；支流自山东东昌府馆陶县，合于卫河，俱经北直静海县北小直沽入海。今详见北直大川。浸汾、潞。汾水，出山西静乐县北管涔山，至荣河县西入大河。详见山西大川。潞水，阚骃曰即浊漳水。今浊漳经潞安府城西南二十里，土人犹呼为潞水。《通典》：潞水在密云县。今北直通州之白河，即潞水也。

　　○正北曰并州，山常山，即恒山，见舜十二州山注。薮昭馀祁，昭馀祁薮，在山西太原府祁县东七里。川滹沱、呕夷，滹沱水，出山西代州繁峙县东北泰戏山，至北直河间府静海县北小直沽入海。详北直大川。呕夷水，一名唐河，出山西大同府灵丘县西北高是山，至北直保定府安州北而合于易水也。浸涞、易。涞水在北直涞水县北，一名拒马河，下流合于易水。易水，出易州西山，有三源并导，分流东注合卫河及滹沱河以入于海。今详北直大川。

　　魏收曰：《夏书·禹贡》，《周礼·职方》，中画九州，外薄四海，析其物土，书其疆域。此盖王者之规模也。

　　李氏曰：《禹贡》无幽、并，《职方》无梁、徐。盖周合梁、徐于雍、青，分冀野为幽、并。《考工记》言：天下之大势，两山之间，必有川焉；两川之间，必有涂焉。广谷大川，风俗之所以分。故推其高且大者先正之，然后九州可别。如大山定而山之西为兖，大山，谓泰山；大河定而河之南为豫。此分画之要也。

　　陈氏曰：古者名山大川，皆天子使吏治之，而入其贡赋。是以九州川浸山薮，各在职方，不属诸侯之版。夫子作《春秋》，虎牢不系郑，虎牢，今在河南汜水县西二里，成皋关也。详见河南重险。《春秋》襄二年：仲孙蔑会诸侯之大夫于戚，遂城虎牢。所谓虎牢不系郑也。沙鹿不系晋，沙鹿山，在直隶大名府城东四十五里。《春秋》僖十四年，书沙鹿崩，不言晋也。缘陵不系杞，缘陵，在今山东诸城县东。《春秋》僖十四年：诸侯城缘陵。是时杞避淮夷，迁于缘陵也。楚丘不系卫，楚丘，今北直滑县东六十里废卫南县。《春秋》僖二年：城楚丘。

《传》曰：诸侯城楚丘而封卫也。盖别天子之守地也。一云：《诗》不以圉田系郑，《春秋》不以沙鹿系晋。周季诸侯，始擅不盼之利。齐干山海，晋守郇、瑕、桃林之塞，郇、瑕，今山西临晋县东北有郇城，东南有瑕城。桃林塞，今河南陕州西至潼关地。宋有孟诸，楚有云梦，皆不入于王官。此诸侯所以僭侈，王室所以衰微也欤？

○传称禹会诸侯于涂山，涂山，在南直怀远县东八里。执玉帛者万国。成汤受命，其存者三千馀国。武王观兵，有千八百国。东迁之初，尚存千二百国。迄获麟之末，二百四十二年，诸侯更相吞灭，其见于《春秋》经、传者，凡百有馀国；而会盟征伐，章章可纪者，约十四君：

○鲁，今自山东兖州府以东，南直邳、泗之境，皆鲁分也。

《都邑考》：鲁都曲阜，故少皞都也。故《春秋传》曰：命伯禽而封于少皞之墟。

○卫，今自北直大名府开州以西，至河南卫辉、怀庆府之境，皆卫分也。

《都邑考》：卫都朝歌，即殷纣都也。故《酒诰》曰：明大命于妹邦。妹、沬通。其后戴公庐曹，今北直滑县，文公迁楚丘，见前。成公徙帝丘，即颛顼都也。故《春秋传》曰：卫，颛顼之墟又《传》云：卫成公梦康叔曰：相夺予享。盖夏后相亦徙帝丘也。亦谓之濮阳，战国时名。至元后徙野王而祀绝。野王，今怀庆府河内县。

○齐，今自山东青州府以西，至济南、东昌之间，又北至北直河间府景、沧诸州，东南则际于海，皆齐分也。

《都邑考》：太公初封营丘，营丘，即山东临淄县。或曰昌乐县东南废营陵城，为古营丘。**胡公徙薄姑，**今青州府博兴县东北十五里有薄姑城。**献公徙临淄。**即今县。

○晋，今自山西平阳、太原以东，至北直广平、大名之间，皆晋分也。

《都邑考》：**虞叔封唐，**今山西太原县北有古唐城。**燮父徙居晋，**今太原县治东北晋阳故城是。**穆侯徙绛，**今山西翼城县东南十五里故翼城是。**孝侯改绛曰翼。既而曲沃灭翼，**曲沃，今山西闻喜县东左邑故城是，晋文侯弟成师所封。**复都绛。**按《左传》隐五年：曲沃庄伯伐翼，翼侯奔随。是年，桓王立翼侯子哀侯于翼。六年，晋人迎翼侯于随，纳诸鄂，谓之鄂侯。桓八年，曲沃灭翼，王命立哀侯弟缗于晋。庄十六年，曲沃武公并晋，僖王因就命为晋侯。二十六年，献公城绛，自曲沃徙都之。随，晋别邑，或曰在今汾州府介休县东。鄂，晋阳故城之别名也，即晋与绛亦翼也，迁新田后，谓之故绛。**景公迁新田，**今曲沃县西南二里之绛城是也。**仍称绛。**

○宋，今自河南归德府以东，至南直徐州境，皆宋分也。

《都邑考》：**宋都商丘，**即相土所迁者。

○郑，今河南开封府以西，至成皋故关，皆郑分也。

《都邑考》：**郑都新郑。**今河南新郑县。又陕西华州西北有故郑城，则郑桓公始封邑也。

○陈，今河南开封府以东南，至江南亳州之西境，皆陈分也。

《都邑考》：**陈都宛丘，**今陈州治，即伏羲所都，故《春秋传》云：**陈，太皞之墟也。**春秋哀十七年：为楚所灭。

○蔡，今河南汝宁府以东北，即蔡分也。

《都邑考》：**蔡叔始封蔡，**今汝宁府上蔡县。**平侯徙新蔡，**今汝宁府新蔡县。昭侯徙州来，今南直寿州北三十里下蔡城是也。哀二年，为吴所迁。亦曰下蔡。

〇曹，今山东曹州以南，即曹分也。

《都邑考》：曹都陶丘。今山东定陶县西故陶城是。一云都曹，今曹州城也。哀八年，为宋所灭。

〇许，今河南许州以东，即许分也。

《都邑考》：许都许，今许州东三十里故许昌城。灵公迁于叶，今河南叶县。悼公迁夷，实城父，今南直亳州东南七十里废城父城是。旋还叶。昭九年，楚灵王迁许于夷。十二年，平王复许于叶。又迁于析，实白羽。今河南内乡县。许男斯迁容城，为郑所灭。容城，或曰在叶县西。自叶以下，皆为楚所迁也。《左传》定四年：许迁容城。六年，郑灭许。其后仍见于《春秋》，盖楚所复也。

〇秦，今自陕西西安府以西，皆秦分也。

《都邑考》：非子封秦城，《秦纪》：非子居犬丘，周孝王分土为附庸，邑之秦。《括地志》：今秦州清水县，故秦城也。犬丘，即周懿王所都。庄公复居犬丘，《秦纪》：庄公居其故西犬丘。襄公徙居汧《秦纪》：平王封襄公为诸侯，赐之岐以西之地，于是始国焉。《世纪》云：襄公二年，徙居汧。《括地志》：今陇州南三里，有汧城是也。文公复卜居汧、渭间，《秦纪》：文公居西垂宫，东猎至汧、渭之会，乃卜居之。《括地志》：凤翔府郿县东北十五里故郿城，即文公卜迁处也。宁公徙平阳，今郿县西四十六里，有平阳故城。德公徙居雍，今凤翔府治。《秦纪》：德公初居雍城大郑宫。《括地志》：雍县南七里故雍城是也。献公徙栎阳，即今西安府临潼县北五十里故栎阳县。孝公作为咸阳，徙都之。今西安府咸阳县东三十里咸阳故城也。自孝公至子婴，凡十世，皆居咸阳也。

○楚，今自湖广荆州府以北，至河南裕州、信阳州之境，皆楚分也。

《都邑考》：熊绎封丹阳，今湖广归州东南七里丹阳故城是。本号曰荆，《春秋》僖公初，始改称楚。文王始都郢，今荆州府北十里有纪南城，即故郢城也。平王更城郢而都之。今荆州府东北三里故郢城是。昭王迁都，今襄阳府宜城县西南九十里有郢城。旋还郢。至襄王东北保陈城，即故陈国。考烈王迁钜阳，或曰：南直颍州西北四十里细阳城，即古之巨阳。又迁寿春，今南直寿州，亦曰郢。最后怀王孙心都盱眙，今南直盱眙县。又徙长沙郴县而亡。郴县，今湖广郴州也。

○吴，今自南直淮、泗以南，至浙江嘉、湖二府之境，皆吴分也。

《都邑考》：吴都吴。今南直苏州府治。《史记正义》：泰伯居梅里。今常州府无锡县东南四十里，有泰伯城。至阖闾始筑吴郡城都之。今犹谓之阖闾城。哀二十二年，为越所灭。

○越，今自浙江杭州府以南，又东至于海，皆越分也。

《都邑考》：越都会稽。今浙江绍兴府治。又勾践尝徙琅邪。今山东青州府诸城县东南百四十里，有琅邪城。

司马迁曰：齐、晋、秦、楚，其在成周微甚，封或百里，或五十里。晋阻三河，冀州三面距河也。齐负东海，楚介江、淮，秦因雍州之固。四国迭兴，更为霸主，文武所褒，大封皆威而服焉。

○其子男附庸之属，今考定百有十三国。则悉索币赋，以供大国之命者也。

邾，今兖州府邹县。《左传》文十三年，邾文公迁绎。今邹县东南二十五里，有绎山。鲁缪公时，邾改曰邹。今《国语》亦作邹。

杞，今开封府杞县。宋忠曰：周封杞于雍丘。至春秋时，杞已迁东国。故隐四年，莒伐杞，取牟娄。牟娄，近莒也。杜预曰：桓六年，淳于公亡国，杞似并之，迁都淳于。僖十四年，又迁缘陵。襄二十九年，晋入城杞之淳于。杞又迁于淳于。《列国考》：周武王封东楼公于杞。先春秋时，徙鲁东北，其故地入于郑、宋。传二十一世，至杞简公，为楚惠王所灭。雍丘，即今之杞县。牟娄、缘陵，俱在山东诸城县。淳于，见下州国。

茅，今兖州府金乡县东旧有茅乡。

滕，今兖州府滕县西十四里，有古滕城。

薛，今滕县西南四十里，有薛城。《左传》定二年：薛宰曰：薛之皇祖奚仲居薛，为夏车正。奚仲迁于邳，仲虺居薛，为汤左相。邳，今南直邳州也。

莒，今山东青州府莒州。

向，今山东沂州南百里故向城是。隐二年，莒人入向。

纪，今青州府寿光县西南三十馀里有纪城。《左传》庄四年，纪侯大去其国，违齐难也。

夷，今山东胶州即墨县西废壮武城，即古夷国。隐元年，纪伐夷。

郳阜，滕县东南有郳阜城。僖七年，改为小邾。

鄅，今兖州府峄县东有鄅城。襄六年，莒人灭鄅。

遂，今兖州府宁阳县北有遂城。庄十三年，齐灭遂。

谭，今济南府东南七十里，有谭城。庄十年，齐灭谭。

偪阳，峄县南五十里，有偪阳城。襄十年，晋及诸侯灭偪阳以与宋。

郜，今兖州府城武县有郜城。僖二十年，郜子来朝。

铸，宁阳县西北有铸城。

邿，兖州府济宁州东南有邿城。襄十三年，取邿。

鄑，或曰在山东沂州郯城县东北。成六年，取鄑。

宿，兖州府东平州东二十里无盐城，即古宿国。庄十年，宋人迁宿。

任，今济宁州，即古任国。

须句，即今东平州。《左传》僖二十二年，邾人取须句。鲁伐邾，取须句而复封之。文七年，取须句。

颛臾，今沂州费县西北九十里有颛臾城。

郯，今郯城县西南有古郯城。宣四年，公及齐侯平莒及郯。

州，今青州府安丘县东有淳于城。薛瓒曰：州国都也。桓六年，《经》书州公如曹，《传》曰淳于公也。《周国地名》云：杞改国号曰州。误。盖其地并于杞耳。

於馀丘，或曰在沂州境。庄二年，鲁伐於馀丘。

牟，山东泰安州莱芜县东二十里，有牟城。桓十五年，牟人来朝。

鄣，东平州东六十里，有鄣城。庄三十年，齐人降鄣。

郕，东平州汶上县北二十里，有郕城。隐五年，卫人入郕。

郮，今沂州东南有故开阳城，即郮国也。昭十八年，邾入郮。

极，或曰在兖州府鱼台县西南。隐二年，鲁入极。

根牟，莒州沂水县南有牟乡，即古根牟国。宣九年，取根牟。

阳，沂水县南有阳都城，故阳国。或曰阳国本在今益都县东南，齐逼迁之于此。《左传》闵二年，齐人迁阳。

介，青州府诸城县东北有故黔陬城，即古介国。僖二十六年，介葛卢来朝。

莱，今登州府黄县东南有莱子城，亦曰郲。襄六年，齐灭莱，而迁之于郳郳。或曰即今莱州府治。

虞，今山西解州平陆县东北四十馀里有虞城，即虞国都也。僖五年，晋灭虞。

虢，今河南陕州城东南有上阳城，即古虢仲国都也。杜预谓之西虢。其郑州汜水县，古虢叔所都，谓之东虢。杜佑曰：陕州之虢为北虢，汜水之虢为东虢。又陕西凤翔府南三十五里有虢城，谓之西虢，亦曰小虢。东虢为郑所灭，在春秋之前；小虢为秦所灭，在鲁庄公之季；北虢为晋所灭，在僖公五年：是为三虢也。

祭，开封府郑州东北十五里，有祭城。隐元年，祭伯来。

共，今卫辉府辉县，即古共国。隐元年，郑叔段出奔共。杜预曰：共国也。

南燕，今卫辉府胙城县。本胙国，春秋时为南燕国。或曰胙为南燕所并也。《春秋传》凡称燕者皆南燕，而召公所封之燕，则曰北燕。

凡，今辉县西南二十里，有凡城。隐七年，凡伯来聘。

苏，今怀庆府温县西南二十里故温城，苏子国都也。亦曰温。僖十年，狄灭温。或曰自是温子徙邑于河南。

原，今怀庆府济源县西北十五里，有原城。僖二十五年，襄王以温、原与晋。自是原在河南。温、原，皆畿内国也。

周，畿内国也。其采邑在今陕西岐山县。东迁以后，其采邑在洛阳东郊。

召，亦畿内国。其采邑即今陕西凤翔府治。后徙而东，今山西垣曲县东有邵亭,是其采地云。

毛,畿内国。在河南府境。僖二十四年,狄伐周,获毛伯。

甘,畿内国。今河南府西南二十五里,有甘城。襄王弟子带之封邑。

单,或曰今在河南孟津县东南。亦畿内国。

成,在河南府境。亦畿内国也。成十年,成肃公会晋侯伐秦。

雍,怀庆府修武县西有雍城。

樊,畿内国。或曰今济源县西南十五里曲阳城,是古阳樊也。《晋语》:阳有樊仲之官守焉。盖仲山甫采邑,后徙于河南。

尹,畿内国。或曰在今河南府新安县东南。东迁初,自岐西迁于此。

刘,畿内国。今河南府偃师县南三十五里,有刘聚。宣十年,刘康公来报聘。

巩,畿内国也。今河南府巩县。

芮,今陕西同州。即古芮国。又山西解州芮城县西有古芮城。桓三年,芮伯万出居于魏,即此城也。

魏,芮城县东北有古魏城。闵元年,晋灭魏。

荀,亦曰郇。今山西蒲州临晋县东北十五里,有古郇城。

梁,今同州韩城县南二十二里少梁城,即古梁国。僖十九年,秦取梁。

贾,今陕西华州蒲城县西南十八里,有贾城,即古贾国。《左传》桓八年,虢仲、芮伯、梁伯、荀侯、贾伯,伐曲沃。时曲沃灭翼也。

耿,今蒲州河津县有耿城,即殷祖乙都也。闵元年,晋灭耿。

霍,今山西霍州。闵元年,晋灭霍。

冀，今河津县东北有冀亭。僖三年，晋荀息所称冀为不道者。

崇，或曰：在同州境。又西安府鄠县东五里，有酆城，即殷崇侯国也。宣元年，晋侵崇。杜预曰：崇，秦之与国。

黎，今山西黎城县东北十八里，有黎侯城。宣十五年，晋灭潞氏，而立黎侯。盖先为潞氏所灭。

邓，今南阳府邓州。庄十六年，楚灭邓。

申，今南阳府北二十里，有申城，即故申国都也。庄六年，楚灭申。

滑，今河南府偃师县南二十里废缑氏县古费邑，滑都也。僖三十三年，秦人灭滑。

息，今河南光州息县北有故息城。庄十四年，楚灭息。

黄，今光州西十二里有黄城。僖十二年，楚灭黄。又山西境内亦有黄国。子产所谓沈、姒、蓐、黄，晋主汾而灭之者。

江，今汝宁府真阳县东南有故江城。文四年，楚灭江。

弦，今光州西南有弦城，僖五年，楚灭弦。又昭三十一年，吴围弦。盖楚复其国也。

道，今息县西南十里故阳安城，即春秋时道国。

柏，今汝宁府西平县，即古柏百国。

沈，今陈州沈丘县。杜预曰：平舆县有沈亭。盖在今汝宁府东北。定四年，蔡灭沈。

顿，今陈州商水县北有南顿城，即古顿国。僖二十五年，楚围陈，纳顿子于顿。定十四年，楚灭顿。

项，今陈州项城县。僖十七年，鲁灭项。

鄀，今南阳府内乡县西丹水城，即古鄀国。文五年，秦人入鄀。杜预曰：后迁于南郡鄀县。即今湖广宜城县之故鄀城也。楚昭王所都。

胡，今南直颍州西北二里有胡城。定十五年，为楚所灭。

随，今湖广德安府随州。

唐，今随州西北八十里有唐城。定五年，楚灭唐。

房，今汝宁府遂平县，即春秋时房国。

戴，今河南睢州考城县故城，即古戴国。隐十年，郑取戴。

葛，今归德府宁陵县北十五里，有故葛城。桓十五年，葛人来朝。

萧，今南直徐州萧县。宣十二年，楚灭萧。

徐，今南直泗州北五十里有徐城。昭三十年，吴灭徐，徐子奔楚，楚迁徐于夷，即许国所尝迁者。

六，今庐州府舒城县东南六十里，有六城。文五年，楚灭六。

蓼，今寿州霍丘县西北有蓼城，古蓼国也。文五年，楚灭蓼。又宣八年，楚灭舒、蓼。或曰：楚改封蓼，而复灭之。杜预曰：湖阳县亦古蓼国。今河南唐县南九十里故湖阳城是也。桓十一年，与郧、随伐楚。盖湖阳之蓼国云。

宗，或曰：在今庐州府庐江县西境。文十二年，楚执宗子。

巢，今南直无为州巢县东北有居巢城。文十二年，楚围巢。

英氏，在南直六安州西。僖十七年，齐人、徐人伐英氏。

桐，今南直安庆府桐城县。杜预曰：庐江舒县西南有桐乡，古桐国。舒，即今舒城县。定二年，桐叛楚。

舒，今庐州府舒城县。僖三年，徐人取舒。杜预曰：舒有舒庸、舒鸠之属。文十二年，群舒叛楚是也。宣八年，楚灭舒。

舒鸠，在南直庐州府境。襄二十五年，楚灭舒鸠。

舒庸，在南直安庆府境。成十七年，楚灭舒庸。

钟吾，今南直邳州宿迁县，即古钟吾国。昭三十年，吴执钟吾子。

穀，今湖广襄阳府穀城县西北七里故穀城是。桓七年，穀伯来朝。

贰，在随州应山县境。

轸，在德安府应城县西。桓十一年，楚屈瑕将盟贰、轸。

郧，亦作邧。今德安府治，即故郧都也。

绞，在湖广郧阳府西北。桓十二年，楚伐绞。

罗，今襄阳府宜城县东北二十五里，有罗川城。又南漳县南八十里，有罗国城。桓十三年，楚伐罗。杜预曰：罗在宜城县西山中，后徙南郡枝江县。又今岳州府平江县南，亦有罗国城。《志》云：楚自枝江徙罗于此。

赖，今河南光州商城县南有赖亭。昭四年，楚灭赖，迁赖于鄢，即湖广宜城县也。

州，今荆州府监利县东有州城，即古州国。桓十一年，郧与随、绞、州、蓼伐楚师，此则楚境之州国也。

权，今湖广荆门州当阳县东南有权城。《左传》：楚武王克权，迁权于那处。今荆门州东南故那口城是也。

厉，今随州北境有厉乡，即古厉国。僖十五年，齐师、曹师伐厉。

庸，今郧阳府竹山县东四十里，有上庸城。文十六年，楚灭庸。

麇，今郧阳府治，古麇国也。又岳州府境有东西二麇城。文十一年，楚伐麇。

夔，今湖广归州东二十里，有古夔城。僖二十六年，楚灭夔。

巴，今四川重庆府治巴县是。王氏曰：夔州以西，叙州以北，皆古巴国地。

邢，今北直顺德府治，即古邢国。僖元年，邢迁于夷仪。今山东东昌府西南十二里，有夷仪聚。又顺德府西百四十里有夷仪城。僖三十五年，卫灭邢。

北燕，今北直顺天府治，春秋时燕都也。《元和志》云：本古蓟国，武王封尧后于此。燕故都在易州城东南，后并蓟地，遂迁于蓟。

焦，今河南陕州南二里有焦城，古焦国。

扬，今山西平阳府洪洞县东南十八里有扬城，古扬国。

韩，今陕西韩城县南十八里，有古韩城。襄二十九年，晋女叔侯曰：虞、虢、焦、滑、霍、扬、韩、魏，皆姬姓也。杜预曰：八国皆晋所灭。

不羹。羹，音郎。今河南许州襄城县东南有西不羹城，又裕州舞阳县西北有东不羹城。《左传》昭十一年，楚子城陈、蔡不羹。杜预曰：陈、蔡、二不羹，子革所谓四国者也。

又有九州夷裔，约十八国。则参错于列国间者也。

戎蛮，河南汝州西南有蛮城，即戎蛮子国。哀四年，楚围蛮氏，尽俘以归。

陆浑，今河南府嵩县北三十里，有陆浑废县。僖二十二年，秦晋迁陆浑之戎于伊川。昭十七年，晋灭陆浑。

鲜虞，今北直真定府西北四十里新市城，即鲜虞国都。定四年，晋荀寅曰：中山不服。又哀三年，齐卫求援于中山。中山即鲜虞也。盖自是改称中山。

无终，今北直蓟州玉田县，即山戎无终子国。或曰：无终本在太原东境，后为晋所败灭，徙于燕、蓟之东。昭元年，晋败无终及群狄于太原。是也。

潞氏，今潞安府潞城县，春秋时潞子婴儿国也。宣十五年，晋灭赤狄潞氏。十六年，灭甲氏及留吁、铎辰，皆潞氏之属也。

廧咎如，或曰在山西太原府境。亦赤狄别种。咎，读曰皋。其属又有皋落氏。闵二年，晋伐东山皋落氏。

白狄，在陕西延安府境及山西汾州府西境。亦曰狄。

骊戎，今陕西西安府临潼县，即古骊戎国。

犬戎，在陕西凤翔府北境。杜预曰：西戎别在中国者。

山戎，今北直永平府境。庄三十年，齐伐山戎。或曰即北戎也。

茅戎，在河南陕州境。成元年，刘康公伐茅戎，败绩于徐吾氏。杜预曰：茅戎，戎之别种；徐吾氏，又茅戎之别种也。

卢戎，今湖广漳县洞五十里废申庐县，襄阳耆旧传云：古卢戎国。

鄋瞒，在山东济南府北境。亦曰长狄。文十一年，叔孙得臣获长狄侨如。或曰：今青州府高苑县有废临济城。古狄邑，即长狄所居。

北狄，在山西大同、蔚州诸境，即庄公末伐邢伐卫之狄也。

淮夷，在南直徐、邳诸州境。亦曰东夷。

肥，山西平定州乐平县东五十里，有昔阳故城，肥国都也。昭十二年，晋灭肥。又今北直永平府西北有肥如城，真定府藁城县西南有肥累城；又山东济南府有肥城县。或曰皆晋灭肥后其族类散处之地。

鼓，今北直晋州，即故鼓国也。《左传》昭十五年，晋取鼓而反之。二十二年，晋灭鼓。

戎，杜预曰：陈留济阳县东南有戎城，古戎国。今山东曹县东南有楚丘城。《括地志》云：即春秋戎州己氏邑也。济阳，亦见曹县。

濮，亦曰百濮。文十六年，麇人率百濮伐楚。杜预曰：今建宁郡有濮夷。建宁，今云南曲靖府境也。或曰：湖广常德、辰州府境，即古百濮地。

《左传》僖二十四年，富辰曰：管、今河南郑州治，即古管城。蔡、郕、霍、鲁、卫、毛、聃、亦作冉，又为郙，今湖广荆门州那口城。孔氏曰：那，读曰然，即故郍国。本作郍。又见上权国。郜、雍、今河南修武县西有雍城，即古雍国。曹、滕、毕、今陕西咸阳县北有毕原，即毕公高所封。原、酆、杜氏曰：酆，在鄠县东。见上崇国。郇，文之昭也；邘、今怀庆府西北三十里，有邘城，即古邘国。晋、应、今河南鲁山县东三十里，有应城。韩，武之穆也。凡、蒋今河南固始县西北有期思城，即故蒋国。邢、茅、山东金乡县西北有茅乡，古茅国。胙、祭，周公之胤也。又昭九年，景王使詹桓伯辞于晋曰：我自夏以后稷，魏、骀、即邰也。后稷始封。芮、岐、毕，我西土也。及武王克商，蒲姑、即齐胡公所徙薄姑城。亦曰蒲姑，商末诸侯国。商奄，今山东曲阜县有奄至乡，即古奄国。我东土也。巴、濮、楚、邓，我南土也。肃慎、杜预曰：肃慎在玄菟郡北三十馀里，燕、亳，亳夷，在陕西北境。《秦纪》：宁公与亳战。皇甫谧曰：西夷之国。我北土也。

《国语》：史伯曰：当成周者，南有荆蛮、即楚也。申、吕、今南阳府西二十里有吕城，故吕国。应、邓、陈、蔡、随、唐，北有卫、燕、翟、鲜、虞、路、即潞氏。洛，在今陕西庆阳府东北境。《汉·匈奴传》：武王放逐戎夷泾、洛之北。又《西羌传》：洛有大荔之戎，即洛戎矣。盖以洛水为名。泉、《左传》所云泉皋之戎也。今河南府西南有泉亭。徐、或曰：即徐吾氏之戎，茅戎之属也。蒲；亦赤翟之属。西有虞、虢、晋、隗、或曰：隗，即白狄也。白狄，隗姓。言隗者，别于上文之北翟也。霍、扬、魏、芮；东有齐、鲁、曹、宋、滕、薛、邹、即邾国。莒；是非王之支子母弟甥舅也，则皆荆蛮、戎、狄之人也。按杜佑曰：《春秋》经传所载之国，凡百七十，百三十九知土地所在，三十一国不知其处。今考定大小诸国以及戎、蛮之属，凡百四十有五国，而《春秋》以前之国不录焉。

黄氏曰：荆宛、并韩，荆州之宛，并州之韩。宛即申也。其国都皆近京师。宛卫武关以制楚，武关在陕西商州东北八十里。详陕西重险。韩扞临晋以制翟，临晋关即蒲津关，在山西蒲州西门外黄河西岸。详山西重险蒲津。皆天下形胜。故宣王中兴，特著二诗焉。大抵周人幽据全燕，齐据海、岱，燕制翟，齐制淮夷。兖、冀翼蔽洛阳，并、荆控扼咸、雍，此天下全势也。观九州山川险要之处，与其建牧规模，而经略大体可见矣。

○莫不弱者先灭，强者后亡，凌夷至于战国，存者惟有七君，而田齐、三晋，又非春秋之旧。

吕氏曰：秦变于戎者也，楚变于蛮者也，燕变于翟者也，赵、魏、韩、齐以篡乱得国者也。周以空名，靰系其间，危矣哉！

○周室衰微，所有者河南、即王城也。洛阳、即下都也。穀城、今河南府城西北十八里有故穀城。平阴、故城在今孟津县东。偃师、今县。巩、今县。缑氏故城在今偃师县南二十里。七城而已。

吕氏曰：周都岐、丰，复卜巩、洛，被山带河，形势甚壮。班氏言：洛邑与宗周通封畿，东西长而南北短，短长相覆为千里是也。平王东迁，赐秦以岐、丰之地，而周始弱；既又割虎牢畀郑，虎牢见前。酒泉畀虢，酒泉或曰今河南府渑池县地。襄王又畀温、原数邑于晋，温、原，俱见前子男国。畿甸益削矣。

○既又分为东西二周，秦人入寇，周遂先亡。

杜氏曰：西周，河南也；东周，巩也。平王初迁于河南，曰王城。子朝之乱，敬王居狄泉，曰下都。今洛阳故城是也。洛阳故城中有狄泉。敬王既定子朝之乱，改都下都。晋率诸侯之众，修缮其城，以下都城小，包狄泉以广之是也。考王封其弟揭于河南，以续周公之官职，是为河南桓公。威烈王时，桓公孙惠公又封少子班于巩，以奉王于洛阳，是为东周惠公。显王二年，韩、赵即其所封，分周为二，河南、缑氏、谷城三邑，属西周。洛阳、平阴、偃师、巩四邑，属东周。于是东、西周同于列国。显王特寄居东周之洛阳而已，赧王复迁于西周，而周乃亡。○吴氏曰：敬王四年，子朝奔楚，事在《春秋》昭二十六年。王虽返国，然以子朝馀党多在王城，乃徙都成周，而王城之都废。至考王封弟揭于王城，是为周桓公。自此以后，东有王，西有公，而东西之名未立也。桓公生威公，威公生惠公，惠公少子班，又别封于巩以奉王，是为东周惠公。而班之兄，则仍公爵，居王城，为西周武公。自此以后，西有公，东亦有公，二公各有所食，而周尚为一也。显王二年，韩、赵分周地为二，二周公治之，王寄焉而已。周之分东、西，自此始也。《史记》谓赧王时东西周分治者，非是。自慎靓王以上，皆在成周，赧王立，复徙于王城。盖东、西周之名，前后凡三变：初言东、西周者，以镐京对洛邑而言；中间言东、西周者，以王城对成周而言；《春秋》昭二十三年，王子朝在王城，时谓之西王。敬王居狄泉，在王城之东，时谓之东王。最后言东、西周，则以河南对巩而言也。

○夫秦，七国之雄也；都邑见前。

《战国策》：苏秦曰：秦西有巴、蜀、汉中之利，巴、蜀、汉中，见后四十郡。《史记》作西有汉中，南有巴蜀。北有胡、貉、代马之用，胡在北方，貉在东北方。王氏曰：胡如楼烦、林胡之属，貉如辰韩之属。

今山西太原府岢岚州以北，故楼烦胡地；大同府朔州以北，故林胡地；辽东三万卫以东北，即貉地。而大同蔚州之境，古代地也。三处皆产良马。胡与代本属赵，貉属燕。苏秦时，巴、蜀、胡、代，皆非秦有也，盖侈言之。**南有巫山、黔中之限，**巫山，在四川巫山县东三十里。详四川名山。黔中，见后黔中郡。**东有崤、函之固。**崤，崤阪，在河南永宁县北六十里。见河南名山三崤。函，函谷关，在河南灵宝县南十里。今曰潼关，在陕西华阴县东四十里。见陕西重险潼关。**沃野千里，地势形便，此所谓天府，天下之雄国也。**〇范雎曰：秦四塞以为固，高诱曰：四面有关山之固也。徐广曰：东函谷、南武关、西散关、北萧关，故曰四塞，亦曰关中。**北有甘泉、谷口，**甘泉山，在西安府泾阳县西北百二十里。谷口，在西安府醴泉县东北四十里，亦曰塞门。**南带泾、渭，**泾、渭见前《职方》。泾水从咸阳东南合渭，故曰南带。《史记》：秦被山带渭，东有关、河。**右陇、蜀，**陇，即陇坻，在凤翔府陇州西北六十里。详见陕西名山陇坻。**左关、阪，**关即函关。阪，即崤阪。**此霸王之业也。**〇苏秦谓赵王：秦下轵道，轵，今怀庆府济源县南三十里有轵城。**则南阳动；**今怀庆府境。春秋时，晋人自太行以南，皆谓之南阳。又今修武县北有南阳故城。**劫韩包周，则赵自销铄；据卫取淇，**今卫辉府淇县有淇水，流经北直濬县界，合于卫河。**则齐必入朝。秦欲已得行于山东，则必举甲而向赵。秦甲涉河逾漳，**河在南，漳在北。今怀庆府南境之河，彰德府北境之漳，皆所应涉、所应逾者也。**据番吾，**番吾，据《括地志》，即今真定府平山县。或曰在今彰德府磁州境。**则兵必战于邯郸之下。**邯郸，赵都也。〇楚人谓顷襄王：**秦左臂据赵之西南，右臂博楚之鄢郢，**鄢郢见前子男赖国及楚都。**膺击韩、魏，垂头中国，处既形便，势有地利。**

荀子曰：秦国塞险，形势便，山林川谷美，天府之利多，此形胜也。

《史记》：田肯曰：秦，形胜之国也。带河阻山，隔绝千里，持戟百万，秦得百二焉。地势便利，其以下兵于诸侯，譬犹居高屋之上，建瓴水也。

○韩，秦、魏之门户也。

《都邑考》：晋封韩武子于韩原，即故韩国，见前。宣子徙居州，今怀庆府东南五十里武德城是。贞子徙平阳，即尧都也。景侯徙阳翟，阳翟，今河南禹州也。本郑地，为韩所并，于是韩亦兼郑之称。哀侯徙新郑。故郑都也。哀侯二年，灭郑，自阳翟徙都之。或云懿侯复迁于阳翟。

《战国策》：苏秦曰：韩北有巩、洛、成皋之固，巩、洛、成皋，俱见前。西有宜阳、商阪之塞，宜阳，今河南府有宜阳县。商阪，即商洛山，在陕西商州东南九十里。司马贞曰：商阪在商、洛间，适秦、楚之险塞。东有宛、穰、洧水，宛，即申；穰，即邓也。洧水，出禹州密县，至陈州西华县而入于颍水。南有陉山，陉山，在新郑县西南三十里，亦名陉塞。地方千里。○张仪请秦伐韩曰：亲魏善楚，下兵三川，三川，谓成周也。河、洛、伊，为三川。塞轘辕、缑氏之口，轘辕山，在巩县西南七十里；缑氏山，在偃师县南四十里：皆险道也。《史记》作塞什谷之口。什谷口，即洛水入河之口云。断屯留之道，屯留，今山西潞安府有屯留县。高诱曰：即太行羊肠阪道也。魏绝南阳，楚临南郑，南阳，谓河内之南阳。南郑，即指新郑。秦攻新城、宜阳，新城，在今河南府南七十五里。以临二周之郊。○张仪说韩曰：秦下甲据宜阳，断绝韩之上地；上地，犹云上游。东取成皋、荥阳，故荥阳县也。见前仲丁迁器。则鸿台之宫、桑林之苑，鸿台、桑林，即宫苑名也。在韩都城内。非王有已。夫塞成皋，绝上地，则王之国分矣。○范雎谓秦昭王曰：秦下兵而攻荥阳，则成皋之道不通；北斩太行之道，太行山，在怀庆府城北二十里。有羊肠阪道，北通山西泽、潞诸州。详见河南名山太行。则上党之兵不下。一举而攻宜阳，则其国断而为三。○苏代约燕王，秦正告韩曰：吾起乎少曲，少曲，在怀庆府济源县西。《史记索隐》谓地近宜阳，误也。一日而断太行。我起乎宜阳而触平阳，平阳，故韩都也。二日而莫不尽由；我离两周而触郑，五日而国举。

　　○魏，山东之要，天下之脊也。

　　《都邑考》：晋封毕万于魏城，即故魏国。见前。悼子徙霍，故霍国，庄子徙安邑，夏都也。至惠王徙大梁，今开封府。因称梁。

　　《战国策》：苏秦曰：魏地南有鸿沟，鸿沟，即汴河也。旧自荥阳东南，至南直泗州入于淮。今详河南大川汴水。东有淮、颍，淮、颍二水，见前《禹贡》及《职方》。西有长城，《史记》：魏惠王十九年，筑长城，塞固阳，以备秦及西戎。又《秦纪》云：魏筑长城，自郑滨洛以北，有上郡。固阳，今陕西榆林卫北有稠阳塞。郑，即今华州治。洛，洛水，《职方》雍州浸也。上郡，今延安府绥德州有古上郡城。魏惠王初，河西之地，皆魏有也。其后筑长城于荥阳、阳武间矣。北有河外，河外，司马贞曰：河之南邑，对河内而言也。地方千里。○苏代约燕王，秦正告魏曰：我举安邑，故魏都。塞女戟，女戟，刘氏曰：在太行山西。韩氏太原卷。太原，刘氏曰：当作太行。卷，绝也。苏代谓齐王，亦曰：秦举安邑，而塞女戟，韩之太原绝。下轵道，轵，见上苏秦谓赵王。道南阳、封、冀，南阳，亦见上。封，封陵也，今山西蒲州南五十里风陵关是。冀，见前冀国。兼包两周。乘夏水，夏则水溢，故云。浮轻舟，强弩在前，铦戟在后。决荥口，荥口，荥泽之口，今河南河阴县西二十里石门口是也。魏无大梁；决白马之口，白马口，今北直滑县西白马津是也。旧为大河津渡处。魏无黄、济阳；黄，今开封府杞县东北六十里外黄城是。济阳，今开封府兰阳县东五十里济阳城是。决宿胥之口，宿胥，旧时淇水南入大河之口也。今大名府濬县西南有故宿胥渎。魏无虚、顿丘。虚即故朝歌也。顿丘，在今大名府清丰县西南二十五里。二邑在河北，盖决河北入灌之。陆攻则击河内，今怀庆、卫辉、彰德三府，皆曰河内。水攻则灭大梁。

○赵，河北之强国也。

《都邑考》：造父始封赵城，今平阳府赵城县。赵夙邑耿，故耿国也。成子居原，赵衰为原大夫是也。原，即故原国。简子居晋阳，故晋都也。献侯治中牟，今河南汤阴县西五十里有中牟城。后复居晋阳。肃侯徙都邯郸。今北直广平府邯郸县。《竹书纪年》：周安王十六年，赵敬侯自晋阳徙都邯郸。胡三省曰：成侯三十二年，魏克邯郸。三十四年，魏归邯郸。成侯，敬侯子也。若敬侯已都邯郸，安有魏克其国都而不亡者？至肃侯三年，公子范袭邯郸，不胜而死。盖是时赵方都邯郸，以为敬侯者，误也。

《战国策》：苏秦曰：当今之时，山东之建国，莫如赵强。赵地方三千里，西有常山，常山，即恒山。见前。南有河、漳，河，见前《禹贡》。漳，见前《职方》。东有清河，清河，在北直广平府清河县西境，今湮。北有燕国。为大王计，莫如一韩、魏、齐、楚、燕、赵六国从亲,以摈畔秦。令天下之将相,会于洹水之上,洹水,一名安阳河,出河南林县西林虑山,至北直内黄县,合于卫水。约曰:秦攻楚,齐、魏各出锐师以佐之,韩绝食道,食道,《史记》作粮道。《索隐》曰:拥兵于峣关之外,又守宜阳也。峣关,即今西安府蓝田县东南九十里之蓝田关。宜阳,见前。赵涉河、漳,燕守常山之北。秦攻韩、魏,则楚绝其后,齐出锐师以佐之,赵涉河、漳,燕守云中。今大同府西北四百馀里有古云中城。秦攻齐,则楚绝其后,韩守成皋,在河南汜水县。见前。魏塞午道,郑元曰:一纵一横为午,谓交道也。鲍彪曰:北为子,南为午,秦南道也。赵涉河、漳、博关,博关,今山东博平县西北三十里故博平城是也。燕出锐师以佐之。秦攻燕,则赵守常山,楚军武关,武关,在陕西商州。见前。齐涉勃海,海之旁出者曰勃。自山东青、济北向沧、瀛,即所涉处也。瀛,今河间府。韩、魏皆出锐师以佐之。秦攻赵,则韩军宜阳,楚军武关,魏军河外,见前北有河外。齐涉清河,燕出锐师以佐之。六国从亲以摈秦,秦必不敢出函谷关以害山东矣。函谷关,在河南灵宝县。见前。○苏厉为齐遗赵王书:燕尽齐之北地,去沙丘、钜鹿,沙丘,今顺德府平乡县东北二十里有沙丘台。钜鹿故城,即今平乡县。敛三百里。敛,减也,韩之上党,去邯郸百里;燕、秦谋王之河山,间三百里而通矣。秦之上郡今延安府以北。近扞关至于榆中者扞关,吕氏曰:在晋阳以西。扞者,扞蔽之义,非关名也。又曰:赵之扞关,陆道之关;楚之捍关,水道之关。榆中,即今榆林镇东北故榆溪塞,时尚属赵。千五百里。秦以三郡郡,当作军。攻王之上党,王氏曰:上党远韩近赵,亦为赵之险塞,故云。羊肠之西,潞安府壶关县东南百馀里有羊肠阪。今详见山西重险天井关。勾注之南，勾注山，在太原府代州西二十五里。详见山西名山勾注。非王有已。逾勾注，斩常山而守之，三百里而通于燕，代马胡犬不东下，代、胡之地，俱在常山北也。昆山之玉不出已。昆山在塞外，或以为即昆仑。《国策》多脱误，今从《史记》。

○燕，附齐、赵以为重者也。都邑见前。

《都邑考》：燕都蓟。蓟，即今北直顺天府附郭大兴县。一云燕都在汉故安县，即今保定府易州也。因今易州南犹有古燕国城，广袤六十里。蓟本尧后所封。《史记》曰：武王克商，封帝尧之后于蓟，是也。后燕并其地，因迁都焉。

《战国策》：苏秦曰：燕东有朝鲜、辽东，朝鲜，今辽东塞外国。辽东，见舜营州。北有林胡、楼烦，林胡、楼烦，见前胡、貉。叶氏曰：燕最近翟。战国时，林胡、楼烦雄于北方。西有云中、九原，云中，见前燕守云中。九原，今榆林西北古丰州是也。南有呼沱、易水。呼沱、易水，见前《职方·并州》。地方二千里。南有碣石、雁门之饶，碣石山，在今永平府昌黎县西北二十里。详北直名山碣石。雁门关，在太原府代州北三十里。今附详名山勾注。鲍氏曰：云中、九原及雁门，本赵地，而兼言之者，与燕接壤也。北有枣栗之利，此天府也。秦之攻燕也，逾云中、九原，过代、上谷，代郡、上谷郡，俱见后四十郡。弥地踵道数千里。虽得燕城，秦计固不能守也。秦之不能害燕，亦明矣。其后张仪胁燕，则曰：王不事秦，秦下甲云中、九原，驱赵而攻燕，则易水、长城，非王有也。盖立说不同。今赵之攻燕也，发号出令，不至十日，而数十万之众，军于东垣矣。东垣，即今真定府。渡呼沱，涉易水，不至四五日，而距国都矣。故曰：秦之攻燕也，战于千里之外; 赵之攻燕也, 战于百里之内。

　　○齐, 东海之表也; 都邑见前。

　　《战国策》: 苏秦曰: 齐南有泰山, 泰山, 见《禹贡·海岱》。东有琅邪, 琅邪山, 在青州府诸城县东南百四十里。见山东名山琅邪。西有清河, 北有勃海, 所谓四塞之国也, 地方二千馀里。夫韩、魏之所以畏秦, 以与秦接界也。秦攻齐则不然, 倍韩、魏之地, 过卫阳晋之道, 阳晋, 在今山东曹县北。战国时属卫, 为适齐之孔道。径亢父之险, 亢父城, 在今山东济宁州南五十里。车不得方轨, 马不得并行, 百人守险, 千人不能过也。秦虽欲深入, 则狼顾恐韩、魏之议其后也。○国子曰: 安邑者, 魏之柱国也; 晋阳者, 赵之柱国也; 鄢郢者, 楚之柱国也。三国与秦壤界, 秦伐魏取安邑, 伐赵取晋阳, 伐楚取鄢郢矣。覆三国之军, 兼二周之地, 举韩氏, 取其地, 且天下之半。又劫赵、魏, 疏中国, 疏, 离散也。封卫之东野, 犹东鄙。兼魏之河内, 河以北地也。绝赵之东阳, 春秋时, 晋以太行山东为东阳。杜预曰: 魏郡广平以北是也。即今大名、广平、顺德府之境。则赵、魏亦危矣。赵、魏危, 非齐之利也。韩、魏、楚、赵, 恐秦兼天下而臣其君, 故专心一志以逆秦。逆, 拒也。三国与秦壤界而患急, 齐不与秦壤界而患缓, 是以天下之势, 不得不事齐。秦得齐, 则权重于中国。赵、魏、楚得齐, 则足以敌秦, 故秦、楚、赵、魏, 得齐者重, 失齐者轻。齐有此势, 不能以重于天下者, 何也? 其用者过也。

　　《史记》: 田肯曰: 齐东有琅邪、即墨之饶, 即墨, 今山东平度州东有故即墨城。南有泰山之固, 西有浊河之限, 即大河也。北有勃海之利, 持戟百万, 县隔千里之外, 齐得十二焉。此东秦也。

○楚，南服之劲也。都邑见前。

《战国策》：苏秦曰：楚，天下之强国也。西有黔中、巫郡，《通典》：夔州巫山县，楚置巫郡于此。黔中，见前。东有夏州、海阳，夏州，车胤曰：夏口城北数里有洲名夏州。夏口，今武昌府城西之汉口也。详见湖广重险夏口。海阳，刘伯庄云：楚并吴越地，东至海。海阳，盖楚之东南境。南有洞庭、苍梧，洞庭湖，在岳州府城西南一里。详湖广大川洞庭。苍梧，《山海经》注云即九疑山也，在今湖广宁远县南六十里。详见湖广名山九疑。北有陉塞、郇阳，陉塞，一作汾陉之塞，即陉山也。盖与韩接境，见韩南有陉山。郇阳，洵水之阳也。今陕西洵阳县即其处。地方五千里，此霸王之资也。秦之所害于天下，莫如楚。王不从亲以孤秦，秦必起两军，一军出武关，见前。一军下黔中，则鄢郢动矣。○张仪说楚曰：秦下甲据宜阳，韩之上地不通；下河东，今平阳、蒲州之间。取成皋，韩必入臣于秦。韩入臣，魏则从风而动。秦攻楚之西，韩、魏攻其北，社稷岂得无危哉？是故愿王熟计之也。秦西有巴蜀，方船积粟，起于汶山，汶山，即岷山，在四川茂州西北。详四川名山岷山。循江而下，至郢三千馀里。舫船载卒，一舫载五千人，与三月之粮，下水而浮，一日行三百馀里。里数虽多，不费汗马之劳，不至十日，而距扞关；扞关，在湖广长阳县南七十里。或曰：即四川夔州府东八里之瞿唐关也。详四川重险瞿唐。扞关惊，则从竟陵以东，竟陵故城，在今湖广景陵县西南。尽城守矣。黔中、巫郡，非王之有。秦举甲出武关，南面而攻，则北地绝。谓楚之北境。秦兵之攻楚也，危难在三月之内。而楚恃诸侯之救，在半岁之外。此其势不相及也。○苏代约燕王，秦正告楚曰：蜀地之甲，

轻舟出于汶，汶，即上汶山。乘夏水而下江，五日而至郢。汉中之
甲，汉中，见前。轻舟出于巴，巴，孔氏曰：巴岭山也。在今汉中府南百
馀里。乘夏水下汉，四日而至五渚。五渚，刘氏曰：在宛邓间汉水上。
胡氏以为西汉水，道出今四川之嘉陵江，似误。寡人积甲宛，今南阳府
治。见前。东下随，即随州。见前。智者不及谋，勇者不及怒，寡人
如射隼矣。《淮南子》：楚地南卷沅、湘，沅水，出贵州镇远府境，至
湖广常德府东境注洞庭湖。湘水，出广西兴安县南海阳山，至湖广长沙
府北境入洞庭湖。俱详湖广大川。北绕颍、泗，颍，见《职方·荆州》。
泗，见《职方·青州》。西包巴、蜀，东裹郯、淮，郯，见郯国。淮，见
《禹贡·徐州》。颍、汝以为洫，汝水，出河南鲁山县大盂山，至江南颍
州东南入淮。详河南大川。江、汉以为池，江、汉，见《职方·荆州》。
垣之以邓林，邓林，林氏曰：邓州西多山林，故名。绵之以方城，方城
山，在河南裕州东北四十里。山高寻云，溪肆无景。

　　○秦用范雎远交近攻之策，先灭韩，次灭赵，次灭魏。

　　《战国策》：范雎曰：韩、魏，中国之处，而天下之枢也。又
曰：秦、韩之地形，相错如绣。秦之有韩，如木之有蠹，人之病心
腹。天下有变，为秦患者，莫大于韩。王不如收韩。○顿弱曰：韩，
天下之咽喉；魏，天下之胸腹。

　　杜牧曰：秦萃锐三晋，经六世乃得韩，遂折天下脊；复得赵，
因拾取诸国。

　　○次灭楚，次灭燕，并灭代，赵灭后，群臣奉公子嘉为代王。
代，今大同蔚州地。乃灭齐。

　　《史记·六国表》：东方物所始生，西方物之成熟。夫作事者

必于东南, 收功实者常于西北。故禹兴于西羌, 汤起于亳。周之土也, 以丰镐伐殷。秦之帝用雍州兴。汉之兴自蜀汉。

林氏曰: 六国之所以灭者, 以不知天下之势也。六国之势, 莫利于从, 而卒败于衡者, 祸在于自战其所可亲, 而忘其所可雠也。齐、楚自恃其强, 有并包燕、赵、韩、魏之志, 而缓秦之祸。燕、赵、韩、魏, 自惩其弱, 有疑恶齐、楚之心, 而胁秦之威。是以苏秦之说阻, 而张仪之志申。秦知天下之势, 取韩、魏以执天下之枢, 故能并天下。是故后之有为者, 必先审知难易之势。唐宪宗欲平藩镇, 李绛以为先淮、蔡而后恒、冀; 周世宗欲平天下, 王朴以为先江南而后河东, 良有以也。

○于是罢侯置守, 分天下为三十六郡。

内史, 今陕西西安府、凤翔府。秦都咸阳, 此其畿内也。

三川, 今河南之河南府、开封府、怀庆府、卫辉府。郡治洛阳, 周故都也。

河东, 今山西平阳府。治安邑, 故魏都也。

上党, 今潞安府及辽、泽、沁等州。魏收曰: 上党郡, 秦治壶关, 汉治长子。壶关, 今潞安府治长治县是。长子, 今潞安属县。

太原, 今太原府、汾州府。郡治晋阳, 赵故都也。

代郡, 今大同府北及蔚州之境皆是。

雁门, 今太原府代州以北、大同府之应州、浑源州、朔州, 皆是其地。

云中, 今陕西榆林镇东北四百馀里废胜州一带, 是其地。

九原, 今榆林西北七百馀里废丰州一带, 是其地。

上郡,今延安府及榆林镇。

北地,今庆阳府、平凉府及宁夏镇是其地。郡治义渠,庆阳之宁州也。

陇西,今临洮府、巩昌府。郡治狄道,今临洮府附郭县。

颖川,今开封府之禹州、陈州及汝宁府,以至汝州之境。郡治阳翟,故韩都也。

南阳,今南阳府及湖广之襄阳府。郡治宛,即今南阳府治南阳县。

砀郡,今河南归德府及山东济宁、东平二州,又江南砀山县至凤阳府之亳州,皆是其境。郡治砀,即砀山县。

邯郸,今北直广平府及河南之彰德府。郡治邯郸,故赵都也。

上谷,今保定府、河间府及顺天府之南境、西境,又延庆、保安二州至宣府镇境内,皆是。

钜鹿,今顺德府及真定府。郡治钜鹿,今顺德府平乡县也。

渔阳,今顺天府东至蓟州一带。

右北平,今永平府至蓟州,又北至废大宁卫之西南境。

辽西,今永平府以北至废大宁卫,又东至辽东之广宁等卫境。

辽东,今辽东、定辽等卫境。

东郡,今北直大名府及山东东昌府、济南府之长清县以西,是其境。郡治濮阳,故卫都也。

齐郡,今青州府、登州府、莱州府及济南府之境。郡治临淄,故齐都也。

薛郡,今兖州府东南至南直海州一带,是其境。

琅邪,今兖州府东境沂州、青州府南境莒州、莱州府南境,胶州一带,皆是其境。

泗水,今南直徐州、凤阳府泗州、宿州,淮安府邳州,皆是其境。郡治沛,今徐州沛县也。

汉中,今陕西汉中府及湖广郧阳府。

巴郡,今四川保宁府、顺庆府、夔州府、重庆府及泸州境,皆是。郡治巴,即故巴国也。

蜀郡,今成都府、龙安府、潼川州、雅州、邛州及保宁府剑州以西,皆是。即故蜀国也。

九江,今南直凤阳、淮安、扬州、庐州、安庆等府及滁、和二州,江西境内州郡,皆是其地。郡治寿春,因楚都也。

鄣郡,今应天、太平、宁国、徽州、池州诸府及广德州,又浙江之湖州、严州府境,皆是其地。郡治鄣,今湖州府长兴县西南有故鄣城。

会稽,今苏州、常州、镇江、松江诸府,及浙江境内州郡,皆是。郡治吴,今苏州府附郭吴县是也。

南郡,今湖广荆州、承天、汉阳、武昌、黄州、德安诸府及襄阳府之南境,又施州卫,亦是其地。郡治郢,故楚都也。

长沙,今长沙、岳州、衡州、永州、宝庆诸府,又郴州至广东之连州,皆是。郡治湘,今长沙府附郭长沙县也。

黔中,今辰州府、常德府至岳州府之澧州,又永顺、保靖诸卫,皆是其地。杜佑曰:今黔中、宁夷郡亦是其地。宋白曰:隋唐之黔州,非秦汉之黔中也。自后周保定四年,涪陵首领田思鹤归化,以其地立奉州,寻改黔州。隋因之,亦曰黔安郡。唐亦曰黔中郡。说者遂以唐黔州及夷、费、思、播皆为古黔中地,不知涪陵之黔州与古黔中隔越峻岭,以山川言之,炳然自分。唐黔州治今四川彭水县。夷、费、思、播四州,俱见唐十道州郡。

又平百越，置四郡。

闽中，今福建州郡。郡治候官，今福州府附郭县。

南海，今广东广州、肇庆、南雄、韶州、潮州、惠州及高州府北境，广西平乐府东境及梧州府东南境，皆是其地。郡治番禺，今广州府附郭县。

桂林，今广西境内州郡。

象郡，今广东雷州、廉州、高州诸府及广西梧州府之南境，以至安南州郡，皆是。

〇合四十郡，郡一守焉。其地西临洮而北沙漠，东萦南带，皆临大海。《史记》：秦地东至海暨朝鲜，西至临洮羌中，南至北向户，北据河为塞，旁阴山至辽东。北向户，谓南裔之地。汉曰南郡，即北向户也。阴山，在今榆林塞外。

吕氏曰：春秋之时，郡属于县，《周书·作雒》篇：千里百县，县有四郡。《释文》：周制，天子地方千里，分为百县；县方百里，郡方五十里。赵简子誓众，所谓上大夫受县，下大夫受郡是也。战国之时，县属于郡。《秦纪》惠文十一年，魏纳上郡十五县是也。方孝公、商鞅时，并小乡为大县，县一令，尚未有郡牧守称。《秦纪》：孝公十二年，聚小都乡邑为三十一县，置令丞。此废乡邑为郡县之始。及魏纳上郡之后十馀年？《秦纪》始书置汉中郡。或者山东诸侯先变古制，而秦效之欤。按《战国策》，楚王以新城为主郡，新城在今河南府南。见前。郡之所治，必居形胜控扼之地。郡者县之主，故谓之主郡。又三川、河东在诸郡之首者，盖所以陪辅关中，地势莫重焉。即汉所谓三河也。汉分三川为河南、河内与河东，号为三河。《史记·货殖传》曰：昔唐人都河东，言唐以该虞、夏也。殷人都河内，谓朝歌也。周人都河南。夫三河在天下之中若鼎足，王者所更居也。○孙氏曰：郡县之制，尽划根著之旧，以为空虚之天下。匹夫亡秦，五胡覆晋，盗贼篡唐，此非有秦人取天下之威，而失之反掌。

○始皇既没，山东之众，起而亡秦。

史略：初，陈胜起兵于蕲，今凤阳府宿州南四十六里废蕲县是。略地至陈，见前陈国。为楚王。于是沛公起兵于沛，见前泗水郡治。项羽起兵于吴，见前会稽郡治。而田儋、景驹等，亦各据地称王。田儋略定齐地，为齐王。秦嘉起兵于郯，奉景驹为楚王。郯，见前郯国。《史记》有郯郡，盖楚汉间所置。既而项羽破章邯军于钜鹿，见上钜鹿郡。秦军皆降；沛公引兵，自南阳见上南阳郡。入武关，见前。绕峣关，在陕西蓝田县东南九十六里。逾蒉山，在蓝田县东南二十五里。破秦军于蓝田，即今县。至霸上，今西安府城东二十里霸水上。子婴降，遂入咸阳。见前。既而项羽亦引兵至河南，入函谷关，见前关阪。屠咸阳而东。

○项羽还自咸阳，分王诸将。楚分为四。

史略：羽自立为西楚霸王，王梁、楚地，都彭城；彭城，今南直徐州。吴芮为衡山王，都邾；邾，今黄州府附郭黄冈县。英布为九江王，都六；六，见前六国。共敖为临江王，都江陵。今荆州府附郭县。

○赵分为二。

史略：张耳为常山王，王赵地；都襄国；今顺德府治邢台县是。赵王歇徙王代，为代王。今大同府蔚州治是。

○齐分为三。

史略：田都为齐王，都临淄；故齐都也。田安为济北王，都博阳；博阳，今山东长清县西南废卢县是，盖在博关之南也。博关，见前苏秦说赵。刘氏曰：博阳，当作博陵，今山东博平县西北故城是。徙齐王田市为胶东王，都即墨。故城在山东平度州东。见前。

○燕分为二。

史略：臧荼为燕王，都蓟；故燕都也。徙燕王韩广为辽东王，都无终。见前无终国。

○魏分为二。

史略：徙魏豹为西魏王，王河东，都平阳；见前。司马卬为殷王，王河内，都朝歌。见前。

○韩分为二。

史略：韩王成为韩王，都阳翟；因故都也。申阳为河南王，都雒阳。见前。

○秦分为三，并汉中为四。

史略：章邯为雍王，王咸阳以西，都废丘；即犬丘，见周都。司马欣为塞王，王咸阳以东至河，都栎阳；见前秦都。董翳为翟王，王上郡，都高奴。今延安府西北百里废金明城是。

○沛公为汉王，王巴、蜀、汉中，都南郑。今汉中府附郭县。

司马迁曰：秦失其政，陈涉首难，豪杰蜂起。羽起陇亩之中，三年，遂将五诸侯灭秦，五诸侯，齐、赵、韩、魏、燕也。分裂天下，而封王侯。政由羽出，号为霸王。位虽不终，近古以来，未尝有也。

读史方舆纪要卷二

历代州域形势二　两汉　三国

○汉还定三秦，见上卷秦分为三。遂东向而争天下。

史略：初，沛公不欲得汉中，怒将攻羽。萧何曰：愿大王王汉中，养其民以致贤人，收用巴、蜀，见上卷秦四十郡。还定三秦，天下可图也。因荐韩信为大将，信遂劝王东出陈仓，陈仓，今凤翔府宝鸡县东二十里陈仓故城是。其南即褒斜道也。三秦悉定。汉王东如陕，今河南陕州。降河南，申阳也。定韩，郑昌也。时项王废杀韩王成，而以故吴令郑昌为韩王。汉遣韩襄王孙信击降昌，立信为韩王。还都栎阳，即塞王司马欣所都。乃自临晋渡河，临晋关，在山西蒲州。见上卷黄氏论并韩。降魏王豹于平阳，见前。虏殷王卬于河内，即朝歌也。见前。南渡平阴津，在今河南孟津县。见前。至洛阳，合诸侯兵，东入彭城。项羽都也。见前。项羽自齐还击汉，汉王败而西过梁，谓梁地，今归德府境。谓张良曰：吾欲捐关以东弃之，谁可与共功者？良曰：九江王布与楚有隙，彭越与齐反梁地，此两人可急使。而汉将独韩信可属大事，当一面。捐之此三人，则楚可破也。汉王然其计。至荥阳，见前。收集散亡，军复振，破楚兵于荥阳南京、索间，京城，在今荥阳东南三十里。索城，在故京城西二十里，亦曰大索城。城北四里又有小索城。此三城间，楚汉战处也。楚是以不能过荥阳而西。汉筑甬道，属之河，以取敖仓粟，敖，敖山，在今郑州河阴县西二十里。秦时筑仓于山上。又遣随何使九江，说布归汉；拜彭越为魏相国，使将兵侵掠梁、楚间，以挠楚军。会魏王豹复叛，汉即遣韩信击之。信从夏阳渡河夏阳，即陕西韩城县故少梁城。秦汉间为夏阳县。袭安邑，见前。击虏豹，悉定魏地；使人请汉王，愿益兵三万人，北举燕赵，东击齐，南绝楚粮道，西会于荥阳。楚于是始困。

〇坚守成皋，卒平强楚。

史略：初，楚围荥阳急，汉王西入关，谓函谷关，收兵欲复东。辕生进说曰：汉与楚相距荥阳数岁，汉常困。愿君王出武关，见前。项王必引兵南走，王深壁，令荥阳、成皋间且得休息。使韩信等得辑河北赵地，连燕、齐，君王乃复走荥阳。如此，则楚所备者多，力分。汉得休息，复与楚战，破之必矣。王乃出军宛、叶间。宛，今南阳府治。叶，今南阳府裕州叶县。俱见前。久之，羽拔荥阳、成皋。汉王北渡河，军于小修武，小修武城，在今怀庆府修武县东四里。而使将将兵保巩。今河南府巩县，见前。羽闻韩信已破赵收燕，将入齐，而彭越复反梁地，则分兵救之。时汉既数困，计捐成皋以东，屯巩、洛以拒楚。洛即洛阳。郦食其曰：敖仓天下转输久矣，闻其下藏粟甚多。楚拔荥阳，不坚守敖仓，乃引而东，令适卒分守成皋，此天所以资汉。愿急复进兵，收取荥阳，据敖仓之粟，塞成皋之险，杜太行之道，太行道，见上卷七国韩范雎谓秦。距蜚狐之口，蜚狐口，在山西广昌县北二十里。详山西重险飞狐口。守白马之津，白马津，在北直滑县。见上卷七国魏苏代约燕王。以示诸侯形制之势，则天下知所归矣。王从之，乃复取成皋，就敖仓食，与楚军相距于广武。广武山，在郑州河阴县东北十里，上有东西二城，即楚汉相距处。既而韩信略定三齐，将南向。楚兵食少势狐，汉王坚壁不战，相持久，益困。乃与汉约，中分天下，解而东归。汉王追至固陵，今开封府陈州西北四十三里，有固陵聚。与信、越期会，不至，为楚所败。张良曰：楚兵且破，信、越未有分地，其不至固宜。信为齐王，非君王意，不自坚。越本定梁地，意亦望王。今能取睢阳以北至穀城皆以王彭越，睢阳，即今归德府治。穀城，今山东东阿县，即故穀城。从陈以东傅海与韩信，陈，见前陈国。使各自为战，则楚易破也。王从之。而信、越之兵追至，破羽于垓下，垓下，在今凤阳府虹县西五十里。羽走死。

○天下大定，定都长安。

《都邑考》：高祖初自南郑徙都栎阳，俱见前。既灭楚，还都洛阳。因周都也。既而从娄敬、张良之说，复还栎阳，定都长安。今西安府城西北三十里长安故城是。

○矫秦之弊，封建王侯。其初以异姓而王者，凡七国。

楚，韩信初为齐王，既灭楚，更立为楚王，王淮北，都下邳。汉六年国除。下邳，今南直邳州。

梁，彭越封梁王，王魏故地，都定陶。汉十一年国除。定陶，今山东定陶县。

赵，张耳封赵王，王赵故地，都襄国。五年，子敖嗣。九年国除。襄国，见前。

韩，韩王信初封韩王，王故韩地，都阳翟。六年，更以太原、雁门郡三十一县为韩国，徙都晋阳。信请治马邑。是年，信降匈奴。十一年，击斩之。晋阳，见前晋国。马邑，今山西朔州东北有故马邑城。

淮南，英布故封九江王，汉因其故封，改称淮南，仍都六。十年布叛，讨灭之。六，见前。

燕，臧荼故封燕王，又并有辽东地，汉因而封之。旋叛灭，改立卢绾为燕王，仍都蓟。十一年绾叛，降匈奴。

长沙。吴芮故封衡山王，项羽夺其地，称番君。汉灭羽，更封芮为长沙王，都临湘，传五世。临湘，即长沙郡治。

○数年之间，以次剪除。自汉五年定封，至十一年皆相继废灭，惟长沙仅存。于是改封同姓子弟，分地过侈，寖以骄恣。

齐，汉六年，以胶东、胶西、临菑、济北、博阳、城阳郡七十三县，立子肥为齐王，都临淄。文帝十六年，分齐为六国，立齐悼惠王肥诸子皆为王。济北、博阳，因楚汉间旧名也。诸郡俱详见下，馀仿此。

荆，汉六年，分楚王信地，以淮东之故东阳郡、鄣郡、吴郡五十三县，立从兄贾为荆王，都吴。十一年，为英布所败灭，更以荆为吴国，立兄仲之子濞为吴王，都广陵。东阳，即临淮地。鄣郡，即丹阳郡。吴郡，即会稽郡也。

楚，汉六年，分楚王信地，以淮北之薛郡、东海、彭城三十六县，立弟交为楚王，都彭城。

淮南，十一年，以淮南王英布地，立子长为淮南王，都寿春。文帝六年，罪废。十二年，徙城阳王喜为淮南王。十六年，复以喜为城阳王，分淮南为三国，立淮南厉王长三子皆为王。

燕，十二年，以燕王卢绾地，立子建为燕王，都蓟。吕后七年，国除，更以吕通为燕王。文帝元年，徙琅邪王刘泽为燕王。元朔二年，国除。元狩六年，更立子旦为燕王。

赵，八年，以赵王张敖地，徙代王如意为赵王，都邯郸。惠帝元年，徙淮阳王友为赵王。吕后七年，又徙梁王恢为赵王。未几，国除，立吕禄为赵王。文帝元年，封故赵幽王友子遂为赵王。

梁，十一年，分梁王彭越地，又益以东郡地，立子恢为梁王，都睢阳。吕后七年，徙恢为赵王，以吕产为梁王。明年，大臣徙吕后所名孝惠子济川王太为梁王。文帝二年，立子楫为梁王。十一年，又徙淮阳王武为梁王。

代，六年，以云中、雁门、代郡五十三县，立兄喜为代王，都代。七年，匈奴攻代，代王喜弃国自归，因改立子如意为代王。八年，徙为赵王，立子恒为代王，兼有韩王信故地，都晋阳。后徙中都。中都，今汾州介休县有中都城。吕后薨，文帝入即位。二年，分代地，立子武为代王，参为太原王。五年，徙武为淮阳王，参为代王，尽得故地。

淮阳。十一年，分彭越地，又益以颍川郡地，立子友为淮阳王，都陈。惠帝元年，徙友为赵王。吕后元年，立所名孝惠子疆为淮阳王。五年，改立所名孝惠子武为淮阳王。文帝五年，徙代王武为淮阳王。十一年，又徙为梁王，而淮阳为郡。

司马迁曰：高祖子弟同姓为王者九国，惟独长沙异姓，而功臣侯者百馀人。自雁门、太原以东，雁门、太原，见秦郡。至辽阳，辽水之阳也。《括地志》汉辽东郡有辽阳县，即今辽东镇城也。为燕、代国。常山以南，太行左转，常山、太行，俱见上卷。渡河、济，阿、鄄以东阿，见山东东阿县。鄄，即今山东濮州治，故鄄城县也。薄海，为齐、赵国。自陈以西南至九疑，九疑，见前七国楚苍梧。东带江、淮、縠、泗，穀即睢水也。自汴河分流，径徐州南境，下流入于泗。详见南直大川睢水。薄会稽，会稽山，见上卷《职方》。为梁、楚、吴、淮南、长沙国。皆外接于胡、越。而内地北距山以东，尽诸侯地，大者或五六郡，连城数十，置百官宫观，僭于天子。汉独有三河、东郡、颍川、南阳，自江陵以西至蜀，北自云中至陇西与内史，凡十五郡，而公主列侯颇食邑其中。何者？天下初定，骨肉同姓少，故广强庶孽，以镇抚四海，用承卫天子也。

○景帝时，吴、吴王濞也。楚、楚王戊，元王交之孙也。赵，赵王遂。胶东、胶东王雄渠，齐悼惠王肥之子。文帝十六年，分齐地为胶东国，都即墨。胶西、胶西王卬，亦悼惠王肥之子。文帝分齐为胶西国，都高苑。高苑，今青州府高苑县西北故城是。菑川、菑川王贤，亦肥之子。文帝分齐为菑川国，都剧。剧，今青州府寿光县西南三十里有故剧城。济南济南王辟光，亦肥之子。文帝分齐为济南国，都东平陵。今济南府东六十里有东平陵城。七国变起，赖贾谊效谋于前，亚夫陈力于后，是以危而无患。

史略：初，文帝封三子于梁、代、淮阳。时吴、楚、齐、赵诸侯强，而梁王薨无嗣，代北边匈奴，淮阳弱小。贾谊请：举淮南地以益淮阳，而为梁王立后，割淮阳北边二三列城与东郡以益梁，不可者，可徙代王而都睢阳。梁起于新郪而北著之河，新，郪，在今凤阳府颍州东八里。淮阳包陈而南揵之江，陈即淮阳都也。则大诸侯之有异心者，破胆而不敢谋，梁足以扞齐赵，淮阳足以禁吴楚，陛下无山东忧矣。文帝于是徙淮阳王武为梁王，北界泰山，西至高阳，高阳，今开封府杞县西二十里有高阳城。得大县四十馀城。

及景帝三年，七国反，梁王城守睢阳，吴、楚兵不敢过而西，留攻围之。汉遣郦寄击赵，栾布救齐，时胶西、胶东、菑川、济南共攻齐也。窦婴屯荥阳，监齐、赵兵，而命周亚夫击吴、楚。亚夫请以梁委之，而东北走昌邑，今兖州府金乡县北四十里，有昌邑故城。坚壁不战，使轻骑出淮泗口，淮泗口，在今淮安府清河县城南，泗水入淮之口也。亦曰清口。详见南直大川清河。绝吴、楚兵后，塞其饷道，于是吴、楚散败，齐、赵皆平。吴王之初发也，其臣田禄伯进说曰：兵屯聚而西，无他奇道，难以立功。臣愿得五万人，别循江、淮而上，收淮南、长沙，谓淮南、长沙二国。入武关，见前。与大王会。此亦一奇也。桓将军亦曰：吴多步兵，步兵利险。汉多车骑，车骑利平地。愿大王所过城不下，直去，疾西据洛阳武库，武库在洛阳城内。食敖仓粟，阻山河之险，以令诸侯。虽无入关，天下固已定矣。若徐行留下城邑，汉军车骑至，驰入梁、楚之郊，事败矣。吴王不从，以至于败。

　　○迨主父偃之说行，诸侯益以衰息矣。初，贾谊劝文帝，使诸侯得分国以封子弟。主父偃复劝武帝，令诸侯得推私恩，分子弟邑。于是藩国始分，而子弟毕侯，汉法益密，失国者众。

　　司马迁曰：天子观于上古，然后加惠，使诸侯得推恩分子弟国邑。故齐分为七，齐、城阳、济北、济南、菑川、胶东、胶西，凡七国。赵分为六，赵、河间、广川、中山、常山、清河，凡六国。梁分为五，梁、济阴、济川、济东、山阳，凡五国。淮南分三，淮南、庐江、衡山，凡三国。及天子支庶子为王，王子支庶为侯，百有馀焉。吴、楚时前后诸侯，或以适削地，是以燕、代无北边郡，吴、淮南、长沙无南边郡, 齐、赵、梁、楚支郡名山陂海, 咸纳于汉。诸侯稍微, 大国不过十馀城, 小侯不过数十里, 上足以奉贡职, 下足以供养祭祀, 以藩辅京师。而汉郡八九十, 形错诸侯间, 犬牙相临, 秉其厄塞地利, 强本干, 弱枝叶之势也。

〇自汉兴以来, 郡国稍复增置。**武帝逐匈奴**, 武帝遣卫青等击走匈奴, 取河南地。后又过焉支, 逾祁连, 取河西地。又绝大漠, 匈奴远遁, 而幕南无王庭。河南, 今陕西榆林镇以北河套地。焉支山, 在今甘肃镇山丹卫东南。祁连山, 在今甘州卫西南。详见陕西名山祁连。河西, 即今甘肃之境。大漠, 今河套外阴山以北沙漠地也。**平南越**汉十一年, 以故南海尉赵陀据有南越称王, 因立为南越王, 都番禺。元鼎六年, 国乱, 遣路博德等击平之。南越, 今广东、西及安南境内是。又东越国, 汉五年, 封故粤王后无诸为闽粤王, 王闽中地, 都冶。建元六年, 更立无诸孙繇君丑为闽繇王。又故王郢之弟馀善, 自立为王, 汉因立为东越王, 国分为二。元封元年, 馀善叛, 遣韩说等击之, 徙其民于江淮间, 而虚其地。又东海国, 惠帝三年, 立闽粤君摇为东海王, 都东瓯, 亦曰东瓯王。建元三年, 为闽粤所侵, 举国内徙于江淮间。东瓯, 今浙江温州府附郭永嘉县也。**及西南夷**, 元光五年武帝从唐蒙等言, 始通西南夷。今陕西、四川以西南及贵州、云南之境, 是其地。又**通西域**, 元鼎二年武帝从张骞言, 招乌孙、大夏之属三十六国, 自敦煌西至盐泽、轮台、渠犁, 皆起亭障, 有田卒, 置使者校尉领护。三十六国, 俱在今甘肃徼外。敦煌, 今废沙州卫。盐泽, 在其西七百里。轮台、渠犁, 又在其西。**开朝鲜**, 元封二年, 遣杨仆等平朝鲜, 即今朝鲜国。于是**南置交阯**, 以南越地置交阯。胡广《记》: 汉既定南越, 置交阯刺史, 别于诸州, 令持节, 治苍梧。**北置朔方**, 取匈奴河南地, 立朔方郡。颜氏曰; 武帝初置朔方郡, 别令刺史监之,不在十三州之限。分天下为十三部,而不常所治。

○司隶校尉部:察郡七。《汉纪》:成帝绥和元年,罢刺史,仿古制,更置州牧。哀帝建平元年,复置刺史如故。元寿二年,复为牧。

京兆尹,秦内史地也。汉二年,更为渭南郡。九年,复为内史。景帝二年,分为右内史。武帝太初元年,更名京兆尹,领长安等县凡十二。今西安府是其境。

左冯翊,秦内史地。汉二年,析置河上郡。九年,复为内史。景帝二年,分为左内史。武帝太初元年,更名左冯翊,领高陵等县二十四。今西安府以东至同州是其境。高陵,今西安府属县。

右扶风,秦内史地。汉二年,析置中地郡。九年,复为内史。景帝二年,分为主爵中尉。六年,更名都尉。武帝太初元年,更名右扶风,领渭城等县二十一。今西安府以西至凤翔府是其境。渭城,即秦咸阳,今属西安府。以上所谓三辅也。《志》云:三辅皆治长安城中。

弘农郡,武帝元鼎四年,分河南郡置弘农郡,领弘农等县十有一。今河南府以西至陕州,又南阳府西境及西安府之商州,皆是其地。弘农县,今见陕州灵宝县境。

河内郡,秦三川郡也。汉二年,改置,领怀县等县十有八。今怀庆、卫辉以至彰德府南境,皆是其地。怀,见怀庆府武陟县。

河南郡,秦三川郡也。汉二年,改曰河南郡,领雒阳等县二十有二。今河南府至开封府以西,皆是其境。雒阳,见前。

河东郡。秦郡也。领安邑等县二十四,安邑,见前。

豫州刺史部:察郡三、国二。

颍川郡,秦郡也。汉五年,为韩国。六年,复故,领阳翟等县二十。阳翟,见前。

汝南郡，秦颍川郡地。高祖分置汝南郡。景二年，为汝南国。后复为郡，领平舆等县三十七。今汝宁府北至开封府之陈州，东至南直颍州，皆是其境。平舆，见汝宁府治汝阳县。

沛郡，秦泗水郡也。高帝改为沛郡，领相县等县三十七。相，今南直宿州西北九十里有相城。

梁国，秦砀郡也。汉五年，改为梁国，都睢阳，有县八。今归德府及南直徐州砀县是其境。睢阳，见前。

鲁国。秦薛郡。初属楚。吕后初，分为鲁国，立张敖子偃为鲁王，后废为郡。景三年，复为鲁国，都鲁，有县六。今兖州府是其境。鲁，今曲阜县也。

冀州刺史部：察郡四、国六。

魏郡，秦邯郸郡地。高帝析置魏郡，领邺县等县十八。今彰德府及北直大名府是其地。邺县，见彰德府临漳县。

钜鹿郡，秦郡，领钜鹿等县二十。今顺德府及真定府之南境是其地。钜鹿，见前。

常山郡，本赵国地。吕后二年，分置恒山国。文帝初，复为赵地。景帝中三年，仍置常山国。元鼎四年，为常山郡，领元氏等县十八。今真定府西南以至赵州之境是其地。元氏，真定府属县也。

清河郡，本赵地。景帝中二年，分为清河国。建元五年，为清河郡。元鼎二年，复为清河国。地节三年，复为郡。初元二年，又为清河国。永光初，仍为郡，领清阳等县十四。今广平府南至山东东昌府北境是其地。清阳，今见清河县。又《汉纪》：平帝元始二年，置广宗国。广宗，或曰在清河境内。

赵国，秦邯郸郡。汉四年，为赵国。景三年，仍废为邯郸郡。五年，复为赵国,都邯郸,有县四。今广平府及顺德府西境,是其地。

广平国,本赵国地。征和二年,分赵地立为平干国。五凤二年,改为广平国,都广平,有县十六。今广平府至顺德府之北,皆是其地。广平故城,在今顺德府城北。《汉纪》:鸿嘉二年,置广德国。《志》云:今南直黝县,即广德故治。或曰:时分中山置广德国,当亦在广平境内。

真定国,本赵地。元鼎四年,析常山为真定国,都真定,有县四。真定,即今府治。

中山国,本赵地。景帝三年,为中山国,都卢奴,有县十四,今真定府定州以北至保定府之境,是其地。卢奴,今定州治也。

信都国,本赵地。景二年,析为广川国。甘露二年,国废为信都郡。建昭二年,更为信都国,都信都,有县十七。今真定府冀州、深州及河间之景州,皆是其地。信都,今冀州治。

河间国,本赵地。文二年,分赵地为河间国。十二年,国除。景帝二年,复为河间国,都乐城,有县四。乐城,今河间府献县也。

兖州刺史部:察郡五、国三。

陈留郡,本梁地。吕后七年,分立济川国。文帝初,复为梁地。景帝中六年,又为济川国。武帝建元初,国除。元狩初,置陈留郡,领陈留等县十七。今开封府东至归德府西,皆是其境。陈留,今开封府属县。又《汉纪》:元帝永光三年,立子康为济阳王。建昭五年,徙为山阳王。济阳,应劭曰:即济川。今开封府兰阳县有废济阳县。

山阳郡,亦梁国地。景帝中六年,分为山阳国。建元五年,国除为郡,天汉四年,更为昌邑国。后昌邑王废,国除为山阳郡。建昭五年,复为山阳国。河平二年,仍曰山阳郡,领昌邑等县二十二。今兖州府西至河南归德东境是其地。昌邑,见兖州府金乡县。

济阴郡，亦梁地。景帝中六年，分为济阴国。甘露二年，改名定陶国。初元初，为济阴郡，领定陶等县九。今山东曹州至东昌府之濮州是其地。定陶，见前。

泰山郡，故齐国地。文二年，分置济北国。都卢。三年国除。十六年，复分齐为济北国。元狩初，济北王献泰山及其旁邑，于是立泰山郡。后元二年，以济北并入泰山郡，领奉高等县二十四。今济南府泰安州以北至兖州府之东北境，皆是其地。卢，今济南府长清县有废卢县。奉高，见泰安州。

东郡，秦郡也。领濮阳等县三十二。今北直大名府及山东东昌府之境是其地。濮阳，见前。

城阳国，本齐国地。文帝二年，立朱虚侯章为城阳王。十一年，徙淮南。十六年，复故，都莒，有县四。今青州府莒州是其地。莒，见前。

淮阳国，本秦颍川郡地。汉十一年，析置淮阳国。文十一年，为淮阳郡。宣帝元康三年，复为淮阳国，都陈，有县九。今开封府陈州以南是其地。

东平国。本梁国地。景六年，分为济东国。元鼎初，废为大河郡。甘露二年，更为东平国，都无盐，有县七。今兖州府东平、济宁二州是其地。无盐，今东平州东二十里有无盐故城。

徐州刺史部：察郡三、国三。

琅邪郡，秦郡。初属齐国。吕后七年，分为琅邪国。文帝初，复为郡，领东武等县五十一。东武，见今青州府诸城县。

东海郡，秦薛郡地。徐广曰：楚汉间有郯郡，高帝改为东海郡，初属楚国。景帝二年，削其地入汉，领郯县等县三十八。今兖州府东南至南直邳州以东至海，皆是其地。郯，今见山东郯城县。

临淮郡，本楚国地。武帝元狩六年，析置临淮郡，领徐县等县二十九。今凤阳府泗州以东，扬州府北境，皆是其地。徐县故城，今见泗州。或曰：临淮，即楚汉间东阳郡也，后属于楚，郡废。

泗水国，本东海郡地。元鼎四年，析置泗水国，都凌，有县三。今南直宿迁县以东北是其地，县有故凌城。

广陵国，本楚国地。高祖六年，属荆。十一年，属吴。景帝四年，更名江都国。元狩初，国除。六年，改为广陵国。五凤四年，国除。初元二年，复为广陵国，都广陵，有县四。今扬州府是其境。广陵，见前。

楚国。汉五年置。景帝三年废，旋复置。地节元年，更为彭城郡。黄龙元年，复为楚国，都彭城，有县七。今徐州及淮安府邳州之西境是其地。彭城，见前。

青州刺史部：察郡六、国三。

平原郡，秦齐郡地。高帝置平原郡，领平原等县十九。今济南府德州、武定、滨州之境，皆是其地。平原，今德州属县。

千乘郡，秦齐郡地。高帝置千乘郡，领千乘等县十五。今青州府以北至济南府东境，是其地。千乘故城，今见青州府高苑县。

济南郡，故齐国地。吕后元年，割济南为吕国。文帝初，复故。十六年，别为济南国。景三年，国除，为济南郡，领东平陵等县十四。今济南府是其境。东平陵，见前。

北海郡，故齐地。景帝中二年，分置北海郡，领营陵等县二十六。今青州府以东是其境。营陵，今见青州府昌乐县。

东莱郡，故齐地。高帝置郡，领掖县等县十七。今莱州、登州二府是其地。掖，即今莱州府治。

齐郡，秦郡也。高帝六年，为齐国。元朔四年，国除。元狩六年，复为齐国。元封初，废为郡，领临淄等县十二。今青州府是其境。临淄，见前。

菑川国，本齐国地。文十六年，分置菑川国，都剧，有县三。今济南府东北至青州府西北境，是其地。剧，见前。

胶东国，本齐地。文十六年，别为胶东国，都即墨，有县八。今莱州府之平度州一带是其地。即墨，见前。

高密国。本齐地。文十六年，别为胶西国。本始元年，更为高密国，都高密，有县五。今莱州府胶州以西是其地。高密，今山东胶州属县。

荆州刺史部：察郡六、国一。

南阳郡，秦郡也。领宛县等县三十六。今南阳府至湖广均州之境，是其地。宛，见前。

江夏郡，秦南郡地。汉初，置江夏郡，领西陵等县十四。今德安、承天、汉阳、武昌、黄州府境，皆是其地。西陵故城，在今黄州府西北百二十里。

桂阳郡，秦长沙郡地。汉初，属长沙国。文帝后七年，为桂阳郡，领郴县等县十一。今湖广郴州及桂阳州，又广东连州，皆是其地。郴，见前。

武陵郡，秦黔中郡地。高帝时曰武陵郡，领索县等县十三。今常德府至辰州府之境，是其地。索县，即今常德府东汉寿城是也。

零陵郡，秦长沙郡地。汉初，属长沙国。武帝元鼎六年，析置零陵郡，领零陵等县十。今永州府至广西全州，是其境。零陵旧城，在今全州北三十里。

南郡，秦郡也。楚汉间为临江国。高帝五年，复故。景二年，复曰临江国。中二年，仍为南郡，领江陵等县十八。今荆州府北至襄阳府境，是其地。江陵，见前。

长沙国。吴芮所封也。文帝后七年，国除为郡。景帝二年，复为长沙国，都临湘，有县十三。今长沙府是其境。临湘，见前。

扬州刺史部：察郡五、国一。

庐江郡，本淮南国地。文十六年，析置庐江国。元狩初，改为郡，领舒县等县十二。今庐州府南至安庆府之境，是其地。舒，今庐州府舒城县。胡氏曰：汉初庐江国在江南。今池州、九江、饶、信之境，当是其地。后移于江北。《班志》所载非汉初故地也。

九江郡，秦郡，高帝改为淮南国。元狩四年，复曰九江郡，领寿春等县十五。今凤阳府寿州及滁、和州至庐州府境，是其地。寿春，见前。

会稽郡，初属吴国。景帝三年，削吴会稽、豫章郡是也。领吴县等县二十六。吴县，见前。

丹阳郡，秦鄣郡也。初，属吴国。景帝四年，属江都国。元狩初，改属扬州。元封二年，更名丹阳郡，领宛陵等县十七。宛陵，今宁国府治宣城县也。馀见前。

豫章郡，秦九江郡地。高帝分置豫章郡，初属吴。景帝初，入于汉，领南昌等县十八。今江西境内是其地。南昌县，即今南昌府治。

六安国。初属淮南国。文十六年，分置衡山国。元狩元年，国除。二年，改为六安国，仍都六，有县五。今庐州府西境至寿州南境，是其地。六，见前。

益州刺史部：察郡九。

汉中郡，秦郡也。领西城等县十二。西城，今兴安州治。

广汉郡，本蜀郡地。高帝分置广汉郡，领梓潼等县十三。今潼川州及成都府之绵州、汉州与保宁府之剑州，皆是其境。梓潼，今剑州属县也。

犍为郡，本夜郎国地。武帝元光五年，开南夷，置犍为郡，领僰道等县十二。今叙州府及泸州、嘉定州、眉州，皆是其地。僰道，今叙州府治宜宾县也。

武都郡，本广汉西白马氐地。武帝开西夷，元鼎六年，置武都郡，领武都等县九。今巩昌府之阶州、徽州及汉中府之宁羌州，是其地。武都县，今巩昌府成县西北故城是。

越巂郡，本西夷邛都地。元鼎六年，置越巂郡，领邛都等县十五。今建昌行都司是其地，邛都县，今打冲河所西北故城是。

益州郡，本西夷滇国及斯榆地。武帝元封二年，置益州郡，领滇池等县二十四。今云南大理等府之境，皆是其地。滇池，今云南府治昆明县。

牂牁郡，本南夷夜郎及且兰地。元鼎六年置郡，领故且兰等县十七。今遵义府以南至贵州之思南、石阡等府，皆是其境。故且兰，今遵义府治也。

巴郡，秦郡也。领江州等县十一。江州，今重庆府治巴县是。

蜀郡。秦郡也。领成都等县十五。今成都府、龙安府及邛、雅二州是其地。成都，今府治。又《汉纪》：武帝元鼎六年，以西南夷筰都地为沈黎郡，以冉駹地为汶山郡。天汉四年，并沈黎于蜀郡。地节三年，又并汶山于蜀郡。今成都府之茂州，即汶山郡地。黎州安抚司，即沈黎郡地也。

凉州刺史部：察郡九。胡广《记》：武帝分雍州置朔方刺史。雍州，即凉州也。朔方刺史，盖察朔方、五原、云中、上郡、安定、北地，凡六郡。《晋志》云：汉武别置朔方刺史。后汉建武十一年，始省入并州。《大事记》：司隶不在十三部之数，而朔方、交阯并列焉。今从《通典》。

陇西郡，秦郡也。领狄道等县十一。今临洮府至巩昌府西境，是其地。狄道，见前。

金城郡，本陇西、天水、张掖郡地。昭帝始元六年，增置金城郡，领允吾等县十三。今临洮府之兰州、河州及西宁卫，又北至靖虏卫之西南境，皆是其地。允吾，今兰州西北有允吾故城。又宣帝神爵二年，增置金城属国，以处降羌，治令居。平帝元始五年，又增置西海郡，中兴时废。令居，在今西宁卫东北。西海，在西宁卫西三百余里。详陕西大川。

天水郡，本陇西地。元鼎三年，分置天水郡，领平襄等县十六。今巩昌府以东秦州之境是其地。平襄，今巩昌府伏羌县西北有平襄故城。《通典》：武帝元狩初，置天水属国，治勇士。勇士城，见靖虏卫。

武威郡，故匈奴休屠王地。武帝元狩二年，开其地置武威郡，领姑臧等县十。今凉州、永昌、庄浪、镇番等卫是其地。姑臧，今凉州卫治是也。

张掖郡，故匈奴浑邪王地。武帝开河西，元鼎六年，分武威、酒泉地置张掖郡，领𫘝得等县十。𫘝，读禄。今甘州，山丹等卫是其地。𫘝得县，即今甘州卫治。杜佑曰：武帝元狩初，置张掖属国，治居延。考元狩初，未置张掖郡，杜氏误也。居延，今见甘州卫。

酒泉郡，故匈奴地。元狩二年，置酒泉郡，领禄福等县十。今肃州卫是其地。禄福故城，在今肃州卫西南五十里。

敦煌郡，故月氏地，后为匈奴所侵。武帝开河西，为酒泉郡地。元鼎六年，分置敦煌郡，领敦煌等县六。今废沙州卫是其地。敦煌县，故沙州治也。《地志》：武帝初开河西，置武威等四郡，昭帝增置金城，是为河西五郡。

安定郡，本北地郡地。元鼎三年，分置安定郡，领高平等县二十一。今平凉府是其境。高平，今平凉府镇原县也。《通典》：汉元狩元年,置安定属国都尉,治三水。三水,在今平凉府镇原县东北。

北地郡。秦郡也。领马领等县十九。今庆阳府北至宁夏卫,是其境。马领,在今庆阳府环县南。《通典》:五凤三年,置北地属国,治参 。参 城,在今庆阳府西北。

并州刺史部:察郡九。《通典》:初为朔方,后为并州。

太原郡,秦郡,汉初,为韩国地,又为代郡。文帝二年,又分为太原国。五年,复为代国。元鼎二年,复为太原郡,领晋阳等县二十一。今太原府至汾州府,是其境。晋阳,见前。

上党郡,秦郡,领长子等县十四。长子,见前。

西河郡,秦太原、云中等郡地。元朔四年,析置西河郡。领富昌等县三十六。今汾州府西北之永宁州,以至延安府之葭州及榆林镇之东北境,皆是其地。富昌废县,在今榆林镇故胜州境。《通典》:汉五凤三年,置西河属国,治美稷。美稷废县,亦在今故胜州西南。

朔方郡,初为匈奴河南地。元朔二年,复收其地,置朔方郡,领三封等县十。今榆林镇西北故夏州是其地。三封,今废夏州东南长泽故城是。《汉纪》:元狩初,置朔方属国,处匈奴降者。

五原郡,秦九原郡也。汉初亦为匈奴河南地。元朔二年,收复,置五原郡,领九原等县十六。今榆林镇西北故丰州治,即废九原县也。《汉纪》:五原属国都尉,治蒲泽。蒲泽,在丰州东境。

云中郡,秦郡也。领云中等县十一。今大同府西北四百馀里故云中城,即秦汉时云中郡所治云中县也。《汉纪》:元狩初,置属国都尉于此。

定襄郡,秦云中郡地。高帝析置定襄郡,领盛乐等县十二。今大同府西北三百馀里有盛乐城,即汉郡治也。

雁门郡,秦郡,领善无等县十四。今代州西北有故善无城是也。

上郡。秦郡，领肤施等县二十三。肤施，今延安府治也。《志》云：上郡属国治龟兹，龟兹，见宁夏后卫。又《汉纪》：元狩初，取匈奴河西地，分徙降者边五郡故塞外，而皆在河南，因其故俗为五属国。五属国，孔氏曰：陇西、北地、上郡、朔方、云中也。杜佑以安定、上郡、天水、张掖、五原为五属国。

幽州刺史部：察郡十、国一。

勃海郡，秦上谷、钜鹿二郡地。高帝分置勃海郡，领浮阳等县二十六。今河间以东之沧州，北至顺天府通州、霸州之南，南至山东武定州、滨州之北，皆是其地。浮阳，今沧州治也。

上谷郡，秦郡。汉初属代，后复为郡，领沮阳等县十五。沮阳，今保安州东有沮阳故城。

渔阳郡，秦郡。汉初属燕，后复为郡，领渔阳等县十二。渔阳，今蓟州治也。

右北平郡，秦郡。汉初属燕，后复为郡，领平刚等县十六。平刚，在今废大宁卫西南境。

辽西郡，秦郡。初属燕，后复为郡，领且虑等县十四。且虑，在今大宁废卫境。

辽东郡，秦郡。初属燕，后复为郡，领襄平等县十八。襄平故城，在今辽东都司城北。《汉纪》：元朔元年，东海秽君南间等来降，因置沧海郡，三年而罢。秽，秽貊也，在今辽东塞外。

玄菟郡，汉初为燕地，后为朝鲜所据。元封三年，平朝鲜，置玄菟郡，领高句骊等县三。今朝鲜北境地也。高句骊，在今朝鲜咸镜道界。

乐浪郡，亦朝鲜地。元封三年置郡，领朝鲜等县二十五。今朝鲜西境是也。朝鲜县，即平壤城，今朝鲜谓之西京。《汉纪》：武帝初，置玄莵、乐浪、临屯、真番四郡。始元五年,省临屯、真番入乐浪郡。

涿郡,秦上谷郡地。高帝置涿郡,领涿县等县二十九。今顺天府之涿州至保定府之境,又真定府东、河间府之西,皆是其地。涿,今涿州也。

代郡,秦郡也。汉为代国。元鼎二年,改为代郡,领桑乾等县十八。桑乾,今大同东百五十里有废桑乾县。

广阳国。本秦上谷及渔旧郡地。汉为燕国。元凤初,国除,为广阳郡。本始元年,改为广阳国,都蓟,有县四。蓟,见前。《汉纪》:北地、朔方、五原、云中、定襄、雁门、代郡、西河,谓之缘边八郡,又益以上谷、渔阳、右北平、辽西为缘边十二郡。或曰缘边九郡,则不言辽西、北地、西河。或曰十郡,则不言西河、北地。又陇西、天水、安定、北地、上郡、西河,皆环列畿辅,宿卫之士,多取给焉,所谓六郡良家子也。《后汉志》有渔阳,而无天水,亦曰六郡云。

交州刺史部:察郡七。

南海郡,秦郡也。初为南越国。元鼎六年,平南越置郡,领番禺等县六。今广、惠、潮三府是其地。番禺,见前。

郁林郡,秦桂林郡也。后属南越。元鼎六年,置郁林郡,领布山等县十二。今广西浔州、柳州、南宁等府及梧州府之郁林州,是其境。布山县,在今浔州府城西。

苍梧郡,秦桂林郡地,后属南越。元鼎六年,置苍梧郡,领广信等县十。今梧州、平乐二府及广东肇庆府之境,是其地。广信,今梧州府治苍梧县是。

交趾郡,秦象郡地,后属南越。元鼎六年,置交趾郡,领嬴𨻻娄等县十。今安南国是其地。嬴𨻻娄,今交州府西故交趾城是也。

合浦郡,秦象郡地,后属南越。元鼎六年置郡,领徐闻等县五。今雷、高、廉三府及肇庆府南境,是其地。徐闻,今雷州府属县。

九真郡。秦象郡地，后属南越。元鼎六年置郡，领胥浦等县七。今安南国西南境是其地。

日南郡。秦象郡地，后属南越。元鼎六年置郡，领朱吾等县五。今占城国是其地。《汉纪》：武帝开南越，置南海、郁林及朱崖、儋耳，凡九郡。昭帝始元五年，罢儋耳。元帝初元三年，罢朱崖。今广东琼州府之儋州、崖州，即其地也。又《通典》：昭帝元凤五年，罢象郡，分属郁林、牂柯。而史不书建置之始，盖阙文也。

〇大约西汉之世，郡、国一百有三，新郡六十五，因秦郡者二十七，改秦郡者十一。废秦郡者一，闽中也。县、邑千三百有十四，道三十二，邑通蛮夷曰道。侯国二百四十一。左东海，右渠搜，古西戎国，今榆林北境有汉时渠搜故县。或以为渠犁，在今西域火州西境。前番禺，见前。后陶涂，今沙漠地。又扬子云：东南一尉，西北一侯，谓会稽东郡都尉、敦煌玉门关候也。今浙江台州府，汉东郡都尉治。玉门关，在今废沙州西北二百六十里。东西九千三百二里，南北万三千三百六十八里，可谓盛矣。

应劭曰：自秦用李斯议，分天下为三十六郡，至汉兴复增置。凡郡，或以列国，陈、鲁、齐、吴是也；或以旧邑，长沙、丹阳是也；或以山陵，泰山、山阳是也；或以川原，西河、河东是也；或以所出，金城之下得金，酒泉之味如酒，豫章樟树生庭，雁门雁之所育是也；或以号令，禹合诸侯大计东冶之山，因名会稽是也。〇王氏曰：秦地东不过浿水，在今朝鲜平壤城东，今名大通江。西不越临洮，今府。汉益广于秦矣。然郡县益烦，牧守屡易，国无定民，民无固志。先王之制，寖以灭息。

〇王莽盗窃神器，假名易号者，四方蜂起：

○赤眉据长安，

史略：王莽时琅邪樊崇等起兵于莒，今山东莒州，见前。转掠青、徐间。更始入洛阳遂降，寻复叛，崇初留兵濮阳，与其徒诣洛阳降更始。政乱，崇遂亡归。濮阳，见前。将兵入颍川，分为二部，一自武关，一从陆浑陆浑关，在河南嵩县北七十里。而西，俱会弘农，至郑，即今陕西华州治，见前。立刘盆子为帝，遂入长安。

○王郎据邯郸，

史略：更始初，邯郸卜者王郎，诈称成帝子子舆，为故赵王元之子林等所推，入邯郸称帝，分遣将帅，徇下幽、冀。赵国以北，辽东以西，皆望风响应。

○秦丰据黎丘，

史略：王莽末，南郡秦丰兵起，据黎丘，今湖广宜城县东有黎丘城。寻称楚黎王，有邔、宜城等十馀县。邔音忌，今亦见宜城县。

○李宪据庐江，

史略：更始初，莽庐江连率李宪据郡自守，郡治舒，见前。称淮南王，寻称帝，拥九城。《汉志》：淮南郡十二城。盖宪所得者九城也。

○公孙述据成都，

史略：更始初，莽导江率正公孙述起兵，入成都，莽改蜀郡为导江，治临邛。更始初起，南阳人宋成等起兵略汉中，述迎成等入成都。未几，述矫称汉将军、蜀郡太守、益州牧，击杀成等，而并其众。寻击败更始将李宝等于绵竹，自立为蜀王，都成都。临邛，今邛州也。绵竹，今成都府汉州德阳县北故绵竹城是。寻称帝，号成家。既又北取南郑，今汉中府。南服越巂，东下江州，据扞关，江州，今重庆府治巴县是。见前。扞关，见今湖广长阳县。尽有益州之地。

○隗嚣据天水，

史略：更始初，成纪隗崔等起兵平襄，成纪，今陕西秦州治，即故成纪县。平襄，汉天水郡治也。推隗嚣为上将军，击杀莽雍州牧及安定太守，分遣诸将徇陇西、武都及河西诸郡，皆下之。更始入长安，嚣降，遂仕于更始。及长安乱，嚣走还天水，复聚其众，称西州上将军，据有安定、北地、天水、陇西四郡，居冀，陕西伏羌县东有冀城，仍附于汉。复叛降公孙述，述封为朔宁王。

○窦融据河西，

史略：更始时，窦融为张掖属国都尉，以威信抚结五郡僚属，共推融行河西五郡大将军事，遂抚定河西地。

○卢芳据安定，

史略：王莽末，安定卢芳自称武帝曾孙刘文伯，与三水属国羌、胡起兵，芳居三水左谷中。三水，即属国治也。见前安定郡。更始入长安，芳降，仍使镇抚安定。更始败，三水豪杰共立芳为上将军、西平王，遣使与匈奴、西羌相结，匈奴乃迎芳入匈奴。匈奴以芳弟程为中郎将，使将胡骑，还入安定。久之，五原人李兴等自称将军，迎芳入塞，都九原，见前五原郡。掠有五原、朔方、云中、定襄、雁门五郡地。

○彭宠据渔阳，

史略：更始初，彭宠为渔阳太守，宠，宛人，亡命渔阳。其乡人韩鸿，为更始使者徇北州，乃承制拜宠为渔阳太守。建武二年以渔阳叛，攻幽州牧朱浮于蓟。蓟，见前燕国。既而涿郡太守张丰亦叛应宠，蓟城饥窘，寻为宠所得。因自称燕王，复攻陷右北平及上谷数县。

○刘永据睢阳，

史略：更始初，立故梁王立之子永为王，仍都睢阳。永寻据国起兵，攻下济阴、山阳、沛、楚、淮阳、汝南，凡得二十八城；又拜西防贼帅佼疆、西防，今山东金乡县西北故防城是也。东海贼帅董宪、琅邪贼帅张步，皆为将军，督青、徐二州与之连兵。遂专据东方，寻称帝。

○张步据临菑，

史略：建武初，琅邪贼帅张步，受刘永官爵，治兵于剧，剧在今山东寿光县，见前。遣将徇泰山、东莱、城阳、胶东、北海、济南、齐郡，皆下之。永寻立步为齐王。步据郡十二，十二郡，城阳、琅邪、高密、胶东、东莱、北海、齐、千乘、济南、平原、泰山、淄川也。雄长青、徐。

○董宪据东海。

史略：王莽末，东海董宪等兵起，为赤眉别校，屯梁郡，大破莽兵。后归于刘永，掠有东海郡邑，居郯，见前。永寻封为海西王。

○世祖艰难一旅，次第剪除。

史略：光武初起春陵，今襄阳府枣阳县南三十里有故春陵城。帝即位，改为章陵县，后又尝置章陵郡。略湖阳，故城在今南阳府唐县南，见前。拔棘阳，今南阳府新野县东北七十里，有故棘阳城。屡破莽兵，进围宛。见前。会新市、平林诸将新市，今承天府京山县南三十里有新市城。平林，今德安府随州东北八十里有平林城。推更始为帝，光武与诸将将兵徇下昆阳、今河南叶县北二十五里有昆阳城。定陵、今河南舞阳县北有定陵城。郾今许州郾城县。诸城邑。时王莽大发兵，遣王邑、王寻等至洛阳，出颍川，围昆阳，光武大破之于滍水上，滍水，在昆阳城北。于是四方响应。是时宛城亦下，更始入都之，复遣诸将分道攻洛阳、武关，三辅震动。武关降，所至摧陷。长安旁邑诸豪右相率起兵，入长安，诛莽。洛阳亦拔，更始乃北都洛，而遣光武行大司马事，持节徇河北，镇慰州郡，所至吏民喜悦。会王郎入邯郸，河北大扰。光武自卢奴今北直定州治，见前。北徇蓟，见前。蓟亦举兵应王郎。光武乃南驰至信都，见前信都郡。因信都及和戎兵，和戎，王莽分信都置，郡治下曲阳。今直隶深州也。招集远近，进击王郎，平之。时更始已西都长安，政事紊乱，河、济之间，盗贼纵横，有铜马、大彤、高湖、重连、铁胫、大抢、尤来、上江、青犊、五校、五幡、五楼、富平、获索等贼，各领部曲，或以山川土地为名，或以军容强盛为号，众合数百万人。所在寇掠。更始方诏光武罢兵诣行在。光武从耿弇计，不就征，而更发兵击铜马诸贼，次第破降之，南徇河内，河内降。时赤眉自颍川而西，行入长安，光武将北徇燕、赵。度赤眉必破长安，又欲乘衅并关中，乃令邓禹西入关，而命寇恂守河内，使恂缮兵积粟，为河北根本。恂遂与更始将朱鲔等相持于洛阳。既而燕、赵悉定，乃即位于鄗南。今北直柏乡县北二十里故鄗城是，光武改曰高邑。邓禹亦略定河东，自汾阴渡河而西。汾阴，见今山西河津县。吴汉等诸将共围洛阳，洛阳下，遂定都焉。是时，赤眉已入长安，更始败没。邓禹畏赤眉之强，引军北至枸邑，今陕西三水县东北二十五里有枸邑城。徇上郡、北地、安定三郡。久之，长安益残破，赤眉转掠安定、北地、上陇，为隗嚣所败，复入长安，大掠而东。帝以邓禹不能定三辅，遣冯异代禹，西定关中。赤眉东至宜阳，帝亲总六军邀之，赤眉遂降。而盖延等数破刘永于睢阳，永走死。其党复立永子纡为梁王，保垂惠，在今南直蒙城县西北五十里。马武等复攻克之。纡走西防依佼疆，后复依董宪，保郯。又祭遵等攻彭宠及张丰，拔涿斩丰，宠旋为其下所杀。马成等围李宪于舒，克之。岑彭亦败秦丰于黎丘，进拔夷陵，夷陵为田戎所据，彭攻拔之。朱祐代彭围丰，丰穷蹙出降。会庞萌叛，萌与盖延共击董宪，忽生疑沮，反攻延，与董宪连和，自称东平王，攻破彭城，屯桃乡之北。桃乡在山东济宁州东北六十里。帝击之于桃城，即桃乡城。大破之，遂击破董宪等于昌虑，昌虑，今山东滕县东南有故城。进围郯，留吴汉攻郯。郯破，刘纡败死，董宪、庞萌走保朐。今南直海州治。耿弇亦讨张步，屡破步兵，长驱至剧，步降。吴汉进拔朐，斩宪及萌，山东、江、淮悉定。乃西讨隗嚣。帝进至高平第一高平之第一城也，见今陕西镇原县，窦融率五郡太守来朝，遂合军攻嚣，嚣寻穷蹙而死。来歙等复攻其子纯，破落门今陕西伏羌县西十里有落门聚，纯降。陇右、河西平。遂命来歙等由陇道伐蜀。歙破河池今巩昌府徽州也，进克下辨今巩昌府成县。蜀人惧，使贼刺杀歙。岑彭等复破田戎等于荆门，荆门，在今夷陵州宜都县西北五十里。详见湖广重险荆门，长驱入江关，江关，即瞿唐关。在夔州府东。见前七国楚扞关注，前至江州，见前巴郡治，乘利直指垫江，今重庆府合州，即故垫江县。又分遣臧宫从涪水上平曲，涪水，源出松潘卫北小分水岭，至合州城东南合嘉陵江。详见四川大川涪水。平曲，在今合州定远县西。彭还自江州溯都江而上，大破述将侯丹于黄石，在今重庆府壁山县及泸州之间，兼行二千馀里，径拔武阳，今眉州彭山县东十里有武阳城，使精骑驰击广都，广都，在成都府城南七十里。述大惊，复使贼刺杀彭。吴汉复自夷陵溯江而上，代将其军，进据广都。臧宫亦破述将延岑于沈水，沈水，在今潼川州射洪县西。是时，述使岑等军于广汉。今射洪县东南有故广汉县城，进拔绵竹在汉州德阳县。见前以南诸城邑，与吴汉会于成都。述出战，败死。延岑以城降，蜀地悉定。卢芳所据诸郡，亦次第来降。芳亡入匈奴，寻复犯塞，既而请降，立为代王，复叛去，竟死匈奴中。

〇光复旧物，改宅东京。

《都邑考》：光武定都雒阳。时谓长安为西京，雒阳为东京，而南阳亦谓之南都。后董卓劫迁献帝于长安，寻还雒阳。曹操复迁帝于许。今许州东三十里许昌故城是也。

〇仍分天下为十三部：十三部各有专治。《汉纪》：光武初，刺史亦称州牧。建武十八年，乃罢州牧，置刺史。灵帝中平五年，复称州牧。刘氏曰：时刺史仍旧职，而尊异者为州牧也。《通释》：光武都雒阳，于关中复置雍州，后罢。献帝兴平元年，以河西四郡言去州隔远，因别置雍州，是为十四州。建安十八年，并十四州为九州。于是省幽、并为冀，司隶、凉为雍，省交州入荆、益，谓复《禹贡》九州之旧。时操为魏公，领冀州牧，欲广冀州以自益，非复古也。

〇司隶治河南，河南即雒阳也。建武十五年，改河南太守为尹，兼置司隶治焉，仍领郡七。○潘氏曰：后汉都洛阳，不改三辅之号。其三辅旧治长安城中，长吏各在其县治民。东都以后，扶风出治槐里，冯翊出治高陵。又中平六年，尝改右扶风曰汉安郡。槐里，即犬丘，见周《都邑考》。高陵，见前左冯翊所领县。

○**豫治谯**，谯，今南直亳州。旧领郡、国凡五，今领郡二、国四：曰颍川郡，故郡也；曰汝南郡，永平十五年改为国，建初四年复为郡，七年又析汝南置西平国，治今汝宁府西平县，章和二年，仍省入汝南；曰梁国，故国也；曰沛国，故沛郡，建武二十年更为沛国；曰陈国，本兖州之淮阳国，建武中，改属豫州，章和二年更为陈国；曰鲁国，本属徐州，建武二十年改属豫州也。

○**兖治昌邑**，昌邑，见前。后移治鄄，旧领郡、国凡八，今领郡五、国三：曰陈留郡，曰东郡，曰泰山郡，皆故郡也；曰山阳郡，亦故郡也，建武十五年改为山阳国，永平初改为郡，献帝建安十七年尝置山阳国；曰济阴郡，亦故郡也，永平十五年改为国，建安十一年废为郡，十七年又为济阴国；曰东平国，故国也；曰任城国，元和初分东平国置，治任城县，今山东济宁州也；曰济北国，本泰山郡地，永元二年析置，治卢县，见前泰山郡。

○**徐治郯**，郯，见前。旧领郡、国六，今领郡二、国三：曰东海郡，故郡也。建武十八年，为东海国。二十八年，以东海益鲁，徙都鲁，而东海仍为郡。献帝建安十七年，亦尝改为东海国。曰广陵郡，故国也。永平十年，改为郡。又有泗水国，建武十三年并入广陵。曰琅邪国，故郡也。建武十三年，以故兖州之城阳国并入琅邪郡。十五年，改为琅邪国。永元二年，复析置城阳国。六年，仍省入焉。曰彭城国，故楚国也。章和二年，改为彭城国。曰下邳国，故临淮郡也。永平十七年，改为下邳国，治下邳，即今南直邳州。

○青治临菑，临菑，见前。旧领郡国凡九，今领郡二、国四：曰平原郡，故郡也。殇帝延平初，改为平原国。建安十一年，国除为郡。曰东莱郡，故郡也。曰济南国，故郡也。建武十三年，改为济南国。曰乐安国，故千乘郡也。建初四年，改为千乘国。永元七年，更名乐安国。曰北海国，故郡也。建武十三年，省菑川、胶东、高密三国，县俱属北海郡。二十八年，改为北海国。曰齐国，故郡也。建武十四年，改为齐国。

○凉治陇，陇，今陕西秦安县东北故陇城也。一云治冀，今陕西伏羌县有冀城。旧领郡九，今领郡及属国共十二：曰陇西郡，故郡也。永初五年，以羌乱，徙治襄武。延光四年复故。襄武，今巩昌府治陇西县是。曰汉阳郡，故天水郡也。永平十七年，更为汉阳郡。《秦州记》：中平五年，分汉阳置南安郡，领豲道等三县。豲道，今巩昌府东南二十五里有故豲道城。曰武都郡，故益州部属郡也。建武中，改属凉州。曰金城郡，故郡也。建武十二年，省金城入陇西。十三年复置。永初四年，以羌乱，尝徙治襄武，旋复故。又和帝永元十四年，尝缮修故西海郡，以金城西部都尉屯龙耆，今西宁卫东南龙支城是。曰安定郡，故郡也。永初五年，以羌乱，徙治美阳，今陕西武功县西北美阳城是。旋复故。曰北地郡，亦故郡也。永初五年，亦尝徙治池阳，今陕西三原县西北池阳城是。又顺帝永和六年，复以羌乱，徙安定居扶风，北地居冯翊，旋复故。曰武威郡，曰张掖郡，曰酒泉郡，曰敦煌郡，皆故郡也。曰张掖属国。安帝延光初置，别领侯官等五城。侯官，在今甘州卫北。曰居延属国。亦延光初置，别领居延一县。献帝兴平二年，武威太守张雅请改置西海郡于此。居延，在今甘州卫西北千二百里。《郡国志》：安帝命属国别领比郡者六，凉州居二，益州居三，幽州居一。是也。又《献帝起居注》：初平四年，分上郡、汉阳置永阳郡，领平襄等三县。平襄，前天水郡治也。后汉汉阳改治冀，因置永阳郡治此。

○并治晋阳，晋阳，见前。仍领郡九：曰太原郡，故郡也。建武二年，改为太原国。十四年复故。曰上党郡，故郡也。曰西河郡，亦故郡。永和五年，以南匈奴叛，郡徙治离石，今汾州府永宁州治也。曰五原郡，亦故郡。建武二十二年，省入朔方。二十七年复故。曰云中郡，故郡也。曰定襄郡，亦故郡。建武十年，省入云中。二十七年复置。曰雁门郡，亦故郡。曰朔方郡，故郡也。永和五年，尝徙治五原，今榆林东北境故五原县是也。永建四年复故。曰上郡，亦故郡也。安帝永初五年，以羌乱，徙治衙，今陕西白水县东北故彭衙城是。永建四年复故。永和五年，又以南匈奴叛，徙治夏阳，今陕西韩城县南少梁城是也。后亦复故。

〇**冀治鄗**，鄗，见前。旧领郡、国凡十，今领郡三、国六：曰魏郡，故郡也。曰钜鹿郡，亦故郡。建武十三年，并广平入钜鹿。永平二年，复析置广平，后仍并入焉。又永平五年，改钜鹿郡为国。建初四年，复为郡。又和帝永元五年，分钜鹿置广宗国，后废。广宗，今北直顺德府属县也。曰勃海郡，故幽州属郡也。建武中，改属冀州。本初元年，改为勃海国。熹平元年，复为郡。中平六年，复为国，寻又复故。曰常山国，故郡也。建武十三年，并真定国入焉。十五年，以常山郡益中山国。永平十五年，复改常山郡为国。曰中山国，故国也。曰安平国，故信都国也。永平十五年，改为乐成国。延光五年，又改为安平。永初元年，复析安平置广川国。二年废。广川，今冀州枣强县东北有广川故城。曰河间国，故国也。建武十三年，省入信都。永元三年复置。曰清河郡，故郡也。建初七年，改为清河国。桓帝建和二年，改为甘陵国。曰赵国，故国也。《晋纪》：桓帝增置高阳、博陵二郡。高阳盖分河间国置，治博陵县，今保定府博野县南故博陵城是也。博陵盖分安平国置，治安平县，今真定府晋州安平县也。《后汉志》不载。

〇**幽治蓟**，蓟，见前。旧领郡、国凡十一，今领郡十、属国一：曰涿郡，曰代郡，曰上谷郡，曰渔阳郡，曰右北平郡，曰辽西郡，曰辽东郡，曰玄菟郡，曰乐浪郡，皆故郡也。曰广阳郡，故国也。建武十三年，省入上谷。永平八年，复置郡。曰辽东属国。安帝时置，别领昌黎等六城。昌黎，今见大宁卫。《献帝起居注》：初平元年，董卓以公孙度为辽东太守，度分辽东置辽西、中辽二郡，兼置营州刺史，自称平州牧。

〇扬治历阳，历阳，今南直和州也。后治寿春，即前九江郡治。建安五年，复移合肥，今庐州府治也。旧领郡、国凡六，今领郡六：曰九江郡，故郡也。永平十六年，分置阜陵国于阜陵县，仍属九江郡，今南直全椒县东南阜陵故城是。曰丹阳郡，曰豫章郡，皆故郡也。曰吴郡，本会稽郡地。顺帝时分置，治吴，故会稽郡治也。曰会稽郡，治山阴，今浙江绍兴府治。曰庐江郡，故郡也。建武十年，省六安国入庐江。元和二年，改庐江郡为六安国。章和末，仍为庐江郡。《晋纪》：灵帝分豫章置鄱阳、庐陵二郡。二郡盖建安中孙氏所置。

〇荆治汉寿，汉寿，今常德府东四十里有汉寿故城。初平二年，刘表为荆州刺史，徙治襄阳。旧领郡、国七，今领郡七：曰南阳郡，故郡也。曰南郡，亦故郡。建初四年，改为江陵国，寻复故。曰江夏郡，亦故郡。建初四年，析置平春国，治平春县，仍属江夏，今河南信阳州西南平阳故城是也。曰零陵郡，曰武陵郡，曰桂阳郡，皆故郡也。曰长沙郡，故国也。建武十三年，改国为郡。《汉官仪》荆州领八郡，盖以章陵为一郡云。又《魏氏春秋》：建安二十年，吴分南郡巫、秭归为固陵郡。二十四年，以房陵、上庸、西城，并南郡之巫、秭归、夷陵、临川七县，为新城郡。盖遥夺吴之南郡地也。巫，今四川巫山县。馀见湖广郧阳府及荆州府境。

〇益治雒，雒，今成都府汉州也。中平五年，刘焉为益州牧，徙治绵竹。兴平初，复治成都。旧领郡九，今领郡九、属国三：曰汉中郡，故郡也。曰巴郡，亦故郡。谯周《巴记》：初平元年，益州从事赵韪分巴为二郡，以巴郡治垫江，而安汉以下为永宁郡。建安六年，刘璋以永宁为巴东郡，阆中为巴西郡，垫江仍为巴郡，所谓三巴也。垫江，即今重庆府合州治。安汉故城，在今顺庆府北三十五里。阆中，今保宁府附郭县。曰广汉郡，曰蜀郡，曰犍为郡，曰牂柯郡，曰越巂郡，曰益州郡，皆故郡也。曰永昌郡。明帝永平二年，分益州郡置，领不韦等县八。不韦故城，在今云南永昌军民府城东北。曰广汉属国，别领阴平道等三城。阴平，今陕西文县也。曰蜀郡属国，别领汉嘉等四城。汉嘉，故青衣县也，在今雅州名山县东。曰犍为属国，别领朱提等二城。朱提废县，在今叙州府西。三属国皆安帝延光初所置。又《通释》云：灵帝时，复置汶山郡，领汶江等三县。汶江，即今茂州治。

○交治广信，广信，即今梧州府治苍梧县。仍领郡七：《晋志》：桓帝置高凉郡，领高梁等县。今广东阳江县西有高梁故城，高州府亦其地也。沈约曰：交趾刺史，本治龙编。献帝建安八年，改曰交州，始治广信。十六年，又徙治南海郡番禺县。龙编，今安南国奉天府治。

○凡郡国百有五，《晋志》作百有八。按：旧郡凡百有三，今省城阳、胶东、高密、菑川、真定、广平、六安、泗水，凡八郡，而增置永昌、任城、吴郡、济北，凡四郡，又合属国比郡者六计之，是百有五也。《续汉纪》：世祖中兴，惟官多役烦，乃命并省。其后渐复分置，至于孝顺，凡郡国百有五云，县、邑、道、侯国千一百八十。王氏曰：后汉郡、国增于前者二，县、邑、道、侯国少于前者三百九十有七。东乐浪，西敦煌，南日南，北雁门，西南永昌。四履之盛，几于前汉。

○董卓贼乱，曹操因之，遂取中原。

史略：初，关东州郡皆起兵讨卓，推袁绍为盟主。时董卓拜绍勃海太守，绍自称车骑将军。绍与王匡屯河内，匡，河内太守，韩馥留邺给军粮，馥，时为冀州牧，孔伷屯颍川，伷，时为豫州刺史，刘岱等与操屯酸枣，岱，时为兖州刺史，与陈留太守张邈、邈之弟广陵太守

超、东郡太守桥瑁、山阳太守袁遗、济北相鲍信，与操俱屯酸枣。是时，
卓拜操为骁骑都尉，操遁还陈留，合兵讨卓。酸枣，见开封府延津县。

袁术屯鲁阳。时卓以术为后将军，术出奔南阳。鲁阳，今汝州鲁山
县。卓逼车驾迁长安，而自屯雒阳，诸军畏其强，莫敢进。操曰：使
卓倚王室，据旧京，东向以临天下，虽以无道行之，犹足为患。今
焚烧宫室，劫迁天子，海内震动，不知所归，此天亡之时也。诸君
能听吾计，使勃海引河内之众临孟津；谓绍也。酸枣诸将守成皋，
据敖仓，塞轘辕、大谷，轘辕山，在河南府巩县。见七国韩张仪请秦伐
韩。汉置轘辕关于此。大谷，即陕州阌乡县南二十五里秦山谷，亦有大谷
关，全制其险；使袁将军帅南阳之军谓术也，军丹、析，丹，丹水。
析，析川。在今南阳府邓州内乡、析川二县界，入武关以震三辅：皆高
垒深壁勿与战，益为疑兵，示天下形势，以顺诛逆，可立定也。诸
将不能用，食尽而散。既而绍夺韩馥冀州，自领之。操知绍无能
为，欲规大河之南，以待其变。会黑山贼于毒等略东郡，操讨破
之，黑山，在今北直濬县西北八十里。绍因表操为东郡太守。时郡治
东武阳，在今山东朝城县东。既而兖州刺史刘岱，为黄巾贼所杀，操
乘间据兖州，领刺史，攻陶谦于徐州，谦走保郯，谦自彭城败保郯。
郯，即徐州治也，复攻之。会吕布入濮阳，今北直开州。见前，兖州郡
县悉应布，惟鄄城、范、东阿不下，鄄城，即山东濮州，见前。范，今
濮州属县。东阿，亦见前。布进攻鄄，不克，还屯濮阳。操引还，败布
于定陶，见前，闻陶谦已死，欲遂取徐州后乃定布。荀彧曰：昔高
祖保关中，光武据河内，皆深根固本以制天下，进足以胜敌，退足
以坚守，故虽困败，而终济大业。将军本以兖州首事，且河、济天

下之要地，是亦将军之关中、河内也，不可不先定。操遂击走布，兖州复定。毛玠谓操曰：今天下分崩，乘舆播荡，生民废业，饥馑流亡。夫兵义者胜，守位者财。宜奉天子以令不臣，修耕植以蓄军资，霸王之业可成也。会关中扰乱，帝还雒阳。操乃西迎天子，迁都于许，命枣祗屯田许下，缮兵积谷，州郡皆置田官，所在仓廪皆满。于是破袁绍，略乌桓，今北直废大宁卫以北，即乌桓地，兼幽、并，平关、陇，富强莫与之抗。

○篡易汉祚，仍都洛阳。

《都邑考》：魏武初封魏公，都邺。今彰德府临漳县西二十里故邺城是。见前。文帝篡汉，复都洛阳。黄初二年，以谯为先人本国，即故豫州治，许昌为汉之所居，长安为西京遗迹，邺为王业本基，与洛阳号曰五都。《魏志》：文帝置五都，立石表，西界宜阳，北循太行，东北界阳平，南循鲁阳，东界郯为中都地。

○有州十三：《通典》：魏以三河、弘农为司隶，而三辅入于雍州；又分雍州之河西为凉州，陇右为秦州；又分辽东、昌黎、带方、玄菟、乐浪为平州，后复合为幽州；亦兼置荆、扬二州。实得汉十三州之九：

司隶，治河南，即汉治也。领郡六：曰河南，曰河内，曰河东，曰弘农，皆故郡也。曰平阳。正始八年，分河东郡置，治平阳县，即今山西平阳府。曰朝歌。黄初二年，分河内郡置，治汲县，即今卫辉府。

荆，治襄阳，因刘表旧治也，后治宛。魏主芳嘉平中，又改屯新野，今南阳邓州属县。领郡八：曰南阳，曰江夏，皆故郡也。曰襄阳。建安十三年，魏武分南郡置，治襄阳县，即今府。曰南乡。亦魏武分南阳置，治顺阳县，今邓州淅川县有顺阳城。曰魏兴。本建安二十四年，先主分汉中郡所置西城郡也。明年，曹丕并入新城郡，寻复改置魏兴郡，置西城县，即故汉中郡治。又建安六年，分汉中置汉宁郡，治安阳县，以张鲁为汉宁太守，寻废。即今兴安州汉阴县。曰新城。本建安初刘表分汉中所置房陵郡也。延康元年，曹丕改为新城郡，治房陵县，今郧阳府房县是也。曰上庸。亦建安中析汉中郡置。《魏略》：魏武初置上庸都尉，后为上庸郡，治上庸县。延康元年，文帝并入新城郡。明帝复析置上庸郡。今郧阳府竹山县有上庸城。见前庸国。曰义阳。黄初二年，分南阳郡置，治安昌县，今汝宁府信阳州西北有故安昌城。《志》云：汉建安十三年，魏武尝得荆州之地，及败于赤壁，南郡以南皆为敌境。黄初三年五月，时孙权臣附，诏以江南八郡为荆州，江北诸郡为郢州。十月，以孙权拒命，复郢州为荆州。

豫，初治谯，寻治颍川。领郡九：曰颍川，曰梁郡，曰沛郡，曰陈郡，曰鲁郡，曰汝南，皆故郡也。曰谯郡。建安中，魏武分沛郡置，治谯。曰弋阳。黄初中，分汝南置，治弋阳，今汝宁府光州也。曰汝阴。魏武分汝南置，治汝阴县，今南直颍州也。又建安二年，魏公操分汝南之安阳、朗陵二县，置阳安都尉，亦曰阳安郡。安阳，朗陵，见汝宁府真阳、确山二县。

青，治临菑，即汉治。领郡五：曰齐郡，曰济南，曰乐安，曰东莱，皆故郡也。曰城阳。后汉并入琅邪郡。建安中，魏武复分置。本属徐州，今改属青州。又平昌郡，黄初三年，魏文帝分城阳郡置，治平昌县，今青州府安丘县西南平昌故城是。晋废。又长广郡，建安五年，魏武分东莱郡置，治不其县，今莱州府胶州即墨县西南不其故城是。《晋志》云：晋咸宁二年置。

兖，治鄄。魏主芳嘉平中，兖州屯平阿，今南直怀远县东北有平阿城。领郡八：曰陈留，曰东郡，曰济阴，曰山阳，曰任城，曰东平，曰济北，曰泰山，皆故郡也。

扬，初治合肥，后复治寿春。领郡三：曰淮南。汉九江郡也。建安初，袁术改为淮南。魏因之。曰庐江。汉故郡。建安中，魏武省入淮南，后复置，治阳泉县，盖与吴分置郡也。阳泉故城，在今寿州霍丘县西。曰安丰。黄初二年，分庐江郡置，治安风县，今南直霍丘县西南有安风故城。胡氏曰：安丰宜属豫州。

徐，治彭城。领郡六：曰下邳，曰彭城，曰东海，曰琅邪，曰广陵，皆故郡也。曰东筦。魏正始初，分琅邪郡置，治东筦县，今山东沂水县也。又有东安郡，亦魏分琅邪郡置，治东安县，今沂水县南东安废县即故郡治也。东安寻废。又有昌虑、利城二郡，魏武于建安三年分东海郡置，以处降帅。昌虑，在兖州府滕县，见前。利城，今南直赣榆县西六十里有故城，后废。

凉，治武威。领郡八：曰金城，曰武威，曰张掖，曰酒泉，曰敦煌，皆故郡也。曰西平。建安中，分金城郡置，治西都县，即今西宁卫。曰西郡。亦建安中分张掖郡置，治日勒县，今山丹卫东南有日勒废城。曰西海郡，即故居延属国也。《晋志》：魏凉州刺史领戊己校尉，护西域，如汉故事，至晋不改。

秦，治上邽，今巩昌府秦州西六十里有故城。领郡六：曰陇西，曰汉阳，曰武都，皆故郡也。曰南安，即灵帝时置。曰广魏。即后汉初平中所置永阳郡改，治临渭，今秦州秦安县东南有临渭城。曰阴平，本汉广汉属国也。建安中，魏武改置阴平郡。太和三年，武都、阴平皆入于蜀汉。《晋志》以为晋泰始中置。

冀，治邺。领郡十三：曰赵郡，曰钜鹿，曰安平，曰勃海，曰河间，曰清河，曰中山，曰常山，曰魏郡，皆故郡也。曰平原。汉属青州，魏改属冀。曰乐陵。建安中，魏武分平原郡置，今山东乐陵县即故郡治。曰阳平。黄初中，分魏郡置，治元城县，今大名府是也。曰广平。亦黄初二年分魏郡置，治广平县，即今广平府。《魏纪》：建安八年，魏公操分魏郡置东西部都尉，后以东部都尉分立阳平郡，西部都尉立广平郡，谓之三魏。又有郡曰博陵。《晋志》：汉桓帝时置，魏因之。曰高阳。《晋志》亦曰桓帝置。后又云泰始初置。曰章武。《晋志》云：魏武分勃海国置。后又云泰始中置，治东平舒县，今北直大城县是也。博陵、高阳，附见前后汉郡国。

幽，治蓟。领郡十一：曰范阳，即汉涿郡也。黄初中，更名。曰燕郡，即汉广阳也。建安中，魏武省渔阳入焉。黄初中，复故名为燕郡。曰右北平，曰上谷，曰代郡，曰辽西，曰辽东，曰玄菟，曰乐浪，皆故郡也。曰昌黎，本辽东属国。景初中，改为昌黎郡。曰带方。建安中，公孙度分乐浪置。魏因之，治带方县，在今朝鲜境内。《典略》：景初二年，以辽东、昌黎、带方、玄菟、乐浪五郡为平州，后合为幽州。

并，治晋阳。领郡六：曰太原，曰上党，曰西河，曰雁门，皆故郡也。曰乐平。建安中，魏武分太原郡置，治沾县，今山西乐平县西废沾县是。曰新兴。亦建安中魏武分太原地置，治九原县，在今忻州西。《汉魏春秋》：后汉灵帝末，羌胡大扰，定襄、云中、五原、朔方、上郡等五郡，并流徙分散。建安十八年，省并州入冀州。二十年，始集塞下荒地郡置一县，领其民，合为新兴郡。黄初元年，复置并州。二年，迁郡于岭南，自陉岭以北并弃之，以勾注为塞。陉岭，即勾注也，见前战国苏厉遗赵王书。

雍，治长安。领郡六：曰京兆，曰冯翊，曰扶风，曰安定，曰北地，皆故郡也。曰新平。建安中，魏武分扶风郡置，治漆县，今西安府邠州也。《晋志》：魏改京兆尹为太守，冯翊、扶风，各除左右。初，三辅属司隶，献帝改置雍州，自三辅距西域皆属焉。魏析为凉、秦二州，而雍州不改。

○郡国九十有一。《晋志》作六十有八，得汉郡五十有四，误。东拒吴，西拒蜀，以广陵、寿春、合肥今庐州府附郭县。见前、沔口亦曰汉口，亦曰鲁口，即湖广武昌府城西之夏口也。或曰：今汉阳府城东北大别山之阴, 为魏所守之泻口、西阳、西阳, 在今黄州府东南百三十里。襄阳、陇西今临洮府治狄道县, 即故陇西郡治、南安即灵帝所置南安郡、祁山在巩昌府西和县北七里、汉阳《志》曰: 汉阳治冀, 在今巩昌府伏羌县。见前、陈仓今凤翔府宝鸡县有陈仓故城为重镇。

魏明帝曰: 先帝东置合肥, 南守襄阳, 西固祁山, 贼来必破于三城之下者, 地有所必争也。

○孙权席父兄之业, 奄有江东。

史略: 初, 权父坚以讨贼功, 封乌程侯, 乌程, 今浙江湖州府附郭县。兄策乃略定江东地。孙策时, 略有会稽、吴郡、丹阳、豫章、庐江诸郡。及权嗣位, 周瑜等破曹操于赤壁, 赤壁, 在今武昌府城东南九十里, 进取江陵, 西至夷陵。瑜因说权曰: 今操新败, 忧在腹心, 未能与将军连兵相争也。乞与奋威俱进取蜀, 时孙坚弟子瑜为奋威将军。并张鲁。因留奋威固守其地, 与马超结援, 瑜意欲兼汉中以动关中, 连陇右以规三辅。瑜还与将军据襄阳以蹙操, 北方可图也。瑜志未逮而卒。后吴屡伐魏, 皆无功。最后魏主叡殂, 权复议伐魏。殷札曰: 天弃曹氏, 丧诛屡见。今宜涤荆、扬之地, 强者执戟, 赢者转运, 命益州军于陇右谓蜀汉也, 朱然、诸葛瑾指襄阳, 陆逊、朱桓征寿春, 大驾入淮阳谓淮北, 历青、徐, 犄角并进, 民必内应。一军败绩, 则三军离心, 便当乘胜逐北, 以定华夏。若不悉军动众, 循前轻举, 民疲威削, 时往力竭, 非策也。权不能用, 师卒无功。

○奠基建业。

《都邑考》: 孙策屯曲阿, 曲阿, 今镇江府丹阳县。策击走扬州刺史刘繇于曲阿，遂屯焉。寻徙屯吴。今苏州府治。权徙治丹徒，谓之京城，今镇江府治亦曰京口。寻迁秣陵，号曰建业，今应天府治，而武昌为行都云。今武昌府武昌县。吴于章武元年自公安徙都鄂，改曰武昌。黄龙元年，还建业。陆逊辅太子登留武昌。归命侯皓甘露元年，复徙都武昌。宝鼎初，还建业，命滕牧留镇武昌。公安，今湖广荆州府属县，吴南郡治也。

〇有州五：《通典》：吴分汉交州之南海、苍梧、郁林为广，分荆州之江夏以东为郢，得汉十三州之三。又《晋书》：晋灭吴，得州四，谓扬、荆、交、广也。郢州似初置后废：

扬，治建业。领郡十三：曰丹阳，曰吴，曰会稽，曰豫章，皆故郡也。曰庐江。吴与魏分置，治皖，今安庆府治是。曰庐陵。建安四年，孙策分豫章置，治庐陵县，今为吉安府。曰鄱阳。建安十五年，孙权分豫章郡置，治鄱阳县，今为饶州府。曰新都。亦建安十三年孙权分丹阳郡置，治始新县，今南直徽州及浙江严州府。始新，今严州府淳安县也。曰临川。吴太平二年，亦分豫章郡置，治临汝县，今为抚州府。曰临海。亦太平二年分会稽东部都尉置，治章安县，今为台州府。章安，今府东故城是也。曰建安。永安三年，分会稽南部都尉置，治建安县，今为福建建宁府。曰吴兴。宝鼎初，分吴郡置，治乌程县，今为湖州府。曰东阳。亦宝鼎中分会稽郡置，治长山县，今为金华府。曰庐陵南部都尉。亦宝鼎初分庐陵郡置，治雩都县，今赣州府雩都县是。又东安郡，黄武五年，以丹阳、会稽、吴三郡山民为寇，分其地置郡，治富春县，旋罢。富春，今杭州府富阳县也。又建安四年，孙策分豫章之海昏诸县置建昌都尉，治海昏，今南康府建昌县是。

荆，治南郡。领郡十四：曰南郡，曰武陵，曰零陵，曰桂阳，曰长沙，皆故郡也。曰宜都。建安十三年，魏武得荆州，分南郡枝江以西为临江郡，旋败还。十四年，蜀先主因分置宜都郡，治夷陵，今荆州府夷陵州是也。二十四年，入于吴。曰临贺。黄武中，分苍梧郡置，治临贺县，今广西平乐府贺县也。曰衡阳。太平二年，分长沙西部都尉置，治湘乡县，今衡州府南湘乡城是。曰湘东。亦太平二年分长沙郡置，治酃县，今衡州府东有故酃城。曰建平。永安三年，分宜都郡置，治建平县，今荆州府归州也。或云：建安末，吴尝置固陵郡，后废，改置建平郡。曰天门。亦永安中分武陵郡置，治零阳，今岳州府澧州石门县是。曰邵陵。宝鼎初，分零陵北部都尉置，治邵陵县，今宝庆府治是。曰始安。甘露初，分零陵南部都尉置，治始安县，今广西桂林府治。曰始兴。亦宝鼎初分桂阳郡置，治曲江县，今韶州府治。又营阳郡，亦宝鼎中分零陵郡置，治营道县，今永州府道州是其地也。后废。

郢，治江夏，今武昌府。领郡未详。曰武昌。治武昌县，汉江夏郡也，本治西陵。建安十三年，孙权以程普领江夏太守，治沙羡。盖江夏半入于曹氏。黄武初，改曰武昌郡，移治武昌也。沙羡，即今武昌府治武昌县。见前《都邑考》。曰蕲春。建安十二年，孙权分江夏，治蕲春县，今黄州府蕲州也。曰安成。宝鼎二年，分豫章、庐江郡置，治平都县，今江西吉安府安福县是。或曰：郡仍属扬州。又彭泽郡，建安十四年，孙权分豫章、庐江郡置，领彭泽、柴桑、寻阳三县，即今九江府境也，而地志不著。又汉昌郡，建武十五年，孙权分长沙郡置，治汉昌县，今岳州府平江县也。后废。

交，治龙编，今安南之东都。见后汉交州注。领郡七：曰日南，曰交趾，曰九真，曰合浦，故郡也。曰新昌。吴建衡三年置，治麊泠县。沈约曰：本名新兴，晋太康三年改曰新昌。曰武平，治武宁县。曰九德，治九德县。俱在今安南境内。《晋志》云：武平、九德二郡，吴宝鼎初置。

广，治番禺。领郡七：曰南海，曰苍梧，曰郁林，故郡也。曰高凉，即后汉灵帝时所置郡。曰高兴。吴分高凉置，治广化县，今广东阳江县西北有废广化城。曰桂林。宝鼎中，分郁林郡置，治潭中县，即今柳州府治。曰合浦北部。永安六年，分合浦郡置，治宁浦县，今广西南宁府横州也。《晋志》：吴黄武五年，分交州之南海、苍梧、郁林、高凉四郡，立为广州，俄复旧。永安七年，复分交州置广州云。

〇郡国四十三。得汉郡十有八。西拒蜀，北拒魏，以建平见上荆州属郡、西陵即夷陵。又州西北二十五里为西陵峡。详湖广重险西陵、乐乡今荆州府松滋县东七十里有乐乡城、南郡见前、巴丘即岳州府附郭巴陵县、夏口吴所守之夏口，即今武昌府之城西汉口也。《晋志》：夏口在荆江中，正对沔口。见前七国楚夏州、武昌见上、皖城见前、牛渚圻在今太平府北二十五里，亦谓之采石圻。详见南直名山采石、濡须坞在庐州府无为州巢县东南四十里，亦曰东关，又为东兴堤。详见南直重险东关，后又得邾城今黄州府治，见前、沔口见魏重镇、广陵同上，并为重镇。

陆抗曰：西陵、建平，国之蕃表，既处上流，受敌二境。若敌泛舟顺流，星奔电迈，非可恃援他部，以救倒悬也。臣父逊，昔在西垂上言：西陵，国之西门，虽云易守，亦复易失。若有不守，非但失一郡，荆州非吴有也。如其有虞，当倾国争之。不然，深可忧也。〇司马懿曰：东关、夏口，敌之心喉。〇何承天曰：曹、孙之霸，才均智敌，江淮之间，不居各数百里。魏舍合肥，退保新城；在今合肥城西北二十里，魏满宠所筑。吴城江陵，移入南岸，吴南郡移治公安，盖在江南岸也。濡须之戍，聚屯羡溪。羡溪，在濡须东三十里。何者？斥堠之郊，非耕牧之地，故坚壁清野以俟其来，整甲缮兵以乘其弊也。及襄阳之屯，民居星散。司马懿谓宜徙沔南，以实水北，即沔水北。曹爽不用，果亡沮中。今襄阳府南沮水左右地，亦曰沮中。

胡氏曰：地有常险，则守亦有常势。当孙氏时，上流欲争襄阳而不得，故以良将守南郡；下流欲争淮南而不得，故以大众筑东兴见上濡须坞与皖口在今安庆府城西十里，亦曰山口镇；中流欲争安陆而不得，安陆，今德安府治是，故以三万劲卒守邾城。

○先主以败亡之馀，得一孔明，仅安巴蜀。

史略：先主初领徐州牧，屡为袁术、吕布及曹操所败。后依刘表，屯新野。今南阳府邓州新野县，见前，三顾孔明于隆中，今襄阳府城西二十三里有隆中山。孔明曰：今操拥百万之众，挟天子而令诸侯，此诚不可与争锋。孙权据有江东，已历三世，国险而民附，贤能为之用，此可与为援，而不可图也。荆州北据汉、沔，利尽南海，自桂阳、苍梧，跨有交州，则利尽南海也，东连吴会吴会者，吴为东南一都会也，西通巴蜀，此用武之国，而其主不能守，殆天所以资将军也。益州险塞，沃野千里，天府之土，刘璋暗弱，张鲁在北，民殷国富，而不知存恤，智能之士，思得明君。将军既帝室之胄，信义著于四海，若跨有荆、益，保其险阻，西和诸戎，南抚蛮越，外结好孙权，内修政理，天下有变，则命一上将，将荆州之军，以向宛、雒，宛谓南阳。雒谓雒阳。将军身帅益州之众，出于秦川，犹曰秦中，百姓孰敢不箪食壶浆而迎将军者乎？

○定都成都。

《都邑考》：都成都。

○有州三蜀分益为梁，又以建宁太守遥领交州，得汉十三州之一。又延熙四年，蒋琬奏以姜维为凉州刺史，时凉州止有武都、阴平二郡，盖亦遥领也：

○益，治成都。领郡十二：曰蜀郡，曰犍为，曰汶山，曰越巂，曰牂牁，曰永昌，皆故郡也。曰江阳。刘璋于建安五年，分犍为郡置，治江阳县，今四川泸州也。曰汉嘉，本蜀郡属国也。曰朱提，本犍为属国也。俱章武元年改置。曰建宁，即汉益州郡也。后主建兴二年，改为建宁郡，治味县，今云南曲靖军民府西废味县是。曰云南。本益州永昌郡地，亦建兴二年析置，治云南县，今大理府赵州云南是也。曰兴古。亦建兴二年析益州牂牁郡置，治律高县，今曲靖府马龙州东废律高县是也。又《晋志》：后主分广汉，立东广汉郡。胡氏曰：东广汉郡治郪县，今潼川州也。又《蜀纪》：建安十九年，先主入成都，以诸葛孔明领益州太守，法正领蜀郡太守。盖刘璋置益州，与蜀郡并治成都郭下云。

○梁，治汉中。领郡十：曰汉中，曰广汉，曰巴郡，皆故郡也。曰梓潼。建安二十三年，先主分广汉置，治汉寿县，今保宁府剑州广元县也。曰涪陵。亦建安中先主分巴郡置，治涪陵县，今重庆府之涪州是。曰巴东，曰巴西。即刘璋分巴郡所置也。曰宕渠。亦建安中先主分巴郡置，治宕渠县，今顺庆府广安州宕渠县东北七十里有宕渠故城。寻省入巴西郡。曰阴平，本建安中魏公操置。建兴七年，入于汉。《晋志》云后主所置。曰武都。汉故郡也，亦建兴中属汉。蒋琬盖分二郡为凉州。

○交，治建宁。见上建宁郡。

○郡国二十有二。得汉郡十有四。东拒吴，北拒魏，以汉中见前、**兴势**兴势，今汉中府洋县北兴势山是、**白帝**今夔州府东五里，即白帝城。**为重镇**。吴贺邵云：刘氏据三关之险。三关者，一阳平关，在今宁羌州东北九十里，杜佑以为即汉中府褒城县西北二十里之汉阳关。一白水关，在宁羌州西南百里。一江关，即瞿塘关也。

黄权曰：若失汉中，则三巴不振。三巴，见东汉郡国。○杨洪曰：汉中，益州咽喉。若无汉中，是无蜀也。

胡氏曰：魏人都许，不恃方城，而守襄阳。方城，见前七国楚绵以方城。蜀人都益，不恃剑门，而守汉中。剑门，在保宁府剑州北二十五里。详四川名山剑门。吴人都秣陵，不恃大江，而守荆渚。江陵城，楚渚宫也，故曰荆渚。

读史方舆纪要卷三

历代州域形势三 晋 十六国附

○司马晋世管魏权，倾危弱主，西灭蜀，东灭吴，遂并天下。

史略：初，司马昭谋侵吴、蜀，谕其众曰：吴地广大而下湿，攻之，用功差难，不如先定巴蜀。三年之后，因顺流之势，水陆并进，此灭虢取虞之势也。计蜀战士九万，居守成都及备他境，不下四万，然则馀众不过五万。今绊姜维于沓中，沓中，在今洮州卫西南，羌中地也。时维军败于洮阳，内畏黄皓，不敢归成都，因求种麦沓中。洮阳，即今洮州卫治。使不得东顾，直指骆谷，骆谷，在今西安府盩厔县西南百二十里。旧为南入汉中之要路。详见今汉中府傥骆道。出其空虚之地，以袭汉中。以刘禅之弱，而边城外破，士女内震，其亡可知也。乃以钟会都督关中，规进取。姜维闻之，表后主宜遣军分护阳安关口阳安关，即阳平关也。见前蜀汉重镇。及阴平之桥头，在今巩昌府阶州文县东南白水上。详见阶州阴平道。以防未然。后主不省。既而昭遣邓艾督军，自狄道趋甘松、沓中，狄道，今临洮府治。时艾为征西将军，屯狄道。甘松，在今洮州卫西南。以连缀姜维；诸葛绪督军自祁山趋武街、桥头，绝维归路；绪为雍州刺史，屯上邽。

武街, 今巩昌府成县治。桥头, 即阴平桥头。钟会统大军, 分从斜谷、
骆谷、子午谷趋汉中; 斜谷, 在凤翔府郿县西南三十里。骆谷见上。子
午谷, 在西安府西南百里。俱详见汉中府褒斜等道。以卫瓘持节监军
事。时汉救诸围皆不得战, 退保汉、乐二城。汉城, 今汉中府宁羌州
沔县西南西乐城是也。乐城, 今汉中府城固县东南旧城是也。初, 诸围
皆据险拒敌, 令不得入平地。姜维易其制, 欲诱敌深入, 而后击之。会
遂平行至汉中, 分军围汉、乐二城, 径趋阳安关, 关口无备, 遂下
之, 长驱而前。邓艾击维于沓中。维败走, 闻诸葛绪已塞道屯桥
头, 乃入北道, 欲出绪后。绪引却。维还, 从桥头过, 至阴平, 闻关
城已破即阳平关, 乃退趋白水, 白水, 今保宁府昭化县西百里景谷城,
即故白水县。合诸军守剑阁, 剑阁, 在四川剑州, 即剑门也。见前。以
拒会。会不能前。邓艾进至阴平, 上言: 敌已摧折, 宜遂乘之。若
从阴平由邪径经汉德阳亭今龙安府东北有故德阳亭。趋涪, 今成都
府绵州治也。出剑阁西百里, 去成都三百馀里, 奇兵冲其腹心, 出
其不意, 剑阁之守必还赴涪, 则会方轨而进; 剑阁之军不还, 则应
涪之兵必寡矣。遂自阴平行无人之地七百馀里, 凿山通道, 造作
桥阁, 山谷高深, 至为艰险, 先登至江油, 今龙安府江油县。进击诸
葛瞻于涪。瞻败, 退住绵竹, 绵竹故城, 见前公孙述据成都。复击破
之。汉人汹惧, 后主遂降, 悉定蜀地。其后十馀年, 羊祜镇襄阳,
请伐吴, 曰: 期运虽天所授, 而功业必由人而成。今若引梁、益
之兵水陆俱下, 时王濬监益、梁诸军。荆、楚之众进临江陵, 即祜所
统也。平南、豫州, 直指夏口, 时胡奋为平南将军, 王戎为豫州刺史。
徐、扬、青、兖并会秣陵, 徐、扬, 王浑所统, 青、兖、琅邪王伷所统。

秣陵，即吴都也。以一隅之吴，当天下之众，势分形散，所备皆急。巴、汉奇兵，出其空虚，一处倾坏，则上下震动，虽有智者，不能为吴谋矣。吴缘江为国，东西数千里，唯有水战，是其所便。一入其境，则长江非复所保，还趋城池，去长入短，非吾敌也。及祜卒，举杜预自代。预复请伐吴，许之。命琅邪王伷出涂中，涂、滁通，今南直滁州。胡氏曰：即滁州取真州之路。真州，今扬州府仪真县。王浑出江西，浑时都督扬州。江西，自和州出横江渡之路。王戎出武昌，胡奋出夏口，杜预出江陵，王濬、唐彬下巴、蜀，时彬为巴东监军。凡六道；而使贾充将中军，屯襄阳，节度诸军。王浑出横江，在今和州东南二十五里，即大江也。所向皆捷。王濬克丹阳，在荆州府归州东南七里，进克西陵、荆门荆门，见前岑彭破荆门、夷道即今夷陵州宜都县。杜预克乐乡，见前吴重镇，取江陵。于是沅湘以南。沅湘，见七国楚南卷沅湘。接于交、广，望风降下。胡奋克江安。江安，即公安，吴南郡治此。杜预定江南，改曰江安县。王伷复进克武昌，长驱至建业，吴人或降或溃。伷舟师过三山，在应天府西南五十七里，入石头，石头城在应天府西二里。吴主皓出降。吴地悉定。

○仍都洛阳。

《都邑考》：晋都洛阳，愍帝都长安，南迁后都建康。即孙吴建业也。

○分州十九。沈约《志》：太康元年，天下一统，凡十六州。后又分雍、梁为益，荆、扬为江，益为宁，幽为平，凡二十州。今从《通典》。

○司州：治洛阳，统郡十二。晋改汉魏之司隶为司州。永嘉以后，洛阳沦没。大兴四年，司州侨治合肥，寻治荥阳。咸康五年，又治襄阳。

永和十二年，还治洛阳，后没于符秦。太元五年收复。隆安中，又没于姚秦。义熙十二年，司州复治洛阳。

河南郡，汉郡也。领洛阳等县十二。洛阳，即秦汉时旧治。

荥阳郡，本属河南郡。泰始三年分置，领荥阳等县八。荥阳，见前。

弘农郡，汉郡也。领弘农等县六。弘农即汉旧治。渡江以后，侨立弘农郡于寻阳界内，今江西九江府有寻阳故城。

上洛郡，本汉之京兆及弘农郡也。泰始二年分置，领上洛等县三。上洛，今陕西商州治也。

平阳郡，魏分汉河东郡置，领平阳等县十二。平阳，即魏旧治。

河东郡，秦郡也。领安邑等县九。安邑即汉故郡治。渡江后，尝侨立河东郡于屏陵县界之上明地。上明，今湖广松滋县西有故城。

汲郡，本魏之朝歌郡，后废。泰始二年，改置汲郡，领汲县等县六。汲县，即魏朝歌郡治。其后石勒析置东燕郡，治燕县，今卫辉府胙城县也。

河内郡，汉郡也。领野王等县九。野王，今怀庆府治河内县是。

广平郡，魏增置郡也。领广平等县十五。广平，即魏旧治。本属冀州，晋属司州。

阳平郡，亦魏所置郡。领元城等县七。元城，魏郡治也。本属冀州。

魏郡，汉郡也。领邺县等县八。邺，汉郡治也。本属冀州。

顿丘郡。汉东郡地。泰始二年分置，领顿丘等县四。顿丘，今大名府清丰县有顿邱故城。汉、魏俱属兖州。

○兖州：治廪邱，今东昌府濮州范县东南有廪丘故城。统郡、国八。惠帝以后,兖州沦没。建武初,兖州侨治邹山。大宁三年,寄治广陵。建元二年,寄治金城。永和八年,侨治下邳。太和四年,移治山阳,寻还广陵。太元六年,以广陵为南兖州,鄄城为兖州,既而青、兖二州皆寄治淮阴。义熙七年,复以兖州治广陵。八年,青、兖二州皆镇京口。邹山,今兖州府邹县东南故邾城是。金城,今江宁府上元县北三十五里有故金城。山阳,今淮安府附郭县。淮阴,今淮安府西北四十里故淮阴城是也。馀并见前。

陈留国,汉郡也。领小黄等县十。小黄,今开封府陈留县东北三十里有小黄故城。其后石虎改为建昌郡,属洛州。东晋咸康四年,于北谯界侨置陈留郡。

濮阳国,本汉东郡地。晋泰始初分置,领濮阳等县四。濮阳,即汉东郡治。南渡后,侨治淮南。

济阳郡,汉郡。领定陶等县九。定陶,即汉济阴郡治。南渡后,侨治淮南。

高平国,汉山阳郡也。晋改为高平国,领昌邑等县七。昌邑,亦汉山阳郡治。晋安帝时,侨置山阳郡,治山阳县,即今汉阳府治。

任城国,汉故郡也。领任城等县三。任城,亦旧治。

东平国,汉故郡。领须昌等县七。须昌,今兖州府东平州治是。

济北国,汉郡。领卢县等县五。卢,亦旧治也。

泰山郡。汉郡。领奉高等县十一。奉高,汉郡治也。

○**豫州**:治项,今开封府陈州项城县。统郡、国十。永嘉之乱,豫州沦没。大兴中,豫州寄治谯,寻又寄治雍丘。太宁初,寄治寿春。咸和四年,又寄治芜湖。咸康三年,寄治邾城。邾城旋陷于石赵,复治芜湖。永和元年,移屯牛渚。二年,仍治芜湖。九年,治历阳。十一年,移镇寿春。自是进取则屯寿春,守江则屯历阳、芜湖。隆和元年,移镇汝南,旋还寿春。太元初，镇姑孰。九年，以姑孰为南豫州，汝南为豫州，既而以豫州寄治历阳，谓之西府。义熙六年，复镇姑孰。沈约曰：永和十一年，豫州屯马头。升平元年，戍谯。咸安元年，镇历阳，宁康元年，复徙姑孰。太元十年，又戍马头。十三年，又徙历阳，义熙二年，则复戍姑孰也。雍丘，今河南杞县。见春秋杞国。芜湖，今南直太平府属县。姑孰，即今太平府治。马头，今南直凤阳府怀远县南二十里有故城。馀并见前。

颍川郡，秦故郡。领许昌等县九。许昌，即汉末旧都也。

汝南郡，汉郡。领新息等县十五。新息，今河南息县。见春秋息国。《晋志》惠帝分汝南立南顿郡，治南顿县，今河南商水县是。亦见春秋顿国。又明帝分置汝阳郡，治汝阳县。咸康中废，寻复置。今汝宁府治是。

襄城郡，本颍川郡地。泰始二年分置，领襄城等县七。襄城，今开封府许州襄城县。南渡后，元帝侨立襄城郡，治繁昌县，今南直太平府属县也。

汝阴郡，魏增置郡，后废。泰始二年复置，领汝阴等县七。汝阴，即魏故郡治。《晋志》惠帝时，分汝阴立新蔡郡，治新蔡县，今汝宁府属县。南渡后，孝武又侨置南新蔡郡，属南豫州，在今庐州府舒城县境。

梁国，汉故郡也。领睢阳等县十二。睢阳，亦汉梁国旧都。《晋志》：武帝省陈郡入梁国。惠帝复分梁国立陈郡，治陈县，即故郡治也。东晋孝武太元中，侨立南梁郡，在寿春南界。

沛国，汉旧郡。领相县等县九。相，即汉沛郡治。

谯郡，魏增置郡也。领谯县等县七，谯，即魏故郡治。

鲁郡，汉郡。领鲁县等县七。鲁县，即汉鲁国旧都是也。

弋阳郡，魏增置郡。领西阳等县七。西阳，今黄州府东南百三十里西阳故城是。沈约云：晋惠帝分弋阳郡为西阳国，属豫州。宋尝改属郢州，治西阳县。疑惠帝以后，弋阳还魏旧治也。刘昫曰：吴分江夏置蕲春郡，晋改曰西阳郡，即唐之蕲州云。

安丰郡。魏增置郡。领安风等县五。安风，即魏郡治。

〇冀州：治房子，今真定府赵州高邑县西南十五里有房子故城。魏收曰：治信都，统郡、国十三。胡氏曰：晋南渡后，幽、青、冀、并四州，俱侨治于江北。孝武太元七年，复取齐地，幽、冀二州皆徙治焉。

赵国，汉郡。领房子等县九。房子，即州治。

钜鹿国，秦郡也。领廮陶等县二。廮陶，今赵州宁晋县西南二十五里故城是。

安平国，汉故郡也。领信都等县八。信都，即汉信都国都也。

平原国，汉郡，领平原等县九。平原，即汉旧治。

乐陵国，魏增置郡。领厌次等县五。厌次，今山东武定州治也。

勃海郡，汉郡。领南皮等县十。南皮，今河间府沧州属县也。

章武国，魏置郡，后废。晋泰始初复置，领东平舒等县四。东平舒，即魏故郡治。

河间国，汉郡。领乐城等县六。乐城，即汉故国都也。

高阳国，汉郡。领博陆等县四。博陆，即汉治。《晋志》云：泰始元年置。盖中间或废，后复置也。

博陵国，汉郡。领安平等县四。安平，即汉故治。

清河国汉郡。领清河等县六。清河，今广平府西北故甘陵城是也。

中山国，汉郡。领卢奴等县八。卢奴，即汉中山国故都。

常山郡。汉郡。领真定等县八。真定，汉真定国旧都也。

〇幽州：治涿，见前涿郡。统郡、国七。太元中，幽州寄治广固。广固故城在今青州府城西北八里。

范阳国，即汉涿郡也。魏改曰范阳，领涿县等县八。涿，即州治。

燕国，汉故郡也。亦曰广阳国，魏更旧名。领蓟县等县十。蓟，即汉广阳国故都。

北平郡，秦郡。领徐无等县四。徐无，今北直蓟州玉田县东故城是也。

上谷郡，秦郡。领沮阳等县二。沮阳，即汉旧治也。

广宁郡，本上谷郡地。太康中分置，领下洛等县三。下洛，今北直保安州西百里有故城。

代郡，秦郡。领代县等县四。代县，今大同府蔚州治是。

辽西郡。秦郡。领阳乐等县三。阳乐，在今大宁废卫故柳城郡东。

〇平州：治昌黎。今北直大宁废卫故柳城东南，有昌黎废县。统郡五。魏尝置平州，后罢。晋咸宁二年，复分幽州置。永嘉以后，平州属于慕容氏。

昌黎郡，魏增置。领昌黎等县二。昌黎，见上。

辽东郡，秦郡。领襄平等县八。襄平，即汉旧治。

乐浪郡，汉郡。领朝鲜等县六。朝鲜，即汉旧治。

玄菟郡，汉郡。领高句丽等县三。高句丽，即汉旧治。

带方郡。本公孙度置，魏因之。领带方等县七。带方，即魏旧治。

〇并州：治晋阳，即后汉旧治，统郡、国六。建兴以后，并州沦没。义熙五年，尝寄镇淮阴。十四年，移镇蒲阪云。

太原国，秦郡。领晋阳等县十三。晋阳，见上。

上党郡，秦郡。领潞县等县十。潞，今潞安府潞城县。

西河国，汉郡。领离石等县四。离石，今汾州府永宁州治。

乐平郡，魏增置郡也。《晋志》云：泰始中置，领沾县等县五。沾，即魏旧郡治。

雁门郡，秦郡也。领广武等县八。广武，今太原府代州西十五里有故城。

新兴郡。魏置。领九原等县五。九原，即魏故郡治。

〇雍州：治京兆。统郡七。惠帝时，河间王颙据长安，州治安定，又移新平。建兴以后，雍州沦没。元帝时，雍州侨治于酂城。孝武时，于襄阳侨置雍州。太元十一年，寄治洛阳，以镇卫山陵，寻还襄阳。酂城，今襄阳府光化县东有故城。

京兆郡，汉郡。领长安等县九。长安，见前。太元十二年，分京兆、冯翊、弘农置华山郡，领郑县等县五。郑县，今华州治，亦见前。

冯翊郡，汉郡。领临晋等县八。临晋，今西安府同州朝邑县西南二里故城是。

扶风郡，汉郡。领池阳等县六。池阳故城，在今西安府三原县西北，见前。惠帝初，改为秦国。

安定郡，汉郡也。领临泾等县七。临泾，今平凉府镇原县东六十里有故城。

北地郡，秦郡。领泥阳等县二。泥阳，今西安府耀州治是。

始平郡，本扶风郡地。泰始三年分置，领槐里等县五。槐里，见前周都犬丘。南渡后，侨立始平郡于武当城，今襄阳府均州也。

新平郡。魏置郡。领漆县等县二。漆，即魏故郡治。

〇凉州：治武威，统郡八。永宁以后，其地为张氏所据。

金城郡，汉郡。领榆中等县五。榆中，今临洮府兰州西二百里有故城。

西平郡，魏置郡。领西都等县四。西都，即魏故郡治。

武威郡，汉郡。领姑臧等县七。姑臧，即汉郡治。

张掖郡，汉郡。领永平等县三。永平，今甘州卫治是。

西郡，魏初置郡。领日勒等县五。日勒，即故郡治。

酒泉郡，汉郡。领福禄等县九。福禄，即汉旧治。

敦煌郡。汉郡。领昌蒲等县十二。昌蒲，在今沙州废卫西。又惠帝元康五年，分敦煌及酒泉地置晋昌郡，领宜禾等县八。宜禾，在今塞外故瓜州西北百三十里。

○秦州：初治冀城，后治上邽。统郡六。《晋志》：魏始分陇右置刺史，领护羌校尉，中间暂废。泰始五年，又以雍州、陇西五郡及凉州之金城、梁州之阴平，合七郡置秦州，镇冀城。太康三年，复并入雍州。七年复立，镇上邽，统郡六。江左以秦州寄治梁州，又于氐池立北秦州。氐池，即仇池，今陕西成县西北百里有仇池城。冀城，见后汉凉州注。上邽，见三国魏秦州治。

陇西郡，秦郡。领襄武等县四。襄武，今巩昌府城东南五里襄武故城是。惠帝分置狄道郡，领狄道等县九。狄道，今临洮府治，见前。

南安郡，汉郡。领豲道等县三。豲道，即后汉故郡治。

天水郡，汉郡。后汉及曹魏皆曰汉阳。晋复曰天水，领上邽等县六。上邽，即州治。

略阳郡，魏广魏郡也。泰始中更名。领临渭等县四。临渭，即魏故郡治。

武都郡，汉郡。领下辨等县五。下辨，今巩昌府成县是也。

阴平郡。魏置。《晋志》云：泰始中置，领阴平等县二。阴平，即魏故郡治。南渡后，复有南、北二阴平郡。南阴平，今四川龙安府东百里有阴平故城。

○梁州：治南郑，统郡八。东晋大兴初，梁州寄治襄阳。咸康五年，寄治魏兴。建元二年，戍西城。太元二年，复镇襄阳。义熙初，又移魏兴。九年，治苞中。西城，今汉中府兴安州治，见前。苞中，即今汉中府褒城县也。

汉中郡，秦郡。领南郑等县八。南郑，即州治。

梓潼郡，蜀汉置。领梓潼等县八。梓潼，今保宁府属县。《晋志》：江左孝武时，分梓潼北界立晋寿郡，领晋寿等县四。晋寿，即蜀汉梓潼郡，治汉寿县也。

广汉郡，汉郡。领广汉等县三。广汉，今潼川州射洪县东南有故城。《晋志》：桓温平蜀，复置遂宁郡。或曰谯氏所置。今潼川州遂宁县是也。

新都郡，本广汉郡地。泰始二年分置，领雒县等县四。雒，即东汉益州治。太康三年郡罢，寻复置。

涪陵郡，蜀汉置。领汉复等县五。汉复，今涪州南九十里故城是。

巴郡，秦郡。领江州等县四。江州，即汉以来旧治。

巴西郡，蜀汉置。领阆中等县九。阆中，即故郡治。《晋志》：蜀汉割巴郡置宕渠郡，寻省入巴西。晋惠帝复分置宕渠郡，又以魏荆州所统之新城、魏兴、上庸，俱改属梁州。东晋孝武又分巴西、梓潼，置金山郡。或曰今绵州即故金山郡。

巴东郡。蜀汉置。领鱼复等县三。鱼复，今夔州府治，亦即蜀汉故郡治也。《晋志》：穆帝时，尝改属荆州。

○益州：治成都，统郡八。惠帝永安以后，没于李氏，益州寄治巴郡，后又移治巴东。永和三年，桓温灭蜀，还治成都。咸安二年，又没于苻氏。太元十年，复为晋有。义熙初，没于谯纵。九年，益州平，仍治成都。

蜀郡，秦郡。领成都等县六。成都，即州治。

犍为郡，汉郡。领武阳等县五。武阳，今眉州彭山县东十里有故城。

汶山郡，汉郡。领汶山等县八。汶山，即汉郡旧治汶江道也。

汉嘉郡，蜀汉置。领汉嘉等县四。汉嘉，即故郡治。

江阳郡，蜀汉置。领江阳等县三。江阳，即蜀郡旧治。

朱提郡，蜀汉置。领朱提等县五。朱提，即蜀郡旧治。沈约曰：怀帝分置南广郡，领南广等县四。南广，今叙州府南溪县是。

越巂郡，汉郡。领会无等县五。会无，今建昌行都司会川卫治是。

牂牁郡。汉郡。领万寿等县八。万寿，今遵义府治是。《晋志》：永嘉五年，分牂牁立平夷、夜郎二郡，改属宁州。平夷，今云南曲靖军民府陆凉州即其治。夜郎，今遵义府桐梓县东二十里有故城。又有西河郡，领芘苏等县，今云南大理府云龙州西有芘苏城。

〇**宁州**：治云南，统郡四。《晋志》：泰始七年，分益州置。太康三年，复废入益州，立南夷校尉护之。永宁二年，复置宁州。咸和八年，没于李雄。咸康五年，复入于晋。

云南郡，蜀汉置。领云平等县九。云平，今大理府赵州云南县北有故城。永嘉三年，分云南、永昌立河阳郡，治东河阳县。或曰：故河阳城在今大理府东北境。亦曰东河阳郡。沈约曰：成帝分云南置兴宁郡，领桥栋等县，今姚安军民府治是也。

兴古郡，蜀汉置。领律高等县十一。律高，即蜀汉旧治。沈约曰：永嘉五年，宁州刺史王逊分兴古之东置西平郡，领西平等县，在今曲靖府东境。成帝时，又分兴古置梁水郡，领梁水等县。梁水，今临安府宁州东有故城。或曰梁水郡亦建兴中王逊所表置。

建宁郡，蜀汉改置。领味县等县十七。味县，即蜀汉旧治。《晋志》：惠帝分建宁以西七县别立益州郡。永嘉二年，改为晋宁郡，领建伶等县。建伶，今云南府西有故城。成帝时，又分建宁置建都郡，领新安等六县。沈约曰：郡去宁州建宁郡六十里。

永昌郡。汉郡。领不韦等县八。不韦，即汉郡治。

〇青州：治临菑，统郡国六。永嘉丧乱，青州沦没。大兴二年，青州侨治淮阴。太元九年，青州复归于晋，侨置幽州于广固。十五年，青、兖二州俱寄治京口，其后仍镇广陵。义熙四年，移镇丹徒。六年，始置青州于东阳，亦谓之北青州，而侨置青州曰南青州。十年，南青州仍治广陵。后省南青州，北青州直曰青州。东阳，今青州府治益都县。广固城，在今青州府城西北八里。

齐国，秦郡。领临菑等县五。临菑，即州治。

济南郡，汉郡。领平寿等县五。平寿，今莱州府平度州潍县西南三十里有故城。

乐安国，汉郡。领高苑等县八。高苑，今青州府属县，见前。

城阳郡，汉郡。领莒县等县十。莒，即汉城阳国治。《晋志》：惠帝元康十年，分城阳置平昌郡，领平昌等县。本三国魏所置郡，后废，晋复置。又分城阳置高密国，领高密等县。本汉高密国，后汉废，晋复置。

东莱国，汉置。领掖县等县六。掖，汉郡旧治也。

长广郡。魏置。领不其等县三。不其，魏郡旧治也。

〇徐州：治彭城。统郡、国七。元康末，改治下邳。永嘉之乱，徐州沦没者半。太宁二年，寄治淮阴。咸和初，寄治广陵，寻又移镇京口。永和八年，复镇下邳。隆和元年，移屯山阳。太和二年，还治京口。宁康二年，复移广陵。明年，又还京口。太元九年，始以京口为南徐州，彭城为徐州。义熙七年，又以彭城为北徐州。

彭城国，汉郡。领彭城等县七。彭城，即汉郡治。渡江后，亦曰沛郡。

下邳国，汉郡。领下邳等县七。下邳，即东汉下邳国治。

东海郡，汉郡。领郯县等县十二。郯，即汉郡治。《晋志》：元康初，分东海置兰陵郡，领兰陵等县。今兖州府东六十里有兰陵城。

琅邪国，秦郡。领开阳等县九。开阳，今兖州府沂州东南有故城。元康七年，分置东安郡，领东安等县，即曹魏东安郡旧治也。江左侨置琅邪郡于江乘县境，又改治临沂。江乘、临沂，并在今江宁府东北七十里。

东莞郡，魏置，后废。太康中复置，领东莞县等县八。东莞，故魏郡治。

广陵郡，汉郡。领淮阴等县八。淮阴，故魏郡治。义熙中，分广陵置海陵、山阳二郡。海陵，今扬州府泰州治。山阳，见前。

临淮郡。汉郡。后汉改置下邳国。太康初，复析置，领盱眙等县十。盱眙，今凤阳府泗州属县。《晋志》：元康七年，分临淮置淮陵郡，今盱眙西北九十里有淮陵故城。后又分临淮、淮陵，置棠邑郡，今应天府六合县故棠邑也。义熙中，改曰秦郡，又于盱眙改立盱眙郡。

〇**荆州**：初治襄阳，后治江陵。统郡、国二十二。《晋志》：惠帝元康初，分桂阳、武昌、安成三郡及扬之豫章、鄱阳、庐陵、临川、南康、建安、晋安七郡为江州。怀帝永嘉初，又分长沙、衡阳、湘东、零陵、邵陵、桂阳及广州之始安、始兴、临贺共九郡置湘州。咸和四年，复并入荆州。义熙八年，复置。十三年，仍并入荆州，而江州如故。《通释》：咸和四年，陶侃尝移荆州镇巴陵。建始初，仍镇江陵。太元二年，移镇上明，后仍还江陵，其江州初治豫章，后移武昌。建元中，寄治半洲。咸安末，移镇寻阳。上明，今荆州府松滋县西一里有故城。半洲，在今九江府西九十里。

江夏郡，汉郡。领安陆等县七。安陆，今德安府治。《晋志》：惠帝分江夏立竟陵郡，治竟陵县。今承天府沔阳州景陵县西有竟陵故城。初属江州，后还荆州。

南郡，汉郡。领江陵等县十二。江陵，即州治也。《晋志》：惠帝时，蜀乱，分南郡侨立成都国，领华容等县四。华容，今荆州府监利县东五里有故城。建兴中，复并入南郡。又安帝时，析置武宁郡，领乐乡等县，今承天府荆门州北八十里乐乡城是。又析置长宁郡，领长宁等县，今荆门州西南有长宁废县。刘宋改曰永宁。

襄阳郡，魏置。领宜城等县八。宜城，今襄阳府属县。又咸和初，分置义成郡，领义成等县。义成，今襄阳府穀城县也。

南阳国，秦郡。领宛县等县十四。宛，即秦以来郡治。《晋志》：惠帝分南阳立新野郡，领新野等县。新野，今南阳府邓州属县。

顺阳郡，本魏所置南乡郡。晋太康中，改曰顺阳，领酂县等县八。酂，今襄阳府光化县东有故酂城。

义阳郡，本魏置，后废。太康中复置，领新野等县十二。新野，见上。惠帝时，义阳郡移治义阳县，今信阳州南义阳故城是也。又分置随郡，领随县等县，今德安府随州也。

新城郡，魏置。领房陵等县四。房陵，即魏郡治。

魏兴郡，魏置。领晋兴等县六。晋兴，今兴安州东有晋兴故城。

上庸郡，亦魏置。领上庸等县六。上庸，即魏旧治也。晋惠帝时，分新城、魏兴、上庸三郡属梁州。又南渡后，谓魏兴、新城、上庸、襄阳、义成、竟陵、江夏为沔中七郡云。

建平郡，本吴置，治秭归。晋灭蜀，亦置郡，治巫县。太康初，以吴置郡并入，领巫县等县八。巫，即今夔州府巫山县，见前。

宜都郡，吴置。领夷陵等县三。夷陵，即吴郡治。

南平郡，本吴所置南郡。吴得江陵，移南郡治公安。晋平吴，南郡复治江陵，而改故南郡为南平郡，领作唐等县三。作唐，今岳州府澧州安乡县东北有故城。元康以后，南平仍治江安，即公安也。

武陵郡，汉郡。领临沅等县十五。临沅，今常德府治武陵县是。

天门郡，吴置。领零阳等县五。零阳，即吴郡治。

长沙郡，汉郡。领临湘等县十。临湘，即汉长沙国都也。沈约曰：元康九年，分长沙置建昌郡，领巴陵等县四。宋元嘉十六年为巴陵郡。巴陵，今岳州府附郭县。

衡阳郡，吴置。领湘乡等县九。湘乡，即吴旧治。

湘东郡，吴置。领酃县等县七。酃，即吴旧治。

零陵郡，汉郡。领泉陵等县十一。泉陵，今永州府治零陵县是。《晋志》：穆帝时，分零陵立营阳郡，领营道等县。营阳，亦孙吴旧郡也。

邵陵郡，吴置。领邵陵等县六。邵陵，亦孙吴旧郡治。

桂阳郡，汉郡。领郴县等县六。郴，即汉郡治。

武昌郡，吴置。领武昌等县七。武昌，即吴故都也。

安成郡。吴置。领平都等县七。平都，亦吴故郡治。《晋志》：吴属扬州，晋改属荆州。

○扬州：初治寿春。太康二年，移治秣陵，即吴建业也。统郡十八。惠帝末，复治寿春。东晋时，治建康。兴宁二年，桓温自江陵移镇赭圻，遥领扬州。三年，移镇姑孰，寻复故。赭圻，今太平府繁昌县西南十里有故城。

丹阳郡，汉郡。领建邺等县十一。建邺，即州治。建兴中，改曰建康。元帝建都扬州，改丹阳太守为尹。

宣城郡，本丹阳郡地。太康二年分置，领宛陵等县十一。宛陵，即汉丹阳郡治。

淮南郡，秦、汉旧郡也。领寿春等县十六。寿春，即扬州旧治。惠帝永兴初，分淮南置历阳郡，领历阳等县。历阳，今和州治也。成帝时，又分置钟离郡，领钟离等县，属南徐州，今凤阳府东二十里钟离故城是也。

庐江郡，汉郡。领阳泉等县十。阳泉，即曹魏庐江郡治。义熙中。分置晋熙郡，领怀宁等县。怀宁，今安庆府治。

毗陵郡《晋志》：吴分吴郡无锡以西为屯田，置典农校尉。太康二年，省校尉为毗陵郡，领丹徒等七县。丹徒，今镇江府附郭县，见前。惠帝永兴中，以郡封东海王世子毗，因改为晋陵郡。

吴郡，汉郡。领吴县等县十一。吴，即汉郡治。

吴兴郡，吴置。领乌程等县十一。乌程，即吴旧治。《晋志》：永兴中，割吴兴及丹阳郡置义兴郡，领阳羡等县。阳羡，今常州府宜兴县是。

会稽郡，秦郡。领山阴等县十。山阴，即汉郡治。

东阳郡，吴置。领长山等县九。长山，即吴旧治。

新安郡，吴所置新都郡也。晋改曰新安，领始新等县六。始新，即吴郡旧治。

临海郡，吴置。领章安等县八。章安，亦吴郡旧治。《晋志》：明帝太宁初，分临海立永嘉郡，领永宁等县。永宁，今温州府附郭永嘉县也。

建安郡，吴置。领建安等县七。建安，即吴旧郡治。

晋安郡，本建安郡地。太康二年分置，领原丰等县八。原丰，即今福州府治闽县是也。

豫章郡，汉郡也。领南昌等县十六。南昌，即汉郡治。《晋志》：永兴初，分庐江、武昌郡地置寻阳郡。永嘉初，又以豫章之彭泽县属焉，领柴桑等县。柴桑，今九江府南九十里有故城，盖即孙吴所置彭泽郡，太康初废，至是改置。

临川郡，吴置。领临汝等县十。临汝，即吴旧郡治。

鄱阳郡，吴置。领广晋等县八。广晋，今饶州府北百五十里有故城。

庐陵郡，吴置。领西昌等县十。西昌，今吉安府泰和县西三里有故城。

南康郡。本吴所置庐陵南部都尉。太康三年，改置郡，领赣县等县五。赣，今赣州府附郭县。

〇交州：治龙编。统郡七。龙编，即吴交州治。

合浦郡，汉置。领合浦等县六。合浦，今廉州府治。《晋志》：太康初，省珠崖入合浦郡。

交趾郡，汉置。领龙编等县十四。龙编，即州治。

新昌郡，吴置。领麋泠等县六。麋泠，即吴郡治也。

武平郡，吴郡。领武宁等县七。武宁，即吴旧治。

九真郡，汉郡。领胥浦等县七。胥浦，即汉旧治。

九德郡，吴置。领九德等县八。九德，即吴旧治。

日南郡。秦象郡也。汉曰日南。领象林等县五。象林，在今占城国境内。

〇广州：治番禺，统郡十。《晋志》：太康初，吴平，以荆州之始安、始兴、临贺三郡来属。怀帝永嘉初，又以三郡属湘州。成帝时，又以三郡还属荆州。

南海郡，秦郡。领番禺等县六。番禺，即州治。成帝时，分南海立东官郡。领宝安等县。宝安，今广州府东莞县也。安帝又分东官立义安郡，领海阳等县。海阳，今潮州府附郭县。恭帝时，又分南海立新会郡，领盆允等县。盆允，在今广州府新会县境。

临贺郡，吴置。领临贺等县六。临贺，即吴郡治。

始安郡，吴置。领始安等县七。始安，即吴旧治。

始兴郡，吴置。领曲江等县七。曲江，即吴旧治。

苍梧郡，汉郡。领广信等县十。广信，即汉郡治。《晋志》：穆帝分苍梧立晋康郡，领端溪等县。端溪，今肇庆府德庆州治。又立新宁郡，领新兴等县。新兴，今肇庆府新兴县。又立永平郡，领安沂等县。安沂，今梧州府藤县南有故城。

郁林郡，汉郡。领布山等县九。布山，即汉郡治。又元帝大兴初，分置晋兴郡，领晋兴等县。晋兴，在今柳州府象州境。

桂林郡，吴置。领潭中等县八。潭中，即吴郡治。

高凉郡，汉置。领安宁等县三。安宁，在今肇庆府阳江县境。

高兴郡，吴置。领广化等县五。广化，即吴旧治。《晋志》：武帝后省入高凉。

宁浦郡。吴合浦北部也，晋改置郡，领宁浦等县五。宁浦，即吴都尉治。

○郡国一百七十有三，晋太康初，因后汉及三国之旧，其改易及增置者一十五郡而已。《晋志》云增置二十有三，误也。县一千一百有九，几于秦汉之境矣。

史略：汉、魏以来，羌、胡、鲜卑降者，多处之塞内。魏嘉平中，邓艾尝言于司马师，宜分并州境内匈奴左部为二国，魏公操初分匈奴之众为五部，时左部最强。部帅左贤王豹，单于於扶罗之子也。徙居雁门。其羌胡与民同处者，亦以渐出之，使居民表议。未及行，至是郭钦上言：戎狄强犷，历古为患。魏初民少，西北诸部，皆为戎居，内及京兆、魏郡、弘农，往往有之。今虽服从，若百年之后，有风尘之警，朔骑自平阳、上党，不三日而至孟津，北地、西河、太原、冯翊、安定、上郡，尽为战场矣。宜及平吴之威，谋臣猛将之略，渐徙内郡杂胡于边鄙，峻四夷出入之防，明先王荒服之制，此万世长策也。不听。元康末，关中氐齐万年等叛，事平。江统复作《徙戎论》警朝廷，朝廷不能用。统议：徙冯翊、北地、新平、安定界内诸羌，著先零、罕开、析支之地；徙扶风、始平、京兆之氐，出还陇右，著阴平、武都之界。其并州之胡，本为匈奴部落，散居六郡。今五部之众，户至数万，皆可发遣，还其本域，庶华夏无纤介之忧云。先零、罕开、析支之地，自湟中西至赐支河首是也，在今陕西西宁卫境内。

王氏曰：晋承三分之季，复一统之规，分州列郡，依然秦汉之疆矣。乃创守失经，用荒厥绪。永嘉以后，中原州郡，星离豆剖，莫可究极，先王之坂章不复见者，垂数百年。岂非古今升降之大变也哉？

○洎贾氏煽乱，八王构兵，八王，汝南王亮、楚王玮、赵王伦、齐王冏、长沙王乂、成都王颖、河间王颙、东海王越也。群翟起而乘之，于是中原板荡，不可复问。南渡封域，广狭无常，然上明见晋荆州注、江陵、夏口、武昌、合肥、建初二年，合肥陷于后赵。永和六年，复取之、寿阳即寿春。咸和二年，陷于后赵。永和二年，复归于晋。太和四年，袁真以寿阳叛降燕，又降秦，六年克之。太元八年，符坚大举入寇，寿阳为所陷，旋复取之。淮阴见上兖州注，往往为边围重镇，而汉中、建武初，梁州陷于李雄。桓温平蜀，遂复梁州，北守汉中。宁康初，为符坚所陷。太元九年，复取之。义熙初，谯纵作乱，汉中为仇池杨盛所窃据，旋属于姚秦。三年，复为盛所据，羁属于晋。纵平，汉中亦来归。襄阳、太兴初，梁州寄治襄阳。咸和五年，陷于后赵。七年，复取之。永和五年以后，司、豫诸州，多附于晋。十年，桓温伐秦，出自襄阳，不克而还。十二年，复引兵北出，收洛阳。兴宁五年，洛阳陷于慕容燕。太元四年，襄阳为符坚所陷。九年，复取襄阳，又北出宛洛，置戍洛阳，司、豫多为晋境。隆安三年，洛阳陷于姚秦，司、豫之间，多见侵没，以襄阳为重镇。彭城，太宁中，彭城陷于后赵。永和五年以后，后赵衰乱，徐、兖诸州，渐归于晋。太和四年，桓温伐燕，直至枋头，不克而还。太元三年，彭城为符坚所陷。九年，复归于晋，于是进取青、兖诸州，河南郡县皆来归附。十年，刘牢之军于枋头，寻入邺城，既而慕容垂取邺、河、济以南，为所侵陷，于是以彭城为重镇。枋头，在今大名府濬县西南八十五里。亦间为藩翰。

殷仲堪曰：剑阁之隘，蜀之关键。巴西、梓潼、宕渠三郡，去汉中辽远，在剑阁之内，而统属梁州。盖定鼎中华，虑在后伏。自南迁守在岷、邛，衿带之形，事异囊日。是以李势初平，割三郡隶益州，将欲重复上流，为习坎之防也。○李延寿曰：寿春形胜，南郑要险，乃建业之肩髀，成都之喉嗌。

胡氏曰：六朝增重上游，庾亮欲经略中原，则先分戍汉、沔。

刘裕欲伐魏,则先广襄阳资力。晋何充有言:荆、楚,国之西门。

〇于斯时也,刘渊据离石今山西汾州府永宁州,称汉。刘曜据长安,改汉曰赵。

史略:初,魏人居南匈奴五部于并州诸郡,《汉魏春秋》:魏武于建安二十一年,居匈奴左部于兹氏,右部于祁县,南部于蒲子,北部于新兴,中部于大陵。兹氏,今汾州府南十五里有故城。祁县,今太原府属县。蒲子,今平阳府隰州。新兴,见前。大陵,今太原府文水县东北十二里有故城。左部帅刘豹最强。豹子渊袭位,惠帝初,拜五部大都督。及晋乱,其党推渊为大单于,都离石,既而还都左国城,渊本居左国城,在今永宁州东北二十里。建国号曰汉,略取太原、上党、西河境内数邑。永兴二年,离石饥,徙屯黎亭。今潞安府黎城县。永嘉二年,寇陷平阳及河东郡,于是徙都蒲子,遣王弥、石勒等寇掠冀州诸郡及兖、豫以东。明年,徙都平阳,寇陷上党郡邑,南犯洛阳。四年,渊子聪篡立。五年,寇陷洛阳,王弥、石勒等复分道东略,会蒲阪叛降汉蒲阪,见舜都。遣刘曜等引兵陷长安,旋复失之。明年,袭陷晋阳,寻亦不守。建兴四年,刘曜复陷长安。使曜督陕西诸军事,封秦王。聪死,靳准作乱,尽诛刘氏。曜因讨准,至赤壁,遂自立,赤壁,在今蒲州河津县北。曜僭号于此,与石勒共讨准等,平之。还都长安,改国号曰赵。大兴三年,曜取陇右诸郡,既又南降仇池,仇池,在今巩昌府成县西北,见前秦州注。杨氏世据此,详见后,西胁凉州。太宁元年,刘曜自陇上西击凉州,军于河上,张茂惧,遣使称藩于曜。咸和三年,曜攻后赵将石生于金墉,洛阳城西北隅曰金墉。先是大兴三年,赵洛阳守将尹安等叛降后赵,后赵将石生引兵赴之，安等复降司州刺史李矩于荥阳，矩亦遣兵入洛，河南民相率归矩，洛阳遂空，既而为石生所据守。太宁三年，曜遣将攻之。不克，至是复攻之。石勒驰救，为勒所获。曜子熙及允弃长安走上邽，寻复引兵趣长安，为石虎所败。虎乘胜取上邽。秦、陇悉入于后赵，赵亡。〇二刘盛时，其地东不过太行，南不越嵩、洛，王弥、石勒以及曹嶷等，虽寇略纵横，东至青、齐，南抵江、汉，然皆不置戍守，或各私其地，名为附汉而已。西不逾陇坻，刘聪时，未有陇右，刘曜始取之。北不出汾、晋。时刘琨以并州拒守，石勒始有其地。刘渊尝置雍州于平阳，幽州于离石。刘聪又置荆州于洛阳。其时又置殷、卫、东梁、西河阳、北兖五州，而未详所治。刘曜以秦、凉二州并置于上邽，又置朔方于高平，今平凉府镇原县。并州于蒲阪，改置幽州于北地，又尝置益州于仇池。至郡县分合，类不能详也。

〇李雄据蜀称成，李寿寻改称汉。亦谓之后蜀。

史略：汉末，賨人李氏自巴西、宕渠徙汉中賨，赋名也。蜀人谓赋为賨，盖蛮户之赋。宕渠，见前蜀汉梁州置。依张鲁。及魏武克汉中，复迁略阳，谓之巴氐。元康中，关中乱，岁饥，李特等帅流民就谷汉川，寻入剑阁，见前三国蜀胡氏论剑门。会益州刺史赵廞据州叛，特等依之。既而廞杀特弟庠，特等怨廞，引兵屯绵竹，故城在今汉州德阳县北，见前。还攻成都，廞走死。朝议以梁州刺史罗尚为益州刺史，特等共迎尚入成都。尚复与特等隙，又敦迫流民还秦、雍。特等因之作乱，复屯聚绵竹。攻辛冉于广汉，冉，广汉太守也。尚信其谋，故特攻之。冉败走，遂据其城。攻罗尚于成都，屡败晋兵，略取梓潼、巴西。寻入少城，在成都城西。成都旧有太城及少城。罗尚自太城袭特，斩之。特弟流等复还据绵竹，寻徙据郫城。今成都府郫城。流旋卒，众推特子雄为益州牧，治郫城。进攻罗尚，尚遁走。雄入成都，即成都王位，寻称帝，国号大成。建兴二年，汉中乱，郡人张成等以地归成。于是北取汉中，东略涪陵、巴郡，西收汉嘉、越巂，涪陵、汉嘉，俱见蜀汉梁州。久之，复取巴东及建平二郡，宁州亦尽入于成。雄卒，子期篡立。咸康四年，李寿废期自立，寿，特弟骧之子，封汉王，屯涪，引兵入成都，废期而代之。改国号曰汉。寿卒，子势立。永和二年，桓温讨灭之。○李成盛时，东守三峡，三峡，在巴东、建平二郡之境。咸康中，二郡复属于晋。南兼僰、爨，南中蛮也。西尽岷、邛，北据南郑。李雄置益州于成都，梁州于涪，宁州于建宁，又分梁州置荆州于巴郡，分宁州置交州于兴古。领兴古、永昌、牂柯、越巂、夜郎等五郡。《晋志》：咸康四年，李寿又分牂柯、夜郎、朱提、越巂四郡置安州，既又以兴古、永昌、云南、越巂、朱提、河阳六郡为汉州。八年，以安州并入宁州，既又以越巂还属益州，省永昌郡。《晋纪》云：咸康二年，夜郎、兴古入于晋。五年，宁州皆为晋所得。寿或于境内遥领宁州诸郡也。及雄卒，而成业遂衰。李寿时，浸以削弱。子势继之，亡不旋踵矣。

石勒据襄国，今北直顺德府，见前。称赵，史曰后赵。冉闵据邺，改赵曰魏。

史略：初，匈奴别种曰羯，入居上党。《匈奴传》：北狄入居塞内者，十有九种，羯其一也。石勒生长于武乡，武乡，今山西沁州属县，后为群盗，寇掠冀、兖二州，为晋兖州刺史苟晞所败，乃降刘渊，统兵寇掠，所向有功，东越豫、兖，南极江、汉，悉被残破。永嘉五年，与刘曜等攻陷洛阳，复引而东，屯于葛陂，今在汝宁府新蔡县西北。寻北据襄国。山东郡县，多为所陷。建兴二年，袭入幽州，时幽州治蓟，勒执王浚杀之。大掠而还。州旋入于段匹磾。大兴二年，匹磾为段末柸等所败，南奔乐陵，蓟始入于石勒。四年，取并州，时并州治阳曲。刘琨失并州，走归段匹磾。北至代郡。勒将孔苌追杀故代将箕澹于代郡。代郡，《载记》作桑乾。胡氏曰：此后魏之代郡，非也。汉代郡南境有桑乾川。大兴初，靳准作乱，弑刘粲，勒与刘曜讨灭之。勒入平阳，置戍而还。曜封勒为赵公，既而贰于曜，称赵王。勒自以河内等二十四郡为赵国，改太守皆为内史，仿古冀州之制，南至孟津，西至龙门，东至河，北至塞垣，皆为冀州，兼领冀州牧云。四年，攻取厌次，即乐陵郡治。于是幽、冀、并三州，皆没于勒。太宁初，又克广固，时曹嶷据广固，专制青、齐。广固见前青州注。并有青州。又略兖豫之境，取许昌，与刘曜争洛阳。时洛阳亦附于勒，勒遣石生戍守。咸和三年，寿春叛附于勒。四年，曜攻金墉，勒驰救，与曜战，获之。长安亦来降，进并秦、陇，凉州称藩。于是淮、汉以北，悉为赵境。勒自称赵天王，旋称帝，营邺宫，以洛阳为南都，置行台。勒死，石虎篡立，复称天王，寻迁于邺，东取令支。今永平府东北有令支故城。时为辽西鲜卑段辽所据，虎与慕容皝共攻灭之。久之，复称帝。虎死，养子闵与其子遵举兵李城，今怀庆府温县治，即故李城。入邺，遂篡立。闵寻杀遵而立鉴，闵悉诛诸羯，又更赵曰卫，易鉴姓曰李。既又杀之而自立，号大魏，复姓曰冉。闵，本内黄冉氏子也。虎之子祗，复称帝于襄国。闵攻围之，祗改称赵王，旋为其将刘显所杀，降于闵。未几，显复称帝于襄国。永和八年，闵攻杀之，因游食常山、中山诸郡。燕将慕容恪击闵，战于廉台，在今真定府无极县西。获闵。慕容评等复攻邺，克之。○石赵盛时，其地南逾淮、汉，晋咸和三年，石赵取寿春。五年，取襄阳。七年，襄阳复入于晋，而合肥、邾城，皆为所陷，其地遂南及于江。东滨于海，西至河西，北尽燕、代。石勒置冀州于信都，因晋旧治。并州于上党，朔州于代北，《晋志》：勒并朔方置朔州，兖州于鄄城，后汉东兖州治也。徐州于廪丘，廪丘，晋兖州治。幽州于蓟，因王浚旧治。青州于广固，广固，见前青州治。雍州于长安，秦州于上邽，扬州于寿春，豫州于许昌，皆因魏、晋旧治也。荆州初置于襄阳，后徙鲁阳。今汝州鲁山县是。司州仍置于洛阳。石虎改置司州于邺，而分置洛州于洛阳，又增置营州于令支，凉州于金城。及虎之殒，国随以丧矣。

○慕容氏据辽东，称燕。

史略：三国魏景初中，鲜卑莫护跋自塞外入居辽西棘城之北，棘城，在今废大宁卫故柳城东南百七十里。号慕容部。再传至涉归，迁辽东之北，数从中国征讨有功，拜大单于。晋太康二年，涉归始寇昌黎昌黎故城，亦在柳城。东晋时，为平州治。又再传至廆，即涉归子也。涉归死，弟删篡立，寻为其下所杀，部众乃复奉廆，岁犯辽东西境，击破夫馀夫馀国，在朝鲜北境，大为边患。十年，廆请降，拜鲜卑都督，以辽东僻远，徙居徒河之青山，徒河故城，在柳城东百九十里，青山在焉。寻复徙居大棘城。永嘉初，自称大单于。建兴初，侵辽西段氏地，西至阳乐。鲜卑段氏国于辽西令支，与慕容氏接境。阳乐故城，在徒河西南。令支，见前。大兴二年，平州刺史崔毖时平州与辽东郡同治襄平，今辽东都司城北七十里故城是也。构高句丽、高句丽，时国于乐浪之丸都。今朝鲜王京东北有丸都故城。段氏、宇文氏鲜卑宇文氏，国于辽西紫蒙川，在今柳城西境。共攻廆。廆以计先却高句丽、段氏之兵，乃击宇文氏，大破之，遂引兵击慕于辽东。慕遁去，廆使其子仁镇辽东。既而晋拜廆平州牧、辽东公。廆又以其子翰镇辽东，仁镇平郭。平郭，在今辽东盖州卫南。廆卒，子皝嗣。其弟仁以平郭叛，尽有辽东之境。皝寻击平之，自称燕王，西摧段氏，败石虎，咸康四年，皝与石虎约攻段氏。皝攻掠令支以北诸城，大获而还。既而赵入令支，灭段氏，以皝不会赵兵，自专其利，移兵击皝，败去。**迁都龙城**即柳城也。皝更营之，号曰龙城。**东破高丽**，咸康四年，击高句丽，入丸都，毁其城而还。**北灭宇文**，建元二年，皝击灭宇文部。**又兼夫馀**，永和二年，时夫馀西徙近燕，皝使世子儁等袭之，拔夫馀，虏其王而还。**日以强炽**。子儁继之，因赵之衰，席卷幽州，迁都于蓟。永和六年，儁伐赵，拔蓟，幽州郡县相继降下，于是徙都蓟，以龙城为留都。**进略冀州，击灭冉闵，遂取邺城**。永和八年，儁遣慕容恪等略定冀州郡县，与闵战，获闵，进攻邺，取之。**儁遂称帝。既又南并三齐**，永和十二年，时段龛据广固，雄于东方，儁使慕容恪攻之，悉平其地。**渐规河南，乃迁于邺**。升平元年，儁自蓟迁都于邺。于是西取并州。二年，燕慕舆根等攻拔上党，进收晋阳，既而平阳亦归燕，寻入于秦。**南略豫、兖**。三年，许昌、颍川、谯、沛诸郡，皆为燕有，既而许昌复入于晋。**儁殁，慕容恪辅政，复兼陈、汝**，兴宁二年，燕将李洪等复攻取许昌及汝南、陈郡。**取洛阳**，三年，慕容恪取洛阳，略地至崤、渑，秦人屯陕城以备之。**东至泗上，南至宛城，皆为燕境**。太和元年，燕取鲁、高平诸郡，又宛城亦叛降燕。明年，晋复攻拔宛。及恪卒，桓温北伐，直抵枋头，枋头，见前。不克而还。是年，秦取洛阳。明年，秦拔壶关，今潞安府治，即故壶关县。克晋阳，破慕容评于潞水，即漳水也。在今潞安府潞城县东。长驱围邺，邺城下，追执燕主暐于高阳，即高阳郡。悉定燕地。○慕容燕盛时，南至汝、颍，东尽青、齐，西抵崤、黾，北守云中。燕自慕容儁以后，常戍云中备代。初，平州仍置于襄平，幽州置于龙城，后徙于蓟。冀州初置于常山，后还治信都。常山亦谓之北冀州。青州初置于乐陵，后还治广固。兖州置于阳平，见前司州属郡。或云后还廪丘。中州置于邺，慕容儁改司州为中州。洛州置于金墉，并州置于晋阳。荆州初置于梁国之蠡台，在归德府城南。后置于鲁阳，即石赵荆州治。燕末，与洛州并治洛阳。豫州初置于陈留，后置于许昌。迨其亡也，秦所得郡凡百五十有七焉。

○张氏据河西，称凉。

史略：张轨仕晋，为散骑常侍。永康二年，轨以时方多难，隐有保据河西之志，乃求为凉州，从之。轨至姑臧即凉州治，芟夷盗贼，讨破鲜卑，威著西土。再传至茂，轨卒，子寔嗣。寔为其下所弑，弟茂代为凉州刺史。规取陇西、南安地，与刘曜相持。张骏时，为曜所败，骏，寔之子也。金城、枹罕诸郡皆没于曜。曜亡，乃复收河南地，即金城、枹罕诸郡也。至于狄道。晋惠帝所置郡。时又遣将伐龟兹、鄯善，西域诸国，焉耆、于阗之属，皆诣姑臧朝贡，诸国皆在今甘肃塞外。子重华始称凉王。《通释》云：重华据敦煌。考凉九世皆居姑臧，未始徙敦煌也。于时金城以东，皆属后赵。晋永和二年，后赵伐凉，取金城，进攻枹罕诸郡，不克。后赵亡，复略有陇西诸郡。再传至玄靓，重华传子曜灵，庶兄祚废杀之，而篡其位。祚寻为其下所杀，乃共立曜灵弟玄靓为王。复称凉州牧。既而重华弟天锡杀玄靓自立。晋太和二年，枹罕诸郡皆没于苻秦。先是永和十一年，凉河州刺史张瓘起兵枹罕讨张祚，州郡皆附瓘。陇西人李俨，独据郡不受命，略有武始、大夏、枹罕诸郡。天锡讨之，俨求救于秦，秦败凉兵于枹罕东，天锡引还，枹罕诸郡遂入于秦。武始，在今临洮府北。大夏，在今河州东北。皆张氏所增置。太元初，为秦所并。○张氏盛时，尝南逾河、湟，张骏因前赵之衰，南略至洮阳，置武街、石门、侯和、漒川、甘松五屯护军，是越河、湟而南也。洮阳，今洮州卫治。武街，在今岷州卫境。侯和、漒川、甘松，俱在洮州卫境。东至秦、陇，西包葱岭，葱岭，在今甘肃塞外于阗西南。北暨居延。居延，即晋西海郡。张轨时分置武兴、晋兴诸郡，武兴，今凉州卫西北有故城。晋兴，在今兰州西南。张寔复分置广武郡。广武，今兰州西二百二十里有故城。其后增置益多。张茂尝置秦州。永嘉初，茂取陇西、南安地置秦州。又置定州，《晋志》：茂分武兴、金城、西平、安故为定州。安故，今临洮府西南有故城。张骏更以武威等郡为凉州，统十一郡：曰武威、西平、张掖、酒泉、西郡，皆故郡也；曰武兴、建康、湟河、晋兴、须武、安故，皆张氏所置。建康，今甘州卫西北二百里有故城。湟河，今西宁卫南二百八十里废廓州是。须武，亦在西宁卫境。兴晋等郡为河州，统八郡：曰兴晋，在今兰州西，张氏所置。据西秦，气伏乾归以翟温为光晋太守、镇枹军，则兴晋即今河州也。曰金城、南安，皆故郡也。曰武始、永晋、大夏、武成、汉中，皆张氏所置。永晋，在今河州东。武成、汉中，亦在河州境。敦煌等郡为沙州，统三郡三营：曰敦煌、晋昌，皆故郡也。曰高昌，今甘肃西徼火州卫是，张氏所置郡。此三郡也。曰西城都护，曰西城校卫，曰玉门护军，此三营也。玉门，今废沙州卫西北有故玉门关。张祚又增置商州。

《晋志》：祚以敦煌郡为商州，其后张玄靓又增置祁连郡，张天锡又置临松郡云。祁连，今甘州卫西北有故城。临松，亦在甘州卫东南。凉张瓘尝言：吾保据三州，西包葱岭，东距大河。盖凉以凉、河、沙三州为封域云。

〇苻健据长安，称秦。

史略：晋永嘉四年，略阳临渭氐蒲洪自称护氐校尉、秦州牧、略阳公。临渭，即晋略阳郡治。大兴二年，降于刘曜。曜亡，降于后赵，既又附于张骏。咸和八年，复降于石虎，虎徙秦、雍民及氐十馀万户于关东，以洪为流民都督，居枋头。及虎卒，邺中乱，秦、雍流民相率西归，路由枋头，推洪为主。石鉴以洪为都督关中诸军事、雍州牧，领秦州刺史。洪仍屯枋头，寻自称三秦王，改姓苻氏。未几，为降将麻秋所酖死。子健统其众，且请命于晋，称雍州刺史，西入关，据长安，略秦、雍二州地。永和七年，自称天王，国号秦，寻称帝。时并州亦附于秦，又并有陇西地。健卒，子生嗣。升平元年，苻坚举兵，废生自立。是时，平阳、弘农以东，皆为燕境。太和四年，取燕洛阳。明年，分军攻上党，略晋阳，长驱入邺，遂灭燕，尽得其地。咸安元年，取仇池。仇池，见前。宁康元年，陷晋汉中，取成都，梁、益二州皆没，邛、笮、夜郎悉附于秦。邛、笮、夜郎，即《汉志》所称西南诸夷也。太元初，取晋南乡郡。又攻凉，克姑臧，尽取河西地，至于高昌。既又击定代地，分代为东西二部。四年，陷晋襄阳及顺阳郡，又东取彭城、下邳。时又拔淮阴、盱眙，略淮南地，为晋所败，淮阴、盱眙复入于晋。八年，大举入寇，克寿阳及郧城，郧城，今湖广德安府治。既而败于肥水，在寿州城东。奔还。于是慕容垂称兵于河北，慕容泓、姚苌等作乱于关中，晋亦乘间收河南及梁、益、徐诸州地，北戍黎阳、枋头。黎阳在北直濬县，与枋头俱见前。十年，坚为慕容冲所逼，长安危困，乃留其太子宏守长安，出奔五将山，五将山，在今西安府醴泉县西北二十里。为姚苌所执。宏亦弃长安奔下辨，今巩昌府成县治。又自武都奔晋。坚世子丕守邺，困于慕容垂，西奔晋阳称帝，既而南屯平阳，为慕容永所败，走死。其族子登，前为狄道长，狄道，见前。枹罕诸氐共推为雍、河二州牧，帅众下陇，拔南安，丕因封为南安王。及丕死，登称帝，都雍，与姚苌战于新平、安定、长安间。太元十九年，姚苌卒，登自雍悉众而东，败于废桥，在今西安府兴平县西北。众溃，奔平凉马毛山，马毛山，在今平凉府固原州西。姚兴追战，杀登。登子崇奔湟中，今兰州湟水之西。称帝，为乞伏乾归所逐，奔杨定于秦州。定保据仇池，时兼有上邽，称陇西王。定与崇共讨乾归，皆败死。秦亡。○苻坚盛时，南至邛、僰，东抵淮、泗，西极西域，苻坚末，车师、鄯善皆来朝贡，又遣吕光将兵逾流沙，击西域之未服者。《十六国春秋》：时东夷、西域凡六十二国，入朝于秦。北尽大碛。置司隶于长安，秦州于上邽，南秦州于仇池，雍州于安定，后并入司隶。太和六年，复置于蒲阪。安定，今平凉府泾州也。凉州于姑臧，太和二年，置于枹罕。四年，移金城。太元初，始移镇姑臧。并州于晋阳，初治蒲阪，后徙晋阳。冀州于邺，升平初，冀州治上党，又徙晋阳，旋入于燕。灭燕后，始治邺。太元九年，冀州移治信都，或谓之东冀州。豫州于洛阳，初置于许昌，旋移于弘农，又徙陕城，最后移治洛阳。又置东豫州于许昌。荆州于襄阳，初置于丰阳川，今陕西商州镇安县东南有丰阳废县。寻徙于鲁阳。太元三年，始徙襄阳。洛州于丰阳，初治宜阳，寻改治陕。太和五年，移洛阳。太元四年，复徙丰阳。梁州于汉中，初置于陈仓。河州于枹罕，太和六年，置于武始，旋徙于枹罕。晋州于晋兴，或云置于平阳，益州于成都初置于扶风界。宁州于垫江，即巴西郡治也。宁康初，置于此。兖州于仓垣，今开封府陈留县西有仓垣故城。太元中，置于湖陆，今南直沛县北五十里胡陵故城是。亦曰南兖州。苻登时，兖州寄治新平。徐州于彭城，太元三年置。扬州于下邳，亦太元三年置。幽州于蓟，初置于和龙，太元四年移治蓟。平州于和龙，太元四年，分幽州置。和龙，即龙城也。青州于广固。十六国中，为最盛焉。

○慕容垂据中山，为后燕。

史略：初，垂自燕奔秦，垂，慕容皝之子，以嫌忌奔秦。为苻坚所宠任。晋太元八年，坚入寇，败还，垂军独全，以兵授坚，西行至渑池，今河南渑池县。请安集北鄙，坚许之。垂渡河至邺，冀州牧苻丕馆垂于邺西。会丁零翟斌起兵于新安，丁零，世居康居，后徙中国。晋咸和五年，翟斌归于石赵，赵封斌为句町王，赵亡，归燕。永和七年，慕容儁复封翟鼠为归义王，居中山。秦灭燕，徙其族居新安、渑池间，斌因起兵叛秦。新安，今河南府属县。康居，在今西域哈烈境内。句町，今云南临安府是其地，石赵取其名以授斌耳。谋攻洛阳，坚驿书使垂讨之。垂因聚兵至河内，济河焚桥，欲袭洛阳，豫州牧苻晖闭门固守，翟斌遂率其众归垂。垂以洛阳四面受敌，欲取邺据之。乃引兵而东，取荥阳，自称燕王，自石门济河石门，在郑州河阴县西二十里。长驱向邺，遂攻之。而分兵略故地，冀州郡县，次第皆归于燕，又北取蓟城及和龙。时邺中饥困，苻丕弃邺奔晋阳，垂取邺，又徇下勃海、青河诸郡，都中山，寻称帝。十二年，垂遣军南取历城，今济南府附郭县。青、兖、徐诸州郡县壁垒亦多附燕。会丁零、翟辽据黎阳，寇略河、济间，初，翟斌叛燕，慕容垂杀之。其党翟真等相继为乱于中山、常山间，为燕所败灭。翟辽奔晋黎阳太守滕恬之，恬之爱信之，辽乘间作乱，遂据黎阳。寻称魏天王，徙屯滑台。滑台，今北直滑县，见前。辽卒，子钊继之。十七年，垂击钊，尽取其地。《晋纪》：钊据有黎阳等七郡。十九年，复并西燕，又遣慕容农等济河南略东平、高平、泰山、琅邪诸郡，进军临海，转入临淄而还。时临淄以东为辟闾浑所据。二十一年，垂卒，子宝嗣位。魏拓跋珪侵夺并州，东围中山，尽取常山以东郡县，惟中山、邺、信都为燕城守。隆安元年，魏拔信都，中山围急，宝遂东保龙城，中山人推慕容详为主以拒魏，慕容麟复袭入中山，斩详称帝。详，皝曾孙。麟，宝庶弟。既而魏克中山，取邺，大河以北，悉为魏地。龙城复乱，宝为其臣兰汗所弑。宝子盛寻杀汗，复有辽西、东地。又击高句丽，拔其新城、南苏二城。新城，在今辽东金州卫西。南苏，即今金州卫治。《十六国春秋》：盛伐高句丽，开境七百里，徙五千馀户而还。隆安五年，盛为其臣段玑所弑，慕容熙代。立熙，垂之庶子。义熙五年，冯跋等作乱，推高云为主。燕亡。〇后燕盛时，南至琅邪，东讫辽海，西届河、汾，北暨燕、代。冀州仍治信都，初屯广阿，后复旧。广阿故城，在今真定府赵州隆平县东十里，幽州治龙城初治蓟。平州治平郭，初治龙城。兖州治滑台，初治东阿。太元十七年，以兖、豫二州皆治滑台。青州治历城，徐州治黎阳，初置徐州于黄巾固，在今济南府章丘县北。后徙黎阳。太元二十一年，又徙治鄄城。并州治晋阳，雍州治长子。及东保龙城，州郡类多侨置。幽州置于令支，晋隆安二年，慕容盛置幽州于肥如。元兴初，慕容熙复移置于令支。肥如，在今永平府西北。令支，在今永平府东北。俱见前。平州置于宿军，宿军，在故龙城东北。义熙初，慕容熙改置营州于此，其后冯跋复改为平州。青州置于新城，新城，在柳城之东，慕容熙始置青州。并州置于凡城，凡城，在柳城西南。冀州置于肥如。慕容盛时幽州治也。其视前燕版图，抑又末矣。

〇慕容永据长子，为西燕。

史略：晋太元八年，苻坚入寇，败还。九年，慕容垂起兵攻邺，北地长史慕容泓闻之，泓，暐之弟。亡奔关东，收集鲜卑，还屯华阴。平阳太守慕容冲亦起兵平阳，进攻蒲阪，战败奔泓。泓进向长安，为谋臣高盖所杀，立冲为皇太弟。冲屡败秦兵，进据阿房，阿房城，在西安府西三十四里。称帝，与秦兵相持。秦兵数败，且饥困，旋弃长安，冲入据之。十一年，冲为其将韩延所杀，推段随为燕王。未几，慕容恒、慕容永共杀随，立慕容凯为燕王，去长安而东。至临晋，在同州朝邑县西南二里。恒弟韬诱杀凯，恒复立冲之子瑶为帝。永与韬等相攻，众皆去瑶奔永。永执瑶杀之，又立泓之子忠为帝。至闻喜，今平阳府解州属县。刁云等共杀忠，推永为河东王，称藩于燕。既而秦主丕自晋阳移屯平阳以拒永，永求假道东归，弗许，战于襄陵，今平阳府属县。丕大败，走死。永东据长子称帝，有上党、太原、平阳、河东、乐平、新兴、西河、武乡。武乡，石勒所置郡也，今沁州武乡县，见前。八郡地。十九年，为垂所灭。

〇姚苌据长安，亦称秦。史谓之后秦。

史略：初，姚弋仲为南安赤亭羌酋，赤亭，在今巩昌府东五里。永嘉六年，东徙隃眉，今凤翔府陇州汧阳县东三十里有隃麋故城。戎夏襁负随之者数万，自称护羌校尉、雍州刺史、扶风公。太宁初，降于刘曜。曜亡，降于后赵。咸和八年，石虎以弋仲为西羌大都督，帅众数万，徙居清河之滠头。今真定府冀州枣强县东北有滠头戍。永和八年，弋仲卒，子襄降晋，寻复叛，侵扰淮、泗，出没许、洛间。升平初，襄自河东图关中，秦苻生遣苻黄眉等击之。襄败死于三原，今西安府属县。弟苌帅众降秦。太元八年，苻坚入寇，以苌为龙骧将军，督益、梁诸军事。坚败还，慕容垂起兵关东，慕容泓等应之，军于华阴。坚使苻叡讨之，以苌为司马。叡败死，苌惧罪，奔渭北马牧，马牧，即牧苑也。羌豪共推苌为盟主。苌自称秦王，进屯北地，攻新平，寻克之，复取安定。会坚自长安出奔五将山注见前，苌遣将吴忠袭执坚，幽于新平，既而杀之。十一年，苌以慕容凯去长安，乃自安定引兵而南，遂入据之，称帝。既而与秦王苻登相持于新平、安定间。时新平为登所取。十六年，新平复降于苌。十八年，苌卒，子兴嗣，寻败苻登于废桥见前，登走死。西取上邽，东收蒲阪。时平阳亦属于姚秦。隆安初，略取弘农、上洛诸郡。三年，陷洛阳，淮、汉以北诸城多降于秦。四年，伐西秦，取枹罕，西秦王乾归降。明年，伐后凉，吕隆亦降。于是秃发傉檀、沮渠蒙逊、李暠皆奉朝贡为藩臣。元兴二年，征吕隆入朝，使王尚镇姑臧。义熙元年，割南阳诸郡归于晋。《晋纪》：时刘裕请和于秦，且求南乡诸郡，兴割南阳、顺阳、新野、舞阴十二郡归于晋。二年，以姑臧畀傉檀。三年，赫连勃勃叛，岭北郡县，多被侵陷。六年，乾归复攻略陇西诸郡，秦日以弱。十二年，兴卒，子泓嗣。明年，为刘裕所灭。○姚秦盛时，其地南至汉川，东逾汝、颖，西控西河，北守上郡。置司隶于长安，秦州于上邽，雍州于安定亦曰北雍州，并州于蒲阪又冀州亦置于蒲阪，河州于枹罕，凉州于姑臧。元兴二年，以王尚为凉州刺史。时又有梁、益诸州，未详所置。或曰梁州治下辨，亦称南梁州。下辨，见前。豫州于洛阳，兖州于仓垣，即苻秦兖州治。徐州于项城，见晋豫州治。荆州于上洛。较之苻秦，盖及半而止矣。

○乞伏乾归据苑川。苑川城，在今靖虏卫西南。亦称秦。史谓之西秦。

史略：初，陇西鲜卑乞伏述延居于苑川，乞伏，鲜卑部落名也，后以为姓。归刘曜。曜亡，述延惧，迁于麦田。在今靖虏卫北。再传至司繁。晋咸安元年，苻坚将王统攻司繁于度坚山在靖虏卫西，司繁降，秦以为南单于，留之长安，而以司繁从叔吐雷为勇士护军，勇士城，在靖虏卫西南二百里。抚其部众。宁康元年，还镇勇士川。寻卒，子国仁嗣。太元八年，坚入寇，以国仁为前将军，领先锋骑。会国仁叔父步颓叛，坚命国仁还讨之，步颓迎降。及坚败，国仁遂迫胁诸部拒秦。十年，国仁自称秦、河二州牧，《载纪》：时国仁分其地置武城、武阳、安固、武始、汉阳、天水、略阳、漒川、甘松、匡朋、白马、苑川十二郡。其地皆在今巩昌，临洮及洮岷诸卫境内。筑勇士城而都之。十二年，苻登封国仁为苑川王。寻卒，众推其弟乾归为河南王，时乞伏氏跨有凉州、河南地也。迁都金城。十四年，苻登以乾归为金城王。后又改为河南王，又进封梁王。十九年，苻登为姚兴所败，死，其子崇称帝于湟中，乾归逐之，崇奔陇西王杨定，定时据上邽及仇池之地。与定共击乾归，皆败死。乾归于是取陇西郡，称秦王。二十年，乾归迁于西城苑川西城也，二十一年，略阳为后秦所取。先是略阳为休官夷权千成所据。是年，姚兴遣将姚硕德攻苻秦故将姜乳于上邽，降之，遂进取略阳。隆安四年，乾归迁都苑川。是年，姚兴伐西秦，乾归兵败，其部众悉降于秦。兴进军枹罕，乾归自金城奔允吾在今兰州西北，乞降于武威王利鹿孤。寻又南奔枹罕，降于姚秦。秦以乾归为河州刺史，居长安。五年，姚兴使乾归还镇苑川，尽以其故部众配之。义熙二年，乾归朝秦，复留之，而以其子炽磐监其部众。既而秦河州刺史彭奚念叛降南凉，秦以炽磐行河州刺史。四年，炽磐招结诸部，筑城于嵯峨山而据之。嵯峨山，在兰州南百七十里。五年，炽磐克枹罕。时乾归从秦主兴于平凉，闻之，逃归苑川，令炽磐镇枹罕，乾归徙都度坚山见上，既而复称秦王。六年，攻拔秦金城，仍徙苑川，复攻秦略阳、南安、陇西诸郡，皆克之。七年，复降秦，仍封为河南王。会西羌彭利发袭据枹罕，乾归击平之。又徙都谭郊，谭郊城，在今河州西北，攻南凉，取三河郡。今西宁卫南白土城，即故三河郡治。寻为乞伏公府所弑。公府，国仁子。炽磐遣兵讨诛之，迁于枹罕，命其弟昙达等分镇谭郊、苑川。自称河南王。九年，秦陇西郡降于炽磐。十年，袭南凉，入乐都在今西宁卫西，遂并其地，复称秦王。十一年，广武为北凉所拔，广武城，在今兰州西二百二十里。傉檀亦袭克其湟河郡。见张氏所置郡。十三年，刘裕灭秦，炽磐因取秦上邽。元熙元年，取漒川。漒川，时为西羌彭利和所据。今洮州卫南有漒川城。宋永初元年，夏取上邽。元嘉三年，炽磐与傉檀相攻，夏主昌遣兵攻苑川，拔南安，又败秦兵于嵻崀山，进攻枹罕及湟河、西平，大略而还。五年，炽磐卒，子暮末立。六年，北凉拔西平。七年，暮末为蒙逊所逼，求迎于魏，如上邽，为夏人所拒，乃保南安。其故地皆入于吐谷浑，自苑川至西平、枹罕是也。既而略阳复降于夏。八年，夏主定遣将攻南安，暮末穷蹙出降，旋为夏所杀。○乞伏盛时，其地西逾浩亹，今西宁卫东有浩亹城。东极陇坻，北距河，南略吐谷浑。置秦州于西安初曰东秦州，河州于枹罕，又尝置定州于此。义熙十年，改置凉州，寻复为河州。凉州于乐都，义熙十四年，置沙州于此，寻改置凉州。梁州于，赤水赤水，今巩昌府东五里赤亭水是也。元嘉四年，炽磐置梁州于此，旋为仇池所破，移置南漒。未几，又为羌所破，梁州遂罢。南漒，即漒川也。益州于漒川。元熙初置，商州于浇河浇河城，在今西宁卫西百二十里。初，张祚置商州于敦煌，炽磐又侨置于此。沙州于湟河。宋元嘉四年，炽磐尝改置沙州于西平。五年，暮末又改置凉州于此。又乾归初置秦、梁等州及北河州，皆未详所治。盖乞伏于西北诸国，差为盛强，历年亦最久云。

○杨茂搜据仇池。仇池，见前刘曜取仇池。亦称秦。

史略：汉建安中，天水氐杨腾者，世居陇右，子驹徙居仇池，孙千万附魏，魏封为百顷王。仇池山有平田百顷，因名。千万孙飞龙，复居略阳，飞龙以其甥令狐茂搜为子。晋元康六年，关中齐万年作乱，茂搜率部落还保仇池，自是益强。茂搜自称辅国将军、右贤王。建武初，子难敌自称左贤王，屯下辨；其弟坚头自称右贤王，屯河池。河池，今巩昌府徽州也。永昌元年，刘曜击之，难敌请降。太宁初，难敌奔汉中，降成，仇池归于刘曜。未几，难敌袭据武都，武都，今成县西北废武都县是。叛成自守。三年，复袭据仇池，寻称藩于晋。咸和九年，子毅称下辨公。以坚头之子盘为河池公。既而其族互相争杀，国乱，咸安初，苻秦遣兵攻之，仇池亡。太元十一年，秦苻丕以杨定为雍州牧，定，亦陇右氐，仕苻坚为卫将军，与慕容冲战，为所获，亡奔陇右，收集旧众，丕因而命之。定自上邽徙治历城今成县西建安故城是也，置储蓄于百顷，仍称仇池公，称藩于晋。又略取天水、略阳地，称秦州刺史、陇西王。十九年，与秦主登之子崇攻乞伏乾归，败死，陇西之地，皆入于乾归。其从弟盛先守仇池，复称秦州刺史、仇池公。亦称藩于晋。义熙元年，谯纵乱蜀，时汉中空虚，盛遣其兄子抚据之。是年，后秦伐仇池，攻汉中，拔成固今汉中府城固县，杨盛请降于秦。三年，盛复使其党苻宣入汉中，仍通于晋，盛因以宣行梁州刺史。八年，后秦攻仇池，败还。九年，汉中复归于晋。宋永初三年，封盛为武都王。元嘉二年，子玄嗣。四年，魏主焘拜玄为梁州刺史、南秦王。六年，玄卒，其弟难当废玄子保宗而代之。九年，以兄子保宗镇宕昌，今岷州卫南百二十里故宕州是。以其子顺为秦州刺史，守上邽。是年，赫连定西迁，难当因袭取上邽。十年，魏拜难当为南秦王，难当旋畔宋，取汉中地，以其党赵温为梁、秦二州刺史。明年，宋复取梁州。十三年，难当自称大秦王。既而魏主焘以难当擅有上邽，遣拓跋丕等伐之。难当惧，摄上邽守兵还仇池，以其子顺为雍州刺史，镇下辨。又以其子虎为益州刺史，守阴平。十七年，复称武都王。十八年，入寇益州，宋遣裴方明等讨之，克其武兴、下辨、白水诸城，武兴，即今汉中府宁羌州略阳县。白水，在今宁羌州西南。遂平其地。二十年，

仇池为魏所取。分其地为武都、天水、汉阳、武阶、仇池五郡。武阶，
今巩昌府阶州东七十里废福津县是。既而杨玄子文德复据白崖，在今
宁羌州沔县西北。徙屯葭芦在今阶州东北，其后转徙于葭芦、白水、
武兴之间。至梁天监四年，魏取汉中，杨集起等惧，率群氐叛魏，
复立其兄子杨绍先为帝。魏人击败之，克武兴，执绍先，遂灭之。
其后绍先乘魏乱，自洛阳逃还武兴，复称王。西魏大统十七年，达
奚武入汉中，兼取武兴，杨氏始亡。

吕光据姑臧，亦称凉。史谓之后凉。

史略：吕光仕苻秦，为骁骑将军。晋太元七年，车师前部及鄯
善王朝秦，车师，在今甘肃塞外。鄯善，见前。请为乡导，以讨西域之
不服者，坚使光将兵伐西域。八年，光行越流沙三百馀里，流沙，
在今废沙州卫西。焉耆等国皆降。焉耆，见前。九年，光以龟兹不下，
龟兹，亦见前。攻之，狯胡王及温宿、尉头诸国，合兵救龟兹，狯胡
诸国，皆在龟兹西。为光所败，王侯降者三十馀国，遂入龟兹，抚定
西域。寻引还，至高昌，高昌迎降。高昌，见前凉沙州注。入玉门，
敦煌、晋昌皆降，败凉州兵于安弥，今肃州西境有废绥弥城。武威
太守彭济杀凉州刺史梁熙以降。光遂有凉州，自领州刺史，寻称
酒泉公、三河王。十七年，击南羌彭奚念，取枹罕。二十一年，自称
天王。隆安三年，立子绍为天王，自称太上皇帝。旋卒，绍庶兄纂
弑绍而代之。五年，吕超杀纂，而立其兄隆。隆，光弟宝之子。既而
秦主兴使姚硕德伐凉，自金城济河，直趋广武，广武，本属后凉，时
为秃发利鹿孤所取。秦师至，利鹿孤摄守军以避之。军至姑臧，凉兵
大败，隆寻请降。元兴二年，秦征隆入朝，以王尚代为凉州刺史。

○吕光初据姑臧，前凉旧壤，宛然如昨也。乃未几而纷纭割裂。迨凉之亡，姑臧而外，惟馀仓松、番禾二郡而已。仓松，在今庄浪卫西。番禾，在今永昌卫西。

○秃发乌孤据廉川，廉川城，在今西宁卫西南百二十里。为南凉。

史略：初，鲜卑秃发树机能雄长河西，其从弟曰务丸，务丸三传至乌孤。晋太元十九年，吕光遣使拜为河西鲜卑大都统。二十年，破乙弗、折掘部，二部在秃发部之西。筑廉川堡而都之。隆安初，自称西平王，治兵广武，广武，在兰州西，见前。克凉金城。二年，取凉岭南五郡，岭，洪池岭，在凉州卫南。五郡，广武、西平、乐都、湟河、浇河也。乐都、湟河、浇河三郡，俱在今西宁卫境，见前。改称武威王。三年，徙治乐都，寻置凉州于西平，以其弟利鹿孤镇之。明年，利鹿孤嗣立，遂徙治西平。五年，更称河西王。元兴元年，克凉显美及魏安，显美，在今凉州卫西北。魏安，在今庄浪卫西。徙其民于乐都。利鹿孤卒，弟傉檀袭位，更称凉王，迁于乐都。义熙二年，傉檀献羊马于秦，秦主兴使为凉州刺史，代王尚镇姑臧。傉檀遂入姑臧，使其弟文支镇之而还。继又迁于姑臧。三年，与沮渠蒙逊相攻，蒙逊取西郡。又赫连勃勃来伐，入枝阳今靖虏卫西南有故城，傉檀追之，大败于阳武下峡在今靖虏卫东北。四年，秦遣兵袭姑臧，败去。傉檀复称凉王，既而屡为蒙逊所败。六年，复还乐都，姑臧遂入于蒙逊。九年，蒙逊进围乐都，湟河降于蒙逊。十年，傉檀西袭乙弗等部，留其子虎台居守。西秦王炽磐乘虚袭乐都，乐都寻溃。傉檀还，降于炽磐，既而为炽磐所杀。南凉之亡，有乐都、西平、广武、浩亹四郡。○南凉盛时，东自金城，西至西海，南有河湟，北据广武。至拱手而得姑臧，为计得矣，乃卒不能守，并乐都而失之。然则广地固不可恃哉！

○沮渠蒙逊据张掖，为北凉。

史略：蒙逊本匈奴左沮渠王之后，世为张掖、临松、卢水诸部帅。临松城，在今甘州卫东南，见前。晋隆安初，蒙逊诸父沮渠罗仇等仕于吕光，为光所杀。蒙逊因与诸部结盟，起兵攻拔临松郡，屯据金山。金山，在永昌卫北二里。旋为吕光子纂所败，逃入山中。其从兄男成，闻蒙逊起兵，亦聚众屯乐涫，在今肃州卫东北五十里。攻拔酒泉，进攻建康，建康城，在甘州卫西北，见前。因推建业太守段业为凉州牧。蒙逊亦帅众归业，业拜为镇西将军。二年，业使蒙逊攻凉西郡，拔之。晋昌、敦煌皆降于业，又取张掖，因徙治焉，既又取西安郡。在今甘州卫东。三年，业称凉王，寻迁蒙逊为张掖太守，又出为西安太守。五年，蒙逊自西安袭击业，杀之，其党共推蒙逊为凉州牧、张掖公。义熙三年，蒙逊攻南凉，取西郡，又屡败南凉兵。傉檀惧，引还乐都，姑臧降于蒙逊。七年，蒙逊置秦州，镇姑臧。八年，蒙逊迁于姑臧，称河西王。九年，败南凉兵，围其乐都，取湟河郡。十年，南凉为西秦所灭。十一年，蒙逊攻西秦，拔其广武郡。十三年，败西凉兵，城建康而戍之。宋永初元年，蒙逊灭西凉，并其地。元嘉五年，攻西秦乐都郡。六年，取西平郡。八年，魏拜蒙逊为凉州牧、凉王。王武威、张掖、酒泉、敦煌、西海、金城、西平七郡。时金城仍为吐谷浑所据。九年卒，子牧犍嗣，魏复拜为凉州刺史、河西王。十六年，魏主围姑臧，姑臧溃，牧犍出降。十七年，牧犍弟无讳起兵敦煌，初牧犍灭，无讳奔于敦煌。拔魏酒泉，及攻张掖，不克，退保临松。寻请降于魏，归酒泉郡，魏因以为凉州牧、酒泉王。既而其弟唐儿以敦煌叛，无讳击杀之。魏复攻拔其酒泉，无讳乃遣其弟安周西击鄯善，克其东城。在鄯善国都之东，因名。十九年，无讳弃敦煌奔鄯善，鄯善王比龙惧，将其众奔且末。且末国，在甘肃西徼曲先卫西。无讳遂据鄯善，旋袭取高昌而据之，高昌，今甘肃塞外火州也，见前。奉表降宋，宋封为河西王。二十一年，无讳卒，弟安周代立。二十七年，袭车师前部。车师前部，今甘肃塞外吐鲁番是其地，拔其城。大明四年，柔然攻灭之。○蒙逊盛时，西控西域，东尽河、湟。尝置沙州于酒泉，牧犍以弟元津为沙州刺史，督建康以西诸军事，兼领酒泉太守。秦州于张掖。牧犍以弟宜得为秦州刺史，督丹岭以西诸军事，领张掖太守。丹岭，删丹岭也。而凉州仍治姑臧，前凉旧壤，几奄有之矣。较于诸凉，又其后亡者也。

○李暠据敦煌，为西凉。

史略：初，陇西李暠仕段业为效穀令。今废沙州卫东北有效穀废县。晋隆安四年，敦煌护军郭谦等共推暠为敦煌太守。既而晋昌太守唐瑶以郡叛业，移檄六郡，六郡，敦煌、酒泉、晋昌、凉兴、建康、祁连也。凉兴，在今废瓜州西北七十里，段业所置郡。祈连，在今甘州卫西北，见前。推暠为沙州刺史、凉公。暠遣兵东取凉兴，西取玉门以西诸城。玉门，在今废沙州卫西北，见前。五年，蒙逊所部酒泉、凉宁二郡来降。凉宁，在今肃州卫东北，后凉所置郡。义熙元年，暠自称秦、凉二州牧，迁治酒泉。胡氏曰：暠迁酒泉，置瓜州于敦煌。十二年卒, 子歆嗣。宋永初元年, 为蒙逊所灭。○西凉有郡凡七, 最为弱小, 其亡亦忽焉。七郡, 曰敦煌、曰酒泉、曰晋兴、曰建康、曰凉兴, 皆故郡也。又有会稽郡, 在今肃州卫西境。广夏郡, 即今废沙州卫之广至城。皆李歆所置。凉亡时, 又有新城郡。或曰李歆所置, 亦在今沙州废卫境。

　　○慕容德据滑台, 滑台, 今北直滑县, 见前。为南燕。

　　史略: 晋太元二十一年, 后燕慕容宝嗣位, 以范阳王德为冀州牧, 镇邺。德, 垂之弟。既而魏拓跋珪取并州, 自井陉进攻中山, 井陉, 在今真定府获鹿县西十里, 详北直重险。分军攻邺, 德拒却之。隆安元年, 燕主宝东走龙城, 中山寻为魏所陷, 将并军攻邺。会慕容麟自中山奔邺, 说德曰: 邺城大难固, 不如南趣滑台, 阻河以伺衅。德从之, 弃邺南徙, 自称燕王。三年, 德西讨叛将苻广, 广, 秦主登之弟。滑台叛降于魏。陈、颍之民, 亦多附魏。德无所归, 乃引师而南, 兖州北鄙郡县皆降。寻据琅邪, 取莒城, 莒城, 今山东莒州, 见前。进克广固, 广固城, 在今青州府城西北, 见前。遂都之。四年, 德称帝。义熙元年卒, 其兄讷之子超嗣位。六年, 刘裕讨灭之。○南燕之地, 东至海, 南滨泗上, 西带钜野, 北薄于河。置司隶于广固, 慕容德初置青州于广固, 荆州于东莱。慕容超改荆州为青州, 而以青州为司隶也。兖州于梁父今泰安州南六十里有梁父城。青州于东莱, 并州于平阴今兖州府东平州属县。幽州于发干, 发干故城, 在今东昌府堂邑县西南五十里。徐州于莒城。慕容超自谓据九州之地者也。

　　○谯纵亦据蜀, 称成都王。

　　史略：晋义熙元年，益州刺史毛璩以桓振陷江陵。振，桓玄族子也。将讨之，使其弟瑾等出外水即蜀江也，参军谯纵出涪水。涪水，源出松潘卫小分水岭，至合州东南入嘉陵江，所谓内水也。见四川大川涪江。纵等至五城水口在今潼川州中江县东，其党作乱，袭杀毛瑾于涪城今成都府绵州治是，推纵为凉、秦二州刺史。璩行至略城，《晋书》：略城，去成都四百里。闻变，还成都，遣军讨之，大败。益州营户李腾开城纳纵兵，杀璩，纵自称成都王。二年，刘裕遣毛修之讨纵，至宕渠，宕渠故城，在今四川渠县，见前。军中作乱，还屯白帝。白帝故城，在今夔州府城东五里。三年，使刘敬宣讨之，不克。六年，纵使谯道福陷巴东。九年，裕复遣朱龄石讨灭之。○谯纵之地，北不得汉中，南不逾邛、僰。初置益州于成都，巴州于白帝，又常侨置秦、梁二州。或曰：梁州置于涪城，秦州置于晋寿。规模亦浅狭矣。

　　○赫连勃勃据统万，今榆林卫西北二百里故夏州城，即统万城。称夏。

　　史略：初，匈奴刘务桓世为铁弗部落大人。务桓南匈奴右贤王去卑之后。再传至刘卫辰，降于苻秦。又叛附于代，寻复叛代。兴宁三年，秦将邓羌讨擒之于木根山，在今榆林卫西北。既而复使统所部。宁康二年，为代王什翼犍所败。太元元年，卫辰患代之逼，求救于秦，秦王坚遣兵击定代地，分代民为二部，自河以西，皆属卫辰。寻复叛秦，刘库仁击破之，是时秦分代民，自河以东属库仁。追至阴山西北千馀里。阴山，在今榆林塞外。久之，坚以卫辰为西单于，屯代来城，在今榆林卫北。士马渐盛，雄于朔方。十六年，魏主珪击灭之。少子勃勃奔薛干部，薛干部送之于没奕干。薛干、没奕干，俱鲜卑别部帅也。薛干在五原，今宁夏后卫境。没奕干在高平，今平凉府镇原县境。元兴初，魏遣军击高平，没奕干弃部众，与勃勃奔秦州。既而姚兴以勃勃为安北将军，使助没奕乾镇高平。寻又以勃勃为五原公，配以三交五郡鲜卑。三交城，在榆林卫故夏州西。及杂虏二万馀落，镇朔方。会秦复与魏通，勃勃怒，遂谋叛秦，袭杀没奕干于高平，而并其众。义熙三年，自称大夏天王，既而破鲜卑薛干等部，进攻秦三城以北诸戍，三城，在今延安府东南。侵略岭北诸城。九嵕诸山以北曰岭北。九嵕山，在今陕西醴泉县西北六十里。秦人为之困弊。又西击秃发傉檀于枝阳，枝阳，在靖虏卫西南，见前。大获而还。七年，攻秦平凉，拔定阳，定阳城，在今延安府鄜州洛川县北。又寇陇右诸城镇。九年，筑统万城而居之。十二年，袭破秦上邽，毁其城，进陷阴密。今泾州灵台县西五十里有阴密城。又陷安定及雍，雍，今凤翔府治，见前。复弃不守。十三年，刘裕灭秦，勃勃乃进据安定，岭北郡县镇戍皆降。十四年，入长安，称帝。东略至陕，又取蒲阪。宋元嘉二年，勃勃卒，子昌嗣。三年，魏主焘袭破统万，分兵取弘农、蒲阪，遂入三辅，取长安。四年，魏复袭统万，克之，昌奔上邽，既而安定亦降于魏。五年，为魏将尉眷所攻，自上邽退屯平凉。寻攻安定，为魏将安颉所擒。其弟定奔还平凉称帝，魏安颉追击之，败没，定因复取安定及长安。七年，定复为魏所败，走保上邽。魏取安定，围平凉，既而陇西降魏，平凉亦下，于是长安、临晋、武功诸城镇，临晋故城，在今同州朝邑县西南。武功，今乾州属县。俱见前。皆入于魏。八年，定攻南安，灭西秦。寻畏魏人之逼，自治城济河，治城，今河州西北有故城。欲击沮渠蒙逊而夺其地。吐谷浑王慕璝遣兵邀击，擒之。夏灭。○勃勃盛时，南阻秦岭，东成蒲津，西收秦、陇，北薄于河。置幽州于大城，在今榆林卫东北。朔州于三城见上，雍州于长安，义熙七年，置雍州于阴密，旋罢。元熙初，于长安置南台，并置雍州镇焉。并州于蒲阪，秦州于上邽，初置于杏城，后移上邽。杏城，在陕西中部县东南。梁州于安定，北秦州于武功，豫州于李闰，李闰，在同州东北。荆州于陕。其地不逮于姚秦，而雄悍则过之矣。

○冯跋据和龙，亦曰龙城，见前燕慕容皝都龙城。为北燕。

史略：初，慕容皝破高句丽，徙其支属于青山，青山，在今大宁废卫故营州东，见前。高云仕燕主宝为侍御郎。隆安元年，宝迁龙城，其子会作乱，云以功为建威将军，封夕阳公，为宝养子，与中卫将军长乐冯跋相友善。跋父和，事慕容永为将。永败，徙和龙。及慕容熙即位，无道，跋得罪，亡命山泽。义熙三年，因间入龙城，与其徒作乱，推云为主，杀熙，云复姓高氏，于是幽州刺史慕容懿以令支降魏。令支，在今北直永平府东北，见前。跋为云所宠任，其弟弘等皆柄用。五年，云为宠臣离班、桃仁所杀，众推跋为主，跋遂即天王位。宋元嘉七年，跋卒，弟弘篡立。九年，魏人围和龙，肥如诸城皆降魏。肥如，亦在永平县西北，见前。明年，魏复攻弘，取凡城。凡城，在故营州西南，见前。十二年，魏兵复围和龙，大略而还。燕日危蹙，因请迎于高句丽。十三年，魏将娥清等复伐燕，高丽来迎，弘遂焚和龙而东，旋为高丽所杀。○冯氏袭燕旧壤。司隶治和龙，以并、青二州镇白狼，白狼城，亦在故营州西南。幽、冀二州镇肥如, 其馀悉仍燕旧。

何氏曰: 曹魏承丧乱之馀, 西北诸郡, 地荒民少, 戎夷僭居。晋之兴, 刘渊, 匈奴也, 而居晋阳; 石勒, 羯也, 居上党; 姚氏, 羌也, 居扶风; 苻氏, 氐也, 居临渭; 临渭, 即魏、晋略阳郡治。慕容, 鲜卑也, 居昌黎。及刘渊一倡, 并、雍之间, 乘机四起。始于永兴之初, 讫于元嘉之季, 为战国者一百三十有六年。〇王氏曰: 志所称十六国者, 二赵、五凉、四燕、三秦、一蜀、一夏也。附刘渊于前赵, 附冉闵于后赵, 附西燕于后燕, 附谯纵于李蜀, 故不曰二十国云。又仇池尝臣附于南北间, 故不称国。

读史方舆纪要卷四

历代州域形势四　南北朝　隋

○刘裕奋自草泽，克翦逆玄，北平广固，南靖番禺。广固、番
禺，俱见晋青州、广州注。

史略：刘裕初为刘牢之参军，以讨海寇孙恩、卢循功，积官
至彭城内史，居京口。京口，今镇江府，见前。会桓玄自江陵入建
康，僭大位，裕起义兵讨除之，晋室复定。义熙五年，裕以慕容超
据广固，数入寇，表请伐之。帅舟师自淮入泗，至下邳，留船舰辎
重，步进至琅邪大岘山。大岘山，在青州府临朐县东南百有五里，穆
陵关在焉。详山东重险穆陵关。袭克临朐，进围广固，遂平齐地。会
卢循等复炽，引兵自番禺至始兴。初，刘裕追败卢循于永嘉，又追败
之于晋安，循浮海南走。既而循寇南海，陷番禺，其党徐道覆又攻陷始
兴据之。朝廷未暇征讨，授循为广州刺史，道覆为始兴相。循寇长沙，
徐道覆引舟师分道寇南康、庐陵、豫章，江州刺史何无忌拒战，
败没，中外震骇。循复自巴陵趋寻阳，巴陵，今岳州府治。寻阳，治
柴桑，在今九江府南。俱见前。与道覆合兵东下，败豫州刺史刘毅军
于桑落洲，桑落洲，在今九江府东北五十馀里。军势甚盛。裕方从伐

燕，还至下邳，闻警，即疾驰至石头。石头城，在今应天府城西，见前。循等进逼建康，裕督军屯守。循以裕既还，建康有备，引还寻阳。裕因治水军，遣将军孙处等潜自海道袭番禺，倾其巢窟，而自引大军西击循前锋，败贼兵于南陵。今太平府繁昌县西南故南陵戍是。裕进军雷池，在今安庆府望江县东南十里。循等逆战，大破之于大雷。今望江县，即古大雷戍。循走寻阳，将趋豫章，乃悉力栅断左里。杜佑曰：左里，即彭蠡湖口也。今南康府都昌县西南九十里有左里故城。裕拔栅而进，循大败，单舸南走，径还番禺，及至，官军已入城数月矣。循走交州，穷蹙而死。

　　○西定巴蜀，又克长安，而晋祚以移。

　　《都邑考》：自宋至陈，皆因晋都。

　　史略：义熙三年，刘裕使刘敬宣讨谯纵。敬宣既入峡，巴东三峡是也。见前。遣别将出外水，大江从成都府南境至泸州，曰外水。自帅诸军出垫江。今重庆府合州。盖由内水而进也，转战而前，至黄虎在今潼川州北，去成都五百里。纵遣将悉众拒险，敬宣不得进，食尽引还。八年，复命朱龄石等进讨，别函付龄石曰：众军悉从外水取成都，臧熹从中水取广汉，雒水自汉成都府合州至泸州入江，曰中水。广汉即汉州，晋曰新都。此从汉郡言也。老弱乘高舰十馀，从内水向黄虎。涪水自成都府绵州东南至合州入江，曰内水。俱详四川大川。时谯纵方屯重兵，以备内水。龄石至白帝，白帝，见前。遂兼行至平模，平模山，在眉州彭山县东十里，亦曰彭亡山，滨大江，由外水至成都必由之道。去成都二百里，出敌不意。纵分兵拒守，龄石击破之，臧熹亦破纵别军于牛鞞。牛鞞城，在今成都府简州城西，即中水所由之道。纵诸营屯望风奔溃。龄石趣成都，纵走死，蜀地悉平。十二年，姚兴死，裕遂伐秦。遣王镇恶、檀道济将步军自淮、肥向许、洛，自淮、肥者，由寿春而北也。许，许昌。洛，洛阳。朱超石、胡藩趋阳城，超石时为新野太守，盖自南阳北出。阳城，今河南府登封县。沈田子、傅弘之趋武关，自出襄阳，引军西北也。武关，见前。沈林子、刘遵考帅水军出石门，自汴入河，遵考时为彭内史，盖自彭城入汴。石门，水入河之门也，亦谓之荣口。见前七国魏苏代论荣口。以王仲德督前锋，开钜野入河。钜野，见《职方》兖州浸。镇恶等入秦境，所向克捷，漆丘、项城降，漆丘，今归德府南二十五里小蒙城是。项城，见晋豫州治。拔新蔡、许昌，克仓垣，仓垣，在开封府陈留县西。荣阳、阳城皆来降，进至成皋。王仲德水军入河，逼魏滑台，魏人弃城走，遂入据之。道济等进逼洛阳，洛阳降，进军渑池，今河南府属县，见前。径攻潼关，屡败秦兵。裕亦将水军自淮、泗入清河，即钜野以北之济水也。溯河西上，而遣别将留守碻磝，今济南府长清县西有碻磝故城。以防魏人侵轶，寻入洛阳，自陕抵潼关。沈田子等亦入武关，大败秦军于青泥。青泥城，在西安府蓝田县南七里。王镇恶复请帅水师自河入渭，趋长安，破秦军于渭桥。东渭桥也，在西安府东北五十里。遂克长安，姚泓降。

○然长安旋没于夏，河南州郡复陷于魏，最后又失淮北及淮西地。

史略：初，赫连勃勃欲图关中，闻裕伐秦，乃进据安定，岭北郡县镇戍皆降于勃勃。裕既破秦，留其子义真守关中，遂发长安，自洛入河，自洛阳浮洛入河也。开汴渠而归。汴渠，见河南大川汴水。

勃勃问计于王买德，买德曰：青泥、上洛南北险要，宜先遣游军断之，东塞潼关，绝其水陆之路，则义真在网罟中矣。勃勃乃以其子瞆向长安，昌屯潼关，而使买德屯青泥。勃勃为后继。会晋将互相贼杀，勃勃遂取关中。及武帝殁，魏人议取洛阳、虎牢、滑台，遣军南侵，司、兖、豫诸郡县悉陷。元嘉七年，遣将到彦之等经略碻磝、滑台、虎牢、洛阳四镇，旋败还。二十七年，遣王玄谟等北伐，复败退。魏人乘胜入寇，南抵瓜步，在今应天府六合县东二十五里。境内因以衰耗。既而魏主焘被弑，复议北伐，遣萧思话督诸军，分道向碻磝。自历城向碻磝，出许、洛自汝南出许、洛，趣潼关自宛、邓趋潼关。凡三道。青州刺史刘兴祖上言：河南阻饥，野无所掠，脱诸城固守，非旬月可拔，稽留大众，转输方劳。应机乘势，事存急速。今伪帅始死，兼逼暑时，国内猜扰，不暇远赴，宜长驱中山，据其关要。后燕都中山，魏人以为重地。中山至代，有倒马、飞狐诸关，据之，则道路阻塞，声援难及矣。冀州以北，民人尚丰，兼麦已向熟，因资为易，向义之徒，必应响赴。若中州震动，黄河以南，自当消溃。臣请发青、冀兵，直入其心腹。若前驱克胜，河南众军宜一时济河，使声实兼举。并建司牧，抚柔初附。西距太行，北塞军都，居庸关，一名军都关，在今顺天府昌平州西北三十里。详见北直重险。兴祖欲因山险置兵，以包举相、定、幽、冀之地也。因事指挥，随宜加授。若能成功，清壹可待。帝意止在河南，不从，师竟无功。既而宋多内乱。泰始初，晋安王子勋举兵寻阳，远近响应，建康危迫，仅而克平。徐州刺史薛安都、兖州刺史毕众敬、汝南太守常珍奇等以疑惧降魏，魏因遣将经略齐地。尉元言：彭城，宋之要藩。若重兵积粟，则宋人不敢窥淮北。又宋攻彭城，必由清泗过宿豫，清泗，即泗水也。宿豫，今邳州宿迁县。历下邳，趋青州，亦由下邳沂水经东安。沂水，出山东临朐县沂山，至南邳州入泗。东安，沂水所经也。见三国魏徐州属郡。此数者，宋人用兵之要。今若先定下邳，平宿豫，镇淮阳，淮阳，在今凤阳府泗州东北百里。戍东安，则青、冀诸镇可不攻而克矣。魏主从之。宋由是失淮北四州及豫州淮西之地。四州，徐、兖、青、冀也。豫州之淮西，谓汝南、新蔡、谯、梁、陈、南顿、颍川、汝阳、汝阴诸郡也。

　　○所有州凡二十二：宋初，有州二十一。泰始七年，始增置越州。沈约云：宋有州二十二。今从之。

　　扬，治建康。统郡十一：曰丹阳，曰会稽，曰吴郡，曰吴兴，曰淮南，曰宣城，曰义兴，曰东阳，曰临海，曰永嘉，曰新安，俱晋旧郡也。孝建三年，分扬州之会稽、东阳、新安、永嘉、临海五郡为东扬州。大明三年，又改扬州为王畿，而东扬州直云扬州。五年，割王畿之吴郡属南徐州。废帝罢王畿复为扬州，而扬州还为东扬州，吴郡亦复故。明年，省东扬州并入扬州。昇明三年，又改扬州刺史为扬州牧云。

　　南徐，治京口。统郡十六：曰南东海，治丹徒县，今镇江府治。曰南琅邪，治临沂县，今应天府西北三十里有废临沂县。曰晋陵，治晋陵县，今常州府治是。曰南兰陵，治兰陵县，今常州府西北六十里有废兰陵城。曰南东莞，治东莞县。曰临淮，治海西县。曰淮陵，治司吾县。曰南彭城，治吕县。曰南清河，治清河县。曰南高平，治金乡县。曰南平昌，治安丘县。曰南济阴，治城武县。曰南濮阳，治廪丘县。曰南泰山，治南城县。曰南济阳，治考城县。曰南鲁，治鲁县。皆晋南渡以来，侨置于丹阳、吴郡境。沈约曰：泰始四年，割扬州之义兴属南徐州云。

徐，治彭城。泰始三年，淮北陷没，侨治钟离。泰豫初，移治朐山。元徽初，还治钟离。统郡十二：曰彭城，曰下邳，曰兰陵，曰东海，曰东莞，曰东安，曰琅邪，曰沛郡，皆旧郡也。曰淮海，治甬城，在今宿迁县东南百余里。曰阳平，治馆陶县，郡县皆侨置，或云在今邳州境。曰济阴，侨治睢陵县，在今泗州盱眙县西六十里。曰北济阴，治成武县，今兖州府属县。此十二郡也。沈约曰：宋亡淮北，元徽初，分南兖、北豫州之境置徐州，仍治钟离，领郡三：曰钟离，晋郡也，本属南兖；曰马头，治虚县，在今凤阳府怀远县西南二十里，本属豫州；曰新昌，治顿丘县，今和州东有顿丘城，是时新置郡也。又泰始三年，分徐州置东徐州，治团城，旋降于魏。团城，即故东莞郡城也。钟离，见晋淮南郡。朐山，即故朐县，今南直海州治，见前。

南兖，治广陵。元嘉二十八年，移镇盱眙。三十年，并入南徐州，旋复置，还治广陵。泰始六年，南兖州移治淮阴。七年复故。统郡九：曰广陵，曰海陵，曰山阳，曰盱眙，曰泰郡，曰钟离，皆晋郡也。曰南沛，治萧县，在广陵境内。曰北沛，曰临江，未详所理。沈约曰：南兖初领郡九，后领十一。南沛而外，有新平郡，治江阳；北淮阳郡，治晋宁；北济阴郡，治广平；北下邳郡，治潼县；东莞郡，治莒县。皆失淮北后所侨置，而无北沛、临江二郡。又钟离郡，元徽初，改属南徐州，是十一郡也。

兖，初治滑台。元嘉十三年，移镇邹山，又寄治彭城。二十一年，徙治须昌，后省兖州入徐、冀二州。三十年复置，治瑕丘。孝建初，治湖陆。泰始初，复治瑕丘。二年，兖州降魏。五年，侨置于淮阴。统郡六：曰泰山，曰高平，曰鲁，曰东平，曰济北，皆故郡也。曰阳平，沈约曰：治馆陶，元嘉中侨置于无盐县境。淮北既失，诸郡亦寄治淮南境内云。邹山，见晋兖州治。须昌，见晋东平国治。瑕丘，今兖州府治。湖陆，在今南直沛县北。俱见前。

南豫，初治历阳。元嘉二十二年，罢入豫州，寻复置。大明五年，移治于湖。统郡十有九：曰历阳，曰庐江，曰晋熙，曰弋阳，曰安丰，皆故郡也。曰南谯，治山桑县，今无为州巢县东南二十里有南谯城。曰南汝阴，治汝阴县，今庐州府治是。曰南梁，治睢阳县，今寿州东北南梁城是。曰汝南，治平舆县。曰新蔡，治新蔡县。曰东郡，治项县。曰南顿，治南顿县。曰颍川，治邵陵县。曰西汝阴，治汝阴县。曰汝阳，治汝阳县。曰陈留，治浚义县。皆侨置于淮南境内。曰边城左郡，领雩娄等县，今寿州霍丘县西南八十里有雩娄故城。曰光城左郡，治光城县，今汝宁府光州光山县是也。曰南城左郡，未详所治。于湖，今太平府治也。

豫，治寿阳。《宋志》：武帝开拓河南，绥定豫土。晋义熙九年，割扬州大江以西、大雷以北，悉属豫州。豫之基址，自此而立。永初二年，分淮东为南豫州，淮西为豫州，亦曰西豫州，亦曰北豫州。元嘉二十二年，以南豫州并入豫州。其后复分，或治寿阳，或治汝南。统郡十一：曰汝南，曰新蔡，曰谯，曰梁，曰陈，曰南顿，曰颍川，曰汝阳，曰汝阴，曰陈留，曰头顿，皆故郡也。泰始三年，淮西之汝南、新蔡、汝阳、汝阴、陈郡、南顿、颍川七郡，皆没于魏。元徽初，又以马头郡改属徐州。大雷，今江南望江县，见前。

江，治寻阳。升明初，移镇溢口。统郡十：曰寻阳，曰豫章，曰鄱阳，曰临川，曰庐陵，曰安成，曰南康，曰建安，曰晋安，皆旧郡也。曰南新蔡，治苞信，侨置于今湖广黄梅县。溢口，在今九江府城西。

青，初，北青州治东阳，南青州治广陵。后省南青州，而北青州直曰青州。孝建二年，移治历城。大明八年，还治东阳。泰始中失淮北，青州侨治郁洲。旧统郡九：曰齐郡，曰济南，曰乐安，曰高密，曰平昌，曰北海，曰东莱，曰长广，皆故郡也。曰太原，治太原县，今济南府长清县东北废升城是。《五代志》：武帝置乐安郡于千乘县，即汉千乘郡治也。泰始四年，又分青州置东青州，治不其城，在今莱州府胶州即墨县西南五十七里。又宋尝置并州，亦寄治升城云。东阳，见晋青州治。历城，今济南府治，见前。郁洲，今南直海州东北十九里有郁洲山。

冀，元嘉九年，分青州立，治历城。泰始二年，陷于魏，与青州并寄治郁洲。旧统郡九：曰广川，曰平原，曰清河，曰乐陵，曰魏郡，曰河间，曰顿丘，曰高阳，曰勃海，大抵皆侨郡也。《五代志》：武帝置广川郡于武强，今济南府长山县是；置平原郡于梁邹，今济南府邹平县北故梁邹城是；置清河郡于盘阳，今济南府淄川县是。又文帝侨置高阳郡于乐安境内，勃海郡于临淄境内。孝武又尝置幽州，亦侨治梁邹云。

司，初与并州俱治虎牢。景平初陷没。元嘉二十八年，司州侨治义阳。沈约曰：元嘉末，侨治汝南。大明中省。建始二年，复置于义阳。统郡四：曰义阳，曰随阳，故郡也。曰安陆，治安陆县，今德安府治是。曰南汝南，治平舆，郡县皆侨置于义阳南境。

荆，治江陵。统郡十二：曰南郡，曰南平，曰天门，曰宜都，曰巴东，曰建平，皆故郡也。曰汶阳，治汶阳县，在今荆州府夷陵州远安县西百里。曰南义阳，治厥西县，在今随州西北八十五里。曰新兴，治定襄县，今荆州府西北安兴故城是。曰南河东，治闻喜县，在今荆州府松滋县界。曰永宁，治长宁县，在今安陆府荆门州西南。曰武宁，治乐乡县，今荆门州北八十里有乐乡故城。沈约曰：孝建初，天门改属郢州。泰始三年复故。

郢，治江夏，今武昌府治。孝建初，分荆、湘、江三州置。统郡六：曰江夏，曰竟陵，曰武陵，曰武昌，曰西阳，皆旧郡也。曰巴陵，即晋之建昌郡。沈约曰：初分荆之江夏、竟陵、随、武陵、天门，湘之巴陵、江之武昌、豫之西阳置，凡八郡。后随属司州，天门仍属荆州。

湘，治临湘。晋置，后废。永初三年又置。元嘉八年省。十七年复置。二十九年又省。孝建初复置。统郡十：曰长沙，曰衡阳，曰桂阳，曰零陵，曰营阳，曰湘东，曰邵陵。曰临庆，即临贺也。曰广兴，即始兴也。曰始建，即始安也。俱泰豫中所改。沈约曰：巴陵，本属湘州，后改属郢。临湘，见前长沙郡治。

雍，治襄阳。统郡十七：曰襄阳，曰南阳，曰新野，曰顺阳，曰义成，皆故郡也。曰京兆，治杜县，今襄阳府西杜陵城是。曰始平，治武当县，今均州也。曰扶风，治筑阳县，今襄阳府穀城县东四里有筑阳故城。曰南上洛，治上洛县。沈约曰：其地名白口，在今汉中府兴安州洵阳县界。或云：白口，当作申口，今县有申口镇。曰河南，治河南县，今新野县东北有河南城。曰广平，治广平县，今新野县西故朝阳县是。曰冯翊，治郃县，今襄阳府宜城县西南九十里有郃县城。曰南天水，治华阴县。沈约曰：其地名岩洲，在襄阳城外。曰华山，治华山县。沈约曰：治大堤，今宜城县南汉南城是。曰北河南，治新蔡县。沈约曰：地名宛中。曰弘农，治邯郸县。沈约曰：地名五垄。俱在南阳城外，皆侨置郡也。

梁，初治南城，即今汉中府褒城县。元嘉十年，还治南郑。统郡二十。曰汉中，曰魏兴，曰新城，曰上庸，曰晋寿，皆故郡也。曰新兴，治吉阳县，今郧阳府上津县西有故吉阳城。曰华阳，治华阳县。沈约云：寄治州下。曰新巴，治新安县，在今保宁府南部县境。沈约曰：晋安帝分巴西郡置。曰北巴西，即旧巴西郡也。曰北阴平，即故阴平郡。曰南阴平，亦治阴平县，在今龙安府东百里。曰巴渠，治巴渠县，今夔州府开县东六十五里废清水城是。曰怀安，治怀安县。沈约曰：寄治州下。曰宋熙，治兴乐县，或曰在今保宁府巴州界。沈约曰：郡去州七百里。曰白水，治新巴县。在今保宁府广元县界。曰南上洛，治上洛县，在今兴安州平利县界。曰北上洛，治北上洛县，亦在今兴安州界。曰安康，治安康县，今兴安州汉阴县也。曰南宕渠，治宕渠县，在今四川渠县东北，即蜀汉所置宕渠郡也。曰怀汉,治永丰县,未详所在。皆新郡及侨置郡也。

秦,与梁州同治南郑,亦曰南秦州。元嘉二年,以武都为北秦州,授仇池杨玄。十九年,克仇池,又置北秦州。旋没于魏,而秦州如故。统郡十四:曰武都,治下辨县。曰略阳,治略阳县。曰安故,治桓陵县。曰西京兆,治蓝田县。曰南太原,治平陶县。曰南安,治貒道县。曰冯翊,治莲勺县。曰陇西,治襄武县。曰始平,治始平县。曰金城,治金城县。曰安定,治朝那县。曰天水,治河阳县。曰西扶风,治郿县。曰北扶风,治武功县。自武都以下,大抵皆侨郡也,错置于梁州境内。

益,治成都。统郡二十九:曰蜀郡,曰广汉,曰巴西,曰梓潼,曰巴郡,曰江阳,曰越巂,曰汶山,曰犍为,曰沈黎,皆旧郡也。曰遂宁,治巴兴县,今潼川州遂宁县是。曰宁蜀,治广汉县,即今成都府双流县也。曰怀宁,领治平等县。曰始康,领始康等县。沈约云:皆寄治成都。曰南阴平,领阴平等县。沈约曰:治苌杨,在今汉州德阳县西。西北阴平,亦领阴平等县,或曰在今保宁府剑州西境。曰晋熙,治晋熙县,亦在今德阳县界。曰晋原,治江原县,今成都府崇庆州也。曰宋宁,领欣平等县。沈约曰:寄治成都。曰安固,领略阳等县,在成都东境。沈约曰:去州百三十里。曰新城,治北五城县,今潼川州中江县东有故五城县。曰南晋寿,领晋寿等县。沈约曰:郡去州百二十里。曰宋兴,领南汉等县。沈约曰:寄治成都。曰南宕渠,领宕渠等县。《起居注》:元嘉十六年,自梁州度益州。或云侨置于宕渠南境。曰东江阳,治汉安县,今泸州江安县是。曰南汉中,领南长乐等县。曰武都,领武都等县。曰南新巴,领新巴等县。曰天水,领永兴等县。俱未详所在,皆新置及侨郡也。又泰始五年,分荆州之巴东、建平,益州之巴西、梓潼郡,置三巴校尉,治白帝。时三峡蛮獠岁为抄暴,故立府以镇之。

宁,治建宁。统郡十五:曰建宁,曰晋宁,曰牂牁,曰夜郎,曰朱提,曰南广，曰梁水，曰兴古，曰永昌，曰西平，曰兴宁，曰云南，曰东河阳，曰西河，皆故郡也。曰平蛮，即故平夷郡。

广，治南海。统郡十七：曰南海，曰晋康，曰新宁，曰永平，曰郁林，曰新会，曰东官，曰义安，曰晋兴，皆故郡也。曰宋康，治广化县，在今肇庆府阳江县西北。曰绥建，治新招县，在今肇庆府广宁县境。曰海昌，治宁化县，在今广州府新会县界。曰宋熙，治平兴县。曰乐昌，治乐昌县，未详所在。

交，治龙编。统郡八：曰交趾，曰武平，曰新昌，曰九真，曰九德，曰日南，皆故郡也。曰义昌，曰宋平，皆新置。

越。治临漳，今廉州府治是。沈约《志》：泰始七年，增置越州。统郡九：曰百梁，曰陇苏，曰永宁，曰安昌，曰富昌，曰南流，曰临漳，曰宋寿，皆新郡也。曰合浦，故郡也。沈约曰：合浦，本属交州。宋寿初亦属交州，后改属焉。

〇郡二百六十八，又合越州所置新郡，计二百七十四。县一千二百九十九。

沈约曰：晋迁江左，有扬、荆、湘、江、梁、益、交、广数州，其徐州则有过半，豫州惟有谯城而已。宋分扬为南徐，徐为南兖，扬州之江西，悉属豫州，分荆为雍，分荆、湘、江为郢，分荆为司，分广为越，分青为冀，分梁为南北秦。建始以后，自淮以北，化成异域，青、冀、徐、兖、豫诸州，悉非旧疆矣。今所记列，大较参差。其详难举，实由名号骤易，境土屡分，或一郡一县，分为四五，四五之中，亟有离合，千回百折，巧历莫算，寻校推求，未易精悉也。

王氏曰：江左大镇，莫过荆、扬。扬为京畿财赋所资，荆为阃外甲兵所聚。时谓荆为陕西，二州户口，居江南之半。以扬州为根本，委荆州以阃外，此立国之大要也。李忠定有言：六朝能保守江左者，以强兵巨镇尽在淮南、荆、襄耳。《宋书》：晋氏以扬为京畿，荆、江为重镇，常使大将居之。三州户口居江南之半。宋孝建初，恶其强大，分扬州、浙东五郡为东扬州，荆、湘、江、豫州之八郡置郢州，既而荆扬由此虚耗。何尚之尝请复合二州，不果。

○盖自晋成帝以来，州郡类多侨置，增损离合，不能悉详。又南北战争，疆境屡易。大约宋之盛时，南郑、襄阳、悬瓠、今汝宁府东南平舆故城，即悬瓠城也。彭城、泰始二年，彭城、悬瓠皆降于魏。历城、泰始四年，历城陷于魏。东阳、泰始四年，东阳亦陷于魏。自是遂以淮为境，皆重镇也。

○萧道成冯依城社，遂奸宋位。

史略：宋泰始中，道成为南兖州刺史，镇淮阴。寻征入朝，与顾命，辅幼主。既而桂阳王休范自寻阳举兵攻建康，道成击平之。未几，建平王景素复举兵京口，道成遣将任农夫等攻克之。威望既著，擅行弑立。时袁粲镇石头城，在应天府城西，见前。与其徒谋攻道成，不克而死。沈攸之亦举兵江陵讨道成，攻郢城，郢城，见前郢州治。不克，走死。道成寻废宋主准，篡其位。

○是时既失淮北，淮北，即宋泰始初所失。其后又失沔北及淮南。

史略：建武末，魏人伐齐，取沔北五郡。五郡，南阳、新野、南乡、北襄城及西汝南、北义阳郡是也。南阳、新野，见晋郡。南乡，在南阳府西南百里。北襄城治赭阳，在今裕州东六里。西汝南、北义阳，俱治舞阴，在南阳府泌阳县北十里，时所谓双头郡也。永元中，寿阳降于魏，魏复进取建安、合肥，建安，在今河南固始县东。合肥，见前。于是并失淮南地。

○举其大略，有州二十三：青治朐山，今淮安府海州治，见前。冀治涟口，今淮安府安东县。豫治寿春，永元二年，寿春陷于魏，移治历阳。寿春、历阳，俱见前。北兖治淮阴，在今淮安府西，见前。北徐治钟离，在今凤阳府东，见前。巴治巴东，见汉郡。《齐志》：建元二年，分荆、益二州置巴州，领巴东、建平、巴郡、治陵四郡。永明二年省。又有北秦州，建武二年置，授沮水氐酋杨馥之，非实土也。其馀悉因宋旧。郡三百九十五，《齐志》：时置宁蛮府，属雍州，别领西新安等二十四蛮郡，盖皆缘沔诸蛮所居地。县千四百七十四。

胡氏曰：萧齐诸郡，有寄治者，有新置者，有狸郡、獠郡、荒郡、左郡无属县者，有荒无民户者。郡县之建置虽多，而名存实亡，境土蹙于宋大明之时矣。

○而南郑、樊城、在今襄阳府城北汉水北岸。襄阳、义阳、寿春、淮阳、在今江南泗州东北，见前。角城、角城，与淮阳相近，《宋志》谓之甪城。涟口、朐山，并称重镇焉。萧衍虎据襄旧，鹰击建康，承齐之后。

史略：齐永泰初，以萧衍为雍州刺史。会东昏暴虐，衍谋起兵。奉荆州刺史南康王宝融为主，南并湘州，寻克郢州，缘江东指，于是司州亦附于衍，进取江州，长驱向建康。建康平，宝融乃禅位于衍。

○有州二十三，郡三百五十，县千二十有三。此天监十年州郡之制也。

姚思廉曰：梁天监十年以前，大抵因宋、齐之旧。是后州名浸多，废置离合，不可胜纪。大同二年，朱异奏：顷置州稍广，小大不伦，请分五品，其位秩高卑，参僚多少，皆以是为差。于是上品二十州，次十州，又次八州，又次二十三州，下二十一州。时方事征伐，恢拓境宇，北逾淮、汝，东距彭城，西开牂牁，南平俚洞，交广界表，俚人依阻深险，各自为洞。纷纭甚众，故异请分之。其下者皆异国之人，徒有州名，而无土地。或因荒徼之民所居村落置州及郡县，刺史守令皆用彼人为之，尚书不能悉领，山川险远，职贡鲜通。五品之外，又有二十馀州不知处所。凡一百七州。又以边境镇戍，虽领民不多，欲重其将帅，皆建为郡，或一人领二三郡。州郡虽多，户口耗矣。

〇淮、沔南北，得失不恒。大抵雍州、即襄阳。下溠戍、在襄阳府枣阳县东南百馀里。夏口、在武昌府城西，见前。白苟堆、今河南真阳县东南有白苟城。硖石城、今凤阳府寿州西北二十五里硖石山上。合州、即合肥。钟离、淮阴、朐山，常为重镇。

史略：初，萧衍举兵内向，魏将元英言：萧衍东下，襄阳孤城无卫。臣乞躬率步骑，直指沔阴，襄阳，在沔南。水南为阴。据襄阳之城，断黑水之路，《水经注》：黑水出南郑北山，南流入汉。今陕西褒城县西有褒水，一名黑龙江，或以为即黑水。英盖谓得襄阳，则梁州之路断也。长驱南出，进拔江陵，则三楚可收，岷蜀断绝。太史公曰：楚有三俗：自淮北沛、陈、汝南、南郡，此西楚也；彭城以东东海、吴、广陵，此东楚也；衡山、九江、江南、豫章、长沙，此南楚也。英谓取江陵，则三楚可以次第举，而岷蜀趋建康之道绝矣。又命扬、徐二州魏扬州治寿春，徐州治彭城。声言俱举，建康穷蹙，文轨可齐。魏不能用。既而魏取义阳梁天监三年，魏取义阳三关，梁侨置司州于关南。三关，一曰平靖关，在今河南信阳州东南九十里，故冥阨塞也。一曰黄岘关，在州东南百里。一曰武阳关，在州东南百五十里。详见河南重险。黾阨关南，三关之南也。及汉中诸郡天监四年，梁州降魏，魏人取汉中诸城戍。时晋寿、巴西皆附于魏，魏人入剑阁，破梓潼，乃还。于是梁州十四郡地，东西七百里，南北千里，皆入于魏。梁侨置梁州于西城。晋寿，见晋梓潼郡注。馀并见前。《齐志》：梁州所领凡二十三郡，荒郡不与焉。今魏取十四郡，盖西城以东犹属梁也。西城，即晋宋时魏兴郡治。梁数与魏相持，惟得合肥、寿春两郡天监五年，取合肥。普通七年，取寿阳。寻因魏乱，沿边州郡，多来附梁。梁又遣陈庆之送元颢为魏主，直至洛阳。俄而又失大通二年，遣陈庆之将兵送魏北海王颢还北，以颢为魏主。自铚城入梁国，西至洛阳，凡克三十二城。又北渡河，取河内，旋败还。铚城，在今南直宿州南四十六里。梁国，即睢阳也，见汉晋诸郡。惟义阳、下邳及汉中诸郡复为梁有。大通二年，义阳来降，复置司州，亦曰北司州。中大通五年，下邳来降，置东徐州。大同元年，攻晋寿，魏东益州降；又攻南郑，魏梁州降，复置秦、梁二州治焉。其淮、沔以北，旋得而旋失者，盖不胜纪矣。

○及侯景肆凶，建康倾陷，萧绎为谋不远，苟安江陵。

史略：景初为东魏河南大行台，专制军事，十有四年。景与高欢同起怀朔，为欢所信任。天平初，破贺拔胜于荆州，遂委以河南军事。至欢卒，凡十有四年。怀朔，魏六镇之一也，今山西朔州北三百馀里有故城。魏荆州治穰城，今河南邓州也。梁中大同二年，高欢卒。景先与高澄有隙，据河南叛附梁，复遣使请举函谷以东，函谷非东魏地，

景盖张言之。瑕丘以西,瑕丘,见宋兖州治。豫、治汝南。广、治鲁阳,
今汝州鲁山县。后入西魏。东魏以广州改治襄城。颍、治长社,今河南
长葛县西一里故长社城是。荆、治沘阳,今河南南阳府唐县也。亦曰东
荆。襄、治叶,今河南叶县。兖、治瑕丘。南兖、治谯,即故谯郡。济、
治济北碻磝城,见宋河南四镇。东豫、治广陵,今河南息县西南广陵故
城是。洛、治洛阳。阳、治宜阳,今河南府宜阳县。北荆、治伊阳,今河
南嵩县北有伏流城,即故伊阳郡治。北扬治项,见晋豫州治。等十三州
内附。梁主纳之,遣军趣悬瓠应援。会东魏击景,景保颍川。颍川
郡与州同治。割东荆、北荆、鲁阳、长社四城,赂魏求救。北荆,史
讹为北兖。鲁阳、长社,即广、颍二州治。侯景表于梁主,所谓以四州之
地,为饵敌之资者也。魏荆州刺史王思政驰入颍川,西魏荆州,仍治
穰城,觉景外叛。分军据景七州十二镇。皆颍川以西城镇也。梁复
遣萧渊明伐东魏,攻彭城,为东魏将慕容绍宗所败。绍宗又败景
于涡阳。涡阳,今南直蒙城县东北有涡阳城。时景自颍川出屯悬瓠,又
东至谯,拔城父,绍宗击之,乃退保涡阳,为绍宗所败。城父,见春秋许
国。景与数骑自硖石济淮,硖石,见上。袭据寿春,梁主即授景为南
豫州牧。梁得悬瓠,置豫州,因以寿阳为南豫。其所得州镇,复入于
东魏。高澄因以计请和,梁主许之。景遂叛,举兵袭谯州,今南直
滁州西南有南谯城,梁侨置谯州于此。入历阳。羊侃请急据采石,采
石,见孙吴重镇牛渚圻。令邵陵王纶袭取寿阳,时纶将兵出钟离讨景,
故云。使景进不得前,退失巢穴,乌合之众,自然瓦解。不听。景旋
自采石渡袭建康,建康寻陷,于是东略至会稽,西略至江夏。时湘
东王绎为荆州刺史,镇江陵。景既西并江、郢,遂图绎,引兵西攻

巴陵，为绎将王僧辨所败。绎遂遣僧辨等乘胜东下，拔郢城及寻阳，于是附景州郡，亦相率叛景。景僭称汉帝于建康，僧辨等复自寻阳东下，与陈霸先合军趋建康，所向克捷。景军败，走死。绎以建康残破，称帝于江陵。

〇是时，江北之地，残于高齐；汉中、蜀川，没于西魏。

史略：梁太清末，东魏因侯景之乱，遣将辛术等南略，于是钟离、寿阳、下邳、东海、淮阴、山阳、合肥以及义阳诸州镇，次第降附。寻又入广陵，拔阳平，今南直宝应县，时置阳平郡。取历阳，于是齐地南至于江矣。又大宝末，湘东王绎以侯景逼江陵，遣使求援于西魏，命梁、秦二州刺史萧循以南郑与魏，循不可。宇文泰遣达奚武取汉中，分遣别将王雄出子午谷，取上津、魏兴，子午谷，见前钟会伐蜀。上津，今湖广郧阳府属县。攻围南郑。久之，循降，剑北遂悉入于魏。会益州刺史武陵王纪举兵争江陵，出峡口，即西陵峡也。见吴重镇。绎惧，请魏讨之。泰曰：取蜀制梁，在兹一举。遂命尉迟迥伐蜀。迥乘虚入剑阁，至涪水，涪水，在今四川绵州城西。迥自剑阁进取绵州也。进袭成都，成都降，既又遣军东略，巴峡以东，皆为魏境。

〇魏人南侵，江陵失守。

史略：梁中大同元年，以岳阳王詧为雍州刺史詧，昭明太子统之子。以襄阳形胜之地，梁业所基，遂有专制一方之志。及侯景围台城，湘东王绎督诸州军东讨，与湘州刺史河东王誉誉，詧兄也。及詧皆有隙。既而绎发军攻湘州，詧因攻绎以救誉，不克，绎遂遣将镇竟陵以图詧。詧惧，乃归款于魏以求援。宇文泰方图经略江、

汉，遂以杨忠督三荆等州诸军事。三荆，穰为荆州，沘阳为东荆，安
昌为南荆。安昌城，在今河南信阳州西北七十里。忠自穰城进取下溠，
见前重镇。克随郡，降安陆、竟陵，俱见晋、宋诸州郡。进逼江陵。
绎惧，请盟于忠，忠引还，誉竟为绎所灭。詧因深自托于魏，魏人
立詧为梁王。承圣三年，魏将于谨等发长安，与詧会于樊、邓。樊
城，见齐重镇。邓城，在今襄阳府东北三十里。济汉，遣前军先据江
津，今荆州府东南二十里有江津戍，自古大江津渡处也。断东路，遂克
武宁。见刘宋荆州属郡。长驱至江陵，筑长围，中外遂绝。城陷，梁
主降，为魏人所杀。

　　○萧詧虽承梁祀，所得者仅江陵三百里。又称臣于魏，比诸
附庸。

　　史略：魏人既克江陵，乃立詧为梁王，资以荆州之地，延袤
三百里。胡氏曰：盖以缘江之地延袤三百里授之，广不及三百里也。仍
取其雍州之地，居江陵东城。魏置防主，将兵居西城，名为助詧
备御，实防詧也。其后，詧因陈人有王琳、华皎之衅，稍略取江南地，
增置郡县。陈将吴明彻、张昭达先后攻之，江陵南岸皆为敌境。周天和
六年，始以基、平、都三州与梁，然实江陵旧境耳。基州，今安陆府荆门
州东南之废丰乡县是。平州，即今荆门州之当阳县。都州，今荆门州北之
废乐乡县，即宋所置武宁郡也。三州皆后周所置。

　　陈霸先奄有建康，拾梁馀绪。

　　史略：梁太清末，陈霸先累功为西江都护、高要太守，西江，
在今广东广州、肇庆二府境内。详广东大川。高要，梁所置郡也，即今
肇庆府。起兵讨侯景。广州刺史萧勃以霸先监始兴郡事，霸先遂

发始兴, 度大庾, 大庾岭, 在江西南安府西南二十五里, 广东南雄府北六十里。详江西重险。军于南康, 始兴、南康, 俱详晋郡。进顿西昌, 西昌, 见晋庐陵郡治。移屯巴丘, 今临江府峡江县。出南江溢口, 南江, 即赣江也, 自江西赣州府城北至湖口县城西入于大江。详江西大川赣水。溢口, 溢水入江之口, 在九江府城西。会王僧辩之师, 进军大雷, 今南直望江县, 见前。前军破贼兵于南陵、鹊头, 南陵戍, 在今太平府繁昌县西南。鹊头山, 在今池州府铜陵县北十里。下至芜湖, 今太平府属县。进败贼将侯子鉴于姑孰, 今太平府治, 见前。历阳戍迎降, 遂趋建康。侯景战败走死, 僧辩因启霸先镇京口。及江陵陷, 僧辩与霸先共奉晋安王方智为梁王。方智, 梁王绎之子, 时镇寻阳。僧辩等迎至建康而奉之。会齐人以兵纳萧渊明, 渊明攻彭城时, 为东魏所获。至历阳, 僧辩复迎立之。霸先乃自京口袭杀僧辩于石头, 废渊明, 立方智, 于是大权悉归于霸先。谯、秦二州刺史徐嗣徽、谯州, 见前侯景袭谯州。秦州, 治秦郡, 见晋临淮郡注。吴兴太守杜龛、义兴太守韦载、东扬州刺史张彪、江州刺史侯瑱、广州刺史萧勃等先后起兵, 霸先次第剪平之, 乃废梁主而篡其位。

〇稽其版图, 较前弥蹙。西不得蜀、汉, 北不得淮、肥, 虽曾克复淮南, 未几复失, 始终以长江为限。

史略: 初, 齐人因江陵之亡, 取郢州, 即江夏也。时郢州刺史陆法和以城降齐。又东拔谯郡, 今南直巢县东南二十里有故谯郡城。取皖城, 克东关, 皖城、东关, 俱见孙吴重镇。既纳萧渊明, 乃归郢城于梁。及渊明废, 徐嗣徽以谯、秦二州降齐, 引齐兵入姑孰, 据石头, 旋败却。复自芜湖东下, 战于台城南北, 台城, 六朝宫城也。霸先大破之。自是齐兵不复渡江，然江北之地悉没于齐矣。又湘州刺史王琳，据州不下，东略郢州。霸先遣将侯安都等击之，军败，琳进据江州，奉萧庄为主，庄，湘东世子方等之子。齐人初攻建康，庄质于齐，琳请于齐而立之。会齐兵东下，战于芜湖，败奔齐。江、郢之地，乃归于陈。而后梁主又因琳军之东，遣将略取长沙、武陵、南平、巴陵诸郡，归之于周，周人使梁戍之。琳既平，于是遣侯瑱等西略巴、湘，周人复增兵戍守。久之，巴陵、湘州降，周军引去。于是武陵、天门、南平、义阳、时义阳郡寄治作唐县，今岳州府澧州、安乡县也、河东河东郡寄治松滋，今荆州府属县。宜都诸郡，始为陈境。其后大建五年，遣吴明彻等北伐，淮南州郡，次第降下，淮北亦皆响应。九年，因周人灭齐，复命明彻图淮北，攻围彭城。周将王轨驰救，引轻兵据淮口，遏陈船归路。明彻引还，至清口，即淮口也，见前周亚夫引兵出淮泗口，败没。十一年，周将韦孝宽等渡淮，江北之地，尽为所略。十二年，司马消难复以郧、今德安府，周置郧州。随、见前随郡。温、今安陆府京山县，西魏置温州。应、今随州应山县，梁置应州。土、今随州东北废土山县，梁置土州。顺、今随州北境废顺义县，西魏置顺州。沔、今安陆府沔阳州。澴、今德安府孝感县北百里废吉阳县，后周置水澴州。岳即孝感县，西魏置岳州。九州及鲁山等镇鲁山，即大别山，时置城设镇于此，在今汉阳府治东北。详见湖广名山大别。来降，周复取之。卒不能振，以至于亡。

　　○有州四十二，陈因梁旧置州，无复前制。郡百有九，县四百三十八。及隋军来伐，狼尾滩、在荆州府夷陵州西陵三峡中。荆门、见前。安蜀城、在荆门城西南。公安、见晋胡奋克江安。巴陵，见吴重镇巴丘。尽为杨素所陷。韩擒虎渡采石，贺若弼渡京口，而陈以亡。

真氏曰：两淮，江南根本。广陵、合肥，又两淮之根本。陈失淮南，亡也忽焉。○胡氏曰：六朝保淮南，常争义阳者，义阳，淮西屏蔽也。义阳不守，则寿春、合肥不得安枕。魏高闾言：寿春、盱眙、淮阴，淮南本原者，就淮南言也。由上流言，则重在义阳。陈人复淮南，不争义阳，而屡争彭城，淮南其能保乎?

后魏起自北荒。

史略：后魏之先，为鲜卑索头部，世居北荒，后渐徙而南，居匈奴故地。至拓跋力微，遂徙居定襄之盛乐。今大同府西北三百馀里有盛乐故城。四传至禄官，禄官，力微之少子，四传始及之。分其国为三部：一居上谷之北、濡源之西，濡源，濡水之源也，其地在今北直宣府之西。自统之；一居代郡参合陂之北，参合陂，今大同府东百里有参合城。使兄子猗㐌统之；一居盛乐，使猗㐌弟猗卢统之。其后猗卢遂总摄三部。晋永嘉四年，并州刺史刘琨讨刘虎及白部，皆鲜卑种，在并州西北。请兵于猗卢，大破之。琨因表猗卢为大单于，以代郡封之为代公。猗卢以封邑去国悬远，乃帅部落自云中入雁门，从琨，求陉北地，陉岭以北也。陉岭，即太原府代州西二十五里之勾注山，见前。琨与之，由是益盛。建兴二年，进猗卢为代王，食代、常山二郡。其后国乱，四传至郁律，筑城于东木根山，徙居之。在今大同府北境。其后孝文言：远祖世居北荒，平文皇帝始居东木根山。平文，郁律谥也。《魏书》云：贺傉始城东木根山而居之。又再传至纥那，为石虎所败，徙都大宁。今北直永宁州西北故广宁城是也。

纥那国乱，翳槐有其地，翳槐，郁律子也。乃复城盛乐而居之。其弟什翼犍代立，国益强。东自濊貊，今朝鲜北境，古东夷国，西及破落那今甘肃西北塞外。唐曰宁远国。南距阴山，北尽沙漠，悉皆归服。晋咸康六年，什翼犍始都云中之盛乐宫。其后孝文言：昭成皇帝更营盛乐，谓什翼犍也。既而刘卫辰引苻秦兵击代，代乱，秦兵趋云中，遂定代地。分代民为二部：自河以东，属别部大人刘库仁；库仁什翼犍之甥，亦刘卫辰族也。自河以西，属刘卫辰。太元九年，苻秦乱。十一年，诸部共推拓跋珪为主，即代王位。珪，什翼犍之孙。珪复居定襄之盛乐，定襄之盛乐，即云中之盛乐也。自前汉而言，则属定襄；自后汉而言，则属云中。改称魏王，寻平刘显，显，库仁之子，乘乱欲据代地并杀珪。珪既立，显自善无走马邑。珪请兵于后燕，共击之，显自马邑西山奔西燕。善无，今大同府朔州北境有故城。马邑，今朔州东北有故城。灭刘卫辰珪，袭击卫辰于悦跋城，灭之。悦跋城，在今陕西榆林卫北，卫辰所居也。自河以南诸部悉降。自此雄于北方矣。

道武珪克并州，下常山，拔中山，尽取慕容燕河北地。

史略：晋太元二十年，时魏主珪贰于燕，后燕主垂遣子宝击之，大败于参合陂。垂自将击之，至平城，今大同府治，即古平城也。病还，道死。魏因取燕广宁、上谷二郡，寻大举伐燕，取并州。自井陉，井陉关，在北直获鹿县西，见前。趋中山，拔常山，常山以东郡县多降于魏。隆安初，取信都，克中山。明年取邺，因迁平城称帝。

明元嗣时，渐有河南州镇。

史略：道武既定河北，尝南循许昌，略彭城，又东拔令支，西取高平，时后燕保龙城，令支其西境也。高平，即鲜卑别部帅没奕干所保，时属于后秦。皆弃而不守。嗣既袭位，寻与宋争河南地，取陈留，陷滑台及泰山、高平、金乡等郡，金乡，今山东兖州府金乡县，或云宋永初中置郡。又陷金墉，金墉，今洛阳城西北隅，见前。取许昌，陷虎牢及汝阳郡，汝阳，见晋汝南郡治。河南州镇，多为魏境矣。

〇太武泰西克统万，见前赫连勃勃据统万。东平辽西，又西克姑臧，南临瓜步。瓜步，在南直六合县东，见前。

史略：宋元嘉三年，魏取夏长安。四年，克统万，安定降。既而安定、长安复为赫连定所据。八年，到彦之等北伐，取河南，置四镇，金墉、虎牢、碻磝、滑台也。见前。寻复陷于魏。八年，赫连定灭西秦，旋为吐谷浑所擒，献于魏。关中悉归魏矣。十三年，魏灭北燕，取辽西地。十六年，取姑臧，北凉亡。十八年，仇池寇宋，宋讨平之。魏以兵入仇池，取其地。二十二年，击吐谷浑，取枹罕，尽平其地。吐谷浑王慕利延西渡流沙，入于阗，杀其王而据其地。于是河、湟悉属魏。时又击鄯善，鄯善降，初，西域皆朝于魏。河西既亡，鄯善王真达以地与魏邻，恐使者知其虚实，乃间断魏道。至是西域复通。遂平西域。魏置吏于鄯善，比之郡县。又破焉耆，讨龟兹，西域悉皆臣服。二十七年，南侵，时宋屡遣将北伐，太武怒，遂举兵南犯。遣其将拓跋仁自洛阳趋寿阳，长孙真趋马头，马头，今凤阳府怀远县南二十里有马头故城。拓跋那自青州趋下邳，魏主自东平趋邹山。邹山，见晋兖州注。攻彭城，不克。遂遣鲁爽出广陵，拓跋那出山阳，拓跋仁出横江，见晋王浑出横江。魏主逾淮而南，至瓜步临江。还攻盱眙，不克而去。

○献文之世，长淮以北，悉为魏有。孝文都洛，复取南阳。

《都邑考》：拓跋力微始自北荒，迁盛乐，猗卢复徙马邑，城盛乐为北都，修故平城为南都。贺傉都东木根山。贺傉，应作郁律。什翼犍更城盛乐。其孙珪复都云中，即盛乐也，亦谓之云中宫。改代曰魏，寻徙平城。后魏天兴元年徙都平城，置司州代尹。孝文太和十九年，迁于洛阳。以平城之司州为恒州，于洛阳置司州河南尹。其后孝武迁长安，为西魏。孝静迁邺，为东魏。

史略：宋泰始二年，彭城、汝南、瑕丘相继降魏，魏复攻取青、冀诸城镇，淮北遂没于魏。齐建武二年，魏主弘迁洛阳，渐图南略。五年，遂取沔北五郡。五郡，详见前齐失沔北。

○宣武恪时，又得寿春，复取淮西，续收汉川，至于剑阁。

史略：齐东昏之乱，寿阳降于魏。魏复取合肥、建安诸郡。建安，见前齐失淮南。梁天监三年，魏将元英复拔义阳三关地。义阳三关，俱见前。四年，梁人以汉中降魏，既而巴西亦降魏。魏人遂入剑阁，图涪城，涪城，今成都府绵州治也。旋引还。剑北遂入于魏。

○于是魏地北逾大碛，阴山以北曰大碛。西至流沙，流沙，见前吕光伐西域。东接高丽，南临江、汉。迨其末也，有州百十有一，郡五百十有九，县千三百五十有二。此据《魏书·地形志》。

史略：魏太和十年，分置州郡。是时有州三十八，其二十五在河南：曰青，治东阳。太平真君中，置青州于乐安。太和中，移治东阳，领齐郡等郡。东阳，见晋青州治。曰南青，治东筦，本刘宋泰始十一年所置东徐州也。后魏因之。太和二十二年，徙东徐州治宿豫，改为南青州，领东安等郡。东安，见曹魏徐州属郡。曰兖，治瑕丘。泰常初，兖州置于滑台，后得瑕丘，因改置焉。初曰东兖州，后曰兖州，领鲁郡等郡。其滑台之兖州，则曰西兖州。孝昌三年，西兖州移治定陶，领济阴等郡，后复故。又太和中，尝置南兖州于涡阳，领下蔡等郡。正光中，移治谯城，领陈留等郡。时谓滑台、瑕丘、谯城为三兖州也。瑕丘，见宋兖州治。涡阳，见侯景败于涡阳。下蔡，见春秋蔡国。曰齐，治历城，宋置冀州于此。皇兴初得之，改为齐州，领东魏等郡。东魏，今济南府东北三十里废平台城即其治也。曰济，治碻磝城，领济北等郡。曰光，治掖城，领东莱等郡。曰豫，治汝南。天兴二年，豫州置于野王。泰常中，徙镇洛阳，寻又徙于虎牢。皇兴初，移镇悬瓠，领汝南等郡，而以虎牢为北豫州，领广武等郡。又有东豫州，太和中曰南司州，寻改曰东豫，治广陵城，亦领汝南等郡。又有西豫州，则正光末以梁边城郡来降所置州也。时以悬瓠、虎牢、广陵为三豫。野王，见汉河内郡治。广武郡治中牟，今开封府属县。广陵，今河南息县西南有故城。所领汝南郡，今息县即其治也。边城郡，在今湖广黄冈县界。曰洛，治上洛。太延五年，置荆州于此。太和十一年，改荆州为洛州，领上洛等郡。曰徐，治彭城。延和中，徐州置于外黄。皇兴初，改治彭城，领彭城等郡。曰东徐，治宿豫。太和中置，领宿豫等郡。东魏改为东楚州。又有东徐州，治下邳，则孝昌二年置，领下邳等郡。北徐州，治琅邪，则永安二年置，领琅邪等郡。时谓彭城、下邳、琅邪为三徐。曰雍，治长安。神麚初，治蒲阪，后改治长安，领京兆等郡。又泰常中，尝置南雍州于洛阳，后改曰洛州。神麚中，又置东雍州于正平。太和中，废东魏复置，领正平等郡。又孝昌以后，尝置东雍州于郑县，又置北雍州于泥阳。时或以长安、郑县为二雍，并泥阳为三雍也。正平，今平阳府绛州治。郑县，今西安府华州治。泥阳，今西安府耀府治也。曰秦，治上邽。延和中，以蒲阪之雍州为秦州，后改治上邽，领天水等郡。其后东魏复置秦州于蒲阪，西魏得之亦置焉。时谓之东秦州。曰南秦，治仇池。太平真君七年置。太和十二年，改为渠州，寻复故。正始初，移治洛谷城，领仇池等郡。又有东秦州。太和十五年，置于杏城镇，后改曰北华州，领中部等郡。又孝昌中，以秦州为莫折念生所据，因置东秦州于陇东，治汧城。时谓上邽、仇池为二秦，并汧城为三秦也。仇池，见前。洛谷，今巩昌府成县西有故城。杏城，今延安府鄜州中部县西有故城。中部郡，即今县。汧城，今凤翔府陇州治是。曰梁，治南郑。太和中，治仇池。正始中，始移置于南郑，领汉中等郡。《五代志》：孝昌中，于隆城镇置南梁州。今四川保宁府东北有故城。曰益，治晋寿。太和中，亦置于仇池。正始中，改治晋寿，领东晋寿等郡。又有东益州，亦正始中置，治武兴，领武兴等郡，时亦谓之二益。晋寿，今保宁府广元县也。武兴，见前杨氏据仇池。曰荆，治穰城。太延五年，荆州置于上洛。太和十八年，改为洛州，而徙荆州于鲁阳。二十二年，复移荆州治穰城，领南阳等郡。又东荆州治泚阳，太和以后置。《五代志》：西魏时曰淮州，而置东荆州于广昌县。又有南荆州，延兴初，置于安昌城，仍隶东豫州。四年，从刺史桓叔兴请，不隶东豫。所谓三荆也。东魏武定二年，又置北荆州，治伊阳，领伊阳等郡。侯景以东荆、北荆入于西魏是也。其后北荆复为齐境，而三荆皆属于西魏。安昌故城，在今信阳州西北七十里。广昌，今襄阳府枣阳县也。馀见前。曰凉，治姑臧，领武威等郡。曰河，治枹罕，领金城等郡。曰沙，治敦煌，领敦煌等郡。一作瓜。凉、瓜等州亦属河南者，盖自平城以西言也。曰华，治华阳。太和十一年，分雍州置，领华山等郡。曰陕，治陕城。太和十一年置，领恒农等郡，即今陕州。曰夏，治统万。太和十一年，以统万镇置，领化政等郡。又永平四年，置东夏州，治广武县，领偏城等郡。今延安府东三十五里之废丰林县，即是时州郡治。曰岐，治雍。太和十一年置，领平秦等郡。平秦，即故扶风也。又延兴中，置南岐州，治河池县，领故道等郡。河池，见前。固道，今汉中府凤县也。曰班，治彭阳。皇兴二年，置华州于此。太和十一年改班州。十四年改邠州。二十年又改幽州，领北地等郡。彭阳，今庆阳府西南八十里彭原故城是。北地，魏收《志》作：西北地郡。曰郢。治真阳。太和中置。正始初得义阳，改置郢州，治焉，领安阳等郡。东魏亦谓之南司州，以梁置司州于此也。又有西郢州。正光二年，以授蛮酋田朴特，盖在义阳之西。胡氏曰：西郢州治真阳。真阳，今汝南府属县。安阳，今真阳县东有故城。**十三在河北**：曰司，治洛阳。魏置司州于平城，洛州于洛阳，领洛阳等郡。迁洛后，改洛州曰司州，而司州曰恒州。东魏迁邺，又改相州曰司州，而司州仍为洛州。曰并，治晋阳。皇始初置，领太原等郡。曰肆，治九原。太平真君七年置，领来安等郡。九原，今忻州西有故城。来安，即故新兴郡。曰定，治卢奴。皇始二年置安州。天兴二年，改曰定州，领中山等郡。卢奴，故中山郡治也。曰相，治邺。天兴中置相州，领魏郡等郡。东魏改为司州，以魏郡为魏尹。曰冀，治信都。皇始二年置，领长乐等郡。长乐，亦即信都也。曰幽，治蓟，领燕郡等郡。曰燕，治昌平。太和十八年，分恒州东部置，领昌平等郡，即今顺天府昌平州也。或曰：燕，当作怀，治野王。天安二年置，领河内等郡。太和十八年，废东魏复置。太和十年，盖有怀州而无燕州。曰营，治和龙。太平真君五年，改和龙镇置，领昌黎等郡。曰平，治肥如，领辽西等郡。曰安，治方城。皇兴二年置，领密云等郡，今昌平州密云县东有故方城。曰瀛，治乐成。太和十一年置，领高阳等郡。乐成，故河间郡治也。曰汾。治蒲子。太和十二年置。孝昌中，移治兹氏，领西河等郡。蒲子、兹氏，见前刘渊据离石。**是为三十八州。**太和十八年，韩显宗言：南人昔有淮北之地，自比中华，侨置郡县。归附以来，仍而不改，名实交错，文书难辨。宜依地理

旧名，一皆厘革。时未能从。是后南北相高，互增州郡，继以五方
淆乱，建置滋多。齐主洋尝言：魏末州郡，类多浮伪。百室之邑，
遽立州名；三户之邻，虚张郡目。循名责实，事归乌有。而隋初杨
尚希亦曰：当今郡县，倍多于古。或地无百里，数县并置；或户不
满千，二郡分领。民少官多，十羊九牧。盖自正始之际，迄于东西
魏之馀，州郡纷错，为已甚矣。

〇迨胡后内乱，六镇外挠，尔朱构祸，国分为二，而魏亡矣。

史略：初，魏都平城，于缘边置六镇：曰武川，在大同府北塞
外。曰抚冥，在武川之东。曰怀朔，在武川之西，今朔州北塞外。正光
六年，改置朔州。曰怀荒，在大同府东北，近蔚州境。正光末，改置蔚
州。曰柔玄，在怀荒之东，曰御夷，在今宣府镇怀安卫西北，皆恃为
藩卫，资给优厚。迁洛以后，边任益轻，将士失所，互相仇怨。正
光四年，柔然入寇，怀朔镇民挟忿杀其镇将，遂反。未几，沃野镇
民破六韩拔陵聚众反，今榆林镇废夏州西有沃野故城。诸镇华夷之
民，往往响应。既而六镇尽叛，秦、陇以西，冀、并以北，并为盗
区。秀容酋长尔朱荣部众强盛，秀容故城，在今太原府忻州西北百
馀里。又有北秀容，在今朔州北境，去南秀容三百馀里。尔朱氏起于北
秀容，后并有南秀容之地。以讨贼功，都督并、肆、汾、唐、唐州，魏
孝昌中置。建义初，改晋州，即今平阳府。恒、云云州，故盛乐城也。太
和十八年，置朔州。正光五年，以怀朔为朔州，改朔州为云州。六州诸
军事。会胡太后弑其主诩，废立失伦，荣遂起兵晋阳，自上党入
河内，至河阳，立长乐王子攸，而沈胡太后、幼主钊于河。遂入洛
阳，留其党元天穆总朝政而还。荣复讨擒贼帅葛荣于邺北，冀、

定、瀛、沧、殷五州悉定。沧州，魏熙平二年，分瀛、冀二州置，治饶安，今属河间府。殷州，孝昌二年，分定、相二州置，治广阿。高齐时，改为赵州。广阿，见后燕冀州。会梁人送元颢入洛，魏主北走，荣复南击颢，收洛阳，河南悉定。又遣将侯渊讨平幽州贼帅韩楼，楼，亦葛荣馀党。尔朱天光讨擒关中贼帅万俟丑奴等，关陇悉定。荣功多骄横，魏主畏其逼。会荣入洛，定谋诛之。于是尔朱世隆、尔朱兆等纵兵犯阙，弑立任意，奸雄乘之，魏祚以移。

○高欢起自晋州，东有殷、冀，遂灭尔朱，劫魏迁邺，覆其宗嗣。

《都邑考》：高氏继东魏都邺，改魏尹为清都尹。以邺为上都，晋阳为下都。

史略：欢出于怀朔，为群盗，寻归尔朱荣。永安中，尔朱荣以欢为晋州刺史。荣死，尔朱兆以河西贼纥豆陵步蕃侵晋阳，召欢并力破之，因使欢统六镇降众，时葛荣部众，皆六镇破六韩拔陵、杜洛周及鲜于修礼之众。荣败，流入并、肆二十馀万。杜洛周，上谷贼也。鲜于修礼，定州贼也。先是皆并于葛荣。建牙阳曲川，川即汾水曲也，今太原府城西北五十里有阳曲故城。其地盖在并、肆之间。无何，请就食山东。冀、定、瀛、相、殷，皆在太行山东。乃出滏口，今彰德府磁州武安县东南二十里有滏山，滏口在焉，太行第四陉也，为往来要道。至信都，高乾等开门纳之。时乾等起义兵，据信都。遂起兵信都，兼有殷州，奉勃海太守元朗为帝。尔朱兆等击之，败于广阿。欢因进军，拔邺。兆等合军攻欢于邺，大败。斛斯椿等因拒尔朱，据河桥，河桥，在今河南府孟津县北，怀庆府孟县南。详见河南重险河南三城。尽诛其族。欢入洛，幽魏主恭，并废朗，而立平阳王修。以欢为大丞相，还镇邺，寻击尔朱兆，取晋阳，建大丞相府居之。永熙二年，复袭秀容，兆走死。明年，魏主与欢贰，欢自晋阳引兵南下，魏主西走。欢克潼关，在陕西华阴县东北十里，见前。还入洛，立清河王世子善见，以洛阳西逼西魏，南近梁境，乃迁于邺。欢还晋阳。欢殁，子澄继之，遂废魏主，而篡其位。

○于是河北自晋州东，河南自洛阳东，皆为齐境。此专举周齐分界言之。齐天保中，其地北界沙漠，东滨海。又梁侯景之乱，遣将略地，南至于江。有州九十七，郡百有六十，《齐书》：天保七年，以魏末州郡繁杂，省州三，郡一百五十三。又《后周书》：周灭齐，得州五十，郡一百六十二。时齐共有六十州，其淮南十州，先没于陈。今以《隋书》及《通典》为据。县三百六十五。而姚襄城、在平阳府吉州西五十二里，西临黄河。洪洞、平阳府洪洞县北六里有洪洞故城。晋州、武平关、关在今平阳府绛州西二十里。轵关、今怀庆府济源县西北有故关。柏崖、今怀庆府孟县西三里有故城。河阳、孟县西南十三里有故城。虎牢、洛阳、北荆州、孔城防、今河南府城南八十里有孔城故址。汝北郡、今汝州西南有故城。鲁城，在汝州鲁山县东北十七里。皆置兵以防周。高纬时，陈人取淮南地，陈将吴明彻等北伐，取淮南。周师拔河阴，今河南府孟津县东平阴故城是。拔平阳，而齐遂亡。

史略：周建德四年，韦孝宽陈伐齐之策，曰：陈氏既平淮南，齐人内离外叛。大军若出轵关，方轨而进，胡氏曰：自轵关出险趋邺，前无阻险，可以方轨横行。兼与陈氏共为犄角，并令广州义旅，出自三鸦，周人仍置广州于鲁阳。三鸦，今鲁山县西南十九里有三鸦镇，亦曰平高城。详见河南重险三鸦。又募山南骁锐，沿河而下，胡氏曰：周都长安，以襄、汉、荆、湘为山南。复遣北山稽胡，绝其并、晋之路，胡氏曰：南匈奴馀众，散在河东、西河郡界，阻山而居者，皆稽胡也。自长安而言，故曰北山。仍令诸军各募关河之外劲勇之士，使为前驱。百道俱进，并趋敌庭，敌必崩溃。于是周主邕分遣宇文宪趋黎阳，黎阳，在北直濬县西，见前。杨坚等将舟师自渭入河，侯莫陈芮守太行道，胡氏曰：太行道在河阳北，守之以断并、冀、殷、定之兵也。李穆守河阳道，胡氏曰：自河阴北渡河为阳，周主将攻河阴、洛阳，守之以断其往来。于翼出陈、汝。时翼为安州刺史，自安州出陈、汝以摇动其东南也。安州，即今德安府。周主自出河阳，拔河阴大城，会有疾，引还。初，周主之出河阳也，宇文弼曰：河阳冲要，齐精兵所聚，恐难得志。汾曲戍小山平，今平阳府城以西南，皆汾水曲也。攻之易拔，用武之地，莫过于此。赵煚曰：河南洛阳，四面受敌，纵得之，不可以守。宜从河北直指太原，倾其巢穴，可一举而定。鲍宏曰：往日屡出洛阳，彼必有备。如进兵汾、潞，直掩晋阳，汾谓平阳。潞谓上党。宏盖欲分兵两道，共指晋阳。上策也。周主皆不从。既而复议伐齐，乃从汾曲进克平阳，寻取晋阳趋邺。齐主东走，为周所擒。齐地悉定。

○宇文周起自高平，据有关陇，魏主西奔，渐移其社。

《都邑考》：宇文氏继西魏，仍都长安。

史略：宇文泰出于武川。其先为辽西宇文部，后居武川。永安末，尔朱荣使从贺拔岳入关中，岳以泰行原州事。原州初为高平镇。正光五年，改置原州。今平凉府镇原县是。尔朱氏亡，岳都督关西诸州，表泰为夏州刺史。永熙三年，岳为秦州刺史侯莫陈悦所杀，众共推泰为主。泰驰入平凉，今平凉府西南有故平凉城，岳屯军于此。魏主修即命泰统岳军。泰遂击杀悦，兼有秦、陇，抚定关中。会魏主为高欢所逼，泰因迎魏主入长安，东克潼关，与高欢相距。魏主以泰为大丞相。未几，酖魏主而立南阳王宝炬，东与高欢角逐于河、汾、汝、颍间，再得洛阳，大统三年，败高欢于沙苑，乘胜东略，入金墉。四年，复为东魏所取，未几复得之。九年，邙山战败，洛阳仍没于东魏。沙苑，在今西安府同州南十二里。邙山，在河南府北十里。入虎牢，大统三年，魏取荥阳，入大梁，既而复失。七年，虎牢来归。邙山战败，仍没于东魏。时东魏置梁州于大梁。守颍川，大统三年，颍川降魏，韦孝宽复得其豫州，寻弃不守。十二年，侯景以河南诸州来降，荆州刺史王思政入颍州，又分军据景七州十二镇。十五年，颍川为东魏所陷，诸州镇亦弃不守。颍州，见前，魏孝昌四年置。皆不能有。至子觉始废魏主廓而篡其位。

　　○于是河南自洛阳之西，河北自晋州之西，皆为周境。先是，东西战争，疆场靡定。大统十六年，宇文泰以高洋称帝，大举东伐，无功而还。于是东西分境，各自为守矣。而玉壁、今平阳府绛州稷山县西南十三里有故城。邵郡、今绛州垣曲县是其治。齐子岭、在怀庆府济源县西六十里。通洛防、在河南府新安县东二里，即汉时函谷新关也。黄栌三城、三城，曰黄栌，曰同轨，曰永昌，俱在今河南府永宁县东。土划、在河南府卢氏县东南四十五里，盖古关之塞垣。三荆、大统三年，西魏取三荆，常为武守要地。三荆，见前。三鸦镇、侯景以鲁阳入于西魏，因置镇拒守。三鸦，见前。皆置重兵以备齐。文帝泰既西并梁、益,南克江、汉,武帝邕又东并高齐,兼取陈淮南地。详见前。有州二百十一,郡五百有八,县一千一百二十四。

○杨坚以内戚擅权,遂易周祚。

史略:坚起于武川,其父忠从宇文泰入关,以功封隋公。坚袭父爵,女为周主赟后。周主殂,坚因辅政,称大丞相,总大权。相州总管尉迟迥等相州仍治邺。后周平齐,复改司州曰相州。及郧州总管司马消难、益州总管王谦,皆起兵讨坚,次第败亡。坚遂废周主阐而篡其位。

○取梁隋开皇七年,征梁主琮入朝,遂废之而取其地。并陈,天下为一。

《都邑考》:隋初,承周旧。开皇二年,更营新都。明年,名其城曰大兴城,今西安府城是也。在旧长安城东南十三里。遂定都焉。大业元年,更营洛阳,谓之东都。初亦曰东京,在旧都城西十八里。其后李渊立代王侑于长安,王世充立越王侗于东都也。又炀帝幸江都,于扬州立江都宫,今江南扬州府是。

史略:隋主初受禅,即有并吞江南之志。开皇初,以贺若弼为吴州总管,镇广陵;周置吴州于广陵。韩擒虎为庐州总管,镇庐江。庐江,即合肥。以郡名言之,故曰庐江。四年,又以杨素为信州总管,镇永安。信州,梁置,治永安,即今夔州府。盖使素备舟师以伐陈。既而其群臣争献平江南策。崔仲方曰:今惟须武昌以下,蕲、今黄州府蕲州。和、滁、方、今江宁府六合县,时置方州。吴、海海,今淮安府海州。等州,更帖精兵,密营度计。益、信、荆、襄、襄,即今襄阳府,时置襄州。基、见后梁基州。郢后周置郢州于长寿,今承天府治是。等州，速造舟楫，多张形势，为水战之具。蜀、汉二江，是其上流，蜀江出三峡，过南郡、巴陵；汉江下襄阳，过竟陵、沔阳，而二江合流。国于东南，视二江为安危也。水路冲要，必争之所。敌虽于流头、流头滩，在荆州府夷陵州西三峡中。《志》云：狼尾滩西有流头滩、荆门、延州在夷陵州宜都县北大江中，其西为荆门山。公安、巴陵、隐矶、岳州府东北有隐矶，南为彭城矶。江流出其中。夏首、即夏口，以夏水入江得名。见前孙吴重镇夏口。蕲口、在蕲州城西，蕲水入江之口。溢城置船，胡氏曰：江水过流头滩，又出西陵峡而东，历荆门、虎牙之间，荆门之下为延州。又东过南郡，而东右与油水会，谓之油口。油口，即公安也。又东过长沙下隽县，北与湘水汇为洞庭，而得巴陵，又东经彭城矶、隐矶之间，东北会于夏水，为夏首。又东过蕲春，与蕲水会为蕲口。又东至寻阳得溢浦，有溢城。此皆沿江要害之地，故仲方历言之。然终聚汉口、峡口，汉口即夏口。峡口即西陵峡口也。以水战大决。若敌必以上流有军，令精兵赴援者，下流诸将即须择便横渡；如拥众口卫上江，诸军鼓行以前，彼虽恃九江、五湖之险，不能自立矣。隋主寻命晋王广出六合，时广以淮南行台镇寿阳，自寿阳出六合也。秦王俊出襄阳，时俊以山南行台镇襄阳，盖自襄阳出汉口。杨素出永安，自永安下三峡也。广等皆为行军元帅。又命刘仁恩出江陵，仁恩时为荆州刺史，出江陵以会杨素之师。王世积出蕲春，世积时为蕲州刺史，出蕲口以临江津也。韩擒虎出庐江，自庐江出师渡横江，以攻姑孰。贺若弼出广陵，自广陵出师渡扬子江，以攻京口。燕荣出东海，东海即海州。荣时为青州刺史，使出师自朐山渡海，以临三吴。既以缀其粮援，又恐其恃险为阻，多为之防也。盖皆用仲方之策。东西并进。既而素下三峡，屡败陈军。俊屯汉口，攻郢城。贺若弼自广陵，韩擒虎自横江，同时俱济，遂克建康。是时，公安及巴、湘之兵，陈置荆州于公安，以重兵戍守。西迫于杨素，东扼于汉口，次第皆降。郢州闻建康之陷，亦遂不守。惟吴州及东扬州不受命，吴州刺史萧瓛，梁主琮之弟，东扬州刺史萧岩，琮之叔也。先奔降陈，故惧罪不下，陈吴州治吴，东扬州仍治会稽。燕荣以东海之师至，悉击平之。于是南至岭海，皆为隋境。

炀帝复平林邑，林邑，今广西徼外占城国是。大业初，驩州道行军总管刘方取其地，置荡、农、冲三州。三年，改为比景、海阴、林邑三郡。驩州，在今安南境内。克吐谷浑，今西宁、河州等卫徼外是其地。大业四年，吐谷浑为铁勒所破，宇文述复袭败之，尽取其地。明年，又亲击吐谷浑，入其国都。还至张掖，伊吾、高昌及西域二十七国来朝，并献西域地，于是置西海、河源、鄯善、且末四郡。伊吾，今甘肃徼外哈密卫是。高昌，今西域火州是。《隋书》西海郡，治伏俟城，在今西宁卫西三百馀里青海之西，即吐谷浑国都也。河源郡，治赤水城，今西宁卫西南有故城。鄯善郡，治故楼兰城，今哈密卫东南有鄯善国，即汉之楼兰也。且末郡，治且末城，今曲先卫西有故且末国，亦汉西域属国也，时并于吐谷浑。吐谷浑败，伊吾吐屯设因以为献。有郡一百九十，开皇三年，悉罢诸郡为州。大业二年，分遣十使，并省州县。三年，复改州为郡。杜佑曰：隋用汉制，置司隶、刺史，分部巡察，而不详所统。县一千二百五十五。东西九千三百里，南北万四千八百一十五里，东南皆至海，西至且末，北至五原。恃其盛强，用民无度，祸始于高丽，乱成于玄感。

史略：炀帝初即位，发丁男掘堑，自龙门、今山西河津县是。长平、即山西泽州。汲郡，见晋郡。抵临清关，今卫辉府新乡县东北有故关。渡河至浚仪、今开封府附郭祥符县，即故浚仪。襄城，今河南汝州。达于上洛，见晋郡。以置关防。又开通济渠，自西苑引榖、洛水，西苑，洛阳西苑也。炀帝营西苑，引榖、洛二水会于其中。达于河，自巩县洛口达河也。巩县，今属河南府，见前。复自板渚引河，板渚，在汜水县东四十里汜水合大河之处。汜水县，属开封府郑州。历荥泽入汴，大河，今自汜水县东至河阴县西二十里之石门渠，与汴水会。河阴，在隋时为荥泽县地。荥泽、河阴，今皆属郑州。又自大梁之东，大梁，即浚仪。引汴水入泗，汴水自彭城入泗。达于淮。入淮之处，即所谓清口也。是年，又开邗沟，自山阳今淮安府附郭县。至扬子今扬州府南二十里有扬子桥，隋时临江，炀帝置临江宫于此。入江。今自淮达江之官河，即邗沟也。既复穿永济渠，引沁水南达于河，今沁水源出山西沁源县，至河南修武县西入于河。详见山西大川沁水。北通涿郡。盖自黎阳引白沟水东北达于涿郡也。亦曰御河，亦曰卫河。详见直隶大川卫河。又穿江南河，自京口至馀杭，馀杭郡，即今杭州府。八百馀里。今为浙西运河。时又凿太行，达并州，通驰道。今怀庆府北至山西太原府，是其道也。更筑长城，西距榆林，隋初置胜州，炀帝改为榆林郡。今陕西榆林卫东北四百五十里废胜州是。东至紫河。山西大同府西北塞外有紫河。寻复筑之，自榆谷而东。榆谷，在今陕西西宁卫西。榆林之长城，筑于大业三年，盖筑以限突厥。榆谷之长城，筑于大业四年，时吐谷浑未平也。胡氏谓榆谷当在榆林西，误矣。其馀舟车宫室苑囿之役，动以百万计。又征天下兵，自将击高丽，不克，复自将攻襄平。今辽东都司北七十里有襄平故城，汉辽东郡治。亦谓之辽东城。供役烦扰，人情离怨。杨玄感于黎阳督运，遂谋举兵。李密谓玄感曰：天子出征，远在辽外，去幽州犹隔千里，南有巨海，北有强敌，中间一道，理极艰危。若出其不意，长驱入蓟，蓟，今顺天府，时为涿郡治。据临渝之险，临渝关，在今永平府抚宁县东百里，即山海关也。详见直隶重险榆关。扼其咽喉，归路既绝，高丽闻之，必蹑其后，不过旬日，资粮皆尽，可不战擒也。次则帅众鼓行而西，经城勿攻，直取长安，收其豪杰，抚其士民，据险而守之。天子虽还，失其根本，可徐图也。若引兵攻东都，百日不克，天下之兵，四面而至，非仆所知矣。玄感攻东都，不克，遂及于败。既而李密复起，引兵与东都相持。柴孝和说密曰：秦地山川险固，不若留兵守洛口及回洛仓，洛口仓，在巩县东南原上，亦曰兴洛仓。回洛仓，在今河南府孟津县东北二十里。时李密据洛口及回洛，以逼洛阳也。自帅精锐，西袭长安。既克京邑，业固兵强，然后东向以平河洛，传檄而天下定矣。密不能用。徐洪客亦说密曰：大众久聚，恐米尽人散，师老厌战，难可成功。宜乘进取之机，因士马之锐，沿流东指，直向江都，时炀帝幸江都，今扬州府治。执取独夫，号令天下。密亦不能从。

○于是群雄竞起，割土分疆。

○称魏者一。

史略： 李密自玄感败后，亡命群盗间，依韦城翟让，让，韦城人。今大名府滑县东南五十里有废韦城县。转掠荥阳、梁郡间。大业十二年，密说让攻荥阳，败隋兵。让因令密别统所部，号蒲山公营，密，李弼曾孙。弼为宇文周佐命，密袭爵为蒲山郡公，因为军号，蒲山无食土，盖所食封户之名。荥阳诸县多属焉。十三年，复说让取兴洛仓，败东都兵。让于是推密为主，号魏公，筑洛口城居之。即兴洛仓也。见上。遣将东略地，取安陆、汝南俱见前、淮安、济阳，淮安，即今南阳府唐县，后魏东荆州治也。济阳，今开封府兰阳县东五十里有故城，时为济阴郡属县。复取巩县及虎牢，又袭破回洛东仓，见前。复分兵略汝、颍，故颍州。降淮阳。故陈州。会武阳来降，故魏州，今大名府。因遣徐世勣取黎阳仓，武安、故洺州，今广平府。永安、故黄州。义阳、弋阳、齐郡俱见前。相继降密。炀帝遣江都通守王世充扬州时为江都郡。援东都，与密相持，密数败之。寻杀翟让而并其众，又招荥阳郡下之，河南诸郡，惟梁郡未附。十四年，复败王世充，进据金墉城，见前。又败隋兵于上春门，东都北门也。于是偃师、河南府属县，见前。柏谷、今偃师东南十五里柏谷坞是也。河阳、河内俱见前。各以所部降。既而宇文化及争黎阳，密引兵壁清淇今北直濬县西有废清淇县。以拒之。东都因遣使招密，密遂上表乞降，隋主侗仍命密为魏国公。密因得专力击化及，化及败，东郡亦降密。东郡，故滑州也。密引兵还巩、洛，复屯金墉。世充乘其弊，引兵击密，战于北邙，密军败，西走，降于唐。

〇称夏者一。

史略：窦建德起于漳南，今山东恩县西北有故东阳城，隋时为漳南县。为群盗。大业十二年，其党高士达为隋将杨义臣所灭，建德自高鸡泊亦在恩县西。士达与建德初据此，士达自称东海公。亡走饶阳，今北直晋州属县。攻陷之。寻复还平原，收士达散兵，军复振。十三年，据乐寿，今北直河间府献县。自称长乐王，破隋将薛世雄军于河间城下，遂围之。河间，故瀛州也。时治河间县。久之，河间降，河北郡县相率降下。建德遂定都乐寿，改国号曰夏，灭魏刁儿于深泽，今北直祁州深泽县，时群盗魏刁儿据此。称魏帝，剽掠冀、定间。取易、定等州，又取冀州。唐武德二年，建德击灭宇文化及于聊城。今东昌府附郭县。寻降隋，隋主侗仍封为夏王。陷唐邢州及沧州，又陷洺州、相州，又陷赵州，陷黎阳，取卫州及滑州。诸州郡详见唐十道诸州。下仿此。建德还洺州，徙都之。三年，取济州。既而建德济河，击虏孟海公于周桥。在今山东曹县西南。时群盗孟海公据此，有曹、戴二州地。戴州，今兖州府城武县是其治。会唐军围东都急，王世充请救，遂引而西，战于成皋，军败，为唐所擒。

○称秦者一。

史略：薛举，初为金城校尉。举自汾阴侨居金城，为金城府校尉。汾阴，今山西荣河县金城，见前。大业十三年，劫金城令郝瑗发兵，自称西秦霸王，袭取枹罕、西平、浇河三郡。俱见前。未几，尽有陇西之地，称秦帝。遣其子仁杲围天水，克之，自金城徙都之。唐武德元年，陷唐高墌城。在今陕西长武县北五里。举旋卒，子仁杲立，居于折墌城。在今平凉府泾州东北十四里。兵败，为唐所灭。

○称凉者一。

史略：李轨，初为武威鹰扬府司马。大业十三年，起兵称河西大凉王，袭取张掖、敦煌及西平、枹罕诸郡，西平、枹罕，先为薛举所取。轨败，秦兵取其地。于是尽有河西之地。武德元年，唐遣使招之，拜为凉州总管，封凉王。既而自称帝。二年，唐遣其将安兴贵袭执之，国灭。《唐书》：轨初据凉、瓜、甘、肃、鄯、会、兰、河、廓，凡九州。

○称梁者三。

史略：梁师都，初为朔方鹰扬郎将。大业十三年，作乱据郡，称大丞相。北连突厥，袭取雕阴故绥州、弘化故庆州、延安等郡，遂称帝，都朔方，国号梁。突厥号为大度毗伽可汗，华言解事也。引突厥居河南地，攻破盐川郡。故盐州，今为宁夏后卫。既而数入犯，为唐所败，其地多归于唐。武德五年，克其朔方东城。师都退保西城。《唐书》：武德六年，师都将贺遂索同以所部十二州来降。大约师都所侨置，非实土也。贞观二年，遣柴绍等击之，进围朔方，其下杀师都以降。○萧铣，初为罗川令。罗川，今湖广湘阴县东六十里废罗县是。铣，故后梁主詧之曾孙。大业十三年，巴陵校尉董景珍等共推铣为主，自罗川入巴陵，称梁王，遣兵袭豫章，克之。时豫章属于林士弘。明年，称帝，攻下南郡，遂徙都江陵。又遣将徇岭南，时镇将闻炀帝遇弑，所至迎降，钦州刺史宁长真以郁林、始安附铣，交趾亦附焉。于是东自九江故江州，西抵三峡，南尽交趾，北距汉川，汉江之南也，铣皆有之。唐武德四年，遣江夏王孝恭等攻铣于江陵，国亡。○武康沈法兴，初为吴兴太守。武康，今湖州府属县。大业十四年，讨东阳群贼楼世幹，东阳，即故婺州。因举兵以讨宇文化及为名，时炀帝为化及所弑。攻馀杭、毗陵、丹阳，皆下之，据江表十馀郡，自称江南道大总管。武德二年，称梁王，都毗陵。三年，李子通渡江，取京口，又败法兴兵于庱亭，在今常州府西五十里。法兴弃毗陵奔吴郡，于是丹阳、毗陵诸郡，皆降于子通。既而子通复自太湖袭破吴郡，法兴走死。

　　○称定扬者一。

　　史略：马邑刘武周，初为鹰扬府校尉。马邑，故朔州也。大业十三年，作乱据郡，称太守，附于突厥。寻引突厥破隋兵，陷楼烦郡，今太原府静乐县，炀帝置郡，并置汾阳宫于此。**转陷定襄郡**，初置云州，今大同府朔州北境故定襄城是。**遂称帝**，时突厥立为定扬可汗，武周因以为国号。**都马邑。又攻雁门郡**故代州，**陷之，数犯唐陉岭以南**。陉岭，即勾注，见前。**武德二年，进陷介州**，今汾州府介休县。**又陷并州及晋州，逼绛州，陷龙门**，今山西河津县，见前。**进陷浍州**。今平阳府翼城县，即唐初浍州治。**唐遣秦王世民击败之，遁入突厥，寻为所杀**。《唐纪》：武周败死，其党苑君璋仍据马邑。武德六年，君璋将高满政以马邑来降，君璋北遁，仍引突厥攻陷之。既而突厥以马邑来归，君璋复保恒安。贞观初，突厥衰，始来降。恒安，今大同府治是也。

〇称永乐者一。

史略：蒲城郭子和，蒲城，今西安府华州属县。**初为左翊卫士，坐事徙榆林**。见前。**大业十三年，作乱据郡，称永乐王，南连梁师都，北附突厥。突厥以为平阳可汗，子和不敢当，因以为屋利设。武德初，降于唐。**

〇称楚者二。

史略：城父朱粲，城父，今南直亳州东南有故城父城。**初为县佐史。从军，亡命为盗，谓之可达寒贼，自称迦楼罗王。转掠荆沔及山南郡县。唐武德元年降隋，隋主侗以为楚王。粲寻称楚帝于冠军**，今南阳府邓州西北四十里有冠军废县。**陷唐邓州，据之。二年，粲为淮安土豪杨士林等所攻**，淮安郡，见上。**败奔菊潭**，今邓州内乡县东郦县故城，隋之菊潭县也。**请降于唐，唐仍以为楚王。后叛奔王世充。洛阳平，诛粲。**〇**鄱阳林士弘，初从其乡人操师乞为群盗。大业十三年，师乞自称元兴王，攻陷豫章，以士弘为将军。师乞旋**

败死，士弘代统其众，称帝，都豫章，国号楚。取九江、临川故抚州、南康故虔州、宜春故袁州等郡，北自九江，南至番禺，皆为所有。十三年，士弘徙南康，萧铣遣将袭克其豫章，士弘退保馀干。馀干，今饶州府属县。唐武德元年，苍梧诸郡苍梧，故梧州附于士弘，时汉阳太守冯盎以苍梧、高凉、珠崖、番禺附士弘也。汉阳，今陕西成县，隋为汉阳郡。盎初拜此职，关中乱，奔还岭南，据有数郡。旋复入于萧铣。二年，豫章贼帅张善安以虔、吉等州降唐，善安，本方与贼帅，转陷庐江，渡江归士弘。旋叛士弘，营于豫章境内。是时唐平萧铣，善安因以诸州归于唐。方与，今山东鱼台县。士弘将王戎亦以南昌州降唐。南昌州，今南康府建昌县是。时置州于此。士弘惧，请降，寻复走保安成山洞，安成，今吉安府安福县县西百馀里有武功山，最深险。为洪州刺史若干则所破，旋死，其众遂散。

　　〇称吴者二。

　　史略：东海李子通，先依长白山贼帅左才相，长白山，在今山东长山县西南三十里。寻渡淮，窃据海陵，今扬州府泰州也。称将军。唐武德二年，陷江都，遂称帝，国号吴。三年，渡江取京口，败沈法兴，遂取毗陵及丹阳郡。既而杜伏威遣将辅公祏等攻之，渡江取丹阳，败子通兵于溧水。即今应天府溧水县。子通食尽，遂弃江都保京口，于是江西之地自江以西也。今人谓之江北。尽入于杜伏威。伏威徙丹阳，子通惧逼，东走太湖，收合亡散，袭沈法兴于吴郡，大破之，法兴走死。子通复振，徙都馀杭，今杭州府，见前。尽收法兴之地，北自太湖，南至岭，谓浙东南境诸山，非五岭也。东包会稽，西距宣城，皆有之。四年，为伏威将王雄诞所败灭。〇章丘杜伏威，章丘县，今属山东济南府。初与临济辅公祏为群盗，临济，今济南府东北废朝阳县是。转掠淮南，据六合，今应天府属县。称将军。大业十三年，破高邮，今扬州府属县。据历阳，今和州，见前。自称总管，以公祏为长史。唐武德元年，降隋，隋主侗命为楚王。二年，降唐，唐以为和州总管。三年，进封吴王，攻李子通，败之，尽取其江西地。复渡江，居丹阳，子通自京口东走。四年，伏威遣将王雄诞击子通及歙州汪华、大业末，华据有黟、歙等州，亦称吴王。黟，今徽州府黟县是。时增置黟州于此。歙州，即今府。昆山闻人遂安等，昆山，今苏州府属县。皆破平之，于是尽有淮南、江东之地，南至岭，东距海。五年，入朝，其地悉入于唐。

○称许者一。

史略：宇文化及，初为右屯卫将军，袭封许公，化及父述，本匈奴种破野头氏，从其主姓为宇文氏，为炀帝所宠任，封许公。从炀帝幸江都。大业十四年，虎贲郎将司马德戡等定谋弑帝，推化及为主，自江都趣彭城，欲西还长安。李密据巩、洛拒化及，化及不得西，乃引军取东郡，既又北趣黎阳。密将徐世勣畏其兵锋，西保仓城。化及遂渡河据黎阳，攻仓城不克，与李密相持，食尽，乃入汲郡求粮，东郡亦降于密。化及复自汲郡北据魏县，今大名府属县。称帝，国号许，有济北数城。唐武德二年，淮安王神通击化及于魏县，化及走保聊城。今东昌府附郭县。寻为窦建德所灭。

○称郑者一。

史略：王世充初为江都通守，世充，本西域胡人，姓支氏。幼随母嫁王氏，因冒其姓。大业六年，为江都郡丞，领江都官监。九年，平馀

杭贼帅刘元进等，进位通守。十二年，复击杀河间贼帅格谦，又平涿郡
贼帅卢明月。大业十三年，奉命援东都，与李密相持。明年，炀帝弑
于江都，以越王侗即位，时侗居守东都也。拜世充为纳言，封郑国
公。世充翦除异己者元文都等，遂专大柄。寻败李密于邙山，密之
将帅州县，多附于世充。唐武德二年，篡称帝，废隋主侗而弑之。
国号郑。北据河，世充取怀、孟及卫、滑诸州地。卫州，亦曰义州。东
至徐、兖，世充取汴、亳等州，又陷密州，徐圆朗亦以兖州属世充，又使
其弟世辨据徐州。密州，今青州府诸城县。南有襄、邓，世充陷唐伊州
及邓州，于是显州、随州、襄州俱附世充。伊州亦曰襄城郡，显州亦曰淮
安郡，襄州亦曰襄阳郡，俱见前。西保慈涧。今河南府新安县东三十里
有慈涧。世充置戍于此，以重兵守之。又于境内置司、世充改洛州为司
州，即洛阳也。郑、于汜水置郑州，即虎牢也。管、于管城置管州，即今
郑州治。原、于沁水置原州，今山西泽州有沁水县。伊、见上。殷、于获
嘉置殷州，今卫辉府获嘉县。梁、即梁郡，今归德府，见前。溱、于新郑
置溱州，今郑州新郑县。嵩、于嵩阳置嵩州，今河南府登封县也。谷、于
大谷置谷州，今河南府东南十五里之大谷口是。怀、见上。德于武德置
德州，今怀庆府东南五十里废武德县是。等十二州营田使，欲缮兵积
谷以拒唐。唐遣秦王世民击平之。

〇称燕者一。

史略：勃海高开道，初从河间贼帅格谦据豆子航，此河间豆子
航也，在今河间府静海县境。谦称燕王，以开道为将。大业十二年，
谦败死，开道收其馀众掠燕地，军复振。唐武德元年，取北平，陷
渔阳，北平，今北直永平府。渔阳，今顺天府蓟州。俱见前。遂称燕王，

都渔阳。三年，降唐，命为蔚州总管，封北平郡王。四年复叛，称燕王，北连突厥，南结刘黑闼。时开道徙据燕州，今宣府镇怀来卫是。恒、定、幽、易，数被其患。七年，其将张金树杀之以降。

〇称汉东者一。

史略：漳南刘黑闼，本窦建德故将。武德四年，起兵袭据漳南，陷鄃县，今山东夏津县，即故鄃县也。败魏州、贝州兵，魏州即故武阳郡，贝州即清河郡。乃还漳南称大将军。又进陷历亭，今山东恩县西南十里有历亭故城。取深州，《志》云，时深州治安平，今真定府晋州安平县是也。败淮安王神通于饶阳城南。饶阳，见前。又败幽州总管李艺兵于藁城，今真定府属县。进陷瀛州，取观州、毛州。观州，今北直景州。毛州，今山东馆陶县是其治。又陷定州及冀州，败黎州总管李世勣于洺州，黎州时置于黎阳。遂陷之。又拔相州，取黎、卫二州。半岁间，尽复建德旧境。既又陷邢州、即故襄国郡。赵州、魏州、莘州。莘州，今东昌府莘县。五年，自称汉东王，定都洺州，东盐州亦附于黑闼。北直盐山县时为东盐州。秦王世民击败之于洺水，在今广平府城西四十里。黑闼遁归突厥。既而复引突厥寇定州，转陷瀛州、盐州即东盐州，复叛附之。又败贝州兵于鄃县，取观州，复败淮阳王道元于下博今深州治也，于是山东震骇，州县相率降附。旬日之间，遂复故地。仍据洺州，取沧州，引兵而南，收相州以北诸州县，惟魏州不下。黑闼南拔元城，时魏州治贵乡县，今大名府大名县也，元城县属焉。刘昫曰：元城县旧治，在朝城东北十里。朝城，今山东濮州属县。盖在贵乡之南，非今之附郭元城县也。还攻魏州，复取恒州。太子建成等击之，相持于昌乐。今北直南乐县西北三十里有昌乐故城。黑闼食尽，自馆陶北遁，至饶州即饶阳，其下执之以降。

○称鲁者一。

史略：鲁郡徐圆朗，初为贼帅，陷东平，分兵略地，自琅邪以西北至东平，皆有之。唐武德二年来降，拜兖州总管，封鲁国公。四年，叛附刘黑闼，兖、郓、陈、杞、曹、戴诸州皆应之，杞州，即今开封府杞县。保任城即今济宁州治，自称鲁王，既而济州亦附焉。六年，黑闼平，圆朗兵败，弃城走，为人所杀。

○称宋者一。

史略：辅公祏，初与杜伏威降唐，授淮南道行台、左仆射、舒国公。及伏威入朝，留公祏守丹阳。武德六年，公祏以丹阳叛，称帝，国号宋，分兵略东海、寿阳诸郡。七年，赵郡王孝恭等讨平之。

何氏曰：天下久分裂而难合也，而秦、隋合之。然皆止于二世，何也？天下之业既定，而犹虐用其众也。

读史方舆纪要卷五

历代州域形势五 唐上

○唐起自太原，先定关右。

史略：初，炀帝南巡江都，命唐公李渊为太原留守。渊，西凉王暠七世孙。祖虎于宇文周有佐命功，封唐国公。渊袭爵，后遂以唐为国号。大业十三年，天下骚乱，渊子世民，劝渊起兵，渊从之。先取西河郡，今汾州府。遂定入关之计。进克霍邑，今平阳府霍州。入临汾，即平阳府，时为临汾郡。拔绛郡，今绛州，见前。遂至龙门。在今山西汾阴县，见前。别将亦徇下离石、今山西永宁州，见前。龙泉、今平阳府隰县。文成今平阳府吉州。等郡。隋将屈突通将重兵屯河东，即今平阳府蒲州。渊引军围之。任瓖等说渊勿攻河东，自梁山济河，梁山，在陕西韩城县东南十八里，自龙门济河必由之道也。指韩城，逼郃阳，韩城、郃阳，俱今西安府同州属县。鼓行而进，直据永丰，永丰仓，在陕西华阴县城东，隋积粟于此。传檄远近，关中可坐定也。渊遂分军围河东，渡河而西，关中望风降附。渊舍于长春宫，在今同州朝邑县治西北。遣子建成等屯永丰仓，守潼关见前，以备东方兵，世民等徇渭北，营于泾阳。今县，见前。既而诸军并进，遂克长安，略定平凉、安定等郡，平凉郡时治高平，故原州也。安定郡时治安定，即今泾州。东取新安以西，今河南府新安县，初置郡，今改置谷州于此。南收巴蜀，受隋禅，灭秦，见前薛举并凉见前李轨。尽平陇右河西地。

〇次奠洛阳，遂清江表，进扫河朔。

史略：武德二年，刘武周陷并、晋诸州，西至龙门，关中震动。初，义师入关，使元吉留守太原。武周南侵，元吉遁还长安，贼势遂炽。上欲弃大河以东，谨守关西，秦王世民曰：太原，王业所基，国之根本。河东富实，京邑所资。臣请平殄武周，克复汾晋。从之。武周败遁，并州复定。三年，命世民东讨世充。世民自新安进军慈涧，在新安县东，见前。分遣史万宝自信阳南据龙门，宜阳，见前。龙门，即阙塞山也，在今河南府城西南三十里。刘德威自太行东围河内，王君廓自洛口断其饷道，黄君汉自河阴攻回洛城，时君汉为怀州总管，军于河北。大军屯于北邙，在今河南府城北，见前。连营以迫之。世充屡败，遂围东都，远近州县，次第归附。世民又遣王君廓袭辕，辕山，在今巩县西南，见前。拔之，河阳来降。既又克其虎牢，世充益窘，数求救于窦建德。建德方营河南，取曹、戴，即孟海公之地。遂引而西，自滑州进屯酸枣，今开封府延津县北十五里有故城，见前。陷管州、荥阳、阳翟，俱见前。水陆并进，营于成皋东原，成皋，即虎牢也。遣使与世充相闻。诸将皆请避其锋，薛收等曰：世充保据东都，府库充实，所将之兵，皆江淮精锐，世充自江都引兵西援洛阳，故云。但乏粮食，故为我所持。建德远来赴援，亦当极其精锐。若纵之至此，两寇合从，转河北之粟，以馈洛阳，则战争方始，混一无期。今宜分兵守洛阳，深沟高垒，慎勿与战。王亲帅骁锐，先据成皋，厉兵训士，以逸待劳，决可克也。建德既破，世充自下。不过二旬，两主就缚矣。世民善之，使齐王元吉等围守东都，遂东据虎牢，建德不得进。世民又遣精骑抄其粮运，破之。凌敬言于建德曰：大王宜悉兵济河，攻取怀州、河阳，使重将守之。更鸣鼓建旗，逾太行，入上党，徇汾、晋，趋蒲津，蒲津，即山西蒲州临晋关。见前。蹈无人之境，拓地收兵，则关中震骇，郑围自解矣。建德妻曹氏亦曰：大王自滏口乘唐国之虚，滏口，在河南武安县滏山。见前高欢东出滏口。连营渐进，以取山北，建德都洛州，在山南。并、代、汾、晋，皆山北也。又因突厥西抄关中，唐必还师自救。郑围何忧不解？不听。及战，为世民所擒。师还洛阳，世充惧，遂降。于是河南北州郡悉定。既又发巴蜀兵，使行军总管赵郡王孝恭及李靖等自夔州东下，分遣黔州刺史田世康出辰州道，黔州，时治彭水县，今四川重庆府涪州属县也。辰州，治沅陵县，今湖广辰州府。黄州刺史周法明出夏口道，以击萧铣。孝恭克荆门、宜都二镇，进至夷陵，荆门，在宜都县西北五十里。夷陵又在荆门西北四十里。孝恭盖遣前军先克其荆门、宜都，而后引大军至夷陵也。宜都，今夷陵州属县。破铣兵于清江，在宜都县城东，又北合于大江。追败之于百里洲，在今荆州府枝江县东北大江中。进入北江，江水过百里洲而支分，在洲北者为北江，即江陵之南境矣。直抵江陵。铣兵败，出降。靖因安抚岭南，交、广诸州，相率顺命，林士弘亦穷蹙请降。和州总管杜伏威复讨平李子通等，岭海江淮悉定。会刘黑闼复起河北，据窦建德故地，高开道、徐圆朗等亦叛应之。世民讨败黑闼，黑闼北遁，继而复炽，寻败死。圆朗等亦次第夷灭。六年，辅公祐复据丹阳叛，诏赵郡王孝恭以舟师自襄州趣江州，时孝恭为襄州道行台仆射。李靖以交、广、泉、桂之众趣宣州，时靖为岭南道大使。宣州，即宣城郡。黄君汉出谯、亳，君汉时为怀州总管。谯，即亳也。李世勣出淮、泗，世勣时为齐州总管。盖使之自泗入淮。讨之。七年，孝恭败辅公祐之兵于枞阳，今安庆府桐城县东南百二十里有故城。进拔其鹊头镇，今池州府铜陵县北十里有鹊头山，即置镇处。又破之于芜湖，拔梁山等三镇，梁山，在今和州南七十里。时公祐遣兵屯梁山、博望、青林三处，故曰三镇。博望，亦曰东梁山，在太平府西南三十里。今俱详南直名山梁山。青林，亦曰青山，在太平府东南三十里。进至丹阳，公祐走死。贞观二年，柴绍讨梁师都于朔方，复平之。于是天下大定。

○绍汉法周，建都关内。

《都邑考》：高祖因隋之旧，定都长安，时谓长安为京城。太宗修洛阳宫，时巡幸焉。高宗尝言：两京，朕东西二宅。显庆二年，以洛阳为东都。武后都洛阳。光宅初，号曰神都。中宗神龙初，复曰东都。玄宗以长安为西京，洛阳为东京。开元元年，定制。九年，又改东京曰东都。天宝初复故。又开元九年，以蒲州为河中府，建中都，未几复罢为州。乾元三年，复曰河中府，置中都。元和三年，罢中都为府如故。肃宗更以蜀郡为南京，凤翔为西京，蜀郡以上皇南幸之地，凤翔以中兴驻驿之所，故并建为京。而西京为中京。至德二载，建三京。上元初，复置南都于荆州，曰江陵府。寻又以京兆为上都，河南为东都，凤翔为西都，江陵为南都，太原为北都，所谓五都也。《唐志》：北都，天授元年置，神龙元年罢，开元十二年复置。天宝元年曰北京。上元二年，与京兆、河南、凤翔、江陵，并罢京都之号。明年，诏曰：五都之号，其来自久，因以京兆、河南、凤翔、江陵、太原，并建为都。其后复罢。《六典》：京兆、河南、太原，时谓之三都。又昭宗天祐元年，朱全忠复劫迁车驾于洛阳，而唐祚以移。

○文轨混同，分天下为十道。隋季群雄竞起，互相分割，建置纷然。唐兴，因而不改，其纳地来归者，亦往往割置州县，以宠禄之。由是州县之数，倍于开皇、大业间。贞观元年，以民少官多，思革其弊，命大加并省，因山川形便，分为十道。

○东距河，西抵陇阪，陇阪，即陇坻。见七国秦陇蜀注。南据终南，终南山，在西安府南五十里。详陕西名山终南。北边沙漠，曰关内道。统州二十二。贞观十三年，始簿天下州县之数，自是数有损益。今略以《六典》为据，而贞观以后所增置之州，以次附焉。又《唐志》：武德初，改郡为州，太守为刺史，而雍州置牧。天宝初，改州为郡，刺史为太守。至德二载复故。今举郡名及随时改易诸名，俱汇见于此，以便参考。

雍州，汉曰京兆尹。隋曰雍州。唐因之。开元三年，曰京兆府。领万年等县十八。万年，即今西安府治附郭咸宁县。又乾宁初，增置乾州，治奉天县，今乾州仍属西安府。

华州，汉属京兆尹。魏曰华州。隋、唐因之。垂拱初，改泰州，寻复故。亦曰华阴郡。领郑县等县三。乾宁五年，改华州曰兴德府，时驻驿于此也。天祐三年，复曰华州。今仍曰华州，属西安府。

同州，汉曰左冯翊。西魏曰同州。隋、唐因之，亦曰冯翊郡，领冯翊等县九。今仍曰同州，属西安府。

岐州，汉曰右扶风。后魏曰岐州。隋、唐因之，亦曰扶风郡，领雍县等县八。至德二载，改凤翔府。今仍曰凤翔府。

陇州，汉属右扶风。西魏曰陇州。隋、唐因之，亦曰汧阳郡，领汧源等县五。今陇州属凤翔府。

邠州，汉扶风等郡地。西魏置豳州。隋、唐因之。开元十三年，改豳曰邠，亦曰新平郡，领新平等县四。今邠州属西安府。

泾州，汉曰安定郡。后魏置泾州。隋、唐因之，亦曰安定郡，领安定等县五。今属平凉府。

宁州，汉为北地等郡地。西魏曰宁州。隋、唐因之，亦曰彭原郡，领定安等县七。今属庆阳府。大中间，又置衍州，治定平县，今宁州南六十里废定平县是也。

坊州，汉上郡地。唐武德二年置坊州，亦曰中部郡，领中部等县三。今鄜州中部县，即故州治。又天祐初，置翟州，治鄜城县。朱梁改曰禧州。今鄜州洛川县东南三十里有废鄜城县，盖李茂贞所置州也。

鄜州，汉上郡地。后周曰敷州。唐改曰鄜州，亦曰洛交郡，领洛交等县五。今属延安府。

丹州，汉上郡地。西魏曰丹州。隋、唐因之，亦曰咸宁郡，领义川等县五。今延安府宜川县是其治。

延州，汉上郡地。后魏曰延州。唐因之，亦曰延安郡，领肤施等县九。即今延安府。

庆州，汉曰北地郡。隋曰庆州。唐因之，亦曰安化郡。至德初，又改顺化郡。领安化等县八。今庆阳府是也。

原州，汉安定郡地。后魏曰原州。唐因之，亦曰平凉郡，领高平等县三。今平凉府镇原县是其治。又大中五年，增置武州，治萧关县，今平凉府镇原县西北百四十里萧关城是。

盐州，汉北地郡地。西魏曰盐州。唐因之，亦曰五原郡，领五原等县二。今宁夏后卫是。

灵州，汉北地郡地。后魏置灵州。隋、唐因之，亦曰灵武郡，领回乐等县五。今宁夏卫灵州所是。又大中三年，置威州，领鸣沙等县二。鸣沙，今宁夏中卫东西百五十里鸣沙故城是。又景福二年，增置警州，治定远城，在今宁夏卫北六十里。

会州，汉金城等郡地。西魏置会州。唐因之，亦曰会宁郡，领会宁等县二。今靖虏卫是。

夏州，汉曰朔方郡。后魏置夏州。隋、唐因之，亦曰朔方郡，领朔方等县四。今榆林镇西北废夏州是。又开元二十六年，增置宥州，亦曰宁朔郡。至德二载，又曰怀德郡，领延恩等县三。今榆林镇西废宥州是。

丰州，汉五原郡地。隋置丰州。唐因之，亦曰九原郡，领九原等县三。今榆林镇西北有废丰州。

胜州，汉云中等郡地。隋置胜州。唐因之，亦曰榆林郡，领榆林等县二。今榆林镇东北四百五十里有废胜州。

绥州，汉曰上郡。西魏置绥州。隋、唐因之，亦曰上郡，领龙泉等县五。今延安府绥德州。

银州。汉西河郡地。后周置银州。隋、唐因之，亦曰银川郡，领儒林等县四。儒林故城，在今延安府绥德州米脂县西北百八十里。又开元九年，分银、胜二州地置麟州，亦曰新秦郡，领新秦等县二。今延安府葭州神木县北四十里有新秦故城。

○东尽海，西距函谷，函谷，见前。南滨淮，北薄于河，曰河南道。统州二十八。

洛州，汉河南郡。北齐曰洛州。隋、唐因之。开元初，曰河南府，领河南等县二十六。即今河南府。

陕州，汉弘农郡地。后魏曰陕州。隋、唐因之。天宝初，曰陕府，亦曰陕郡，领陕县等县五。天祐初迁洛，改为兴唐府。哀帝初复故。今属河南府。

虢州，汉曰弘农郡。唐置虢州，亦曰弘农郡，领弘农等县六。今陕州灵宝县西南三十里故弘农城是。《唐志》云：开元初，改隶河东道。

汝州，汉河南等郡地。隋大业初，曰汝州。唐因之，亦曰临汝郡，领梁县等县三，即今汝州。又开元三年，置仙州，领叶县等县五。二十五年，州废。叶县，今属南阳府裕州。

郑州，汉河南郡地。后周曰郑州。隋、唐因之，亦曰荥阳郡，领管城等县八。今开封府是。

汴州，汉曰陈留郡。后周曰汴州。隋、唐因之，亦曰陈留郡，领浚仪等县五。今开封府是。

豫州，汉曰汝南郡。刘宋为豫州治。后魏、后周因之。隋曰蔡州。唐复为豫州，亦曰汝南郡。宝应初，复改蔡州。领汝阳等县十。今汝宁府。

许州，汉曰颍川郡。后周曰许州。隋、唐因之，亦曰颍川郡，领长社等县九。今属开封府。又建中二年，置溵州，治郾城县。长庆三年废。郾城，今许州属县。

陈州，汉淮阳、汝南郡地。隋曰陈州。唐因之，亦曰淮阳郡，领宛丘等县四。今属开封府。

颍州，汉汝南郡地。唐武德六年，始曰颍州，亦曰汝阴郡，领汝阴等县三。今属凤阳府。

亳州，汉沛郡地。后周曰亳州。隋、唐因之，亦曰谯郡，领谯县等县八。今属凤阳府。

宋州，汉曰梁国。隋置宋州。唐因之，亦曰睢阳郡，领宋城等县七。今归德府。又光启中，增置单州，领单父等县四。光化二年，朱全忠奏改为辉州，移治砀山，以温生于砀山也。后唐复曰单州，仍治单父。单父，今山东单县。砀山，今南直徐州属县。

曹州，汉曰济阴郡。后周曰曹州。隋、唐因之，亦曰济阴郡，领济阴等县五。今山东巢县西北七十里废济阴县是其治。

滑州，汉曰东郡。隋曰滑州。唐因之，亦曰灵昌郡，领白马等县七。今为大名府滑县。

濮州，汉东郡、济阴等郡地。隋曰濮州。唐因之，亦曰濮阳郡，领鄄城等县二。今属东昌府。

郓州，汉曰东平国。隋曰郓州。唐因之，亦曰东平郡，领须昌等县三。今为兖州府东平州。

济州，汉济北、东平等郡国地。隋曰济州。唐因之，亦曰济阳郡，领卢县等县五。天宝十三年，废济州入郓州。卢县，见汉泰山郡注。

齐州，汉济南等郡地。后魏曰齐州。隋、唐因之，亦曰济南郡，领历城等县八。即今济南府。

淄州，汉安乐等国地。隋曰淄州。唐因之，亦曰淄川郡，领淄川等县五。今济南府淄川县是其治。

徐州，汉楚国沛郡地。晋为徐州治。后魏及隋、唐因之。亦曰彭城郡，领彭城等县六。今仍曰徐州。又元和四年，增置宿州，领符离等县四。今属凤阳府。

兖州，汉曰鲁郡。刘宋时，兖州治此。隋曰兖州。唐因之，亦曰鲁郡，领瑕丘等县八。今为兖州府。

泗州，汉临淮等郡地。后周曰泗州。隋、唐因之，亦曰临淮郡，领临淮等县五。今属凤阳府。

沂州，汉琅邪等郡地。后周曰沂州。隋、唐因之，亦曰琅邪郡，领临沂等县五。今属兖州府。

青州，汉曰北海郡。东晋为青州治。刘宋因之。隋仍曰青州。唐因之，亦曰北海郡，领益都等县七。即今青州府。

莱州，汉曰东莱郡。隋曰莱州。唐因之，亦曰东莱郡，领掖县等县六。今莱州府。又如意初，置登州，亦曰东牟郡，初治文登县。神龙三年，移治蓬莱，领县四。今为登州府。

棣州，汉平原、勃海等郡地。唐武德四年置棣州，亦曰乐安郡，领厌次等县五。今济南府武定州。

密州，汉高密等郡国地。隋置密州。唐因之，亦曰高密郡，领诸城等县四。诸城县，今属青州府。

海州。汉曰东海郡。东魏曰海州。隋、唐因之，亦曰东海郡，领朐山等县四。今属淮安府。

○东距常山常山，即恒山。见前，西据河，南抵首阳、太行首阳山，在今山西蒲州东南十五里。太行山，今怀庆府北。见前，北边匈奴，曰河东道。领州十八。

并州，汉太原郡。后汉为并州治。晋以后因之。唐亦曰并州，又为太原府，领太原等县十四。今太原府太原县是其治。又龙纪初，置宪州，领楼烦等县二。今太原府静乐县西北七十里有故楼烦城，李克用所奏置。

潞州，汉上党郡。后周曰潞州。唐因之，亦曰上党郡，领上党等县五。今潞安府。

泽州，汉上党、河东等郡地。隋曰泽州。唐因之，亦曰高平郡，领晋城等县六。即今泽州是。

晋州，汉河东郡地。后魏曰晋州。后周及隋唐因之，亦曰平阳郡，领临汾等县七。今平阳府。

绛州，汉河东郡地。后周曰绛州。隋、唐因之，亦曰绛郡，领正平等县五。今属平阳府。

蒲州，汉河东郡。后周曰蒲州。隋、唐因之，亦曰河中府，又为河东郡，领河东等县五。今属平阳府。

汾州，汉西河、太原二郡地。后魏置汾州。唐因之，亦曰西河郡，领隰城等县五。今汾州府。

慈州，汉河东郡地。隋曰汾州。唐武德五年曰南汾州，八年曰慈州，亦曰文成郡，领吉昌等县五。今平阳府吉州也。

隰州，汉河东郡地。隋曰隰州。唐因之，亦曰大宁郡，领隰川等县六。今属平阳府。

石州，汉西河郡地。后周曰石州。隋、唐因之，亦曰昌化郡，领离石等县五。今汾州府永宁州。

沁州，汉上党郡地。隋置沁州。唐因之，亦曰阳城郡，领沁源等县三。即今沁州。

箕州，汉上党郡地。唐武德三年置辽州，八年曰箕州。先天初曰仪州，亦曰东平郡。中和三年，复曰辽州，领辽山等县四。即今辽州。

岚州，汉太原郡地。后魏曰岚州。隋唐因之，亦曰楼烦郡，领宜芳等县四。今太原府岢岚州岚县是其治。

忻州，汉太原郡地。隋曰忻州。唐因之，亦曰定襄郡，领秀容等县二。今属太原府。

代州，汉雁门、太原二郡地，隋曰代州。唐因之，亦曰雁门郡，领雁门等县五。今属太原府。

朔州，汉定襄、雁门二郡地。后魏置朔州。北齐及隋唐因之，亦曰马邑郡，领善阳等县二。今属大同府。

蔚州，汉代郡地。后周置蔚州。隋、唐因之，亦曰安边郡，领灵丘等县三。灵丘，即今蔚州灵丘县。

云州。汉云中、雁门等郡地。唐武德六年，置北恒州，七年废。贞观十四年，改置云州于此，亦曰云中郡，领云中县一，今大同府治是也。唐末，又置应州，领金城等县二，今属大同府。

○东并海，南迫于河，西距太行、常山，北通渝关、蓟门，渝关，即今山海关。蓟门，即今居庸关。俱见前。曰河北道。统州二十三。

怀州，汉河内郡。后魏置怀州。隋唐因之，亦曰河内郡，领河内等县九。今为怀庆府。又会昌三年，置孟州，领河阳等县五。河阳，今怀庆府之孟县。

卫州，汉河内及魏郡地。后周曰卫州。隋、唐因之，亦曰汲郡，领汲县等县五。今为卫辉府。

相州，汉曰魏郡。后魏曰相州。后周及隋、唐因之。亦曰邺郡，领安阳等县九。今为彰德府。又武德初，置磁州，贞观初废，永泰初复置，领滏阳等县四。即今彰德府滋州。

洺州，汉曰广平国。后周曰洺州。隋、唐因之，亦曰广平郡，领永年等县七。即今广平府。

邢州，汉钜鹿、常山等郡国地。隋曰邢州。唐因之，亦曰钜鹿郡，领龙固等县九。即今顺德府。

赵州，汉钜鹿、常山等郡国地。北齐曰赵州。隋、唐因之，亦曰赵郡，领平棘等县九。今属真定府。

冀州，汉曰信都国。晋尝为冀州治。后魏以后因之。唐亦曰冀州。龙朔二年改魏州，寻复故。亦曰信都郡，领信都等县六。今属真定府。

恒州，汉常山郡。后周置恒州。隋、唐因之，亦曰常山郡。元和十五年，改曰镇州，领真定等县六。即今真定府。

定州，汉曰中山郡。后魏曰定州。后周及隋、唐因之。亦曰博陵郡，领安喜等县十一。今属真定府。又景福二年置祁州，领无极等县二。无极，今真定府属县。

易州，汉涿郡地。隋曰易州。唐因之，亦曰上谷郡，领易县等县五。今属保定府。

幽州，汉曰燕国。后汉为幽州治。晋以后因之。唐仍曰幽州，亦曰范阳郡，领蓟县等县十，今顺天府。又开元十八年，析置蓟州，亦曰渔阳郡，领渔阳等县三，今属顺天府。又天宝初，置顺义郡，亦曰顺州，领宾义县一，寄治范阳郡城内。又大历四年置涿州，领范阳等县三，今属顺天府。又唐末置儒州，领缙山县一，今延庆州也。

深州，汉涿郡地。隋曰深州。唐因之。贞观十七年废，先天二年复置。亦曰饶阳郡，领饶阳等县四。饶阳，今真定府晋州属县也。

瀛州，汉涿郡地。后魏曰瀛州。隋、唐因之，亦曰河间郡，领河间等县十，即今河间府。又景云二年置郑州，开元十三年曰莫州，亦曰文安郡，领鄚县等县六。今河间府任丘县北三十里有废莫州城。

贝州，汉曰清河郡。后周置贝州。隋、唐因之，亦曰清河郡，领清河等县九。今广平府清河县是。

魏州，汉魏郡及东郡地。后周置魏州。隋唐因之。龙朔二年，改曰冀州，寻复故。亦曰魏郡，领贵乡等县十。贵乡，今大名府大名县是。又武德四年，置澶州，贞观初废。大历七年复置，领顿丘等县四。顿丘，今大名府清丰县西南五十五里有故城。

博州，汉东郡、平原等郡地。隋曰博州。唐因之，亦曰博平郡，领聊城等县六。今为东昌府。

德州，汉曰平原郡。隋置德州。唐因之，亦曰平原郡，领安德等县八。今济南府陵县，故安德县也。

沧州，汉曰勃海郡。后魏置沧州。隋、唐因之，亦曰景城郡，领清池等县十，今属河间府。又武德四年置观州，贞观十七年废。贞元五年，改置景州，领弓高等县四。今景州东北四十里有故弓高城。

妫州，汉上谷郡也。唐武德七年，置北燕州。贞观八年改妫州，亦曰妫川郡，领怀戎等县二。怀戎，今宣府镇怀来卫是。又唐末，幽州镇增置武州，领文德县一，今宣府镇是也。又增置新州，领永兴等县四。永兴，今保安州治是。或曰皆光启中置。

檀州，汉渔阳郡地。隋曰檀州。唐因之，亦曰密云郡，领密云等县二。密云，今顺天府昌平州属县。天宝初，又置归化郡，亦曰归顺州，领怀柔县一，后亦谓之顺州。怀柔，今昌平州属县。

营州，汉属辽西郡。后魏曰营州。隋、唐因之，亦曰柳城郡，领柳城县一，今大宁废卫东故营州城是也。

平州，汉右北平及辽西等郡地。隋曰平州。唐因之，亦曰北平郡，领卢龙等县三，即今永平府。

燕州。汉燕国地。隋曰顺州。唐曰燕州，亦曰归德郡，领辽西县一，今顺天府昌平州顺义县是。

东接荆、楚，西抵陇、蜀，南控大江，北距商、华之山，商山，见七国韩商阪。华山，见前。曰山南道。统州三十三。

荆州，汉曰南郡。晋为荆州治，后因之。唐仍曰荆州，亦曰江陵郡。上元初，曰江陵府，领江陵等县八。即今荆州府。

襄州，汉南郡及南阳郡地。西魏曰襄州。隋、唐因之，亦曰襄阳郡，领襄阳等县七。今襄阳府。

邓州，汉曰南阳郡。隋曰邓州。唐因之，亦曰南阳郡，领穰县等县六。今属南阳府。

唐州，汉南阳郡地。唐武德四年置唐州，亦曰淮安郡，领泚阳等县六，今南阳府唐县。刘昫曰：本属河南道，至德后，割属山南东道。

随州，汉南阳郡地。西魏曰随州。隋、唐因之，亦曰汉东郡，领随县等县三。今属德安府。

郢州，汉江夏郡地。西魏曰郢州。隋、唐因之，亦曰富水郡，领长寿等县三。今为承天府。

复州，汉江夏及南郡地。后周曰复州。隋、唐因之，亦曰竟陵郡，领沔阳等县三。今承天府沔阳州。

均州，汉南阳、汉中二郡地。隋曰均州。唐因之，亦曰武当郡，领武当等县三。今属襄阳府。

房州，汉汉中郡地。唐武德初，置房州，亦曰房陵郡，领房陵等县四。今郧阳府房县。

峡州，汉南郡地。后周曰峡州。隋、唐因之，亦曰夷陵郡，领夷陵等县五，今荆州府夷陵州是。

归州，汉南郡地。唐武德二年曰巴州，亦曰巴东郡，领秭归等县三。今属荆州府。

夔州，汉巴郡地。梁曰信州。唐武德三年，改曰夔州，亦曰云安郡，领奉节等县四。今夔州府。

万州，汉巴郡地。唐武德二年，置南蒲州，八年曰蒲州。贞观八年曰万州，亦曰南浦郡，领南浦等县三。今夔州府万县。

忠州，汉巴郡地。后周曰临州。唐贞观八年曰忠州，亦曰南宾郡，领临江等县五。今属夔州府。

梁州，汉曰汉中郡。三国汉为梁州治。晋以后因之。唐亦曰梁州。开元十三年曰褒州，寻复故，亦曰汉中郡。兴元初，又为兴元府，领南郑等县五。今汉中府。

洋州，汉汉中郡地。西魏曰洋州。隋、唐因之，亦曰洋州郡，领西乡等县四。西乡，今汉中府属县。

金州，汉汉中郡地。西魏曰金州。隋、唐因之，亦曰安康郡。至德二载，曰汉南郡，领西城等县六。今属汉中府。

商州，汉弘农郡地。后周曰商州。隋、唐因之，亦曰上谷郡，领上谷等县五。今为西安府。

凤州，汉武都郡地。后周曰凤州。隋、唐因之，亦曰河池郡，领梁泉等县四。今汉中府凤县。

兴州，汉武都郡地。西魏曰兴州。隋、唐因之，亦曰顺政郡，领顺政等县三。今为汉中府宁羌州略阳县。

利州，汉广汉郡地。西魏曰利州。隋、唐因之，亦曰益昌郡，领绵谷等县六。今保宁府广元县。

阆州，汉巴郡地。唐初置隆州，先天中曰阆州，亦曰阆中郡，领阆中等县九。今保宁府。

开州，汉巴郡地。唐武德初，置开州，亦曰盛山郡，领盛山等县三。今夔州府开县。

果州，汉巴郡地。唐武德四年置果州，亦曰南充郡，领南充等县六。今顺庆府。

合州，汉巴郡地。西魏置合州。唐因之，亦曰巴川郡，领石镜等县六。今属重庆府。

渝州，汉巴郡地。隋曰渝州。唐因之，亦曰南平郡，领巴县等县四。今重庆府。

涪州，汉巴郡地。唐武德初，置涪州，亦曰涪陵郡，领涪陵等县四。今属重庆府。

渠州，汉巴郡地。唐武德初，曰渠州，亦曰潾山郡，领流江等县四。今顺庆府广安州渠县。

蓬州，汉巴郡地。后周置蓬州。隋、唐因之，亦曰咸安郡，领大寅等县六。大寅，今顺庆府蓬州仪陇县南三十里蓬池故城是。

壁州，汉巴郡地。唐武德八年置壁州，亦曰始宁郡，领诺水等县三。诺水，今巴州之通江县。

巴州，汉巴郡地。梁曰巴州。隋、唐因之，亦曰清化郡，领化成等县七。今属保宁府。

通州，汉巴郡地。西魏曰通州。隋、唐因之，亦曰通州郡，领通川等县七，即今夔州府达州。

集州，汉广汉、巴二郡地。梁曰集州。隋、唐因之，亦曰符阳郡，领难江等县三。难江，今保宁府巴州之南江县。

○东接秦州，西逾流沙流沙，见前，南连蜀及吐蕃吐蕃，今西番地，北界沙漠，曰陇右道。统州二十。

秦州，汉曰天水郡。晋置秦州。唐因之，亦曰天水郡，领上邽等县五。今属巩昌府。

渭州，汉曰陇西郡。后魏曰渭州。唐因之，亦曰陇西郡，领襄武等县四。今巩昌府。上元以后，为吐蕃所陷。元和四年，侨置行渭州于平凉县，寻复陷没。中和四年，复置渭州于平凉，即今平凉府。

成州，汉武都郡地。西魏曰成州。隋、唐因之，亦曰同谷郡，领上禄等县三。上禄，今巩昌府成县西百三十里有故城。

武州，汉曰武都郡。西魏置武州。隋、唐因之，亦曰武都郡。景福初，改曰阶州，领将利等县三，今巩昌府阶州北三百十里有废将利县。

兰州，汉金城等郡地。隋曰兰州。唐因之，亦曰金城郡，领五泉等县三，今属临洮府。又天宝三载，置狄道郡，乾元初，亦曰临州，领狄道等县二，即今临洮府。或曰：临州，开元初置。

河州，汉金城等郡地。苻秦置河州。后魏及隋、唐因之。亦曰安乡郡，领枹罕等县三。今属临洮府。

洮州，本西戎地。后周置洮州。隋、唐因之，亦曰临洮郡，领临潭等县二。今为洮州卫。

岷州，汉陇西郡地。西魏置岷州。隋、唐因之，亦曰和政郡，领溢乐等县四。今属岷州卫。

叠州，本羌、戎地。后周置叠州。隋、唐因之，亦曰合州郡，领合州等县二。今洮州卫南百八十里有叠州故城。

宕州，本羌、戎地。后周置宕州。隋、唐因之，亦曰怀道郡，领怀道等县二。今岷州卫南百二十里有宕州故城。

鄯州，汉金城郡地。后魏置鄯州。隋、唐因之，亦曰西平郡，领湟水等县三。今为西宁卫。

廓州，本西羌地。后周置廓州。隋、唐因之，亦曰宁塞郡，领广威等县三。今西宁卫西二百里有廓州故城。

凉州，汉曰武威郡。曹魏为凉州治。晋以后因之。唐仍为凉州，亦曰武威郡，领姑臧等县五。今为凉州卫。

甘州，汉曰张掖郡。西魏曰甘州。唐因之，亦曰张掖郡，领张掖等县二。今甘州卫。

肃州，汉曰酒泉郡。隋置肃州。唐因之，亦曰酒泉郡，领酒泉等县三。今肃州卫。

瓜州，汉敦煌郡地。唐武德五年，置瓜州，亦曰晋昌郡，领晋昌等县二。今废沙州卫东有瓜州故城。

沙州，汉曰敦煌郡。唐武德五年，曰西沙州。贞观七年，曰沙州，亦曰敦煌郡，领敦煌等县二。今废沙州卫。

伊州，汉西域伊吾庐地。唐贞观四年，内属，置西伊州。六年，曰伊州，亦曰伊吾郡，领伊吾等县二，即今西域哈密卫。

西州，汉西域车师前王庭也。唐贞观十四年，平高昌，始置西州，亦曰交河郡，又为金山都督府，领高昌等县五，即今西域火州。

庭州。汉车师后王庭也。唐贞观十四年，平高昌，并得其地，因置庭州。长安二年曰北庭都护府，天宝初曰北庭节度使，领金蒲等县三。今火州北有废庭州。上元以后，河西军镇多为回鹘所陷。

○东临海，西抵汉，南据江，北距淮，曰淮南道。统州十四。

扬州，汉曰广陵国。隋曰扬州。唐因之，亦曰广陵郡，领江都等县四。今扬州府。

楚州，汉临淮郡地。隋置楚州。唐因之，亦曰淮阴郡，领山阳等县四。今淮安府。

和州，汉九江郡地。北齐曰和州。隋唐因之，亦曰历阳郡，领历阳等县二。今仍曰和州。

滁州，汉九江郡地。隋曰滁州。唐因之，亦曰永阳郡，领清流等县二。今仍曰滁州。

濠州，汉九江郡地。隋曰豪州。唐改曰濠州，亦曰钟离郡，领钟离等县三。今凤阳府。

寿州，汉曰九江郡。隋曰寿州。唐因之，亦曰寿春郡，领寿春等县四。今属凤阳府。

庐州，汉庐江等郡地。隋初曰庐江州。唐曰庐州，亦曰庐江郡，领合肥等县四。今庐州府。

舒州，汉庐江郡地。唐武德四年曰舒州，亦曰同安郡。至德二载，又曰盛唐郡。领怀宁等县五，即今安庆府。

蕲州，汉江夏郡地。后周曰蕲州。隋、唐因之，亦曰蕲春郡，领蕲春等县四。今属黄州府。

黄州，汉曰江夏郡。后周曰黄州。隋、唐因之，亦曰齐安郡，领黄冈等县三。今黄州府。

沔州，汉江夏郡地。隋曰沔州。唐因之，亦曰汉阳郡，领汉阳等县二。今汉阳府。

安州，汉江夏郡地。西魏曰安州。唐因之，亦曰安陆郡，领安陆等县六。今德安府。

申州，汉南阳、江夏二郡地。后周曰申州。隋、唐因之，亦曰义阳郡，领义阳等县三，即今汝宁府信阳州。

光州。汉汝南等郡地。梁末置光州。唐因之，亦曰弋阳郡，领定城等县五。今属汝宁府。

〇东临海，西抵蜀，南极岭岭即五岭，北带江，曰江南道。统州四十二。

润州，汉丹阳等郡地。隋置润州。唐因之，亦曰丹阳郡，领丹徒等县五，即今镇江府。又至德二载，置江宁郡，乾元初曰昇州，上元二年废，大顺初复置，领上元等县四，今应天府。

常州，汉会稽郡地。隋置常州。唐因之，亦曰晋陵郡，领武进等县四。今常州府。

苏州，汉会稽郡。隋曰苏州。唐因之，亦曰吴郡，领吴县等县四。今苏州府。

湖州，汉会稽及丹阳郡地。隋曰湖州。唐因之，亦曰吴兴郡，领乌程等县五。今湖州府。

杭州，汉会稽郡地。隋置杭州。唐因之，亦曰馀杭郡，领钱唐等县五。今杭州府。

睦州，汉丹阳郡地。隋置睦州。唐因之，亦曰新定郡，领建德等县七。今严州府。

歙州，汉丹阳郡地。隋置歙州。唐因之，亦曰新安郡，领歙县等县三。今徽州府。

婺州，汉会稽郡地。隋曰婺州。唐因之，亦曰东阳郡，领金华等县五，今金华府。又武德四年置衢州，七年废，垂拱三年复置，亦曰信安郡，领信安等县六，今衢州府。

越州，汉会稽郡地。隋置越州。唐因之，亦曰会稽郡，领会稽等县五，今绍兴府。又开元二十六年置明州，亦曰馀姚郡，领鄮县等县四，今宁波府。

台州，汉会稽郡地。唐武德四年，置海州。五年，改为台州，亦曰临海郡，领临海等县六。今台州府。

括州，汉会稽郡地。隋曰处州，寻改括州。唐因之，亦曰缙云郡。大历十四年，复曰处州，领括苍等县五，今处州府。又上元二年，分置温州，亦曰永嘉郡，领永嘉等县四，今温州府。

建州，汉属会稽郡。唐武德四年置建州，亦曰建安郡，领建安等县六。今建宁府。

福州，汉属会稽郡。唐武德四年，于此置泉州。景云二年，曰闽州。开元十三年，曰福州，亦曰长乐郡，领闽县等县八，今福州府。又圣历二年，分置武荣州，三年废，久视初复置。景云二年，改为泉州，亦曰清源郡，领晋江等县四，今泉州府。又垂拱二年置漳州，亦曰漳浦郡，领漳浦等县二，今漳州府。又开元二十四年置汀州，亦曰临汀郡，领长汀等县三，今汀州府。

宣州，汉曰丹阳郡。隋置宣州。唐因之，亦曰宣城郡，领宣城等县八，今宁国府。又武德四年置池州，贞观初废，永泰初复置，亦曰秋浦郡，领秋浦等县四，今池州府。

饶州，汉豫章郡地。隋曰饶州。唐因之，亦曰鄱阳郡，领鄱阳等县四，今饶州府。又乾元初，置信州，领上饶等县三，今广信府。

抚州，汉豫章郡地。隋曰抚州。唐因之，亦曰临川郡，领临川等县三。今抚州府。

虔州，汉豫章郡地。隋置虔州。唐因之，亦曰南康郡，领赣县等县四。今赣州府。

洪州，汉曰豫章郡。隋置洪州。唐因之，亦曰豫章郡，领豫章等县四。今南昌府。

吉州，汉豫章郡地。隋置吉州。唐因之，亦曰庐陵郡，领庐陵等县四。今吉安府。

袁州，汉豫章郡地。隋置袁州。唐因之，亦曰宜春郡，领宜春等县三。今袁州府。

郴州，汉曰桂阳郡。隋曰郴州。唐因之，亦曰桂阳郡，领郴县等县八。今仍曰郴州。

江州，汉庐江、豫章二郡地。晋为江州治。宋、齐及隋、唐因之。亦曰浔阳郡，领浔阳等县三，即今九江府。

鄂州，汉曰江夏郡。隋曰鄂州。唐因之，亦曰江夏郡，领江夏等县五。今武昌府。

岳州，汉长沙郡地。隋曰巴州。唐因之，亦曰巴陵郡，领巴陵等县五。今岳州府。

潭州，汉曰长沙国。隋曰潭州。唐因之，亦曰长沙郡，领长沙等县五。今长沙府。

衡州，汉长沙、桂阳等郡国地。隋曰衡州。唐因之，亦曰衡阳郡，领衡阳等县五。今衡州府。

永州，汉曰零陵郡。隋曰永州。唐因之，亦曰零陵郡，领零陵等县三。今永州府。

道州，汉长沙国地。唐武德四年置营州。明年，曰南营州。贞观八年曰道州，亦曰江华郡，领营道等县三。今属永州府。

邵州，汉长沙、零陵地。唐武德四年，置邵州，亦曰邵阳郡，领邵阳等县二。今宝庆府。

朗州，汉曰武陵郡。隋曰朗州。唐因之，亦曰武陵郡，领武陵等县二。今常德府。

澧州，汉武陵郡地。隋曰澧州。唐因之，亦曰澧阳郡，领澧阳等县五。今属岳州府。

辰州汉武陵、长沙郡地。隋曰辰州。唐因之，亦曰卢溪郡，领沅陵等县七。今辰州府。

巫州，汉武陵、长沙郡地。唐贞观八年，置巫州。天授二年，曰沅州。开元十三年，复曰巫州，亦曰潭阳郡。大历五年，又改曰溆州，领龙标等县三，今辰州府沅州南五十里废龙标城是。又垂拱二年置锦州，亦曰卢阳郡，领卢阳等县二，今沅州麻阳县西三十里有废卢阳县。又长安四年置舞州，开元十三年曰鹤州，二十年曰业州，亦曰龙标郡。大历五年，改曰奖州，领峨山等县三，今沅州西界有废峨山县。

施州，汉南郡地。隋义宁二年曰施州。唐因之，亦曰清江郡，领清江等县二，今为施州卫。又天授二年，分置溪州，亦曰灵溪郡，领大乡等县二，今为永顺宣慰司。

思州，汉武陵郡地。唐武德初，置务州。贞观四年曰思州，亦曰宁夷郡，领务川等县四。务川，今贵州思南府属县。

南州，汉武陵郡地。武德二年置南州，三年曰楚州，明年复故，亦曰南川郡，领南川等县二。今重庆府南川县。

黔州，汉武陵郡地。后周置黔州。隋、唐因之，亦曰黔中郡，领彭水等县五。今重庆府涪州彭水县。

费州，汉牂牁郡地。后周置费州。唐因之，亦曰涪川郡，领涪川等县四。今思南府东北百里有废费州城。

夷州，汉牂牁郡地。武德四年置夷州，贞观初废，寻复置，亦曰义泉郡，领绥阳等县五。绥阳，今遵义府属县也。

溱州，古南蛮地。贞观十六年置溱州，亦曰溱溪郡，领营懿等县二。今思南府西境废营懿县是也。

播州，汉牂牁郡地。贞观九年置朗州，十一年改置播州，亦曰播川郡，领播川等县四。今遵义府。

珍州。汉牂牁郡地。贞观十六年置珍州，亦曰夜郎郡，领营德等县四。今遵义府真安州西南四十里有故营德县。

〇东连牂牁，牂牁，见汉十三部益州。西界吐蕃，南接群蛮，北通剑阁，曰剑南道。统州二十有六。

益州，汉曰蜀郡。晋以后皆为益州治。唐仍曰益州，亦曰蜀郡。至德二载，曰成都府，领成都等县十六，今仍曰成都府。又垂拱二年，分置蜀州，亦曰唐安郡，领晋原等县四，今成都府崇庆州也。又置彭州，亦曰彭阳郡，领九陇等县四，今成都府彭县也。又置汉州，亦曰德阳郡，领雒县等县五，今成都府汉州。

绵州，汉广汉郡地。隋曰绵州。唐因之，亦曰巴西郡，领巴西等县九。今属成都府。

始州，汉广汉郡地。西魏曰始州。唐初因之，先天二年改曰剑州，亦曰普安郡，领普安等县七。今保宁府剑州。

梓州，汉广汉、巴西二郡地。隋曰梓州。唐因之，亦曰梓潼郡，领郪县等县八，即今潼川州。

遂州，汉广汉郡地。后周置遂州。隋、唐因之，亦曰遂宁郡，领方义等县五，今潼川州遂宁县即州治也。

普州，汉犍为郡及巴郡地。后周置普州。隋、唐因之，亦曰安岳郡，领安岳等县六，今潼川州安岳县即州治。

资州，汉犍为郡地。西魏曰资州。隋、唐因之，亦曰资阳郡，领盘石等县八，即今成都府资县。又乾元初，置昌州，治昌元县。光启中，又移州治大足县。昌元，今为荣昌县，与大足县俱属重庆府，时属资州境内。

简州，汉犍为、广汉郡地。隋曰简州。唐因之，亦曰阳安郡，领阳安等县三。今属成都府。

陵州，汉犍为、蜀郡二郡地。西魏曰陵州。隋、唐因之，亦曰仁寿郡，领仁寿等县四。今成都府仁寿县即其治。

邛州，汉蜀郡地。西魏置邛州。唐因之，亦曰临邛郡，领临邛等县七。今仍曰邛州。

雅州，汉蜀郡地。隋曰雅州。唐因之，亦曰庐山郡，领严道等县五，今仍曰雅州。又大足初，置黎州，亦曰洪源郡，领汉原等县三，今为黎州安抚司。

眉州，汉犍为郡地。西魏曰眉州。隋、唐因之，亦曰通义郡，领通义等县五。今仍曰眉州。

嘉州，汉曰犍为郡。后周曰嘉州。隋、唐因之，亦为犍为郡，领海游等县四。今曰嘉定州。

荣州，汉犍为郡地。唐武德初置荣州，亦曰和义郡，领旭川等县六。今嘉定州荣县是其治。

泸州，汉犍为郡地。梁置泸州。隋、唐因之，亦曰泸川郡，领泸川等县六。今仍曰泸州。

戎州，汉属犍为郡。梁置戎州。隋、唐因之，亦曰南溪郡，领南溪等县五。即今叙州府。

茂州，汉汶山郡。隋曰汶州。唐武德初曰会州，四年曰南会州。贞观八年曰茂州，亦曰通化郡，领汶山等县四。今属成都府。

维州，古羌夷地。唐武德初置维州，亦曰维川郡，领薛城等县三。即今成都府威州。

嶲州，汉曰越嶲郡。隋曰嶲州。唐因之，亦曰越嶲郡，领越嶲等县七。今为建昌行都司。

姚州，汉益州郡。唐武德四年置姚州，亦曰云南郡，领姚成等县三。即今姚安军民府。

龙州，古徼外地。西魏置龙州。隋因之。唐武德初，曰西龙门州。贞观初，曰龙门州，亦曰油江郡。乾元初曰龙州，领油江等县二。今为龙安府。

文州，汉广汉郡地。西魏曰文州。唐因之，亦曰阴平郡，领曲水等县二。即今巩昌府阶州文县。

扶州，古西戎地。隋曰扶州。唐因之，亦曰同昌郡。领同昌等县四。今文县西北百六十里废扶州是。

松州，古西羌地。唐武德初，置松州，亦曰文川郡，领嘉诚等县三。今为松潘卫。

翼州，汉蜀郡地。唐武德初，置翼州，亦曰临翼郡，领卫山等县四，今为叠溪所。又显庆初，置悉州，亦曰归诚郡，领左封等县三，今叠溪所西百九十里有左封废县。又天宝五年，置昭德郡，亦曰真州，领真符等县三，今叠溪所西南百馀里有废真符县。

当州。古西羌地。后周置覃州。唐贞观二十一年，曰当州，亦曰江原郡，领通轨等县三。今叠溪所西北二百七十里有故当州城。又仪凤二年，置南和州，天授二年曰静州，亦曰静川郡，领悉唐等县二，今叠溪所西三百六十里有故静州城。又开元十二年置恭州，亦曰恭化郡，领和集等县三，今威州西北三百馀里有废恭州城。永徽末，又置拓州，亦曰蓬山郡，领拓县等县二，今松潘卫西南废拓州是。又开元二十八年置奉州，亦曰云山郡，天宝八载又曰天保郡，亦曰保州，领定廉等县二。定廉，今威州西北百三十里有废县。天宝初，又置静戎郡，亦曰霸州，领信安县一，今松潘卫西南二百五十里废霸州是。刘昫曰：自龙州以下，贞观初属陇右道，永徽以后，据梁州之境割属剑南。

〇东南际海，西极群蛮，北据五岭，五岭，见前。曰岭南道。统州六十八。

广州，汉南海郡。三国吴为广州治，后因之。隋曰番州。唐复为广州，亦曰南海郡，领南海等县十，今广州府。刘昫曰：广管经略治此，管

广、韶、循、潮、冈、恩、春、贺、端、康、藤、封、泷、高、义、新、勤、窦
等州。

韶州，汉桂阳郡地。武德四年置番州，贞观初曰韶州，亦曰始兴
郡，领曲江等县四。今韶州府。

循州，汉南海郡地。隋曰循州。唐因之，亦曰海丰郡，领归善等县
五。今惠州府。

潮州，汉南海郡地。隋曰潮州。唐因之，亦曰潮阳郡，领海阳等县
三。今潮州府。

连州，汉属桂阳郡。唐武德四年，置连州，亦曰连山郡，领桂阳等
县二。今属广州府。

端州，汉苍梧郡地。隋置端州。唐因之，亦曰高要郡，领高要等县
二。今肇庆府。

康州，汉苍梧郡地。唐武德四年置康州，亦曰晋康郡，领端溪等县
四。今肇庆府德庆州。

冈州，汉南海郡地。隋曰冈州。唐因之，亦曰义宁郡，领新会等县
二。新会，今广州府属县。

恩州，汉合浦郡地。唐贞观二十三年，置恩州，亦曰恩平郡，领阳江
等县二。阳江，今肇庆府属县。

春州，汉合浦郡地。唐武德四年，置春州，亦曰南陵郡，领阳春等
县二。阳春，今属肇庆府。

勤州，汉合浦郡地。唐武德四年，置勤州，亦曰铜陵郡，领富林等
县二。富林，今阳春县西北废县。

新州，汉合浦郡地。梁置新州。隋、唐因之，亦曰新兴郡，领新兴
等县三。新兴，今肇庆府属县。

封州，汉苍梧郡地。隋曰封州。唐因之，亦曰临封郡，领封川等县二。封川，今德庆府属县。

潘州，汉合浦郡地。唐武德四年，置南宕州。六年，曰潘州，亦曰南潘郡，领茂名等县三。茂名，即今高州府治。

高州，汉苍梧郡地。梁置高州。隋、唐因之，亦曰高凉郡，领良德等县三。今高州府电白县西百二十七里有故城。

辨州，汉合浦郡地。唐武德四年，置南石州。贞观九年，曰辨州，亦曰陵水郡，领石龙等县四，今为高州府化州。又大历八年，置顺州，领龙化等县四，今化州西北有龙化废县。或曰南汉所置州也。

罗州，汉合浦郡地。梁置罗州。陈及隋、唐因之。亦曰招义郡，领石城等县五。石城，今化州属县。

窦州，汉苍梧郡地。唐武德五年，置南扶州。贞观八年，曰窦州，亦曰怀德郡，领信义等县四。信义，即今高州府信宜县。

泷州，汉苍梧郡地。梁置泷州。隋、唐因之，亦曰开阳郡，领泷水等县五。今为罗定州。

雷州，汉合浦郡地。梁曰合州。隋因之。唐初曰南合州，贞观初曰东合州，八年改为雷州，亦曰海康郡，领海康等县三。今雷州府。

廉州，汉曰合浦郡。宋为越州治。齐、梁因之。隋曰禄州，又为合州。唐武德五年，复曰越州。贞观八年，曰姜州。十二年，曰廉州，亦曰合浦郡，领合浦等县五。今廉州府。

钦州，汉合浦郡地。隋曰钦州。唐因之，亦曰宁越郡，领钦江等县五。钦江，今廉州府钦州北百三十里故县是。

陆州，汉交趾郡地。梁曰黄州。隋曰玉州。唐初因之，贞观二年废，上元二年复置，改曰陆州，亦曰玉山郡，领乌雷等县三。乌雷，今钦州西南百七十里废县是。

琼州，汉珠崖郡地。贞观五年置琼州，亦曰琼山郡，领琼山等县五，即今琼州府。又开元初置万安州，亦曰万安郡，至德二载曰万全郡，领万安等县四，今琼州府万州。

振州，汉珠崖郡地。唐武德五年置振州，亦曰延德郡，领宁远等县五。宁远，今崖州治是。

崖州，汉曰珠崖郡。梁置崖州。隋、唐因之，亦曰朱崖郡，领舍城等县四。舍城，今琼州府东北二百六十里有废县。

儋州，汉曰儋耳郡。唐武德五年，置儋州，亦曰昌化郡，领义伦等县五。今属琼州府。

桂州，汉零陵、苍梧二郡地。梁置桂州。隋、唐因之，亦曰始安郡，至德二载曰建临州，领临桂等县十，即今桂林府。又乾封初置严州，亦曰修德郡，领来宾等县三。来宾，今柳州府属县。又开元中置淳州，亦曰永定郡，永贞初改曰峦州，领永定等县三，今南宁府永淳县是其治。刘昫曰：桂管经略治桂州，管桂、昭、蒙、富、梧、浔、龚、郁、林、平、琴、宾、澄、绣、象、柳、融等州。

昭州，汉苍梧郡地。唐武德四年，置乐川。贞观八年，曰昭州，亦曰平乐郡，领平乐等县三，即今平乐府。

富州，汉苍梧郡地。陈置静州。唐因之。贞观八年，曰富州，亦曰富江郡，领龙平等县三。龙平，今平乐府昭平县。

贺州，汉苍梧郡地。隋曰贺州。唐因之，亦曰临贺郡，领临贺等县五。临贺，即今平乐府贺县。

蒙州，汉苍梧郡地。唐武德四年，置南蒙。贞观八年，曰蒙州，亦曰蒙山郡，领立山等县三。今为平乐府永安州。

梧州，汉曰苍梧郡。后汉为交州治。隋曰封州。唐曰梧州，亦曰苍梧郡，领苍梧等县三。今梧州府。

藤州，汉苍梧郡地。隋曰藤州。唐因之，亦曰感义郡，领镡津等县三，今梧州府藤县是其治。

义州，汉苍梧郡地。唐武德四年，置南义州。贞观初废，寻复置，亦曰义州，亦曰连城郡，领岑溪等县三，今梧州府岑溪县是其治。

郁林州，汉曰郁林郡。隋曰郁林州。唐因之，亦曰郁林郡，领石南等县五。石南，今梧州府郁林州兴业县东北五十里废县是。

平琴州，汉郁林郡地。唐置平琴州，亦曰平琴郡，领容山等县四。今郁林州北百里有容山废县。

容州，汉合浦郡地。唐武德四年，置铜州。贞观八年，曰容州，亦曰普宁郡，领北流等县六。元和中徙治普宁县。北流，今郁林州属县。普宁，即今容县。刘昫曰：容管经略治此，管容、辨、白、牢、钦、岩、禺、汤、瀼、古等州，咸通初，并入邕管，五年复旧。

白州，汉合浦郡地。唐武德四年，置南州。六年，改曰白州，亦曰南昌郡，领博白等县五。博白，今郁林州属县。

山州，汉合浦郡地。唐贞观中，置山州，亦曰龙池郡，领龙池等县二。龙池，今博白县南有废县。

牢州，汉曰南郡地。唐武德四年，置义州。五年，曰智州。贞观十二年，曰牢州，亦曰定川郡，领南流等县三。今郁林州治，即故南流县。

党州，汉郁林郡地。唐曰党州，亦曰宁仁郡，领善劳等县四。善劳，今郁林州东北百二十里废县是其地也。

禺州，汉合浦郡地。唐武德四年置宕州，总章初曰东峨州，明年曰禺州，亦曰温水郡，领峨石等县四。峨石，今郁林州陆川县东北百里废县是。

龚州，汉苍梧、郁林二郡地。唐贞观三年，置燕州。七年，改置龚州，亦曰临江郡，领平南等县八。平南，今浔州府属县。

浔州，汉郁林郡地。唐贞观七年，置浔州，亦曰浔江郡，领桂平等县三。今浔州府。

贵州，汉郁林郡地。武德四年，置南尹州。贞观九年，曰贵州，亦曰怀泽郡，领郁平等县八，今浔州府贵县即其治。

绣州，汉郁林郡地。唐武德四年，置林州。六年，曰绣州，亦曰常林郡，领常林等县三。常林，今浔州府贵县东南百里废县是。

横州，汉郁林、合浦二郡地。隋置简州，亦曰缘州。唐复曰简州，寻曰南简州。贞观八年，曰横州，亦曰宁浦郡，领宁浦等县三。今属南宁府。

邕州，汉郁林郡地。唐武德四年，置南晋州。贞观六年，改邕州，亦曰朗宁郡，领宣化等县五，即今南宁府。又开元初置田州，亦曰横山郡，领都救等县五，今仍曰田州。刘昫曰：邕管经略治邕州，管邕、桂、党、横、田、严、山、峦、罗、辨等州，元和十五年并入容管，长庆二年复旧。

宾州，汉郁林郡地。唐贞观五年，置宾州，亦曰安城郡。至德二载，又为领方郡，领领方等县三。今仍曰宾州，属柳州府。

澄州，汉郁林郡地。唐武德四年，置方州。贞观八年，曰澄州，亦曰贺水郡，领上林等县四。上林，今宾州属县。

象州，汉郁林郡地。隋置象州。唐因之，亦曰象郡，领武化等县六。武化，今柳州府来宾县东南废县是。

柳州，汉郁林郡地。唐武德四年，置昆州，亦曰南昆州。贞观八年，改为柳州，亦曰龙城郡，领马平等县四，即今柳州府。

融州，汉郁林郡地。唐武德四年，置融州，亦曰融水郡，领融水等县三，今柳州府融县即其治。

粤州，汉郁林郡地。唐曰粤州，乾封初曰宜州，亦曰龙水郡，领龙水等县四。今庆远府。

芝州，汉郁林郡地。唐曰芝州，亦曰忻城郡，领忻城县一。今庆远府忻城县是。

笼州，古蛮夷地。贞观十二年，置笼州，亦曰扶南郡，领武勒等县七。今为南宁府新宁州。

环州，本南蛮地。唐贞观十年，置环州，亦曰正平郡，领正平等县八。今庆远府河池州思恩县西北有废环州。

瀼州，本南蛮地。贞观十二年置，亦曰临潭郡，领临江等县四。今南宁府南二百里有废瀼州。

岩州，汉合浦郡地。唐曰岩州，亦曰安乐郡。至德二载，又曰常乐郡，领常乐等县四。《新唐书》：调露三年，析横、贵二州地置岩州，因岩冈之北而名。杜佑曰其地与合浦郡同，似误。

古州，本南蛮地。贞观十二年，置古州，亦曰乐古郡，领乐古等县三。今柳州府怀远县西北有古州蛮及古州、江，州当置于此。杜佑曰其地与临潭郡同，似误。

交州，汉交趾、日南二郡地。后汉为交州治。晋以后因之。唐亦曰交州，调露初曰安南都护府，至德二载曰镇南都护府，亦曰安南府，领宋平等县八，今安南国都也。刘昫曰：安南所管二十一州。盖自四管而外，皆安南所统。以下诸州，今俱没安南境内。

武峨州，汉交趾郡地。唐曰武峨州，亦曰武峨郡，领武峨等县五。

爱州，汉九真郡地。梁曰爱州。隋、唐因之，亦曰九真郡，领九真等县七。又总章二年，置福禄州，亦曰福禄郡，至德二载改为唐村郡，领柔远等县三。

长州汉九真郡地。唐曰长州，亦曰文阳郡，领文阳等县四。

驩州汉九真郡地。隋曰驩州。唐武德五年曰南德州，八年曰德州，贞观初曰驩州，亦曰日南郡，领九德等县六。又武德五年，置驩州于咸欢县。贞观九年，改曰演州。十六年，省入驩州。广德二年，复分置演州，治怀驩县，即故咸欢县也。

峰州，汉交趾郡。陈曰兴州。隋曰峰州。唐因之，亦曰承化郡，领嘉宁等县三。

汤州。汉交趾郡。唐曰汤州，亦曰汤泉郡，领汤泉等县三。

〇共有州二百九十有三。《唐史》：贞观十三年定簿，凡府州三百五十八。明年平高昌，又增州二。《会要》亦云：凡天下三百六十州。自后并省，迄于天宝初，凡三百三十一州存焉。今考《六典》所载，凡三百十有六州，其五十州皆贞观已后所置。王氏曰：诸州因革，既时代不同，而边远诸州，又在所略也。是时，既北殄突厥，贞观四年，李靖讨突厥，大破之，斥地自阴山北至大漠。阴山，见前。西平吐谷浑、高昌，贞观九年，李靖等讨吐谷浑，悉平其地，改立君长而还。又十四年，侯君集平高昌，下二十二城，置西州；又兼得西突厥、车师后王庭之地，置庭州以统之。吐谷浑，见前隋克吐谷浑。西、庭二州，见上。后又东伐高丽，贞观十九年，亲征高丽，拔辽东数城而还。是后数遣兵伐之。显庆五年，时高丽、百济与新罗相攻，遣苏定方先平百济，因置熊津五都督府及带方州，以统其地。总章初，李勣等伐高丽，平之，置都督府九、州四十二、县百，又置安东都护于平壤城，以统高丽、百济之地。既而高丽馀众复叛，其旧城多为新罗所窃据。辽东城，即隋炀帝所攻平壤城也。百济，今朝鲜国南境全罗道是其地，有熊津江口，为险要处，唐因置府于此。新罗，今朝鲜东南境庆尚道是其地。平壤，今朝鲜之西京也。北灭薛延陀，贞观二十年，李世勣讨薛延陀，至郁督军山，尽降其众。薛延陀，本铁勒诸部，初附属突厥，突厥衰，乃掩有漠北之地。郁督军山，薛延陀建牙处也。西臣西域。贞观十八年，郭孝恪平焉耆。二十年，阿史那社尔破西突厥，因复定焉耆，平龟兹。是年，王元策复击下天竺诸城邑。显庆二年，苏定方讨西突厥，悉定其地，所役属西域诸国悉归附。龙朔初，吐火罗等十六国复内属。焉耆，在火州西七百里，西去龟兹八百里。西突厥，时据有乌孙故地，在庭州以西北，西域皆臣属之。天竺，今西域西南印度国也。吐火罗国，在今西域哈烈东境。其地东至海，西逾葱岭，葱岭，见前凉张氏西包葱岭。南尽林州，林州，即林邑，见前炀帝平林邑。北被大漠，东西九千五百十一里，南北一万六千九百十八里。

○睿宗时，置二十四都督府，分统诸州。

史略：景云二年，置都督二十四人，察刺史以下善恶。扬、益、并、荆四州，为大都督，汴、兖、魏、博、冀、蒲、绵、秦、洪、越十州为中都督，齐、郿、泾、襄、安、潭、遂、通、梁、岐十州为下都督。寻以权重难制，罢之，惟四大都督如故。开元十七年，以潞、益、并、荆、扬为五大都督，《五代会要》云：时以灵、陕、幽、扬、潞、魏、镇、徐八州为大都督。又更定上中下都督之制。上都督府，即五大都督也。其中都督府凡十五，曰凉、秦、灵、延、代、兖、梁、安、越、洪、潭、桂、广、戎、福。下都督府凡二十，曰夏、原、庆、丰、胜、荥、松、洮、鄯、西、雅、泸、茂、嶲、姚、夔、黔、辰、容、邕。复自京都，京兆、河南、太原，为京都。及都督、即五大都督也。都护府六都护，见后。之外，以近畿之州为四辅，同、华、岐、蒲。馀为六雄、郑、陕、汴、绛、怀、魏。十望、宋、亳、滑、许、汝、晋、洛、虢、魏、相。十紧秦、延、泾、邠、陇、汾、隰、慈、唐、邓。后入紧者益多，不复具列。及上中下之差，诸州皆有上中下之目。而关内、陇右、河北、河东、剑南、江南、岭南沿边诸州，皆谓之边州。又丰、胜、灵、夏、朔、代，曰河曲六州。广、桂、容、邕、安南，曰岭南五管。

○明皇增饰旧章，分十五道：《唐志》：景云二年，议者以山南所部阔远，乃分为东西道，又分陇右为河西道。未几，复罢。开元二十一年，始分天下为十五道，置采访使，以检察非法，如汉刺史之职。

○曰京畿，治西京，京兆、岐、同、华、邠、商、金等府州属焉。分关内道置。曰都畿，治东都，河南、陕、汝、郑、怀等府州属焉。分河南道置。曰关内，陇州至胜州皆属焉，多以京官遥领。曰河南，治汴州，自许州至密州皆属焉。曰河东，治河中府。《唐志》：时以河中为中都，亦曰中畿。曰河北，治魏州。曰山南东，治襄州，自荆州至万州皆属焉。以山南道分置。曰山南西，治梁州，自梁州至渠州皆属焉。曰陇右，治鄯州。曰淮南，治扬州。曰江南东，治苏州，自润州至漳州皆属焉。以江南道分置。曰江南西，治洪州，自宣州至邵州皆属焉。又《唐纪》：天宝十五载，分江南为东西道，东道领馀杭，西道领豫章等郡。盖分置节度使也。曰黔中，治黔州，黔、思、辰、锦、朗、溪、巫、施、费、珍、播、夷、业、南、溱诸州皆属焉。分江南西道置。曰剑南，治益州。曰岭南。治广州。凡天下郡府三百二十有八，县千五百七十有三，《会要》：贞观中，县千五百一十七。此盖又增于旧。《通典》：京都所理曰赤县，所统曰畿县，其馀曰望，曰紧，及上、中、下之目，凡分七等。又元和六年，李吉甫奏列州三百，县千四百云。而羁縻府州统于六都护及边州都督者，不在其中。

史略：唐贞观至开元，蛮夷多内属，即其部落为羁縻府州，多至八百五十有六。又于沿边诸道设六都护分统之。曰安北都护府，属关内道。永徽初，薛延陀既灭，铁勒诸部回纥等皆内附，复讨擒突厥遗种车鼻可汗于金山。于是北荒悉为封内，因置燕然都护府，领狼山等羁縻府州共二十有七。龙朔二年，徙燕然都护府于回纥，更名翰海，尽统碛以北州府。总章二年，又改为安北都护府。开元二年，移治中受降城。至德以后，谓之镇北。大历八年，徙治天德军。金山，在漠北，突厥建牙处也。狼山府，在郁督军山南，以车鼻部落置。明年，废狼山为州。中受降城，南去废夏州八百里，西去天德军二百里，并在今榆林塞外。曰单于都护府，属关内道，亦永徽初置，领翰海等羁縻府州十有五。龙朔二年，更名燕然曰翰海，而徙翰海都护府于云中城，更名曰云中都护，以碛为界，碛北州府皆隶翰海，南隶云中。麟德初，又改为单于大都护府。垂拱二年，罢为镇守使。开元二年，复曰单于大都护府。天宝初，安北、单于二都护并属朔方节度。大历八年，徙治镇武军。翰海府，在郁督军山东，以回纥部落置。云中城，在大同府西北四百馀里。振武军，即故魏之盛乐城也。曰安西都护府，属陇右道。贞观中平高昌，即置安西都护府于交河城。显庆二年，龟兹国乱，杨胄讨平之，置龟兹都督府，移安西都护治焉。咸亨初，龟兹没于吐番。长寿初，唐休璟复取之，仍置府于龟兹，统龟兹、焉耆、于阗、疏勒四镇及西域月氏等府州九十有六。至德以后，亦曰镇西。交河城，在今火州西百里。龟兹、焉耆，见前。于阗，亦曰毗沙都督府，今西域属国。疏勒，亦在今火州西南。月氏，即西域吐火罗国。曰北庭都护府，属陇右道。长安二年，于庭州置北庭都护府，统盐冶等府州十有六。刘昫曰：十六州皆以戎、胡部落寄治庭州界内。曰安东都护府，属河北道。总章初平高丽，置安东都护府于平壤，高句丽府州以及百济、新罗，皆属焉。仪凤初，高丽馀党复版，徙安东都护于辽东故城。明年，又移于新城。圣历初，罢为安东都督府。神龙初复故。开元二年徙平州。天宝二载，又移于辽西故郡城，属平卢节度。至德后遂废。新城，今沈阳卫西北百八十里故辽滨城是。辽西故郡城，在营州东二百七十里。曰**安南都护府**。属岭南道。调露初，改交州都督府曰安南都护府，境内羁縻诸州及海南诸国皆属焉。至德二载，改曰镇南。大历三年复故。又安西、安北、单于，曰大都护。北庭、安东、安南，曰中都护府。**其馀则统于营州**、属河北道。武德以后，契丹、奚、室韦、靺鞨诸部落次第归附，前后置羁縻府州三十馀，隶营州都督府。万岁通天二年，营州陷于契丹。神龙初，改隶幽州都督。开元四年，还隶营州。刘昫曰：今营州有名之州，凡十有六。契丹、奚、室韦，俱在今大宁废卫东北。靺鞨，在今辽东东北塞外。**松州**、初属陇右，永徽后属剑南道。《唐志》：贞观中，西羌别种党项等次第内属。于是河首、积石以东，皆为中国之境。开地三千馀里，置州百，悉属松州都督府，其里道可据者，盖二十五州。又叠州都督府，分督降羌九州。茂州都督府，亦分督降羌九州，永徽初，尝析为三十一州。雅州都督府，亦分督生羌、生獠一十九州。黎州都督府，亦分督生獠五十五州，则仅有州名而已。河首，谓析支河首，在今西宁卫西南塞外，即党项所居。积石山，在西宁卫西南百七十里，见陕西名山。**戎州**、属剑南道。武德初，南中诸蛮次第归附。四年，于姚州及南宁州皆置总管府，分统南蛮羁縻诸州。贞观四年，置戎州都督府，督羁縻三十六州。又泸州都督府，分督夷獠十州。南宁州，贞观八年改曰朗州，今为曲靖军民府。**黔州**属江南道。武德以后，诸蛮来附，有羁縻五十一州，悉隶黔州都督府。**等都督府**。其地南北皆如前汉之盛，东不及而西过之。

时又于边境置节度经略使，式遏四夷。**安西节度使**，治安西都护府。开元六年，置四镇节度使，十二年改曰碛西，二十九年又改曰安西，至德初改曰镇西，大历三年仍曰安西，亦曰安西四镇节度使。**抚宁西域**；《兵志》云：统保大军一，鹰娑都督一，兰城等守捉八。保大军，在安西城内。鹰娑府，以西突厥鼠尼施部置，去西州千馀里。兰城，亦在西州之西。《通典》云：统龟兹四镇。盖四镇之地悉属焉。**北庭节度使**，治北庭都护府。开元二十九年置，亦曰伊西节度，亦曰伊西北庭节度使。**防制突骑施、坚昆、默啜**；突骑施，西突厥别部也，在北庭府西北三千馀里。坚昆，北狄别种，亦曰结骨，后更名黠戛斯，在北庭府北七千里。默啜，或曰铁勒别种也，在北庭府东北千七百里。统翰海等军三，沙钵等守捉十。翰海，在北庭城内。沙钵，亦曰莫贺城，在北庭西五百馀里。盖西、伊二州之境皆属焉。**河西节度使**，治凉州，景云元年置。**断隔羌胡**；统赤水等军十，乌城等守捉十四。赤水，在武威城内。乌城，在今凉州卫南二百里。盖凉、甘、肃、瓜、沙诸州之境，皆属焉。**陇右节度使**，治鄯州，亦开元二年置。**备御羌戎**；统镇西等军十八，平夷等守捉三。镇西军，在河州城内。平夷城，在河州西南四十里。盖鄯、廓、洮、河、兰、渭诸州之境，悉属焉。**朔方节度使**，治灵州，开元九年置。**捍御北狄**；统经略等军九，三受降等城六，新泉守捉一。经略军，在灵州城内。三受降城，中城南直朔州，西城南直灵州，东城南直胜州，相距各四百馀里，并在今榆林卫塞外。新泉城，在今靖虏卫西北二百馀里。盖灵、夏、丰、盐诸州之境，俱属焉。**河东节度使**，治太原府。开元十一年置。《国史》云：开元初，以并州天兵军为天兵节度大使。十一年罢，以大同军为太原以北节度使。十八年，改曰河东节度使。大同军，今为朔方马邑县。**犄角朔方，以御北狄**；统天兵等军四。岢岚等守捉五。天兵军，在太原城内。岢岚城，今太原府岢岚州。盖太原、忻、代、岚、朔、蔚、云诸州之境，皆属焉。**范阳节度使**，治幽州。景云元年，置幽州节度大使，寻罢。开元二年复置，七年改曰平卢，天宝初又改曰范阳。**制临奚、契丹**；统横海等军十六。横海军，在沧州城内。盖幽、蓟、妫、檀、燕、易诸州之境，皆属焉。**平卢节度使**，治营州，天宝初，分范阳节度置。**镇抚室韦、靺鞨**；统卢龙军一，渝关等守捉十一。卢龙军，在平州城内。渝关，亦曰临渝，即山海关也。见前。盖平、营诸州之境，皆属焉。**剑南节度使**，治益州，开元五年置。**西抗吐蕃，南抚蛮獠**；统威戎等军十，羊灌田等守捉十五，新安等城三十二，犍为等镇三十八。威戎军，亦作威武军，在今茂州西北。羊灌田，在今成都府灌县西。新安，在今建昌卫南境。犍为镇，今嘉定州犍为县也。盖自松、茂至巂、姚诸州之境，皆属焉。**岭南节度使**，治广州，开元中置，亦作五府经略使。五府，即广、桂、容、邕、安南五府也。按《六典》：天下节度有八，岭南与焉。诸志云：至德二载始置岭南节度，误也。**绥静夷獠**。统经略军及清海军六。五管各有经略军，而清海军则置于恩州城内。盖五府诸州之境悉属焉。**又有经略、守捉使三，以防海寇**。长乐经略，福州领之。东莱经略，莱州领之。东牟经略，登州领之。《兵志》：唐初兵之戍边者，大曰军，小曰守捉，曰城，曰镇，而总之者曰道。景云初，始有节度使之号。而方镇之患，实基于此。《会要》：凡天下之军四十，府六百三十四，镇四百五十，戍五百九十，守捉三十，兵四十九万人，马八万馀匹。此唐盛时之兵制也。

吕氏曰：唐初边将，文武迭用，不久任，不兼统，不遥领，种人不为大将。自十节度既置，天宝中初法尽坏，遂有渔阳之祸。

及禄山之乱，两京失守。

史略：安禄山本奚种，禄山，本康姓，名阿荦山，营州杂胡也。随母再适突厥，冒姓安，诣幽州降为边将。为帝所宠任，领范阳、河东、平卢三镇降胡杂种。天下精锐，悉集范阳。天宝十四载，发兵反，分其党守大同、平卢，大同，见上河东节度注。引兵而南，河北州郡，望风瓦解。遂自灵昌济，灵昌，在今北直滑县西，亦曰延津，旧为大河津济处。陷荥阳、陈留、武牢，进陷东京，分兵屯陕州以逼关中，僭称大燕皇帝。是时，平原太守颜真卿、常山太守颜杲卿等共谋起兵，欲断禄山归路，以阻其西入之谋。贼将史思明攻常山，复陷之。有清河客李萼者，为郡人乞师于平原，因说真卿曰：今朝廷遣程千里将兵出崞口，崞口，即壶口，今潞安府东南十三里壶关山是也。道出相、魏，最为冲要。贼据险拒之，不得前。今当先克魏郡，分兵开崞口，出千里之师，因讨汲、邺以北，至于幽陵即范阳，然后帅诸同盟，合兵十万，南临孟津今孟津，见前，分兵循河，据守要害，制其北走之路。朝廷但坚壁勿战，不过月馀，贼必有内溃相图之变矣。真卿从之，果克魏郡，进取信都，军声大振。平卢将刘客奴杀贼守将，遣使降于真卿。李光弼自井陉出，井陉，在今北直获鹿县西四十里，见前。下常山，屡败史思明兵，郭子仪亦自河东引兵与光弼合。于是河北响应，渔阳路绝，禄山大惧，子仪请北取范阳，覆其巢穴，潼关大兵，惟应固守拒之，不可轻出。会上从杨国忠谋，趣哥舒翰出战，败于灵宝西原，灵宝，今陕州属县。贼将遂入潼关。上从凤翔走成都，西京旋陷，贼势遂张。州郡名俱见前十道，不再释。后仿此。

○赖中外同心，驱除大难。

史略：初，肃宗自凤翔趋灵武，即帝位。李光弼、郭子仪等皆至，军威始震。上命光弼还守太原，征河西、陇右诸军来会。贼将守长安者淫虐，民间皆思杀贼自效。陈仓令牛景仙，陈仓，今凤翔府宝鸡县。克扶风而守之，江、淮贡献，悉自襄阳取上津路抵扶风，上津，即今郧阳府上津县。之蜀、之灵武。李泌劝上且幸彭原，俟西北兵至，进幸扶风以应之。时河北悉为贼陷，禄山在洛阳，又遣兵四出，攻略河东、颍川、睢阳诸郡。上以贼强为忧，李泌曰：观贼所虏获，悉输范阳，此岂有雄据四海之志？今贼骁将，不过史思明、安守忠、田乾真、张忠志、阿史那承庆数人耳。若令李光弼自太原出井陉，郭子仪自冯翊入河东，则思明、忠志不敢离范阳、常山，守忠、乾真不敢离长安，是以两军縶其四将也。从禄山者，独承庆耳。愿敕子仪勿取华阴，使两京之道常通。陛下军于扶风，与子仪、光弼互出击之，彼救首则击其尾，救尾则击其首，使贼往来数千里，疲于奔命。我常以逸待劳，贼至则避其锋，去则乘其弊，不攻城，不遏路。来春复命建宁谓建宁王倓。为范阳节度大使，并塞北出，与光弼南北犄角，以取范阳，泌欲使建宁自灵、夏傍丰、胜、云、朔之塞，直捣妫、檀，攻范阳之北，而光弼自太原取恒、定，以攻范阳之南也。覆其巢穴。贼退则无所归，留则不获安，然后大军四合而攻之，必成擒矣。不过二年，天下当无寇。既而禄山为其子庆绪所杀，庆绪仍据洛阳僭伪号。上征西北兵且至，乃如安定，旋至凤翔。初，子仪以河东居两京间，扼贼要冲，得之则两京可图，乃自洛交趋河东，而分兵取冯翊，河东人以城来归。时诸军皆集凤翔，江淮庸调亦至。李泌请遣安西、西域之众，并塞东北，自妫、檀南取范阳。上迂其计，泌曰：今所恃者，皆西北及诸部兵, 性耐寒而畏暑。若乘其新至之锐, 攻禄山已老之师, 势必克两京。春气已深, 贼遁归巢穴, 关东地热, 官军必困而思归。贼伺官军之去, 必复前来, 则征战之势, 未有涯也。不若先用之于寒乡, 除其巢穴, 则贼无所归, 根本永绝矣。不从, 召子仪赴行在, 进克西京, 东出关, 入陕州。贼走河北, 东京亦定, 史思明以范阳降, 高秀岩以大同降, 惟相州七郡为庆绪所据。七郡, 汲、邺、赵、魏、平原、清河、博平也。

庆绪既衰, 思明又起, 复削平之。

史略: 乾元二年, 郭子仪等九节度之师讨庆绪。九节度, 朔方郭子仪、淮西鲁炅、兴平李奂、滑濮许叔冀、镇西北庭李嗣业、郑蔡季广琛、河南崔光远、河东李光弼、关内泽潞王思礼也。外又有平卢兵马使董秦, 镇西北庭行营节度时镇怀州, 关内节度时兼领泽潞, 镇潞州。馀详见后。子仪拔卫州, 进围邺, 诸军皆会, 又拔魏州, 庆绪穷蹙。会史思明复反范阳, 庆绪求援, 思明遣将屯滏阳, 今彰德府磁州。为邺中声势, 而分兵为三: 一出邢、洺, 一出冀、贝, 一自洹水趋魏州, 洹水, 今大名府魏县。遂陷之。久之, 引军趋邺。九节度之师无统帅, 进退不一, 皆溃还。思明乃屯邺南, 绐庆绪至军, 杀之, 还范阳, 僭称大燕皇帝, 寻渡河入汴州, 攻郑州。时李光弼守东都, 以洛城难守, 不若移军河阳见前, 北连泽、潞, 利则进取, 不利则退守, 表里相应, 使贼不得西侵, 猿臂之势也。遂牒河南尹帅吏民避贼, 空其城而运油铁诸物诣河阳, 为守备。思明入洛无所得, 畏光弼犄其后, 不敢西, 引兵攻河阳, 败还洛。既而上从宦者鱼朝恩言, 趣光弼攻洛, 大败, 河阳、怀州皆没。会思明为其子朝义所杀, 朝义复僭号，其党不附，势遂弱。宝应元年，时天下重兵皆屯陕州，仆固怀恩等统夷夏兵进讨，自渑池入，渑池，今河南府属县。分遣泽潞兵自河阳入，河南诸军自陈留入，进攻洛阳，贼败走，遂复东京。怀恩追朝义至河北，贼党各据州郡乞降，朝义走死。

然藩镇之祸，日以滋矣。

史略：初，贼将李怀仙等既降，皆愿受代。仆固怀恩恐贼平宠衰，复以怀仙为卢龙节度使，史朝义初以怀仙为范阳节度使，怀仙因举幽、蓟、妫、檀、平、营诸州降，于是改范阳曰幽州，兼曰卢龙。大历中，军中再作乱，其后朱滔为留后。建中初，擅有幽、涿、营、平、蓟、妫、檀、瀛、莫九州地，而德、棣、深诸州间亦属焉。三年，与田悦、王武俊、李纳等叛，滔寻称冀王，田悦称魏王，王武俊称赵王，李纳称齐王。兴元初，悦等复归款，去王号。滔叛逆如故。既而攻田悦贝州，悦死。滔复遣兵攻魏州，昭义帅李抱真与王武俊驰救，败滔于贝州北。滔遁还，武俊复攻之，滔窘，乃上表待罪。贞元初滔死，刘怦代之，传三世。长庆初，刘总以其地入朝。**张忠志为成德节度使**，史朝义初以忠志为恒阳节度使，治恒州，忠志因举恒、赵、深、定、易五州降，赐姓名李宝臣，名其军曰成德。大历中，擅有恒、易、深、定、赵、冀、沧七州。建中二年，宝臣死，子维岳求袭位，不许，遂与田悦、李正己等拒命，于是易州及赵州来归。既而王武俊杀维岳，深州遂降于朱滔。是时，诏分成德地，以武俊为恒冀都团练使，成德降将康日知为深赵都团练史，张孝忠为易定沧节度使。武俊与朱滔等叛，滔以深州归之，又攻康日知于赵州。兴元初，武俊顺命，以赵州畀之，授恒冀深赵节度使。贞元中，复兼有德、棣二州地。传四世。元和十五年，王承元入朝。**薛嵩为相卫节度使**，史朝义初以薛嵩为邺郡节度使，治相州，嵩因举相、卫、邢、洺四州来降，复以贝、磁二州授之，名其军曰昭义。大历八年，弟崿代。十年，为田承嗣所并。田承

嗣为魏博节度使。史朝义初以承嗣为睢阳节度使，朝义败，承嗣自宋州走莫州，据城来降，旋以魏、博、德、沧、瀛五州授之。广德二年，承嗣奏名所管曰天雄，治魏州。大历十年叛，擅取相、卫诸州，又取贝州。既而沧、瀛二州来降，德州为淄青所取，承嗣有魏、博、相、卫、洺、贝、澶、七州地，死，以其侄悦为嗣。建中二年叛，马燧等数败之，于是博、洺二州来降，既而博州复属焉。兴元初归款，承嗣之子绪杀而代之。自承嗣至田兴凡五世。元和七年入朝。**于是河北三镇，擅地自强，唐室威命，不复能及。**

读史方舆纪要卷六

历代州域形势六 唐下 五代 九国附

○自肃宗以来，大盗内讧，夷蛮外扰，郊圻之间，衅孽屡作。及宪宗嗣位，强梗少弭。未几，而河朔三镇又复叛乱。

史略：自安史之乱，南诏遂据有云南地，南诏王阁罗凤自天宝九载杀云南太守张虔陀，取夷州三十二，屡发兵讨之，不克。至德初，乘乱取越巂会同军，据清溪关，后屡犯西川及岭南之境。贞元中内附，患稍戢。咸通初，复寇陷安南。四年，再陷安南，遂据之。官军进讨，九年安南始复为唐境。会同军，今建昌镇会川卫西五里永昌州是，南诏亦置会同府于此。清溪关，在今黎州千户所大度河南，见四川重险。而吐蕃乘间蚕食，凤翔以西，邠州以北，悉被其患。广德初，入大震关，在陇州西七十里陇阪上。详见陕西名山陇阪。陇右、河西诸州，悉皆陷没，遂入泾州，趋邠州，自奉天、武功直抵便桥。奉天，见前乾州治。武功，今乾州属县。便桥，即西渭桥，在今咸阳县城南，东南去西安府城四十里。上仓卒幸陕州，吐蕃遂入长安，郭子仪拒却之。二年，仆固怀恩以朔方军叛，引回纥、吐蕃入寇，犯邠州，逼奉天。其明年，复引回纥、吐蕃及诸夷入寇，分道趋奉天、同州及盩厔，进围泾阳，子仪皆拒却之。自是邠、原、岐、陇皆成边镇，而山南、剑南诸边州亦往往没于吐蕃。谓阶、成、松、维、保诸州也。又河北谓卢龙、成德、天雄三镇。及淄青、淄青，亦曰平卢，治青州。先是平卢诸将刘客奴举镇归朝，赐名正臣，授平卢节度使。既而其党相贼杀。乾元初，军中推侯希逸为军使。上元二年，希逸自平卢南保青州。明年，授青密节度使，有淄、沂、青、徐、密、海六州地，于是淄青亦兼平卢之名。永泰初，李正己代之，寻擅有青、淄、齐、海、登、莱、沂、密、德、棣，凡十州。大历十二年，伐陈宋叛将李灵曜，又得曹、濮、徐、兖、郓五州，因自青徙郓。建中二年，正己死，子纳求袭位，不许，因与田悦等叛，称齐王。其徐州及海、密二州来降，海、密寻复为纳所取。三年，德、棣二州入于朱滔。兴元初顺命。自正己至李师道，传四世。元和十四年，以师道拒命。讨平之。**淮西**淮西，亦曰淮宁，亦曰彰义，治蔡州。宝应中，平卢降将董秦赐姓名李忠臣，为淮西节度使。大历十四年，有申、光、蔡、安、沔及汴州之地，其将李希烈逐忠臣而代之，据有许、蔡、申、光诸州。建中二年，山南东道留后梁崇义拒命，李希烈击破之，遂兼据黄、蕲、安、随等州地。明年，徙镇许州，自称天下都元帅。四年，袭陷汝州。官军进讨，复克汝州，江西帅曹王皋亦拔其黄、蕲二州。既而官军自汝州而东，屯于襄城。贼悉众攻围，官军引却，襄城复没于贼，于是进陷汴州，取滑州，略襄邑以东，江淮大震。又陷郑州。兴元初，僭称楚帝，以汴州为大梁府而居之，分其境内为四节度，遣兵四出侵掠。时曹王皋复拔其安州，会希烈遣将攻陈州，久之不克，宋亳帅刘洽等驰救，希烈兵大败，洽等乘胜攻汴州。希烈惧，奔还蔡州，官军遂入汴州，其滑州、郑州先后来降。贞元初，希烈陷邓州，官军复取之，既而随州亦来降，贼势益窘。二年，蔡州将陈仙奇因杀希烈以降，诏授淮西节度使，有申、光、随、蔡四州。未几，吴少诚复杀仙奇，自为留后。十五年，以申、光、蔡三州叛，寻复谢罪。元和四年，少诚死，其将吴少阳杀其子而代之。九年死，子元济叛。十二年，李愬等讨平之。襄城，今许州属县。襄邑，今归德府睢州也。**相率悖命。**建中四年，朱泚作乱，朱泚，初为泾原节度，寻以弟滔与田悦等叛，废居京师。会李希烈攻襄城，发泾原军赴援，节度使姚令言将兵过京师，遂作乱。上出幸奉天，令言等推朱泚为主，称秦帝，进逼奉天，浑瑊拒却之。兴元初，泚改号曰汉。既而李晟收复西京，泚走死。

李怀光复起，兴元初，朱泚未平，河中节度使李怀光以援奉天功，为卢杞所抑，遂谋为变，将袭奉天。上仓卒幸梁州，怀光谋自南山邀车驾，不克，引还河中，据蒲、绛、慈、隰、晋、同六州拒命，马燧等讨平之。李晟等翦除二孽，奠安畿辅。迄于元和，淮西、淄青狂狡益甚，帝方发愤有为。元和十二年，淮西平，于是河北三镇皆顺命。十四年，进讨淄青，其将刘悟杀李师道以降。初，帝欲革河北世袭之弊，议先伐成德。李绛以为河北诸镇，互相表里，若潜相构扇，则兵连祸结，为虑非轻。淮西四旁，皆国家州县，逼近畿甸，宜蚕廓清。愿舍恒、冀难致之策，就申、蔡易成之谋。帝卒用其言，河北果皆革面。**长庆初，朱克融复据卢龙以叛，**先是，刘总以卢龙归朝，张宏靖代为节度使，失众心，为其下所废，共推克融为留后。克融，朱滔之孙也。朝廷不能制，遂授为卢龙节度使，复有幽、蓟九州之地。其后军中屡乱，更数姓。光启初，李全忠有其地，传三世。乾宁初，李匡筹为李克用所灭，以刘仁恭为留后。**王庭凑亦据成德，**初，王承元以成德归朝，诏以魏博节度使田弘正代镇其地。众心不附，部将王庭凑因之作乱，杀弘正，自为留后，取冀州，围深州。官军讨之，不克。长庆二年，授成德节度使，遂复据镇、赵、深、冀四州，传六世至王镕。天祐初，进爵赵王。五代梁龙德初，赵将张文礼作乱，晋王存勖讨平之，因取其地。**史献诚亦**

据魏博，初，田弘正入朝，仍命为魏博节度使。元和末改镇成德，弘正见杀，诏以其子布为魏博帅，合诸道兵讨庭凑。牙将史献诚本奚人，为布所亲任，遂构乱，布走死。献诚自为留后，复据相、卫、魏、博、贝、澶六州。其后军中数乱，更五姓。文德初，罗弘信为留后，传子绍威。天祐初，进爵邺王，子周翰幼弱。五代梁乾化二年，梁将杨师厚并其地。而河北复为化外矣。

　　○于是藩镇参列，遍于内外，朝更暮改，乍合乍离。今略为差次：曰邠宁，治邠州。初，关内采访使无专治。开元二十二年，以朔方节度使兼领。天宝初，又割京畿道之邠州属焉。至德初，改关内采访使为节度，治庆州，兼领京畿道之京兆、岐、同、金、商五府州。乾元二年，复分置邠、宁、泾、原、鄜、坊、丹、延、庆九州节度使，后又置鄜坊及泾原诸节度，而邠宁止领邠、宁、庆三州。大中三年，兼领衍州，又移治宁州。九年，还治邠州。中和四年，赐号静难军。光启以后，朱玫、王行瑜有其地，相继作乱。其后属于李茂贞。曰泾原，治泾州。乾元三年，分邠宁节度置，领泾、原二州。大顺二年，兼领渭、武二州，赐号彰义军。天复初，与渭北节度俱属李茂贞。曰渭北，治坊州。乾元三年，分邠宁置。建中初，徙治鄜州，领鄜、坊、丹、延四州，亦曰鄜坊节度。中和三年，赐号保大军。○保塞节度，治延州，中和三年置，兼领丹州。光化初，改曰宁塞。寻亦属于李茂贞。曰凤翔，治凤翔府。先是岐州郿县东原有兴平军，至德二载置兴平节度，领岐、陇、金、商四州。永泰初，改置凤翔节度，兼领陇州。建中四年，又分陇州置奉义节度，既又省入凤翔。大中三年，兼领秦州，亦曰京西。光启三年，节度使李昌符作乱，李茂贞因代有其地。曰振武，治单于都护府。初，振武军属朔方节度。乾元初，分置振武节度，兼领镇北及麟、胜二州，寻复属朔方。大历末，又分朔方置，兼领绥、银、麟、胜及东、中二受降城。振武、镇北等州军，中和以后属于河东。**曰朔方**，见前《方镇考》。朔方初领单于都护及夏、盐、绥、银、丰、胜六州，定远、丰安二军，三受降等城。开元二十二年，兼领关内道诸州，寻兼领邠州，其后分合不常。广德初，仆固怀恩以朔方叛，郭子仪收复。大历末，始分灵、盐、夏、丰及西受降城、定远、天德军，为朔方管内。大中以后，亦曰灵武节度。大顺初，止领灵、盐二州，丰州以东皆为河东所有。天祐末，灵州牙将韩逊据朔方，附于朱全忠。定远城，在今宁夏卫东北六十里。丰安城，在今灵州所东北百八十里。馀见前。是时镇北治天德军，而分属振武、朔方两节度者，据旧城言之也。**曰定难**，治夏州。贞元三年，分振武、朔方置夏州节度，领夏、绥、银三州。十四年，兼领宥州。十七年，又兼领盐州，曰盐夏节度。十九年，命盐州得专奏事，遂不属夏州。广明二年，拓拔思恭有其地，赐号定难军。○盐州节度，贞元九年置。先是，盐州为吐蕃所陷，灵武至邠坊皆被其患。八年，复收其地，筑城置帅，由是灵、夏河西获安。十七年，又为吐蕃所陷，官军收复，改属夏州节度。十九年，盐州得专奏事，比于节镇。元和二年，仍属朔方，曰朔方灵盐节度。**曰匡国**，治同州。乾元初置，寻省。上元二年，又为同、华二州节度。兴元初，改号奉诚，兼领晋、慈、隰三州，寻复合于河中。乾宁二年，复置匡国节度，寻降为防御使。四年，复为节度。天祐三年，兼领华州。**曰镇国**，治华州。上元初置，寻省。建中二年，复置。其后废置不一。中和四年，韩建有其地，屡悖命。天复初，并于朱全忠。天祐三年，废镇国军，以隶匡国。○威胜节度，治奉天。《唐纪》：建中四年，幸奉天，增置京畿渭北、京畿渭南等节度使。兴元初，幸梁州，又置奉天行营节度使，寻复废。中和初，以奉天镇使为奉天等军节度，合诸镇兵讨黄巢，巢平，复罢。《方镇考》：乾宁初置威胜军，治乾州，盖李茂贞所置云。**此列于关内者也。曰宣武**，治汴州。先是，天宝十四载，置河南道节度，领汴、宋、滑、陈、颍、亳、曹、濮、淄、徐、海、泗、沂十三州。乾元二年，改置汴滑节度，治滑州，兼领濮、汴、曹、宋四州。宝应初，复置河南节度，治汴。大历初，曰汴宋节度，领汴、宋、曹、濮、徐、兖、郓、泗八州。十一年，留后李灵曜拒命，淮西帅李忠臣等讨平之，命忠臣迁治汴。十四年，忠臣为其下所逐，永平节度使李勉自滑州移治汴。建中二年，分永平之宋、亳、颍别为节度，治宋州，号宣武军。四年，汴州陷于李希烈。兴元二年，宣武节度刘洽讨希烈，取汴州，因徙宣武，治汴，有汴、宋、曹、亳、陈、颍，凡六州。大中初，有汴、宋、亳、颍四州。中和四年，为朱全忠所有。**曰永平**，治滑州。上元二年，置滑卫相贝魏博节度。既而以相、卫诸州属昭义，因改置滑博节度，初领滑、濮、曹、宋、陈、颍、亳七州，后数有改易。大历七年，赐号永平军。十二年，宋、泗二州隶焉。十三年，汴、颍二州亦隶焉。遂移治汴州，领汴、宋、滑、亳、陈、颍、泗七州。建中二年，分置宣武军，又以泗州改隶淮南。四年，汴州陷于李希烈，滑州亦叛附焉。兴元初，滑州复内属，置汴滑节度。既而汴州为宣武所得，因改曰郑滑，领滑、郑、濮三州。贞元初，改号义成军。光启二年，并于朱全忠。大顺初，又改曰宣义军，为全忠父朱诚讳也。**曰平卢**，即前淄青。《方镇考》：至德二载，置北海节度，领青、密、登、莱四州，亦曰青密。乾元初，兼领滑、濮二州。二年，改领淄、沂、海，并青密四州为七州。上元二年，又改置淄、沂、沧、德、棣五州节度。既而侯希逸自平卢南保青州。明年，改授青、淄、齐、沂、密、海六州节度。大历十二年，李正己复兼有兖、郓诸州，于是淄青、兖郓遂俱有平卢之名。元和十四年讨之，淄、青等十二州皆平，复析置平卢节度使，领青、淄、齐、登、莱，凡五州。中和二年，王敬武有其地。龙纪初，子师范嗣。景福二年，齐州为天平所取。天祐二年，并于朱全忠。**曰泰宁**，治兖州。先是，乾元二年，置兖、郓、齐三州节度。上元中，齐州改隶青淄，而兖郓增领徐州。大历中，为李正已所并。淄青平，析置兖、海、沂、密四州观察使，治沂州。明年，改治兖州。乾符三年，赐兖海军号曰泰宁。光启二年，朱瑾有其地。乾宁末，并于朱全忠。曰天平，治郓州。元和十四年，分淄青置郓、曹、濮三州节度。明年，赐号天平军。中和二年，朱瑄有其地。景福初，有郓、齐、曹、棣四州，寻并于朱全忠。曰忠武，治陈州。先是，乾元二年置陈、郑、颍、亳四州节度，旋又改领陈、颍、亳、申。宝应初，又曰陈、郑、泽、潞。贞元二年，改置陈许节度。二十年，赐号曰忠武。元和十三年，平蔡，移治许，兼领陈、溵、蔡三州。中和四年，叛将鹿晏弘窃据其地。光启二年，为秦宗权所并。龙纪初，忠武军还治陈州，兼领许州，寻并于朱全忠。曰武宁，治徐州。建中初，淄青将李洧以徐州归国。明年，置徐沂密观察使，寻兼领海州。时沂、密、海三州犹属淄青。贞元四年，改置徐、泗、濠三州节度。十一年，赐号曰武宁。长庆末，改观察使，寻复故。咸通三年，以徐州军屡作乱，改为徐州团练使，隶兖海节度。复以濠州归淮南道，而于宿州置宿泗都团练观察使。四年，废宿泗观察使，复置观察使，治徐州，以濠、泗、宿隶焉。九年，庞勋作乱，十年平之。明年，又割泗州属淮南，寻复升为感化节度，既而泗州亦来属。中和初，时溥据有其地。景福初，并于朱全忠，复曰武宁。曰彰义，即前淮西。《方镇考》：至德初，置淮西节度，领豫、郑、许、光、申五州。乾元初，改领蔡、许、汝三州。明年，又改领申、光、寿、安、沔五州。大历中，又改领蔡、申、光、安、沔五州，寻移治汴州。十四年，还蔡州，赐军号曰淮宁。贞元二年，领申、光、随、蔡四州。明年，随州改属山南东道，止领申、光、蔡三州。十四年，又改号曰彰义。元和十二年，吴元济平，仍曰淮西。明年，以蔡州属陈许，申州属鄂岳，光州属淮南。广明初，忠武牙将秦宗权据蔡州。中和初，置奉国防御使授之，寻又升为蔡州节度。三年，黄巢东走攻蔡，宗权降，巢引兵四掠，北至卫、滑，西及关辅，东尽青、齐，南越江、淮，悉被残破。光启初，称帝，复陷东都，二年并许州。明年围汴，败还蔡，于是东都、河阳、许、汝、郑、陕、虢诸州皆弃不守，寻复陷郑州及许州。文德初，并于朱全忠，亦曰奉国节度。又淮南境内亦有奉国节度，天复二年，杨行密侨置于寿州。**曰陕虢**，治陕州。至德二载，置陕、虢、华三州节度。上元二年，曰陕西节度，寻改为观察使。建中四年，复曰陕虢节度，后或曰节度，或曰观察。中和三年，复升陕州为节度使，亦曰陕虢。时王重盈有其地。光启三年，子珙代之。龙纪初，赐军号曰保义。光化初，军乱，为朱全忠所并。〇佑国节度，治河南府。先是建中四年置东都汝州节度使，讨李希烈，寻废。龙纪初，复置佑国军于东都。天祐初，迁都洛阳，因徙佑国军于长安。三年，兼领金、商二州，而河南之佑国军遂废。**此列于河南道者也。曰河阳**，治河阳城。先是建中二年置怀、郑、汝、陕四州及河阳三城节度，未几，割郑州隶永平军，以河阳三城、怀州为河阳军。元和九年，以魏博归顺，徙河阳，镇汝州，为河阳怀汝节度。十三年，以蔡州既平，还镇河阳。会昌三年，置孟州于河阳城，而节度使移治怀州。四年，泽潞平，又割泽州隶焉，还治孟州，既而仍领怀、孟二州。文德初，属于朱全忠。**曰河中**，治蒲州。至德二载置，领蒲、绛、慈、隰、晋、同、虢七州。乾元二年，又改为蒲、同、虢三州节度，寻复故。广德二年，郭子仪镇河中，奏罢节度，寻复置。兴元初，李怀光以河中六州叛，既而同州内附，河东帅马燧复取晋、慈、隰三州，因析置三州节度使，又进克绛州，逼河中。贞元初，怀光平，其河中、同、绛遂别为一节度。元和初，仍合为河中晋绛慈隰节度。长庆三年，又分晋、慈二州为保义节度。未几，复合。广明初，王重荣有其地。光启初，赐军号曰护国军，再传至王珂。天复初，为朱全忠所并。**曰昭义**，治潞州。至德初，置上党节度使，领潞、泽、沁三州。宝应初，兼领仪州，曰泽潞节度。上元二年，薛嵩来降，因置昭义节度于相州，领邢、洺、贝、磁、卫等州。大历十年，田承嗣盗据相、卫等州，于是泽潞兼领磁、邢二州，始兼有昭义之名。建中三年，复领洺州。长庆初，刘悟为节度使，传三世。会昌三年，刘稹叛。四年，讨平之，以泽州隶河阳，寻复故。咸通以后，昭义军屡作乱。中和二年，镇将孟方立自称留后，迁治邢州，而表其将李殷锐为潞州刺史。三年，潞州为李克用所取，寻又并有泽州。自是昭义遂分二镇。大顺初，克用又并有邢、洺、磁三州，仍分立邢洺节度使。光化初，邢、洺、磁三州为朱全忠所取，亦曰保义军。**曰河东**，治太原府。《方镇考》：河东初领太原府及石、岚、汾、沁、代、忻、朔、蔚、云十州。大中十三年，分置大同节度。中和二年，又分置雁门节度。四年，李克用请以振武军之麟州及大同军所领诸州，悉隶河东。光启三年，雁门军亦并入焉。○大同节度，治云州。先是会昌中置大同军团练使于云州，寻为防御使，仍属河东节度。大中十三年，分置大同节度使，领云、朔、蔚三州，亦曰云中节度，寻又改为防御使。咸通十年，复为大同节度，以授朱邪赤心，寻又为防御使。广明初，复改为蔚朔节度，寻又为大同防御使。中和四年，李克用请罢防御使，以三州并入河东。时赫连铎据守其地。大顺二年，克用始并有之。○代北节度，治代州。中和二年，置雁门节度使，领代、忻二州，亦曰代北节度。光启三年，并入河东。**此列于河东道者也。曰魏博**，见前。《方镇考》：初，代宗以天雄军号宠田承嗣。建中二年，田悦叛，因削天雄之号，止称魏博。大和三年，析相、卫、澶三州别为一镇，既而复合。天祐初，复赐号曰天雄。**曰成德**，见前。《方镇考》：元和四年，王士真死，其子承宗请献德、棣二州，诏以二州为保昌节度。承宗复据之，因诏诸道兵进讨，不克。十三年，复以二州归朝。长庆初，王庭凑作乱，分置深冀节度，未几，复并入成德。天祐三年，改曰武顺，亦为朱全忠父讳也。五代梁开平四年，欲并其城，王镕因请兵于晋，复改武顺曰成德。**曰幽州**，见前范阳及卢龙。《方镇考》：开元初，范阳节度止领幽、易、平、檀、妫、燕六州。二十年，以幽州节度兼领河北采访处置使，增领卫、相、洺、贝、冀、魏、深、赵、恒、定、邢、德、博、棣、营、郑十六州及安东都护府。天保初，析置平卢一镇，又改领幽、蓟、妫、檀、易、恒、定、沧、莫九州。安史乱后，幽州改易不一。长庆初，分瀛、莫二州别为节度。朱克融作乱，复并于幽州。曰义武，治定州。建中二年，李惟岳以成德叛，其将张孝忠以易州来归，寻授易、定、沧节度使。三年，名其军曰义武。既而沧州分置节度，义武止领易、定二州。传二世。元和四年，张茂昭入朝。其后乾符六年，王处存有其地。景福中，兼领祁州。三传至王处直。五代梁龙德初，假子王都作乱，并于河东。曰横海，治沧州。贞元三年置，以授程日华，兼领景州。传四世。元和十三年，程权入朝。是年，兼领德、棣二州，时成德节度王承宗以二州来归也。长庆初，省景州。明年复故，又分置德、棣二州节度，既而复合，以授李全略。全略卒，子同捷擅有其地。太和初，以齐州来隶。时同捷犹拒命不受代，因诏诸道进讨。二年，析棣州隶淄青。三年，罢横海，更置齐德节度。既而同捷平，复为齐德沧景节度。五年，赐号义昌军。咸通中，领沧、德、景三州。乾宁五年，为幽州所并。**此列于河北道者也。**曰山南东，治襄州。初，天宝十五载，置南阳节度，治邓州。至德二载，移治襄州，曰山南东道，领襄、邓、随、唐、安、均、房、金、商九州。宝应初，割金、商、均、房四州，止领五州，后又兼领郢州。大历中，又改领襄、邓、均、房、复、郢六州。建中二年，梁崇义以六州拒命，淮西帅李希烈平之。贞元初，析邓州隶东都畿内，旋复故。三年，仍领襄、郢、复、邓、安、随、唐七州。元和十年，分置随邓唐节度，治邓州，与襄复郢均房为两节度。时方讨淮西也。淮、蔡平，复故。中和四年，为秦宗权将赵德諲所据。文德初来归，赐号忠义军。传二世，至匡凝。天祐二年，为朱全忠所并。明年，复曰山南东道。〇昭信节度，治金州。先是兴元初，尚可孤驻兵蓝田讨朱泚，置商州节度授之，寻罢。光启二年，升金商防御为节度。大顺二年，改为昭信防御使，兼领均州。光化初，升为昭信节度。天祐二年，金州为蜀所取，移治均州，兼领房州，赐号戎昭军。三年，并入忠义军。曰山南西，治梁州。上元二年置，领梁、洋、集、壁、文、通、巴、兴、凤、利、开、渠、蓬十三州。兴元初，兼领阆、果、金三州，而文州别隶西川。其后分合不一。大顺二年，杨守亮拒命，寻为李茂贞所并。天复二年，又并于王建。○感义节度，治凤州。光启二年置，旋废。文德初复置，寻改为防御，兼领兴利二州。乾宁四年，更名昭武军，改治利州。天复二年，为王建所取。○武定节度，治洋州。光启三年置，领洋、果、阶、扶四州。景福二年，兼领阆、利二州。天复中，属于王建。又大顺二年，置龙剑节度，领龙、剑、利、阆四州，寻为李茂贞所并，遂废。曰荆南，治荆州。至德二载置，初领十州，寻分领荆、澧、朗、郢、复五州。上元二年，兼领江南之潭、岳、郴、邵、永、道、连及黔中之涪州，凡十三州，寻还领五州，后又改领荆、归、夔、峡、忠、万、澧、朗八州。乾符以后，寇乱相继。文德初，成汭据荆南，复兼有黔中地。天复三年，山南东道赵匡凝取荆南。天祐二年，并于朱全忠。○武贞节度，治澧州。乾宁五年置，领澧、朗、溆三州。光化三年，改曰武平。雷满据其地，传二世，子彦恭。朱梁开平二年，为楚所并。曰夔峡，治夔州。至德二载，分荆南置，领夔、峡、涪、忠、万五州，后复入于荆南，**此列于山南道者也。曰陇右**，见前。《方镇考》：陇右统鄯、秦、河、渭、兰、临、武、洮、岷、廓、叠、宕十二州。广德初，为吐蕃所陷，自是以凤翔节度兼领。贞元四年，又分置陇右节度使，寄治良原。十年，以秦州刺史兼陇右经略使，治普润。元和初，赐名保义军。大中四年，复秦、成二州，置防御使。既而吐蕃将尚延心，以河、渭二州来降。咸通四年，置天雄节度于秦州，兼领成、渭、河三州。景福二年，属于李茂贞。五代梁贞明初，蜀取秦、成二州，亦置天雄军治焉。胡氏曰：魏博初号天雄，其后削之，秦州因有天雄之号。良原，在今泾州灵台县西北九十里。普润，在今凤翔府麟游县西北二十里。宋祁曰：贞元中，陇右节度治秦州，即麟游也。时清水以西皆属吐蕃，或以为天水之秦州，误矣。清水，即今秦州属县。曰河西，见前。《方镇考》：河西统凉、甘、肃、伊、西、瓜、沙七州。广德初，吐蕃陷凉州。大历初，河西军镇移治沙州。贞元中，又为吐蕃所陷。大中五年，吐蕃衰乱，沙州人张义潮结众逐其州将，遂摄州事，奉表来降，授沙州防御使。既而义潮发兵略定其旁瓜、伊、西、甘、肃、兰、鄯、河、岷、廓十州，奉图籍归唐。于是尽复河湟地，改置归义节度使以授之。咸通四年，义潮又复凉州。曰北庭，见前。至德以后，吐蕃侵掠河陇，安西、北庭皆为唐守。贞元六年，始陷于吐蕃。咸通七年，张义潮奏，北庭回鹘仆固俊收西州及北庭诸城镇。曰安西，见前。贞元三年，陷于吐蕃，**此列于陇右道者也**。曰淮南，治扬州。至德初置，领扬、楚、滁、和、寿、庐、舒、蕲、黄、安、沔十一州。上元初，改领扬、楚、滁、和、舒、庐、寿、濠八州，亦曰淮南东道。建中初，泗州亦来属，寻复旧。元和十二年，平淮西，以光州来属。咸通十一年，又以泗州来属，寻以泗州还感化军。光启以后，属于杨行密。曰奉义，治安州。贞元十四年，置安黄节度使。十九年，赐号奉义军。元和初，省入鄂岳观察使。**此列于淮南道者也**。曰镇海，初治润州，后治杭州。先是至德初，置江南节度，领润、宣诸州。乾元二年，又改置浙江西节度，治昇州，领升、润、宣、歙、饶、江、苏、常、湖、杭十州。上元初，又改曰江南东，领升、润、常、苏、湖、杭、睦七州。大历十四年，改置浙东西观察使，治润州。建中二年，复为节度使，赐军号曰镇海。贞元三年，始分浙江东西道为三：浙西治润州，浙东治越州，宣歙池治宣州，仍各置观察使，而浙西亦曰镇海。贞元二十一年，复曰镇海节度，统润、苏、常、湖、杭、睦六州。元和三年，李锜以镇海六州叛，旋为其将张子良所杀。光化初，钱镠为镇海节度，因迁镇海于杭州。其后淮南仍置镇海军于润州。
曰江西，治洪州。上元初，置江南西节度，领洪、虔、江、吉、袁、信、抚
七州，后改为观察使。咸通六年，又改曰镇南节度，寻又为观察使。时钟
传据其地，传二世，子匡时。五代梁开平末，并于淮南。**曰义胜**，治越
州。乾元二年，置浙江东节度，领越、睦、衢、婺、台、明、处、温八州。
大历十四年，并入浙东西观察使。贞元二年，复分置浙东观察使。中和
三年，改曰义胜节度，刘汉宏据其地。光启三年，为董昌所并，改曰威胜
节度，领越、台、明、温、处、衢、婺七州。乾宁二年，董昌以威胜军叛。三
年，为钱镠所并，改曰镇东军。**曰宁国**，治宣州。上元初，置宣歙饶节
度。大历初，改为宣歙观察使。十三年，并入浙东西。贞元三年，复为宣
歙池观察使。大顺初，升为宁国节度，以授杨行密。**曰威武**，治福州。元
和中，置福建观察使，领福、泉、汀、建、漳五州。乾宁三年，升为威武军
节度使。景福初，为王潮所据。**曰武昌**，治鄂州。元和初，置鄂岳观察
使。十二年，平淮西，以申州来属。宝应初，升为武昌军节度。太和中，仍
为观察使，领郡、岳、蕲、黄、安、申、光七州，寻复曰武昌节度。光启中，
杜洪据其地。天祐中，为淮南所并。**曰钦化**，治潭州。上元中，置湖南观
察使，领潭、衡、永、邵、道、郴、连七州。中和三年，升为钦化军节度。
光启二年，更号武安。乾宁以后，为马殷所据。**曰黔中**，治黔中。先是开
元二十六年，于黔中置五溪经略使。天宝十五载，升为节度使，领黔中诸
州。大历四年，改为辰、溪、巫、锦、业五州团练等使，寻复曰黔中观察
使。元和三年，兼领涪州，寻复升为节度。光启三年，改曰武泰节度。乾
宁三年，荆南成汭有其地。天复以后，为王建及马殷所并。**此列于江南
道者也**。**曰剑南东**，治梓州。至德初，分置剑南东川节度，领梓、遂、
绵、剑、龙、阆、普、陵、泸、荣、渝合十二州。广德二年，复合为一。大历

二年，置东川观察使于遂州，领遂、梓、剑、龙、绵、阆六州。明年，升为节度，寻复合为一。永贞初，复分为二，又割资、简、陵、昌、荣、泸六州隶东川。既而资、简二州还属西川，领梓、遂、绵、剑、普、荣、合、渝、泸九州。中和四年，杨师立以东川叛，高仁厚讨平之。光启二年，顾彦朗有其地，传其弟彦晖。乾宁四年，并于王建。五代梁乾化二年，王建改为武德军。〇武信节度，治遂州。光化二年置，领遂、合、泸、渝、昌五州，从王建之请也。曰剑南西，治成都。至德初，分为西川节度，领益、彭、蜀、汉、眉、嘉、邛、简、资、茂、黎、雅以西诸州。后分合不一。元和初，刘辟以西川叛，高崇文讨平之。大顺二年，王建有其地。〇威戎节度，治彭州。文德初，田令孜假置，兼领文、龙、武、茂四州。乾宁初，并于王建。〇永平节度，治邛州。先是咸通九年，置定边节度，领邛、眉、蜀、雅、嘉、黎、巂七州。十一年，省入西川。文德初，复置永平节度，领邛、蜀、黎、雅四州，以授王建。大顺中，建取西川，遂省入焉。此列于剑南道者也。曰岭南，治广州。天宝十五载，以岭南节度分领广、韶、循、潮以西至振、琼、儋、万共二十二州，其后复悉领五管。咸通二年，分为岭南东道。乾宁二年，赐号清海军。天复初，刘隐有其地。曰岭南西，治邕州。本邕管经略使。咸通初，废容管经略使入焉。二年，改置岭南西道节度使。四年，又割桂管龚、象二州隶焉。五年，复以容管为经略使，而藤、岩二州隶于岭南西道，又龚、象二州亦还隶于桂管。天复末，亦曰建武军，叶广略有其地。五代梁贞明初，为刘岩所并。〇宁远节度，治容州。乾宁四年，以容管诸州置，李克用将盖寓遥领。其后都将董彦弼、朱全忠将朱友宁，皆遥领焉。唐末，庞巨昭有其地。五代梁开平四年，降于马殷，寻为刘岩所取。〇静江节度，治桂州。光化三年，以桂管诸州置，刘士政有其地。五年，为马殷所并。曰静海，治交州。本安南经略使。乾元初，改为安南节度，领管内二十一州，寻复为经略使。咸通初，安南为南诏所陷。七年收复，改为静海节度。其后曲裕有其地，传三世，至曲承美。后唐长兴初，为刘岩所灭。此列于岭南道者也。

宋祁曰：自大盗既灭，而武夫战卒以功起行陈，列为侯王者，皆除节度使。由是方镇相望于内地，大者连州十馀，小者犹兼三四。始时为朝廷患者，号河朔三镇，及其末，而国门以外，皆为强敌矣。范祖禹曰：唐横海节度使乌重胤奏，所领德、棣、景三州，各还刺史职事，在州兵并以刺史领之。其后河北诸镇，惟横海为顺命，由重胤处之得宜也。

王氏曰：至德迄元和，天下观察者十，节度者二十有九，防御者四，经略者三。唐贞元十四年，贾耽《十道录》凡三十节度，十一观察与防御、经略，以守捉称使者凡五十。元和六年，李吉甫上郡县图曰：京兆至陇右道，凡四十七镇。此据王彦威之说。其后纷纭变更，无复常制。又有行营，如李嗣业为四镇北庭行营节度，军怀州、仆固怀恩为朔方节度，军汾州之类。有兼领，如李抱玉兼泽潞山南西道节度使、郭子仪兼朔方河中节度使之类。于是名号移于军戎，州郡不符条列，东西杂错，泾渭莫分，贞观、开元之初意存者无几矣。〇尹氏曰：弱唐者，诸侯也。唐既弱矣，而久不亡者，诸侯维之也。唐之弱，以河北之强也；唐之亡，以河北之弱也。

〇宣宗嗣位，仅复河、湟。

史略：唐自至德以后，王官之戍，北不逾河，西止秦、邠。大中三年，吐蕃衰乱，秦、原、安乐三州，安乐州，治鸠沙县。咸亨三年，置羁縻安乐州，迁吐谷浑于此。大历以后，没于吐蕃。至是来归，改置威州。见前关内道。石门、驿藏、木峡、制胜、六盘、石峡、萧七关来归。石门关，在今平凉府镇原县西九十八里。今六盘、制胜二关，见固原州。馀见镇原县。萧关，见前。五年，沙州人张义潮亦以河西诸州来归，见前河西节度。于是尽复河、湟地。广明以后，中原多故，仅同羁属矣。《唐史》：时回鹘陷甘州，其州镇隶归义者，多为羌胡所据。

　　○及黄巢肆凶，群豪奋臂，而唐室益微。

　　史略：乾符初，王仙芝倡乱于曹、濮，冤句人黄巢聚众应之，冤句，今山东曹州西南六十里有废冤句县。掠河南、山南、江淮诸州县。既而仙芝败死，巢悉统其众，转略至宣州，入浙东，开山路七百里胡氏曰：自衢州南至建州，山路凡七百里有奇，当即黄巢所开。今曰仙霞岭路，岭在衢州江山县南百里。详浙江重险。入闽，陷福州，趋广南。镇海节度使高骈，请遣兵于郴州守险，又分兵于循、潮邀遮，循、潮，二州也。身帅重兵，自大庾岭趋广州，大庾岭，在今江西南安府南、广东南雄府北，见前。贼必逃遁，乞敕荆南镇将守桂、梧、昭、永四州之险。不听。贼寻自桂州编筏，浮湘江而下，湘江，自桂州至潭州，下洞庭。见前七国楚《淮南子》注。历衡、永，陷潭州及江陵，趋襄阳。官军拒之于荆门，今承天府荆门州，唐贞元中置荆门县于此。贼战败，渡江东走，犯鄂州，掠饶、信而东，淮南帅高骈与之相持。广明元年，巢自信州陷宣州，从采石渡江，采石，在今太平府北二十里，见前。围天长、六合，天长县，今属凤阳府泗州。六合县，今属应天府。俱见前。高骈不敢出。既而败官军于泗上，遂悉众渡淮，陷淮北、河南诸州，趋汝州，陷东都，进陷虢州，入关潼关也。据长安，称齐帝。上走兴元，入成都。凤翔节度使郑畋合诸道兵讨贼，不克。宰相王铎请讨贼，将两川、兴元之众，屯于富平，今西安府属县。于是诸道四合而进。李克用自河中济围华州, 贼趋救。克用击破之, 进屯渭桥, 东渭桥也, 在西安府东北五十里。见刘豫入长安注。华州亦拔。贼势窘, 自蓝田入商山逸去, 蓝田, 今县。商山, 即商洛, 在今商州东南九十里。并见前。掠河南州县。克用等复击之, 巢走死, 然天下益多故矣。

○自是四方擅命者, 南有吴,

史略: 中和三年, 杨行密为庐州刺史。行密, 合肥人。本名行愍, 为庐州牙将。淮南帅高骈表授庐州刺史, 更其名曰行密。光启二年, 淮南军乱, 行密因入据广陵, 称淮南留后。既而蔡州贼秦宗权, 遣兵寇淮南, 贼将孙儒分军四掠, 袭广陵, 行密乃还庐州, 寻取池州。龙纪初, 入宣州, 诏授宣歙观察使。大顺初, 取常、润诸州, 旋为孙儒所陷。诏授宁国节度使。明年, 进取滁、和二州。既而孙儒自扬州大掠而南, 儒渡江, 自润州而东, 至苏州, 复屯广德, 与行密争宣州。广德, 今南直属州。行密将张训等乘间入扬州, 复收常、润, 北取楚州, 寻击斩孙儒于广德, 乃还建军府于扬州, 诏以为淮南节度使。景福二年, 复取庐州, 先是龙纪初, 庐州亦为孙儒所陷, 行密将蔡俦叛据其地。既而尽收淮南地。《十国纪年》: 景福二年, 行密取庐州及徽州, 又取舒州。乾宁元年, 黄州及泗州来降, 又拔濠州、寿州及涟水, 既又取蕲州, 拔光州, 于是尽有淮南地。二年, 朱全忠遣兵取黄州, 寻复得之。又天祐二年, 光州亦叛降汴, 寻复取之。涟水, 今淮安府安东县也。光化二年, 又取海州而守之。天复二年, 进爵吴王, 兼有昇州。先是光启三年, 徐州乱将张雄自苏州转入上元, 至是雄党冯弘铎据其地。天祐二年, 又取鄂州。时杜洪据其地, 遣将攻克之。后又进取岳州，寻复为马殷所取。行密卒，子渥嗣。渥称弘农王。朱梁贞明五年，隆演复称吴王。三年，江州来降，进取饶州及洪州。时钟匡时有其地，遣将攻灭之。朱梁开平三年，张颢、徐温弑其主渥，而立其弟隆演，寻兼有抚、信、袁、吉诸州。贞明四年，攻虔州，克之，先是光启初，南康贼帅卢光稠据虔州，寻又逾岭取韶州，传二世，子延昌。梁乾化初，为其下所杀，韶州亦为岭南所取。明年，州人推谭全播知州事。南康，今南安府属县。于是尽有江西地。六年，隆演卒，弟溥立。后唐天成二年，称帝，国号吴。石晋天福二年，为徐知诰所篡。其地西至汭口，以鄂州为界也。汭口，见前。南距震泽，淮南与吴越为难。乾宁三年，尝取苏州。明年，复入于吴越。光化二年，又取婺州。天祐初，衢、睦二州俱属淮南。二年，悉为吴越所有。始终以震泽为限也。东滨海，北据淮，有州二十有七，扬、楚、海、泗、滁、和、光、黄、舒、庐、寿、濠、池、润、常、升、宣、歙、饶、信、江、鄂、洪、抚、袁、吉、虔诸州是也。传四世，国亡。

〇浙，

史略：光启三年，钱镠为杭州刺史镠，临安人。初为石镜镇都知兵马使，事杭州刺史董昌。昌遣镠取婺州，又败刘汉弘，取越州。昌因移镇越州，自称知浙东军府，以镠知杭州事，朝廷因而授之。临安，今杭州府属县。石镜镇，在今临安县东三里。会镇海军乱，镠遣兵取常、润及苏州。既而三州为杨行密及孙儒所取。大顺二年，贼将孙儒渡江据苏州，寻屯广德，与杨行密相持，镠因遣兵复取苏州。景福初，诏以镠为武胜军防御使，时置武胜军于杭州，既又以镠为苏杭观察使。二年，授镇海节度使。镇海，本置于润州，杭州其巡属也，因以授镠。光化初，镠遂请徙军府于杭州。乾宁二年，威胜节度使董昌叛，称帝。三年，镠讨平之，诏以镠兼领镇海、威胜两军。威胜寻改曰镇东。四年，镠取湖州，复拔苏州。先是乾宁三年，镠攻董昌，昌求救于杨行密，行密遣兵取苏州。至是复克之。天复二年，进爵越王。天祐初，改封吴王。三年，取睦、婺、衢三州。先是光化初，行密遣将取婺州，既而睦州亦附行密。天祐初，衢州复叛附焉。至是始悉取之。四年，朱全忠篡位，改封吴越王。镠以杭州为督府，亦曰西府，而以越州为东府。寻又取温、处二州，于是浙东之地皆属焉。后唐长兴二年，子传瓘嗣。钱弘佐时，又兼有福州地，石晋开运初，闽乱，因遣兵取福州而守之。盖东南至海，北距震泽，皆吴越境内也。

○荆，

史略：高季兴，初为朱全忠将。季兴，硖石人。本名季昌，避后唐讳，改曰季兴。硖石，今河南陕州东南七十里有废县。天祐二年，全忠取荆南，以其将贺瑰为荆南留后。时澧朗帅雷彦威屡侵荆南，瑰不能御，因命颍州防御使高季兴代镇荆南。朱梁乾化初，赐爵勃海王。后唐同光二年，改封南平王。其后长兴二年，复改封勃海王。应顺初，仍为南平王。三年伐蜀，取施州。后复入于蜀。四年，兼有夔、忠、万三州，寻复失之。天成三年，又失归州，后唐明宗初嗣位，季兴因求夔、忠、万三州，与之。既而拒命，乃复取其三州。天成三年，宁江节度使西方邺取其归州，旋为荆南所陷，忠州刺史王雅复取之。会季昌卒，子从诲归命，归州复还荆南。

○湖，

史略：马殷初为秦宗权将。殷，扶沟人，忠武军士也。扶沟，今开封府属县。光启三年，从孙儒掠江淮以南。儒死，殷与刘建锋方分掠诸县，因收馀众，南走洪州，推建锋为帅，殷自为先锋，因以其党张佶为谋主。比至江西，众十馀万。乾宁初，建锋等袭取潭州，自称武安留后。三年，建锋为其下所杀，军中共推张佶，佶转推殷为主，攻取邵州。五年，诏以马殷为武安留后，寻悉定湖南地。湖南七州，见前钦化节度。光化三年，遣兵略桂管诸州。是年，取岭南桂、宜、岩、柳、象五州，表其将李琼为静江节度。天福三年，取岳州。是年，遣兵袭江陵，陷之。军还，遂取岳州。天祐三年，淮南来攻，拔岳州。明年，复取之。又天祐三年，吉州亦来降，寻复入于淮南。天祐四年，朱全忠篡位，封楚王。寻改潭州为长沙府。朱梁开平二年，取朗、澧二州，时雷彦恭据其地，谓之湖北二州。又败岭南兵，取昭、贺、梧、蒙、龚、富六州。四年，容州及高州皆来降，寻复为岭南所取。乾化二年，取辰、溆二州。后唐天成二年，进封楚国王。长兴初，子希声嗣。二年，弟希范代立。先是殷卒，楚复为军镇。应顺初，复授希范为楚王。石晋天福三年，又取溪、锦、奖三州。八年，宁州蛮来附。时宁州酋长莫彦殊，以所部温那等十八州附楚。或曰宁州当作宜州，今庆远府以西诸蛮地是也。胡氏曰即唐南宁州，则今云南曲靖军民府也，似误。汉天福十二年，弟希广代立。乾祐三年，希萼以朗州兵袭陷潭州，杀希广，自称楚王。周广顺初，国乱，南唐西侵，其地皆降于唐，惟朗、澧二州为楚将刘言所据。而岭南之地，悉没于南汉。盖马氏盛时，南逾岭，西有黔中，辰、溆诸州是也。北距长江，东包洞庭谓岳州，皆其境内。自马殷至希萼，传五世国亡。

　　○闽，

史略：王潮初为群盗。光启初，转掠入闽，寻陷泉州，诏授泉州刺史。潮，本固始佐史。中和初，寿州屠者王绪作乱，据本州，复陷光州，蔡州防御使秦宗权表授光州刺史。潮与弟审邽、审知皆从之。光启初，绪渡江，转掠江、洪、虔诸州，陷汀、漳，至南安。军乱，推潮为主，围泉州，陷之，福建观察使陈岩表为泉州刺史。固始，今河南光州属县。南安，泉州府属县也。景福二年，入福州，取汀、建二州，诏授福建观察使。潮遂据有全闽地。乾宁三年，又以福建为威武军，授潮节度使。明年卒，弟审知嗣。后唐同光三年，子延翰嗣。天成初，称闽国王。未几，为其下所杀，弟延钧代立，延钧，初称威武留后，唐命为节度使、琅邪王。天成三年，封为闽王。长兴四年，称帝，更名潾。国号闽。都福州，改曰长乐府。清泰二年，其下杀之，而立其子继鹏。更名昶。石晋天福三年，又为其下所杀，而立延钧之兄延熹。更名曦。明年，与建州刺史王延政相攻，先是长兴二年，建州刺史王延稟袭攻福州，败死，延钧因使其弟延政为建州刺史。至是闽主相攻，寻约盟罢兵，以建州为镇安军，封延政为富沙王。延政改建州曰镇武军，复与曦相攻。八年，延政亦僭称帝，国号殷。延政都建州，又分建州置镡州，治龙津县，今延平府是也。又分置镛州，治将乐县。将乐，今延平府属县也。其后南唐以镛州并入镡州。九年，曦为其臣朱文进所杀，国乱，延政因举兵攻文进，泉、漳、汀诸州皆降。开运二年，下福州，尽有闽地。延政以福州为南都，命从子继恩镇之。未几，李仁达复叛据福州，附于南唐，亦通于吴越。既而南唐攻建州，延政降，汀、泉、漳皆归唐，福州为吴越所取。自潮至延政，传六世国亡。

○广，

史略：乾宁初，刘隐为封州刺史。隐，上蔡人，其父谦为岭南小校，累功授封州刺史。卒，岭南帅刘崇龟复表隐为刺史。上蔡，今汝宁府属县，见前。三年，以功为清海行军司马。天复初，节度使徐彦若表隐代镇军府。天祐初，朱全忠奏以隐为清海节度使。四年，全忠篡位。时进隐爵为大彭王。朱梁开平二年，命隐兼领静海节度使。静海，即安南，见前。三年，封南平王。乾化初卒，弟岩嗣。岩，寻更名龑，读若俨。寻取韶州，又取容管及高州，复并邕管诸州。贞明二年，称帝，国号越。都广州，改为兴王府。明年，改称汉。后唐长兴初，取交州。明年，爱州将杨延艺等相继据其地，自是安南始为化外。石晋天福七年，子玢嗣。八年，其弟弘熙杀而代之。改名晟。汉乾祐初，攻楚，取贺、昭诸州。周广顺初，马氏为南唐所并，因乘间入桂州，寻尽取岭南地。又北取郴州及连州。显德五年，子钺嗣。

○西有岐，

史略：光启初，李茂贞为扈跸都将，从幸兴元。茂贞，博野人，本姓名宋文通，以功赐姓名。时河中帅王重荣、河东帅李克用等犯阙，上幸凤翔，复幸兴元。博野，今北直保定府属县。三年，领武定节度使，武定，治洋州，见前。平叛帅李昌符，因授凤翔节度。昌符为凤翔帅，与静难帅朱玫叛附王重荣等，既而顺命。驾还凤翔，昌符复作乱，败奔陇州，茂贞击平之。景福初，并有山南西道，时兴元帅杨守亮谋拒命，茂贞擅举兵攻之，克凤州及兴、洋二州，进拔兴元，请镇其地。诏授茂贞山南西道，兼领武定。茂贞欲并得凤翔，遂不奉诏。明年，合静难兵犯阙，静难帅王行瑜，初为叛帅朱玫将，斩玫来降，即以静难节度授之。

党附茂贞，共攻兴元，至是复合兵犯阙。**诏授凤翔兼山南西道节度，于是尽有秦、陇、梁、洋诸州地**。茂贞盖擅有秦成、凤翔、兴元、武定四镇十五州之地。**乾宁初，取阆州。**时杨守亮犹据阆州也。**二年，复合静难、镇国两军犯阙，**镇国帅韩建，亦党附茂贞，**李克用入援，乃还凤翔**。茂贞佯为归顺，归罪于王行瑜。克用乃灭行瑜而还。**既而骄横如故，河西州县，多为所据**。谓凉、肃、瓜、沙诸州。时茂贞以其将胡敬璋为河西节度。**三年，复犯阙，上幸华州。光化初，乃还长安。是时，关中州镇，大抵皆为茂贞所有**。茂贞先有山南、京西诸州镇。乾宁二年，养子继塘为同州帅。四年，养子继徽复为静难帅。光化二年，又以茂贞兼泾原帅，寻又以其从兄茂勋为鄜坊帅，而韩建镇华州，又代继塘领同州。自关陇以至河西，茂贞皆坐制之矣。**天复初，进爵岐王，既而其党共劫车驾幸凤翔，**中尉韩全诲等本监凤翔军，党于茂贞。神策将李继筠，茂贞养子，侍卫京师，共谋为变，劫天子至凤翔。**于是朱全忠引兵而西，尽取其关中州镇，**全忠自河中西入关，韩建以同、华降。遂入长安，至凤翔，又北攻邠宁，李继徽降。明年，全忠败茂贞于奉天，又败之于虢县，复分兵出散关，略凤、成、陇三州。会李茂勋来援凤翔，全忠因遣兵乘虚袭鄜坊，取之，茂勋亦降，州镇无附茂贞者矣。虢县，今凤翔府南三十五里废虢城是也。馀并见前。**王建引兵而北，悉取其山南地，**天复二年，王建取利州，茂贞假子昭武帅李继忠遁去。遂进克山南城寨，取兴元，茂贞党武定节度使李思敬以洋州降。建又进拔兴州。**茂贞危困，因求和于全忠，车驾复入长安。天祐初，驾迁洛阳，李继徽复以静难合于茂贞。三年，率保塞、保大、彰义、凤翔兵攻夏州，**时夏州帅李思谏附于全忠。**为汴将刘知俊等所败，**知俊时为同州节度，与其党康怀贞等败继徽兵于美原，遂乘胜取其鄜、坊、泾、原、延五州。美原，在今西安府富平县北六十馀里，茂贞寻置鼎州于此。邠岐自是不振。天祐四年，全忠篡位，茂贞寻复取鄜、延诸州，既而诸州皆附梁。梁开平二年，茂贞所署延州节度胡敬璋攻梁河中，败还。三年，翟州降梁，梁复取鄜、坊、丹、延诸州。又盐州先附岐，至是朔方降梁，盐州亦为所并。既而同州附岐，旋又为梁所取，兼取宁、衍、庆三州。宁州寻复来属。乾化五年，邠、宁二州俱降梁。贞明初，鼎、耀二州亦降梁。二年，庆州复附岐，因复取宁、衍二州。未几，复为梁所取。耀州，治华原县，今属西安。鼎州，见上，梁开平末，茂贞所置州也。朱梁乾化初，蜀又取陇右诸州。天祐初，蜀与岐通好，至是复侵岐，取文州。贞明初，又取阶、成、秦及凤州。自是岐所有者，岐、陇、泾、原、渭、武、乾七州而已。后唐同光初，改封秦王。卒，子继曮嗣，授凤翔节度使。自是同于群藩矣。天成初，赐名从曮。长兴初，徙为宣武节度使。

　　○蜀，

　　史略：光启二年，以神策军使王建为利州刺史。建，舞阳人，初为忠武监军杨复光都将，后归田令孜为神策军使，从幸兴元，既而令孜监西川军，乃出建为利州刺史。舞阳，今河南裕州属县。三年，取阆州，自称防御使。会田令孜召建诣西川，西川帅陈敬瑄拒之。建怒，入鹿头关，在今成都府汉州德阳县北三十里。详四川重险鹿头关。拔汉州，攻成都，不克，还屯汉州，与敬瑄相持。既而请邛州于朝，诏分邛、蜀、黎、雅为永平军，授建为节度使。寻以敬瑄拒命，诏建讨之。时邛州亦为敬瑄守，建留兵攻围，还兵向成都，于是眉、资、简、嘉、戎、雅诸州，次第归附，邛州亦下，又取蜀州。二年，成都降，建自称西川留后。乾宁初，又克彭州，绵州来降，寻取龙州及果州。四年，取渝、泸诸州，攻梓州，拔之，遂并东川地。光化初，奏分东川地别为一镇。以遂、合、泸、昌、渝为武信节度。天复二年，举兵勤王，以李茂贞劫迁车驾也。因取山南西诸州镇。详见前。三年，进爵蜀王，遣兵下峡，取荆南夔、忠、万、施四州。时议者以瞿唐为蜀之险要，乃弃归、峡，屯军夔州，置镇江节度使，领夔、忠、万三州。时又取黔州，移置武泰节度于涪州，以王宗本为武泰留后。天祐二年，又取金州。置金州观察使，兼领渠、巴、开三州，寻复失之。其后复得金州，置雄武节度于此。朱梁开平初，称帝，国号蜀。开平二年，复入归州弃之。乾化二年，侵岐，取文州，既又取秦、阶、成、凤四州。贞明二年，改国号曰汉。四年，复称蜀，子衍嗣位。后唐同光三年，为唐所灭。盖其地西界吐蕃，南邻南诏，东据峡江，北距陇坻，有州六十四。自两川诸州而外，兼得山南西道金、洋至夔、万诸州，又有江南道之黔、施等州，陇右道之秦、成、阶三州。旧州六十有三，而新置之州一，曰潾州，治潾山，今四川广安州潾水县是也。

○北有燕，

史略：刘仁恭初为幽州将，奔河东。仁恭，深州人，事幽州帅李匡威，戍蔚州。景福二年，以戍久不代，帅其众袭幽州，至居庸，败奔河东，因劝克用代卢龙。居庸，见前。乾宁二年，克用入幽州，略定幽、涿、瀛、莫、妫、檀、蓟、顺、营、平、新、武诸巡属，又大顺初李匡威取蔚州，幽州盖有州十三。表仁恭为留后而还。乾宁四年，仁恭贰于克用，克用讨之，至安塞军，胡氏曰：军在蔚州之东，妫州之西。今为保安州之境。为所败。五年，遣其子守文袭沧州，取之，遂兼有沧、景、德三州地，以守文为义昌留后。光化二年，仁恭发幽沧十二州兵，欲兼河朔，时幽、沧共十六州，盖留蔚、新、武、顺四州兵，以备河东。拔贝州，攻魏州。魏帅罗绍威求救于朱全忠，战于内黄，内黄，今大名府属县。大败而还。三年，全忠拔德州，围沧州，既又攻拔瀛、景、莫三州。天祐四年，仁恭子守光作乱，执仁恭而囚之。自称节度使。朱梁开平三年，又败其兄义昌节度使守文于蓟州西，擒之。遣使请命于全忠，全忠以为燕王。守光复陷沧州。时沧州为守文守也，守光使其子继威据之。乾化初，称帝。二年，晋遣周德威伐之，东出飞狐，飞狐，见前。燕境诸州，次第降下。时沧州亦杀其子继威，降于全忠。三年，为晋所灭。

○晋。

史略：中和二年，以李克用为雁门节度使，克用，本西突厥处月别种，姓朱邪氏，号为沙陀。元和三年，朱邪尽忠为吐蕃所逼，诣灵州降。尽忠战殁，诏置阴山府于盐州，授其子执宜为兵马使。四年，随灵盐节度使范希朝镇河东，置其部落于定襄川。卒，子赤心嗣，捍卫北边，数有功。咸通九年，从康承训讨平徐州贼庞勋，授大同节度使，赐姓名李国昌。十年，为振武节度使。乾符五年，国昌子克用戍蔚州，为云州乱军所推，国昌复与之合，犯河东诸州镇。广明初，引还代北，既而败奔鞑靼。是年，黄巢入长安，代北监军陈景思召克用于鞑靼，克用还，陷忻、代，遂据代州。中和二年，河中帅王重荣等谋召克用讨黄巢，克用自岚石路趣河中，诏授克用为雁门帅。定襄川，即汉定襄郡城。岚石路，谓道出岚、石二州间也。合诸道讨黄巢，收复西京。寻还镇，诏授河东节度使，时国昌亦自鞑靼还代，授代北节度使，镇代州。既又取潞州。四年，复合诸道兵败黄巢于河南。光启初，与河中帅王重荣合兵

逼京城,讨田令孜也。天子西幸。三年,取泽州。龙纪初,又拔磁、
洺二州。明年,取邢州。既而潞州军乱,降于朱全忠,寻复取之。大顺
初,诏张浚等会诸道兵于晋州,进讨克用,不克。克用败浚兵,取
晋、绛二州,仍引兵还。二年,克云州。时赫连铎为云朔防御使,屡与幽
州帅李匡威侵河东,因攻克之。寻悉定代北地,振武诸城镇皆置戍焉。
景福初,邢、洺、磁三州叛,邢洺节度李存孝以三州叛降全忠。乾宁
初,复收三州,又克卢龙,尽平其地。因表刘仁恭为留后。三年,邠、
岐、华三帅犯阙,克用奉诏西讨,邠帅走死王行瑜也,进爵晋王。
四年,刘仁恭以幽州叛。光化初,邢、洺、磁三州,复为朱全忠所
陷。又潞州复叛,寻复潞州,又拔泽州。时又取洺州及怀州,旋复失
之。天复初,全忠合诸道兵来攻,于是沁、泽、潞、辽、汾诸州望风
降溃,进攻晋阳,不克而去。克用乃复取汾、沁、辽三州。继又取
慈、隰二州,旋陷于全忠。天祐三年,潞州来降。四年,全忠篡位,遣
军围潞州。明年,克用卒,子存勖嗣。盖东守潞州,西限丰、胜,北
至云、朔,内保汾、沁。唐室既亡,晋所恃以与梁争者,仅十有馀州
而已。

○而朱温据汴,遂成篡弑,僭号曰梁。

《都邑考》:朱温起于汴州,因改汴州为开封府,谓之东都。
而以故东都为西都,即洛阳也。开平二年,始迁洛阳。朱友贞自立于
汴,仍都开封。废故西都,以京兆府为大安府。仍置佑国军治焉。开平
三年,又改曰永平军。

史略:中和二年,黄巢将朱温以同州来降,温,砀山人,为巢
将。随入长安。贼使陷邓州而戍之,为官军所败。还长安,复遣温陷同

州。温见巢势日蹙，因以州降于河中帅王重荣，都统王铎承制以温为同华节度使。诏授温河中行营招讨副使，赐名全忠。篡位后，更名晃。**寻授宣武节度使。收复京师，即引兵之镇，败黄巢馀党于鹿邑，**今归德府属县。**进据亳州。**亳州，本属宣武。光启二年，袭滑州，取之，滑州帅安仁义军乱，温因袭取之。**遂兼有义成军。复败秦宗权于汴，北取郑州，**时蔡州贼秦宗权数与全忠相持，既而郑州复为宗权所陷，寻复取之。**又攻兖、郓，取濮州。**时又兼得曹州，既而复失。**文德初，兼有河阳，**时河南尹张全义袭李罕之于河阳，罕之遁走，引河东之师来争。全义请救，温遂兼有其地。**寻灭秦宗权于蔡州。**温攻宗权于蔡州，宗权残破，复还汴，其下执之以降。**景福二年，并感化军。大顺二年，温取曹州，又取寿州。景福初，取濠、泗二州，又拔濮州。是年，攻取徐州，**既而濠、泗、寿三州为杨行密所有。**乾宁四年，复并天平、泰宁二镇。**乾宁二年，齐州降于温。四年，陷郓州，天平帅朱瑄走死。袭兖州，泰宁帅朱瑾奔淮南。时山东诸镇，惟淄青尚存，亦服于温。是年，又遣兵侵淮南，取黄州。于是进军淮南，为杨行密所败。**五年，侵河东，取邢、洺、磁三州，又攻山南东道，取唐、邓、随及安州。**以忠义帅赵匡凝通于淮南、西川也。**光化二年，取蔡州，**奉国帅崔洪走淮南，使朱友裕守之。**又取潞州及泽州，**河东将李罕之以二州叛降温，既而河东复攻克之。**陕虢亦来附焉。**陕虢帅王珙军乱，遂来降。**三年，胁成德，**温攻王镕，镕纳质请和。**服易定，**温取祁州，易定帅王处直请服，**残幽沧，**温先取德州，寻自镇州而北拔瀛、景、莫三州，乃西下祁州。刘仁恭引军救易定，温大败之于易水。德、瀛、景、莫，皆幽沧巡属也。易水，在今北直安州北三十里，即仁恭败处。于是河北诸镇，亦皆服于温。天复初，又并河中，河中帅王珂附于河东，温断晋、绛之道，急攻河中，河东不能救，河中遂没于温。乃大举攻晋阳，温合诸道之兵，四面并进，潞、泽、辽、汾、沁诸州，望风降下。不克而还。会李茂贞劫迁车驾于凤翔，温自河中入关，降同、华，入长安，西至凤翔，北下邠宁，温攻邠州，李继徽降。南收金商。温军鄠屋，金商帅冯行袭以州来附。鄠屋，今西安府属县。明年，自河中而西，温初屯武功，闻河东将攻河中，乃还拒之，至是始复入关。武功，见前。围凤翔，略秦、陇，温遣兵出散关，拔凤州，取成、陇，至秦州而还。袭鄜坊，鄜坊帅李茂勋降。关中州镇，尽皆慑服。茂贞请和，乃奉帝还长安，进温爵为梁王。是年，又东并淄青。时王师范以温围逼京城，举兵伐温，袭取兖州。温攻败之，遂并淄青。天祐初，劫帝迁洛阳，寻行弑逆，改立幼君。辉王祚，昭宗第六子也。二年，兼有襄、邓及荆南地。初，温攻赵匡凝，匡凝请降而还。至是尽取唐、邓、复、郢、随及均、房诸州，渡汉入襄阳，匡凝走淮南。又逼荆州，荆南帅赵匡明走西川。三年，复败邠岐之兵。邠宁帅李继徽与李茂贞合率诸道兵攻夏州，为温将刘知俊等所败，取其鄜延诸州，邠岐自是不复振。而朔方以南，鄜延以北，相率降附矣。又北图幽、沧、河东，取其上党，乃引还。温围沧州，未下。刘仁恭求救于李克用，克用引兵攻潞州，潞州降。明年，温篡位。后二年，迁都洛阳。盖西至泾、渭，南逾江、汉，北据河，东滨海，皆梁境也。

〇有州七十八。温尽得河南境内诸州，亦兼有关内、河东、河北、山南之境。然镇冀、易定两镇，仍各有其地。魏博既得而旋失，朔方、定难诸镇，亦仅同羁属。所云七十八州，非尽实有其地也。又《旧志》：梁贞明初，改李茂贞所置耀州为崇州，鼎州为裕州，翟州为禧州，而关内旧有威州、朔方，又有警州。今裕州以下，皆不在七十八州之限。

〇晋发愤仇雠，既克燕孽，遂剪贼梁，改晋称唐。

《都邑考》：庄宗初即位，因以魏州为兴唐府，建东京。又于太原府建西京，以镇州为真定府，建北都。灭梁后，迁都洛，时以洛阳为洛京。复以京兆为西都，太原为北京，而汴州仍曰宣武军，北都复曰成德军。同光三年，诏以洛京为东都，兴唐府为邺都。天成四年，邺都还为魏州。

史略：初，存勖嗣位，破梁兵于夹寨，夹寨，在潞州城下。朱温筑此，攻围潞州。解潞州之围。会梁人谋吞镇、定两镇，乃求援于晋，推晋王为盟主。晋王因东下井陉，井陉，见李光弼出井陉。军赵州，大败梁人于柏乡。柏乡，今北直赵州属县。引兵南至黎阳，在北直濬县，见前。略梁河北诸州县。时刘守光强横，晋诸将曰：云、代与燕接境，若扰我城戍，动摇人情，亦腹心患也。不如先取之，然后专意南讨。未几，守光僭称帝，发兵侵易定。晋王因命周德威等东伐燕，遂取瀛、莫以北诸州，寻取幽州，悉定燕地。时温已为其子友珪所弑，于是魏博军乱，去梁来归。晋王引兵入魏，梁河北诸州，次第悉入于晋，惟黎阳犹为梁守。遂渡河，拔杨刘，今山东东阿县北有杨刘镇。又败梁人于胡柳陂，在濮州西。进拔濮阳，今大名府开州。胡氏曰：旧城盖在河南。筑德胜南北两城而守之。开州南三里有德胜渡，时为大河津济处。梁朱友谦复以河中诸州及同州来附。先是温被弑友谦以河中附晋既而复附梁至是遂归于晋。又取成德，收易定。时成德帅王镕，易定帅王处直军皆乱，晋王因并其地。晋王寻称帝，仍国号曰唐。时梁军犹盛，先是梁人乘间袭取卫州，时潞州复叛附梁，既而泽州亦为梁所陷。唐主以为忧。会梁郓州将卢顺密来奔，言郓州无备，可袭取也。唐主因曰：梁人志在泽潞，不备东方，若得东平，郓州，汉名东平。则溃其心腹矣。遂遣李嗣源袭郓州，据之。梁军犹掠澶、相之境，与晋相持。郭崇韬曰：梁以精兵据我南鄙，又决河自固，时梁人患晋兵南侵，于滑州决河，东注曹、濮及郓，恃以为险。谓我猝不能渡，汴州必无备。若留兵守魏，固保杨刘，亲帅精兵，与郓州合势，长驱入汴，伪主就擒矣。从之。引军自杨刘济，至郓州，乃逾汶水，汶水，在郓州东南三十里，拔中都中都，今东平州汶上县。时梁将王彦章屯中都，故先拔之。进克曹州。梁军皆阻河北，缓急不相闻，知汴州危急，梁主友贞自杀。军入汴州，河北诸军来降，梁地悉定。

○又西并凤翔，南收巴蜀。及同光之变，两川复失。

史略：同光初灭梁，李茂贞称臣来贡。明年，改封秦王，卒，以其子继曛为凤翔帅，于是汧陇七州七州，见前。悉归于唐。三年，遣郭崇韬等伐蜀，入散关，散关，见前。山南诸州，望风降溃。至兴州，剑南诸州皆来降。进至利州，趋绵州，入鹿头关，见前。据汉州，王衍迎降。以孟知祥、董璋为两川节度。四年，魏博军乱，魏博军自瓦桥戍还至贝州作乱，推赵在礼为帅，入邺都。遣军讨之，不克。瓦桥，今为保定府雄县。时契丹屡寇幽州境内，置戍于此，亦曰瓦桥关。乃遣李嗣源讨之。至邺都，军中复作乱，嗣源寻入大梁。帝方欲抚定关东，谓虎牢关东。引军至万胜镇，在今开封府中牟县西北十里。闻嗣源已据大梁，仓卒旋师。既还洛阳，复图东讨。时内外离叛，伶人郭从谦作乱，弑帝，嗣源乃入洛阳，寻即帝位。孟知祥闻变，遂阴有据蜀之志。长兴初，与董璋合谋拒命，时朝廷觉知祥等谋，乃割东川之阆、果二州置保宁军。又欲割西川之绵、龙二州为镇，且增武信军戍兵。知祥等遂举兵叛。遣石敬瑭等讨之，不克，知祥等遂尽略两川地。董璋陷阆州，遂略涪、合、巴、蓬、果等州。孟知祥亦取渝、泸二州，既又克遂州。敬瑭军入剑门，至剑州，寻以粮尽引还。两川军追之，取利州，知祥以兵戍守。又遣兵陷忠、万、夔诸州而守之。三年，知祥复并东川，乃上表称藩，诏封蜀王。清泰以后，山南诸州，悉入于蜀。盖东际于海，南至淮、汉，西逾秦、陇，北尽燕、代，皆唐境也。

〇有州一百二十三。唐尽有河南、河北、河东、关内、陇右境内诸州，又兼有山南之境。《五代志》：庄宗初起并、代，取幽、沧，有州三十五。后又取梁、魏、博等十有六州，合五十一州。已灭梁，岐王称臣，得七州。同光破蜀，已而复失，惟得秦、凤、阶、成四州。而营平二州已陷于契丹，其增置之州一，合为一百二十三州。今考同光已后，山南诸州尚未尽入于蜀，其仅有秦、凤、阶、成四州，盖石晋时事也。又晋王天祐八年，置府州，治府谷县，今陕西葭州属县也。天成初，又置寰州，治寰清县，今为朔方马邑县。三年，置泰州，治清苑县，今保定府是也。《志》所云一州，盖专指寰州言之。又考同光二年，瓜、沙入贡，命权知归义留后曹义金为刺史、节度使。长兴初，凉州亦来附。四年，又置保顺军于洮州，兼领鄯州。又《宋志》云，后唐于唐之义宁军置义州，后周因之，宋改为华州，今平凉府华亭县也。今《志》亦不之载。然则唐所有州，盖不仅如《志》所称而已。

〇石晋兴戎，契丹助虐，燕、云十六州，遂沦异域。十六州，幽、蓟、瀛、莫、涿、檀、顺、新、妫、儒、武、云、寰、应、朔、蔚也。《通释》曰：幽、蓟、瀛、莫、涿、檀、平、顺为山前八州，新、妫、儒、武、云、应、朔、蔚为山后八州。平州先没，寰州后置，故十六州有寰州而无平州。

《都邑考》：晋自洛阳徙汴，寻升汴州为东京开封府，以洛阳为西京，改西都为晋昌军。时又改兴唐府为广晋府。天福二年，复建邺都。开运二年，又废邺都，复为天雄军。

史略：石敬瑭初为河东节度使，敬瑭，亦沙陀种，明宗婿也。长兴三年，为北京留守、河东节度使，兼大同、振武、彰国、威塞等军蕃汉马步总管。从珂篡位，敬瑭来朝，复命还镇。彰国军，天成初，置于应州，兼领寰州，威塞军，晋王存勖天祐七年，置于新州，同光二年，升威塞军为节度，兼领妫、儒、武三州。敬瑭盖兼领诸州镇军事。清泰三年，命移镇郓州，敬瑭拒命，诏张敬达讨之。先是唐主疑敬瑭有异志，遣将张敬达屯代州，分敬瑭之权。至是复命敬达趣敬瑭移镇，敬瑭遂以河东叛，因命敬达讨之。敬瑭求援于契丹，约事捷，割卢龙一道及雁门以北诸州为献。刘知远曰：以金帛赂之足矣，许以土田，异日必为中国患。不听。契丹引兵自雁门而南，败唐兵于汾曲，汾水，在今太原府城西二里。又西南至太原县城东，皆曰汾曲。敬达退保晋安寨。在太原县西南二十馀里。契丹遂立敬瑭为晋皇帝，合兵攻晋安，拔之。又败唐兵于团柏谷，在今太原府祁县西南。进克潞州。契丹乃命敬瑭引兵而南，至河阳，河阳，见前。唐守将具舟楫迎降。敬瑭遂遣契丹千馀骑屯渑池，渑池，今河南府属县。防唐主西逸。唐主从珂危迫自焚死，敬瑭入洛阳，契丹乃割幽、蓟十六州而去。

○及契丹南牧，始终晋绪。

史略：晋主重贵初立，即失好于契丹，于是屡寇河北及河东。开运三年，契丹大举入寇，自易、定趋恒州，晋遣杜威帅诸军御之。威屯军中渡，在真定府东南五里滹沱河上，有中渡桥。寻以众降。契丹遂从邢、相而南渡白马，白马津，见前。入大梁，执晋主，徙之黄龙府。在今辽东三万卫东北塞外。中原州镇，相继臣附。契丹纵兵剽掠千里，内外财畜殚尽，久之乃北去。

○其未亡也，有州一百有九。晋有唐之故地，而十六州亡于契丹，取蜀之金州。又增置威州，治方渠县，今庆阳府环县是也。或曰即唐之威州，晋改置于此。

○刘氏保有晋阳，遂成汉业，南入大梁。

《都邑考》：汉都开封，如晋都之制。乾祐初，又改晋昌军为永兴军，广晋府为大名府。

史略：晋天福六年，以刘知远为北京留守、河东节度使。知远亦出于沙陀，为敬瑭所亲信，出帝即位，相猜忌，遂缮兵积粟，保境自强。及契丹入汴，或劝知远举兵进取，知远曰：用兵有缓有急，当随时制宜。今契丹新降晋军十万，虎据京邑，未有他变，岂可轻动？且观其所利，止于货财，货财既足，必将北去。况冰雪已消，势难久留。宜待其去，然后取之，可以万全。既而中原苦契丹强暴，共思逐之。知远称尊号，以号令四方。远近争杀契丹，以应晋阳。契丹留其臣萧翰守大梁，遂北去。时潞州及晋、陕皆来附，知远集群臣议进取。或请出师井陉，井陉，见前。攻取镇、魏，先定河北，则河南自服。知远欲自石会关趣潞州，石会关，在今辽州榆社县南。郭威曰：虏众犹盛，各据坚城，我出河北，兵少路纡，旁无应援，此危道也。上党山路险涩，粟少民残，亦不可由。若从晋、陕而东，不出两旬，汴、洛定矣。从之。萧翰闻知远南下，遁去，河南遂定。契丹适有内变。晋之旧境，悉归于汉。

〇有州一百有六。汉尽得晋之故地，惟秦、凤、阶、成四州先入于蜀。又乾祐初，增置解州，治解县，今属平阳府。《旧志》：乾祐初，以唐静边州为静州，隶定难节度。静边州，唐羁縻州，盖置于银州之境，在今陕西米脂县北。

〇郭威守邺，举兵内向，代汉称周。

《都邑考》：周因汉旧，仍都开封。显德初，又废邺都，止称大名府。

史略：郭威初为枢密副使，威，尧山人，为汉主所亲信，掌军旅。尧山，今顺德府唐山县。受顾命辅幼主，屡立大功，位任隆重。乾祐三年，以威为邺都留守、天雄节度使。会汉主承祐诛戮大臣，并及威，威遂举兵趋汴。汉主迎战，军溃，为乱兵所杀。威入汴，寻称帝。

〇世宗奋其雄略，震叠并、汾，于是西克阶、成，南收江北，北奠三关。

史略：显德初，北汉大举入犯，逼潞州。时北汉主刘崇以周主新即位，因请兵于契丹，合军南向，败昭义节度使李筠兵于梁侯驿，遂乘胜逼潞州。梁侯驿，在今潞安府西北九十里。周主自将御之，大败北汉军于高平。今泽州属县。时北汉过潞州不攻，引兵而南，周主自泽州而北，遂遇，战于此。遂命符彦卿等进攻晋阳，北汉境内州县，次第降下。既以晋阳不克，契丹复来救，乃引还，所得州县，旋为北汉所有。《薛史》：是时，周伐北汉，盂县降，又汾州、辽州及宪、岚二州，亦俱降。又克石州，忻州降，代州亦降。既而攻晋阳不下，引军还，所得州镇，仍入于北汉。孟县，今太原府属县。然自是衰耗，侵犯益少。二年，遣王景等伐蜀，克秦、凤、阶、成四州。是年，又遣李毂等伐唐，攻围寿州。明年，亲征淮南，分兵攻略滁、扬诸城镇。四年，克寿州，又进取濠、泗诸州。五年，淮南十四州尽为周境，周主攻淮南，取其扬、泰、滁、和、海、楚、泗、濠、寿、光十州，南唐复表献庐、舒、蕲、黄四州。先是诸州互相攻取，往往旋得旋失，至是始悉为周境。泰州，治海陵县，南唐所置州也。廓地南至于江矣。六年，复亲征契丹，取瀛、莫二州，时别将又攻易州，拔之。于是关南始为周境。关南，瓦桥关南也。时以瓦桥、益津、高阳为三关，又以瓦桥关为雄州，治归义县，即北直雄县也。以益津关为霸州，治文安县，今县属霸州，而州治则故益津关也。高阳关，亦曰草桥关，在今保定府安州高阳县东。先是，周主有平一中原之志。王朴献策曰：凡攻取之道，必先其易者。唐与我接境几二千里，若以奇兵四出，扰其无备之处，南人懦怯，必奔走而赴之。奔走之间，可以知其虚实强弱。攻虚击弱，江北将为我有。得江北，江南亦易取矣，岭南巴蜀可以传檄定也。南方既定，燕地必望风内附，若其不至，移兵攻之，席卷可平。惟河东必死之寇，宜以为后图。周主之攻取，多用其策云。

〇有州一百十有八。周初，并、汾、岚、石、辽、沁、忻、代、麟、宪十州没于北汉，世宗得蜀四州，南唐十四州，契丹二州，又置济州，治巨野县。巨野，今属山东济宁州。又置滨州，治勃海县，今属山东济南府。又置通州，治静海县，今属南直扬州府。又置雄、霸二州。凡五州。显德六年，尝取辽州，既而复入于北汉。又废关内道之武、衍二州，河北道之景州，是为一百十有八州也。

〇当是时，矫虔攘窃者凡七君，盖自江以南二十一州为南唐。

史略：后唐天成四年，徐知诰始专有吴国之政。知诰，本李氏子。初，杨行密攻濠州，得之，赐徐温为养子。朱梁贞明三年，自润州刺史入江都辅政。后唐天成二年，徐温卒于昇州，知诰遂督中外诸军。既而以徐知询握兵金陵，召入朝，征其兵还江都，于是大权尽归于知诰。长兴二年，出镇金陵。仍总录朝政，又使其子景通辅政江都。清泰二年，封齐王。以昇、润、宣、池、歙、常、江、饶、信、海十州为齐国。石晋天福二年，篡位，知诰初改名诰，后又改曰昇。国号唐，都金陵。先是杨溥称帝，改扬州为江都府，昇州为金陵府。及知诰封齐王，又以金陵府为西都。既而知诰受禅，改金陵为江宁府，而以江都府为东都。后周显德四年，又改洪州曰南昌府，建南都。宋建隆二年，南唐主璟迁都焉。明年，后主煜仍都江宁。八年，子璟嗣。开运二年，攻闽，取镡、建诸州。唐攻王延政于建州，拔镡州，寻克建州，漳、汀、泉皆降。既而漳、泉为留从效所据，福州为吴越所取，唐得汀、建、镡三州而已。镡州，即王延政所置。周广顺初，复攻楚，取湖南地，寻复失之。时马希萼等国乱，唐遣兵攻之，入潭州，取岳州及衡、永、泉诸州。而朗、澧二州为楚将刘言所据，岭南为南唐所并。明年，潭、永诸州，俱为刘言所据。五年，江北诸州，悉入于周周取淮南十四州六十县。于是唐所有者，二十一州而已。二十一州，昇、宣、歙、池、洪、润、常、鄂、筠、饶、信、虔、吉、袁、抚、江、汀、建、剑、漳、泉是也。又有江阴、雄远、建武等军三。筠州，今江西瑞州府，南唐所增置。江阴军，今常州府属县，淮南置。雄远军，今太平府。建武军，今建昌府。俱南唐置。漳、泉二州，虽为留从效所据，而羁属于南唐也。自知诰至李煜，传三世。宋开宝三年，国亡。

〇自剑以南剑，剑门也。见前。及山南西道四十六州为蜀。

史略：后唐同光三年，以孟知祥为西川节度使。知祥，龙冈人。同光初，为太原尹、北京留守。郭崇韬伐蜀，荐为西川帅。龙冈，今为顺德府治。既以朝廷多故，遂与东川帅董璋共图据蜀。长兴初，遂叛，略有前蜀诸州。北守利州，东戍夔州。寻并有东川地，复内附。四年，册为蜀王。会唐主殂，遂僭称帝，国号蜀。都成都。既而唐室内乱，兴元、武定两镇来归，其兴州亦弃不守，于是散关以南，悉为蜀境。时阶州来降，又取成州，文州亦来降，又金州及施州亦俱附蜀。既而阶、成二州复归于晋。是年，子昶嗣位。石晋开运三年，契丹入汴，雄武帅何重进以秦、阶、成三州来降，既又遣兵克凤州。周显德二年，四州复为周所得。孟蜀之地，埒于前蜀。前蜀有州六十有四者，盖包举西山诸州而言。此则既失秦、凤、阶、成四州，又废前蜀之潾州，而西山诸州不在四十六州之限也。《宋史》：宋平蜀，得州四十五。自孟知祥得蜀，传二世。宋乾德三年，国亡。

○自湖南北十州为楚。

史略：五代周广顺初，王逵、周行逢共为朗州将，逵与行逢俱武陵人，起军卒，为马希萼将。武陵，即朗州治。从马希萼入潭州。希萼政乱，叛还朗州，擅易州将，既又迎辰州刺史刘言为武平留后。时南唐取湖南，言等据境自守。二年，王逵袭克潭州，称武安留后，又遣兵克岳州，唐将在湖南者皆遁去。于是岭北诸州，惟郴、连入于南汉。刘言以潭州残破，移使府治朗州，以逵为武安节度。仍治潭州，谓朗州为西府，潭州为东府。逵寻以周行逢知潭州，自将袭朗州，克之，囚刘言而代其位。逵还治潭州，移行逢知朗州。显德初，逵复迁朗州，移行逢于潭州。显德三年，王逵为岳州刺史潘叔嗣所杀,行逢因入朗州,称武平、武安留后。周主因授行逢武平节度使,制置武安、静江等军。宋建隆三年,行逢卒,子保权嗣。四年,为宋所灭。《宋史》:平湖南,得州十五,曰朗、澧、潭、岳、衡、永、辰、道、邵、全、奖、诚、锦、溪、淑,又得监一,曰桂阳。全州,治清湘县,楚马希范置,今州属桂林府。诚州,唐羁縻州也,希范得其地,今为靖州。桂阳监,今衡州府桂阳州也,唐末置。此仅云十州,盖奖、诚以下皆不与焉。

〇自浙东西十三州为吴越。

史略:吴越据有两浙,得州十三。杭、越、苏、湖、秀、衢、睦、婺、处、明、台、温、福也。又有军一,曰衣锦军,即临安县。自钱镠至弘俶,传五世。宋太平兴国三年,国亡。

〇自岭南北四十七州为南汉。

史略:南汉据有岭南北地。自刘隐至铱,传五世。宋开宝四年,国亡。《宋志》云:平广南,得州六十。盖唐末岭南道有州七十。南汉时,惟交、武峨、笼、环、瀼、岩、古、爱、长、驩、峰、汤十二州没于安南耳。刘岩初僭位,于境内增置英州,治浈阳县,今韶州府英德县也。又置雄州,治保昌县,今为南雄府。又置敬州,治程乡县,今潮州府程乡县也。又改唐之循州为桢州,而于龙川县别置循州,今惠州府龙川县是。又置常乐州,治博雷县,今廉州府东北有废常乐川。刘晟又取岭北之郴州,而刘铱复置齐昌府,治兴宁县,今惠州府兴宁县也。时又有顺州,治龙化县,或曰唐大历中置,南汉因之。又有思唐州,或曰即唐之山州。然则南汉所有,盖不仅四十七州而已。

〇自太原以北十州为北汉。

史略:五代汉天福十二年,汉主以其弟崇为河东节度使,留守北京。乾祐三年,隐帝被弑,既而郭威篡位,于是崇自立于晋阳。

崇初闻隐帝遇害，欲举兵南向。会郭威等议立其子武宁节度使赟，崇乃止。太原少尹李骧说崇曰：公宜疾引兵逾太行，据孟津，俟徐州即位，然后还镇。不然，且为郭公所卖。崇怒而杀之。赟旋为郭威所害。自崇至继元，传五世。宋太平兴国四年，为宋所灭。《旧史》：崇初称帝，有并、汾、忻、代、岚、宪、隆、蔚、沁、辽、麟、石十二州之地。周广顺二年，取其岢岚军，寻复没于北汉。显德四年，麟州降于周。六年，复取其辽州，寻又为北汉所有。隆州，胡氏曰：晋汉间置，在岚州西北。今太原府祈县东南三十里有隆州城，或曰即隆州也。蔚州，时已属契丹。岢岚军，今山西属州，军寻废，宋复置。《五代史》无隆、蔚二州。《宋志》：平北汉，得州十、军一，则无麟、蔚二州，而有隆州。又有宝兴军，盖刘继元于团柏谷银场置，谷在祈县，即石晋败唐兵处。又有宁化军，在太原府静乐县北八十里，宋亦置军于此。又《宋国史》：乾德二年，府州刺史折德扆侵北汉卫州，擒其刺史杨琳。二年，北汉耀州团练使周审玉来降。然则北汉所增置之州，其不可考者盖多矣。

○而荆、归、峡三州为南平。

史略：自高季兴至继冲，传五世。宋建隆三年，国亡。

欧阳修曰：自唐失其政，天下乘时，黥髡盗贩，袞冕峨巍。吴暨南唐，奸豪窃攘。蜀险而富，汉险而贫。贫能自强，富者先亡。闽陋荆蹙，楚开蛮服。剽剥弗堪，吴越其尤。牢牲视人，岭蜑遭刘。百年之间，并起争雄。山川亦绝，风气不通。语曰：清风兴，群阴伏。日月出，爝火息。故真人作而天下同。

读史方舆纪要卷七

历代州域形势七 宋上 辽夏附

〇宋抚有中土，奄甸四方。先取荆湖，西灭蜀，南平广，遂并江南。

史略：初，赵匡胤为周宿卫将，从世宗征讨，屡有功，威望甚著。显德六年，幼主宗训即位，匡胤以殿前都检点领归德节度使。归德镇宋州。匡胤既代周，遂以宋为国号。会北汉及契丹谋南寇，命匡胤御之，次陈桥驿，在今开封府东北二十里。军乱，推匡胤为主，遂入汴，即帝位。建隆三年，湖南张文表作乱，文表为衡州刺史。时周行逢卒，遂作乱。据潭州，周保权请救。宋命慕容延钊等将兵南下，假道荆南，遂入荆州。高继冲惧，因籍三州以献。时湖南已平张文表，宋师长驱而进，克其潭州，还趋朗州，保权谋拒命，延钊袭执之以归，荆楚悉定。乾德二年，王全斌等伐蜀，道出凤州，别遣刘光义等出归州。全斌进克兴州，略定山南诸城寨，进至益光，今保宁府昭化县。蜀人扼剑门以拒。全斌用降卒言，遣别将由来苏径出剑门南，来苏，村名，在今剑州东南九十里。出敌不意，遂克之。西至魏城，在今绵州东六十五里。蜀人骇惧，孟昶出降。时刘光义亦克夔州，尽平峡中地，万、施、开、忠诸州是也。遂州迎降。于是引军而西，会全斌于成都，略定两川。开宝三年，遣潘美等将兵伐汉。先是美为潭州防御使，遣将攻南汉，克其郴州。至是自道州而进克富川，今平乐府属县。拔贺州，转趋昭州，克之。又拔桂州及连州，大败汉兵于莲花峰下，今韶州府南五里莲花山是也。拔韶州。韶，汉之门户也。汉人大惧。美进克英州，时又遣别将克其雄州。二州，见前岭南、北四十七州注。引兵屯马径，去广州十里。时美进屯马径，寨于双女山下。双女山，在今府西十七里，马径又在其东。或以为即今府北六里之马鞍山。汉人出战，复败，刘铱乃降，尽平广南州镇。七年，遣曹彬等伐南唐，自荆南发战舰东下，克其池州，进拔唐师于铜陵，今池州府属县，遂次采石在今太平府北二十五里，见前。以浮梁渡江。明年，彬又败唐兵于白鹭洲及新林港，白鹭洲，在今应天府西南二十里大江中。又东里许，即新林港。别将克溧水，今应天府属县。彬进次秦淮。秦淮水，在今应天府城南正阳门外，即彬屯兵处。唐兵陈于城下，涉水击败之。吴越亦发兵助宋，克其常州，润州来降。又遣将败其江西援兵于皖口，在今安庆府西十里，见前。金陵势益孤，城陷，李煜降。江南悉定。

　　○吴越入朝，闽海内附，乃兼北汉。

　　史略：建隆初，钱弘俶即遣使朝贡，及兵下江南，弘俶自帅兵助宋攻南唐。南唐亡，明年，遂来朝，寻遣还。太平兴国三年，复入朝，会陈洪进以漳、泉二州来归，先是闽朱文进之乱，泉州将留从效举兵复泉州，归于王延政。延政败亡，泉州降于南唐。晋开运二年，从效废其刺史王继勋，自领军府事，南唐因授为泉州刺史。明年，唐兵败于福州，从效因遣唐戍兵归国，遂据有漳、泉二州。汉乾祐二年，唐置清源军于泉州，以从效为节度。宋建隆初，入贡称藩。三年，从效卒，统军使陈洪进废其子绍 继，推副史张汉思为留后。乾德初，洪进又废汉思而代之。明年，宋改清源为平海军，以洪进为节度使。三年，入朝，遂籍二州十四县以献。弘俶惧，亦籍境内州军以献，于是闽越悉为王土。四年，伐北汉，先是太祖屡遣兵击汉。开宝二年，自将至太原，壅汾、晋二水灌之。其岚、宪二州来降，晋阳久不下，乃引还。九年，复遣将分道攻太原，不克。汾水，在今太原县东。晋阳，在今县城西。太原，故晋阳也。命潘美帅诸军攻围太原，复命郭进为石岭关都部署，石岭关，在今太原府东北百二十里。断燕蓟援师。契丹来救，进败之于白马岭，今太原府孟县东北三十里白马山是也。遂引去。帝复自将至太原，攻围益急。继元危困，遂出降，并、代悉平。于是天下复归于一。

　　○因袭前辙，定都大梁。

　　《都邑考》：宋建隆初，因周旧制，以大梁为东京开封府，洛阳为西京河南府。真宗建宋州为南京，景德三年，以宋州为太祖旧藩，升州为应天府。大中祥符七年，遂建为南京。其后高宗即位于此。仁宗又建大名府为北京。庆历二年，以大名府为真宗驻跸之所，建为北京。时谓之四京。又皇祐四年，以曹、陈、许、郑、滑为辅郡。崇宁四年，以右司谏姚佑言，于是以颍昌府为南辅，升襄邑为拱州，为东辅，郑州为西辅，滑州为北辅，各置军防。其后废置不一。高宗南渡，以临安府为行都，后遂定都焉。建炎元年，幸扬州。三年，幸杭州，进幸江宁府，改为建康府。四年，幸温州，复幸越州。绍兴二年，以杭州为临安府，旋幸临安。三年，营建康行宫。四年，幸平江府。五年，还临安。六年，又幸平江。七年，幸建康。八年，复还临安，自是定都焉。三十一年，幸建康。明年，复还临安。

分天下为十五路。先是淳化四年，法唐制，分天下为十道：曰河南，曰河东，曰河北，曰关西，曰剑南，曰淮南，曰峡西，曰江南东西，曰浙东西，曰广南。至道三年，始分天下州军为十五路，各置转运、经略、安抚等使统之。

京东路：东至海，西抵汴，南极淮、泗，北薄于河。统府一，州十六，军四，监二。先是乾德初，命节镇所领支郡，皆直隶京师，得自奏事，不属诸藩。节度使之权始轻。太平兴国二年，复罢天下节镇领支郡之制，于是军、监与州府同列矣。

开封府，唐汴州，后为宣武军治。朱梁曰开封府。宋因之，领开封等县十八。又崇宁四年，析置拱州，亦曰保庆军，初领襄邑等县五，后领县二。今归德府睢州也。

宋州，朱梁宣武军治此，兼领亳、辉、颍三州，亦曰宋州节度。后唐改军曰归德。宋仍曰宋州，亦曰归德军。景德中，升为应天府，领宋城等县六。今曰归德府。

兖州，唐末为泰宁军治。后周军废。宋仍曰兖州。政和八年，升为袭庆府，领瑕丘等县十。

徐州，唐末为感化军治。朱梁复曰武宁军。宋仍曰徐州，领彭城等县五。

曹州，石晋置威信军治此，兼领单州。后周曰彰信军。宋仍曰曹州，亦曰兴仁军。崇宁初，升为兴仁府，领济阴等县四。

青州，唐平卢军治。石晋废军。汉复故。宋仍曰青州，亦曰镇海军，领益都等县六。

郓州，唐天平军治。宋仍曰郓州，亦曰天平军。宣和九年，升为东平府，领须城等县六。须城，即唐之须句郡也。

密州，唐曰密州。宋因之，亦曰安化军，领诸城等县六。

齐州唐曰齐州。宋因之，亦曰兴德军。政和六年，升为济南府，领历城等县六。

济州，唐曰济州，后废。五代周复置。宋因之，领钜野等县四。钜野，今济宁州属县。

沂州，唐曰沂州。宋因之，领临沂等县五。

登州，唐曰登州。宋因之，领蓬莱等县四

莱州，唐曰莱州。宋因之，领掖县等县四。

淄州，唐曰淄州。宋因之，领淄川等县四。

濮州，唐曰濮州。宋因之，领鄄城等县四。

单州，唐末置单州。朱梁曰辉州。后唐复故。宋因之，领单父等县四。

潍州，唐初置潍州，寻废。宋建隆三年，置北海军。乾德二年，升为州，领北海等县三。今山东平度州潍县，即故治也。

广济军，唐曹州之定陶镇。宋置广济军，领定陶县一。今曹州定陶县是也。

清平军，唐齐州之章丘县。宋初置清平军，领章丘县一。今济南府章丘县。

淮阳军，唐初曰邳州，州寻废。宋置淮阳军，领下邳等县二。今南直邳州也。

宣化军，唐淄州之高苑县。宋置宣化军，领高苑县一。熙宁三年，军废，县仍隶淄州。今青州府高苑县也。

莱芜监，本莱芜县。唐属兖州。宋置莱芜监，主铁冶。今山东泰安州属县。

利国监。本徐州沛县地。宋置利国监，主铁冶。在今州东北九十里。

京西路：东暨汝、颍，西距崤、函，南逾汉、沔，北抵河津。统府一，州十六，军二。

河南府，唐曰河南府。宋因之，领河南等县十六。

滑州，唐末为宣义军治。后唐复曰义成军。宋仍曰滑州，亦曰武成军，领白马等县三。

郑州，唐曰郑州。宋因之，亦曰奉宁军，领管城等县五。

汝州，唐曰汝州。宋因之，亦曰陆海军，领梁县等县五。

陈州，石晋置镇安军于此。汉废军，周复置。宋仍曰陈州，亦曰镇安军。宣和初，升为淮宁府，领宛丘等县五。

许州，唐忠武军治。朱梁曰匡国军，兼领陈、汝二州。后唐复曰忠武。宋仍曰许州，亦曰忠武军。元丰三年，升为颍昌府，领长社等县七。

蔡州，唐末为奉国军治。宋仍曰蔡州，亦曰淮康军，领汝阳等县十。

颍州唐曰颍州。宋因之，亦曰顺昌军。政和六年，升为顺昌府，领汝阴等县四。

孟州，唐河阳三城节度治此。宋仍曰孟州，亦曰河阳军，领河阳等县六。

唐州，唐曰唐州。宋因之，领泌阳等县五。泌阳，今南阳府属县。

邓州，朱梁置宣化军治此，兼领唐、均、房三州。后唐改曰威胜军。周曰武胜军。宋仍曰邓州，亦曰武胜军，领穰县等县五。

襄州，唐为山南东道治。石晋废军，汉复故。宋仍曰襄州，亦曰山南道节度。宣和初，升为襄阳府，领襄阳等县六。

均州，唐末为戎昭军治。宋仍曰均州，亦曰武当军，领武当等县二。

房州，唐曰房州。宋因之，亦曰保康军，领房陵等县二。

金州，唐末为昭信军治。前蜀曰雄武军，兼领巴、渠、开三州，旋废。后蜀曰威胜军。宋仍曰金州，亦曰昭化军，领西城等县五。

随州，唐曰随州。宋因之，亦曰崇义军，后又为崇信军，领随县等县三。

郢州，唐曰郢州。宋因之，领长寿等县二。

信阳军，唐曰申州。宋开宝九年，降为义阳军。太平兴国初，改为信阳军，领信阳等县二。信阳，即唐申州治义阳县也。

光化军。唐穀城县之阴城镇，属襄州。宋置光化军，领乾德县一。今为襄阳府光化县。

河北路：东滨海，西薄太行，南临河，北据三关。统府一，州二十四，军十四。

大名府，唐魏州，为天雄军治。后唐曰兴唐府。石晋曰广晋府，后又为天雄军。汉曰大名府。周因之，亦曰天雄军。宋仍为大名府，领元城等县十二。

镇州，唐为成德军治。后唐曰真定府，寻复曰成德军。石晋改为恒州，又改军曰顺国军。汉仍曰镇州成德军。宋因之。庆历八年，升为真定府，领真定等县九。

瀛州，唐瀛州。宋因之，亦曰瀛海军。大观二年，升为河间府，领河间等县三。

贝州，石晋置永清军治此，兼领博、冀二州。后周军废。宋仍曰贝州，亦曰永清军。庆历八年，改曰恩州，领清河等县三。

博州，唐博州。宋因之，领聊城等县四。

德州，唐德州。宋因之，领安德等县二。

沧州唐末为义昌军治。朱梁曰顺化军。后唐复曰横海军。宋仍曰沧州，亦曰横海军，领清池等县五。

棣州，唐曰棣州。宋因之，领厌次等县三。

深州，唐曰深州。宋因之，领静安等县五。静安，今深州治也。

洺州，唐曰洺州。宋因之，领永年等县五。

邢州，朱梁为保义军治，兼领洺、磁二州。后唐改曰安国军。宋仍曰邢州。宣和初，升为信德府，领邢台等县八。邢台，即唐州治龙冈县。

冀州，唐曰冀州。宋因之，亦曰安武军，领信都等县六。

赵州，唐曰赵州。宋因之，亦曰庆源军。宣和初，升为庆源府，领平棘等县七。

定州，唐义武军治。宋仍为定州，亦曰定武军。政和三年，升为中山府，领安喜等县七。又庆历二年，置北平军，治北平县，今保定府完县是也。

莫州，唐曰莫州。宋因之，领任丘县一。任丘，今河间府属县。

相州，朱梁置昭德军治此，兼领卫、澶二州。后唐军废，石晋复置彰德军。宋仍曰相州，亦曰彰德军，领安阳等县四。

怀州，唐曰怀州。宋因之，领河内等县三。

卫州，唐曰卫州。宋因之，领汲县等县四。

澶州，石晋置镇宁军治此，兼领濮州。宋仍曰澶州，亦曰镇宁军。崇宁五年，升为开德府，领濮阳等县七。濮阳，今大名府开州治。

磁州，唐曰磁州。朱梁曰惠州，后唐复故。宋因之。政和三年，改曰磁州，领滏阳等县三。

祁州，唐曰祁州。宋因之，领蒲阴等县三。蒲阴，今北直祁州治也。

滨州，五代周置。宋因之，领勃海等县二。勃海，周旧治也。

雄州，五代周置。宋因之，领归信等县二。归信，即周旧治归义县。

霸州，五代周置。宋因之，领文安等县二。文安，周旧治也。

保州五代唐置泰州，后废。宋建隆初，置保塞军。太平兴国六年，升为保州，领保塞县一。保塞，即后唐泰州治清苑县也。

德清军，五代晋置。宋因之，治清丰县。今县属大名府。

保顺军，五代周置。宋因之，治无棣县，今山东武定州海丰县是也。

定远军，唐曰景州。五代周曰定远军。宋因之。景德初，改曰永静军，领东光等县三。东光，今景州属县。

破虏军，五代周霸州淤口砦。宋太平兴国六年，置破虏军。景德二年，改为信安军，今霸州东五十里信安城是。

平戎军，唐涿州新镇地。宋太平兴国六年，置平戎军。景德初，改曰保定军。今为霸州保定县。

静戎军，五代周梁门口砦，属易州。宋太平兴国六年，置静戎军。景德初，改为安肃军，领安肃县一。今保定府安肃县。

威虏军，唐易州遂城县。宋太平兴国六年，曰威虏军。景德初，曰广信军，领遂城县一。今安肃县西二十五里有废遂城县。

乾宁军，唐末置乾宁军，属沧州，后废。宋太平兴国七年，复置乾宁军。大观二年，升为清州，领乾宁县一，今河间府青县是也。

顺安军本瀛州高阳关砦，后周三关之一也。宋淳化三年，置顺安军，领高阳县一。今县属北直安州。

宁边军，唐定州之博野县。宋雍熙四年，置宁边军。景德初曰永宁军，领博野县一。今县属保定府。

天威军，本镇州井陉县。宋置天威军，治井陉，今真定府井陉县也。

承天军，唐置承天军。宋因之，后为承天砦。在今真定府北百三十里。

静安军，五代周置。宋因之。在今深州东南三十里。

通利军。唐卫州黎阳县。宋端拱初，置通利军。天圣初，曰安利军。政和五年，升为濬州，亦曰濬州军，又为平川军，领黎阳等县二。今为大名府濬县。

河东路：东际常山，西逾河，南距底柱，北塞雁门。统州十七，军六，监二。

并州，唐太原府。宋仍为并州，亦曰河东节度。嘉祐七年，复曰太原府，领阳曲等县十。阳曲，今太原府治。

代州，唐末为雁门军治。宋仍曰代州，领雁门等县四。

忻州，唐曰忻州。宋因之，领秀容等县二。

汾州，唐曰汾州。宋因之，领西河等县五。西河，即唐旧州治隰城县也。

辽州，唐曰辽州。宋因之，领辽山等县四。

泽州，唐曰泽州。宋因之，领晋城等县六。

潞州唐昭义军治。朱梁曰匡义军。后唐曰安义军，寻复曰昭义。宋仍曰潞州，亦曰绍德军。崇宁初，升为隆德府，领上党等县八。

晋州，朱梁置定昌军治此，兼领绛、沁二州。后唐曰建雄军，又改建宁军。宋仍曰晋州，亦曰建雄军。政和六年，升为平阳府，领临汾等县十。又政和二年，置庆祚军，领赵城县一，今平阳府赵城县也。

绛州，唐曰绛州。宋因之，领平正等县七。

慈州，唐曰慈州。宋因之，领吉乡县一。吉乡，即唐州治吉昌县也。

隰州唐曰隰州。宋因之，领隰川等县六。

石州，唐曰石州。宋因之，领离石等县五。又元符二年，增置晋宁军，领定胡等县二，今陕西葭州也。定胡废县，在今山西永宁州西二十里。

岚州，唐曰岚州。宋因之，领宜芳等县三。

宪州，唐曰宪州。宋因之，初仍治楼烦县。咸平五年，改领静乐县一。静乐，今太原府属县。

丰州，唐曰丰州。宋因之。庆历初，为夏人所陷。嘉祐七年，寄治府州境内，今府谷县北宁丰废城是也。

麟州，唐曰麟州。宋因之，亦曰建宁军。端拱初，曰镇西军，领新秦县一，今葭州神木县是也。

府州，唐麟州地。晋王存勖始置府州。五代汉曰永安军，兼领胜州及沿河诸镇。宋仍曰府州，亦曰永安军。崇宁初，改曰靖康军，领府谷县一，即后唐旧治也。

平定军，唐并州地。宋置平定军，领平定等县二。今太原府平定州。

火山军，本北汉雄勇镇，属岚州。宋太平兴国七年，改置火山军。治平四年，复置火山县隶焉，县寻废，今太原府河曲县是也。

定羌军，唐岚州地。宋淳化四年，置定羌军。景德初，曰保德军。今为太原府保德州。

宁化军，北汉置。宋因之，领宁化县一，今静乐县北八十里宁化故城是。

岢岚军，唐置岢岚军，五代末废。宋太平兴国五年，复置，领岚谷县一，今岢岚州也。

威胜军，唐曰沁州。宋太平兴国三年，改置威胜军，领铜鞮等县四。铜鞮，今沁州治也。

永利监，本晋阳县地。宋太平兴国四年，平河东，毁晋阳城，改置平晋军于此，寻又置永利监治焉。在今太原县东北二十里。

大通监。本太原府交城县地。宋太平兴国四年，置大通监，交城县属焉。宝元初，县改属并州，今交城西北四十里故大通监治也。

陕西路：东尽肴阜、函，西包汧、陇，南连商洛，北控萧关。统府三，州二十四，军二，监二。

京兆府，唐末为佑国军治。朱梁曰大安府，又改军号曰永平。后唐复为京兆府。石晋曰晋昌军。汉曰永兴军。宋仍曰京兆府，亦曰永兴军，领长安等县十三。

河中府，唐末护国军治。宋仍曰河中府，亦曰护国军，领河东等县七。又大中祥符五年，置庆成军，领荣河县一，今蒲州荣河县也。

凤翔府，唐凤翔军治。宋仍曰凤翔府，亦曰凤翔军，领天兴等县九。天兴，即唐雍县也。又大观初，置清平军，领终南县一，今西安府盩厔县东南有废终南县。

华州，唐镇国军治。朱梁曰感化军，后唐复故，周废军。宋仍曰华州，亦曰镇国军，又为镇潼军，领郑县等县五。

同州，唐匡国军治此。朱梁曰忠武军，后唐复故，周废军。宋仍曰同州，亦曰定国军，领冯翊等县六。

解州，五代汉置。宋因之，领解县等县三。解县，即汉旧治也。

虢州，唐曰虢州。宋因之，领卢氏等县四。

陕州，唐末保义军治此。朱梁改为镇国军。后唐复曰保义。宋仍曰陕州，亦曰保平军，领陕县等县七。

商州，唐曰商州。宋因之，领上洛等县五。

乾州，唐末置乾州。宋因之。熙宁五年省。政和八年，复置醴州，领奉天等县五。

耀州，五代初，李茂贞置，又为义胜军治，兼领鼎州。朱梁曰崇州，又改军号曰静胜军。后唐改曰顺义军。宋仍曰耀州，亦曰感义军，又为感德军，领华原等县六。

丹州，唐曰丹州。宋因之，领宜川等县三。宜川，即唐义川县也。

延州，唐末保塞军治。朱梁曰忠武军。后唐曰彰武军。宋仍曰延州，亦曰彰武军。元祐四年，升为延安府，领肤施等县七。又元丰七年，置绥德军，即唐故绥州也。崇宁四年，又置银州。明年，罢为银州城，今绥德州米脂县西百五十里永乐城是。《宋志》：宋初有绥、银、灵、夏、静、盐、宥、胜、会诸州。至道以后，渐没于西夏。

鄜州，唐末保大军治。宋仍曰鄜州，亦曰保大军，领洛交等县四。

坊州，唐曰坊州。宋因之，领中部等县二。

邠州，唐末为静难军治。宋仍曰邠州，亦曰静难军，领新平等县五。

宁州，唐曰宁州。宋因之，亦曰兴宁军，领安定等县三。

泾州，唐末为彰义军治。宋仍曰泾州，亦曰彰化军，领保定等县四。

原州，唐曰原州。宋因之，领临泾等县二。临泾，今平凉府镇原县东六十里有故城。

庆州，唐曰庆州。宋因之，亦曰庆阳军。宣和七年，升为庆阳府，领安化等县三。又元符三年，置定边军，领定边县一，今庆阳府北三百里有废定边城。

环州，五代晋置威州。周曰环州，又降为通远军。宋淳化五年，复为环州，领通远县一，今庆阳府环县也。

渭州，唐原州地，后移置渭州于此。宋因之，亦曰平凉军，领平凉等县五，今平凉府治是也。又庆历三年，置德顺军，领陇干县一，今平凉府静宁州是。又元符二年，置西安州，今固原州西北二百三十里西安所是也。是年，又收复唐会州地，复置会州。崇宁三年，置敷文县为州治云。

仪州，后唐置义州。宋曰仪州，领华亭等县三。熙宁五年，省入渭州。华亭，今平凉府属县。

凤州，唐末感义军治。前蜀改为武兴军，兼领兴、文二州。后唐军废。后蜀为威武军。宋仍曰凤州，领梁泉等县三。

阶州，唐曰阶州。宋因之，领福津等县二。今阶州东六十里有福津故城。

成州，唐曰成州。宋因之。宝庆中，升为同庆府，领同谷等县四。

秦州，唐末为天雄军治。前蜀因之，改领阶、成二州。后唐曰雄武军。宋仍曰秦州，亦曰雄武军，领成纪等县四。成纪，今秦州治也。又嘉定初，置天水军，领天水县一，寄治成州境内。九年，移治故天水县，在今秦州西南七十里。○巩州，唐故渭州也。熙宁五年收复，置通远军。崇宁三年，升为巩州，领陇西等县三。陇西，今为巩昌府治。又熙州，唐临州也，后陷于吐蕃。熙宁五年收复，置熙州，亦曰镇洮军，领狄道县一。又河州，亦唐故州也。熙宁六年收复，仍置河州，领枹罕县一。九年，县废。崇宁四年，置宁河县隶焉。废宁河县，在今河州南六十里。又兰州，亦唐故州也。宋元丰四年收复，仍置兰州，领兰泉县一。兰泉，即唐州治五泉县。〇岷州，亦唐故州也。宋熙宁六年收复，仍置岷州，领祐川等县三。祐川废县，在今岷州卫东。绍兴初，没于金。十二年，复得之，改置西和州，领长道等县三，今巩昌府西和县是也。又洮州，亦唐故州也。元符二年收复。大观二年，仍置洮州。又廓州，亦唐故州也。元符二年收复，曰宁塞城。崇宁三年，仍置廓州，领广威县一，县旋废。又乐州，唐故鄯州地也。元符二年收复，置湟州，亦曰向德军。宣和初，改为乐州，在今西宁卫东南二百里。又西宁州，唐鄯州也。元符二年收复，仍置鄯州，亦曰陇右节度。崇宁三年，曰陇右都护府，又改鄯州为西宁州，复曰宾德军，领湟水县一，县旋废，即唐故州治也。又震武军，本鄯州地，政和六年置军，在今废乐州北。又积石军，本廓州地，大观二年置军，在今废廓州西百八十里。

保安军，本唐延州永康镇。宋置保安军。今为延安府保安县。

镇戎军，唐原州旧治也。宋至道二年置军于此，今为镇原县。又大观二年，置怀德军于平夏城，在今镇原县西八十里。

开宝监，本凤州之两当县。建隆二年，置银冶。开宝五年，升为监。元丰中废。今县属陕西徽州。

沙苑监。唐置沙苑马监。宋因之。今同州朝邑南十七里有沙苑城。

淮南路：东至海，西距汉，南濒江，北据淮。统州十七，军四，监二。

扬州，唐淮南节度治，淮南曰江都府。南唐因之。宋仍曰扬州，亦曰淮南节度，领江都等县三。又建隆初，置天长军，至道初废。建炎初复置，寻废，以县属招信军，今泗州天长县也。

楚州，唐楚州。宋因之，领山阳等县四。又宝庆三年，升宝应县为州，即今高邮州属县。是年，又升州治山阳县为淮安军。景定初，改曰淮安州。又咸淳九年，置清河军，领清河县一，今淮安府属县也。

濠州，南唐曰定远军。宋仍曰濠州，领钟离等县三。又宝祐五年，置怀远军，领金山县一，今凤阳府怀远县也。

寿州，淮南曰忠正军。南唐曰清淮军。五代周复曰忠正军。宋仍曰寿州，亦曰忠正军。政和六年，升为寿春府，领上蔡等县五。乾道三年，府还治寿春，亦曰安丰军，领寿春等县四。上蔡废县，在今寿州北三十里。又政和八年，置六安军，领六安县一，即今庐州府六安州也。绍兴十二年，又置安丰军，领安丰等县三。三十二年，改领安丰县一。乾道三年，军废，今州南六十里废安丰县是。

光州，唐曰光州。宋因之，亦曰光山军。绍兴二十八年，改曰蒋州，领定城等县四。

黄州，唐曰黄州。宋因之，领黄冈等县三。

蕲州，唐曰蕲州。宋因之，领蕲春等县五。

舒州，南唐曰永泰军。宋仍曰舒州，亦曰德庆军，又为安庆军。庆元初，升安庆府，领怀宁等县五。

庐州，淮南曰昭顺军。南唐曰保信军。后周因之。宋仍曰庐州，亦曰保信军，领合肥等县三。又绍兴十二年，置镇巢军，领巢县一。今县属无为州。

和州，唐曰和州。宋因之，领历阳等县三。

滁州，唐曰滁州。宋因之，领清流等县三。

海州，唐曰海州。宋因之，领朐山等县四。端平二年，尝徙治东海县。景定二年，复置西海州于朐山。宋末有东西二海州，谓此。东海废县，在今海州东十九里。

泗州，淮南曰静淮军。宋仍曰泗州，领临淮等县五。又建炎三年，置招信军，领盱眙等县二。盱眙，今泗州属县。又咸淳七年，置淮安军，领五河县一。五河，今凤阳府属县也。

亳州，唐曰亳州。宋因之，亦曰集庆军，领谯县等县七。

宿州，唐曰宿州。宋因之，亦曰保静军，领符离等县四。

泰州，南唐置泰州。宋因之，领海陵等县四。

通州，五代周置通州。宋因之，领静海等县二。静海，周故治也。

建安军，南唐时为迎銮镇，属扬州。宋乾德三年，置建安军。大中祥符六年，升为真州，领扬子等县二。今扬州府仪真县也。

涟水军唐初尝置涟水，寻废。宋太平兴国三年，置涟水军，后废置不一。景定初，升为安东州，领涟水县一。今淮安府安东县。

高邮军，本扬州高邮县。宋开宝四年置军，后废置不一。建炎四年，升为承州，州寻废，仍曰高邮军，领高邮等县二。今扬州府高邮县也。

无为军，本庐州城口镇。宋淳化初置军，领无为县一，今庐州府无为州也。

利丰监，本通州盐场。宋置监于此。在今通州南三里。

海陵监。本泰州盐场。宋置监于此，亦曰西溪盐仓。在今泰州东北百里。

江南路：东限闽海，西界夏口，南抵大庾，北际大江。统州十四，军六。

昇州，淮南曰建康军，又为金陵府。南唐曰江宁府。宋仍曰昇州，亦曰建康军。建炎三年，升为建康府，领上元等县五。

太平州，南唐置新和州，又曰雄远军。宋改为南平军。太平兴国二年，升为太平府，领当涂等县三。当涂，今太平府治。

宣州，唐末为宁国军治。宋仍曰宣州，亦曰宁国军。乾道二年，升为宁国府，领宣城等县六。

歙州，唐曰歙州。宋因之。宣和三年，改为徽州，领歙县等县六。

池州，南唐曰康化军。宋仍曰池州，领贵池等县六。贵池，即唐州治秋浦县。

饶州，淮南曰安化军。南唐曰永平军。宋仍曰饶州，领鄱阳等县六。

信州，唐曰信州。宋因之，领上饶等县六。

抚州，淮南曰昭武军，亦曰武威军。宋仍曰抚州，领临川等县五。

江州，淮南曰奉化军。宋仍曰江州。建炎初，曰定江军，领德化等县五。德化，即唐州治浔阳县。

洪州，唐末为镇南军治。淮南、南唐因之，后又升为南昌府。宋仍曰洪州，亦曰镇南军。隆兴三年，升为隆兴府，领南昌等县八。

袁州，唐曰袁州。宋因之，领宜春等县四。

筠州，南唐置筠州。宋因之。宝庆初，改曰瑞州，领高安等县三。高安，今瑞州府治。

吉州，唐曰吉州。宋因之，领庐陵等县八。

虔州，淮南曰百胜军。南唐曰昭信军。宋仍曰虔州，亦曰昭信军。绍兴二十二年，改曰赣州，领赣县等县十。

广德军，唐初置桃州，后废。太平兴国四年，置广德军，领广德等县二。今江南广德州。

南康军，本江州星子县。太平兴国七年，置南康军，领星子等县三。今南康府。

兴国军，本鄂州永兴县。太平兴国二年，置永兴军。明年曰兴国军，领永兴等县三。今武昌府兴国州也。

临江军，本筠州清江县。淳化五年，置临江军，领清江等县三。今临江府。

南安军本虔州大庾县。淳化初，置南安军领大庾等县三。今南安府。

建昌军。南唐曰建武军。宋改曰建昌军，领南城等县二。今建昌府。

湖南路：东据衡岳，西接蛮獠，南阻五岭，北界洞庭。统州七，监一。

潭州，唐末武安军治。后周曰武清军。宋仍曰潭州，亦曰武安军，领长沙等县十二。

衡州唐曰衡州。宋因之，领衡阳等县五。又绍兴九年，置茶陵军，兼领酃县，今长沙府茶陵州也。酃县，今仍属衡州府。

道州，唐曰道州。宋因之，领营道等县四。

永州，唐曰永州。宋因之，领零陵县等县三。

邵州，唐曰邵州。宋因之。宝庆初，升为宝庆府，亦曰宝庆军，领邵阳等县二。又崇宁五年，置武冈军，领武冈等县三，今宝庆府武冈州也。

郴州，唐曰郴州。宋因之，领郴县等县四。

全州，五代晋时马氏置。宋因之，领清湘等县二。清湘，即马氏旧州治

桂阳监。唐末置。宋因之。绍兴三年，升为桂阳军，领平阳等县

二。平阳,今桂阳州治也。

　　湖北路：东尽鄂渚,西控巴峡,南抵洞庭,北限荆山。统府一,州九,军二。

　　江陵府,唐荆南军治。宋仍曰江陵府,亦曰荆南节度。建炎四年,改为荆南府。淳熙中复故,领江陵等县八。

　　鄂州,唐为武昌军治。淮南、南唐因之。宋仍曰鄂州,亦曰武清军,寻复曰武昌军,领江夏等县七。又嘉定十五年,置寿昌军,领武昌县一,今武昌府属县也。

　　岳州,唐曰岳州。宋因之,亦曰岳阳军。绍兴二十五年,改曰纯州,又改军号曰华容,寻复旧,领巴陵等县四。

　　复州,唐曰复州。宋因之,领景陵等县二。景陵,今沔阳州属县。

　　安州,朱梁为宣威军治,兼领复、郢二州。后唐改曰安远军,石晋军废。汉复曰安远军,后周又废。宋仍曰安州,亦曰安远军。宣和初,改为德安府,领安陆等县五。

　　朗州,唐末为武平军治。五代梁时,马殷奏改永顺军。后唐复曰武平军。宋仍曰朗州,亦曰常德军。大中祥符五年,改为鼎州。乾道初,升为常德府,领武陵等县三。

　　澧州,唐曰澧州。宋因之,领澧阳等县四。

　　峡州,唐曰峡州。宋因之,领夷陵等县四。

　　归州,唐曰归州。宋因之,领秭归等县三。

　　辰州,唐曰辰州。宋因之,领沅陵等县四。又沅州,本唐溆州也。宋初没于蛮,讹为懿州。熙宁七年收复,仍曰沅州,领卢阳等县四。卢阳,今沅州治也。又熙宁九年,复唐溪洞诚州。元丰四年,仍置诚州。元祐二年,废州为渠阳军,寻又废为寨,属沅州。七年,复置诚州。崇宁二年,改为靖州，领永平等县三，即今靖州也。又宝祐六年，筑黄平为镇远州，属湖北路，或以为即今贵州之镇远府。

汉阳军，唐曰沔州，后废。五代周置汉阳军。宋因之，领汉阳等县二，即唐沔州治也。

荆门军。唐初置基州，后废。五代时，高氏置荆门军。宋因之，领长林等县二。今承天府荆门州。

两浙路：东至海，南接岭岛，西控震泽，北枕大江。统州十四，军二。

杭州，唐末镇海军治。宋仍曰杭州，亦曰宁海军。绍兴四年，升为临安府，领钱塘等县九。

睦州，唐曰睦州。宋因之，亦曰遂安军。宣和初，曰建德军。三年，又改为严州。咸淳初，升为建德府，领建德等县六。

湖州，唐末置忠国军。五代周时，吴越改为宣德军。宋仍曰湖州，亦曰昭庆军。宝庆初，又改曰安吉州，领乌程等县六。

秀州，五代晋时，吴越置秀州。宋因之。庆元初，升为嘉兴府。嘉定初，又为嘉兴军节度，领嘉兴等县四。嘉兴，即吴越秀州治也。

苏州，五代时，吴越置中吴军，治此，遥领常、润二州。宋仍曰苏州，亦曰平江军。政和三年，升为平江府，领吴县等县六。

常州，唐曰常州。宋因之，领武进等县四。又德祐初，置南兴军，领宜兴县一，今常州府属县也。

润州，唐镇海军治，后移治杭州。淮南复置镇海军于此。宋仍曰润州，亦曰镇江军。政和三年，升为镇江府，领丹徒等县三。

越州，唐末为镇东军治。宋仍曰越州，亦曰镇东军。绍兴初，升为绍兴府，领会稽等县八。

婺州，五代晋时，吴越置武胜军。宋仍曰婺州，领金华等县五。

衢州，唐曰衢州。宋因之，领西安等县五。西安，即唐州治西安县。

处州，唐曰处州。宋因之，领丽水等县六。丽水，即唐州治括苍县也。

温州，五代晋时，吴越置静海军。宋仍曰温州。政和七年，升为应道军节度。建炎初，罢军额。咸淳初，升为瑞安府，领永嘉等县四。

台州，唐末曰德化军。宋仍曰台州，领临海等县五。

明州，五代梁时，吴越置望海军。宋仍曰明州，亦曰奉国军。绍兴二年，升为庆元府，领鄞县等县五。鄞县，即唐州治鄮县也。

江阴军，淮南置江阴军。宋因之，领江阴县一。今属常州府。

顺化军。吴越置衣锦军。宋改曰顺化军，领临安县一。临安，见前。

福建路：东南际海，西北据岭。统州六，军二。

福州，唐末威武军治。五代周时，吴越改曰彰武军。宋仍曰福州，亦曰威武军。德祐二年，升为福安府，领闽县等县十二。

建州，唐建州。五代时王延政曰镇武军。南唐曰永安军，又改曰忠义军，兼领汀、建二州。宋仍曰建州，亦曰建宁军。绍兴三十二年，升为建宁府，领建安等县七。

泉州，唐泉州。五代晋时，南唐置清源军，兼领漳州。宋仍曰泉州，亦曰平海军，领晋江等县七。

漳州，唐漳州。南唐改曰南州。宋仍曰漳州，领龙溪等县四。龙溪，即今漳州府治也。

汀州，唐曰汀州。宋因之，领长汀等县五。

南剑州，五代晋时，王延政置镡州。南唐曰剑州。宋曰南剑州，领剑浦等县五。剑浦，即王延政所置龙津县也。

兴化军，本泉州之游洋镇。太平兴国四年，置太平军，寻改曰兴化军。德祐二年，又升为兴安州，领莆田等县三。今兴化府。

邵武军。本建州之邵武县。太平兴国四年，置邵武军，领邵武等县四。今邵武府。

西川路：东距峡江，西控生番，南环泸水，北阻岷山。统府一，州二十四，军三，监一。

成都府，唐西川节度治。太平兴国六年，仍曰益州。端拱初，复为成都府，亦曰剑南西川节度，领成都等县九。

蜀州，唐曰蜀州。宋因之。绍兴十年，升崇庆军节度。淳熙四年，升为崇庆府，领晋源等县四。

彭州，唐末为威戎军治。宋仍曰彭州，领九陇等县三。

汉州，唐曰汉州。宋因之，领雒县等县四。

绵州，唐曰绵州。宋因之，领巴西等县五。又政和七年，置石泉军，领石泉等县三。石泉，今龙安府属县。

梓州，唐东川节度治。前蜀曰武德军。宋仍曰梓州，亦曰静戎军，又为静安军，寻曰剑南东川节度。重和初，升为潼川府，领郪县等县九。

遂州，唐末为武信军治。前、后蜀因之。宋仍曰遂州，亦曰武信军。政和五年，升为遂宁府，领小溪等县五。小溪，即唐州治方义县也。

荣州，唐曰荣州。宋因之。绍熙初，改绍熙府，领荣德等县四。荣德，即唐州治旭川县也。

简州，唐曰简州。宋因之，领阳安等县二。

资州，唐曰资州。宋因之，领盘石等县四。

陵州，唐曰陵州。宋因之。熙宁五年，废为陵井监。宣和四年，改曰仙井监。隆兴初，改曰隆州，领仁寿等县二。

普州，唐曰普州。宋因之，领安岳等县三。

果州，后蜀置永宁军于此，兼领通州。宋仍曰果州。宝庆三年，升为顺庆府，领南充等县三。

合州，唐曰合州。宋因之，领石照等县五。石照，即唐州治石镜县。

渠州，唐曰渠州。宋因之，领流江等县三。

昌州，唐曰昌州。宋因之，领大足等县三。

泸州，唐曰泸州。宋因之，亦曰泸州军。景定二年，改曰江安州，领泸川等县三，兼领羁縻州十八。又熙宁八年，置淯井监。政和四年，升为长宁军，今叙州府长宁县也。又大观三年，置纯州，领九支等县二。又置磁州，领承流等县二。宣和三年，二州俱废。今泸州西南境有九支、承流等废县。

戎州，唐曰戎州。宋因之。政和四年，改曰叙州，领宜宾等县四，兼领羁縻州三十。又政和三年，增置祥州，领庆符等县二。宣和三年，州废。庆符，今叙州府属县。

眉州，唐曰眉州。宋因之，领眉山等县四。眉山，即唐州治通义县。

嘉州，唐曰嘉州。宋因之。庆元二年，升为嘉定府，又为嘉庆军，领龙游等县五。

邛州，唐末为永信军治。宋仍曰邛州，领邛县等县六。

雅州，后蜀置永信军于此，兼领黎、邛二州。宋仍曰雅州，领严道等县五，并羁縻州四十四。

黎州，唐曰黎州。宋因之，领汉源等县二，兼领羁縻州五十四。

茂州，唐曰茂州。宋因之，领汶山等县二，兼领羁縻州十。熙宁十年，又置威戎军，领汶川县一。政和七年，改曰咸宁军。宣和三年，军废。汶川，今茂州属县也。又政和六年，于羁縻直州置寿宁军，八年军废，今州西北五里废寿宁砦是也。

维州，唐曰维州。宋因之。景德三年，改曰威州，领保宁等县二。保宁，即唐州治薛城县也。又兼领羁縻保、霸二州，二州本唐故州。政和四年，于故保州改置祺州，领春祺县一。又于故霸州改置亨州，领嘉会县一。宣和三年，二州俱废。又熙宁九年，置通化军。宣和二年，改隶威州。在今州西北一百七十里。

永康军，唐置镇静军。后蜀曰灌州。宋乾德四年，改为永安军。太平兴国三年，曰永康军，领导江等县二。导江，今成都府灌县也。

怀安军，本简州金水县。宋乾德五年，置怀安军，领金水等县二。金水，今成都府新都县东南七十里废县是也。

广安军，唐为渠州渠江县。宋开宝二年，置广安军。咸淳三年，改曰宁西军，领渠江等县三，今顺庆府广安州也。

富顺监。唐为泸州富义县。宋乾德四年，升为富义监，掌盐利。太平兴国初，改曰富顺监，领富顺县一。熙宁初，县废。

峡西路：东接三峡，西抵阴平，南扼群獠，北连大散。统府一，州二十，军二，监一。

兴元府，唐山南西道治。前蜀改曰天义军，旋复故。宋仍曰兴元府，亦曰山南西节度，领南郑等县四。又至道二年，置大安军，领三泉县一，三年军废，绍兴三年复置，今宁羌州沔县西八十里三泉故城是也。

洋州唐末武定军治。后蜀曰源州。宋仍曰洋州，亦曰武定军，寻改曰武康军，领兴道等县三。兴道，今汉中府洋县治也。

兴州，唐曰兴州。宋因之。开禧三年，改为沔州，领顺政等县二。

利州，唐末昭武军治。前、后蜀因之。宋仍曰利州，亦曰昭武军，又改为宁武军，领绵谷等县四。

阆州，后周置保定军治此，兼领果州。后蜀因之，改领剑州。宋仍曰阆州，亦曰安德军，领阆中等县七。

剑州，唐曰剑州。宋因之。绍兴二年，升普安军节度。绍熙初，又升为隆庆府，领普安等县六。

文州，唐曰文州。宋因之，领曲水县一。

龙州，唐曰龙州。宋因之。政和五年，改曰政州。绍兴初，复曰龙州，领江油等县二。

巴州，唐曰巴州。宋因之，领化成等县五。

集州，唐曰集州。宋因之，领难江等县三。熙宁五年，废入巴州。

蓬州，唐曰蓬州。宋因之，领蓬池等县四。蓬池，即唐州治大寅县也。

壁州，唐曰壁州。宋因之，领通江等县三。熙宁五年，废入巴州。通江，即唐州治诺水县。

渝州，唐曰渝州。宋因之。崇宁初，改曰恭州。淳熙初，升为重庆府，领巴县等县三。又熙宁八年，置南平军，领南川等县二，即唐故南州也。又大观二年，置溱州，领溱溪等县二。宣和二年，州废。溱溪，即唐故溱州治营懿县也。宋时，南、溱等州俱为羁縻州云。

夔州，前蜀为镇江军治，兼领忠、万、施三州。后唐改曰宁江军。后蜀因之。宋仍曰夔州，亦曰宁江军，领奉节等县二。

忠州，唐曰忠州。宋因之。咸淳初，升为咸淳府，领临江等县三。

万州，唐曰万州。宋因之，领南浦等县二。

开州，唐曰开州。宋因之，领开江等县二。

达州，唐曰通州。宋乾德三年，改曰达州，领通川等县六。

涪州，前蜀移置武泰军于此，兼领黔州。宋仍曰涪州，领涪陵等县三。

施州，唐曰施州。宋因之，领清江等县二。

黔州，唐末武泰军治此。宋仍曰黔州，亦曰武泰军。绍定初，升为绍庆府，领彭水等县二，羁縻州四十九。○珍州，本唐故州也。宋大观二年，开蛮地，复置珍州，领乐源县一。乐源，即唐州治营德县也。又置承州，即唐故夷州，领绥阳等县五。宣和三年，州废，又置遵义军，领遵义县一，亦唐故县也，宣和三年废。今遵义府东废遵义县是。○思州，亦唐故州。政和八年复置，领务川等县三。又播州，亦唐故州也，大观三年复置，领播川等县三。宣和三年，播州废。端平以后复置，寻又废。嘉熙三年复置。

云安军，本夔州府云安县。开宝六年置军，领云安县一。今夔州府属县。

梁山军，本万州屯田务。开宝二年置军，领梁山县一。梁山，今属夔州府。

大宁监。唐夔州地。宋开宝六年，置大宁监，兼领大昌县一。大宁、大昌，今并属夔州府。

广东路：东南据大海，西北距五岭。统州十六。

广州，唐末为清海军治。宋仍曰广州，亦曰清海军，领南海等县八。

连州，唐曰连州。宋因之，领桂阳等县三。

韶州，唐曰韶州。宋因之，领曲江等县五。

南雄州，南汉置雄州。宋开宝四年，曰南雄州，领保昌等县二。保昌，南汉州治也。

英州，南汉置英州。宋因之。庆元四年，升为英德府，领浈阳等县二。浈阳，南汉州治。

桢州，唐曰循州。南汉曰桢州。宋因之。天禧中，改曰惠州，领归善等县四。

循州，南汉改置循州于此。宋因之，领龙川等县三。龙川，南汉旧治也。

梅州，南汉置敬州。宋开宝四年，改曰梅州，领程乡县一。程乡，南汉州治也。

潮州，唐曰潮州。宋因之，领海阳等县三。

端州，唐曰端州。宋因之，亦曰兴庆军。重和初，升为肇庆府，亦曰肇庆军，领高要等县二。

康州，唐曰康州。宋因之。绍兴初，升为德庆府。又为永庆军节度，领端溪等县二。

新州，唐曰新州。宋因之，领新兴县一。

春州，唐曰春州。宋因之，领阳春县一。熙宁六年，州废。

恩州，唐曰恩州。宋因之。庆历八年，曰南恩州，领阳江等县二。

封州，唐曰封州。宋因之，领封川等县二。

贺州。唐曰贺州。宋因之，领临贺等县三。

广西路：东北距岭，南控交趾，西抚蛮獠。统州二十六。

桂州，唐末为静江军治。宋仍曰桂州，亦曰静江军。绍兴三年，升为静江府，领临桂等县十一。

昭州，唐曰昭州。宋因之，领平乐等县四。

梧州，唐曰梧州。宋因之，领苍梧县一。

龚州，唐曰龚州。宋因之，领平南等县三。绍兴六年，废入浔州。

藤州，唐曰藤州。宋因之，领镡津等县二。

白州，唐曰白州。宋因之，领博白县一。绍兴六年，废入郁林州。

容州，唐曰宁远军。宋仍曰容州，亦曰宁远军，领普宁等县三。普宁，今容县治也。

郁林州，唐曰郁林州。宋因之，领南流等县二。南流，今郁林州治也。

浔州，唐曰浔州。宋因之，领桂平县一。

贵州，唐曰贵州。宋因之，领郁林县一。郁林县，即唐州治郁平县。

横州，唐曰横州。宋因之，领宁浦等县二。

邕州，唐末为岭南西道节度治。朱梁时，岭南奏置建武军。宋仍曰邕州，亦曰建武军，领宣化等县二，兼领羁縻州四十四。

宾州，唐曰宾州。宋因之，领领方等县三。

象州，唐曰象州。宋因之，领阳寿等县四。阳寿，今象州治也。

柳州，唐曰柳州。宋因之，领马平等县三。

融州，唐曰融州。宋因之，亦曰清远军，领融水等县二，羁縻州一，曰乐善。今融县北废乐善砦是。又崇宁四年，开蛮地置怀远军，寻升为平州，领怀远县一，今柳州府怀远县是也。又置允州，领安口县一，在今怀远县西。又置格州，领乐古县一。明年，改曰从州，在今怀远县西北境。政和以后，皆废置不一。

宜州，唐曰宜州。宋因之，亦曰庆远军。咸淳初，升为庆远府，领龙水等县四,兼领羁縻州、军、监十三。又大观初,开蛮地置庭州,领怀恩县一,今庆远府河池州是也。又置孚州,领归仁县一,在今庆远府那地州东。又于羁縻南丹州,改置观州,四年,移州治高峰砦,今庆远府南丹州也,州东有高峰砦。又置溪州于思恩县之带溪砦,今河池州思恩县北有废溪州。其后俱废置不一。时又置兑州,领万松县一;置隆州,领兴隆县一。宣和三年俱废,以其地隶邕州。或曰二州,今庆远府东兰州境地。又《宋志》,崇庆五年,兰州来纳土,即东兰州也。又文州来纳土,其地亦在东兰州南。又那州、地州亦俱来纳土。那州,盖在地州之西北,今并为庆远府之那地州。《会要》云:大观初,置黔南路,领融、柳、宜、平、允、从、孚、庭、观九州。盖兰、文诸州,仍为羁縻州也。

高州,唐曰高州。宋因之,领电白等县三。电白,今高州府属县。

化州,唐曰辨州。宋太平兴国五年,改曰化州;领石龙等县二。

雷州,唐曰雷州。宋因之,领海康县一。

廉州,唐曰廉州。宋因之。太平兴国三年,降为太平军。咸平初,复故,领合浦等县二。

钦州,唐曰钦州。宋因之,领灵山等县二。灵山,今钦州府属县。

琼州,唐曰琼州。宋因之,领琼山等县四。又大观初,置镇州于黎母山心,亦曰靖海军,领镇宁县一。政和初废,因以琼州为靖海军。黎母山,今琼州府南境五指山也。

儋州,唐曰儋州。宋因之。熙宁六年,降为昌化军。绍兴三年,改曰南宁军,领宜伦等县三。宜伦,即唐州治义伦县。

万安州,唐曰万安州。宋因之。熙宁七年,降为万安军,领万宁等县三。万宁,即唐州治万安县。

崖州。唐曰崖州。宋因之。熙宁六年,降为朱崖军。绍兴十三年,改曰吉阳军,领宁远等县二。宁远,本唐振州治也。又大观初,置延德军，领通远等县二。政和初军废。今崖州感恩县境有废延德县及废通远砦。

○凡府、州、军、监三百二十有一，县一千一百六十二。羁縻州县不在此列。东、南皆至海，西尽巴僰，今马湖府，古僰国也。北极三关，见周世宗北奠三关。东西六千四百八十五里，南北一万一千六百二十里。

司马光曰：自周室东迁，王政不行，诸侯逐进，凡百五十年而合于秦。秦虐用其民，十有一年，而天下乱，又八年而合于汉。汉为天子，二百有六年而失其柄。王莽盗之，十有七年，而复为汉，更始不能有。光武诛除僭伪，凡十有四年然后能一之。又一百五十三年董卓擅朝，州郡更相吞噬。至于魏氏，海内三分，凡九十有一年而合于晋。晋得天下，才二十年，惠帝昏愚，群夷乘衅，散为六七，聚为二三，凡二百八十有八年而合于隋。隋得天下，才二十有八年，炀帝无道，九州幅裂，八年而天下合于唐。唐得天下，一百三十年，明皇恃其承平，荒于酒色，渔阳窃发，四海横流。肃、代以降，方镇跋扈，陵迟至于五代，朝成夕败，有如逆旅。太祖起而振之，东征西伐，大勋未集，太宗嗣而成之，凡二百二十有五年，然后大禹之迹，复混而为一。由是观之，上下一千七百馀年，天下一统者，五百馀年而已。

○然契丹未靖，夏孽方张。东北常以关南、高阳关南也，亦曰顺安军，见上河北路。瀛州、亦曰河间。常山、镇州，郡名曰常山。棣州、亦见河北路。雁门代州，郡名曰雁门。为重镇，西北常以鄜延、鄜、延二州。环庆、环、庆二州。原渭、原、渭二州为重镇。庆历初，以夏人为患，分陕西为四路：曰鄜延，治延州；曰环庆，治庆州；曰泾原，治渭州；曰秦凤，治秦州。皆以重臣镇守。八年，又分河北为四路：曰定州，曰高阳，曰大名，曰真定，以厚边防。

史略：太平兴国四年，平北汉，遂乘胜趋幽蓟，败还。雍熙三年，复遣曹彬等分道伐契丹，彬等出雄州，田重进等出飞狐，潘美等出雁门。复败却。端拱二年，易州复为契丹所陷，先是周世宗复易州。宋初，易州仍为契丹所取。太宗攻幽州，收易、涿及蓟、顺四州。军还，惟易州为宋守。及曹彬进军，复取涿州，而潘美亦取寰、朔、云、应诸州。师还，涿、易二州犹属于宋。端拱初，契丹陷涿州，至是复陷易州。诏群臣上备戎策。宋琪言：国家取燕，于雄、霸直进，非吾战地，如今大军于易州循孤山，孤山，或曰即涿州房山县西十五里之大房山，易州趋涿州之道也。涉涿水，在今涿州城北。抵桑乾河，在顺天府西南三十五里，今曰芦沟河。详北直大川。出安礼寨，在顺天府西南三十里。则东瞰燕城，才及一舍。此周德威取燕之路。下视孤垒，浃旬必克。山后八州八州，见石晋燕云十六州注。闻蓟门不守，蓟门，见唐河北道榆关蓟门。势必尽降矣。时不能用。自是河北诸州，屡被契丹寇陷。景德初，澶渊议和，边患始弭。澶渊，即澶州也。○又太平兴国七年，夏州留后李继捧始以银、夏、绥、宥四州来献，继捧，本党项别部，姓拓跋氏。唐广明三年，拓跋思恭为宥州刺史，起兵讨黄巢，以功授定难节度。其弟思谏代之，赐姓李。思恭以后，世有夏州地，九传至继捧。其族弟继迁复走地斤泽以叛，地斤泽，在今故夏州东北三百里。数寇边。寻请降，赐姓名赵保吉。雍熙二年，继迁陷银州，破会州，四出侵扰。寻请降，诏授银州观察使，赐姓名。既而寇掠如故，环、绥、灵、夏诸境，悉被残毁。至道二年，遣李继隆等分道讨之，不克。至道

二年，复授以定难节度使，割夏、绥、银、宥、静五州与之。静州，
见五代汉所有州。既而复叛。咸平五年，陷灵州，遂略有朔方地。时
保吉改灵州为西平府，居之。明年，宋围灵州，不克。保吉又攻西番，取
西凉府，为六谷蕃帅潘罗支所败，死。子德明嗣，乃复归款。西凉府，即
故凉州也，时为西蕃所据。天圣九年，赵元昊嗣立，益强，尽取河西
地，先是天圣六年，德明使元昊袭回鹘甘州，取之。景祐三年，元昊复攻
取回鹘瓜、沙、肃诸州。据有夏、宁、绥、宥、静、灵、盐、胜、会、甘、
凉、肃、瓜、沙等州，又增置洪、定、威、龙等州。洪州，即今镇番卫
西故苍松城，唐置洪池府兵于此，元昊因改置洪州。定州，即唐所置定
远城，见前朔方节度。威州，即唐大中间所置威州。龙州，今榆林卫西
二百五十里有龙州城。时又置韦州，亦曰静塞军，今为宁夏卫之韦州所。
及宝元初，僭称帝，国号夏，都兴庆，今宁夏镇城也。先是乾兴二年，
赵德明筑灵州怀远镇为兴州，自灵州徙居之。元昊改曰兴庆府，亦曰中
兴府。阻河依贺兰山为固。黄河，在宁夏卫城东南四十里。贺兰山，在
宁夏卫城西六十里，详见陕西名山。庆历初，复陷丰州。是时，元昊之
地，东据河，西至玉门，玉门，在今废沙州卫西北，见前。南临萧关，
在今镇原县北，见前。北控大漠，延袤万里。分置一军于河北，以备
契丹。于河南置盐州路，以备原、庆、环、渭。左厢曰宥州路，以备
鄜、延、麟、府。右厢曰甘州路，以备吐蕃、回纥。关中岁被侵掠，
官军屡败，朝廷旰食。先是，张方平上平戎策，以为宜屯重兵河
东，示以形势。贼入寇，必自延、渭，而兴州巢穴之守必虚，我师自
麟、府渡河，不十日可至。此所谓攻其所必救，形格势禁之道也。
时亦不能用。庆历四年，元昊复请和，许之。关中之困少苏。

○熙宁以后，外患渐弭，纷更内启。定天下为二十三路：先是天圣八年，改十五路为十八路，自是分合不常。元丰六年，定制为二十三路。曰京东西路，先是，京东路治开封。庆历三年，始分京东为东西两路，西路治郓州，政和四年，移治南京。又皇祐五年，以开封府及京东之曹州，京西之陈、郑、许、滑诸州，置京畿路。至和二年罢，崇宁四年复置。又以颍昌府及澶、郑、拱三州为四辅，并属京畿。大观以后，改废不一，惟开封府界自皇祐以后，皆谓之京畿路。曰京东东路，治青州。先是庆历三年，分京东为两路，既而复合。熙宁七年，又分京东为两路。曰京西北路，治河南府。曰京西南路，治襄州。庆历三年，分京西为南北两路，既而复合。熙宁五年，复分为两路。曰河北东路，治大名府。曰河北西路，治真定府。庆历八年，分河北为四路。熙宁六年，定为两路，以高阳并入大名，以定州并入真定。曰河东路，治太原府。曰陕西永兴路，治京兆府。曰陕西秦凤路，治秦州。庆历初，分陕西为鄜延、环庆、泾原、秦凤四路。熙宁五年，开边功，增置熙河路，统熙、河、洮、岷、通远诸州军。又分置永兴路，共为六路。至是定为两路，以鄜延、环庆并入永兴，泾原、熙河并入秦凤。明年，仍为六路，惟转运使则统于永兴及秦凤两路云。曰淮南东路，治扬州。曰淮南西路，治庐州。熙宁五年，始分淮南为两路。曰江南东路，治昇州。曰江南西路，治洪州。天圣八年，分江南为东西路，后不复改。曰两浙路，治杭州。熙宁七年，分两浙为东西路，西路治杭州，东路治越州，寻合为一。九年复分，十年复合。曰荆湖南路，治潭州。曰荆湖北路，治江陵府。曰西川成都路，治成都府。曰西川梓州路，治梓州。咸平四年，分西川为两路。曰峡西利州路，治兴元府。曰峡西夔州路，治夔州，亦咸平四年所分置。曰福建路，治福州。曰广南东路，治广州。曰广南西路。治桂州。大观初，分置黔南路，治融州。三年，复并入广西，曰广西黔南路。明年复故。

○盖自王安石柄用，喜言边功，而种谔取绥州，治平四年，青涧帅种谔袭夏，取绥州。时神宗初立，边衅盖始于谔也。青涧，今延安府属县。韩绛取银州，熙宁四年，绛为陕西宣抚使，使种谔取横山，即故银州地也。王韶取熙、河，熙宁五年，以韶为秦凤路沿边安抚使。明年，韶击败西羌及吐蕃之众，遂取熙河诸州，既又进取洮、叠、岩等州地。章惇取懿、洽，懿州，即沅州。洽州，在沅州西，亦羁縻蛮州也。熙宁五年，章惇为湖北察访使，因招降北江诸蛮。懿州蛮不服，惇击平之，南江诸蛮州俱顺命。谢景温取徽、诚，徽州，今靖州绥宁县。诚州，即今靖州，唐时羁縻溪洞地。熙宁九年，景温代章惇经理湖北，招两川蛮酋归附。熊本取南平，南平，即峡西路南平军。熙宁八年，本为梓夔访察使，击平渝州诸蛮，因置南平军，统溱、播诸蛮獠。郭逵取广源，广源州，在今安南境内。熙宁九年，以郭逵为安南招讨使，逵败交趾兵于富良江，取其广源、思浪诸州而还。思浪州，在广源之西。富良江，安南境内大川也。李宪取兰州，元丰四年，大举陕西、河东五路兵伐夏，以熙河经制宦者李宪总其事。宪将兵入夏境，仅取兰州而还。五路，熙河、泾原、鄜延、环庆、河东也。沈括取葭芦四寨，四寨：一葭芦，即今葭州。一米脂，今葭州属县。一细浮图，在今绥德州西六十里，宋谓之克戎城。一安疆，在今庆阳府东北二百余里。元丰四年，括知延州，因取四寨。继以王赡取邈川、即湟州。青唐、即鄯州。宁塞、即廓州。龙支，亦曰宗哥城，在今西宁卫东南八十里。元符二年，王赡为洮西安抚使，会吐蕃酋帅部曲离叛，因自河州引军西出，收邈川、青唐诸城镇。王厚复湟、鄯，元符三年，王赡所置湟、鄯诸州，复为吐蕃所据。崇宁二年，命王厚安抚洮西，因复收湟、鄯、廓诸州地。数十年中，建州、军、关、城、寨、堡不可胜纪。逮建燕山、云中两路，宣和四年，诏以山前诸州置燕山府路，统府一，曰燕山；州九，曰涿、檀、蓟、顺、易、平、营、经、景。山后诸州置云中府路，统府一，曰云中；州八，曰武、应、朔、蔚、奉圣、归化、儒、妫。燕山府，即唐幽州，契丹谓之燕京，宋改曰燕山府，亦曰永清军。涿州，亦曰威行军。檀州，亦曰镇远军。平州，亦曰抚宁军。景州，契丹所置州也，今为蓟州遵化县。经州，亦契丹所置，今为蓟州玉田县。云中府，即唐云州，契丹之南京也。奉圣州，即唐新州，契丹改曰奉圣。归化州，即唐武州也，契丹改曰归化。山后诸州，宋未能得其地，盖预置云中路以领之。而祸变旋作矣。

史略：初，女真叛辽，宋遣马政等自登、莱浮海使女真，约夹攻辽，取燕、云旧地。宣和四年，宋师压辽境，辽将郭药师以涿、易二州来降。师逾白沟，今保定府雄县北三十里白沟河，宋师入辽处也。其河西自易州，东至霸州，为宋辽分界。亦曰巨马河，亦曰界河。详见后。屡为辽人所败。女真既得云中，复取燕京，以宋师无功，止许割燕京及蓟、景、檀、顺、涿、易六州。明年，复以云中路朔、武二州归宋。时应、蔚二州已先为宋有。七年，女真将粘没喝自云中陷朔、代，先是云中诸州多谋内附，粘没喝入云中，悉夺宋所有蔚、应、武、朔诸州，遂南犯。围太原；斡离不自平州入檀、蓟，先是宋人议复石晋赂契丹地，而荣、平、滦三州，自刘守光时没于契丹，未议及也。及女真归地，遂并求之。女真不许。会辽故将张毂以平州归宋，女真复袭陷之。遂自平州趋檀、蓟，降将郭药师以燕山叛附焉。滦州，本契丹分平州置，即刘守光地也，今属永平府。尽陷燕山州县，犯中山、庆源，陷信德及相、濬二州，遂渡河陷滑州。于是东京危迫矣。

○慨李纲之谋不用，致二帝之辕不返。

史略：靖康初，金人攻东京，宋遣使议和。斡离不邀求金币及太原、中山、河间三镇，宋皆许之，而兵不退。时四方勤王之师渐至，李纲言：金人以孤军入重地，譬犹虎豹自投陷阱中。若厄河津，绝饷道，分兵复畿北诸邑，而以重兵临敌营，坚壁勿战。俟其食尽力疲，然后以一檄取誓书，复三镇，纵其北归，半渡而击之，必胜之计也。不听。金人寻引去，种师道亦请乘半渡击之，以杜后患，不从。又请合关、河卒屯沧、卫、孟、滑，关、河，谓关中及两河。备金兵再至。亦不听。又出李纲于外。既而粘没喝陷太原，长驱而南，所至降破，前锋渡孟津，今河南府孟津县，故孟津渡也。河南、永安、郑州悉陷。永安，在今河南府巩县西南四十里，宋置县，亦曰永安军。粘没喝入怀州，屯河阳。即孟州也。斡离不发保州，败宋师于井陉，见唐李光弼出井陉。陷真定，遂取汴，屯刘家寺，刘家寺或曰在开封府城东南一里。粘没喝亦自河南来会，屯青城。青城，北青城也，在开封府封丘门外北郊坛侧，宋祭天斋宫也，东京旋陷。金人立张邦昌为帝，劫上皇帝后北去。

读史方舆纪要卷八

历代州域形势八 宋下 辽金元附

〇高宗以亲王介弟，纂承遗统，帝初为康王，再使金，至磁，守臣宗泽留之，旋至相州。金人复围汴，诏拜兵马大元帅，督河北兵入援。寻次大名，趋东平，进屯济州。东京陷，二帝北狩，乃即位于南京。而崇信奸回，播弃元老。两河沦陷，关辅雕残。窜谪海滨，几于倾覆。

史略：建炎初，两河州郡，多为宋守。又召李纲为相，纲首劝帝一至京师，见宗庙，以慰都人之心。又言河北、河东，国之屏蔽，料理稍就，然后中原可保，而东南可安。请置招抚司于河北，经制司于河东，全复州郡。时黄潜善、汪伯彦用事，劝帝幸东南，帝意遂决。纲言：自古中兴之主，起于西北，则足以据中原而有东南，起于东南，则不能复中原而有西北。方今巡幸之所，关中为上，襄阳次之，建康为下。若委中原而去，岂惟金人将乘间以扰内地，盗贼亦将蜂起，跨州连邑，陛下虽欲还阙，不可得矣。今纵未能行上策，犹当且适襄邓，以示不忘故都之意。夫南阳光武所兴，有高山峻岭，可以控扼；有宽城平野，可以屯兵。西邻关陕，可以召将士；东达江淮，可以运谷粟；南通荆河、巴蜀，可以取货财；

北距三都，开封、归德、河南为三都。可以遣救援。暂议驻跸，乃还汴都，策无出于此者。若顺流而适东南，固甚安便，第恐一失中原，东南不能必其无事，虽欲退保一隅，不可得也。既而李纲罢去，帝如扬州，纲所规画，悉皆废弃。金人分道入寇。粘没喝自云中下太行，太行山，见前七国韩范睢北断太行。由河阳渡河，攻河南，分遣兵攻汉上。讹里朵、兀术等自燕山由沧州渡河，攻山东，分兵趣淮南。娄宿、撒离喝等由河中渡河攻陕西，陷潼关，时娄宿至河中，宋军扼河西岸不得渡。乃自韩城履冰过，陷同州、华州，破潼关。韩城，今同州属县。入永兴。京邑州郡，相继残破。三年，金人陷徐、泗诸州，遂逾淮而南逼扬州。帝仓卒渡江，至镇江，复走杭州。时和州防御使马扩应诏上书曰：今若西幸巴蜀，用陕右之兵，留重臣使镇江南，抚淮甸，破金贼之计，回天下之心，是谓上策。都守武昌，襟带荆、河，控引川、广，招集义兵，屯布上流，扼据形势，密约河东诸路豪杰，许以得地戍守，是为中策。驻跸金陵，备御江口，通达运漕，精习水军，厚激将士，以幸一胜，观敌事势，预备迁徙，是为下策。其倚长江为可恃，幸金贼之不来，犹豫迁延，候至秋冬，金贼再举，驱房舟楫，江淮千里，数道并进，方当此时，然后反悔，是为无策。不报。未几，兀术复分兵南寇。一自蕲、黄入江西，由江州而南，西至潭州，悉见屠灭。一自滁、和入江东，陷太平、建康，自广德趣临安。即杭州。帝航海远避。金人进陷越州、明州，又陷定海、昌国县，定海，今宁波府属县。昌国废县，在今定海县东北海中瀚洲山上。以舟师追帝于章安，章安废县，在台州府东一百十五里。不及。兀术乃掠临安，由秀州而北陷平江、常州，至镇江。韩世忠扼之于金山，金山，在镇江府城西北七里大江中。兀术危窘，仅而得济。其湖南之军，亦由荆门而北，荆门军，见湖北路。为牛皋所败。自是不敢复渡江矣。然中原群盗，乘机剽掠，割据州郡，所在连结，而江淮、湖湘以及闽越、岭表，悉为盗薮，强者或连数郡。李成据有襄、汉，杨么据有洞庭，见前。皆结连北寇。么欲顺流东下，成欲自江西陆行趋浙，与么会。又曹成据道、贺，北连豫章；范汝为据建州，逼近行在，皆为肘腋患。岳飞、韩世忠等竭力讨之，久而得平。

○嗣后诸将戮力，恢复可待，而秦桧主和，班师丧地。

史略：初，汪若海言于张浚曰：天下者，常山蛇势也。秦、蜀为首，东南为尾，中原为脊。今以东南为首，安能起天下之脊哉？将图恢复，必在川、陕。赵鼎亦言：经营中原，当自关中始。经营关中，当自蜀始。欲幸蜀，当自荆襄始。时金人已入关，西至秦、陇，悉被侵陷，复退屯同、华，东连河东，西扰诸路。张浚恐金人据陕窥蜀，则东南不可保，请置幕府于秦州，遣韩世忠镇淮东，吕颐浩扈跸来武昌，谓鄂州。为趋陕计。遂拜浚为川陕荆湖宣抚处置使，治兵兴元。建炎四年，浚遣兵复陕西军州，既而以五路之师，五路，熙河、秦凤、泾原、环庆及浚所遣统制吴玠之兵也，败于富平富平，今西安府属县。关陇六路尽没，六路，见前。惟馀阶、成、岷、凤、洮五州及凤翔之和尚原、陇州之方山原而已。和尚原，在今凤翔府宝鸡县西南三十五里，当大散关之东。方山原，在陇州西南二百里。浚退保兴州，召吴玠聚兵扼和尚原，以断敌来路；关师古等聚熙河兵，守岷州大潭。大潭废县，在今巩昌府西和县西南三百里。孙偓、贾世方等聚泾原、凤翔兵，以固蜀口。继又分陕西地，自秦凤至洋州，吴玠主之，屯仙人关，关在今汉中府凤县南百二十里。金、房至巴、达，王彦主之，屯通川；达州，亦曰通川郡。文、龙至威、茂，刘锜主之，屯巴西；绵州，亦曰巴西郡。洮、岷至阶、成，关师古主之，屯武都。即阶州。于是全蜀安堵。朝廷议浚失律之罪，罢还。时金人已立刘豫于河南，兼有陕西地，豫，景州人，仕宋知济南府。金人来攻，遂以郡降。建炎三年，金人陷京东诸郡，以豫知东平府，兼统大河以南。明年，立豫为齐帝，据大名府。绍兴二年，徙汴，尽有京东、京西及陕西诸路之地。屡邀金人入寇。绍兴四年，韩世忠大败之于大仪，大仪镇，在扬州府西七十里。金人引却。六年，岳飞屯襄、邓，屡败豫兵，上言：金人立豫于河南，盖欲以中国攻中国。愿假臣岁月，提兵趋河洛，据河阳、陕府、潼关，陕府，即陕州。号召五路叛将。五路，谓京东、京西、河东、河北及陕西诸军叛附京者。叛将既还，王师趋汴，豫必北走，京畿陕右，可以尽复。然后分兵濬、滑，经略两河，逆豫成擒，金人可灭也。会刘豫寇淮西，杨沂中大败之于藕塘，藕塘，在今凤阳府定远县东六十里。金人遂废豫，七年，金人袭汴，执豫废之。遣使议和。九年，以河南、陕西地归宋，旋叛盟入寇，尽夺所归地。于是许飞等进讨。飞发鄂州，遣诸将略京西诸郡，命梁兴渡河，纠合忠义，复两河州郡。时刘锜亦败金人于顺昌，即颍州。而韩世忠、王德等复海州、宿州。吴璘自河池凤州，亦曰河池郡。败金人于扶风，今凤翔府属县。进克秦州。杨政自巩州进拔陇州，破岐下诸屯。郭浩自延安复华州，时金以陕西来归，宋因分遣诸将，屯熙秦、鄜延诸路。既而金将撒离喝入同州、永兴，西据凤翔，浩等诸军皆隔在敌后，于是自延安南拔华州。入陕州。飞遂遣兵东援刘锜，西援郭浩，而自以其军长驱阚中原，破金人于蔡州，复其城。诸将所至克捷，西京、汝、郑、颍昌、淮宁东至曹州，皆下。颍昌，即许州。淮宁，即陈州。飞大军屯颍昌，以轻骑败兀术于郾城，今许州郾城县。又败之于临颍，许州临颍县。兀术遁去。梁兴败金人于垣曲，今平阳府绛州垣曲县。又败之于沁水，今泽州沁水县。遂复怀、卫州，断太行道，绝金人山北、河东之路，金人大惧。飞进军朱仙镇，在今开封府南四十五里。距汴京四十五里，兀术来战，复败去。于是两河响应，敌中将帅，皆来降附。兀术谋弃汴去。飞方指日渡河，期抵黄龙。黄龙府，见五代晋契丹南牧注。而秦桧主和，请画淮以北弃之，诏飞班师。飞不得已还镇，所得州郡，旋复陷没。吴璘亦奉诏班师，弃所得州郡而还。自是金人屯田治兵于中原，而王师不复问京、洛矣。

○仇耻不复，湖山燕衎，良可嘅也。

史略：初，张浚言：东南形势，建康为最。临安僻在一隅，内则易生玩肆，外则不足号召远近，系中原之望。请幸建康，以图恢复。李纲言：自昔用兵成大业者，必据地利，而不肯先退。楚汉相距于荥阳、成皋间俱见前，汉虽屡败，不退尺寸之地。既割鸿沟，在荥阳县南。见前七国魏南有鸿沟。羽引而东，遂有垓下之变。见项羽走垓下。袁、曹战于官渡，官渡，在开封府中牟县东北十二里。旧《志》云：鸿沟之水，分为官渡。操虽兵弱粮乏，苟或止其退避。既焚绍辎重，绍引而归，遂丧河北。由此观之，岂可望风怯敌，遽自退屈哉？

〇是时，舆地登于职方者，东尽明、越，西抵岷、嶓，岷山，在今成都府茂州西北，见前。嶓冢山，在汉中沔县西北二十里，详陕西名山嶓山。**南斥琼、崖，北至淮、汉**。绍兴十一年，与金人分界。自散关及淮水中流以北，尽割畀金，于是弃京西唐、邓二州。又割陕西商、秦之半，止存上津、丰阳、天水三县及陇西、成纪馀地。又和尚、方山二原，亦归于金。十六年，复割丰阳、乾祐二县畀金。自是遂为定界。上津，今郧阳府属县，见前。丰阳，在今商州镇安县东南。乾祐，亦在镇安县南二十里。俱废县也。馀并见前。**补短截长，分路十六**：曰**浙西**，统府三：临安、平江、镇江，州四：常、严、湖、秀也。详见前十五路。下仿此。曰**浙东**，统府一：绍兴，州六：婺、衢、处、温、台、明。《宋志》：绍兴三十二年，复分两浙为东西路。曰**江东**，统府一：建康，州六：宣、池、徽、饶、信、太平也，军二：广德、南康。曰**江西**，统州七：洪、赣、袁、江、抚、筠、吉，军四：兴国、建昌、临江、南安也。曰**淮东**，统州六：扬、泰、真、滁、通、楚，军二：高邮、招信。曰**淮西**，统府一：寿春，州七：舒、庐、和、濠、光、黄、蕲，军二：六安、无为。曰**湖南**，统州七：潭、衡、道、永、邵、郴、全，军三：武冈、桂阳、茶陵。曰**湖北**，统府二：荆南、德安，州十：鄂、岳、复、鼎、澧、归、峡、辰、沅、靖，军二：汉阳、荆门。《宋志》：绍兴初，改鄂、岳、潭、衡、永、郴、道州、桂阳军为东路，鼎、澧、辰、沅、靖、邵、全州、武冈军为西路。明年，复旧，惟北路改治鄂，寻还江陵。曰**京西**，统府一：襄阳，州四：随、房、均、郢，军二：光化、枣阳。《宋史》：京西南路旧有府一，州七，今所存止此，而京西北路则尽没于金。曰**成都**，统府一：成都，州十二：蜀、眉、嘉、汉、绵、邛、彭、黎、雅、简、威、茂；军二：永康、石泉，监一：仙井。曰**潼川**，统府二：潼川、遂宁，州九：泸、资、普、叙、昌、合、渠、果、荣，军三：怀安、广安、长宁，监一：富顺。曰利州，统府一：兴元，州十五：利、金、洋、兴、凤、阆、蓬、巴、剑、阶、文、龙、西、和、成，军二：天水、大安。《宋志》：绍兴十四年，又分利州为东西二路，东路治兴元，兼领剑、利、阆、金、洋、巴、蓬州及大安军；西路治兴州，兼领阶、成、和、凤、文、龙等州。其后分合不一。开禧二年，吴曦叛，以关外阶、成、和、凤四州附于金。明年，曦诛，遂复故境。曰夔州，统州十一：夔、恭、达、忠、开、万、涪、黔、施、播、思，军三：云安、梁山、南平，监一：大宁。曰福建，统州六：福、建、泉、汀、漳、南剑，军二：兴化、邵武。曰广东，统府二：肇庆、德庆，州十二：广、韶、惠、潮、英、连、新、封、梅、循、南雄、南恩也。曰广西。统府一：曰静江，州二十一：昭、贺、梧、藤、容、郁林、浔、贵、横、邕、宾、象、柳、融、宜、化、高、雷、廉、钦、琼，军三：万安、朱崖、南宁也。凡府、州、军、监一百九十，县七百有三，而武都、河池、兴元、襄阳、鄂州、庐州、楚州、扬州皆为重镇。

史略：初，李纲言：汉高先保关中，故能东向而与项籍争。光武先保河内，故能降赤眉、铜马之属。唐肃宗先保灵武，故能破安、史而复两京。今以东南为根本，当先料理淮甸、荆襄，以为东南屏蔽。夫六朝所以保有江左者，以强兵巨镇尽在淮南荆襄间。故以魏武之雄，苻坚、石勒之众，拓跋、宇文之盛，卒不能窥江表。后唐李氏有淮南，则可都金陵，及淮南失，而国以削弱矣。胡氏曰：避寇而徙都，未有能复振者。周自丰镐徙于东洛而不振，魏自安邑徙于大梁而不振，楚自渚宫徙于寿春而不振，刘嗣自咸阳徙于上邽而不振，赫连定自统万徙于北地而不振，李景自秣陵徙于豫章而不振。故中夏定都，必与俱存而不动。

○金亮南侵，临江不返。诸将乘之，渐辟旧疆。而史浩识短，张浚虑疏，弃地丧师，卒坚初约。

史略：初，完颜亮谋南侵，自会宁徙都燕，会宁，在今辽东三万卫东北塞外，金人之上京也。又徙都汴。绍兴三十一年，遂分道入寇。一自海道径趋临安，一自蔡州瞰荆襄，一自凤翔趋大散，又遣别将趋淮阴。谓楚州也。亮帅大军自涡口渡淮，涡口，涡水入淮之口，在凤阳府怀远县东北十五里。两淮悉陷。亮军和州，遣舟师渡采石，采石在太平府北。见前。虞允文督诸将击败之。亮因移军扬州，屯瓜洲之龟山寺，瓜洲，今扬州府南四十里瓜洲镇也。将攻京口。会乌禄自立于辽阳，辽阳，今辽东都司城，金之东京也。乌禄，阿骨打诸孙，时留守东京。金人苦亮残虐，杀亮北还。宋复收两淮地。先是魏胜聚义兵于山阳，北渡淮，取涟水军，山阳、涟水，俱见前淮南路。进复海州，直入沂州，败金兵，淮北诸邑，相率降附。金亮将渡淮，遣军急攻胜，海道总管李宝引军救胜，金兵败却。宝遂帅舟师御敌于胶西，今莱州府胶州也。至石臼岛，在今胶州南百里。大败金人，其海道之师遂绝。会金军退，宝遂与胜共攻泗州，拔之。襄阳帅吴拱亦复唐、邓、陈、蔡、许、汝、嵩等州。嵩州，即今河南府嵩县，金人置嵩州。四川宣抚使吴璘，却金兵于青野原，青野原，在今汉中略阳县北百四十里。进扼大散关，遣诸将分路下秦、陇、商、虢诸州军。时兴州府诸将复秦、陇、洮、环、巩、熙、河、兰、会及积石、镇戎、德顺等军，金州路诸将复商、虢、陕、华四州，凡十三州三军。史浩议以诸军四出，恐敌在凤翔者乘虚窥蜀。诏璘退军保蜀口，于是所得之地复失。时虞允文为川陕宣谕使，奏言：恢复莫先于陕西，陕西五路新复州郡，又系于德顺之存亡。一旦弃之，则窥蜀之路愈多，

西、和、阶、成,利害至重,不可不虑。疏入,被黜。**隆兴初,张浚督江**
淮诸将李显忠等北伐,溃于符离。符离,今宿州北二十五里有故城。
先是显忠等渡淮而北,取灵壁及虹县,进拔宿州。金人来争,显忠与别
帅邵宏渊相违异,乃引还,至符离,师大溃。溃处当在宿州东南,史家
纪载不详,以在宿州境内,故仍曰符离。灵壁,今宿州属县。虹县,今凤
阳府属县。于是和议复决,所得海、泗、唐、邓及商、秦地,悉以界
金,仍守旧境。是时,陈亮上《中兴论》,略云:攻守之道,必有奇
变。奇变之道,常因地势。今东西绵亘数千里,地形适中,无所参
错,似乎奇变难施,然必有批吭捣虚、形格势禁之道。夫齐、秦,
天下之两臂也。今西举秦,东举齐,则大河以南、长淮以北,固吾
腹中物,奈敌人以为天险而固守之。窃观襄汉者,敌之所缓,而
今日所当有事也。其地控引京、洛,侧睨淮、蔡,包括荆、楚,襟带
吴、蜀,沃野千里,可耕可守,地形四通,可左可右。诚镇抚得人,
于安、随、信、阳、光、黄列城相援,养锐以伺。一旦狂寇来犯江
淮,则荆襄之师,帅诸军进讨,袭有唐、邓诸州,屯兵颍、蔡之间,
示必绝其后。因命诸州转城进筑,如三受降城法,依吴房故城为
蔡州,吴房城,今汝宁府遂平县。使唐、邓相距各二百里,并桐柏山
以为固。桐柏山,在今南阳府桐柏县东一里。敌来则婴城固守,出奇
制变;敌去则列城相应,首尾如一。诸军进屯光、黄、安、随、襄、
郢之间,朝廷徙都建业,筑行宫于武昌,大驾时一巡幸。敌知吾意
在京、洛,则京、洛、陈、许、汝、郑之备当日增,而东西之势分,则
齐、秦之间可乘矣。四川之帅,亲率大军,以待凤翔之寇,有间,
则命骁将出祁山,以截陇右,祁山,在巩昌府西和县北七里。偏将由

子午以向长安，子午谷，在西安府西南百里，见前。金、房、开、达之师入武关以震三辅，武关在商州东，见前。则秦地可谋矣。命山东之归正者，往说豪杰，阴为内应，舟师由海道以捣其脊，彼方奔走支吾，而大军两道并进，以揕其胸，则齐地可谋矣。吾虽示形于唐、邓、上蔡，而不更谋进取，坐为东西形援，势如猿臂，彼将愈疑吾之有意京、洛，特持重以示不进，则京、洛之备愈专，而吾必得志于齐、秦矣。抚定齐、秦，则京、洛将安往哉？此所谓批吭捣虚、形格势禁之道也。就使我未为东西之举，彼必不敢离京、洛而轻犯江淮矣。

〇蒙古凭陵，金人南徙，遣将北讨，歼厥世仇。

史略：开禧二年，蒙古铁木真称帝于斡难河。河在漠北千馀里，元和宁路之东北。今名玄冥河。既并乃蛮诸部，乃蛮部，在今甘肃塞外。遂侵西夏。嘉定二年，入灵州，夏主安全请降。时西域诸国皆相率降附，蒙古乃引军而东，侵扰金人云中、九原诸城镇，破白登城。城在今大同府东北百十里。遂陷西京，今大同府，金人之西京也。进取桓、抚诸州，桓州，在今开平废卫西。抚州，今开平废卫西南四百馀里兴和故城也。尽收金人山北州郡。即山后诸州。东略至平、滦，南至清、沧，又由临潢过辽河，临潢府，辽上京也，在今朵颜卫北，辽水，在辽东都司西百六十里，辽东大川也。西南至忻、代，悉降于蒙古。寻入居庸关，在今北京昌平州西北三十里，见前。游奕至中都城下，中都，即燕京也。驱群牧监马而去。六年，蒙古复败金兵于妫川，今宣府镇怀来卫，金曰妫川县。乘胜至古北口，古北口，在今顺天府密云县东北百二十里。金人保居庸以拒之。蒙古主乃留兵屯守，而自引众趋紫荆关，关在易州西八十里。详北直重险。破涿、易二州，由南口攻居庸，拔之，进围中都。以精兵屯城北，分大军为三道。命其子术赤等将右军循太行而南，破保州、中山、邢、洺、磁、相、卫辉、怀、孟诸郡，径抵黄河，掠平阳、太原间。别将薄察等遵海而东，破滦、蓟，大掠辽西地。蒙古主自将由中道破瀛、莫、清、沧、景、献、滨、棣、济南等郡，献州，今河间府献县，金曰献州。引军复自大口逼中都，大口，今顺天府良乡县北百十里天津关也。凡破金九十馀郡。金人纳赂请和，乃自居庸北还。金主珣议迁都于汴，徒单镒曰：銮舆一动，北路皆不守矣。今聚兵积粟，固守京师，上也。南京四面受敌，金以汴京为南京。辽东根本之地，依山负海，其险足恃，备御一面，以为后图，次也。不从。蒙古闻之，复引而南，遂围中都。分遣木华黎克其北京，今大宁废卫，辽曰中京，金曰北京。辽西州镇，望风款附，中都亦下。又取平州，乃引而西。时又克金潼关，屯兵嵩汝间，既而北去。十年，蒙古建行省于燕云，命木华黎经略太行以南，而自引兵围夏兴州，遂略定西域四十馀国，至忻都。今西域印度国也。木华黎自中都而南，略河北、山东以及河东诸州郡。十四年，木华黎分建行省于东平，时木华黎遣军围金东平，陷之，使降将严实等权行省，以抚安山东。先是蒙古陷山东，州郡皆弃不守，于是群盗蜂起，多据城邑附宋，至是遂相率归于蒙古。又以别将石珪军于曹州，与严实相犄角，以拒金师之侵轶。遂引兵由东胜渡河，东胜州，在今大同府西五百里，契丹所置州也。自葭州而南转入河中，东至孟州，时木华黎入葭州，攻绥德、延安、鄜坊诸州，转入河中，东下孟州，又收晋阳、霍邑等寨。霍邑，即今霍州。时金人多连结山寨于晋阳、霍邑之境也。复趋长安，遣将断潼关，拔同州。宝庆三年，蒙古灭夏，遂趋凤翔，入京兆。时又以兵破宋关外诸隘及武、阶诸州。关外，大散关外也。于是金人尽弃河北、山东关隘，惟并力守河南，保潼关，自洛阳、三门、析津，三门，即底柱山，在今陕州东四十里，见前。析津，即析城山，在泽州阳城县西南七十里。皆大河襟要处也。东至邠州之源雀镇，在邠州东北。东西二千馀里，立四行省，列兵守御。会铁木真殁于六盘山，将死，谓左右曰：金精兵尽在潼关，南据连山，北限大河，难以遽破。若假道于宋，下兵唐、邓，直捣大梁，破之必矣。其子窝阔台既袭位于和林，即和宁也，见上。遂引而南，取金凤翔，使其弟拖雷趣宝鸡，宝鸡，今凤翔府属县。遣使来假道，至沔州，为守将所杀。拖雷怒，遂入大散关，陷凤州，大掠汉中、蜀口诸州镇，破宋城寨凡百四十。攻饶风关，关在汉中府西乡县东北百六十里。关陷，遂由金州而东渡汉江，败金兵于禹山。山在南阳府邓州西南九十里。遂自唐州趣汴，窝阔台亦自同州趣河中，由河清县白坡渡河，河清县，属河南府，宋时县治白坡镇，在今怀庆府孟县西南。今移治河南岸，改曰孟津。此盖据旧县而言。入郑州，遣将攻汴，而命拖雷引兵来会。金军从邓州赴援，至三峰山，在今开封府禹州西南二十里。蒙古南北兵悉合，大败金人，遂取钧州。钧州，金所置，即今开封府禹州。汴中危急，召潼关兵入援，援兵方发，其守将即以潼关降蒙古。蒙古兵长驱入陕州，追援兵于铁岭，岭在河南府陕州卢氏县北四十里。复败之，金人益困。蒙古主乃留速不台攻汴，而与拖雷北还。速不台力攻汴城，不克，乃许和，仍散屯河、洛之间。绍定六年，金主守绪，以汴京粮援俱绝，乃东巡驻于归德，金改宋应天府为归德府。是时，金主自汴东行，复向河北，遣兵攻卫州，不克，败还归德。寻走蔡。速不台复引军向汴，汴京降，洛阳亦陷。宋复取申、唐、邓诸州，申州，即信阳军也。遣孟珙帅师会蒙古兵围蔡。端平初，蔡州下，金亡。

○仅得唐、邓二州地，申州，本宋信阳军。时又兼得息州，本宋蔡州新息县，故曰唐、邓二州。而陈、蔡以北，悉属蒙古。新息，即今光州息县。及议复三京，三京，见前。而祸本成矣。

史略：宋因金亡，缘边诸将，间收取淮北地。赵范、赵葵遂欲乘时抚定中原，建守河据关谓大河、潼关也。收复三京之议。吴潜以为：今日事势，当以和为形，以守为实，以战为应。河南空城，取之若易，守之实难，千里馈运，势必难继。方兴之敌，气盛锋锐，开衅致兵，非长计也。不听。诏全子才自庐州趋汴，赵葵自滁州取泗州，由泗趋汴，与子才会，遂入汴。时金故将李伯渊等以汴京降。葵复遣徐敏子等先入洛，蒙古引兵南下，洛军溃还。又决黄河寸金淀在开封府北二十里。灌汴军，葵等弃城南还。蒙古以败盟责宋，边衅日滋矣。

○自是而后，蹂躏我川峡，摇荡我荆襄，芟夷我淮甸。

史略：端平二年，蒙古命阔端等侵蜀，忒木䚟等侵汉口，温不花等侵江淮。自是蜀中四路，悉被残破。孟珙、余玠相继帅蜀，仅保夔州一路及潼川路之顺、庆、泸、合，西有嘉定一府而已。玠又筑大获、钓鱼诸城，大获山，在保宁府苍溪县东三十里。余玠徙阆州治此，以固蜀口。钓鱼山，在今合州东三十里。玠复城之，以徙合州，蜀始可守。以固根本，图进取。而洮、利二州为敌所守，蜀土遂不可复。又荆湖、淮西，时亦悉被侵陷。孟珙为荆湖帅，杜杲为淮西帅，悉力拒守，乃复旧疆。

○继以似道背盟，襄、樊失守。

史略：淳祐十一年，蒙古蒙哥立，命其弟忽必烈总治漠南，开府金莲川。在今宣府镇云州堡东北百里。忽必烈置经略司于汴，分兵屯田，西起襄、邓，东连清口、桃源，清口，在今淮安府清河县南。桃源，今淮安府属县。列障守之。明年，蒙古以中州封同姓，忽必烈尽得关中、河南地。寻与兀良合台从临洮而南，临洮，今府。自金沙江乘革囊及筏以济，金沙江，出云南丽江军民府西北，一名丽江，亦曰泸水，流经四川叙州府，东南合于大江。详见云南大川，降摩荻丽江摩些蛮是也。取附都、鄯阐、乌爨等部，附都，或曰即今元江府东境诸蛮。鄯阐，今云南府。乌爨，今楚雄军民府南安州是也。转入吐蕃，降其酋而还，仍留兀良合台攻诸蛮未服者。合台自吐蕃进克白蛮、乌蛮、鬼蛮、罗罗斯、阿白、阿鲁诸部国，俱在今四川南境及贵州、云南境内。又克交趾，今安南国。西南夷悉降附。宝祐五年，复分道南寇。其将张柔从忽必烈攻鄂，趋临安，塔察儿攻荆山，今凤阳府怀远县。而命兀良合台自交、广引兵会鄂。又命李璮自山东进攻海州。蒙古主乃帅大军次六盘，见上六盘山。分军三道：一自洋州趋米仓，米仓关，在今汉中府西南百四十里米仓山南。一自潼关趋沔州，而自以部兵由陇州趋大散，两川望风降破。李璮等亦克海州涟水军，忽必烈至光山，即光州也，宋曰光山军。会军渡淮南，入大胜关。关在信阳州罗山县南百四十里，与湖广黄陂县接界。使张柔出虎头关，在黄州府麻城县北百里。分道并进，拔阳逻堡，在黄州府西百二十里。渡江围鄂州，又陷临江、瑞州。兀良合台亦自交趾还破横山，横山，在南宁府东八十里，宋横山寨置于此。进陷宾州及象州，入静江，进破辰、沅，直抵潭州，围之，中外震动。会蒙古主攻合州，不克而殂，忽必烈恐北方有变，谋引还。贾似道时宣抚荆湖，亦遣使议和，请称臣割地。忽必烈乃退，兀良合台亦解潭州围，趋湖北，由新生矶渡江而去。新生矶，在今蕲州西二里。似道还朝，匿其谋。忽必烈既袭位，遣使征前议，皆拘执不遣。忽必烈怒，复谋南侵。会刘整以泸州叛，献计于蒙古曰：攻宋方略，宜先从事襄阳。如得襄阳，浮汉入江，宋可平也。忽必烈遂征诸路兵，命阿术等经略襄阳，据险筑城，绵亘水陆，以断宋人粮援之道。攻围五年，樊城陷，襄阳遂降。

○伯颜以偏师入临安，大江以南，遂无立草。

史略：咸淳十年，元遣伯颜等寇宋。伯颜由襄阳入汉济江，分遣博罗欢自枣阳帅骑兵由淮西趣扬州。伯颜越汉破新郢，新郢，在承天府城西南汉江南岸，宋筑城戍守于此。进攻复州及汉阳，潜师越汉口，攻阳逻堡见上，由间道渡江，围鄂州。汉阳降，鄂州亦下，乃留阿里海涯守鄂，使规取荆湖。伯颜遂引军而东，滨江南北州军，望风款附。德祐初，池州陷，贾似道败绩于丁家洲，洲在池州府铜陵县东北二十里。元兵长驱入建康。博罗欢亦军下邳，即邳州也。取清河涟海军。清河，今淮安府属县，清口在焉。海涯陷岳州，悉收湖北州郡。元主命伯颜屯建康，经略临安。阿术合博罗欢军攻庐、扬诸州，断淮南援师，又命李恒及海涯等略江西、湖南地。时文天祥奏：分境内为四镇，建都统居中。以广西益湖南，而建阃于长沙；以广东益江西，而建阃于隆兴；以福建益江东，而建阃于鄱阳；谓饶州也。以淮西益淮东，而建阃于扬州。责长沙取岳，隆兴取蕲、黄，鄱阳取江东，江东谓建康、宣、润也，时并没于蒙古。扬州取两淮。地大力众，足以抗敌，约日齐举，有进无退。彼备多力分，疲于奔命，自当引却。不报。既而伯颜发建康，分兵三道。阿剌罕帅右军，自建康出广德四安镇，镇在湖州府长兴县西南八十里。趋独松关。在杭州府馀杭县西北九十里。详浙江重险。董文炳等帅左军，出江并海，由镇江入江阴，趋澉浦、华亭。澉浦，在今嘉兴府海盐县南三十里。华亭，今松江府附郭县。伯颜帅中军，陷常州，自平江趋嘉兴，所至奔溃。阿剌罕进克独松关，朝廷大惧。时两淮犹为朝廷守，而李庭芝在扬州，与真州守苗再成等战守尤力。文天祥以为：淮东坚壁，闽、广全城，敌人未必智力全备，但乘胜长驱耳。若一战以挫其锋，则主客悬殊，敌必引退。因命淮师截其后，国犹可为也。陈宜中等不从，遂籍地出玺，奉表降元。伯颜自长安进至皋亭山，时伯颜自平江而南，嘉兴降。又取安吉州，遂进至长安镇。安吉州，即湖州也。长安镇，在杭州府海宁县西北二十五里。皋亭山，在杭州府东北二十里。三路之师皆会。旋自湖州市入临安，湖州市，在杭州府北十里。少帝、太后北去。于是两淮、江西、湖南及川峡诸州郡，次第悉陷。

〇张、陆两公，艰难海上，迄无成功。天不祚宋，奈之何哉？

史略：德祐二年，张世杰、陆秀夫共立益王昰于福州，欲保闽、广，以图兴复。元阿剌罕以舟师出明州，逼福州。塔出等以骑兵出江西，逾梅岭，即大庾岭也，见前。趋广州，所至残破。广西州郡，复为阿里海涯等所陷。文天祥等竭蹶于闽、广之间，卒不获振。景炎二年，天祥复梅州及广、潮、漳诸州，邵武、兴化等军，旋为元所陷。三年，复克广州。既而元兵取琼州，广州复陷。祥兴二年，张世杰等奉帝昺以舟师保崖山，在今广州府新会县南八十里。兵散国亡。

○辽起自临潢。临潢，在大宁废卫东北七百馀里，当朵颜卫北。其城南临潢水，即阿保机所都。

史略：契丹本东胡种，《九国志》云：匈奴种也。世居辽泽中潢水南岸，分其种为八部。唐贞观末内属，置松漠都督府，授其酋长，兼统诸州。时八部各置州，授其别帅，而以大贺氏窟哥为松漠都督，总诸州军事。其后叛服不常。咸通以后，中原多故，契丹始益强。《唐纪》：契丹八部，皆更代为王。咸通中，有习尔者，土宇始大。钦德继之，因中原多故，时入盗边。阿保机遂以临潢之众，起于东陲，为强国。

○太祖阿保机，西兼突厥，东并勃海，有城邑之居百有三。会中华衰乱，始有营、平二州地。

史略：唐天复中，阿保机始代为契丹王，益雄勇，侵灭旁部。《九国志》：唐末，契丹遥辇氏益强，辟地东西三千里。阿保机以迭剌部之众，起临潢，代遥辇氏。其后别部仍欲受代，阿保机不从，寻击灭七部，并为一国。北击室韦、女真，室韦在契丹之北，亦契丹类也，有二十馀部，其近契丹者凡七姓，谓之七姓室韦。唐末，阿保机击之，皆服属焉。女真又在室韦之东，亦曰鞨靼。西取突厥地，先是回鹘据有突厥故地，至是世衰，阿保机因拓地至阴山之西，鞑靼咸服属焉。《辽志》：阿保机攻突厥、吐谷浑、党项、小蕃、沙陀诸部，悉破降之。自吐谷浑以下,皆西夷属也,灭奚奚凡五姓,阿保机击灭之。后复立奚王,使契丹监其兵,今大宁废卫即奚地。《辽志》:阿保机悉平东西奚,尽有奚、霫之众。霫,在今故营州东北塞外,亦奚类也。**东并勃海**,勃海,在高丽之北,亦靺鞨种也。武后时,有大祚荣者,保东牟山,渐并扶馀、沃沮、弁韩、朝鲜诸国,地方五千里,称振国王。先天初,封为勃海王。其后至大彝兴,地益拓,寻僭号。境内有五京、十五府、六十三州,为海东盛国。阿保机灭之。东牟山,在今兀良哈东境。于是城邑日增。天祐四年,朱温篡位,阿保机始寇云州,与李克用约和而还,寻叛附于朱温。会刘守光称帝,契丹据有营州,复攻平州,陷之。《五代史》:朱梁乾化三年,晋兵灭刘守光,取其平州。盖乾化初,契丹已陷平州,未据其地也。迨周德威为幽州节度,契丹屡自平州入寇,遂窃取之。《辽史》:刘守光称燕帝,求援于契丹,遂割营、平二州畀之。未为实录。朱友瑱贞明二年,阿保机始称帝,都临潢,国号契丹。石晋天福二年,始改国号曰辽。宋太平兴国四年,仍称契丹。治平四年,复改曰辽。

○太宗德光援立石晋,取燕云十六州。后复南侵至汴,灭晋而还。

史略:后唐清泰二年,石敬瑭以太原叛,求援于契丹。德光引兵南下,与敬瑭兵会,败唐军于晋阳,遂立敬瑭为帝,取燕云十六州而还。及晋主重贵嗣位,契丹屡南寇。开运三年,直入大梁,执晋主,中原州镇相继降附。既而北去,所得之地,皆不能守。

○穆宗述律时,周世宗复取关南地。其后宋师两问燕云,而不能有也。

史略:五代周显德六年,伐契丹,取瀛、莫二州。时又兼取易州。宋太平兴国四年，时辽主贤嗣立，太宗议复燕云之境。遂自太原东讨，取易州及涿州，进攻幽州，蓟、顺二州降，既而败还。雍熙二年，复遣曹彬等分道伐契丹，时辽主隆绪嗣位。进取涿州及寰、朔、云、应诸州，寻又败却。端拱初，契丹陷宋涿州。明年，陷易州。先是曹彬等败还，二州尚为宋守。自是数犯河北州郡。景德初，大举南寇，真宗御之于澶渊，即澶州，见前。议和而还。

〇于是与宋以白沟河为界，白沟河，亦曰巨马河，亦曰界河。其上流合涞、易诸水，自易州而东，经保定府新城、雄县间，至顺天府霸州城北，又东至通州武清县直沽口，合卫河以入海。西至金山，金山，在今陕西甘肃徼外哈密卫北。迄于流沙，流沙，见前。北至胪朐河，在漠北千馀里，今名饮马河。东至海，延袤万里。建五京。

史略：契丹以临潢为皇都，亦曰上京，朱梁贞明四年，阿保机始城临潢，谓之皇都。石晋天福初，德光称为上京，府曰临潢。辽阳曰南京，亦曰东京。后唐天成三年，德光称辽阳城为南京，即今辽东都司城也。石晋天福初，改曰东京，府曰辽阳。辽西曰中京，宋景德四年，隆绪城辽西为中京，府曰大定，自上京徙都焉，即今废大宁都司城也。幽州曰南京，亦曰燕京，石晋天福初，契丹升幽州为南京，又谓之燕京，府曰析津，常为行都。云州曰西京，宋庆历四年，契丹主宗真以云州为西京，府曰大同。所谓五京也。

〇有府六，曰定理府，故挹娄国地。曰率宾府，故率宾国地。曰铁利府，故铁利国地。皆在今沈阳卫东北境。曰安定府，曰长岭府，皆在今辽东都司北境。曰镇海府，在都司南境。皆阿保机时所置。又有黄龙府，本勃海扶馀府，契丹改曰黄龙。宋太平兴国七年，契丹主贤以军将燕颇叛，改曰龙州，在今辽东三万卫塞外，见前。又有开封府，故灭貊地，勃海曰龙原府，阿保机时废。宋太平兴国七年，契丹主贤始置开封府，亦在今三万卫东北。又兴中府，即故营州，契丹改曰霸州。宋庆历二年，契丹主宗真始升为兴中府，黄龙未废。而开封、兴中后置，故不及焉。又《金史》，张毅曰：契丹八路。盖契丹以五京为五路，而兴中府及龙州、平州共为八路云。州、军、城百五十有六，县二百有九，部族五十有二，即奚、室韦等诸族类也。属国六十。自吐谷浑以下诸夷，凡六十国，皆役属于契丹。自阿保机至延禧，传九世国亡。

○金起自海滨，至乌古廼而始大。

史略：女真，本东夷种，《宋国史》：女真，古肃慎氏之裔，其后东汉曰挹娄，北魏曰勿吉，隋曰靺鞨，五代时始曰女真。宋天圣末，契丹主宗真嗣位，因讳真曰直。世居混同江东、长白山、鸭绿水之源。混同江，在今辽东三万卫北千馀里。长白山，在三万卫东北千里。鸭绿水，在今辽东都司东五百六十里，又东南流入海。其源出长白山。《金史》：女真之地，南邻高丽，北接室韦，西界勃海、铁甸，东濒海，方千里。唐开元中，尝通于中国。《唐纪》：开元十四年，黑水靺鞨入贡，以其国为黑水州。《宋史》：隋时，靺鞨分七部。唐初，有黑水、粟末二部。粟末盛强，为勃海国，黑水役属焉。勃海为契丹所灭，黑水因附于契丹。契丹徙其民于辽阳南境，曰熟女真，其在北者曰生女真，即金之先也。宋建隆中，复入贡。建隆三年，女真由登州泛海贡马。淳化中，来言契丹置三栅于海岸，绝其朝贡之路。天圣以后，不复通于中国。其后乌古廼为酋长，始益强。乌古廼，姓挐氏，又号完颜氏。宋庆历以后，乌古廼渐并旁部，始盛强。契丹授生女真节度使，始有官属。熙宁七年，其子劾里钵嗣，部族益盛。又五传而至阿骨打。

〇太祖阿骨打乃谋叛辽。西陷黄龙，南取辽阳，进陷临潢，取中京，又西得云中，遂入居庸，并幽、蓟。

史略：宋政和三年，阿骨打嗣位。初，劾里钵传其弟颇剌淑，颇剌淑传其弟盈哥。盈哥死，劾里钵长子乌雅束嗣，其弟阿骨打继之，后更名曰旻。四年，遂叛辽，陷宁江州，州在今三万卫塞外。屡败辽军，阿骨打败辽军于混同江西，又取宾、延、祥等州。其地俱在今三万卫塞外。遂称帝，国号金。渡江，即混同江。陷黄龙府，见前。辽主延禧自将讨之，复败还。时辽主渡混同江，会其下耶律章奴作乱，遂引还。金人追败之。六年，辽将高永昌据辽阳以叛，阿骨打击破之，辽东京路州县，悉没于金。明年，拔显州，今为广宁卫。辽西诸州，次第降下。宣和二年，陷辽上京。四年，陷中京，尽略居庸以北地。进取辽西京路诸州县，又取辽之东胜州，在大同府西境，见前。乃还入居庸，辽人以燕京降。于是五京诸路，皆为金有。

〇太宗吴乞买既斩辽祚，即议南侵，汴都倾覆，还陷两河。继又遣将取陕西、河南及山东地，乃立刘豫于河南，与宋相持。

史略：初，辽主延禧往来云中，大同府以西北，古云中地也。未及还，金人悉取燕云地，宋政和五年，辽主畋于鸳鸯泺，为金人所袭，遁走云中，辽人立耶律淳于燕京。淳旋卒，金人攻燕云，悉取其地。鸳鸯泺，在今宣府镇云州堡西百馀里。屡败辽主于天德、云内之间。天德军，在榆林镇北千馀里。云内州，在大同府西北五百馀里。宣和五年，阿骨打殂，弟吴乞买代立。后更名晟。七年，击擒辽主于应州新城东六十里，新城，今大同府西南百里新平城也。时金将娄宿袭获辽主于应州新城间。辽亡。遂遣将分道南寇。粘没喝自云州围太原，斡离

不自燕山寇河北，渡河攻汴，不克而去。时粘没喝亦自太原分兵陷威
胜军。隆德府，复还云中。既而粘没喝陷太原，复南寇；斡离不亦自
保州陷真定，引军南下，合攻汴，汴京陷，改立张邦昌为帝。建炎
元年，金人尽取两河州郡，复分道寇京东西及陕西诸路，所至摧
陷。宗泽守东京，与金人相持。时北京亦为宋守，西京屡为敌所陷，河
南统制翟进旋复取之。二年，金人略取陕西诸州镇，又陷大名，略
河济而南。三年，陷徐州，遂逾淮泗，入扬州。时京东诸州多没于
金，金人以刘豫知东平府，界旧河以南，俾豫统之。未几，兀术大
举入寇，陷磁、单诸州及兴仁府，进陷南京，遂入淮南，乃分道：
一自滁、和入江东，一自蕲、黄入江西，东陷明、越，西陷潭、岳，
乃还。自是中原四京及陕西六路，悉陷于金，金人尽以界刘豫。绍
兴二年，豫自大名迁汴，屡引金人南寇。

　　〇熙宗合刺废刘豫，悉有中原地，屯田募兵，增设守备，与宋
分疆。

　　史略：宋绍兴五年，金阿骨打之孙合刺嗣位。合刺，改名亶。
是时刘豫数引金人入寇，为宋所败。八年，金人遂袭汴，执刘豫，
废徙临潢，临潢，见前。因议以河南、陕西地与宋。十年，兀术复自
黎阳趋河南，撒离喝自河中趋陕西，尽夺所归地。宋因诏诸将进
讨。岳飞等军屡胜，中原州镇，次第恢复。而秦桧专主割地请和，
诏飞等班师，兀术等旋复南寇。十一年，和议始定。西复大散，东
限长、淮，皆为金境。

　　〇袭辽制，建五京，置十四总管府，是为十九路。

　　史略：金人以会宁府为上京，金旧土也，初称为内地。金主亶天

眷初，号曰上京，府曰会宁。金亮贞元初，自上京迁燕。明年，削上京之名，止称会宁府。金主雍大定十三年，复曰上京。今辽东三万卫东北塞外有废会宁城。临潢府为北京，即辽上京，金初因之，金主亶天眷初，改曰北京。金亮天德二年，废北京，止称临潢府。辽阳府为南京，即辽东京也。金主晟天会初，改曰南京。金亮改曰东京，府仍曰辽阳。又金主旻天辅七年，尝以平州为南京。天会七年，复曰平州。大定府为中京，仍辽旧也。金亮贞元初，改曰北京，后因之。大同府为西京，仍辽旧也。又金主亮贞元初，定都故辽之燕京，改为中都，府曰大兴。又改故汴京为南京，府仍曰开封。金主璟兴定初，以宋故西京为中京，府曰金昌。《金史》：天眷五年，宋和议既定，遂建五京。是为五京。曰河北东路，治河间府。曰河北西路，治真定府。金主晟天会七年，分宋河北路为东西两路。曰河东南路，治平阳府。曰河东北路，治太原府。天会六年，分宋河东路为南北两路。曰山东东路，治益都府，即宋青州也。天会中，改宋京东东路置。曰京北路，治京兆府。曰鄜延路，治延安府。曰庆原路。治庆阳府。曰熙秦路，治临洮府。金主亶皇统四年，并陕西六路为四路。曰汴京路，治开封府。金亮贞元初，改曰南京路。曰大名路，治大名府。初置统军司，金亮天德二年罢。正隆二年，复置总管府。曰咸平路，治咸平府，初曰咸州路。金亮天德二年，升咸州为府，路因改焉。今辽东铁岭卫东北有废咸平府。后又分熙秦为凤翔、临洮二路，金主雍大定二十七年，分置凤翔路治凤翔府，临洮路治临洮府。是为十四总管府。而五京亦曰上京、北京、南京、中京、西京等路，金亮改南京路为东京路，仍治辽阳。又改北京路为临潢府路，于河北东路析津府改建中都，因增置中都路。大定中，又废临潢府路，并入北京大定府路。共为十九路。盖北京废而中都置,临潢废而熙秦分,始终为十九路也。

闲散府九,北京路府二:曰广宁,今辽东广宁卫;曰兴中,辽所置府也,见前。汴京路府二:曰归德,曰河南,俱见前。河北西路府二:曰彰德,故相州;曰中山,故定州也。山东东路府一,曰济南。河东南路府一,曰河中。秦凤路府一,曰平凉。此九府也。凡不系五京、十四路所治而称府者,曰闲散。又有德兴府,故新州也。金主允济大安初升为府。晋安府,故绛州也。金主璟兴定二年,升为府。盖后所增置。节镇三十六,防御郡二十二,刺史郡七十三,军十有六,东京路军一,曰来远。大定二十二年,升为州,今辽东都司西南有废来远城。汴京路军一,曰颍顺。本刘豫置。大定二十二年,升为州。二十四年,改为钧州,即今开封府禹州。山东东路军二:曰城阳,大定中升为州,寻改曰莒州,即今青州府莒州;曰宁海,大定中升为州,即今登州府属州。山东西路军二:曰滕阳,亦大定中升为州,寻改曰滕州,今兖州府滕县;曰泰安,大定中升为州,今济南府属州。河东北路军六:曰平安,大定中升为州;曰晋宁,大定中升为州,寻改为葭州;曰火山,大定中升为州,寻改为隩州;曰宁化,曰岢岚,曰保德,俱大定二十二年升为州,见宋河东路。鄜延路军二:曰保安,曰绥德。熙秦路军二:曰镇戎,曰积石,大定二十二年俱升为州,见宋陕西路。县六百三十二,城、寨、堡、关百二十二,镇四百八十六。《金志》:大定以后,尽升军为州,或升城、堡、寨、镇为县。其后京、府、州凡百七十有九,县六百八十有三。东极海,西逾积石,积石山,在西宁卫西南百馀里。见陕西名山积石。北过阴山见前,南抵淮、汉,地方一万馀里。自阿骨打至守绪,传九世国亡。

○元起于和林,和林,亦曰和宁,在碛北千馀里。至也速该而始大。

史略：蒙古本北狄别种，蒙古，即鞑靼也。欧阳修曰：鞑靼，在奚、契丹东北。其后为契丹所攻，部族分散，居阴山者，号鞑靼。《宋史》：蒙古在唐时为蒙兀部，亦号蒙骨斯。绍兴中，金人屡遣兵攻之，为所败，乃与议和，且册其酋敖罗孛极烈为蒙辅国王，不受。自号大蒙古国，寻称帝。《元史》：蒙古自孛端叉儿始蕃衍，居乌桓北，与畏罗、乃蛮、九姓回鹘、故城和林接壤，世奉贡于辽金，而总领于鞑靼，其后为也速该。至也速该并吞诸部，始盛大，其子曰铁木真。

○太祖铁木真乃谋叛金，铁木真，姓奇渥温氏。略取漠南、山北、辽海、河朔、山东及关右地。

史略：初，金人以铁木真为察兀秃鲁。铁木真侵并旁部，众益强。会塔塔儿部叛金，乃会金师击灭之。金人以其有功，拜为察兀秃鲁，犹中国招讨司也。宋开禧二年，始称帝，既而尽并附近诸部。嘉定四年，始侵扰金云中、九原之境，进取西京，遂分兵四出，尽略山后诸州，东过辽河，南至清、沧，清、沧二州也。西南入雁门。雁门关，见前。既又入居庸，逼中都，乃引而北。六年，复围中都，又分军为三道，出辽西，残河东，蹂济上详见前。还至中都，与金平而还。七年，金迁汴。蒙古复围中都，分军取其北京，既而中都亦下。于是诸路州郡，相继降附。十年，蒙古建行省于燕云，经略大行以南，河北、山东、河东以及陕西诸路州郡，遂相次陷没。宝庆三年，蒙古主入京兆，金人惟守河据关，潼关也。以为控御云。

○时又并西域，

史略：初，铁木真击灭乃蛮诸部。乃蛮部与斡亦剌、蔑里乞诸部，俱在蒙古西南。时铁木真悉击灭之。宋嘉定二年，畏吾儿国降于蒙古。畏吾儿，即唐之高昌也，今曰火州。四年，西域哈剌鲁部来降。
在今甘肃塞外哈烈卫东。十一年，击西域诸国，取讹答剌城。在今西
域天方国境内。十五年，入回回等国，回回，今西域默德那国也。至忻
都见前，灭西域四十馀国而还。其后端平二年，蒙古主窝阔台复遣
兵攻西域。嘉熙初，下钦察等部。钦察，在今西域于阗国西南。又宝
祐初，蒙古主蒙哥遣旭烈等伐西域。五年，平乞石迷等百馀国，乞
石迷，在今西域莭莃国北境。转斗万里，西渡海，收富浪国。富浪国，
在西海西岸。于是西域之地，悉归蒙古。

　　○兼西夏，

　　史略：初，铁木真败乃蛮之兵，遂掠西夏之境。宋嘉定三年，
引兵入灵州，夏主安全乞降。十年，又围夏兴州，夏主遵顼奔西
京。西京，即灵州也。时夏人以兴州为东京，灵州为西京。宝庆元年，
取夏甘肃州西凉府，又取灵州，进次盐州川。即故盐州也。夏境
州郡，望风降下。三年，尽取夏城邑，夏主德旺出降。自元昊至德
旺，凡九世国亡。

　　○降高丽。

　　史略：宋嘉定十二年，蒙古攻契丹部叛人于高丽之江东城，
城在今朝鲜境内大同江东。遂攻高丽。高丽王王瞰请降。其后叛服
不常，屡遣兵侵之。景定初，蒙古忽必烈嗣位，高丽王倎复降附。

　　○太宗窝阔台遂灭金，据有中夏，蚕食宋郊。

　　史略宋绍定二年，窝阔台嗣位于和林，寻入陕西，陷金凤翔。
遣其弟拖雷等寇宋，破汉中、蜀口诸州郡，陷饶风关见前。乃沿
汉而东，自金州略邓州，军于唐州，进陷钧州。窝阔台亦自河中至

河清见前，渡河入郑州，会兵攻汴，西取潼关，东围归德，时又陷睢州，既而引去。金人大困。蒙古主乃留别将攻汴而还。金主寻走归德，复迁蔡，汴京及中京遂相继入于蒙古。蒙古军复与宋师合攻蔡，克之，金亡。端平二年，以宋败盟，入汴、洛，遣兵分道，西侵蜀汉，东掠江淮，川、峡、襄、郢及淮西诸州，多为所陷。时利州、成都、潼川三路，悉被残破，又襄阳亦降于蒙古。蒙古遂陷随、郢诸州及德安府荆门军，而淮西之蕲、舒、光诸州，亦为蒙古所陷。后汉上、淮西旋还旧境，蜀土遂不可复。宋之边衅，于是始滋矣。

○宪宗蒙哥灭大理，定吐蕃，残交趾，复举兵蹙宋。

史略：宋淳祐十一年，蒙古蒙哥嗣位，寻以河南、陕西地封其弟忽必烈。宝祐初，忽必烈引兵取大理诸蛮部，遂略定吐蕃，而分遣其将兀良合台攻诸夷未附者。合台尽平西南夷，时白蛮、乌蛮、鬼蛮诸部俱顺命，罗罗斯、阿伯二国乞降，又攻下阿鲁诸国，凡得五城、八府、四郡，蛮部三十七。复入交趾，败交人于洮江。洮江，即富良江也，见前。是时交趾王陈日煚遁入海，遂屠其人而还。既而交趾复据其地，降于蒙古。五年，蒙古主入寇，寻入剑门，略川峡诸州之未下者。别将侵淮东，陷海州涟水军。开庆初，忽必烈渡江围鄂州，侵轶江西州郡。时蒙古陷临江军，入瑞州。兀良合台亦自交趾而北围潭州。会蒙古主殂于合州城下，忽必烈等乃相继引还。

○世祖忽必烈因累世之业，改号曰元。至元八年，始改称元。摧灭弱宋，遂一天下。

史略：忽必烈袭位于开平，今宣府镇东北七百里有开平废县。遣使如宋议和，不报。宋咸淳四年，遣兵攻襄阳。九年，襄阳陷，乃命伯颜等沿汉入江，长驱东下。别将出淮西，趣扬州。既而伯颜入鄂，复分军规取荆湖以南。德祐初，伯颜入建康，寻分道趣临安。宋奉表请降，伯颜以帝后北去。自是穷陬远岛，宋无遗境矣。

○踵辽、金故迹，仍都于燕。

《都邑考》：太祖铁木真十五年，定河北诸郡，建都和林。自是五传皆都于此。世祖中统初，建开平府，营阙庭于其中，而分立省部于燕京。先是铁木真克金中都，改曰燕京路，而大兴府仍旧。五年，号开平为上都。至元初，又称燕京为中都。四年，改营中都城，遂定都焉。九年，改中都曰大都。又至元五年，改开平府曰上都路。二十一年，改大兴府曰大都路。自是大都岁尝巡幸。

○立中书省一，行中书省十有一。至大二年，行中书省俱改曰行尚书省。四年，复故。

史略：元立中书省，统河北、山东、山西地，谓之腹里，领大都等路二十九，曹州等州八；又属府三，顺宁、中山、河中也，属州九十一。顺宁，即唐之武州，今为宣府镇。而立行中书省，分镇藩服。曰岭北，领和宁路，即和林也。蒙古初建都于此，曰元昌路，寻改转运和林使司。中统以后，不复建都，置宣慰司及都元帅府于此。大德十一年，始改立和林等处行中书省。皇庆初，改曰岭北行省，而和林路亦改曰和宁路，漠北诸屯戍皆属焉。曰辽阳，领辽阳等路七，咸平府一，属州十二。辽东西诸城镇以及高丽之西京皆属焉。《元志》：至元六年，高丽统领李延龄等以国中乖乱，挈西京五十馀城内附。八年，改西京为东宁府，寻改曰东宁路，以领其地。西京，即高丽平壤城也。咸平府，金所置，见前。曰河南，亦曰河南江北等处行中书省。领汴梁等路十二，南阳等府七，荆门州一，属州三十四，自河南至淮东西，又湖北之境，亦分属焉。《元志》：至元十年，尝置河南等路行省于襄阳。十三年，又置淮南行省于扬州，寻皆改废。至正中，复置淮南行省于扬州。汴梁路，即宋开封府。荆门州，即宋荆门军也。曰陕西，领奉元等路四，凤翔等府五，邠州等州二十七，属州十二，自陕西以至汉中，又西南至四川、西山诸州之境，皆属焉。奉元，即宋京兆府也。曰四川，领成都等路九，府三：潼川、绍庆、怀德也，又属府二：曰保宁、广安，属州三十六，军一：长宁也。自四川及湖广、贵州诸蛮境皆属焉。《元志》：中统三年，置陕西四州行省，治京兆。二十二年，始分置四川行省于成都。怀德府，在今西阳宣抚司西南。保宁府，即宋阆州。广安府，即宋广安军，与长宁军俱见前。曰甘肃，领甘州等路七，州二：曰山丹、西宁，又属州五：西凉、瓜、灵、鸣沙、应理也。元至元八年，以置西夏、中兴等处行中书省。二十五年，改中兴府为宁夏路。元贞初，并宁夏行省于甘肃。山丹、西宁，今陕西属卫也。应理州，在今庄浪卫东，元所置。馀并见前。曰云南，领中庆等路三十七，府二：曰仁德、柏兴，又属府三：曰北胜、永昌、腾冲，属州五十四。自云南接四川西南，又东接贵州西境诸蛮皆属焉。中庆路，即今云南府。仁德，今为寻甸军民府。柏兴，今四川建昌行都司盐井卫也。北胜，今云南直隶州。永昌，即今永昌军民府。腾冲，今为腾冲军民卫。又云南境内有甸寨军民等府，不在路府州之列。曰江浙，领杭州等路三十，府一：曰松江，州二：曰江阴、铅山，属州二十一。自两浙以至江西之湖东，又福建境内俱属焉。《元志》：至元二十一年，自扬州迁江淮行省治杭州路，改曰江浙行省。又至元十五年，置福建行省于泉州路。十八年，迁治福州。自是徙治不一。二十二年，并入江浙行省，其后复析置。大德初，改为福建平海等处行省，仍治泉州。至正中，还治福州。盖时废时置也。松江，即今府，元所置。江阴州，即宋江阴军。铅山，今江西饶州府属县。曰江西，领龙兴等路十八，南丰等州九，又属州十三。自江西至广东之境，皆属焉。龙兴路，即今南昌府。南丰，今建昌府属县。曰湖广，领武昌等路三十，归州等州十三，府二：曰汉阳、平乐，安抚司十五，军三：曰南宁、万安、吉阳，属州十七。自湖广至广西、贵州及四川南境，皆属焉。至正中，又分置广西行省于静江路。汉阳，即宋汉阳军。平乐，即宋广西路之昭州。南宁等军，俱见宋广西路。曰征东，与高丽国同治。领府二：曰沈阳等路高丽军民总管府、耽罗军民总管府，又庆尚等道劝课司使五。高丽国境皆属焉。《元志》：至元中，以征日本置征东行省于高丽，寻废。大德三年复置，自是屡废屡置。沈阳，今辽东属卫。耽罗，今朝鲜全罗道南境济州城也。**而边境番夷，皆立官分职，以统隶之。**如宣慰、宣抚之属。**盖疆理之远，轶于前代矣。**

○**路一百八十五，府三十一，州三百五十九，军四，**四川一，湖广三，见上。**安抚司十五，**皆在湖广境内。曰播州沿边安抚司，即唐播州也。曰思州军民安抚司，亦即唐之思州。曰庆远南丹溪洞等处军民安抚司，即宋之庆远府。曰乾宁军民安抚司，即宋之琼州。曰顺元等路军民安抚司，即今贵阳府。曰新添葛蛮安抚司，即今贵州新添卫。曰卢番静海军安抚司，今贵阳府卢番长官司也。曰程番武胜军安抚司，今为程番长官司。曰方番河中府安抚司，今为方番长官司。曰卧龙番南宁州安抚司，今为卧龙番长官司。曰金石番太平军安抚司，今为金石番长官司。曰小龙番静蛮军安抚司，今为小龙番长官司。曰大龙番应天府安抚司，今为大龙番长官司。曰罗番遏蛮军安抚司，今为罗番长官司。俱属贵阳府。盖羁縻诸蛮地也。《元志》：思、播诸州以及顺元诸番安抚司，初皆属四川。至元二十八年，始改属湖广云。**县一千一百二十七。东尽辽左，西极流沙，南越海表，北逾阴山，东西万馀里，南北几二万里。**

郑氏曰：分州始于人皇，州统县。县统郡始于周。郡统县始于秦。州统郡、郡统县始于汉。割据之世，置州乃多。隋文析天下为州，炀帝改州为郡，而州郡相等。唐混州郡为一，于建置京邑之州，则始命为府。宋又府州并列矣。自元建路、府、州之制，州乃益降而小，几与县同列云。○王氏曰：元人制路府州县之等，分路始于宋，金人从而附益之。元分路益多，路遂与府州并属于行省。其制大率以路领州，州领县，亦有以路领府，府领州，州领县者，又有府与州不隶路而直隶省者。其户口之多，舆地之广，虽汉唐极盛之际，有不逮焉。何也？元起于沙漠，遂兼西域，其西北所至，未可以里数限也。要荒之甸不分，疆索之防不设，古今中外之势，至此一变焉。噫！亦乾坤之异数已。

○及元运将倾，驱除辈出。刘福通颍上一呼，实为之倡。

史略：元主妥懽帖睦尔嗣位，纲维日紊，民心怨叛，多以妖术聚众。近自畿辅，远至岭海，倡乱者以百数。至正十一年，刘福通聚众破颍州，福通，颍州人，以妖术事栾城韩山童，至是起兵，以红巾为号。栾城，今真定府属县，据朱皋朱皋镇，在颍州南七十里。引兵西略，转陷汝宁府及光、息二州。十五年，迎韩林儿为帝，林儿，即山童子。时山童被杀，林儿遁武安，福通自砀山夹河迎立之，号为小明王。武安，今河南磁州属县。砀山，今徐州属县。夹河，在县西南五十里。据亳州，称宋。既而为元军所败，林儿走安丰。时元兵败福通于太康，进围亳州，林儿南走。太康，今陈州属县。安丰，即寿州也，元曰安丰路。十七年，福通等复炽，遣其党毛贵陷胶州，而北略山东诸州郡，倪文俊陷陕、虢诸州，破潼关，掠同、华以西；李武等亦入武关，见前。破商州，趣长安。文俊等寻为察罕帖木儿所败，引还。福通寻引兵攻汴梁，复分遣关先生等趣晋冀，元以平阳府为晋宁路，太原府为冀宁路，谓之晋冀是也。白不信等趋关中，而毛贵据益都，时山东城邑多附于贵。势大振。福通寻陷曹、濮、大名及卫辉诸路，白不信等转入南山，终南山也，见前。破兴元，陷秦陇，据巩昌，窥凤翔。寻复为察罕所败，遁入蜀。十八年，田丰陷东平，丰，本元将，降于福通。毛贵陷清、沧诸州，据长芦镇。今沧州治是也。时田丰陷济宁及东昌路，贵复陷济南及般阳路。般阳，即宋淄州。遂趣河间，逾直沽，今河间府静海县北九十里小直沽是也。卫河合白河之水由此入海，天津卫在焉。攻蓟州及潞州，潞州，今通州潞县，略柳林在潞县西。县又有枣林，时毛贵等自潞州至枣林，遂略柳林。逼畿甸，京师震恐。寻为元将刘哈剌不花所败，溃还济南。关先生等分二道，一出绛州，一出沁州，逾太行，焚上党，破辽州及晋冀、雁门、云中、代郡，云中，谓大同府。代郡，谓蔚州也。烽火数千里。遂出上谷，谓宣府镇。大掠塞外诸郡，焚毁上都宫阙，自是元主不复时巡至上都矣。转掠辽阳，入高丽。其后二十二年，福通败亡，关先生馀党复引而西，攻上都，元孛罗帖木儿击降之。福通亦陷汴梁，据其城，自安丰迎韩林儿都之。元将周全以怀庆路降于福通，王信亦以滕州降，田丰复陷顺德等路。于是巴蜀、荆楚、江淮、齐鲁、辽海，西至甘肃，所在兵起，与福通相联结。十九年，毛贵为其党所杀，部将因互相仇敌，势遂弱。会察罕帖木儿起义兵击贼，察罕，沈丘人。至正十二年，起义兵，所向有功。沈丘，今陈州属县。先定关陕，复清河东，引兵南下，遂拔汴梁。福通复以林儿走安丰，于是河南悉定。察罕乃图山东，会兵进讨，所至降下。二十二年，察罕围益都未下，为降贼田丰所杀。先是田丰进陷保定路，以察罕来攻，引还济宁，复降于察罕。保定，今北直属府。其子扩廓帖木儿代总其兵，尽平馀寇。于是元人复有山东、陕西、河南地，然江淮以南，不敢复问矣。二十二年，张士诚将吕珍入安丰，杀福通，林儿南走。二十六年，终于建康。

○于是乘时并奋者，方国珍据浙东，

史略：至正八年，黄岩民方国珍兵起，黄岩，今台州府属县。国珍结党入海，劫掠漕运，元兵讨之，不克，势遂炽。十一年，焚掠沿海州郡，元遣使招之。自是屡降屡叛，闽浙运道，遂为所阻。国珍拥巨舰千馀，据海道，阻绝粮运，元人始困。寻据有台、温、庆元三郡地。二十五年，元授国珍淮南行省左丞相，分省庆元。

○张士诚据浙西，

史略：至正十三年，泰州白驹场亭民张士诚兵起，白驹场，在今高邮州兴化县东北百二十里。陷泰州及兴化，即今兴化县。进据高邮，称王。士诚自称成王，国号周。十四年，寇扬州，陷盱眙及泗州盱眙县，今属泗州。既而脱脱击败士诚于高邮城外，取天长、六合诸城戍，天长县，今属泗州。六合县，属应天府。士诚穷蹙。会脱脱获罪去，泰不花代总其兵，士诚遂复炽。十六年，陷平江路，据之，士诚改平江路为隆平府。进陷湖州、松江、常州诸路，又遣兵破杭州，既而元复之。陷淮安。十七年，士诚降元。二十三年，称吴王。时士诚遣兵据杭州，又并嘉兴路，表求王爵，元主未许，遂自称吴王。又兼有绍兴路，北逾江，据通、泰、高邮、淮安、徐、泗、宿、濠、安丰诸郡，号为富强。

○陈友谅据湖广，

史略: 先是至正十一年, 罗田人徐寿辉兵起, 寿辉, 一名贞, 与麻城人邹普胜共起兵, 亦以红巾为号。罗田、麻城, 今黄州府属县也。陷蕲水县及黄州府, 蕲水县, 亦属黄州府。寿辉遂据蕲水称帝, 国号天完。遣兵陷饶、信诸州。十二年, 陷汉阳、武昌及安陆、沔阳, 安陆府, 今曰承天府。沔阳府, 今承天府属州。又陷兴国、九江, 宋兴国军, 元为兴国路。九江, 元曰江州路。复分兵略东西诸州郡, 时西陷鄂州及房州, 东陷南康及袁、瑞诸州, 又别将项普略自饶州, 转陷徽州及杭州, 为元将董抟霄所败, 杭、徽二州复为元有。又遣将据池阳、太平诸路。池阳, 元曰池州路。太平路, 即今府。时寿辉将赵普胜据池阳、太平, 遂攻安庆。元将星吉募兵进击, 克池州及江州。普胜与吉战于湖口, 吉败死, 遂复据其地。十三年, 元兵攻寿辉于蕲水, 寿辉走黄州。时江西、浙江、湖广行省共讨寿辉, 复饶州、江州、富州、临江、瑞州及武昌、汉阳诸郡, 进攻蕲水, 拔之。富州, 今南昌府丰城县也, 元置州于此。十五年, 寿辉将倪文俊复破沔阳, 入襄阳, 襄阳旋为元兵所复。转陷中兴路。即今荆州府。十六年, 又取汉阳, 遂营宫室, 迎寿辉入据之, 复进陷常德、澧州、衡州、岳州诸路。明年, 陷峡州, 遂入蜀, 使明玉珍守之而还。寻谋杀寿辉, 不果, 乃奔黄州。别将陈友谅袭杀文俊, 并其兵, 自称平章。友谅, 本沔阳渔人子, 从寿辉等起兵, 隶文俊麾下, 寻别领一军为元帅。既并文俊兵, 遂强遽不可制。十八年, 友谅陷安庆路, 又破龙兴路, 复略吉安、建昌, 进攻赣州及汀州诸路, 皆陷之。十九年, 取信州路, 进略衢州, 分遣兵陷襄阳府, 又南入杉关。先是, 友谅遣将攻邵武, 未下, 至是复分兵陷杉关, 侵福建诸州郡。杉关, 在今邵武府光泽县西北九十里。详福建重险。既而徙其主寿辉于江西，自称汉王。初，寿辉闻友谅破龙兴，欲徙都之，至是引兵自汉阳东下。友谅忌其逼己，伏兵江州城西，寿辉至，伏发，尽杀其部曲，止存寿辉一人，居之江州。二十年，友谅陷太平，弑其主寿辉于舟中，友谅帅舟师犯太平，挟寿辉俱东。太平陷，急谋僭窃，乃杀之于采石舟中。僭称帝，国号汉。都江州。时湖广、江西以及江东境内州郡多为友谅所窃据，地广兵强，为上游劲敌。

○明玉珍据两川，

史略：至正十七年，徐寿辉将明玉珍从倪文俊入蜀，玉珍，随州人，从寿辉起兵，为别将。所至降溃。文浚因命玉珍守成都而还。文俊既死，玉珍以蜀地险远易固，遂谋据之，益掠取附近诸城邑。二十一年，取嘉定等路，又悉并东川郡县。明年，引兵侵云南，屯金马山。在云南府东二十五里。既而败却，于是东扼夔关，即夔州府。南戍泸水，即金沙江也，见前忽必烈逾金沙江。时玉珍屡越泸水，侵云南，皆不克。称陇蜀王。既又分兵克龙州青川，今龙安府东百二十里青川所是也。掠兴元、巩昌诸路，复败还。二十三年，称帝。国号夏，都成都。二十六年，卒，子昇嗣。

○陈友定据福建，

史略：至正十九年，清流人陈友定起义兵击贼，清流，今汀州府属县。以功授行省参政。二十三年，复取汀州路，时汀州为陈友谅所有。元主命友定分省汀州。二十四年，迁于延平，寻授福建行省平章事。友定遂据有八闽之地。

○何真据广东，

史略：至正二十年，东莞人何真起义兵击贼，东莞，今广州府属县。元主立江西分省于广州，命真为右丞。真据东莞，兼有循、惠二州地。

〇扩廓据山西，

史略：初，扩廓帖木儿代父任，扩廓，一名王保保，本察罕姊子也。总兵柄。至正二十五年，封河南王，时命扩廓总制关陕、晋冀、山东诸道并迤南一应军马，讨江淮川蜀拒命者。扩廓屯怀庆，寻移彰德，调度各路军马。节制诸军。会陕西诸将李思齐等不受命，扩廓遂治兵相攻。时扩廓以陕西行省参政张良弼首谋拒命，遣兵攻之，军于鹿台。李思齐等遂与良弼合兵拒扩廓。扩廓因遣军屯济南，以控山东，而悉力与思齐等相持。鹿台，在今西安府高陵县西南三十里鹿苑原上。二十七年，诏解扩廓兵柄。扩廓遂还据泽州，复遣兵入太原，时元主以扩廓拥兵彰德，擅攻陕西，诸将疑其有异志，命太子总天下兵马，使扩廓自潼关以东清江淮，李思齐等自凤翔以西取川蜀、陕西行省，秃鲁等出武关取襄樊。扩廓复不受分兵之命。于是其将貊高、关保等皆叛，且列扩廓罪状于朝，请讨之。元主落扩廓职，使以河南王食邑汝州，所在诸将，分统其兵。扩廓复不受命。既而自泽州西保晋宁。初，扩廓趣泽州，卫辉、彰德为貊高所据。至是泽、潞二州为关保所据，与高合兵攻平阳，寻皆为扩廓所擒。元主寻复其官。扩廓引兵北出，据守太原。

〇李思齐、张思道等据关中，

史略：初，罗山人李思齐与察罕共起义兵，罗山，今河南信阳州属县。积功为陕西行省。至正二十五年，扩廓受总制诸军之命，思齐不奉诏，与张良弼等合兵拒之，良弼，一名思道。至正二十四年，为陕西行省参政，屯蓝田，与思齐相攻，至是与其党奉思齐为盟主，以拒扩廓。蓝田，今西安府属县。扩廓遣兵攻之，不克。思齐等遂专制陕西之地。

○刘益据辽东，

史略：刘益仕元，至正中为辽阳行省平章事，遂据有其地。

○梁王、段氏据滇、洱。

史略：把匝剌瓦尔密—名孛罗。世守云南，至元四年，封皇子忽哥赤为云南王，为都元帅宝合丁所毒死。二十七年，改封皇孙甘麻剌为梁王。自是镇云南者，多以梁王及云南王为封爵。至正初，把匝剌瓦尔密以宗室袭封梁王。而段氏亦世为大理酋长，段思平，自石晋天福中据有南诏地，称大理国。宋宝祐三年，蒙古忽必烈攻大理，段兴智迎降，因改置大理万户府授之，寻又改为大理路总管，使世守其职。共据滇、洱之境。滇池，在云南府城南。洱海，在大理府城东。俱详见云南大川。

刘氏曰：元德既衰，九土糜沸，鸱张狼顾之豪，弥满山泽。万姓鱼喁，无所呼告，真人出而挞伐之。起自东南，扫平氛翳，然后拾宋掇秦，掣赵拔燕，不数载而天下定。去兹草昧，复我光华，夫岂偶然之故欤？

读史方舆纪要卷九

历代州域形势九 明

○惟明受命，奋起淮甸，首定金陵。

史略：太祖初起濠州，《兴濠录》：元至正十一年，太祖春秋二十五矣。时颍州刘福通、徐州芝麻李、蕲州徐寿辉等，相率起兵，攻陷城邑，太祖欣然欲往从之。明年，定远人郭子兴与其党孙德崖等起兵，袭据濠州，太祖遂驰入濠，隶子兴麾下，以材勇见亲信。久之，子兴与诸帅不相能，军中多故，太祖乃别将一军，略淮南地。略定远诸山寨，定远，今凤阳府属县。冯国用进说曰：金陵龙蟠虎踞，真帝王都。愿先拔金陵定鼎，然后命将四出，扫除群寇，天下不难定也。于是南下滁州，进克和州，时郭子兴自濠州南入滁，既而卒于军。渡采石，采石矶，在太平府北二十里，见前。取太平路。乃分遣诸将下溧水、溧阳、句容、芜湖，溧水、溧阳、句容，今应天府属县。芜湖，今太平府属县。进攻集庆路，应天府，元曰集庆路。遂克之，建府治焉。于是东取镇江、广德、常州、江阴，以扼吴寇；常州府江阴县，时为江阴州。西保太平、池州，以拒汉兵；北取维扬、泰兴，以窥淮、泗；元至正十六年，太祖取集庆，遂取镇江、广德路。明年，取常州路、江阴州，遂取扬州路。南收宣、歙，出昱岭，昱岭关，在今杭州府昌化县西七十里。详浙江重险。取建德、婺、衢、处、信诸州，以控闽、粤，《开国事略》：元至正十七年，太祖取宁国、徽州。明年，取婺源州，又取建德路、兰溪州，进克婺州。又明年，克诸暨州，然后取衢州及处州路。二十年，始取信州路。建德路，今严州府。婺源，今徽州府属县。兰溪，今金华府属县。诸暨，今绍兴府属县。元时皆为州。而形势强，根本固矣。

顾氏曰：太祖既定金陵，未闻图度两淮北首中原也。而呕呕焉出昱岭，取浙东诸郡，何哉？或曰：元人方强，姑委之群盗以疲其力，因乘间为南出之谋耳。是不尽然也。夫方国珍、陈友定之徒，皆盘据闽、浙之交，而友谅有江西州郡，与浙东接壤，浙西诸州已尽属之士诚。使或盗有数州，谓衢、处、信诸州。群寇之交合，则东南之势分，而窥伺之隙多，根本之备疏矣。故急取而守之，士诚、友谅既中梗而不敢肆，国珍、友定亦屏息而不敢争。据吭背而绝要膂，不必陈师决胜，彼数寇者，已在我掌握中矣。上兵伐谋，此之谓也。

〇西靖湖、湘，东兼吴、越。

史略：初，陈友谅陷我太平，称帝，旋还江州。明年，复引而东，元至正二十一年也。约张士诚东西并举，谋袭建康。太祖恐两寇合发，势必震动，因以策先致友谅。友谅果帅舟师至龙江，今应天府西北仪凤门外有龙江关。败去。我师乘势追击，复取太平、池州及安庆。既而安庆复为友谅所陷，太祖寻亲帅舟师抵安庆，破其水寨，攻城未下。刘基请径抵江州，倾其巢穴。遂长驱而进，过小孤，小孤山，在九江府彭泽县北九十里江中。越湖口，湖口县也，见前。距江州五里。友谅始觉，惧，夜奔武昌。我师入江州，复进拔蕲、黄诸路，旋师收安庆，又遣使招谕江西州郡。于是龙兴而下，皆望风降附，时太祖引军至龙兴，于是建昌、饶州、袁州、宁州、吉安皆来降。宁州，元置，今属南昌府。太祖乃东还。友谅愤其疆域日蹙，遂大造战舰，悉师趣洪都，太祖取龙兴路，改曰洪都。攻围数月。太祖引军驰救，相持于鄱阳湖之康郎山，鄱阳湖，在南康府城东五里，即彭蠡湖也。西接南昌，东抵饶州，长亘三百里。详见江西大川。康郎山，在饶州府馀干县西北八十里，当鄱阳湖之南涯。至泾江，即禁江也，在湖口县东北九十里，下接小孤，上通九江。王师前后夹击，友谅战死，其将张定边奉其子理遁还武昌，复立为帝。太祖进攻未克，留兵守之而还。寻复自将伐汉，陈理出降。于是湖广、江西州郡次第平定，思、黔诸蛮亦内附。思、黔二州，见前。又今湖广辰州府西南至贵州境内，皆曰思黔。《开国事略》：至正二十三年，太祖败友谅于鄱阳。二十四年，太祖建国号曰吴，复攻武昌，陈理降，因进取中兴路及归、峡、潭、衡等州郡。明年，取宝庆路，友谅故将熊天瑞以赣州、韶州、南雄降，寻又破安陆府及襄阳等路。后二年，又取沅州等路，楚地始悉定。初，太祖谋用兵，吴、汉孰先？刘基曰：士诚，自守虏耳。友谅据上流，且名号不正，宜先除之。陈氏既灭，张氏囊中物矣。太祖曰：然。友谅剽而轻，士诚狡而懦。若先攻士诚，友谅必来救，是我疲于二寇也。及友谅灭，喜曰：此贼平，天下不难定矣。先是士诚屡谋西侵，以舟师寇我镇江，又陷宜兴，宜兴，常州府属县。于是太祖命将攻常州，别将由广德取长兴。长兴，今湖州府属县。常州既下，进克江阴，皆以重兵镇守。事在元至正十一年。三城形势联络，东南屏障始固。遂进复宜兴，又取武康、安吉诸州邑，武康，湖州府属县。
安吉，湖州府属州。以跨士诚之后，因得专意西讨。太祖既平汉，
遂取庐州路。明年，取泰州，泰州，今属扬州府。是时两淮之地，多为
士诚所据。既而尽收两淮地。时取高邮州及淮安、安丰等路，又收濠、
泗、徐、颍诸州。先是太祖南下，濠、泗诸州，士诚皆遣兵掠取之。士诚
羽翼既翦，心腹渐虚。是时，其将张士骐拒守湖州，吕原明拒守杭
州，而绍兴、嘉兴亦皆分兵屯据。士诚坐拥姑苏，城坚粟多。太祖
知其未可猝拔，因命徐达率大军先攻湖州以疲之，而分遣华云龙
向嘉兴，李文忠自严州趣杭州。徐达发兵龙江，声言直捣姑苏，潜
师自宜兴出太湖，径趣湖州，围其城。士诚遣兵来救，辄败去，其
旧馆兵战败来降，旧馆，在今湖州府东三十里。州城亦下。嘉兴、杭
州、绍兴闻之，率先归附。徐达乃移师攻平江，别将俞通海分兵略
太仓、松江诸郡县，太仓，元时立水军万户府于此，张士诚复城其地，
今为苏州府属州。松江府，即今府。悉下之。达等旋拔平江，苏州府，
元曰平江路。士诚亡，其地悉平。《事略》：士诚既亡，通州、无锡二州
始归于我。通州，今属扬州府。无锡，今常州府属县。是时方国珍以浙
东三郡来归，复怀反侧，乃命汤和等讨之，克台州及温州路，又取
其庆元路。国珍穷蹙来降，浙东西悉定。

　　陈建曰：当士诚北有淮、泗，南据浙西，江阴、长兴皆要害
也。长兴据太湖口，陆走广德诸郡。江阴枕大江，扼姑苏、通州之
要冲。得长兴，则士诚步骑不敢出广德而窥宣、歙。得江阴，则士
诚舟师不敢溯大江而上金、焦，金山，在镇江府治西北七里。焦山，
在府治东北九里。二山相望十五里，为大江中流之险。故虽全军西出，

可以无东顾忧，而士诚卒于不振，亦以此也。

○于是遣将北伐中原，南征岭徼。

史略：吴元年，元至正二十七年也。太祖以江南既定，命徐达等北取中原，谕之曰：元建都百年，城守必固。若悬师深入，屯兵坚城之下，馈饷不继，援兵四集，非吾利也。今宜先取山东，彻其屏蔽，旋师河南，断其羽翼，拔潼关而守之，潼关，见前。据其户槛，天下形势，入我掌握，然后进兵元都，彼势孤援绝，不战可克。既克其都，鼓行而西，云中、九原云中，谓大同。九原，谓河套地。以及关、陇，关，关西。陇，陇右。可席卷而下也。达受命渡淮而北，至沂州，沂州，属兖州府。守将王信以城降，莒、峄诸州皆来附。莒州，今属青州府。峄州，今兖州府。峄县，元曰峄州。达命别将韩政率精锐扼黄河冲要，黄河冲要，谓曹、单诸州也。以断援兵，进攻益都，即青州府。拔之。济南、东平、济宁、东昌等路，次第皆下，山东遂平。《事略》：达克益都，即进取般阳路，于是西下济宁，东取莱州，遂收济南、东平等路。明年，乃克东昌，取棣州，山东悉下。般阳，见前。棣州，即今济南府武定州。洪武元年，达等溯河西上，遂克永城、归德，永城，今归德府属县。分兵下陈、许诸州。大军至陈桥，即陈桥驿也，见前。汴梁降，诸城邑悉下。乃入虎牢，见前。趣河南，谓河南府。败元兵于洛水北，遂克河南，进克陕州，入潼关，取华州，李思齐等西遁，于是命将守潼关。别将邓愈又讨平南阳、汝、裕诸山寨，南阳府及汝州、裕州也。河南州郡，悉入版图矣。先是，太祖之遣将北伐也，即命胡廷瑞等由江西取福建，杨璟等由湖南取广西。廷瑞遂自建昌出杉关，建昌，即今江西建昌府。杉关，见前。取邵

武，攻建宁今福建属府。未下。复命汤和由明州海道取福州。自宁波
府定海县沿海而南，即南取福州之径道。和奄至城下，一鼓拔之，遂
趋延平，初，陈友定分省延平，后遂移军府于此。克其城，执陈友定。
胡廷瑞亦下建宁，寻又进取兴化，即今兴化府。于是汀、泉、漳、潮
诸路悉降。既又命廖永忠自福建海道进取广东，陆仲亨自赣州进
兵，时仲亨为赣州指挥使，因就命之。由韶州捣德庆，今肇庆府德庆
州。为犄角之势。永忠取惠州，至东莞，见前。何真迎降，广州亦
下。仲亨悉平英德、连州、肇庆、德庆诸州郡，英德，今韶州府属县，
元曰英德州。与永忠会于广州之龙潭，即龙江也。西江下流经广州府
顺德县北，谓之龙江。广东境内，悉来降附。复奉诏引军趣广西，
遂由肇庆溯西江而上，西江自广西梧州府会黔、郁、桂三江之水，东
流历肇庆府境，至广州府城南，注于海。详川渎盘江及广东大川。抵梧
州，州郡望风迎附。时杨璟方克永州，南攻静江，静江，见前。《事
略》：初，宝庆归于我，既而复失。洪武元年，杨璟引荆襄之众，出湖南，
取宝庆路，进克永州及道州，又取全州，遂攻静江。复分兵略郴州及桂
阳路，下之。桂阳，今衡州府属州。永忠等自平乐而进，合兵攻城，克
之。广西境内悉定。《事略》：洪武元年，别将朱亮祖克梧州，进攻平
乐。廖永忠分兵收藤州，进次浔州及南宁路，贵、象、郁林诸州悉下。亮
祖等与杨璟会师攻静江，遂克之。既而海南、海北来降，右、左江诸蛮，
亦相率归附。

　　顾氏曰：太祖之取天下，善于用因而已。夫郭子兴，龌龊常才
也，太祖因之，而集虓虎之师。韩林儿，厮养竖子也，太祖因之，
而成开辟之业。虽然，委曲以脱子兴之难，犹可能也。至南征北

伐, 功业既赫然矣。乃龙凤纪年, 终林儿之身而后已, 林儿殁于元
至正二十六年。明年, 始称吴元年。次年, 遂即位, 改元洪武。岂非善自
遵养, 因以成无竞之烈者欤? 故曰: 居天下之后, 始可以承天下之
弊; 辞天下所共争, 乃能集天下所难成。此太祖缔造之功, 所以绍
汉轶唐也。彼汲汲然称王僭号, 自逞雄心者, 岂足与语此哉?

○汛扫幽燕, 芟除秦晋。

史略: 太祖以河南平, 乃北巡汴梁, 召诸将授方略, 取元都。
徐达等分布士马, 经略河北, 檄山东诸将, 悉会于东昌。达遂由中
滦渡河, 中滦镇, 在今开封府封丘县南二十六里。卫辉、彰德悉下,
进收磁州, 今彰德府属州。取广平路。又克赵州, 今真定府属州。取
临清, 今东昌府属州。东昌, 诸将皆来会。于是大军北发, 下德州,
今属济南府。克长芦, 即河间府沧州。逾直沽, 见前毛贵逾直沽。舟师
步骑, 夹河而进, 夹白河而进也。白河, 源出宣府镇龙门所东, 下流经
顺天府通州东, 又南流合于直沽。大破元兵于河西务, 河西务, 在通
州武清县东北三十里。遂入通州。元主由居庸北走上都, 居庸关, 见
前。上都, 见元《都邑考》。徐达督诸军进至元都, 攻齐化门, 今京城
东南门也。填堑登城而入, 军民安堵。于是遣兵守居庸、古北诸厄
口, 古北口, 在昌平州密云县东北, 见前。以断敌人窥伺之道, 复下永
平诸路, 以固东藩。然后旋师西讨, 取保定、中山, 中山, 即定州, 见
前。下真定, 趣太行, 真定府, 西去太行山百里, 与山西分界。选将守
要害, 即太行诸山口, 如紫荆、倒马诸关之类。时扩廓据山西, 虑其乘间
侵突也。紫荆, 见前。倒马, 在定州西北二百五十里。详直隶重险。并收
未附诸山寨, 于是井陉、故关及平定州诸险隘井陉关, 在今真定府

获鹿县西十里，见前。故关，在真定府井陉县西五十里，与山西太原府平定州接界，次第就平。又檄河南守将冯宗异等由怀庆徇太行，太行山南去怀庆府城二十里。宗异遂克武陟，武陟，今怀庆府属县。下怀庆，拔碗子城，碗子城山，在怀庆府北五十里，有关，当太行山道，至为险要。取泽、潞二州，扩廓遣兵分道拒守。会元主召扩廓出太原，由保安入居庸，保安，今北直保安州也。侵燕京，扩廓引众而东。徐达等谋曰：燕京守备，足以拒敌。今若乘其不备，直抵太原，倾其巢穴，彼进不得战，退无所依，引兵还救，为我牵制，必成擒矣。遂由平定径趣太原，扩廓自保安还救，军于城西。达等袭败之，扩廓北走，遂克太原。常遇春等追至大同，扩廓复西走甘肃，大同亦下。于是南收汾州，入霍州，进克平阳，略定隰、绛诸州。汾州，今为府。霍、隰、绛三州，今俱属平阳府。二年，克河中府，山西悉定。乃造浮桥，由蒲津渡河，蒲津关，在蒲州城西，见前。克同州，时鄜州守将亦以城降。趣鹿台，鹿台，在西安府高陵县西南，见前。时张思道等军鹿台，闻大军将至，遂遁去，渡泾、渭泾水去西安府城六十里。渭水去城五十里。军于奉元城北。奉元降，进向凤翔，李思齐遂弃城奔临洮。时张思道在庆阳，诸将议先取之。达曰：庆阳城险兵悍，未易猝拔。思齐乍走临洮，众心未固，以大军蹙之，彼不走绝徼，则束手降矣。临洮克，旁郡可不攻而下。遂趣陇州，克之，进取秦州及巩昌，前军抵临洮，思齐果降。庆阳闻之，震恐。时张思道惧，乃留其弟良臣守庆阳，将步骑走宁夏，遇扩廓，为所执。会扩廓引兵窥境，出没平凉。徐达遣顾时等略兰州以西，自引军入安定，今巩昌府属县，元为定西州。克会州，今巩昌府会宁县，元徙会州于此。下静宁、隆德，静宁州及隆德县，今俱属平凉府。道萧关，在平凉府镇原县北，见前。取平凉。会张良臣既降复叛，达遂趣泾州，分命诸将抄其出入之路，又以精兵守原州，断其外援。庆阳平，扩廓等皆远遁，陕西悉为王土。三年，复诏达等东西进讨，平元遗孽，于是刘益亦以辽阳来降。自是穷追远讨，威行漠外矣。太祖尝从容谓徐达等曰：向者朕图北伐，或劝朕先平群寇，后取元都；或劝朕直走元都，兼举陇、蜀，皆非朕意。朕所以命卿先取山东，次及河洛者，先声既震，幽蓟自倾。且朕亲驻大梁，止潼关之兵者，知张思道、李思齐皆百战之馀，未肯遽降，急之，非北走元都，则西走陇蜀，并力一隅，未易定也。故出其不意，反斾而北，元众胆落，不战而奔。然后西征，张、李二人，望绝势穷，不劳而克。惟扩廓犹力战，以拒朕师。向使未平元都，而先与角力，彼人望未绝，声势相闻，困兽犹斗，胜负未可知也，较之士诚、友谅，事势正相反。用兵固不可以一例论也。

○乃平巴蜀，进取滇南。

史略：初，徐达既定关中，引军南下汉、沔，取兴元路，汉中府，元曰兴元路，时为蜀所据。留兵戍守。《事略》：洪武三年，达等出秦州，拔略阳入沔，分兵由凤翔入连云栈，合攻汉中，克之蜀人震恐。寻以馈运不继，还军西安。略阳，即今汉中府宁羌州属县。沔，今宁羌州沔县，元曰沔州。连云栈，即入蜀之道路，古曰褒斜道。起自汉中府凤县以北，南达褒城县，皆曰连云栈。洪武四年，诏遣汤和等帅舟师，由瞿唐趣重庆，瞿唐峡，在夔州府东八里，见前。是时，明昇都重庆。傅友德由秦陇趣成都，又密谕友德曰：蜀人闻我西伐，必悉精锐东守瞿唐，北阻金牛。金牛峡，在汉中府宁羌州北三十里。又自沔县西南至保宁府剑州之大剑关口，皆曰金牛道，汉中入蜀要路也。若出其意外，直捣阶、文、阶、文，今巩昌府阶州、文县，元为阶、文二州。门户既隳，腹心必溃。友德至陕，谓西安府，非陕州也。声言出金牛，而疾趣陈仓，即凤翔府宝鸡县。径抵阶州，克之。进拔文州，出江油道，江油道，见前邓艾入蜀。渡白水江，在今龙安府青川所东三十馀里，为东西往来者必经之道。趣绵州，据其城。会汉水涨，即雒水也，在汉州城南，亦曰中水。见前刘豫伐谯纵。伐山造战舰，渡汉江，围汉州。蜀人出战，大败，又败其援兵于城下，遂拔汉州，蜀人震慑。时蜀固守瞿唐，汤和等自夷陵入峡，即西陵峡，在夷陵州西，见前。次归州，进攻未克。帝闻友德屡捷，诏和乘机速进，于是廖永忠以奇兵出瞿唐上流，而分兵两道，水陆急攻，遂夺其险，师入夔州，汤和亦至。和率步骑，永忠率舟师，并趣重庆。永忠至铜罗峡，峡在重庆府城东二十里，有铜罗关。明昇母子以城降。友德方攻成都，其守者闻重庆已下，亦出降。友德复进克保宁，蜀地悉定。十四年，命傅友德率诸将讨云南，谕之曰：进取云南，当自永宁，今四川永宁宣抚司，元为永宁路。宜先遣一军向乌撒，今四川乌撒军民府。而大军继自辰、沅入普定，贵州普定卫，元曰普定府。分据要害，乃进兵曲靖。云南曲靖军民府。曲靖，云南之噤喉，彼必并力于此，当出奇取之。既下曲靖，即分一军趣乌撒，应永宁之师，而大军直捣云南。彼疲于奔命，破之必矣。云南既克，乃分兵趣大理，先声既振，势将瓦解。其馀郡邑部落，可抚而有也。友德至湖广，即分遣郭英等出四川，自永宁趣乌撒。英击破蛮兵于赤水河，赤水河，在永宁宣抚司东南百四十里。云南大震。友德乃率大兵由辰、沅趣贵州,克普定,境内诸苗悉降附,复攻普安下之,贵州安顺府之普安州,元曰普安路。进兵曲靖,敌果以重兵拒守。友德等进击,大破之于白石江,江在曲靖府城北八里。遂下曲靖。于是遣沐英、蓝玉两军趣中庆,自引军向乌撒,为郭英声援。沐英等未至,把匝剌瓦尔密先自尽。英驻师金马山,山在云南府东,见前。父老迎降。澂江、武定、临安、威楚诸路,次第悉下。威楚,今为楚雄军民府。友德至乌撒,大破蛮兵,东川、今四川东川军民府。乌蒙、乌蒙军民府。芒部芒部军民府诸蛮皆内附。沐英进攻大理,破下关,在大理府城西点苍山南,亦曰龙尾关。山北有关曰上关,亦曰龙首关。遂拔其城,擒酋长段世。时大理总管段明卒,叔世权国事。分兵略鹤庆、丽江,破石门关,关在丽江军民府巨津州西百里。详云南重险,下金齿永昌军民府,元曰金齿宣抚司。于是车里、今车里宣慰司。摩些、在丽江军民府西徼外,吐蕃种也。和泥、亦曰倭泥,在车里司西。平缅今陇川宣抚司,元曰麓川路。诸蛮,相继臣服。云南平。

顾氏曰:太祖起自东南,奄有西北,为古今异数。尝考其用兵之法,实一出于孙、吴,攻瑕捣虚,是以所向无敌。夫有取天下之志,而无取天下之略,自开辟以来,未见有成功者也。太祖明于先后缓急之宜,分合向背之理,始则决机于两陈,继直制胜于庙廊,大略同于汉高,精密媲于光武,猗欤! 岂非百代为昭者欤! 王氏曰:太祖自渡江之日,亲御戎行者九,而战苦蹈危,久而后决者,惟鄱阳之役。自克武昌后,下伪吴,取中原,六飞俱不在行间矣。

〇六合同风,宸居首奠,体国经野,载在《职方》。

《都邑考》：太祖初入京陵，改曰应天府。洪武元年，诏以开封府为北京，应天府为南京。寻罢北京，而应天为京师。二年，以临濠府为中都。又改临濠府为中立府。七年，改曰凤阳府。太宗永乐元年，建北京于北平府。七年，始改北京为顺天。时仍以南京为京师，而巡幸则驻于北京。正统以后，遂以北京为京师，而南京为陪都。

史略：太祖有天下，高丽、安南、占城、日本、西域海外诸蛮夷，悉来朝贡，声教所被，尽禹迹而止。是时虽定都金陵，而建北京，营中都。西北诸边，屯戍相接，揆文奋武，中外宴然。犹屡命儒臣，编列天下地理形势为书，藏之太府；又令州郡以及沿边卫所各绘图来上。山川险易，道里远近，城池仓库，关津亭堠，无不毕载，圣谟盖深远矣。黄氏曰：太祖缔造规模，彬彬尽善，惟建都金陵，未惬创垂之义。盖有天下者，虑万世之安危，不计一时之劳逸；权九服之轻重，不徇一己之从违。奈何狃目前而忘后患也。他日陵寝未安，禁廷蹀血，谓非偏重之势，有以致之欤？成祖卜宅燕都，南临中夏，较之金陵，形势为胜。然肩背有单露之虞，西南有遥隔之势。居庙廷之上者，未可习为已然，不为之长虑却顾也。

○京师一。领应天等府十四，徐州等州四。今为南京。

○布政司十三。《会典》：洪武九年，改故行中书省为布政使司，凡十二。十五年，始增置云南布政司，凡十三，以分领天下之府州县。大约州县俱隶府，县又或隶州，州或直隶布政司。曰浙江，领杭州等府十一。曰江西，领南昌等府十三。曰福建，领福州等府八。曰湖广，领武昌等府十三，安陆等州五。曰山东，领济南等府六。曰山西，领太原等府三，潞州等州五。曰北平，领北平等府八，隆庆等州二。今为京师。

曰河南，领开封等府七。曰陕西，领西安等府八。曰广东，领广州等府十。曰广西，领桂林等府十二，江州等州八。曰四川，领成都等府七，潼川等州五，东川等军民府四，龙州等宣抚司二，播州等宣慰司二，又黎州安抚司一，平茶洞长官司一。曰云南。领云南等府十二，曲靖等军民府七，者乐甸等长官司二，又羁縻孟定等府二，车里等宣慰司五，镇康等州四，乾崖长官司一。

顾氏曰：三代而上为九州。汉为十三部。唐为十道。宋为十五路。太祖定天下，京师而外，分为十三布政使司。此即唐虞分州建牧之义，监数代而得其中者也。世俗不之考，乃袭元人旧称，犹目之为分省，谬矣。

○又于边围疆索，置行都指挥使司七，以安内攘外：曰辽东，洪武三年，辽东来归。四年，遣马云、叶旺镇守其地。时故元将纳哈出屡入寇，云等拒却之。二十年，冯胜等破纳哈出于金山，悉平其众，于是辽东守卫益固。《边略》：洪武八年，置辽东都指挥使司。十年，尽革所属州县，改置定辽等卫，以制防朵颜女真诸部落，兼东限高丽，南备倭寇。金山，在三万卫西北三百五十里。曰大宁，洪武十二年，遣马云征大宁，克之。二十年，冯胜讨纳哈出，始修葺故城，奏置北平行都指挥使司于此，又列置兴营等二十馀卫属焉。自是屡由此出师北伐，边地益辟。《边略》：大宁镇抚降夷，控扼北边，西翼开平，南卫辽海，藩屏要地。兴州卫于故兴州置，在今废开平卫东二百里。营州卫于故营州置，在今大宁废卫东三百里。曰万全，洪武二年，常遇春追扩廓于大同，即遣兵下顺宁府，于是山北州郡，皆归于我。四年，命墟其地，悉徙其民入关。二十六年，置万全都指挥使司于此。《边略》：万全犄角大同，翼卫畿辅，屹为重镇。曰大同，洪武二年，常遇春下大同，留兵驻守。既而元将脱列伯等入寇，李文忠赴援，大破之。于是守将金朝兴等，遂略取东胜诸州地。四年，置山西行都司于城内。《边略》：大同控御漠南，唇齿幽、冀。时又置东胜左右卫于大同，降城相望。河套以内，兵民耕牧，寇不敢窥。盖备边之策，是时为得全算也。东胜州，在大同府西。降城，三受降城也。俱见前。曰**甘肃**，洪武五年，遣徐达等分道北伐，冯胜与傅友德出西路，自兰州趣西凉，下永昌，略甘、肃，收瓜、沙，河西悉内属。二十六年，置陕西行都指挥使司于甘州卫。《边略》：甘肃制驭西域，隔绝羌胡，为必守之地。又是时吐番、西域诸君长俱奉朝贡，即其地设司卫所三十有六，俾统理降夷，西藩益巩固矣。曰**建昌**，洪武二十五年，降将月鲁帖木儿以建昌叛，蓝玉讨平之，以便宜请增置卫所，从之。二十七年，置四川行都指挥使司于此。《边略》：建昌外控番夷，内驭蛮僰，界滇蜀之间，封守攸重。曰**贵州**。明初既平湖广、四川，于是八番、顺元诸蛮夷悉内属，因建置贵州等卫所。八年，设贵州都司以统之。《边略》：贵州绥辑溪峒，式遏苗夷，为川、湖之屏蔽。《大政考》：洪武八年，于各省会设都指挥使司。九年，改行中书省为承宣布政使司，其不与布政司并治者，为行都指挥使司。七司而外，别有福建行都指挥使司，置于建宁。大抵无事则屯田练兵，慎固封守，有事或命将专征，随宜调发，既毕，则将还于朝，士归于伍。一时军政，最为严肃。而**开平**、洪武二年，克开平。三年，李文忠自兴和北伐，克应昌。五年，文忠复追元孽于土剌河，北至称海而还。自是遣将北讨，往往以开平为中屯。太祖尝曰：北骑南寇，不趣大宁，即袭开平。因屯军置卫于此，以扼寇冲。兴和、应昌，俱在今大宁废卫境。土剌河及称海，俱在故元和林境内。**洮州**，洪武四年，置卫。十年，命邓愈等讨西番，取朵甘、纳邻、七站地，于是增置岷州卫。又命与河州卫相联络，以控番部。太祖尝曰：洮州，西番门户，筑城戍守，是扼其咽喉也。朵甘，即今西番朵甘诸部。亦皆置军戍守。东起朝鲜, 西接吐蕃, 南至安南, 北距大碛, 东西一万一千七百五十里, 南北一万九百里。

顾氏曰: 太祖挈汉、唐旧壤, 还之《职方》, 比于去昏垫而之平成, 功烈有加焉。独是大宁设矣, 而不知营州为五服故封; 东胜城矣, 而不知三受降城为驭边远略。岂功倦于垂成欤? 抑当时谋国者, 无深识远猷之士也。呜呼! 创造之初, 一或不审, 日蹙百里之虞, 遂伏于此焉! 君子观于履霜之占, 童牛之象, 未尝不反覆而三叹也!

○太宗起自燕藩, 举兵内向, 战胜攻克, 缵承大统。

史略: 初, 太祖大封诸王, 秦、晋、燕、齐, 地逾千里。又以北方边警, 沿边诸王, 俱得典兵征伐。太宗英武夙成, 屡立战功。建文即位, 朝野皆疑燕有异志。会来朝, 卓敬密奏曰: 燕王智虑绝人, 而北平者, 强干之地也。宜徙封南昌, 以绝祸本。夫萌而未动者, 机也; 量时而为者, 势也。势非至劲, 莫能断; 机非至明, 莫能决。不听。既还, 遣张昺、谢贵等相继赴燕, 防察日迫。建文元年, 有诏逮燕官属。燕王遂定谋, 杀昺、贵等, 据北平, 举兵略定通、蓟诸州邑。乃曰: 居庸者, 居庸, 见上。北平之噤喉。必据此, 始可无北顾忧。遂引兵趣居庸, 拔之。又曰: 怀来未下, 怀来, 即宣府镇怀来卫。居庸有必争之理。复引兵袭破之。于是山后诸州镇多为燕有, 永平、滦河皆降附。滦河, 即永平府滦州。朝廷遣耿炳文帅师屯真定, 燕兵破其前锋于雄县, 县属保定府。又破别将于莫州, 今河间府任丘县北三十里废莫州城也。进至真定。炳文迎战, 大败。诏遣李景隆代炳文, 将大军驻河间。燕王以景隆易与, 议北取大宁，诱景隆进攻北平，乃还师扼之。会辽东兵攻永平，燕王驰救，辽兵遁走，遂谋北向。诸将曰：大宁必道松亭关，关在蓟州遵化县东北。《志》云：县东北七十里至大喜峰口关，又东北百二十里乃松亭关也。关门险隘，守备方严，恐难猝拔。燕王乃从刘家口径趣大宁，刘家口关，在永平府迁安县北。袭破之，松亭遂来归，因诱执宁王，尽拥大宁诸戍卒而南，燕兵益盛。李景隆方渡卢沟桥，桥在顺天府城西南三十五里，跨卢沟河上。筑垒攻城，不能克。燕王还至会州，会州在松亭关东北百二十里，明初筑城置驿于此。整军而南，渡白河，白河经昌平州顺义县东，即是时渡处也。攻景隆营，时景隆营于郑村坝，在顺天府城东北二十里。景隆大败，走德州。二年，燕兵取广昌，下蔚州，广昌，蔚州属县。进攻大同。会李景隆复聚兵北向，燕王引还，大破之于白沟河。白沟河，经保定府新城县南三十里，即景隆败处。遂乘胜南下，拔德州，攻济南，铁铉固守，力攻不克，乃还。铉等进复德州，诏盛庸将兵屯守，又分兵守定州、沧州，以拒燕军。未几，燕王袭沧州，拔之。时燕兵出辽东，既而移师还通州，渡直沽，趣沧州，破之。寻至临清，东昌府属州。攻盛庸于东昌。时庸自德州移营东昌。庸出战，大破燕军，追至真定。燕王还北平。先是诏庸等将兵北进。庸进军德州，燕王自临清移屯馆陶，进至汶上，略济宁。庸引兵蹑之，营于东昌。燕军至，庸出兵合战，燕王大败，退屯馆陶。庸乘胜追北，燕王引还。汶上，今东平州属县。馆陶，今临清州属县。三年，燕王驻保定，议所向。时盛庸复屯德州，平安等屯真定，吴杰屯定州，邱福以定州备弱，议先取之。王曰：野战易以成功，攻城难于奏效。若屯师城下，庸等合势来援，胜负未可知也。今真定距德州二百馀里真定距德州五百馀里，曰二百馀里，传讹也。我出其中，敌必迎战，先破一军，馀自破胆矣。遂南行，盛庸拒战于夹河，夹河，在直隶武邑县北三十里，自清漳水分流东入滹沱。败绩，走还德州。燕军西渡滹沱，败真定诸将于槀城，滹沱河，自真定府东南经槀城县北，又东流入晋州界。是时，平安、吴杰合兵保真定，盛庸既败而南，燕王遂谋取真定，诱诸将来战，前渡滹沱。平安等逆战于单家桥，大败，复战于槀城，又败，遂溃还真定，闭门固守。单家桥，在河间府献县南二十里。进次大名，略顺德、广平诸郡，皆下之。燕王以南兵萃德州，资粮所给，皆在徐、沛，遂遣轻师破济宁，掠穀亭、沙河、沛县，穀亭镇，在山东鱼台县东二十里。沙河镇，在江南沛县西北六十里。皆饷道所经也。水陆粮运，军资器械，悉为煨烬，京师大震。德州军闻之，气益沮，庸遂谋南还。四年，燕兵破东阿、东平，东阿，即东平州属县。南至沛县，分军攻徐州及宿州。燕王南驻涡河，涡河，自河南鹿邑县东南流至江南怀远县城东入淮。燕王驻兵处，即怀远之北也。平安引兵蹑其后。燕王设伏于淝河以待之，安大败，淝河，自宿州东流，经怀远县入淮。《征信录》：平安先自真定引兵扼燕饷道，不克，又以大同守将房昭东下保定，燕兵围之于西水寨，分兵赴救，败还。寻又败燕兵于杨村，进攻通州，不克。闻燕军深入，乃趣而南，为燕王所败。西水寨，在北直易州西南百里。杨村，在北直武清县东百里。徐、宿二州，皆降于燕。会何福败燕军于小河，小河，即睢水，自河南陈留县东南，流至江南宿迁县东南而合于泗。详见江南大川。何福战处，在宿州灵璧县北六十里。徐辉祖亦败燕军于齐眉山，山在灵璧县西南三十里。燕师小却。旋召辉祖还，何福势孤，移营灵璧，燕军攻拔之，遂入泗州渡淮，下盱眙。县属泗州。时诸将分屯凤阳、淮安，燕将或请先攻凤阳，或欲先取淮安。燕王曰：二城兵多食足，攻之不易。今乘胜鼓行，扬州、仪真，仪真，扬州府属县。军弱备寡，可招而下。既得真、扬，淮安、凤阳人心自懈。我耀兵江上，聚舟渡江，京城震骇，必有内变，可计日而收效也。遂趣天长，泗州属县。入扬州，江北诸州多来附。又克仪真，立营于高资港，在仪真县东南四十里，近大江南岸。命将集舰于瓜洲，扬州府南四十里瓜洲渡。镇江守将，亦送款于燕。徐辉祖迎战于浦子口，浦子口渡，在应天府江浦县东五十里。燕师不能胜。盛庸复战，大败，舟师悉降于燕。燕军济江，次龙潭，在应天府东北九十里大江南岸。进攻金川门，在应天府城西北面。守者以门献。建文出亡，燕王入京师，即大位，内外悉定。

顾氏曰：成祖以幽、蓟赳桓之旅，加江、淮脆弱之师，处既形便，势有地利。当时之事，不战而已知其为燕矣。虽然，南国君臣，亦未始不足有为也。合晋、秦之步骑，乘西山而入三关；萃江海之舟航，扼天津而断午道，午道，粮道也。一隅之燕，岂遂足以当天下之众？乃贤如方、卓诸君子，曾未闻以出奇制胜、选将训兵为先务。既已丧败日闻，犹汲汲焉取太祖制度而更张之，若不知问罪者已在户外也。吁！此实人事之不臧，论者概谓之天道，岂其然乎？

○既又北逐亡元，

史略：永乐八年，亲征蒙古馀裔，至斡难河以北，斡难河，见前，是年赐名玄冥河。俘获而还。十二后，北征瓦剌，瓦剌为鞑靼别种，其长马哈术等既降复叛，因讨之。追败之于土剌河，在斡难河西数百里。乃班师。二十年，复征蒙古，其长阿鲁台复叛也。获其辎重于杀胡原。原在胪朐河西,斡难河之东。永乐八年,赐胪朐河名曰饮马河。乃移师征兀良哈,洪武二十二年,元族属故辽王阿里失礼等内附,因置三卫以授之,曰朵颜、泰宁、福馀,统名曰兀良哈,故营州北境地也。是时叛附阿鲁台,因移军讨之。大破之于屈裂河。河在朵颜北境。二十一年,复征蒙古。追阿鲁台,不及而还。明年,复北征至答兰纳木河,在元故和林城东北境,亦曰阔阔纳吾儿海。不见敌而归。盖五出塞北,穷追伏影,千乘万骑,勒铭殊庭,自古帝王未有之烈也。

　　○南平交趾,

　　史略:初,安南黎季犁弑其主陈日焜而代之,国号虞。永乐元年,表请署国事,诏封其子苍为安南国王。明年,老挝送陈天平来朝,老挝宣慰司属云南。天平,故安南王孙也。诏诘季犁,季犁诡请天平归国。四年,天平还入境,季犁贼杀之于芹站,芹站,在安南谅山府北。并害使臣,因遣朱能等进讨。能至龙州卒,副将张辅代总其事。龙州,广西属州也。五年,张辅等至交州,屡败贼兵,寻大破之于富良江,在安南国城北三十里,见前。穷追至奇罗海口,在安南境内乂安府东南。擒季犁父子。安南平,诏求陈氏,后无所得。因置交趾布政司统其地。六年,交趾贼简定等复叛,定寻自称上皇,推其党陈季扩为帝,国号越。复命辅等讨擒之。时定党陈季扩等犹出没海上,沐晟讨之,未克。寻请降,诏授交趾布政使司。复叛称越国王。九年,复命张辅进讨,破贼于月常江。在安南清化府境内。十年,大破之于神投海口。在安南建平府南。明年,破之于爱子江。在安南顺化府东北。十三年,擒季扩,悉平其党,交趾复定。

　　○西藩哈密,

史略：永乐元年，虏酋安克帖木儿入贡。明年，设哈密卫。安克帖木儿，本蒙古族属，袭封肃王，至是改封忠顺王，统回回、畏吾儿、哈剌灰三种，仍设都督授其部长。卫本汉之伊吾庐，唐之伊州也。唐衰，不属于中国，至是始内附。其地为西徼噤喉，自是制定：凡西域诸夷入贡，必哈密译其文，乃得发。又设沙州及赤斤蒙古、曲先等卫，与哈密相表里，以固西藩，沙州，赤斤蒙古卫，永乐二年置。曲先卫，四年置。先是太祖置罕东、阿端、安定三卫，至是又增置三卫，与哈密为七。六卫在嘉峪关西，哈密又在六卫之西。而甘肃益为境内矣。

○东靖女真。

史略：永乐九年，遣将将水军驾巨舰至混同江上，招集女真诸部落。于是女真悉境内附，置努儿干都司，其地即金会宁府也。元置合兰府、水达达等路于此。授其封爵，兼分置卫、所、城、站，以授其部族。自是建置益广，凡卫百七十九、所二十，又地面五十八、站七、寨一，悉属于都司。正统中，复增置五卫，其后代有添设。万历中，多至三百八十馀卫。又置马市于开元城，即今三万卫。俾贡马给值，赐赉以时，为辽东外蔽。

○建北京，改北平布政司为北京。

何氏曰：成祖之建北京，何异成王之营洛邑？夫两都并建，自周以前未有也。汉、魏而降，五都四京，后先相袭。然近者相去数百里，远者亦不过千里。若悬隔三千里之外，逾江越淮，溯河浮济，而欲巡幸会同，岁时无失，此又必不得之数也。然则何以为善法成周？曰：金陵财赋所萃，幽陵士马所资，控西北以震叠河山，绥东南以供输京阙，此成祖继述之善，冠古烁今者也。或者曰：

漕河绝续，则咽喉可虑；关陇遥阔，则肩背为虞。毋乃未考于驭边筹漕之初制乎？

○列交、贵，永乐五年，设交趾布政使司，领交州等府十七、广威等州五、属州四十二、县一百五十七。十一年，设贵州布政使司，领贵州宣慰司一、思州等府六、普安等州四、金筑安抚司一。威略赫焉。然弃大宁，移东胜，虑亦稍疏矣。

史略：初，太祖分兀良哈为三卫，居潢水北，潢水，见辽起临潢。领于北平行都司，三卫敛息顺命。建文元年，太宗劫大宁兵南下，并召兀良哈之酋率部落从行。永乐元年，徙北平行都司于保定，兴、营诸卫俱移置于顺天永平境内。遂以大宁分界三卫。自广宁前屯历喜峰，广宁前屯卫，属辽东都司。喜峰，见前松亭关注。近宣府者，属之朵颜。自锦、义历广宁，逾辽河，锦州，今广宁中屯卫。义州，今广宁后屯卫。俱属辽东都司。辽河，在广宁镇东北二百里与辽东都司分界，见前。至白云山，在辽河东。或曰即广宁卫东北九十里之白云山，非是。属之泰宁。自黄泥洼，在沈阳卫西北三百里。逾沈阳铁岭至开元者，属之福馀。朵颜于三卫最强，地形亦最险。自是防维单外，诱导北兵，连属东夷，渐萌窥伺。又是年，议者以东胜孤悬难守，乃移左卫于永平府，右卫于蓟州遵化县。河南沃野遂成弃壤。他日边衅纷纭，盖肇于此也。

○宣宗当宁，复废交趾，

史略：先是，交贼黎利复叛。黎利，本陈季扩将。永乐十二年来降，授清化土官巡简。十六年，利据清化以叛，称平定王。遣兵讨之，不克。十八年，赦利，授清化知府。二十二年，复叛。清化，在交州西南六百里。宣德初，遣军进讨，败绩于茶笼州，在乂安府北。既而大发兵讨之，皆败绩。二年，黎利攻交州，寻败官兵于昌江，进陷隘留关。大帅柳升进讨，至镇夷关，败没。昌江，在谅山府南。隘留关，在谅山府北。关南为镇夷关，故鸡陵关也。永乐五年，改曰镇夷关。会黎利请抚，朝议以损威弃财，于计非便，遂许其请，命诸将班师，所建官吏亦皆北还。黎氏遂据有其地。

○又弃开平。

史略：宣德三年，议者以大宁既弃，开平悬远难守，因城独石，徙置开平卫于此，今卫属宣抚镇。弃地三百馀里。遂失滦河、龙冈之险，滦河，在旧开平卫南，下流经永平府境入海。见北直大川。龙冈即旧卫北三里之卧龙山。而边陲斗绝矣。

○迨土木告变，土木堡，在宣府镇怀来卫西二十五里。四海震惊，非少保之忠勤，社稷几于不守。

史略：英宗在位，屡兴大兵，南北骚动。正统六年，大发兵讨麓川叛酋，平之。八年，再叛，复遣兵进讨，并进破缅甸。是年，又分兵五道，出塞讨三卫。十二年，浙东贼叶宗留反。明年，福建贼邓茂七反，而麓川酋仍伺间出没，又湖广、贵州群苗皆叛。所在遣兵扑剿，远近骚动。麓川，今为陇川宣抚司，与缅甸俱属云南。正统十四年，瓦剌也先犯大同境，时北部分道入寇，脱脱不花犯辽东，阿剌犯宣府，围赤城，也先寇大同，至猫儿庄。赤城，今宣抚镇赤城堡。猫儿庄，在大同府北百二十里。太监王振劝上亲征。出居庸，历怀来、宣府至大同，兵氛甚恶，乃班师。大同帅郭登请上从紫荆关入，关在易州西，见前。振不听。还至宣府，敌自后追袭，遣将拒战，皆败没。次土木，人马疲渴，而铁骑四合，死伤无算，上为也先所得，遂诣塞外，京师震骇。百官遵太后命，奉郕王摄政，寻即位。于谦掌机务，收辑丧亡，经理捍御。也先以送上皇还京为名，过大同，至广昌，蔚州属县。破紫荆关，抵京城西北。于谦督石亨等营城外，奋击败之，也先复奉上皇遁去。时郭登固守大同，罗亨信固守宣府，京师恃为肩背。谦又于天寿山、在顺天府昌平州东北十八里，陵寝莫焉。居庸关及涿州、通州、易州、保定、真定涿州、通州，属顺天府。易州，属保定府。皆屯宿重兵，卫畿辅，而自辽、蓟以至甘肃，中间边关堡塞，皆得人戍守。敌入寇，辄败去，于是国势大振。也先遣使求和，不许。敌知中国有备，而挟上皇为空质，奸谋遂消，上皇旋自北还。宗社奠安，谦一人力也。郑氏曰：于公受命于倥偬之际。是时东至辽东，西至陕西，皆敌骑充斥；浙闽贼党，犹未尽平，而黄萧养复聚众作乱，攻逼广州，南蛮、西番亦相率蠢动。公内固京师，外筹九服，开镇临清以控漕渠，收复独石八城堡以壮畿甸，任良牧而贵州辑宁，择大帅而粤东荡定。未几，北胡款塞，群盗消亡，由指麾条画，动中机宜故也。

〇武宗盘游，衅孽屡作。

史略：正德五年，寘鐇反宁夏，寘鐇，庆藩诸子安化王也，时庆藩封宁夏。镇将仇钺讨平之。钺为宁夏游击将军，袭执鐇。十四年，宸濠反南昌，永乐元年，宁王权自大宁徙封南昌，宸濠其四世孙。陷南康、九江，攻安庆，不克。赣抚王守仁等讨平之。守仁克南昌，引兵出鄱阳，宸濠还战，兵败被执。是时，边塞屡被寇扰，中原远近，盗贼群起。其最甚者，刘六、刘七、赵燧等，起于畿辅，转掠北直、山东、河南、湖广、南畿，久而始灭。刘六等起于正德四年，所至残破，七年始败灭。又蓝廷瑞等起保宁，犯汉中、郧阳及川东、贵州境，廷瑞等起于正德三年，九年，馀党始平。谢志珊等起于南、赣，谓南安、赣州二郡。掠江西、湖广、福建、广东境。志珊等，正德初，盘据山险，连络徒党，久为患害。十二年，抚臣王守仁等讨之，次第荡平。虽相继诛灭，而所在困弊矣。

〇世宗兴邸潜飞，兴藩，宪宗次子，封湖广安陆州，再传入继大统，以州为承天府。中兴之望，朝野欣欣，而斥绝言路，保任大奸。初既弃哈密，

史略：哈密，西去土鲁番千馀里。土鲁番，西夷别部，在火州西百里。成化以后，哈密衰，土鲁番益强，屡肆吞噬。国家以哈密外领西域，内蔽边郡，非此则无以离戎胡之交，因务设方略，以存复之。土鲁番虽骄横，亦未敢安据其地。嘉靖三年，土鲁番入塞犯甘州，边臣败却之，又追败之于肃州。八年，复犯肃州，败走，寻请降，且以哈密来归。朝议以哈密既残破，且去边远，疲中国以存外夷，非计也，遂弃不复有。嘉峪关外，皆为寇境。关在肃州卫西六十里。时沙州诸卫皆为土鲁番所侵掠，与哈密诸部馀民悉安插肃州及甘州境内，而七卫之地皆墟矣。七卫，见前。又是时，亦不剌盘据西海，亦不剌，北胡别部也，瓦剌结巢北山北山，谓贺兰山。北山在宁夏卫西六十里，绵亘数百里。详见陕西名山。于是河西三面受敌，备羌御胡，日不暇给。

〇继复弃河套。

史略：明初，李文忠败元于丰州，事在洪武七年。既而城东胜，在洪武二十七年。河套以内，耕屯相望。永乐初，方事远略，弃东胜

不守。其后大兵数出，亡朔远窜，窥伺益少。正统中，稍稍多事，乃议筑榆林诸城堡。成化中，复筑榆林边墙千馀里，而河套渐成瓯脱，然议者未尝不欲复汉、唐故事，为捍边固圉计也。河套，自天顺以后，为毛里孩等所窥伺，既而火筛等屯牧其中。正德初，杨一清议大举恢复，不果。嘉靖以来，北边部落益强，往往窟穴套中，台吉胡吉囊住牧套中，俺答住牧丰州，二酋于诸部最强，为边患。吉囊死，其种落仍屯套中，而听命于俺答。河东、关西岁被蹂躏。二十五年，督臣曾铣以复套为己任，规画甚伟，为严嵩所构，弃市。自是边事日坏，敌旋入宣、蓟，犯京师，蔓衍以至辽东。朝廷盱食，无敢议及河套者。

○又倭寇纵横，东南糜烂，方中之势，寖以昃矣。

史略：明初，并海郡县，屡被倭患。洪武十七年，命信国公汤和巡视海道，自山东至江南北、浙东西以及闽岭，皆筑城置戍，控扼要害。二十年，复命江夏侯周德兴筑城于福建滨海诸处。《国史》：是时南直、山东、浙江、福建、广东、西皆置行都司，以备倭为名。自是虽间有倭警，旋即退散。嘉靖二年，倭党互争贡，遂起衅相攻，杀掠宁波，以至绍兴。自是浸淫至两浙、江淮、闽广之境，纵横出没，所至屠掠一空。至四十四年，馀患始息。残破郡邑，殆以百计。东南素称富庶，至是为之衰耗。

○是时版图为直隶二，承宣布政使司十三。

京师，亦曰北直隶。《会典》：永乐十八年，革北平布政司为直隶。府八：曰顺天、保定、河间、真定、顺德、广平、大名、永平，州二：曰隆庆、保安，属府州十有七，属县一百十有六。而昌平州、通州、易州为三辅，又居庸、倒马、紫荆为内三关，特设重臣于保定以提督之，与蓟州、宣府互为形援，以厚京师之藩卫。隆庆初，改隆庆州曰延庆州。倒马关，在定州西北百二十里，详北直重险。馀见前。

南京，亦曰南直隶。府十四：曰应天、凤阳、安庆、庐州、淮安、扬州、苏州、松江、常州、镇江、徽州、宁国、池州、太平，州四：曰广德、和州、滁州、徐州，属府州十三，属县九十六。而淮安为漕运通渠，凤阳为陵寝重地，安庆为陪京上游，苏、松为边海襟要，皆特设重臣，申严封守。

山东，府六：曰济南、兖州、东昌、青州、登州、莱州，属府州十有五，属县八十有九。分道三：济南道，辖济南府一；东兖道，辖东昌、兖州府二；海右道，辖青、登、莱等府三。又有辽海东宁道，则分辖辽东卫所，而临清、济宁、东平诸州为漕运咽喉，登、莱为辽东应援，皆重地也。

山西，府四：曰太原、平阳、大同、潞安，州四：曰汾州、辽州、沁州、泽州，属府州十有六，属县七十有七。分道四：冀宁道，辖太原府一；河东道，辖平阳府一；冀北道，辖大同府一；冀南道，辖潞安府及沁、泽、辽、汾四州。而太原控扼关塞，大同限隔漠南，并为重镇。万历二十三年，升汾州为府。今为府五、州三。

陕西，府八：曰西安、凤翔、汉中、平凉、巩昌、临洮、庆阳、延安，属州二十有一，属县九十有四。分道五：关内道，辖西安府一；关西道，辖平凉、凤翔府二；关南道，辖汉中府一；河西道，辖庆阳、延安府二及宁夏卫、宁夏中卫；陇右道，辖巩昌、临洮府二及河、洮、岷、靖四卫、文县一所。又有西宁道，则分辖甘肃、西宁诸卫所。自西安、凤翔、汉中而外，皆逼近边陲，环设重兵，以壮形势。万历十一年，增置长武县，属邠州。今为县九十有五。

河南，府八：曰开封、归德、彰德、卫辉、怀庆、河南、南阳、汝宁，州一：汝州，属府州十有一，属县九十有七。分道四：大梁道，辖开封、归德府二；河南道，辖河南府一、汝州一；汝南道，辖南阳、汝宁府二；河北道，辖彰德、卫辉、怀庆府三。万历初，以上讳，改开封府钧州曰禹州。

浙江，府十一：杭州、嘉兴、湖州、严州、绍兴、宁波、台州、温州、金华、衢州、处州，属府州一，属县七十有五。分道五：杭严道，辖杭、严二府；嘉湖道，辖嘉、湖二府；宁绍道，辖宁、绍、台三府；金衢道，辖金、衢二府；温处道，辖温、处二府。而滨海诸郡，控御岛夷，防维特重。

江西，府十三：南昌、饶州、广信、南康、九江、建昌、抚州、临江、吉安、瑞州、袁州、赣州、南安，属府州一，属县七十有四。分道五：南昌道，辖南昌、瑞州府二；湖东道，辖广信、建昌、抚州府三；湖西道，辖吉安、临江、袁州府三；九江道，辖饶州、南康、九江府三；岭北道，辖赣州、南安府二。而南、赣接连楚、粤以及闽海，山川深险，奸民易以啸聚，特设重臣于赣州，兼督南、赣、雄、韶、惠、潮、汀、漳、郴、桂诸州郡。而九江控带大江，连接安庆，亦为中流重镇。又隆庆二年，增置定南县；万历三年，置长宁县，俱属赣州府。万历六年，置泸溪县，属建昌府。今县凡七十有七。

湖广，府十五：武昌、承天、汉阳、黄州、德安、襄阳、郧阳、荆州、岳州、长沙、常德、衡州、永州、宝庆、辰州，州二：郴州、靖州，属府州十三，属县二百有六。分道七：武昌道，辖武昌、汉阳、黄州府三；荆西道，辖安陆、德安府二；上荆南道，辖荆州、岳州府二及施州诸卫所；下荆南道，辖襄阳、郧阳府二；湖北道，辖常德、辰州府二、靖州一及永顺、保靖二宣慰司；上湖南道，辖衡州、永州府二、郴州一；下湖南道，辖长沙、宝庆府二。而郧阳山川纠结，连接秦、豫，特设重臣于郧阳，兼督荆、襄、汝、邓、商、洛、汉中诸境。又以辰州密迩川、贵，蛮獠纷错，亦设重臣提督辰、沅、靖州以及偏桥、铜仁、思州、播州、酉阳、麻阳、永顺、保靖、施州等境。又万历二十八年，增置天柱县，属靖州。今县一百有七。

四川，府八：曰成都、保宁、顺庆、重庆、夔州、叙州、龙安、马湖，州六：曰潼川、嘉定、眉州、雅州、邛州、泸州，属府州十四，属县一百有七。而长官司四，属马湖府；又羁縻军民府四，曰镇雄、东川、乌撒、乌蒙；宣慰司一，曰播州；宣抚司一，曰永宁；安抚司一，曰黎州，所属长官司凡六。分道五：川西道，辖成都、龙安府二及松、潘、叠、溪诸卫所；川北道，辖保宁、顺庆府二及潼川州一；川东道，辖重庆、夔州府二；川南道，辖叙州、马湖府二，又镇雄、东川军民府二，及嘉定、眉、泸、邛四州、播州、永宁等司；上川南道，辖雅州及建昌行都司，黎州、天全等司。而松、茂控扼土番，建昌限制番族，皆为四偏襟要。万历十七年，改马湖府附郭泥溪长官司为屏山县。二十四年，改黎州安抚司为千户所。二十七年，平播州，改为遵义府。又改置属州一，属县四。今为府八，属州十五，属县一百十一，长官司九。

福建，府八：福州、兴化、泉州、延平、建宁、邵武、汀州、漳州，州一：福宁，属县五十有七。分道四：福宁道，辖福州、兴化、泉州府三，福宁州一；武平道，辖邵武、延平府二；建宁道，辖建宁府一；漳南道，辖汀州、漳州府二。

广东，府十：广州、肇庆、韶州、南雄、惠州、潮州、高州、雷州、廉州、琼州，属府州七，属县七十四。分道五：岭南道，辖广州、韶州、南雄府三；岭东道，辖惠州、潮州府二；岭西道，辖肇庆、高州府二；海北道，辖廉州、雷州府二；海南道，辖琼州府一。万历四年，于德庆州之泷水县置罗定州，又增置东安、西宁二县属焉，州直隶布政司而分辖于岭东道。崇祯六年，增置镇平县，隶潮州府。今直隶州一，县七十有六。

广西，府七：桂林、平乐、梧州、浔州、南宁、柳州、庆远，属州十六，而羁縻者居八。又羁縻府三：曰太平、思明、镇安，军民府一：曰思恩，直隶羁縻州十一，羁縻属州十八，属县五十，羁縻县八，长官司四。分道四：桂平道，辖桂林、平乐府二；苍梧道，辖梧州府一；左江道，辖南宁、浔州、太平府三；右江道，辖柳州、庆远、思恩、思明、镇安等府五及羁縻、直隶诸州县。而南宁镇抚南蛮，凭祥、龙州控扼交趾，为守御要地。隆庆四年，改桂林府古田县为永宁州。六年，又增置新宁州。万历十八年，置下雷州，与新宁州俱属南宁府。今州共四十有八。

云南，府五：曰云南、大理、临安、澂江、楚雄，军民府六：曰曲靖、姚安、武定、永昌、鹤庆、丽江，羁縻府十：曰寻甸、广南、广西、镇沅、景东、永宁、顺宁、蒙化、孟定、孟艮，羁縻军民府一：曰元江，属州三十，羁縻、直隶及属州共十一，属县二十八，羁縻县二，又有羁縻宣慰司六，宣抚司三，长官司共二十有四。分道四：安普道，辖云南、曲靖、寻甸府三；临元道，辖澂江、临安、广西、广南、元江府五，新化州一；洱海道，辖姚安、楚雄、武定、景东、镇沅府五；金沧道，辖大理、永昌、鹤庆、丽江、顺庆、永宁、蒙化府七，及北胜州、澜沧卫各一。而临安南出交趾，永昌镇摄群蛮，皆为要地。万历十三年，于孟艮府增设耿马安抚司，又改旧孟密安抚司为宣抚司，仍设置蛮莫安抚司，盖增设宣抚司一，安抚司一。

贵州。府八：程番、镇远、黎平、都匀、思州、思南、铜仁、石阡，羁縻、直隶州四：曰安顺、镇宁、永宁、普安，属府州二，县六。又宣慰司一：曰贵州，安抚司二：曰金筑、凯里，长官司凡八十。分道四：贵宁道，辖程番府及贵州宣慰司；威清道，辖安顺等州四及威清诸卫所；都清道，辖镇远、黎平、都匀等府三，及新添平越诸卫所；思石道，辖思州、思南、铜仁、石阡等府四。隆庆六年，改程番府曰贵阳。万历中，改为军民府。又改安顺州为军民府，平越卫为平越军民府，而于贵阳府改置定番州、广顺州、开州及新贵县，平越府增置黄平州及馀庆、瓮安、湄潭三县，又增置贵阳府附郭贵定县，于思南府置附郭县一：曰安化，铜仁府改置附郭县一：曰铜仁，石阡府改属置县一：曰龙泉。今府凡十，州九，县十三。

夏氏曰：国朝疆理天下，轻重本末，犁然备举。夫建都燕京，则不得不重山、陕。山、陕，天下之项背，而京师之头目也。山、陕有事，其应之也，当甚于救焚拯溺，一或不备，而祸不可挽矣。必也选将训兵，兴屯广牧，常畜其有馀之力，则天下虽有大故，而根本可以无患。辽东局处一隅，依山阻海，虽逼在肘腋，而御得其道，可画疆守而阻关固也。山东、河南、南直、湖广，其天下之腰脊乎？江、浙、川、广、福建、云、贵，其天下之四肢乎？夫不知天下之全势，而言创言守，两无当也。十五州之形胜具在，何不一揆其措置之理乎？

〇又设九边，以卫中夏。

辽东，属卫二十五，所十一，关二：曰三岔、抚顺，营堡凡百。三岔关，在海州卫西南七十里。抚顺关，在沈阳卫抚顺所东二十里。

蓟州，属关一百十三，寨七十二，营、堡、城一百十五。大宁废，而蓟州遂为极边，藩垣浅近，防御甚棘。

宣府，属卫十五，所二十六，关、城、堡五十有三。开平弃，而敌在近郊，宣、大日以多事。

大同，属卫八，所七，堡五百八十有三。

榆林，属营六，堡二十八，东胜弃而榆林筑，大河以南，遂为戎薮。关中多事，莫如榆林为最。

宁夏，属卫二：中卫、后卫，所四：兴武、灵州、韦州、平虏，营、堡二十二：自河套弃而宁夏益为寇冲，踦角榆林，屏蔽固原，恃为重镇。

甘肃，属卫十有三，所六十，关一：嘉峪，堡五十有一。哈密弃而关门不启，戎马生郊矣。

太原，属关三：雁门、宁武、偏头，堡三十九，口十九。河套守而太原为内地，套弃而朔骑充斥，偏头当其东下之冲，宁武、雁门，东西交警。因特设重臣，提督三关，遮绝寇冲，障蔽畿甸。太原之棘，嘉靖间为最也。雁门，见前。宁武关，在山西崞县西北百十里。偏头关，在河曲县北百十里。

固原。属卫三：固原、靖虏、兰州，所四：西安、镇戎、平虏、甘州，营、堡一十有六。时固原为河套南下之冲，因特设重臣巡镇，兼督榆林、宁夏、甘肃三边，互为指臂。后又以洮、岷、河三卫及诸城镇，并属于固原。

孙氏曰：太祖平天下，尝垂训曰：四方诸夷，其限山隔海僻在一隅者，但使彼不相侵扰，即当共安无事，慎毋恃中国强大，兴兵起衅。惟胡戎密迩边境，累代为中国患，宜谨备焉。呜呼！圣谟何洋洋也。成祖初定安南，本非利其土地。宣宗弃之，不害为善守。独是大宁废而辽东、蓟州、宣府之备多，河套失而太原、大同、榆林、固原、宁夏之患急，哈密弃而甘肃、西宁、洮河、松茂之寇滋。然则祖宗成宪，洵未可轻变矣。君子观于九边之制，而不胜升降之慨焉。王氏曰：昔狄梁公有言，天生四夷皆在先王封略之外，故东距沧海，西阻流沙，北控大漠，南界五岭。此天所以限夷狄而隔中外也。三代以前，夷狄之患少，其备边之制，惟来则拒之，去则忽追。秦汉以降，更相角逐，生民之祸始烈。要未有送主中夏，甚且尺地一民，皆得而臣服之也。中原之不竞，肇于和亲，极于纳币称臣。我国家张皇六师，式遏万里，乃循秦汉之长城，垂九边之定制，雪耻除凶，度越往古。然而犹有虞者，封贡不除，互市不革，无以消奸民外诱之端，黠虏内窥之渐也。盖虏必不能忘情中国者，以中国之多可欲。而非有内地叛民为之乡导，则其患犹可量。宋元以后之虏情不可准以汉唐之旧制，乃欲高语来庭，虚张岁市，养祸伏蜕，而特为弭边善政，不亦惑乎？呜呼！削株掘根，毋与祸邻，必也。闭关折符，单使勿逼也；投珠却玉，匹马勿入也。因机遘会，则西垩玉门，北固受降，东修柳城。隔绝其往来，杜塞其耳目，使中外之限如九天九地绝不可干也。庶足以纾悠悠之患乎！

○东起辽海，西尽嘉峪，南至琼、崖，北抵云、朔，东西一万馀里，南北一万里。

○凡天下府百有四十，南北直隶府二十二，布政司所属府百十八。州百有九十三，南北直隶所有州四十，布政司所有州共百五十三。县千一百三十八；南北直隶所有县二百一十，布政司所有县九百二十八。又羁縻府十九，州四十七，县六。广西二，云南四，此俱嘉靖时制。其后互有增损沿革，今具载篇中。编里六万九千五百五十有六，户九百三十五万二千一十有五，口五千九百五十五万八百有一。夏秋二税，共米麦二千六百零八万五千九百一十六石。京、通二仓，临、德、徐、淮四仓，每年运漕四百万石，亦俱以嘉靖末年为准。而两京都督府，分统各都指挥使司十六，万全、辽东、大宁凡三，又十三布政司各设都司一。大宁徙保定见前。行都司五，山西大同、陕西甘肃、四川建昌、湖广郧阳、福建建宁。留守司二。中都留守司，驻凤阳。兴都留守司，驻承天。所属卫共四百九十三，属所二千五百九十三，守御千户所三百一十五。内外官军共计八十四万五千八百馀员名，马骡二十万一千一百馀匹。又夷官宣慰司十一，湖广二：永顺、保靖，四川二：播州、董卜韩胡，云南六：车里、木邦、孟养、缅甸、老挝、八百大甸，贵州一：贵州。播州，今改为遵义府。**宣抚司十**，湖广四：施南、散毛、忠建、容美，俱属施州卫。四川三：永宁、酉阳、硅。云南三：南甸、干崖、陇川，万历中，增置一，曰孟密。**安抚司二十二**，湖广八：东乡、五路、忠孝、忠路、金洞、龙潭、大旺、忠峒、高罗，俱属施州卫。四川九：黎州，见前；八郎、麻儿札、阿角寨、芒儿者，俱属松潘卫；黄平、草堂、瓮水，属播州宣慰，杂谷属董卜韩胡宣慰。云南二：潞江属永昌卫，孟密属湾甸州。贵州二：金筑、凯里。万历中，云南增置耿马、蛮莫二安抚司，而孟密升为宣抚司，四川改废草堂、黄平、瓮水三安抚司。**招讨司一**，天全六番。**长官司一百六十九**，湖广二十四，四川四十，广西四，云南二十一，贵州八十。万历以后，数有增易改废。**蛮夷长官司五**，镇远、隆奉、南平、东流、腊壁峒，俱属湖广施州卫。**四夷君长奉朝贡称外臣者，至一百十有三国。**东北朝鲜、耽罗等国二，东日本国一，南安南、占城等国六，西南渤泥等国四十九，西哈剌等国四十六，西北哈密等国七，北朵颜、鞑靼等国二。一代之制，略可睹焉。

王氏曰：地囿于天者也，而言地者，难于言天。何为其难也？日月星辰之度，终古而不易；郡国山川之名，屡变而无穷也。虽然，删繁去缪，举要提纲，首以州域，次以都邑，推表山川，论列形势，古今兴替成败之鉴，莫能违也。此大《易》设险守国，《春秋》书下阳、彭城、虎牢之义欤？○赵氏曰：自有宇宙，即有山川，山川封域之经也，封域山川之纬。然郡国固有废兴，陵谷亦尝迁改。杜佑有言：凡言地理者，在辨区域，征因革，知要害，察封土。纤芥毕书，动盈百轴，岂所谓撮机要者乎？

北直方舆纪要序

据上游之势，以临驭六合者，非今日之北直乎？说者曰：昔黄帝邑于涿鹿之阿，幽陵自昔建都地也。太史公曰：学者多称五帝，然孔子删书，断自唐虞。昔舜分幽州，周列燕国，汉、唐以来，大都可知也。石晋以燕、云入契丹，耶律德光于晋之天福二年始号为南京。耶律隆绪又于宋之祥符五年改为燕京。及女真得其地，废主亮以宋之绍兴二十三年定都于燕，谓燕为列国之名，改为中都。蒙古铁木真于宋之嘉定八年克燕，谓之燕京路。忽必烈以至元元年复号为中都。四年，更置城郭，而徙都焉。九年，改称为大都路。然则女真因辽、蒙古因金。燕都者，辽、金、元之故都也。明太宗而复都于燕也，何居？曰：太宗龙潜之地也。太宗初就封于燕。当是时，蒙古之馀孽犹炽，习见燕都之宫阙、朝市，不无窥伺之情。太宗靖难之勋既集，切切焉为北顾之虑，建行都于燕，因而整戈秣马，四征弗庭，亦势所不得已也。銮舆巡幸，劳费实繁。易世而后，不复南幸，此建都所以在燕也。说者曰：天下有偏重之处，幽燕去河洛为远，而去关中为尤远。唐都关中，以范阳、卢龙斗绝东垂，为契丹、奚、室韦、靺鞨所环伺，于是屯戍重兵，增置节镇。禄山乘之，遂成天宝之祸。终唐之世，河北常为厉阶。其后契丹得幽燕，因以纵暴于石晋。女真得幽燕，因以肆毒于靖康。势莫如建为京师，俾禁旅云屯，才勇辐辏，以潜消天下之祸本。况苦寒沙碛之地，莫甚于燕，而天子且以身先之，夫谁敢耽安乐而避艰难者？曰：是未可以概论也。周都丰、镐，封召公于燕，不闻周室之乱自燕始也。汉都长安。高帝五年，封卢绾于燕。十一年，绾叛降匈奴。其时之叛者不独绾，且有燕而亦不能守也。后或为燕国，或为广阳郡。终汉之世，不闻燕之起而为厉。东汉初，祭彤著折冲之略，则戎夷怀畏。迨于末季，刘虞牧幽州，犹能抚循其民，歌思遍于境内。虽篡窃纷纭之际，称雄者或不乏。然革易之初，为乱且遍天下，咎又不独在燕矣。夫渔阳之祸，亦唐自召之耳。使委任得人，而制御有方，安在禄山之能为变哉！史思明、李怀仙、朱滔、刘怦之徒，相继而拒命也。朱克融之徒，复以卢龙叛也。论者不察其本，遂比卢龙若异域，缪矣。夫王者长驾远驭，不难威行万里。幽燕，禹迹内地耳，乃谓鞭箠所不能及乎？且吾闻之，天子有道，守在四夷，勇夫重闭，君子所贵。以万乘之尊，而自临于危险之地，未为长策也。有定天下之劳者，享天下之逸，亦不必寒苦沙碛之地，而后可以建都也。曰：然则幽燕不可以建都乎？曰：奚为不可？人亦有言：建都之地，关中为上，洛阳次之，燕都又次之。洛阳，吾无论矣。汉都长安，则置朔方之郡，列障戍于河南。又开河西五郡，以绝羌与匈奴相通之路。唐人筑三受降城，则守在河北。又置安西、北庭都护，则西域尽为臣属，故关中可以无患。及至德以后，河、陇之地，尽没于吐蕃，而泾阳、渭北，戎马且充斥焉。然则朔方不守，河西不固，关中亦未可都也。都燕京而弃大宁，弃开平，委东胜于榛芜，视辽左如秦越，是自剪其羽翼，而披其股肱也。欲求安全无患，其可得哉？然则自辽及元，何以必都燕京？曰：辽起于临潢，南有燕云，常虑中原之复取之也。故举国以争之，置南京于燕，西京于大同，以为久假不归之计。女真自会宁而西，擅有中夏，仍辽之旧，建为都邑，内顾根本，外临河济，亦其所也。蒙古自和林而南，混一区宇。其创起之地，僻在西北，而仍都燕京者，盖以开平近在漠南，而幽燕与开平，形援相属，居表里之间，为维系之势。由西北而临东南，燕京其都会矣。明代之都燕也，当法汉唐之成算。以开平、大宁、东胜、辽阳为河西、朔方之地，乃坐而自削，有日蹙百里之讥，无乃与都燕之初意相刺谬乎？说者曰：以燕京而视中原，居高负险，有建瓴之势。太宗深鉴于金陵之已事，定都于此，实为万世计也。曰：形胜未可全恃。而燕都之形胜，又不足恃也。太史公曰：燕北迫蛮貊，内错齐晋，崎岖强国之间，最为弱小，几灭者数矣。及秦人灭赵，败燕军于易水之西，而国随以亡。臧荼、卢绾、燕王旦国于燕，不旋踵而陨毙。彭宠以渔阳贾祸。公孙瓒以易京覆宗。王浚掩有幽州，幸晋室多故，冀以自雄，而见戕于石羯。段匹磾有幽州，而仍不能自立也。杜洛周、葛荣、韩婴之辈，旋起旋灭，皆不足道。高开道窃有渔阳，身死而地归于唐。天宝以后，以河北叛乱者，凡十七起。其能免于诛戮，保其宗祀者，不数见也。迨夫李匡筹夷灭于克用，刘守光复系组于存勖，而幽燕卒并于河东矣。契丹倔强者八世，竟败亡于女真。女真恣睢者百年，终夷灭于蒙古。乌在其为险固者欤？呜呼！以燕都僻处一隅，关塞之防，日不暇给，卒旅奔命，挽输悬远。脱外滋肩背之忧，内启门庭之寇，左支右吾，仓皇四顾。下尺一之符，征兵于四方，恐救未至而国先亡也。撤关门之戍，以为内援之师，又恐军未离，而险先失也。甚且藉虎以驱狼，不知虎之且纵其搏噬；以鸟喙攻毒，而不知鸟喙之即足以杀身也。不亦悲哉！然则当去燕京而都金陵乎？曰：金陵可为创业之地，而非守成之地也。局促于东南，而非宅中图大之业也。然则建都者，当何如？曰：法成周而绍汉唐，吾知其必在关中矣。

读史方舆纪要卷十

北直一 封域 山川险要

古冀州。按州名盖始于颛帝时。见卷首。舜分置十二州，此为幽州。传曰：舜分冀东恒山之地为并州，东北医无闾之地为幽州。则北直为幽、并二州地。《通典》：舜分卫东为并州，燕以北为幽州。《禹贡》亦为冀州。《周礼·职方》东北曰幽州。应劭曰：北方太阴，故以幽冥为号。杜佑曰：《山海经》幽州有幽都山，州盖因以名。今山列北荒矣。武王封召公奭于燕，此为燕地。其在天文，尾、箕则燕分野，亦兼赵、魏之疆。真定、顺德、广平、河间，春秋时晋地，后属赵。大名，春秋时卫地，后属于魏。考大名在《禹贡》亦为兖州之域。卫、赵分野，今见河南、山西沿革。秦并天下，置渔阳、上谷、邯郸、钜鹿、右北平等郡见首卷。汉置十三州，此亦为幽州及并、冀二州地。后汉因之。按后汉以幽州理蓟，今顺天府治也。冀州理鄗，今见赵州柏乡县。而并州则理晋阳，今山西太原县。见二卷。晋亦为幽、冀诸州。幽理涿，今涿州。冀理房子，今见赵州高邑县。后为石勒、慕容隽及苻坚所据。坚败，属慕容垂。其后入于后魏。晋及十六国，见三卷。魏末，高齐据之，宇文周复灭齐而有其地。隋分十三部，此亦为冀州，而不详所统。后魏、南北朝州郡，俱见四卷。唐分十道，此为河北道。天宝以后，强藩往往窃据焉。五代时，石晋割燕、平诸州入于契丹。周世宗复三关，于是与契丹以白沟河为界。见保定府雄县及顺天府霸州境内。按唐至五代十国，俱见五卷、六卷。宋仍为河北路，后又分河北为东、西路。庆历中，尝分为四路，今详见州域形势说，下仿此。最后，建燕山路，而宋以亡。金初亦分河北为东、西路。废主亮定都于燕，因改置中都等路。蒙古初置燕京路。至元四年，定都于此，改大都路，置中书省，统山东、西及河北之地。自宋至元，见七卷、八卷。前洪武九年，置北平等处承宣布政使司。永乐元年，建北京。称为行在。十八年，始定都焉，改布政司为直隶。洪熙初，复称行在。正统六年，定为京师，统府八、州二、属州十七、县一百一十六，总为里三千一百有奇。夏秋二税，大约六十万一千一百五十二石有奇。而卫所参列其中。今仍建都于此，为直隶。

〇顺天府，属州五，县二十二。今领州六，县二十。

大兴县附郭。　宛平县附郭。　良乡县，　固安县，　永清县，　东安县，　香河县。

通州，属县四。

三河县，　武清县，　漷县今废　宝坻县。

霸州，属县三。

文安县，　大城县，　保定县。

涿州，属县一。

房山县。

昌平州，属县三。

顺义县， 怀柔县， 密云县。

蓟州，属县四，今领县二。

玉田县， 平谷县。

遵化州，新改，今领县一。

丰润县。

〇保定府，属州三，县十七。

清苑县附郭。 满城县， 安肃县， 定兴县， 新城县，
雄县， 容城县， 唐县， 庆都县， 博野县， 蠡县，
完县。

祁州，属县二。

深泽县， 束鹿县。

安州，属县二。

高阳县， 新安县。

易州，属县一。

涞水县。

〇河间府，属州二，县十六。

河间县附郭。 献县， 阜城县， 肃宁县， 任丘县，
交河县， 青县， 兴济县今废。 静海县， 宁津县。

景州，属县三。

吴桥县， 东光县， 故城县。

沧州，属县三。

南皮县， 盐山县， 庆云县。

○真定府，属州五，县二十七，

真定县附郭。 井陉县， 获鹿县， 元氏县， 灵寿县，藁城县， 栾城县， 无极县， 平山县， 阜平县。

定州，属县三。

新乐县， 曲阳县， 行唐县。

冀州，属县四。

南宫县， 新河县， 枣强县， 武邑县。

晋州，属县三。

安平县， 饶阳县， 武强县。

赵州，属县六。

柏乡县， 隆平县， 高邑县， 临城县， 赞皇县，宁晋县。

深州，属县一。

衡水县。

○顺德府，属县九。

邢台县附郭。 沙河县， 南和县， 任县， 内丘县， 唐山县， 平乡县， 钜鹿县， 广宗县。

○广平府，属县九。

永年县附郭。 曲周县， 肥乡县， 鸡泽县， 广平县，成安县， 威县， 邯郸县， 清河县。

○大名府，属州一， 县十。

元城县附郭。 大名县， 魏县， 南乐县， 清丰县，内黄县， 濬县， 滑县。

开州，属县二。

长垣县， 东明县今属府。

○永平府，属州一，县五。

卢龙县附郭。 迁安县， 抚宁县， 昌黎县。

滦州，属县一。

乐亭县。

直隶○延庆州，属县一。今改属山西。

永宁县。

直隶○保安州，今改属山西。

宣府镇，属卫所附见。

宣府左卫，附郭。又有宣府右卫、前卫及兴和所，俱在郭内。

万全左卫，

万全右卫，

○怀安卫，又保安右卫，在郭内。

○怀来卫，又延庆右卫，在郭内。

○开平卫，

○龙门卫，蔚州、延庆左、永宁、保安四卫别见。

龙门所，广昌、美峪二所别见。○长安岭、雕鹗、赤城、云州、马营五堡附见。

旧开平卫，附。

旧大宁卫，附。

○东滨海，

自山海关以南与辽东接界，辽东今为盛京。天津卫以南与山东接界,皆大海也。

〇南控三齐,

燕、齐地界相错,由京师走山东德州,七百里而近。楚、粤、江、浙、闽海之趋京师者,皆以山东为梯航之会。

〇西阻太行,

太行中分冀州之界,围环数千里。唐、宋河北、河东皆以太行为限蔽。

〇北届沙漠。

幽州之地,控带沙漠。明初列戍漠南,锁钥深固。后防维日坏,无复初制矣。

〇其名山,则有恒山、

恒山,亦曰常山,亦曰北岳,在真定府定州曲阳县西北百四十里,亘保定府以西,及山西大同府东境。按:《保定府志》:府境自唐县以北,接于易州,皆恒山也。又山西《浑源州志》:恒山在州南二十里,北接蔚州之境。《舜典》:岁十一月朔,巡狩至于北岳。《禹贡》:太行,恒山。《周礼·职方》并州,其山镇曰常山。《尔雅》:恒山为北岳祠典,五岳之一也。《水经注》谓之玄岳。《史记·赵世家》:赵简子告诸子曰:吾藏宝符于常山上。诸子驰之常山上,求无所得。毋恤还曰:已得符矣。简子曰:奏之。曰:从常山上临代,代可取也。又《楚世家》:张仪说楚曰,秦地半天下,席卷常山之险,必折天下之脊。《燕世家》:燕听张仪计,愿献常山之尾五城于秦。汉天汉三年,祠常山,瘗玄玉。后汉初平四年,袁绍与黑山贼张燕等战于常山。建安三年,绍攻公孙瓒于易京见雄县,瓒欲将突骑出，傍西山，拥黑山之众，不果。按：西山，即恒山。黑山，在今濬县西北。张燕等聚众于此，依西山为险。《天文志》：恒山，辰星镇焉。晋建兴四年，恒山崩。义熙五年，恒山又崩。太元十一年，丁零翟真馀党鲜于乞保曲阳西山，闻慕容垂南略地，时垂都中山。乃出营望都，今庆都县。为慕容麟所败。二十一年，慕容垂自将伐拓跋珪，引兵密发，逾青岭，径天门，凿山通道，出敌不意，径指云中，按：青岭即恒岭。天门，亦曰铁门，今为倒马关。隆安初，拓跋珪围中山。燕慕容麟作乱，自中山出奔西山，依丁零馀众。二年，拓跋珪自邺还中山，将北归，发卒万人，治直道，自望都铁关凿恒岭至代五百馀里。刘伯庄曰：此即倒马关路也。义熙十三年，北魏将叔孙建击丁零、丁零，西域胡别种。详见第三卷慕容垂时丁零翟斌注。翟蜀、洛支等于西山，平之。刘宋永初三年，北魏主嗣谋侵宋，将诸国兵南出天关即天门也，逾恒岭。元嘉五年，定州丁零鲜于台阳等二千馀家，叛入西山，北魏将叔孙建复讨降之。二十年，北魏主焘自平城如恒山之阳。隋大业四年，祠恒岳。唐武德五年，突厥寇定州，总管双士洛击败之于恒山南。五代周显德六年，将复关南之地，诏义武帅孙行友捍西山路，使汉不得越西山以合契丹也。行友因引兵拔契丹之易州。《地记》：《地记》，盖晋人集录群书之名。齐陆澄之编一百六十家之说为《地理书》。梁任昉又增八十四家为《地记》。恒山北临代，南俯赵，东接河海之间，天下形胜处也。《唐十道志》：河北名山曰常岳，常水出焉。《括地志》：北岳别名华阳台。自上曲阳县西北行四百五十里，得常山岌，号飞狐口。北则代郡也。按：《名山记》恒山高三千九百丈，上方三千里，有大玄泉。其山有五名，一曰兰台府，二曰列女宫，三曰华阳台，四曰紫微宫，五曰太乙宫。又《北岳记》恒山顶一名无恤台，以赵襄子尝登此观代国，下瞰东海也。《地志》云：恒山高侵霄汉，顶名天峰岭。下建北岳观，观前风出如虎吼，名虎风口。其馀峰岩洞壑，随地立名者，以数百计。《中山志》：定州曰中山郡。中山西北二百里有狼山，自狼山而西南连常山，山谷深险。汉末黑山张燕，五代孙方简兄弟，皆依阻其地。沈括曰：北岳恒山，一名大茂山。宋以大茂山脊与契丹分界。胡氏三省。曰：自恒山至代，有飞狐之口，倒马之关，夏屋、广昌、五回之险。按：夏屋，见山西代州。广昌，见山西广昌县。五回，见易州。夫恒山挺峙于冀州之中，为东西屏蔽，岩谷高深，道路阻险，出奇者所必由也。

〇太行、

太行山，亦曰西山，按：太行，山之总名，西山则就都城言之。在顺天府西三十里。《志》云：太行首起河内，谓怀庆府。北至幽州。今由广平、顺德、真定、保定之西，回环至京都之北，引而东直抵海岸，延袤二千馀里，皆太行也。从镇、定、泽、潞诸州而言，则曰山东西。镇、定，在太行东。泽、潞，在太行西。自燕、云诸州而言，则曰山前后。燕、幽诸州，在太行山前。云中诸州，在太行山后。石晋以山前后十六州，十六州，见六卷石晋时。入于契丹，为中原之祸者数百年。盖太行隔绝华夷，实今古之大防。州军镇戍，沿山错列，凭高控险，难于突犯。亦谓之燕山，河北所恃以为固者也。《志胜》云：今界内诸山，凡强形臣势，争奇竞险，拱翼畿甸者，皆太行之支峰别阜耳。又太行凡八陉，其在河北者有四，曰井陉，见下重险。曰飞狐，亦见下。曰蒲阴，即下紫荆关。曰军都。即下居庸关。馀详见河南名山太行。

〇碣石。

碣石山，在永平府昌黎县西北二十里。《禹贡》：夹右碣石入于河。《礼书疏》：碣石在河口海滨冀州。北方贡赋之来，皆自北海入河南向西转，而碣石在其右。转屈之间，故曰夹右也。又云太行、恒山，至于碣石。盖河北之大山也。《战国策》：苏秦曰：燕南有碣石、雁门之饶。《山海经》：碣石之山，渑水出焉，东流注于河。按碣石在燕东，雁门在燕西。而云燕南者，主燕而言，东西皆可谓之南也。渑水，今已堙。《史记》：秦始皇三十二年，之碣石，刻碣石门，坏城郭，决通堤防。示天下大定，不必有封守备御，即销兵铸镰之意。二世元年，东行郡县，刻碣石，并燕，南至会稽。缘海南行也。汉武帝元封元年，东巡海上，至碣石。北魏主潘太安三年，东巡，登碣石，望沧海，改碣石山为乐游山。北齐主高洋天保四年，破契丹，还至营州，登碣石山，临沧海。后周大象初，发山东民修长城，立亭障，西至雁门，东至碣石。《唐十道志》：河北道名山曰碣石。孔颖达曰：碣石在平州，东离海三十里。远望其山，穹窿似冢。有石突出山顶，其形如柱，当即《禹贡》之碣石。按：《尔雅·释名》：碣石者，碣然而立在海旁也。《水经注》：碣石山，在骊成县西南，枕海有石，如甬道数十里。当山顶有巨石如柱形，立于巨海中，莫知深浅，世谓之天桥柱。旧在河口海滨，历世既久，为水所渐，沦入于海，去岸五百里。汉平帝时，司空掾王横言：昔天尝连北风，海水溢，西南出浸数百里。故张君云碣石沦在海中，班固亦云商碣周移也。武后万岁登封初，契丹酋帅李尽忠、孙万荣作乱，据营州，进围檀州。遣将军曹仁师等击之，战于硖石谷，唐兵大败。明年，王孝杰与孙万荣战于东硖石。契丹兵退，孝杰追之，行背悬崖，契丹回兵薄战，孝杰败没。《唐志》：平州有东、西硖石二戍。硖石即碣石之讹也。又武后末，唐休璟练习边事，自碣石以西逾四镇，按：四镇在陕西甘肃边外，所谓四镇北庭也。详见后。绵亘万里，山川要害，皆能纪之。《通释》宋末王应麟著。今传于世。曰：碣石凡有三。邹衍如燕，燕昭王馆之碣石宫，身亲往师之。此碣石特宫名耳，在蓟县东二十里宁台之东，非山也。秦筑长城，起自碣石。此碣石在高丽界中，亦谓之左碣石。杜佑曰：秦长城所起之碣石，在汉乐浪郡遂城县地。今犹有长城遗址，东截辽水入高丽。隋大业八年，伐高丽，分遣赵孝才出碣石道。是也。其在平州界内者，即古大河入海处，为《禹贡》之碣石，亦曰右碣石。元金仁山亦云：碣石，有左右二山。按此皆传讹之说。郭造卿云：造卿，明万历中人，有《永平志》《燕逭》等书传于世。今昌黎县北十里有仙人台，即碣石顶也。其台崇广，绝壑万仞，仰凌霄汉，回视边塞，俱在眉睫间。又有一巨石，形如瓮鼓，疑即所称天桥柱。昔人谓碣石沦在海中，似未然也。

○其大川，则有桑乾河、

桑乾河，源出山西马邑县西北十五里洪涛山。亦名累头山，灅水出焉，即桑乾河上源也。《汉志注》谓之治水。治，读曰除。《水经注》谓之湿水，又谓之索涫水。东流经大同府南、山阴县、应州、浑源州之北，又东流经广灵县及蔚州北境，按：已上州县，俱属大同府。入直隶保安州界。按：州今属山西。经州西南出西山，至顺天府西南，曰芦沟河。俗呼小黄河，以其流浊而易淤也。亦谓之浑河。出芦沟桥下，东南流为看丹口，或误为燕丹口。《元史》作东麻谷，去府四十里。分二派。一东流至通州南高丽庄，在州西南十三里，稍东南即张家湾也。合白河。一南流，经良乡县东，固安县西，为巨马河，与霸州界河合。东流经永清县南，至武清县小直沽达于海。后汉建武十三年，王霸治飞狐道，陈委输事，从湿水漕，以省陆挽之劳，即此也。《汉志注》：治水过郡六，按：雁门、代郡、上谷、涿郡、广阳、渔阳，此六郡也。行千一百里。又桑乾水入幽州境，亦谓之南桑乾水。隋炀帝大业七年，伐高丽，宜社于南桑乾水上。是也。宋宣和四年，童贯侵辽，遣刘延庆等出雄州，至良乡，为辽所败。降将郭药师请奇兵，夜半逾芦沟袭燕京，入迎春门，以军无后继，不能克。延庆营于芦沟桥，溃还，辽人追至涿水而去。乾道六年，金人议开芦沟河以通京师漕运，自金口河导至京城北入濠。又东至通州，北入潞水。既而以地峻水浊，不堪舟楫，漕渠竟不成。元致和元年，上都诸王忽剌台等入紫荆关，游兵进逼芦沟桥，为燕帖木儿所败，遁去。芦沟盖京师南面之巨堑也。按：《志》云：浑河流浊势盛，自大兴而东南，入东安、武清界。金、元时皆修筑堤岸，以防溃决，绵亘三四百里，而武清崩圮尤甚，每费修塞。有明堤防之役，亦常不乏焉。

　　○滹沱河、

　　滹沱河，源出山西繁峙县东北百二十里之大戏山。由繁峙县折而西南流，经代州东南，又西南经崞县、忻州及定襄县东，复折而东南流，经五台县南，盂县北，按：已上州县，俱属太原府。又东入直隶真定府平山县界。经县北，又东经灵寿县及真定府城南，历藁城县北，趋晋州城南，绕保定府束鹿县南，又过安平县南,达深州北。复东出饶阳县北,历河间府献县南,交河县北,入青县界,至县东南垐河口,合于卫河。东北流至静海县小直沽,入于海。滹沱自真定至河间,皆横决不一,此特据经流书之耳。馀详本处。《周礼·职方》并州,川曰虖池。虖池,读曰呼驼。《礼记》:晋人将有事于河,必先滹沱,是也。亦谓之恶池。恶,读曰污。《战国策》:赵攻中山,以擅滹沱。《汉志》注:虖沱过郡六,按:代郡、太原、真定、常山、钜鹿、勃海,凡六郡。行千三百七十里。更始二年,世祖自下曲阳见晋州,驰至滹沱渡河,所谓仓卒滹沱河麦饭也。建武十三年,以匈奴寇边,遣马武屯滹沱河以备之。建安中,曹操自饶阳北引滹沱河为平虏渠。后魏时,冀州刺史王质以滹沱河流屈曲,疏而直之。又刺史杨真请改滹沱河为清宁河。《唐六典》:《六典》,唐张九龄等所修。河北大川曰滹沱。按:《五行志》:永徽五年,河北大水,滹沱溢,损五千馀家。永淳二年,恒州滹沱河及山水暴溢,害稼。建中元年,幽、镇、魏、博大雨,易水、滹沱横流,自山而下,转石折树,水高丈馀,苗稼荡尽。又开成元年,镇州滹沱河溢,害稼。此滹沱屡溢之验也。自安史之乱,滹沱南北常为战争之所。五代时,契丹南牧,晋人每御之于滹沱。宋咸平中,何承矩筑堤储水,以限戎马,则引滹沱为塘泊。盖滹沱横亘于河北,燕、赵有事,滹沱上下,皆津渡处矣。

〇卫河、

卫河,源出河南辉县西北七里之苏门山,东流经新乡县北,过卫辉府城北一里,辉县、新乡,俱属卫辉府。又东北入直隶大名府濬县境,谓之白沟。淇水入焉,亦谓之宿胥渎。《志》云:卫水,小水也。后汉建安九年，曹操于淇水口下大枋木，遏淇水东入白沟。是时，淇水入大河，故操遏使东北流，以便漕运。卫河乃附淇水而东。淇水，见河南淇县。隋大业四年，又引白沟为永济渠，亦曰御河。自是卫河专有御河之名，而淇水之名遂掩。今卫河由濬县经滑县西北，又东北经内黄县北，魏县东南，又经大名府城南，东北流，与故屯氏河相接。按屯氏河，一名王莽河。历山东东昌府馆陶县西，漳河合焉。又东北流至临清州西，与元所开会通河合，流浊势盛，漕河得此，始无浅涩之虞。由此历武城县及恩县之西，至直隶故城县南，又东北历山东德州西，又北历直隶景州东境、吴桥县西境，过东光县西、交河县东、南皮县西，又北抵沧州西及兴济县西，又北至青县南奎河口，而合于滹沱。又北至静海县，与霸州文安县接界，引而东达天津卫，又东百里而入于海，曲折几二千里，此卫河之大略也。宋时黄河北流，往往浸溢卫河，屡费修塞。元初，漕舟涉江、淮入河，至于封丘，河南开封府属县。陆运一百八十里至淇门，今卫辉府淇县。入于御河，达于京师，盖用卫河之全也。国家复浚会通河，乃用卫河之半云。详见川渎漕河。

　　○易水、

　　易水，源出保定府易州西山谷中。按：《汉志注》：易水出故安县阎乡。《水经注》亦云：易水出故安县阎乡西山。故安，即今易州也。颜师古曰：阎乡，在故安，西入广昌县界。《周礼·职方》：并州，浸涞易。《战国策》苏秦曰：燕南有滹沱、易水。又云：赵之攻燕也，渡滹沱，涉易水，不至四五日，而距国都矣。《史记》：燕太子丹使荆轲刺秦王，祖道易水上。又始皇二十年，秦军破燕易水之西。《汉志》：易水东至范阳入濡，一云至范阳入涞。按：汉范阳县在今易州东南六十里。建安十一年，曹操伐乌桓，还至易水。上郡、代郡、乌桓皆来贺。晋永安初，幽州都督王浚入邺，还至易水，以所将鲜卑多掠邺中妇女，命敢有挟藏者斩，于是沉于易水者八千人。二年，石勒袭浚，至易水。督护孙纬欲拒战，勒绐浚至蓟奉戴。浚信之，因禁诸将勿击，勒遂灭浚，还渡易水。纬遮击之，勒仅免。唐光化三年，汴将张存敬攻定州，幽州帅刘仁恭遣子守光救之，军于易水上。存敬袭击守光，杀获甚众。此易水，盖安州以东之南易水。朱梁乾化二年，晋将周德威伐燕，刘守光东出飞狐，与镇定军会于易水，进下祁沟关。此易水，盖即易州境之北易水。祁沟关，见涿州。乐史云：按：乐史于宋太平兴国中撰《寰宇记》，今传于世。易水有三源。流经易州南三十里者曰中易水。出州西北三十里穷独山者，谓之濡水，亦曰北易水。出州西南六十里石兽冈者，谓之雹水，一作鲍水。亦曰南易水。中易水流经定兴县西，亦谓之白沟河。涞水县之拒马河流合焉。按：拒马河即涞水。《汉志》所云东入涞者也。自是易水兼有白沟河、拒马河之名。宋人引之与辽分界，于是又有界河之名。又东经安肃县北及容城县北。按容城县，明景泰二年，移治易水北，濡水流合焉所谓北易水也。自此北易水与中易水并为一流。又经新城县南，亦曰拒马河。历雄县北及顺天府霸州之北，良乡县之琉璃河，固安县之卢沟支河，皆流合焉。又东经东安县及永清县南，按：宋霸州治永清，时拒马河经县北。金元时始徙流县南。入武清县之三角淀。又东南至小直沽，与卫河合，达于海。此易水之东出者也。其南易水即雹水也。自安肃、容城县南，又东南经安州北，曹河、徐河、石桥河、一亩泉河、滋河、沙河、鸦儿河、唐河，与易水共为九河，合成一川，统名为易水。东至雄县南，亦名瓦济河。又东历河间府任丘县北，霸州之保定县、文安县南，引而东合于滹沱，同注于海。此易水之别出而东南流者也。盖易水之源，并出于易州，而其流自不相乱。或曰易水，或曰故安河，则推其本而言之也。或曰拒马河，或曰白沟河，则从其流而言之也。其于南易水，或曰滋河，或曰沙河、唐河，则因其所汇合之川言之也。宋何承矩议引易水为塘埭，谓既可以限敌骑，又可以利耕屯。然自宋人引水作塘之后，而川流之故道益乱矣。或曰易水本无正流，附合支川以达于海。故自汉以来，言易水之源流者，多未得其详云。

〇漳水、

漳水，有二源。浊漳水出山西长子县之发鸠山，《地理志》谓之鹿谷山。经潞安府西南二十里，东北流，历襄垣、潞城、平顺县北，黎城县南，长子以下诸县，俱属潞安府。入河南彰德府林县境。过县北，至临漳县西，而合于清漳。清漳水出山西乐平县。县属平安州。西南二十里之少山。《地理志》谓之大黾谷。入辽州和顺县，经县西至州东南。又历潞安府黎城县东北，入彰德府涉县南境。过磁州南，至临漳县西，而合于浊漳。此漳水之上流，历久不变者也。自是而下，虽决徙不常，然大抵分为两途。其一，为漳之经流，《禹贡》所称横漳者也。由临漳县东北入直隶广平府境，经成安县南，广平、肥乡县北，至曲周县西，又东北历鸡泽县东，合沙、洺诸水，入顺德府平乡县境，杜佑曰：洺水县南有衡漳渎。《禹贡》：覃怀底绩，至于衡漳。盖谓此。按：洺水，今威县也。漳水尝由此东北过顺德府广宗县东，入真定府冀州界。又北至南和县西，合于澧河。按：旧流自平乡县东，又北经广宗县西，钜鹿县东，而北注于大陆泽。近代决徙不常，遂合澧河而注于大陆。经任县东，至赵州隆平县东北，汇于大陆泽。又经宁晋县南，又东过新河县及南宫县北，冀州西北，又历深州之南，衡水县及武邑县之北，又经武强县东，而入河间府阜城县西北境。又东经交河县南，合于滹沱。或谓之衡水，或谓之枯泽水，或谓之葫芦河，或谓之长芦河，其实皆漳水也。《通释》：漳水旧从德州长河县今见河间府景州。东北，流经瀛州平舒县今霸州大城县。入于河。周定王五年，河徙而南，故漳水不入河，而自达于海。夫陵谷变迁，诚难意测。今漳水附滹沱而入海，不自达海也。其一为漳河之支流，从临漳县东入直隶大名府魏县界，经县南，分新旧二漳。历府城西，东北流入山东东昌府馆陶县西境，而合于卫河。漳浊卫清，卫得漳，流始盛而水亦浊。过临清西，而合运河。运河弱而卫强，于是设闸于河口，以防夏秋潦溢之患。运船至此，谓之出口。东北达于天津，由小直沽入海。自元以来，类资漳河为转输之助，故经流日就湮塞，间或从临漳挟滏水东北出。议者鳃鳃然忧之，恐卫流渐弱，不足以济运也。《志》云：河间府东光县城西有浊漳水，由东昌府之恩县入景州之故城县界，又经吴桥县东，复北流入东光县，合于卫河。此即漳、卫合流之水，随时散溢者。今湮塞已久，非漳河正流也。万历初，漳河尝北徙，由魏县入曲周县之滏阳河，而馆陶之流几绝。是后临漳、滏县、内黄、魏县之境，往往决塞不时，盖水流淤浊之故也。大抵经流盛，则支流衰。支流盛，则经流竭，消长有时。而临漳已下，漳水已合为一。《志》或言清，或言浊者，不过参错言之，非合流之后，又有二漳水也。按：清漳合浊漳以后，清者亦为浊所夺，故《通典》多言浊漳。夫临漳之称，肇于《禹贡》《职方》：冀州，其川漳。《战国策》：苏秦言：秦甲渡河逾漳，据番吾，见真定府平山县。则兵必战于邯郸之下矣。张仪曰：秦赵战于河、漳之上，再战而赵再胜。至于史起凿渠以富国，曹公导流以通漕，皆漳水也。今详见河南彰德府。《汉志注》：漳水过郡五。按：上党、魏郡、清河、信都、勃海，此五郡也。行千六百八十里。《唐十道志》：河北大川曰漳水。

〇滦河。

滦河，源出宣府卫西百二十里之炭山，东北流经云州堡北六十里，马营堡南二十馀里，又北流经废桓州南，入旧开平卫境。东南流经古北口边外小兴州东，又东南与边外九道流河及诸小水合，势始大。由蓟州遵化县县今升州。东北团亭寨入内地，经永平府迁安县东，至府西合于漆河。又经滦州东，至乐亭县南入海。自源徂流，横亘于北境，盖千有馀里。《水经注》：濡水自塞外来，过令支、肥如、海阳等县，入于海。濡水，即滦水也。濡，乃官反，音与滦同。晋元康五年，鲜卑拓跋禄官分其国为三部。一居上谷之北，濡源之西，即今宣府以西地也。义熙三年，北魏主珪北巡，至濡源。自是以后，往往为巡幸顿舍之处。十三年，魏主嗣遣将延普渡濡水，击叛将库傉官斌，斩之。进攻燕令支。令支，时属后燕。刘宋元嘉六年，魏主焘大破柔然、高车，徙降附之众于漠南，东至濡源，西暨五原、阴山三千里中，使之耕牧，而收其贡赋。九年，魏主焘至濡水，遣将奚斤发民兵，运攻具出南道，会和龙以伐北燕。《括地志》：滦水导流深远，为幽、平之外埏。《北使录》：一作《使北录》，明李实撰。滦水阔不盈丈，而中甚深。西岸柳条丛生，秋时采为箭杆。彝人以河水青绿急流，呼曰商都。此谓今开平废卫以东之滦河。元至元二十八年，议疏浚滦河，漕运上都。大德五年，滦水涨溢，平州城郭俱被其患。元人亦谓滦河曰御河。《元史》：延祐四年，上都城南御河西北岸圮，开平县亦言东关滦河水涨，冲损北岸，议修筑之。泰定二年，永平路复请筑堤，以防滦水。三年，上都言滦水啮堤，请及时修治。盖滦水源高流迅，易于决溢。自开平弃，而滦河中流遂属荒外，倘狡焉者为壅塞之谋，平、滦一带，能不以沉溺为虑哉！

○其重险，则有井陉、

井陉关，在真定府获鹿县西十里，山西平定州东九十里。《吕氏春秋》：天下九塞，井陉其一。亦曰土门关。《地记》：太行八陉，其第五陉曰土门关。今山势自西南而东北，层峦叠岭，参差环列，方数百里，至井陉县东北五十里曰陉山。《穆天子传》谓之鈃山。其山四面高平，中下如井，故曰井陉。燕、赵之间，亦谓山脊为陉也。徐广曰：陉，山绝之名。赵武灵王二十年，使赵希并将胡、代。赵与之陉。盖并将胡、代、赵之兵，与诸军向井陉之侧也。始皇十八年，王翦攻赵，下井陉。三十七年，始皇死，行遂从井陉抵九原。二世二年，赵王武臣使李良略太原，至石邑，秦兵塞井陉，未能前。汉三年，命韩信、张耳东下井陉击赵。赵聚兵井陉口。广武君李左车谓陈馀曰：信、耳乘胜远斗，其锋不可当。今井陉之道，车不得方轨，骑不得成列，其势粮食必在后。愿假臣奇兵三万，从间道绝其辎重，足下深沟高垒，勿与战，彼前不得斗，退不得返，野无所掠，不十日而两将之头，可致麾下。否则必为二子所禽矣。馀不听。信遂下井陉，斩陈馀。《汉志》亦谓之石研关，上党三关之一也。研，读曰刑。关盖与上党连界。晋太元十八年，慕容垂自中山伐西燕，遣慕容瓒等分道出井陉，攻晋阳。二十一年，拓跋珪伐后燕，潜自晋阳开韩信故道，遂出井陉，趣中山。北魏主濬兴光二年，丁零数千家匿井陉山中为盗，陆真讨平之。魏主诩武泰初，葛荣据有冀、定以北。秀容部长尔朱荣，请帅所部自井陉以北，滏口以西，滏口，见河南武安县。分据险要，攻其肘腋。遂勒兵召集义勇，北捍马邑，东塞井陉。普泰初，高欢举兵信都。尔朱兆自晋阳出井陉，趣殷州即今赵州。欢击败之于广阿。见隆平县。明年，尔朱兆复攻高欢于邺，败保晋阳。欢寻自邺引兵入滏口，遣别将库狄干入井陉击兆，兆北走。宇文周建德五年，克齐晋阳。齐高孝珩请以幽州兵入土门，趣并州。隋仁寿末，汉王谅举兵并州，分遣其将刘建出井陉，略燕、赵。诏李子雄发幽州兵击却之。《唐十道志》：河北道名山曰井陉。武德三年，窦建德南渡河，救王世充于洛阳。诏并州总管刘世让出土门，趣洺州。时建德都洺州。调露初，突厥降部叛，寇定州。诏将军曹怀舜屯井陉以备之。天宝末，安禄山叛，遣养子安忠志军土门。既又使其将李钦凑守井陉口，代忠志守也。以备西来诸军。会常山太守颜杲卿起兵，杀钦凑，声言朝廷已遣大军下井陉。河北诸郡皆响应。未几，常山为贼将史思明所陷。河东帅李光弼出井陉，遂复常山。朔方帅郭子仪复自井陉东出，与光弼合，军声大振。既而闻潼关陷，见陕西重险。光弼等乃复入井陉,留兵守常山。诸将惧力不敌,遣宗仙运请于信都太守乌承恩,曰:常山北控燕冀,路通河洛,有井陉之险,足以扼其咽喉,莫若移据常山而守之。承恩不能用。宝应初,征回纥兵讨史朝义于洛阳,药子昂奉诏劳回纥于忻州见山西,请回纥自土门略邢、洺、卫、怀而南,不从。会昌四年,发诸道兵讨泽、潞,太原兵乘间作乱。诏别将王逢自榆社还军讨之,榆社,见山西。而命成德帅王元逵自土门入,应接逢军。景福二年,李克用败镇冀兵于平山,进下井陉,寻引还。光化二年,朱全忠将葛从周救魏博,破幽州兵,乘势自土门攻河东,拔承天军。承天军,见真定县。五年,全忠侵河东,使葛从周以兖、郓及成德军入自土门,趋晋阳。又别将白奉会成德兵,亦自井陉入,拔承天军。梁开平四年,全忠谋并镇、定。镇、定请救于晋,晋王存勖命周德威引兵出井陉,屯赵州以拒梁兵。后唐清泰末,契丹围晋安砦,见山西太原县。卢龙帅赵德钧请自土门路西援。石晋末,契丹入汴,分军自土门西寇河东。既而契丹北还,刘知远称帝于晋阳。进群臣议进取,诸将咸请出师井陉,攻取镇、魏,先定河北,则河南拱手自服矣。周显德六年,命李重进自土门击北汉,败北汉兵于柏井。见阳曲县。宋太平兴国中,车驾自太原幸常山,由土门路。靖康元年,种师闵及金斡离不战于井陉,败绩。斡离不遂入天威军,陷真定。元至正十八年,刘福通之党关先生等大掠晋、冀,分军四出,察罕勒重兵屯列要隘,塞井陉,杜太行,击却之。明初取元都,亦自真定而西入井陉,下平定州。见山西。盖太行为控扼之要,井陉又当出入之冲。今特设官军戍守。

○渝关、

渝关,一名临渝关,《汉志注》:渝,音喻。亦曰临闾关,《唐志》:渝关,一名临闾关。今名山海关。在永平府抚宁县东百里,辽东广宁前屯卫西七十里。按:前屯卫,废入锦州府,在今府东三百六十里。《永平志》:旧渝关在抚宁县东二十里。明初,徐达将兵至此,以其非控扼之要,移建于旧渝关东六十里。考《通典》《通释》并云渝关在平州卢龙县东一百八十里,则关实隋唐以来故址也。详见抚宁县。北倚崇山,南临大海,相距不过数里,实为险要。隋开皇三年,城渝关。十八年,命汉王谅将兵伐高丽,出临渝关。值水潦,馈运不继而还。大业九年,杨玄感叛,李密谓玄感曰:天子出征,远在辽外。据临渝之险,扼其咽喉,可不战擒也。《隋志》:卢龙县有临渝宫。大业十年,复议伐高丽,至临渝宫。是也。唐贞观十九年,征高丽,还自临渝。开元二十年,契丹可突干叛,幽州道副总管郭英杰屯于渝关外,为可突干所败。天宝十五载,安禄山叛。平卢帅刘客奴挈地来归,寻遣先锋使董秦袭渝关,入北平。《唐志》:柳城西四百八十里有渝关守捉城,所谓卢龙之险也。天复三年,契丹阿保机遣其将阿钵寇渝关,刘仁恭子守光成平州,诱执之。五代梁乾化中,渝关为契丹所取,薛居正曰:渝关三面皆海,北连陆。自渝关北至进牛口,旧置八防御兵,募士兵守之,契丹不敢轻入。及晋王存勖取幽州,使周德威为节度使,德威恃勇,不修边备,遂失渝关之险。契丹刍牧于营、平二州间,大为中国患。欧阳修曰:渝关东临海,北有兔耳、覆舟山,山皆斗绝,并海东北有路,狭仅通车,其傍可耕植。唐置东硖石、西硖石、旧《志》:东、西二硖石,盖因碣石山麓而名。绿畴、米砖、长杨、黄花、紫蒙、白狼城，以扼之。《新唐书》又有温沟、白望及昌黎、辽西，共十二戍。后唐清泰末，赵德钧镇卢龙，即幽州。石敬瑭以太原叛，求援于契丹，耶律德光许之，其母述律后曰：若卢龙军北向渝关，亟须引还，太原不可救也。盖渝关控据形要，制临蕃戎，实为天险。幽平之间，以五关为形胜，而渝关又其最也。宋宣和末，建燕山路，而渝关为女真所得，覆败不旋踵焉。《金国节要》宋洪皓撰。云：燕山之地，易州西北，乃金坡关。今名紫荆关。昌平之西，乃居庸关。顺州之北，顺州，今顺义县。乃古北关。景州东北，景州，故遵化县，今升州。乃松亭关。平州之东，乃渝关。渝关，金人来路也。自雄州今保定府雄县。东至渝关，并无保障，沃野千里，北限大山。重冈复岭中，五关惟居庸、渝关可通饷馈，松亭、金坡、古北，止通人马，不可行车。其山之南，则五谷、良材、良木，无所不有。出关未数里，则地皆卤瘠，盖天设之险。宋若尽得诸关，则燕山一路可保矣。金人既据平州，则关内之地，蕃汉杂处，故斡离不遂自平州入寇，此当时议割地者不明地理之误也。《志》云：渝关下有渝水通海，自关东北循海有道，道狭才数尺，仅通一轨，傍皆乱山，高峻不可越。宋白曰：渝关西皆乱山，至进牛栅，凡六口，栅戍相接，此天所以限中外也。明初以其倚山面海，名曰山海关。筑城置卫，为边郡之咽喉，京师之保障。

○居庸、

居庸关，在顺天府昌平州西北二十四里，延庆州东南五十里。州，今属山西。关门南北相距四十里，今有南口、北口两千户所。

两山夹峙，下有巨涧，悬崖峭壁，称为绝险。《地理志》：居庸塞东连卢龙、碣石，西属太行、常山，实天下之险。有铁门关。《吕氏春秋》《淮南子》皆曰：天下九塞，居庸其一也。今谓之军都关。《地记》：太行八陉，其第八陉为军都。郦道元曰：居庸关在上谷沮阳城东南六十里，军都在居庸之南。绝谷累石，崇墉峻壁，山岫层深，侧道偏狭，林鄣邃险，路才容轨。胡氏曰：《汉志》上谷郡有军都、居庸两县。盖县各有关。按苏林注，但言居庸有关，而军都则否，盖北魏时曾分置两关耳。《唐志》：幽州昌平县北十五里有军都陉，县西北三十五里为居庸关，亦谓之军都。又居庸关亦名纳款关。《通典》：北齐改居庸关为纳款关。《唐志》亦称居庸为纳款，又名蓟门关《唐十道志》：居庸关亦名蓟门关。而居庸、军都，其通称也。后汉初，更始使者入上谷，耿况迎之于居庸关。建武十五年，以匈奴犯塞，迁代、上谷诸郡民于居庸关以东。安帝元初五年，鲜卑犯塞，屡寇上谷。建光初，复寇居庸关。初平四年，幽州牧刘虞遣掾田畴奉章诣长安。畴以道路阻绝，愿以私行，乃自选家客二十骑，上西关出塞，傍北山，直趋朔方，循间道至长安致命。西关，即居庸也。胡氏曰：畴盖由居庸历阴山而西。既而刘虞讨其部将公孙瓒，为所败，北奔居庸。瓒追攻之，城陷。东晋咸康六年，石虎积谷乐安城，见永平府卢龙县。欲击慕容皝。皝曰：虎以乐安城防守重复，冀城南北必不设备。今若诡路出其不意，可尽破也。遂帅诸军入蠮螉塞，直抵蓟城，破武遂津，见保定府安肃县。入高阳今县，大掠而还。永和六年，慕容儁使慕容霸将兵二万，自东道出徒河，见废大宁卫。慕容舆自西道出蠮螉塞。儁自中道出卢龙塞。又太元十年，慕容垂初复燕，遣慕容农出蠮蝓塞，历凡城，趣龙城，讨叛将余严于令支。按：凡城等俱见废大宁卫。蠮蝓翁，或曰即居庸音转耳。二十一年，拓跋珪大举伐后燕，分遣其将封真等，从东道出军都，袭幽州。北魏孝昌初，杜洛周反于上谷，围燕州。《五代志》：幽州治昌平，即今昌平州也。幽州刺史常景与都督元谭讨之，自卢龙塞至军都关，皆置兵守险。谭出屯居庸关。既而安州今密云县、石离等戍石离戍，见蓟州平谷县。反，应洛周，洛周自松峒赴之。松峒，亦见平谷县。常景使别将崔仲哲屯军都关以邀之，战没，居庸亦溃。又关之南口，亦曰幽州下口。北齐高洋天保七年，北巡至达速儿岭，或曰在山西朔州塞外。行视山川险要，将起长城。既而发民筑长城，自幽州下口西至恒州九百馀里。按：《水经注》湿馀水出沮阳县，东南流出关，谓之下口。《北齐书》讹为夏口。唐会昌初，幽州军乱，雄武军使张仲武起兵击之，雄武见蓟州。遣军吏吴仲舒诣京师言状。李德裕虞其不克，仲舒曰：幽州粮食皆在妫州及北边七镇，七镇见密云县。万一未能入，则据居庸关绝其粮道，幽州自困矣。按：会昌五年，诏毁天下寺，并勒僧尼归俗，五台僧多奔幽州。李德裕以责幽州帅张仲武，乃封二刀付居庸关，曰：有游僧入境，则斩之。盖关当往来要道。景福二年，幽州将刘仁恭戍蔚州，引兵还袭幽州，至居庸，败奔河东。乾宁元年，李克用击幽州，拔武州、新州，进攻妫州。李匡筹发兵驰救，出居庸关，为克用所败，幽州遂入于河东。五代梁乾化三年，刘守光据幽州，晋王存勖使刘光濬攻之，克古北口，燕居庸关使胡令圭等遂奔晋。宋宣和四年，金人谋取燕京，辽人以劲兵守居庸。金兵至关，崖石自崩，戍卒多压死，遂溃。金人度关而南，入燕京。嘉定二年，蒙古攻金，至古北口。金兵保居庸，不得入。蒙古主乃留可忒薄察等顿兵拒守，而自以众趋紫荆关，拔涿、易二州。转自南口攻居庸，破之。出北口，与可忒薄察军合。四年，蒙古薄宣平，今宣府镇西六十里，故万全左卫。是也。克缙山，即今延庆州。游兵至居庸关，守将弃关遁，蒙古兵克之。游奕至都城下，袭金群牧监，驱其马而还。元致和元年，元主殂于上都。大都留守平章政事燕帖木儿起兵，迎立怀王图帖睦尔于江陵，遣其弟撒敦守居庸关，唐其势守古北口。既而上都诸王袭破居庸关，游兵至大口。今良乡县北之天津口。天历初，诏居庸关垒石为固，调丁壮守之。至正二十四年，孛罗帖木儿遣兵犯阙，亦入自居庸。按：《元史》：初，居庸立南、北口屯军，徼巡盗贼，各设千户所。至大四年，枢密院奏：居庸关古道四十有三，今军吏防守处仅十有三。旧置千户，位轻责重，于是改千户所为万户所，增置屯军，于东西四十三处，设十千户所，立隆镇上万户以统之。皇庆初，始改隆镇卫亲军都指挥使司。延祐三年，又增置千户所隶焉。明初既定元都，洪武二年，大将军达垒石为城，即今南口城也。以壮幽燕门户。按：洪武三年，徙山后诸州之民于关内，于居庸关立守御千户所。及靖难兵起，燕王曰：居庸关路狭而险，北平之噤喉也。百人守之，万夫莫窥，必据此乃可无北顾忧。永乐二年，置卫，时立隆庆卫及隆庆左卫于此。宣德元年，徙隆庆左卫于永宁县，而关独有隆庆卫。领千户所五，以为京师北面之固。自是以后，北边告警，居庸、倒马、紫荆以迄天寿山、潮河川、白羊口，并为戍守要地。景泰初，英宗车驾还至居庸。又正德十三年，幸昌平，至居庸关，既遂数出居庸。说者曰：居庸东去有松林数百里，中间间道，骑行可一人，谓之札八儿道。即元太祖问计于札八儿，从此趋南口者。按：《元史》：太祖攻居庸不能下，问计于札八儿。对曰：从此而北，黑树林中有间道，骑行可一人，若勒兵衔枚以出，终夕可至。太祖乃令札八儿轻骑前导，自暮入谷，黎明诸军已在平地，疾趋南口，金人骇溃。紫荆、倒马二关隘口多，守御难遍，内达保定、真定，皆平夷旷衍，无高山大陵之限，骑兵便于驰突。惟居庸重冈复岭，关口严固。三关之守，居庸险而实易。崇祯末，闯贼犯阙，亦自宣府历怀来，入居庸，薄都下。呜呼，地利果安在哉！

　　〇紫荆、

　　紫荆关，在保定府易州西八十里，山西广昌县东北百里。县属蔚州。路通宣府、大同，山谷崎岖，易于控扼。自昔为戍守处，即太行蒲阴陉也。《地记》：太行八陉，第七陉为蒲阴。或曰即古之五原关。原，一作阮。汉阳朔三年，关东大水，诏流民入函谷、见陕西重险。大井、见山西重险。壶口、谓龙门也。见山西河津县。五阮关者，勿苟留。后汉建武二十一年，乌桓为寇，遣马援出五阮关，掩击之。《水经注》谓之子庄关。易水与子庄溪水合，北出子庄关。是也。宋人谓之金坡关。《志》云：以山多紫荆树，因改今名。崖壁峭蠢，状如列屏，为易州之巨防。宋嘉定二年，蒙古攻居庸，金人拒守，不能入，蒙古主乃趋紫荆关，败金兵于五回岭。亦见易州。遂拔涿、易二州。遣别将自南口反攻居庸，破之。元人所谓劲卒捣居庸，北折其背。大军出紫荆，南扼其吭。是也，致和初，上都诸王忽剌台等入紫荆关，游兵逼大都城南，燕帖木儿败之于卢沟桥，乃却。明初，华云龙言：紫荆关芦花山岭尤为要路，宜设千户所守御。从之。正统末，亲征也先。至大同，敌氛甚恶，乃议旋师。诸将皆言宜从紫荆关入，王振不从，遂有土木之祸。未几，也先自大同入犯紫荆，拥上皇而南，从间道攻关，破之。进薄都城，为官军所败，也先遁去。其弟伯颜帖木儿复奉上皇驾出紫荆关。天顺三年，其首领孛来等寇大同，直抵雁门、忻、代。诏帅臣颜彪、冯宗率兵屯紫荆、倒马二关为声援。既而石亨欲以大同叛，尝言：据大同，塞紫荆，京师何由得至哉？弘治四年，高铨言：紫荆关之险，实被拒马河界破，贼若据其地，我军战守非宜。拒马河，即易水。河北有三里铺，地势平展，可以驻札，下视关城，纤悉莫掩，请即其地增筑城堡，拨军戍守。从之。自是备御益密。十年，火筛自大同深入，分遣大臣戍守居庸、紫荆、倒马诸关口。正德九年，小王子入宣、大塞，分遣兵守古北口及紫荆诸关。嘉靖三十二年，俺答入大同，径趋紫荆关，急攻插箭、浮图等峪。官军拒却之。插箭、浮图，见山西广昌县。《志》云：紫荆与大同密迩，为京师西偏重地。向有旧关，明初撤而新之，城高池深，足称雄固。当居庸、倒马间，实为辅车之势。

　　〇倒马。

　　倒马关，在真定府定州西北二百二十里，《志》云：在保定府唐县西北百里。山西广昌县南七十里，即战国时鸿之塞也。《战国策》：赵武灵王伐中山，取爽阳、鸿之塞。《史记》作华阳、鸥之塞。华阳，盖恒山别名。鸥，徐广曰当作鸿，亦曰鸿上关。今谓之洪城，在唐县西北。《博物记》：唐关在中人西北百十里。见唐县。或以为鸿上关。郦道元以为鸿山关。汉时亦名常山关。后汉

建武十五年，徙雁门、代郡、上谷民，置常山关、居庸关以东。关
当常山之岭道，故曰常山关。《汉志》代郡有常山关，是也。晋太
元中，拓跋珪自邺还中山，将北归，发卒治直道，自望都铁关凿
恒岭至代。说者曰：铁关即故鸿上关，今为倒马关路。又北魏武
泰初，定州为上谷贼杜洛周所围，刺史杨津请救于柔然。柔然前
锋至广昌，贼塞隘口，不能进而还，即此路也。沈括曰：飞狐路在
大茂之西，自银冶寨北出倒马关，却自石门子冷水铺入瓶形、枚
回两寨间，按：瓶形即今平刑关也，见山西繁峙县。其相近有故枚回
寨。可至代州。胡三省曰：括所称代州，盖谓雁门。自此亦可至汉
之代郡，但非直道。今自蔚州广昌县东南山南出倒马关，至中山
上曲阳县，关山险隘，实为深峭，石磴逶迤，沿途九曲，诚控扼
要地也。宋嘉定十三年，蒙古木华黎至满城，今保定府属县。使蒙
古不花将兵出倒马关。适金恒山公武仙遣将攻台州，今山西五台
县。不花与之遇，败之。既而引兵趣倒马关，金人遂以真定降。
说者谓真定之安危，视倒马之得丧也。《三关考》：倒马关有二
城，稍北者为上城，南者为下城，相去三里许。山路崎岖，按辔
徐行，庶无衔橛之患，故以倒马为名。明时以雁门、宁武、偏头为
外三关，而居庸、紫荆、倒马为内三关。西偏有警，必分列戍守于
此。外三关，详见山西代州及崞县、河曲县。正德八年，虏由大同入
犯，宁武及倒马关诸将拒却之。盖在京师肘腋间，备不可不豫，
虑不可不密也。

　　按：北直隶雄峙东北，关山险阻，所以隔阂奚、戎，藩屏中
夏。说者曰：沧海环其东，太行拥其右，漳、卫襟带于南，居庸锁

钥于北，前襟漕河，北枕大漠，川归毂走，开三面以来八表之梯航。奋武揆文，执长策以扼九州之吭背。秦、晋为之唇齿，而斥堠无惊；江淮贡其困输，而资储有备。鱼盐枣栗，多于瀛海、碣石之间；突骑折冲，近在上谷、渔阳之境。修耕屯而塘泊之利可兴，振师干而开宁之疆在握，此真抚御六合之宏规也。然而居庸当陵寝之间，古北在肘腋之下。渝关一线，为辽海之噤喉；紫荆片垒，系燕云之保障。近在百里之间，远不过二三百里之外，藩篱疏薄，肩背单寒，老成谋国者，早已切切忧之。而不仅此也：九原、云中制我上游之命，李邺侯灵武之谋，欲并塞北出，犄角以取范阳。盖地势形便，川原斥卤，驰骤易达也。三齐为我南屏，而挽输数百万，皆假道于此。设有脱巾挺刃之徒，乘间而起，则京师之大命，倒悬于山左矣，可勿为意外之虞乎？嗟夫！中外之势，千古大防也。勃、碣之间，自古为都会矣。特以密迩疆索，引弓之徒，猖狉于塞外者，不惟一族，故制驭之道，为尤切焉。富氏弼曰：河北一路，为天下根本。燕蓟之北，有松亭关、古北口、居庸关，此中原险要，所恃以隔绝中匈奴外也。吕氏中曰：燕蓟不收，则河北不固。河北不固，则河南不可高枕而卧。澶渊之役，寇准欲邀契丹称臣，且献幽蓟地。曰如此可保百年无事，不然，数十年后，戎且生心矣。真宗不从。及女真取燕山，遂成靖康之祸。

读史方舆纪要卷十一

北直二 顺天承

〇顺天府，东至永平府五百二十里，南至河间府四百十里，西至保定府易州二百十四里，北至延庆州百七十里，东南至天津卫三百三十里，西南至保定府三百三十里，西北至万全都指挥使司三百五十里，东北至古北口二百四十里。自顺天府治至南京二千五百五十里。

《禹贡》冀州地。按分州非始于《禹贡》，据其可信者言之。其在颛顼时曰幽陵。帝尧时曰幽都。帝舜时为幽州地。夏商时皆为冀州地。周亦置幽州。春秋、战国时为燕国。秦为上谷、渔阳二郡地。汉初为燕国，又分置涿郡。见下涿州。元凤初，改燕国为广阳郡。本始初，更为广阳国。东汉省广阳入上谷。永平八年，复置广阳郡。三国魏改为燕郡。郡治蓟。又幽州亦治此。魏晋皆因之。晋为燕国晋建兴二年，石勒入蓟，执幽州都督王浚，以故尚书刘翰行幽州刺史。翰以幽州入于段匹䃅，其后复并于石勒。慕容㒞尝都此其后符坚、慕容垂代有其地。后魏亦为燕郡，兼置幽州。北齐于幽州置东北道行台。后周亦置燕郡，兼立总管府于幽州。隋初，郡废，仍曰幽州。仍置总管府。大业初，府废。大业初，改曰涿郡。唐初复为幽州。

初置总管府，寻为大都督府。天宝初曰范阳郡。范阳节度治此。上元中，史朝义伪改郡为燕京。乾元初，复为幽州。亦为卢龙节度使治。李怀仙等据其地，亦曰幽州节度。详见州域形势说，后仿此。唐末为刘仁恭所据。后唐亦曰幽州。石晋初，归于契丹，改为南京幽都府，又改为燕京析津府。《辽志》：初亦曰卢龙军。开泰元年，改为永安军。宋宣和四年，得其地，改为燕山府。金仍曰燕京析津府，废主亮改曰中都大兴府。蒙古初，为燕京路。至元初，建中都。九年改为大都，而大兴府仍旧。二十一年，始改为大都路。明初曰北平府。永乐初，建北京。七年，改北平为顺天府，领州五、县二十二。今仍为顺天府，领州六，县二十。

府关山险峻，川泽流通。据天下之脊，控夷夏之防，钜势强形，号称天府。召公初封于此，享祚八百年，辟国千馀里。自汉以后，幽、燕皆为巨镇。光武资其兵力，克复汉祚。其后，慕容巂窃据于此，遂兼河北。唐之中叶，渔阳倡乱，藩镇之患，实与唐室相终始。石晋以燕、云入契丹，出帝之祸，不旋踵焉。宋争燕、云，而力不能保也，靖康之辱，复蹈石晋之辙矣。自契丹、女真以及蒙古相继都燕，而中原受其害者，垂数百年。金梁襄言：燕都地处雄要，北倚山险，南压区夏，若坐堂皇，而俯视庭宇也。又居庸、古北、松亭诸关，东西千里，险峻相连，近在都畿，据守尤易。元木华黎曰：幽、燕之地，龙蟠虎踞，形势雄伟，南控江淮，北连朔漠，朔，一作沙。驻跸之所，非燕不可。明成祖分藩于燕，遂因以奄有九服。或者曰：燕都北倚边塞，南通齐赵，诚用武之地。但飞刍挽粟，必寄命于数千百里外，似非完策。元虞集尝言：京师之东，濒海数千里，北极辽海，南连青、齐，萑苇之场也。而海潮日至，淤为沃壤，宜用南人法，筑堤捍水为田，召富民耕种，三年而征其税，可以卫京师，可以防岛夷，可以省海运矣。至正十二年，脱脱为相，因宗其说，议立分司农司。西自西山，南至保定、河间，北抵檀、顺，东及迁民镇，迁民镇属今锦州府西废广宁前屯卫。皆设法耕屯。未几，复罢。前朝徐贞明言：京东诸州邑，皆负山控海。负山则泉深而土泽，控海则潮淤而壤沃。自密云以东，至蓟州、永平之境，河泉流注，疏渠溉田，为力甚易，而丰润境内濒海之田，几二百里，与吴、越沃区相埒。国家据上游以控六合，而远资东南数千里难继之饷。近弃可耕之田，为污莱沮泽，岂计之得者钦？

今京城，辽、金、元以来故都也。旧《志》：辽太宗耶律德光升幽州为南京，亦曰燕京，改筑都城，其地在今城西南。内为皇城，周七里一百三步。《辽志》：大内在西南隅皇城内，宫门曰宣教，后改曰元和。有门五，正南曰南端门，左为左掖门，后改万春门。右为右掖门，后改千秋门。西曰显西门，设而不开。北曰子北门。外为都城，周三十六里。有门八，东曰安东、迎春，南曰开阳、丹凤，西曰显西、清晋，北曰通天、拱辰。金废主完颜亮改燕京为中都，命增广都城，其内城周九里三步。南门曰通天门。大定五年，又改曰应天门。有门十三。东曰施仁，曰宣曜，曰阳春。南曰景风，曰丰宜，曰端礼。西曰丽泽，曰显华，曰彰义。北曰会城，曰通玄，金大安三年，蒙古游奕至都城下，金主命术虎、高琪屯通玄门，即此。曰崇智，曰光泰。又有广阳门。金大安三年，命将分屯彰义、广阳二门。或曰广阳门，即阳春门也。元至元初，谓之中都。四年，于旧城东北改筑都城，亦建皇城于其中。都城方六十里，有门十一。正南曰丽正，南之右曰顺承，南之左曰文明。北之东曰安贞，北之西曰健德。正东曰崇仁，东之右曰齐化，明初取元都，自齐化门入。东之左曰光熙。按：至正二十四年，孛罗帖木儿自大同遣兵犯阙。太子爱猷识理达腊战不胜，出光熙门，东走古北口。正西曰和义，西之右曰肃清，西之左曰平则。九年，名曰大都城。至正十九年，十一门皆筑瓮门，造吊桥以为守御。明初，改置北平布政使司。永乐初，建为北京。四年，营建宫殿，百度惟新，十八年，宫殿始成。乃缮治京城。于内为宫城，周六里一十六步，亦曰紫禁城。南曰午门，亦曰承天门。今名天安门。东曰东华门，西曰西华门，二门之内，有东西二阙门。北曰玄武门。宫城之外为皇城，周一十八里有奇。南曰大明门，今曰大清门。曰长安左右门，东西曰东安、西安门，北曰北安门。一名厚载门，亦曰地安门。京城周围四十里，为九门。南曰丽正门，今曰正阳门。明正统初改。南之左曰文明门，今曰崇文门。正统初改。今曰海岱门。右曰顺成门。今曰宣武门亦正统初改。今仍曰顺成门。东之南曰齐化门，今曰朝阳门。亦正统初改。今仍曰齐化门。之北曰东直门。西之南曰平则门，今曰阜成门。亦正统初改，今仍曰平则。之北曰西直门。旧名彰义门。正统末，也先薄京城，石亨败之于此。北之东曰安定门。按：明景泰元年，英宗回銮，诏廷臣以次迎于龙虎台、居庸关，寻入安定门，上自迎于东安门。之西曰德胜门。按：正统末，也先薄都城，于谦阃德胜门，军城外，即此。嘉靖二十三年，又筑重城，包京城南面，转抱东西角楼，长二十八里，为七门。南曰永定门、左安门、右安门，东曰广渠门今名沙河门、东便门，西曰广宁门、西便门。四十二年，又增修各门瓮城。是后以时修治。所谓京邑翼翼，四方之极也。

○大兴县，附郭。在城内东北隅。秦置蓟县。汉以后因之。州郡皆治此。辽改曰蓟北县，寻又改为析津县。金贞元二年，改曰大兴。今编户三十六里。

○宛平县，附郭。在城内西北隅。本蓟县地。唐建中二年，析置幽都县。辽开泰二年，改曰宛平。今编户七十五里。

蓟城，今府治东。古燕都也。《记》曰：武王克商，封帝尧之后于蓟。其后燕并蓟地，遂都于蓟。以城西北有蓟丘而名。秦始皇二十一年，王贲取燕蓟城，因置蓟县，属上谷郡。项羽封臧荼为燕王，都蓟。汉卢绾亦封焉。后为广阳国治。更始二年，光武以王郎新盛，北徇蓟。其后为刺史治。自魏、晋及唐，皆曰蓟县，州郡皆治此。石晋初，没于契丹，始改废焉。《元和志》：蓟城南北九里，东西七里，开十门。燕慕容儁都此，铸铜为马，城东南因有铜马门之名。又《旧唐书》：幽都县管郭下西界。建中二年，取罗城内废燕州廨署置，在府北一里。即今宛平县治。

阴乡废县，在府西南二十五里。汉置阴乡县，属广阳国。后汉省。其遗址，俗谓之笼火城。唐武德三年，窦建德遣将高士兴击罗艺于幽州，不克，退军笼火城。艺袭击，大败之。未几，复败建德军于笼火城。是也。○玉河废县，在府西四十里，本蓟县地。五代时，刘仁恭置。《辽志》：仁恭于大安山创宫观，师炼丹羽化之术于方士王若讷，因分蓟县置此县以供给之。辽亦为玉河县。今废。

宾义废县，在府城内。唐贞观初，置顺州于营州南五柳戍，后寄治于幽州城内。天宝初曰顺义郡。乾元初复曰顺州，领宾义县一，后废。《唐书》幽州管内有广平县。天宝初分蓟县置。三载废。至德以后，复分置，后又省入蓟县。

征北小城，在府东。或曰即后汉末公孙瓒所筑。初平四年，瓒与幽州牧刘虞积不相能，瓒筑小城于蓟城东南居之。虞发兵讨瓒，反为所败。晋置征北将军，尝治此，因名征北小城。建兴三年，刘琨自太原奔段匹磾。时匹磾治蓟，琨别屯征北小城。是也。

纳降城，在府城西。《唐会要》：幽州城内有经略军，有纳降军。本纳降守捉城，故丁零川也。后置纳降军使戍守于此。西南又有安塞军、赫连城。又旧《志》：回城，在蓟县东，唐营州尝寄治此。又有间城，在府西南三十五里，亦曰关城，故城址在焉。○土城，在府西北八里，唐时戍军顿舍处也。或曰元置。明正统十四年，乜先奉上皇车驾登土城，诏廷臣王复等出谒，即此矣。

西山，府西三十里。太行山之别阜也。巍峨秀拔，拱峙畿右，称为名胜。稍北曰玉泉山。金章宗璟尝避暑于此，行宫故址在焉。其相近者，曰香山，有香山寺。明万历初，驾尝幸此。《志》云：香山之东，接平坡山，其上平原百里，烟云林树皆称奇胜。成化中，车驾尝幸此。其并峙者曰觉山、卢师山。又香山西南有五峰山，以五峰秀峙而名。自此而西，山之得名者，凡数十处，皆西山也。○金山，亦在府西三十里，亦曰瓮山。其西有龙泉，汇而为池，曰瓮山泊，潜通太湖。又有卧龙冈，在府西北四十五里。正统间，车驾尝幸此。又西五里曰翠峰山，山形奇峭，其阴有横岭如列屏，曰遮风岭。

仰山，府西七十里。峰峦拱峙，中有平顶如莲花心，旁列五峰。金主璟尝游此。又潭柘山，在府西八十里，山势磅礴，连拥三峰。傍有二潭，潭上有古柘，因名。自西山诸峰连绵而西，潭柘为尤胜。○颜老山，在府西北百九十里。山之西南有石青洞，东北有柳林水。其相近者曰小龙口山。山有两崖，东崖在清白口社，西崖在清水社，有泉东入卢沟河。

分水岭，府西四十五里，山洞诸水，至此分而为二。一入卢沟河，一入房山县界。又十八盘岭，在府西北八十里，其山萦曲，十有八折。○青山岭，府西百五十里。山四面高耸，中坦平，多产杉漆诸药。又摘星岭，在府西二百馀里，高耸云霄，仅通一径。

蓟丘，在旧燕城西北隅，古蓟门也。《战国策》：蓟丘之植，植于汶篁。谓此。今有二土阜，林木蓊郁。○龙头冈，在府西北四十五里。五代梁乾化二年，晋将周德威攻燕，擒刘守光将单廷珪于此。明正统中，车驾尝幸焉。旧《志》云：幽州东南有龙头冈。误。

卢沟河，府西南四十里，自保安州流经西山中，东南出，地势平而土脉疏，最易冲决。有刘师堰，魏刘靖所筑，后废。又东南为白狼窝口，旧筑堤于此，袤百六十馀丈，曰固安堤。又东分二流，入通州及良乡县界。详见大川桑乾河。

大通河，在府城东南。《元史》：至元二十八年，都水监郭守敬言水利，欲导昌平白浮村神山泉，西折南转，过双塔、榆河，引一亩泉、玉泉诸水，经瓮山泊，至西水门入都城，环汇于积水潭。复东折而南出南水门，东至通州高丽庄，入白河。共一百六十四里有奇。每十里置一闸，以时蓄泄。从之。二十九年，开大通河。明年成。亦曰通惠河。自是都民免陆挽之劳，公私便利。欧阳玄曰：通惠河首导昌平白浮之水，次循太行西山之麓，会诸山之流，为七里泊。东流入都城西水门，汇积水潭，又东傍宫墙，环大内之左，合金水河，东折而南，出都城东水门。经大通桥，东流至通州城西北永通桥，又东会于白河。是也。《河漕考》：元时，通惠河筑堰，起白浮村，至青龙桥，长五十馀里，以障诸水入都城。前朝永乐四年，北京行部言：宛平、昌平二县西湖、景东、牛栏庄及青龙、华家、瓮山三闸，水冲决堤岸百六十丈。命发军民修治。五年，复言：自西湖、景东至通流凡七闸，河道淤塞。自昌平东南白浮村，至西湖、景东流水河口一百里，宜增置十二闸，请以时修治。今并湮废。又通州陆挽至都城，仅五十里。元人开运河，总计百六十里，置闸坝二十四所。然通州以西，虽有庆丰、文明、会川等闸，皆河流浅淤，而积水潭在禁城北，漕舟既集，亦无停泊之所。又分流入大内，然后南出，其启闭蓄泄，非人所得专，故通惠河几废。嘉靖六年，始浚大通桥至通州城北之石坝，凡四十里。地势高下四丈，修庆丰上下二闸，平津上中下三闸，又东为普济闸以蓄水。造剥船，制布囊盛米，递相转输，以达都中。军民称便，俗谓之里漕河。

高梁河，在府城西。自昌平州沙涧，东南流经高梁店，又东南流入都城积水潭。宋太宗伐辽，与辽将耶律沙等战于高梁河。是也。金人亦谓之皂河，上有高梁桥。蒙古兵入居庸，至皂河，欲度高梁桥，为金将胡沙虎所败。《水经注》：高梁水至潞县注于潞河。今大通河，盖即高梁河下流也。

沙河，府北六十里，即榆河也。《志》云：源出居庸，河至昌平旧县南而伏，又南十馀里复出，流入宛平县界。《水经注》谓之湿馀河。《辽史》作温榆河。自府北合清河，东流入顺义县，下流会于白河。或曰沙河有二源，一出昌平州西南五十里龙泉寺，合西山诸泉东流，为南沙河。一出昌平州西南之四家庄，径双塔村东流，为北沙河。二河分流，至沙河店东南窦家庄，合为一，入通州界，注于白河。沙河店在二河之间，故名。永乐十二年北征，驾次清河。明日，次沙河。又明日，次龙虎台。是也。〇玉河在府西。源出玉泉山，流注西湖，经大内，出都城，东南入大通河。亦谓之御河。

清河，府北二十里。源出昌平州一亩泉，流经双塔店，合双塔河入府境，东南流经此，又东会沙河，入白河。一云源出玉泉山，分流北出，会于沙河。元至正二十四年，孛罗帖木儿镇大同，与太子有隙，遣兵犯阙，入居庸关。兵至清河，太子东走。未几，太子还宫，孛罗复犯阙，入居庸。太子率兵御于清河，军溃，遂南遁。

金口河，在府西三十五里东麻谷，即卢沟河东岸。金人于此分引卢沟河，一支东流穿西山而出，以通漕运。下视都城，高十四丈馀。金末，恐暴涨为害，塞之。元至元二年，郭守敬议按故迹开导，上致西山之利，下广京畿之漕。又于金口西预开减水口，西南还大河，令深广以防涨水突入之患。不果。至正二年，议者又欲于通州高丽庄开新河百十馀里，而放西山金口河及引浑河之水，东流合御河，达通州，接引海运至大都城输纳。脱脱从之。役夫万馀人，开河置闸。许有壬言：浑河之水，湍悍易决，足以为害，淤浅易塞，不可行舟，况西山水势高峻。金时在城北入郊野，虽有冲决，为害亦轻。今在都城西南，若霖潦涨溢，加以水性湍急，宗社所在，岂容侥幸？设或成功一时，亦不能保其永无冲决之患。不听。河成，果水急泥壅，不可行舟，复罢之。

　　海子，《志》云：在宛平治西三里，旧名积水潭。凡西北诸泉入都城，皆汇于此。汪洋如海，因名。又有南海子，在京城南二十里，旧为下马飞放泊，内有按鹰台。明永乐十二年，增广其地，周围凡一万八千六百六十丈，乃育养禽兽，种植蔬果之所。中有海子大小凡三。其水四时不竭，一望弥漫。因禁城北有海子，故别名为南海子。正德十二年，猎于南海子，即此。

　　太湖，府西南四十五里，广袤十数亩。傍有二泉涌出，经冬不冻。东流为洗马沟，俗传光武徇蓟时，洗马于此。○西湖，在府西玉泉山下，玉泉之水出石罅间，潴而为池，广三丈许。池东跨小桥，水经桥下，东流汇为西湖，周十馀里，荷蒲菱芡，沙禽水鸟，称为佳胜。

　　车箱渠，在府西北。曹魏嘉平二年，刘靖督河北诸军事。登梁山，观水道源流，乃立堨于水，导高梁河，造戾陵堨，开车箱渠，依北岸立水门。景元二年，又遣谒者樊良更制水门，水流乘车箱渠自蓟西北径昌平，东尽渔阳潞县。凡所含润四五百里，灌田万有馀顷。晋元康五年，靖子弘复修治之。《水经注》：高梁水首受湿水于戾陵堰，水北有梁山，山有燕刺王旦陵，故以名堰。后废。后魏正光二年，裴延人僑刺幽州，案戾陵诸堨，广袤三十里，表求修复营造，溉田甚广，百姓赖之。

百泉溪，在府西南十里丽泽关。平地有泉十馀穴，汇而成溪，东南流为柳林河，下流注于卢沟河。

七里泊，府西北三十五里，地名碾庄。自昌平州流经此，合高梁河。有青龙桥跨其上。又燕家泊，在府西北二十五里。广袤五十馀亩，东南流入府西十里之玉渊潭，亦曰丁家潭。○飞放泊在府东南，地名北城店，广三十馀顷。又西有黄埃庄飞放泊。

玄福宫，府北三十二里，道出昌平。明永乐以后，车驾巡幸，每为驻顿之所。弘治十七年，置宫于此，俗呼回龙观。又北十八里至沙河店，即昌平州之巩华城也。○临朔宫在府治西南，隋时置宫于此。大业七年，伐高丽，至涿郡之临朔宫。将发，又类上帝于宫南。寻废。

西苑，在皇城内。中有大液池、爱华岛。又苑之东北有万岁山，高耸明秀，蜿蜒磅礴。一名煤山。○御马苑在京城外郑村坝等处，牧养御马，大小二十所。相距各三四里，缭以周垣。垣中有厩。垣外地甚平旷，自春至秋，百草繁茂，群马畜牧其间，生育蕃息，为国家之利。

永平馆，府南十里。一名碣石馆。辽时朝士宴集处也。又望京馆，在府东北三十里，亦辽时所建，为南北使饯息之所。宋王曾上契丹事，出燕京北门，至望京馆，即此。沈括曰：幽州东北三十里有望京馆，东行少北十馀里，出古长城，又二十里至中顿，又逾孙侯河，行二十里至顺州，其北平斥，土厚宜稼。又东北行七十里，即檀州矣。

愍忠阁，府西南十五里。唐贞观十九年，唐太宗征辽阳，悯东征士卒战亡，收其骸葬幽州城西十馀里，名哀忠墓。又建愍忠寺于城中。明改名观音阁。又延寿寺，亦在府西南旧燕京城内。宋靖康二年，金斡离不劫上皇，自青城由滑州至燕山，馆于延寿寺，继又劫上皇及帝后居愍忠寺，即此。

王平口，府西百二十里。中有百花陀，四围皆山，中为平川，约数十亩，地暖而肥，杉漆药草多生焉。金主璟尝游此。明初华云龙言：自王平口西至易州西北五十里之官坐岭，关隘有九，相去约五百馀里，俱冲要地，宜设兵屯守。是也。○安礼寨，在府西南。宋太宗时，宋琪言：安礼寨东瞰燕城，才及一舍，此周德威取燕之路也。

卢沟桥，府西南三十五里，跨卢沟河上。洪涛东注，若迅雷奔马，不可测识。桥为往来之孔道。金明昌初所建，长二百馀步，名广利桥。元至正十四年，命造过街塔于桥上。明正统中及崇祯初，皆尝修治。《元史》：天历初，上都兵入紫荆关，游兵逼都城南。大都兵与战于卢沟桥，败之。明建文中，李景隆谋攻北平，燕将请守卢沟桥以御之。燕王曰：彼方图深入，舍此不守，彼必肆志，将受困于坚城之下，此兵法所谓利而诱之也。向设芦沟桥、王平口、齐家庄、石港口四巡司。

黄金台，府东南十六里。又北里许为小黄金台。燕昭王尝于易水东南筑台，以延天下士。后人慕之，因筑焉。○谎粮台，在府东南六里。相传唐太宗征高丽时，尝虚设困仓于此，以疑敌人。

郑村坝。在府东二十里。明建文初，李景隆攻北平。时燕王在大宁，景隆因结营于郑村坝，以待其还。又平安攻北平，营于平村，距城五十里。平村亦在府东。

○良乡县，府西南七十里。西至涿州七十里，东至通州武清县百七十里。春秋时，燕中都地。汉为良乡县，属涿郡。后汉因之。晋属范阳国。后魏属燕郡。北齐省入蓟县，寻复置。隋属幽州。唐因之。圣历元年，改为固节县。神龙初，复故。旧治在涿州北四十里。五代唐长兴三年，移治于此。今城周二里，编户二十五里。

广阳城，县东八里。汉县，属广阳国。后汉建武初，封刘良为侯邑，属广阳郡。晋属范阳国。后魏属燕郡。北齐省入蓟县。唐总章中，以新罗降户置归义州于此，后废。开元二十年复置，以处降奚。《唐书》：时信安王祎破奚、契丹，奚酋李诗降，赐爵归义王、归义州都督。徙部落于幽州境内，即此。上元三年，史朝义自归义东奔广阳。此广阳谓密云郡之废燕乐县。后魏置广阳郡于燕乐，故云。所谓归义，即此城也。州寻废。或曰金广阳镇，盖置于此。

阳乡城，在县西北。汉县，属涿郡。建武四年，讨彭宠，祭遵屯良乡，刘喜屯阳乡。是也。寻省。晋置长乡县，属范阳国。后魏因之。魏收《志》作苌乡。高齐时废。

龙泉山，县西十五里。下有石龙口，出泉不竭，东流入盐沟河。〇伏龙冈，在县西十里，以形势蜿蜒而名。又辽石冈，在县治东三里。《志》云：冈有古城五座，方圆棋布，冈顶有多宝佛塔，隋建。《金志》作料石冈。

卢沟河，县东三十里。自卢沟桥下分流经此，又东南流入固安县界。

阎沟河，在县南。源出县西北龙门关口，东南流合于广阳水。《五代史》：契丹数抄卢龙诸州境，涿州运粮入幽州，彼辄伏兵于阎沟，掠取之。唐长兴三年，赵德钧镇卢龙，城阎沟而戍之，因移良乡县治焉，自此粮运稍通。《一统志》谓之盐沟水。〇广阳水，在县东。源出房山县北三十里之公村，经广阳故城下，南流与盐沟水合，注于桑乾河。

琉璃河，县南四十里。《金史》谓之刘李河，旧《志》云：即古圣水也。自房山县流经县界，至霸州入拒马河。元延祐四年，于卢沟桥、泽畔店、琉璃河并置巡简司，即此。〇龙泉河，在县西。源出房山县大安山下，西南流与琉璃河合，河滨有金时盘宁宫故址。又胡良河，亦在县西。源自房山，经涿州东北流入琉璃河。《金史》谓之胡梁河。

天津关。在县北百馀里。自此而西，至易州涞水县，出大龙门，凡十五关口。中间差大者曰天门关口。或云天津口。一名大口。宋嘉定六年，蒙古铁木真破金人瀛、莫等州，自大口逼中都。又元致和元年，上都诸王梁王王禅等袭破居庸，游兵至大口。天历二年，明宗和世瑓即位于和林北。南还。文宗图帖睦尔迎之，发京师，明日至大口。越二日，次香水园。又十九日，次于上都之六十店。所谓大口，皆天津口也。向设固节驿。

〇**固安县**，府西南百二十里，东至东安县九十里。汉置方城县，属广阳国。后汉属涿郡。晋属范阳国。后魏属范阳郡。北齐废。隋开皇六年，改置固安县于此，属幽州。唐武德四年，属北义州。贞观初，复属幽州。大历四年，改属涿州。辽金因之。元属霸州，又改属大兴府。中统四年，升为固安府。明初，复为县。今城周一里有奇，编户三十八里。

方城旧城，《括地志》：在今县东南十七里。本燕旧邑。赵悼襄王初，李牧伐燕，取方城。《韩非子》：燕以河为境，以蓟为国，袭涿方城，残齐平山。是也。汉因置方城县。曹魏封刘放为侯邑。高齐时废。刘昫曰：汉固安县即今易州，隋开皇中始改置故方城县，仍改故曰固。隋改置固安县。唐武德四年，徙治章信城。贞观二年，又移今治。西北去涿州九十里。是也。《五代史》：周世宗伐契丹，下关南瀛、莫二州，遣先锋将刘重进先发，据固安，即今县治。

临乡城，在故方城县南十里。汉县，属涿郡。后汉省。刘昭曰：赵孝成王十九年，与燕易土，以临乐与燕，即此城也。《城邑考》：县西北有武阳城，相传燕昭王所筑。

桑乾河，县西北二十里。自良乡县流经县界，又东南流入东安县境，合于拒马河。《志》云：明正德中，桑乾河堤溃决，禾黍之场，悉为巨浸。嘉靖初，徙流县北十里，入永清县界。今雨潦浃旬，辄有冲决之患。

拒马河，县西南二十里。《志》云：卢沟河入县境，复分流入霸州界，谓之拒马河。或谓之安阳河。五代周显德六年，世宗遣先锋将刘重进据固安,自至安阳水作桥,谋取幽州。会有疾而还。又明建文时,燕王驻兵固安,渡拒马河,即此。

韩寨营,在县南。或以为古韩城也。《水经注》:方城故城东南有韩城。《诗》:溥彼韩城,燕师所完。郑玄曰:韩为猃戎所逼,稍稍东迁。韩王肃曰:涿郡方城县有韩侯城,世谓之寒号城。皆非也。今为韩寨营。又县西南十八里有李牧将台。一名雀台,音讹也。

栗园。在县界。《括地志》:固安之栗,天下称之为御栗,因有栗园。北魏孝昌三年,上谷贼杜洛周遣其党曹纥真掠蓟南,幽州刺史常景遣将于荣击破之于栗园。是也。或曰园在易州。

○永清县,府东南百七十里,西北至东安县三十里。汉置益昌县,属涿郡。后汉省。唐如意元年,分安次县置武隆县,属幽州。景云初,改为会昌县。天宝初,改曰永清,属范阳郡。石晋时,没于契丹。周世宗复取之,置霸州,治此。景祐二年,并入文安县。金复置县。今城周五里,编户二十一里。

通泽废县,在县西五里。隋大业七年置,属涿郡。寻废。

拒马河。在县南。自霸州流经东安县境,又东入县界,而注于武清县之三角淀,即卢沟河及易水之下流也。

○东安县,府东南百五十里,东北至漷县百十里。本汉安次县地,初属燕国,后属勃海郡。后汉属广阳郡。晋属燕国。后魏仍属燕郡。隋属涿郡。唐属幽州。元初属霸州。中统四年,升为东安州,属大都路。明初,复为县。城周三里,编户四十四里。

安次废县,在今县西北。汉旧县也。光武初,追破尤来、大枪诸贼于安次,即此。《城冢记》:唐武德四年,移治东南三十里石梁城。贞观八年,又徙常道城。开元二十三年,又移耿就桥行市南,在东南一百二十里。明洪武三年,避浑河水患,又移今治。《志》云:今县西北去旧治二十六里，在浑河水次，居民辏集，名旧州头。以元置东安州也。

常道城，在旧州头西五里。郦道元曰：故乡亭也。三国魏燕王宇之子璜，封常道乡公。甘露五年，司马昭迎立之。又晋司空刘琨尝守此，以拒石勒。北魏主宏封宇文英为常道乡公，皆此城也。魏收《志》：安次县有故苌道城。○石梁城，在旧州头东南五十里，或云南北朝时所置戍守城也。其地又有崧州城，相传辽古喇王所置州。

卢沟河，在县西。自固安县流入境。《元志》：皇庆初，浑河水溢，决东安境内黄埚堤一十七所。是也。又东南合霸州之拒马河。

易水，在县南。旧易水过安次县界，为固安河。今与拒马河同为一川矣。又县境有白祠沟水。《水经注》：白祀沟出广阳县之娄城店，东南经常道城西，去良乡县四十里。今堙。

东沽港，县南五十八里。《志》云：自县西浑河分流而东，入武清县三角淀港，南有垂杨渡，下通河间府静海县。

卢王屯。在县东。旧《志》：在常道乡东南二十五里。汉初，卢绾屯军与刘贾夹攻燕者。绾寻封燕王，因名。亦曰卢绾屯。

○香河县，府东南百二十里。北至通州三河县六十里，西至漷县四十里。本武清县之孙村。辽于新仓置榷盐院，因民居聚集，遂置香河县，属析津府。金属大兴府。元初因之，后属漷州。明时改今属。城周一里，编户十里。

扳罾口河，在县西。源出通州之孤山麓，流经县界，入于白河。

龙湾河，县南四十里。有大小龙湾，夏秋之际，二水合流，经宝坻县界入永平府昌黎县之七里海。相传辽时海运故道。又有百家湾河，在县北，其水无源，四时不竭。

骆驼港。在县北八里。自三河县之兔儿山流经县界，下流入于白河。

附见：

长陵卫，在京城北，天寿山南。旧有历代陵卫，今见昌平州天寿山。又京城中有锦衣、羽林等三百馀卫，分领禁军十馀万，环有坊市，而统于五军都督云。

兴州中屯卫。在良乡县治东。明初置于旧开平卫境，永乐四年移置于此。○营州前屯卫，在香河县治东，明初置旧大兴卫境。永乐元年，移置于此。

○通州，府东四十里。东至蓟州一百二十里，南至天津卫二百十里，西北至昌平州一百十里。

春秋时燕地。秦属渔阳郡，两汉因之。晋属燕国。后魏仍属渔阳郡。北齐时移渔阳郡来治。隋初郡废，属幽州。唐武德二年，置玄州。贞观初，州废，仍属幽州。辽因之。金天德三年，改置通州。按：取漕运通济之意。元因之。明初，以州治潞县省入，编户三十二里。领县四。今仍为通州，领县三。

州控驭营、平，屏蔽京邑，屹为襟要。五代唐长兴中，赵德钧节度幽州，以契丹数入寇，乃城潞河而戍之，近州之民，始得耕稼。明初，大兵由直沽下通州，元主遂北走。永乐以后，为积储重地。成化间，议者都督马永建议。以州当东西北诸边之中，且有仓场、草场可供刍牧，欲训练重兵于此，随宜征调，以壮虎豹在山之势。议虽不行，识者韪之。嘉靖二十九年，俺荅阑入古北口，掠怀柔、顺义，宪臣王忬闻警，驰入通州，严津戍，焚薪刍，彼不得逞。盖州当檀、蓟东下之冲，襟河为险，犄角近郊，形援易达。况转输数百万毕集于此，绸缪可勿豫乎！

废潞县，今州治。汉置县，属渔阳郡。后汉兴平二年，刘虞从事鲜于辅等起兵报仇，破斩公孙瓒所置渔阳太守邹升于潞北，即潞县北也。晋属燕国。后魏属渔阳郡。隋属涿州。唐初为玄州治，寻属幽州。金为通州治。明洪武初，省县入州。《城邑考》：州北三里有长城，相传秦将蒙恬所筑。五代唐赵德钧镇幽州时，契丹寇掠诸道，乃沿旧址城潞县而戍之。元初，隳坏城郭，兵燹之后，祇编篱寨而已。明洪武元年，燕山侯孙兴祖从大将军徐达定通州，督军士修之，始甃以砖石，周围九里十三步，高四丈六尺。在潞河之西，因以潞水为濠。又有新城在州西门外，景泰初所筑，周七里有奇。中有西、南二仓，盖国家岁入东南漕运四百万石，折十之三贮于通仓，故为城以屏蔽之。万历二十二年，增修。《志》云：州旧城西北隅有佑胜教寺，内建浮屠十三层，高共四百尺，创于唐贞观七年，历五代辽、金、元，而始成为州城之形胜。

平谷城，在县西北。汉置县，属渔阳郡。后汉建武初，光武遣十二将追破大枪、五幡于平谷，即此县，仍属渔阳郡。晋省。石赵复置。北魏太平真君七年，废入潞县。〇安乐城，在州西北。亦汉渔阳郡属县。更始初，吴汉为安乐令，即此。后汉仍属渔阳郡。曹魏景元四年，灭蜀，封后主禅为安乐公。晋亦曰安乐县，属燕国。北魏太平真君七年，废入潞县。

孤山，州东四十里。四面平旷，一峰独秀，因名。靖难初，李景隆攻北平，燕王自大宁还，至孤山，列陈于白河西。嘉靖中，虏帅俺答入犯，亦营于此。

白河，州东二十里。源出宣府卫龙门所东滴水崖，东流经密云县北境之石塘岭，过县西，入通州界，其支流亦从石塘岭过怀柔县西、顺义县东，入通州东境合焉；东南经漷县、武清县东，而入直沽，合卫河入海。一名潞河，亦曰沽水。《水经注》：鲍丘水出御夷镇北塞中，俗谓之大榆河，南过潞县为潞水。后汉建武二年，遣将邓隆讨彭宠于渔阳，隆军潞水南，为宠所败。宇文周宣政初，幽州人卢昌期起兵据范阳。高宝宁时据和龙，引兵声援，至潞水，昌期已为周军所平，乃还。唐武后万岁通天二年，契丹孙万荣作乱，寇掠河北诸州，既而败走潞水东，为其下所杀。宋宣和六年，金斡离不自平州破檀、蓟，至三河，郭药师迎战于白河，败还，遂以燕山一路降金。明嘉靖二十九年，俺答自古北口阑入近境。都御史王忬驰至通州，收艖舟叔潞河西，勿使为寇用。俺答屯河东二十里孤山、泇口诸处，阻水不得渡。是也。《志》云：河两岸皆白沙，不生青草，故名。《一统志》：白河，一名白遂河。

浑河，在州西南。自卢沟桥分流，经州南十五里，谓之张家湾。《志》云：张家湾，以元时万户张瑄督海运至此而名。今东南运艘，由直沽至河西务，凡百十里，又百三十里至张家湾，乃运入通州仓。官民舟航，皆骈集于此。《燕录》：白河至州东，折而迤西处，曰张家湾。盖卢沟河与白河会流处也。今置张家湾巡司，移和合驿于此。

通惠河，在州城西，即大通河也。自京城东至州城南，会于白河。又南会直沽入海。凡二三百里，俱曰通惠河。元至元十七年，浚通州运河，即此。今城西六里有永通桥，跨通惠河之上，明正统十三年建。馀详京城大通河。

金盏儿淀，州北二十五里。广袤三顷，水上有花如金盏，因名。或云即古夏谦泽。胡氏曰：夏谦泽在蓟北二百馀里。

大通关，在州南张家湾之长店，百货汇集处也。其相近有广利闸提举司及盐场批验所。又旧城北门外有北关巡司。〇虹桥，在州南。元至正二十五年，孛罗帖木儿自大同引兵犯关，遂擅政。也速自永平勒兵西讨，孛罗遣其党姚伯颜不花拒之。至通州，河溢，乃营虹桥以待。也速出不意，袭斩之。《志》云：州南三十里有弘仁桥，今置巡司于此。

高丽庄。在州西十三里，卢沟河所经。又州西二十里曰大黄庄州，西十里曰东留村，州东十里曰召里店，皆官军巡哨处也。《边防考》：州境有烟墩五，曰召里店、烟郊、东留村、大黄庄、高丽庄，即此。又有马房八，俱在州北二三十里内。又草场三，曰崇教、鸣玉、花园，俱在城西南十里内。又有和合驿，在州东南三十五里。万历四年，移张家湾。旧城东关外，又有潞河水马驿。

〇三河县，州东七十里。东至蓟州七十里，本潞县地。唐开元四年，分潞县置三河县，以地近七渡、鲍丘、临沟三水而名，属幽州。十八年，改属蓟州。金改隶通州。今城周六里，编户三十五里。

三河城，旧城在今县东三里泃河南，被水冲废。后唐长兴三年，幽州帅赵德钧于幽州东北百馀里城三河县，以通蓟州运路。契丹来争，击却之。边人恃以少安。《城邑考》：今城即赵德钧所改置，城方六里，濠阔三丈，深半之。嘉靖二十九年俺答临城下，知县张仁增高五尺。四十二年，辛爱夹城南掠，知县刘文彬又增高五尺云。

临沟城，在县南，石赵所置。以临沟水而名，亦曰临渠城。晋永和六年，燕慕容霸伐赵，出徒河，收乐安、北平兵粮，与其主儁会于临渠，即此城也。后魏废。唐武德二年，置临沟县，属玄州。贞观初，省。《新唐书》：蓟州有临渠府，府兵所居也。时盖置于此。徒河见废大宁卫，乐安见永平府。

华山，县北三十里。一名兔儿山，即香河县骆驼港之源也。其地又有石城、青梁诸山口。〇灵山，在县北十五里。三面出泉，《形胜记》所谓北倚灵山者也。又县东二十里，曰段家岭，在官道傍。

鲍丘河，在县西南，即白河之别名也。自密云县流经通州东境米庄村，又流经县界，至宝坻县境，合于泃河。

泃河，在县北。自蓟州平谷县流入县境，又东南流，入宝坻县界，合于鲍丘河。《竹书》：梁惠成王十六年，齐师及燕战于泃水，齐师遁。

或以为即是水也。又《唐志》：县北十二里有渠河塘，西北六十里有孤山陂，溉田三千顷。渠河即沟河之讹矣。

泃河，在县西。自密云县石峡山流经县境，至县东南，入沟河。嘉靖中，虏俺答突犯，营于孤山泃口，即泃河之口也。又七渡河，在县西北，一名黄颁水。源自顺义县黄颁岭，流经县界，下流入于白河。

泥洼镇。县西二十里，有巡司。又西十里，曰夏店，旧有五槐公馆。又西二十里，曰烟郊店，与通州接界，有官兵戍守。○唐会庄，在县境。《屯政考》：县多旷土，宜耕屯。有唐会庄，为昔时垦植之址。

○武清县，州东南五十里。又东南至天津卫百二十里，东至宝坻县九十里。汉置雍奴县，隶渔阳郡。后汉因之。晋属燕国。后魏仍属渔阳郡。隋属幽州，唐因之。天宝初，改为武清县。元属漷州。明初，改今属。城周三里，编户二十八里。

雍奴城，在县东，汉县也。后汉建武二年，遣朱浮等讨彭宠，浮军雍奴。又光武封寇恂为侯邑。《魏志》：张郃从击袁谭于勃海，围雍奴，大破之。《城邑考》：唐改雍奴为武清，其旧城距白河十七里，在今丘家庄南。明初，因水患移今治，去旧城八里。旧无城，正德六年，罹贼变，知县陈希文始筑土垣为固。嘉靖二十二年，改筑土城。隆庆三年，甃以砖石，即今城也。

泉州城，县东南四十里。汉县，属渔阳郡。后汉因之。晋属燕国。北魏太平真君七年，废入雍奴县。《志》云：县西南三十里有长城故址，延袤数百里，相传战国时燕所筑。

白河，县东三十五里，即运河也。北接漷县，南达天津。《元志》云：卢沟河与白河合流，溃决为害。至大二年，决县境皇甫村。延祐初，决刘家庄，皆兴役修塞。

泉州渠，在县南。建安十一年，曹操将击乌桓，凿平虏渠、泉州渠以通运。《操纪》云：凿渠自呼沱入瓜水，名平虏渠。又从泃河口凿入潞河，名泉州渠，以通海。瓜，音孤。或曰即直沽也。泃，音句。《水经注》：泃水出无终县西山，西北流，过平谷县而东南流，又南流入鲍丘河，又东合泉州渠口，操所凿也。渠东至辽西郡海阳县乐安亭南，与濡水合而入海。海阳、乐安，今见永平府。

三角淀，在县南，周回二百馀里，即古雍奴水也。《水经注》：雍奴者，薮泽之名。四面有水曰雍，不流曰奴。其源曰范瓮口，王家陀河、掘河、越深河、刘道口河、鱼儿里河，皆聚于此，东会于直沽港，入于海。一名笥沟水。

直沽，县东南百二十里。卫河、白河、丁字沽合流于此。又东南四十里，名海口。《通典》谓之三会海口。元延祐三年，于此置海津镇。明天顺二年，议自小直沽凿河四十里，达蓟州，以免海运，每三年一浚。寻罢。《志》曰：大河以北之水，多从直沽入海，此即古者九河入海之处。地势卑下，一遇霖潦，直与海平。昔人尝欲因其填淤，置稻田以足赋。今府境诸水，类以直沽为壑。有小直沽巡司。○清沽港，在县南八十里，西接安沽港，东合丁字沽，由直沽入于海。丁字沽，以三水会流如丁字也。沽东南去天津六十里。

河西务，县东北三十里。自元以来，皆为漕运要途。《元史》：至元二十五年，置漕运司于此，领接海运。明初，大军由直沽败元人于河西务。今为商民攒聚、舟航辐辏之地，设户部分司驻焉。隆庆六年，筑城环之，可以守御。有河西驿，并置巡司于此。

杨村驿，县南五十里。《舆程记》：杨村而东二十里为桃花口，又二十里为丁字沽，由杨村而西北四十里为黄家务，又三十里为河西务，皆运道所经也。明建文三年，平安败燕兵于杨村，进攻通州，不克。宣德初，驾征高煦，驻于杨村，即此。旧有巡司，今革。管河通判驻于此。又杨青驿，在县东南百五十里，旧置驿并递运所于此。嘉靖十九年，改置于天津卫。今属河间府静海县。《志》云：县南百里又有韩家树河泊所。今亦废。

新庄，在县西南八里，亦运河所经。今为新庄铺。《元志》：县有北王村庄、刘邢庄及永兴、广赋诸屯，俱并浑河堤岸，修塞不一。又县有八里庄。正德中，贼刘六等作乱，官军击之于八里庄，败绩。

霍堡。在县西。唐武德初，窦建德攻幽州，不克。乃分兵掠霍堡及雍奴等县，为幽州总管罗艺所败。堡盖居人霍氏所筑以自固处也。又马百户屯，在县西南十五里。又县北三十里有潞水店，皆为往来孔道。

○潞县，州南四十五里，南至武清县七十里，汉雍奴县地。辽初为潞阴镇，后升为潞阴县，以在潞河之南也。元至元十三年，升为潞州，属大都路。明初，复为县，改今属。城周二里，编户十五里。县今废。本朝顺治十六年裁并通州。

白河，县东四里。自通州流至此，又东南入武清县境。《志》云：白河滨有长陵营、马头店、白浮圈、曹家庄诸堤铺，皆运河必经之道也。

潞河，在县西，一名新河。自卢沟河分流至县界，析而为三。其正河为潞河，东入白河。其一为新庄河，南流入武清县界。其一为黄沮河，东注马家庄之飞放泊，各去县十里。

延芳淀，在县西。广数百亩，中多菱芡、鸥雁之属。辽时，每春季则弋猎于此。

得仁务，县南二十五里。又县东十二里，有两家店，皆官道所经也。○晾鹰台，在县西南二十五里，高数丈，周一顷。元时，游猎多驻于此。

枣林。在县西北。元致和元年，上都兵破通州，燕帖木儿与战于檀子山之枣林，败之。至正十八年，山东贼田贵等攻潞州，至枣林，败元兵，遂略柳林，逼畿甸。檀子山，或曰县境小阜也。○柳林，在县西。元至元十八年，如潊州，又如柳林。是后，皆以柳林为游畋之地，建行宫于此。

〇宝坻县，州东南百二十里。北至蓟州九十里，南至天津卫百六十里。汉泉州县地，后唐于此置盐仓。金初为新仓镇。大定十二年，分香河置宝坻县。承安三年，升为盈州，寻复为宝坻县。以境内产盐而名。元隶大都路。明初，改今属。城周不及二里，编户三十二里。

秦城，县南十里。相传秦始皇并燕，筑城置戍。唐太宗征高丽，尝驻跸焉。又县东南有梁城，《志》云唐末刘仁恭所筑。刘守光为燕王，曾屯兵于此，即今梁城所也。〇三叉城，在县东北。《唐志》：檀州有三叉城，盖置于县之三叉口。

潮河，县东二十里，一名白龙港。其上源一自遵化州之梨河，一自三河县之洳河、鲍丘河，至县界三叉口合流，亦曰粮运河，东南入于海。志云：县治东北有 河，自香河县来，盖洳水经香河县而后东入县界，故县有渠阳之称。

柳沽河，县东北三十里。玉田县之水，汇流入县境，曰柳沽河，下流注于白龙港。又县东南有草头湖，遵化、丰润县境之水流入县界，溢而为湖，俱汇潮河入海。

红心堤，《志》云：在县东南二百里，逼近海口。相传秦始皇所筑。潮水虽满，而堤不没。

朱家庄，在县西十里。又西十里有崔家庄，皆当往来通道。又杨家庄，亦在县西。明季官军尝败贼于此。〇王甫营，在县北三十里。又县北八里有桥头店。县东南百二十里有黄沽店。俱官军巡戍处。

驻马台。县南五里。金主璟曾驻于此，一名歇马台。《志》云：县东南百六十里有将台，五代时燕刘守光所置。亦名芦台。今有芦台巡司。

附见：

通州卫，在州治南。明建文四年，成祖置卫于此。又有左右二卫，俱永乐中建。

神武中卫。亦在州治南。建文二年，燕王所置。又有定边卫，在州治西南，则建文四年所置。〇兴州后屯卫，在三河县治西，永乐二年改建于此。又营州后屯卫，在县治东南，亦永乐二年建。又武清卫，在武清县治东，永乐四年建。

梁城守御千户所。在宝坻县东南百四十里。明建文二年，燕王于故梁城置。

〇霸州，府南二百十里。东至天津卫二百六十里，南至河间府二百里，西至保定府二百七十里。

春秋时燕地。秦属上谷郡。汉属勃海郡。后汉属广阳郡。晋属章武国。后魏属章武郡。隋初，属瀛州。大业初，属河间郡。唐初，属幽州。天宝初，属范阳郡。五代石晋时，入于契丹。周世宗收复，始置霸州，为重镇。宋亦曰霸州。治文安县，郡名永清。金元仍旧。明改治益津县。明初以州治益津县省入，仍曰霸州，编户三十一里。领县三。今亦曰霸州。

州倚神京之重，控瀛海之阻，作固作屏，东西联络。周世宗收复关南，而河北之民得以稍安。宋修其制，增戍守，浚塘泊。白沟带水，俨然天堑。尔时之霸州，无异汉之上郡、云中，唐之朔方、灵武。国家锁钥深严，州在畿辅间，实为堂奥以内，然烽火易警，刁斗相闻，制胜出奇，利于形援。此辅车之势，习坎之防，州似缓而实切也。

益津废县，今州治。唐为永清县地，置益津关于此，后没于契丹。

五代周显德六年，收复，因置霸州，治文安县，关属焉。宋因之。金大定二十九年，始置益津县，徙州治此。元亦为霸州治。明初，省。《志》云：州城相传燕昭王所筑，宋将杨延朗增修。又州南关有古城址，相传赵武灵王筑。皆传讹也。《城邑考》：州旧有土墉，盖金元时所筑。明弘治中，始砖甃北面。正德中，复修完三面。嘉靖十九年，增修。城周六里有奇。

信安城，州东五十里。唐置淤口关，后没于契丹。周世宗收复，置淤口寨。宋太平兴国六年，置破虏军。景德二年，改信安军。金大定七年，降为信安县，属霸州。元光初，升为镇安府。元府县俱废。《志》云：信安东三十里有狼臧城。又十里为圻城，宋将杨延朗屯兵拒契丹于此。○平曲城，在州东三十里。《寰宇记》：汉景帝六年，陇西太守公孙浑邪封平曲侯，即此城也。《括地志》云：平曲城在瀛州文安县北七十里。

莫金山，州南十八里。相传以莫、金二姓居此而名。宋设莫金口寨于此，俗名口头村。○台山，在州东三十里，旧为九河所经，台基有三，如鼎峙。又东南五里，有雁头山，以鸿雁群集而名，宋时有雁头寨。又南山，在州东七十里，乔林修竹，周匝十数里，为州之胜。

巨马河，旧在州北。宋界河也。自保定府雄县流入。《志》云：巨马河自卢沟河分流，经固安县，过州治北，东合白沟河。后徙流州治西，会霸水，至直沽入海。今霸水淤塞，巨马、琉璃诸河复合流，经州治北，东入东安、永清县界。○霸水，在州南三里，旧《志》云白沟河之支流也。自雄县流入境东，会于巨马河，州以此名。今埋废。

沙河，在州南。又有唐河，与沙河合流而东。盖九河之水，汇流于安州雄县之界，溢而旁出者也。东经文安县界入海，其入海处呼为飞鱼口。《寰宇记》谓之五渠水，又谓之长鸣水。《志》云：城西有瓦河水，亦流合于沙河。○琉璃河，在州西北五十里，自良乡县合上流诸水，东南流入州界，会于巨马河，至州东四十五里苑家口，洪涛弥望无际。或谓之夹河。今有苑家口巡司。又有通济河，自苑家口达栲栳圈，以注于高桥淀。弘治中，作大桥于苑家口，既以障冲波，复以便行旅。

永济渠，在州东。《宋志》：信安军有永济渠。咸平中，置缘边塘泺。东起乾宁军，西至永济渠，合鹅巢淀、陈人淀、燕丹淀、大光淀、孟宗淀诸水，横广百二十里，纵三十里，或五十里。深丈馀，或六尺。以为边备。今皆废。

高桥淀，州东七十里。周回三十里，其西有栲栳圈，众流所聚也。北入柳义河，东会堂儿淀。《志》曰：州川原平衍，厥壤卑下，西北诸山之水，多汇于州境，然后东流出丁字沽，注白河以入于海。弘治中，筑河堤，起涿州东境，接固安，至州境之赵村务临津水口，经州南关，长三百馀里，广寻有二尺，趾倍之。崇丈有八尺，傍植榆、柳以为固。其间为水口一百六十有七，至文安县之苏家桥，大城县之辛张口而止。今多崩坏。

益津关，见上益津废县。五代周显德六年，周主自乾宁军独流口溯流而西，至益津关，契丹将以城降。自是以西，水路渐隘，乃舍舟而进，至瓦桥关。是也。乾宁军见河间府青县，瓦桥关见保定府雄县。○淤口关，即废信安县。五代周显德六年，取益津关，又取淤口关。王应麟以淤口为三关之一。

鹿角砦。州东南六十里。宋置鹿角等八寨，俱属文安县。元丰四年，割鹿角寨，隶信安军。金废。○大良驿，在州东八十里。又州东南百二十里，有苏家浅，亦往来孔道也。

○文安县，州东南七十里，东南至河间府静海县八十里。汉旧县，属勃海郡。后汉属河间国。晋属章武国。后魏属章武郡。隋属瀛州。唐初因之。景云二年，改属莫州。宋为霸州治。金大定中，徙州治益津，以县属焉。今城周八里，编户三十四里。

文安城，县东北三十里，汉置县于此。今县治乃三河口之丰利县，当三河合流处。隋大业九年，炀帝征辽经此，以其冲要，乃立县治焉，亦属瀛州。唐初因之。贞观二年，徙文安县治丰利，以丰利县并入，而文安旧城遂废。周世宗置霸州，发滨、棣丁夫城其地。即今县城也。

广陵城，县西北二十里，与保定县接界。宋时聚粮于此，以守益津关。《城冢记》：县西二十七里，有古南北二卢蒲城。《左传》昭三年：齐侯放卢蒲嫳于此，营二城以居。后入燕境。

易水，在县南。自保定县流入境，即沙河诸水下流也。《水经注》：易水东至文安，与滹沱河合。《寰宇记》：滹沱河在县西三十里，又东溢为赵淀。《图经》云：县有狐狸淀，俗谓之掘鲤淀。今川原改易，滹沱经县东南，未尝经县西也。

火烧淀，县东二十五里，广四十馀亩。县境有石沟、折河、急河三水，皆聚流于此，东入卫河，达于直沽。《元志》：河间府境有黄龙淀，自锁井口开凿，至文安县玳瑁口，通淀水，经火烧淀，转流入海。今堙废。

水纹淀，旧在县西。宋起塘泺，东自信安军永济渠，西至霸州莫金口，合水纹淀、得胜淀、下光淀、小兰淀、李子淀、大兰淀为一水，横广七十里，纵或十五里，或六里，其深六尺，广七尺。寻废。

武平亭，《括地志》云：在文安县北七十二里。今名渭城。战国时地属赵。《史记·赵世家》：惠文王二十一年，徙漳水武平西。二十六年，徙漳水武平东。盖是时，漳水北入大河也。〇安平寨，在县西北三十里。宋置，金废。《宋志》：县有刘家涡、刁鱼、阿翁、雁头、黎阳、喜涡等寨。政和三年，改刘家涡曰安平，阿翁曰仁孝，雁头曰和宁，喜涡曰喜安。是也。

苏家桥。在县东二十里，当往来之孔道。靖难初，燕王自固安县渡拒马河，驻师苏家桥，即此。

○**大城县**，州南百三十里。东南至河间府青县八十里，西至河间府任丘县九十里。汉为东平舒县，属勃海郡。以代郡有平舒县，故曰东平舒。后汉属河间国。晋为章武国治。后魏曰平舒，亦为章武郡治。北齐改县曰平舒。隋初废郡，县属瀛州。唐武德四年，县属景州。贞观初，仍属瀛州。五代时改为大城县，改属霸州。今城周三里有奇，编户二十二里。

章武城，县南四十七里。汉置县，属勃海郡，在今沧州境。武帝封窦广德为侯邑，后汉仍属渤海郡，三国魏因之，晋属章武国。后魏正光中，析置西章武县，属章武郡，盖治于此。高齐省入平舒县。○平陵城，在县东北百里，汉武帝封苏建为平陵侯，盖邑于此。

黄汉河，县东北八十里，即易水下流，其上源即易水也。自文安县分流入县境，又东北入武清县之三角淀。

孝顺淀。在县西。相传唐太宗征辽，万马所饮而成。又县北有麒麟淀，昔尝产麟于此。

○**保定县**，州南四十里，本涿州新镇地。宋太平兴国六年，置平戎军。景德初，改保定军。宣和七年，降为保定县，属莫州。金属雄州。《元志》：至元二年，省入益津县。四年，复置，属霸州。今城周三里，编户六里。

玉带河，在县北。绕县东南，入于磁河。或曰即霸水之下流也。《宋志》：缘边塘泺，其一水东北起霸州莫金口，西南至保定军父母砦，合粮料淀、回淀诸水，横广二十七里，纵八里，其深六尺，后废。又云：初霸州至保定军，并塘岸，水最浅，故延平、景德中，契丹南牧，每以霸州信安军为归路。

磁河，在县西。《一统志》：源自保定府安州，聚九河之水，至雄县为瓦济河，至保定县为磁河，东南流入文安县界。《志》云：县东北自路疃村起，直抵西营、唐头等村，计长四十里。其南为文安县界，北则霸州也。议者谓决霸州之堤，以疏水性，而筑大堤于南，以卫文安，则畿南十数州，皆可免于水患。

桃花砦。在县北。《宋志》：保定军旧有寨二，曰桃花，曰父母。政和三年，改父母曰安宁，而桃花仍旧。金皆废。

○**涿州**，府西南百四十里。南至河间府二百七十里，西南至保定府一百九十里，东南至霸州一百二十里。

古为涿鹿之野。春秋时为燕之涿邑。秦为上谷郡地。汉分置涿郡，治涿县。后汉因之。三国魏改为范阳郡。晋为范阳国。后魏为范阳郡。俱治涿县，魏收《志》：永安三年，尝移置平州于此。后齐、后周因之。隋初废郡，属幽州。大业初，改幽州为涿郡治蓟。唐仍属幽州。大历四年，析置涿州。幽州帅朱希彩表置，领范阳、归义、固安三县。五代晋入于契丹，仍曰涿州，亦为永泰军。宋宣和四年，收复，改军名曰威行。亦为涿水郡。金仍为涿州。元初升涿州路。中统四年，复为涿州。国初因之，以州治范阳县省入。编户四十六里。领县一。今仍为涿州。

州控西山之险，据上游之势，北通上谷，俯视关南，督亢、膏腴、岐沟隘险。居庸、紫荆为之外障，大安、房山为之内阻。汉置涿郡，形胜甲于河北。五代时，河东由此并燕。宋争幽、蓟，往往取道于涿州，以其地形四通也。自正统以来，四郊屡警，增兵置戍，恃为肘腋之地。

范阳废县，今州治。本燕之涿邑。汉置涿县，为涿郡治。魏晋以后，范阳郡国皆治焉。后魏孝昌三年，上谷贼杜洛周南趣范阳，幽州刺史常景破之。隋废范阳郡，县属幽州。唐武德七年，改涿县曰范阳。宝应二年，史朝义败走范阳县，其将李怀仙遣兵拒守，朝义至，不得入。大历四年，幽州帅朱希彩复奏置涿州于此，后因之。明初，废县入州。《城邑考》：州城形如凹字，相传汉初卢绾所筑旧址。明景泰初，增修。周九里有奇。

西乡废县，州西北二十里。汉县，属涿郡。后汉省。或谓之都乡城。又良乡旧城，在州北四十里，汉置县治此。五代时，始移今治。○废凛州，在州境。《唐志》：天宝初，置于范阳县界，以处降胡。

独鹿山，州西十五里，下有鸣泽。汉元封四年，由回中北出朝那、萧关，历独鹿、鸣泽，从西河还，即此。○龙安山，在州西北五十里，时有云气腾扰如龙，山盖大房诸山之支陇也。

涿水，州北三十里。源出保安州之涿鹿山，经山谷中，历房山县界，东南流至州北，又南合于挟河。○胡良河，在州东北二十里。源出房山县大安山东麓，流入州境，又南与挟河合流，入良乡县界，注于琉璃河。《志》云：琉璃河，即圣水也。自房山县流经州北，大房山之孔水入焉。石桥跨其上，形势巨丽，亚于卢沟。

挟河，州西北二十里。《一统志》：自房山县流入州界，与胡良河合，入于琉璃河。一名挟活河。汤有光曰：涿水源从大同得胜堡虏地界入，至老班沟，一入涞水县，一入涿州，沙水俱活，东西不定，故谓之挟活水。又谓之圣水。经督亢亭及州南一带，至新城县，皆是涿水下流。北魏刺史卢文伟修为陂，以资灌溉，民享其利。亦名巨马河。《水经注》：巨马水经督亢泽，北屈汇于桃水。督亢水，又南谓之白沟水。

范水，在州南。自易州涞水县流入境，下流合于巨马河，范阳之名本此。又州境旧有桃水。《水经注》：桃水出涿县西南奇沟东八里大坎下，东北与洹水合，至涿县东，与圣水合。今水流迁徙，非复旧迹矣。

北涉沟，在州西北。自涞水县流入，即故洹水也。又南涉沟，即故督亢水也。《一统志》：良乡县东有南涉沟、北涉沟。盖谓州北故良乡县耳。

岐沟，州西南四十里，亦曰奇沟，又为祁沟。唐末设关于此。晋王存勖天祐十年，遣周德威出飞狐攻燕，与镇定兵会于易水，进攻祁沟关，下之。遂围涿州，守将以城降。胡氏曰：关在易州拒马河之北，自关而西至易州六十里，由巨马河而东至新城县四十里。宋雍熙三年，曹彬、米信等与契丹将耶律休哥战于岐沟关，败绩。彬等夜渡拒马河，南趋易州，休哥领精兵追及，溺者不可胜计。宣和中，亦尝设关于此，以备金。

督亢陂，州东南十里，其地沃美，即燕太子丹使荆轲赍图以献秦者。刘向《别录》云：督亢，燕膏腴之地也。北魏主诩时，幽州刺史裴延人俊案旧迹修督亢陂，溉田万馀顷。又北齐主高演初，平州刺史稽晔开督亢陂，置屯田，岁收稻粟四十万石。《括地志》：督亢陂径五十馀里。《寰宇记》：陂在范阳故城东南，跨连涿州、新城之界。

岐沟关，在州西南，据岐沟之险，以置关也。详见上。○驼罗口，在州东北。宋雍熙中，围涿州，契丹主隆绪由驼罗口应援，即此。

范村，在州西南。宋宣和四年，童贯伐辽至高阳关，遣种师道总东路兵趋白沟，辛兴宗总西路兵趣范村。既而兴宗至范村，为辽人所败。

楼桑村，州西南十五里。后汉末，刘先主所居。明建文时，燕王尝屯兵于此。又南三里有郦亭，后魏郦道元所居，亦曰郦村。《志》云：州南二十五里有柳河村营，西南去保定府新城县四十里。

督亢亭。州东南十五里，以督亢陂而名。亭南有月池，广三顷，其形如月。《史记正义》：方城县有督亢亭。方城，今固安县也。

○房山县，州西北四十里。东至府城百二十里，西至保定府易州涞水县八十里。本良乡、宛平、范阳三县地。金大定二十九年，始置万宁县，以奉山陵。明昌二年，改为奉先县。元至元二十七年，改为房山县，属涿州。今城周三里，编户十六里。

大房山，县西十五里。境内诸山，此山最为雄秀。古碑云：幽燕之奥室也。山下有圣水泉，西南有伏龙穴，一名龙城峪，汤泉出焉。又有孔水洞，在山之东北，今讹为云水洞。悬崖千尺，石窦如门，深不可测。《志》曰：山亦名大防山，亦曰大房岭。五代梁贞明三年，契丹围幽州，晋王存勖遣李嗣源等趣救，至易州，以步多骑少，不利平原，乃自易州北逾大房岭，循涧而东。距幽州六十里，与契丹遇，契丹却，晋兵翼而随之。契丹行山上，晋兵行涧中，每至谷口，契丹辄邀之。嗣源等力战，败契丹兵于山口，乃得出至幽州。金废主亮贞元三年，以大房山灵峰寺为山陵，迁其太祖阿骨打、太宗吴乞买葬焉，故县有万宁之名。

般州山，县西南四十里，上有般州山寨。又西南十里为石经山，山之东为石经洞，沙门镂石以传其教，因名。《志》云：山峰峦秀拔，俨若天竺。○穀积山，在县西北五十里。峰峦突起如积谷然。下有三石洞，名曰三学，中可容数千人。

大安山，县北八十里，山高险。薛居正曰：大安，幽州西名山也。唐天祐末，幽州帅刘仁恭筑馆居其上，曰：此山四面悬绝，可以少制众，名曰大安馆。其子守光遣兵攻之，获仁恭以归。又三峰山，在县西北五十里。《志》云：有三峰并峙，高插云霄。

挟河，出县东南中浣谷，流入涿州界。又胡良河，亦自县北流经县东，入涿州界。

圣水，在县西。《水经注》：圣水出上谷郡西南谷中，东流经大房岭。或曰今大房山下圣水泉，即圣水之上源，其委流为琉璃河，经涿州北，入良乡县界。又有龙泉河，出县北大安山。广阳水，出县北三十里之公村，俱流入良乡县界。

杖引泉，县西南六十里。泉水涌出，汇而成溪，流经涿州东南，入胡良河。

黄山店口。县北三十里。又西六十里，曰大谷口。又三十里即涞水，县北之乾河口也。○孤山口，在县南五十六里，涿、易二州分路处。《名胜志》：县南五十里，有上方寺，在两崖间。凿石为磴，攀巘而上。绝顶有泉如斗，汩汩不穷，其寺曰斗泉寺。又有乱塔寺，山曰红罗岭，俱称陡绝。

附见：

涿鹿卫。在州治西北，永乐七年建。又有涿鹿左卫，在州治西，永乐八年建。涿鹿中卫，在左卫西，永乐十一年建。

○昌平州，府北九十里。东至蓟州一百八十里，西至延庆州八十里，北至废开平卫七百七十里。

春秋时燕地。秦属上谷郡，汉因之。后汉属广阳郡。晋属燕国。后魏初属燕郡。太和中，分恒州东部置燕州于此，治昌平。寻又置昌平郡。东魏置东燕州及平昌郡。北齐因之。后周州郡俱废，寻又置平昌郡。隋初郡废，属幽州。大业初，属涿郡。唐亦属幽州。石晋时入于契丹，属析津府。金属大兴府。元属大都路。明初属北平府，永乐中属顺天府。正德元年，升为昌平州，旋罢。八年，复升为州。编户二十七里。领县三。

昌平州枕负居庸，处喉吭之间，司门户之寄，京师大命，尝系于此。虽古北有突入之虞，紫荆多旁窥之虑，而全军据险，中权在握，不难于东西扑灭也。居庸一倾，则自关以南，皆战场矣。于少保尝言：居庸在京师，如洛阳之有成皋，西川之有剑阁。而昌平去关，不及一舍，往来应援，呼吸可通，宜高城固垣，顿宿重旅，特命大将驻此，以固肩背之防。此陆逊所云一有不虞，即当倾国争之者也。按：正统十四年，于谦尝城昌平，以扼北寇突入之道。

昌平废县，今州治。本汉旧县，属上谷郡。后汉初，寇恂至昌平，袭杀邯郸使者，夺其军。又耿弇走昌平，就其父况。建武中，卢芳入朝，南及昌平。是也。寻改属广阳郡。三国魏黄初中，拜田豫为乌桓校尉，持节并护鲜卑，屯昌平。晋仍为昌平县，属燕国。后魏废入军都县。或云初为燕州及昌平郡治，孝昌中陷于杜洛周。《括地志》：昌平县故城在今昌平县东南六十里。是也。东魏天平中，复置昌平县于军都县界，属平昌郡。后周因之。隋郡废，县属幽州。唐亦曰昌平县。武德中，徙突地稽部落于此。垂拱三年，突厥骨咄禄寇昌平，即此也。五代唐曰燕平县，徙治曹村。又徙于白浮图城，在今州西八里。自辽以后，皆治焉。明景泰初，筑永安城，徙长陵、献陵、景陵三卫于城内。三年，县亦迁治焉。正德八年，改为州治。万历元年，又于州城内增筑新城，置裕陵、茂陵、泰陵、宁陵、永陵五卫于城内。十二陵卫署皆在城中，各领左、右、中、前、后五千户所。州城周十里有奇。

军都城，在州东。汉立县于军都山南。或以为秦县也。汉初，周勃屠浑都，即军都矣。后移治于昌平县东南，属上谷郡。后汉属广阳郡。晋属燕国。后魏复移治于县东北二十里，仍属燕郡。魏收《志》：天平中，东燕，州治军都城，寻省县入昌平。今州东四十里有军都村，亦曰故县址。○居庸城，在州西北。汉县，属上谷郡。关因以名。东汉至晋皆为上谷郡属县。后魏、高齐因之。后周废。

万年城，在州西南。东魏天平中，置万年县，属平昌郡。隋开皇初，废入昌平。○广武废县，在州西境。后魏武定初，置偏城郡，领沃野、广武二县，属东燕州。盖郡县皆侨置。胡氏曰：魏太和初，分雁门之广武，朔方之沃野置偏成郡，治广武县。具有之城。晋咸和九年，后赵石虎将石斌击叛羌于关中，军败还于屯三城。或亦为三城亦在州境。

巩华城，在州东南二十里。其地本名沙河店。永乐中，建行宫于此。正统时，为水所圮。嘉靖十六年，车驾驻沙河。严嵩议以春秋谒陵，此为南北适中之处，且居庸、白羊近在西北，边防尤切，宜修复行宫，筑城环之。十七年，始于沙河店之东建行宫。十九年成，城周四里，有四门，置军戍守。亦曰巩华台。

天寿山，在州北十八里。本名黄土山，即军都诸山之冈阜。《志》云：山脉自西山蜿蜒而来，群峰连亘，流泉环绕。明永乐五年，卜建山陵时幸此，因赐今名。历朝陵寝皆莫焉。今州东北十五里曰玉带山。又五里曰笔架山，三峰并列，迥出云表。中峰之下，太宗玄宫莫焉，所谓长陵也。诸陵自东西两峰而外，或各名一山，皆以天寿统之。州南四里曰凤凰山，至城西北红门凡十里。两山并峙，连翩如凤翥。州西北五里曰虎峪山。又西三里曰大虎峪山，巍峨若虎踞。又十里曰照壁山，方如屏障。州东北七里有平台山，水中间小山也。山圆秀，成祖尝驻跸焉。嘉靖十五年，作圣迹亭于山上。十七年临幸，祀成祖于亭中。当口又有小山，曰影山，远望之其影先见，是为东山口。州西有小金山，为西山口。其南有小红门，距州西门八里。又西北十里曰德胜口。其西三里为蒲沟岩，有上中下三岩，土人呼为石梯，深险可避兵。此皆寝园诸山之护翼也。其间水流环通，自诸山口分入，汇为一流，出东山口，入巩华城东北之沙河。又自红门而西北四里为翠屏山，下出泉九穴，潴而为池，名九龙池。红门之东北四里曰仙人洞，深窅无际。南自凤凰山，西至居庸关，东至苏家口，北至黄花镇，皆禁樵牧，林树森列。正统十四年，也先入犯，焚毁陵园，于谦遣军分屯天寿山。弘治十三年，火筛自大同深入，亦遣大臣守卫天寿山。嘉靖二十九年，虏俺答犯州东门，官军潜伏林内，奋出击，却之。盖控御要地矣。《山水记》：天寿山环山凡十口。自州西门而北八里为大红门，门东三里曰中山口，又东北六里曰东山口，距州东门八里有松园，方广数里。又北而西十里，曰老君堂口，旁有老君堂，因名。又西十五里曰贤庄口。又西三里曰灰岭口，官军驻守于此。又西十二里曰锥石口。三口并有垣，有水门。崇祯九年，昌平之陷，自此入也。又南十二里曰雁子口。又西南三里曰德胜口，距九龙池四里，有垣，有水门。又东南十里曰西山口，距州西门八里。又东二里曰榨子口，距大红门三里。凡口皆有垣陵，后通黄花城，自老君堂口至黄花城四十里。嘉靖十六年，命塞天寿山东西通黄花镇路口。是也。又云：献陵在天寿山西峰下，距长陵西少北一里。景陵在天寿山东峰下，距长陵东少北一里半。裕陵在石门山，东距献陵三里。茂陵在聚宝山，东至裕陵一里。泰陵在史家山，东南距茂陵二里。康陵在金岭山东北，距泰陵二里。永陵在十八道岭，嘉靖十五年，改名阳翠岭，西北距长陵三里。昭陵在大峪山，东北距长陵四里。定陵亦在大峪山，南距昭陵一里。庆陵在天寿山西峰之右，东南距献陵一里。德陵在檀子峪，西南距永陵一里。德陵东南有馒头山、九龙池，南行三里为苏山。又南为银钱山，又南为墺儿峪，又南即鹿马山矣。又景皇帝陵，则别葬于金山。

军都山，州西北二十里，层峦叠嶂，奇险天开。太行第八陉曰军都，即此山也。后汉永平中，胡骑经军都，耿舒袭破其众，斩匈奴两王。其后，卢植尝隐居于此。晋建兴中，段匹磾欲拥其众，徙保上谷，阻军都之险。是也。亦曰居庸山。又有积粟山，在州西二十里，与军都山峰峦相属。

白浮山，州东南十里。上有二龙潭，流经白浮村为白浮堰。《志》云：白浮堰在州东南十五里，起白浮村，至府西北三十五里之青龙桥，延袤五十余里。元至元中，郭守敬引白浮山诸水西折而南，经府西三十里之瓮山泊，流入积水潭，以通漕运，因筑此堰，以障双塔、神山、榆河诸水。其后山水决溢不时，岁常修治。又致和元年，燕帖木儿与上都兵战于白浮之野，败之，既又败之于白浮之西，又追败之于昌平北。

银山，州东北六十里。峰峦高峻，冰雪层积，色白如银，因名。麓有石崖，皆成黑色，谓之银山铁壁。顶为中峰，石梯而上，约五六里，迥出云霄。又神岭山，在州东北三十二里，山高百馀丈，下有龙潭，流入白浮堰，所谓神山泉也。又州东南三十八里有汤山，下有汤泉。又有汤峪山，在州西北二十五里，温泉出焉。

驻跸山，州西南二十五里。其山绵亘而北，凡二十里。石皆壁立，正北有石梯，可登陟。金主璟尝游此，因名。又狼山，在州西北四十里，其东北有古阳夏川。或曰山亦名昆山。元致和初，燕帖木儿败上都兵于白浮之野，上都兵走昆山，收集散亡，复战又败，走昌平北。○幽都山，《志》云：山在州西北，古幽州以此名。《通典》以为山在北荒也。

榆河，在州南二十里。一名湿馀河。《水经注》：源出居庸关，南流出关，谓之下口。水伏流十馀里，发为湿馀潭。《志》云：湿馀河源出军都山，至旧县西而伏，又南复出谓之榆河。其发处为月儿湾。或名温榆河，即湿馀之讹也。今上流已涸，其下流为沙河，入宛平县北境，经顺义县，会于白河。元致和元年，燕帖木儿御辽东之师，次于三河，闻上都兵入居庸，乃还军次榆河，既而战于榆河之北，败之。追奔至红桥，据之以拒上都之兵。红桥，在州西南十二里，桥亡而名尚存。

官河，州西南二十里。源出一亩泉，分为二流。一曰官河，流入宛平县，合高梁河。一曰双塔河，在州西南三十里，经双塔店入榆河。《志》云：一亩泉在州西南新屯，广一亩许，因名。又清河，源亦出一亩泉，流入宛平县界，其下流皆汇于沙河。

黄花镇川河，州东北三十五里。源出塞外，自二道关流入黄花镇口，经州境，历勃海所，至怀柔、顺义县界入白河。俗谓之九度河，以河流九曲也。又芹城水，在州东北四十里。《水经注》：芹城水出北山，南经芹城东南注湿馀水。《志》云：芹城在州东三十里，有桥，桥下即芹城水。今为戍守处。其水西南流至蔺沟，入榆河。杜佑曰：芹城在顺州西南五里，今顺义县，故顺州也。似误。

高梁河，在州西。《水经注》云并州黄河之别源也。经州西南三十里之沙涧泉，又东南径高梁店入都城。又有清泉水，在州北三十里。谚云：高梁无上源，清泉无下尾。盖以高梁凭藉众流，而清泉分流散漫故也。

虎眼泉，在州西八里旧城下。一作马眼泉。流经州东南丰善村，入榆河。《河漕考》：大通河出白浮村神山诸泉，过双塔、榆河，会一亩泉、虎眼泉，至府城西会玉泉。是也。

居庸关，在州西北三十里。《志》云：州西北二十四里为居庸关南口，有城，南北二门。自南口而上，两山之间一水流焉。道出其上，十五里为关城，跨水筑之，亦有南北二门，又有水门。宣德三年，命修居庸关城及水门者也。又八里为上关，有小城，南北二门。又七里为弹琴峡，水流石罅，声若弹琴。又七里为青龙桥，道东有小堡。又三里即延庆州之八达岭矣。岭上有城，南北二门，元人以此为居庸北口。又南口而东六里有龙虎台，台广二里，袤三里，与积粟山相峙，如龙蟠虎踞状。元时往来上都，每驻于此。明太宗北征，屡驻跸焉。宣宗、英宗亦尝驻此。《山水记》：州西十八里至龙虎台，又西六里即居庸关。是也。馀详见重险居庸。

黄花镇，州北八十里有城，元置千户所于此。当居庸、古北二关之中，北连四海冶，拥护陵寝，为京师后户。城西有垣，一重曰头道关，二重曰二道关。关之西南一里，曰撞道口堡。又西为鹞子峪堡、西水峪堡，堡西即八达岭也。《志》云：镇西三十七里曰枣阳砦，又西三十里为灰岭口，又西十八里曰雁门口，又西五里曰德胜口，又西三十七里则居庸关也。自镇而西，凡十一口至居庸，而灰岭口极为冲要。

白杨口，州西北四十里。距居庸南口二十里，亦曰白羊。元置白羊千户所于此。今有城，调官军戍守。西南又有小城，曰白羊新城，南北冲要处也。正统九年，乜先由此入犯。弘治十一年，火筛自大同深入，京师戒严。分遣大臣守潮河川、天寿山、居庸、紫荆、倒马、白杨诸关隘。正德十一年，小王子犯白杨口。嘉靖二十九年，俺答由古北口突犯京师，欲夺白杨口北出，不果。又西北四十馀里曰长峪城，其西小城，亦曰长峪新城。又西二十里，曰横岭口城，亦为守御要地。嘉靖中，俺答自古北入犯，从横岭逸出，即此。今亦名龙岭口。口西二十里，有镇边城。《志》云：城在长峪西北四十里，三门。正德中，设镇边守御千户所，后益增兵戍守。自此西南二十五里，至横中山，即紫荆关所辖沿河口界。又自白杨东至居庸，凡七口。由白杨而南至良乡县天津关，凡二十七关口。

苏家口，在县东北八十里。嘉靖中，许论言：渤海所当山陵之北，其间有苏家口，实为扼塞之地。自此直抵通州张家湾，凡百十里。由张家湾至通州北塞篱村四十里，有白河，水深没马，可据为守。惟塞篱村至苏家口七十里，地形平漫，至为贼冲。若密筑敌台，界之以墙，使京师有重关之险，策之得也。从之。又慕田峪堡，在州东北百有五里，其西南有慕田峪城，设官军戍守。万历初，移勃海所于慕田峪关。是也。城西有贾儿峪堡、田仙峪堡。城东为开连口，与密云县石塘岭关接界。

唐家岭店。州西南四十里。明永乐中，车驾北征，尝驻于此。宣德九年、正统十四年，亦尝驻焉。《明史》：太宗北征，徐行则次唐家岭，疾行则一日而至榆林。是也。又有榆河驿，在唐家岭北五里，旧置驿于此。嘉靖三十六年，改设于新城内，榆林驿见怀来卫。○皇后店，在州西南三十二里。元至正二十四年，孛罗帖木儿自大同遣其党秃坚帖木儿犯阙，入居庸。太子遣兵逆战于皇后店，溃还。秃坚兵至清河列营，寻入京城。

○顺义县，州东南九十里。西南至府城六十里，东南至三河县九十里，东北至密云县七十里。本汉狐奴县地。北齐始置归德县，属燕郡。后周废。唐开元中，始移燕州于此，仍置辽西县，为州治。天宝初，曰归德郡。乾元初，改为顺州。辽仍曰顺州，亦曰归宁军，又改归化军。宋宣和四年，复赐郡名曰顺兴。金亦曰顺州。元因之。明初改置顺义县，属顺天府。正德八年，始改今属。城周四里，编户二十七里。

辽西废县，今县治。杜佑曰：隋开皇中，栗末鞨鞠与高丽战不胜，厥稽部长突地稽率八部胜兵数千人，自扶馀城西北举部落内附，置顺州以处之。本在柳城，燕都郡之此。炀改为辽西郡，取秦汉旧名，也。帝《旧唐志》：隋辽西郡统辽西、怀远、泸河三县。唐初改为燕州，废泸河县。武德六年，自营州南迁，寄治幽州城内。贞观初，省怀远县。开元二十五年，移治所于幽州北桃谷山，去州九十里，仍置辽西县为州治。五代梁乾化三年，晋将周德威攻燕，拔顺州，即此。辽废县，而州如故。

狐奴城，在县东北。汉县，属渔阳郡。后汉因之。张堪为渔阳太守，于狐奴开稻田八千馀顷。是也。晋仍为狐奴县，属燕国。后魏废。或曰呼奴山有狐奴城，即故县云。

呼奴山，县东北二十五里。亦名狐奴山。《水经注》：水不流曰奴。盖以山前潴泽名也。其北麓鸟道而上，约里许，始渐开渐平，有小石城。其西南麓，又有一城，相传后汉邓训与上谷太守任兴，将兵屯狐奴，以拒匈奴、乌桓，此城即训所筑。或曰汉狐奴县城也。

牛栏山，县北二十里。宋王曾上契丹事：顺州至檀州，渐入山，牛栏，是其要地。明改名顺义山。山北里许有小山，名灵蹟山。又有史山，在县西北三十五里，山高百馀丈，南望京师，尽在目前。

桃山，县西北三十五里。《旧唐书》谓之桃谷山。山有五峰如桃花瓣，巨石错落，横亘数亩。元致和初，上都兵入古北口，留重兵屯燕乐城，以轻骑进抵桃山，燕帖木儿掩击之于白狼河，追至桃山，降其众。燕乐闻之,遂溃。白狼河,即白河也。一云白狼河在县西北三十里。《志》云:桃山在县南十五里。恐误。又孔山,在县南二十馀里。《水经注》:山洞穴开明,故曰孔山。

白河,在县城东。自塞外流经密云县石塘岭,过密云城下,又历怀柔县,东流入界。经灵蹟山,黄花镇河入焉,会大、小峪河,又南至县东北二十二里牛栏山东麓,潮河流合焉。又南径县城东门外,至通州为潞河。宋宣和末,金斡离不入顺州。宋郭药师迎战于白河,败绩,遂降金。明嘉靖末,督臣刘焘以密云岁运悉由通州陆运至牛栏山,费多,乃疏此河下达通州,更驾小舟转粟,径抵密云。省费什之七。○潮河,在县东二十二里,自塞外废州发源,入古北口,西南经密云,怀柔县界至牛栏山东入于白河。

榆河,县西南二十里。自昌平、大兴流入县境,亦曰西河,又名沙河。经后店、苇沟二村,东至通州,而注于白河。○大水峪河,在县北三十里,源亦出塞外。经怀柔县南流入界内,至孙家庄东北合于黄花镇川河。又东南入白河。或以为潮河。误。

石槽砦。县西北三十里。其地有三石槽,分东、南、北三处。元致和初,上都兵入古北口,游兵掠石槽。燕帖木儿遣撒敦掩击,败之。追击四十里,至牛头山,馀兵奔窜,复夜袭之,遂出古北口。牛头山,在密云北境。或以为即牛栏山。恐误。○漕河营,在牛栏山东南,有城,设官兵屯戍。《志》云:自营而北,即怀柔县之开连口关。又宋城镇,在县东北二十里,唐所置戍守处。又安乐庄,在县西北六里,或曰即汉安乐县治,后魏废。今见通州。

○怀柔县,州东九十里。西南至府城百里,东至密云县三十里。汉渔阳县地。唐初密云、昌平二县地。贞观二十二年,以内属契丹置弹汗州。开元四年,改归顺州。天宝初,改归化郡。乾元初,复为归顺州,治怀柔县。辽废归顺州,以县属顺州。金明昌六年,改为温阳县。元废。洪武十三年,复置怀柔县,属顺天府。正德中,改今属。城周四里有奇,编户十四里。

红螺山,县北二十里。山高二百馀仞,下有潭,流为红螺山水。《志》云:县西三里有石塘山,遇大工,则采石于此。有工部厂。

黍谷山,县东四十里,跨密云县界,亦名燕谷山。刘向曰:燕有谷,地美而寒,不生黍稷。邹衍吹律以温其气,因名山曰黍谷,亦曰寒谷。《吴越春秋》:北过寒谷。谓此山。南有高齐时长城。东北有华林、天柱二庄,辽时游赏处也。○鸦髻山,在县东南九十里,以两峰高耸而名。

白河,县东七里。又东十五里即潮河。《一统志》:潞水自塞外丹花岭合九泉水南流,经密云县东北,又西南流至县境,红螺山水合焉,下流入顺义县。戚继光曰:白河至密云石塘岭关分二支,一由密云西,一由怀柔西,俱入通州界。似误。

七渡河,在县西南一里。源出昌平州东北百二十里珍珠泉,南流入界,至此合小七渡河,又东合雁门河,为大北谷河,入顺义县界。小七渡河,在县西三里,即昌平州之黄花镇小河也,东南入界,注七渡河。

雁溪河,在县东八里。源出塞外,自开连口入,南入七渡河,总名水峪河。

开连口关,在县北,黄花镇东第十一关口也。其东北二十八里有三角城,本名三角村,徐达败房于此。○河坊口关,在县东北,开连口东第二关口也。口外为连云栈。又北为沙岭儿,隘窄不能容马,防守较易。

大水峪关。县东北三十里。北去密云县之石塘岭四十里。有城。旁地平坦,贼骑易入。其北十八里曰段伏岭。又有安子岭在口北八十馀里,皆防御处。《志》云:大水峪西北有西石城、东水峪二堡,南有神堂峪堡,皆有官军屯守。

〇密云县，州东北百二十里。西南至府百三十里，东南至蓟州平谷县五十里。汉白檀县地，属渔阳郡。后汉省。后魏置密云县及密云郡，寻又置安州。北齐郡废，而县如故。后周又改州曰玄州。隋开皇十六年，改置檀州。大业初，又为安乐郡，密云县属焉。唐初仍曰密云县，为檀州治。天宝初，为密云郡治。辽仍为檀州，又为武威军。宋宣和中，亦曰檀州，又为镇远军、横山郡。金废州，以县属顺州。后复为檀州，以密云县并入。元因之。明初又改州为密云县，属顺天府。正德中，改今属。有二城，周共十馀里，编户十九里。

白檀废县，在县北。汉置，以县有白檀山而名。后汉废。建安中，曹操历白檀，破乌桓于柳城，即白檀故城也。后魏复置县，为密云郡治。北齐省入密云县。《唐志》：密云城内有威武军，万岁通天元年置，本渔阳军。开元二十八年，改曰威武。辽因以武威为军号。又今城即金元时檀州城也。明初改建县。城周九里有奇。万历四年，于城东复筑新城，两端相连，周六里有奇。督臣统兵驻焉。一云白檀应在县北塞外。

要阳废县，县东南六十里。汉县，渔阳都尉治此。后汉废。后魏复置要阳县，属密云郡。北齐废。《魏志》县有桃花山，即今桃山。在蓟州西南，盖境相接也。

厗奚废县，在县东北。汉置厗奚县，属渔阳郡。厗音蹄。后汉曰人傂奚县。晋废。魏收《志》：皇始二年，置密云郡，初治提携城，即厗奚之讹也。宋白曰：檀州密云县，即汉厗奚县旧治。〇方城废县，在县东北。魏主焘以方城并入密云。方城，盖慕容燕所置县。魏主弘于皇兴二年，置安州，治故方城。其后魏主恭普泰初，复置方城县，属广阳郡，盖即旧城置。北齐废。

安市废县，县东北五十里。汉辽东属县。后魏侨置于此。太武焘延和初，置交州治焉。太平真君二年，改置安乐郡，兼领土垠县。北齐废土垠入安市。后周废郡，并废安市入密云县。土垠见丰润县。

燕乐废县，在县东北八十里。汉厗奚县地。后魏主焘延和元年，置燕乐县，又侨置益州于此。太平真君九年，改为广阳郡。北齐郡废，以广兴、方城二县并入。隋大业初，置安乐郡治焉。唐初郡废，仍为燕乐县，属檀州，亦谓之广阳城。宝应二年，史朝义败走广阳，广阳不受，即此。《旧唐书》：燕乐县初治白檀城，长寿二年，移治新兴城。五代梁乾化三年，晋将周德威伐燕，刘守光奔燕乐，被擒。县寻废。宋白曰：燕乐、密云，皆汉厗奚县地。五代时，废为燕乐庄，其地平旷可屯。元至和初，上都兵入古北口，留重兵于燕乐，其前锋为燕帖木儿所败，遂溃还。○共城，《括地志》云在檀州燕乐县界，即舜流共工之地。一作龚城。《志》云在今县东北五十里。

密云山，县南十五里，一名横山。晋咸康四年，石虎攻段辽于令支，辽弃令支奔密云山。虎遣将追获其母妻。《晋纪》云：段辽为石虎所败，奔于平冈山，盖近汉平冈县界。唐置横山城，为守御处，盖置于山下。又石峨山，在县东，洳水出焉，流入平谷县界。《志》云：县东北八里有冶山，上有塔，石峒深邃，水四时不竭。东有王府洞，昔人淘金址尚存。又有香陉山，在县东北。《水经注》：香陉西北有伏凌山，岩障寒深，凝冰夏结。

白檀山，县南二十里。《汉书》：李广弭节白檀。又曹操伐乌桓，田畴请从卢龙口，越白檀之险，出空虚之地，掩其不备。是也。又《唐志》：县有隗山。今山在县南三十里。○大峪锥山，在县北。《元史》：山产铁矿。至元十三年，立四冶。二十五年，罢檀州淘金户。明亦尝开采，后封闭。又龙门山，《志》：云在县东六十里，有黄崖洞，悬泉如瀑布。

雾灵山，县东北二百里，南距边四十里。一名万花台。《水经注》：孟广硎山也。下有广硎水，自黑峪关入，西南流经墙子岭，西合清水河。其山高峻，有云雾蒙其上，四时不绝。山之左右，峰峦攒立，深松茂柏，内地之民，多取材焉。元有雾灵山伐木官，其绝顶可瞰塞内。《漕河考》：白河发源于此。正德中，抚臣王大用议以山错在朵颜地界，沿南山以守，则曲折而难，据雾灵以守，则径直而易，请出不意，筑城守之，以扼其险，如唐、宋受降、大顺故事。不果。

九庄岭，县北三十里。《水经注》：鲍丘水自御夷北塞外，南流径九庄岭东。是也。又棒棰崖，在县东北。隆庆元年，三卫夷酋董忽力勾土蛮十万犯边，势甚猖獗。既拆墙而出，至棒棰崖迷失道，坠坑死者无算。

白河，在县城西。亦曰鲍丘水，亦曰大榆河。自县北石塘岭流经县界，又南经怀柔、顺义县流入通州境。万历中，议者谓顺义县牛栏山而下，白河、潮河二水交会，水势深广，漕舟易达。牛栏山而上，水源既分，支流自弱。密云城西有白河故道，宜于杨家庄地方筑塞新口，疏通旧道，使白河自城西经流，直至潮河交会，则水势至大，牛栏山至密云亦可以舟运矣。

潮河，在县东南。自古北口流入县界，南流至顺义县，合于白河。宋景定二年，蒙古忽必烈亲将诸军，由檀、顺州驻潮河川。明弘治十三年，火筛自大同深入，分遣大臣戍此。李东阳曰：朵颜通潮河川、古北口，一日而近。是也。《边防考》：潮河宽处，可一二里，狭处仅二三丈。昔人每以木石纵横布列，以限戎马。川之两旁，筑垣立台。东台下有铁门关，为出入道，常扃钥不开。而台上有楼，总督大臣每以抚赏诸夷时莅此，关外为夹墙，下有小城，曰北关营。川口东南又有小城，曰潮河川堡，设潮河川守御千户所戍守。《志》曰：潮河川直冲境外，横阔百七十馀丈，夏秋水涨，则成巨浸，水退则为坦途，可通万骑。地皆流沙，不能筑城凿渠。弘治中，抚臣洪钟议以古北口东三里许，二寨、三寨间，其山外高内低，约馀二丈，凿为两渠，以杀水势。复于口外砌石堰，使水由川中行，仍于堰内筑外关一座，以防寇冲。诏从之。议者谓：于柏楂山筑墙，则川在墙内，凿之无益，既而功久不成。议者又言：潮河川古道门外，有蜂窝岭，增墩浚川，设桥其间，可防冲突。许论谓：潮河川，系残元避暑故道，尤为寇冲，设桥则浮沙难立，为堑则涨水易淤。若多建石墩列川中，错综宛转，令不碍水路，亦备御一法也。嘉靖中，边民哈舟儿者，常导虏首自潮河川入京，东逼古北口。万历中，议者欲于潮河川、西山、野猪岭，北至猪嘴寨、河口墩，又迤北至石崖，创修横城一道，以为险固云。今潮河川新、旧营寨，俱为防守要地。

要水，在县东北。亦曰清水。源出古北口外，自大小黄崖口流入境，至县西北又东入于潮河。汉要阳县以此名。又东北有武列水，亦曰三藏川，其水三川派合，曰西藏川、中藏川、东藏川，其合处曰三藏口。晋咸康四年，慕容皝伏兵于此，败赵将麻秋处也。《水经注》：要水、武列水、三藏水并注于濡水。濡同滦，潮水亦有滦河之名。据此则今入白河者，非古要水也。〇道人溪，在县东北石盘峪。《志》云：源发龙门，流经县界，入于潮河。又黑城川，在县北四十里。《唐书》：檀州有镇远军，即故黑城川也。

古北口，县东北百二十里。两崖壁立，中有路仅容一车，下有深涧，巨石磊砢，凡四十五里，为险绝之道。亦曰虎北口。《五代史》：唐燕乐县东北八十五里有东军、古北二守捉。古北口，长城口也。五代梁乾化三年，晋将刘光濬攻刘守光，克古北口。石晋开运二年，契丹主入寇，还至虎北口，闻晋取泰州，复南向。宋宣和三年，金人败辽兵于古北口。明年，金取燕京，辽耶律淳之妻萧德妃自古北口走天德，既而燕京归宋。金将蒲苋败宋兵于古北口，复取燕京。《金史》：古北口，国言曰留斡岭。嘉定二年，蒙古侵金，兵至怀来，金人拒之，败还。蒙古乘胜至古北口，金人退保居庸关。元致和元年，泰定帝子阿速吉八立于上都，遣兵分道讨燕帖木儿于大都。时脱脱木儿守古北口，与上都兵战于宜兴，上都兵败走。宜兴，元兴州属县也，在古北口外。至正二十四年，秃坚帖木儿犯阙，太子东走古北口。明洪武二十二年，命燕王出师古北口，袭乃儿不花于迤都，降之。永乐八年，塞古北口、小关口及大关外门，仅容一人一马。嘉靖二十九年，俺答入寇，官军御之于此。寇别遣精骑走间道，从关左黄榆沟出师后，官军遂溃。自古北口至京师才七舍，漫衍无卫戍瞭望，寇长驱而南，京师大震。既而复循诸陵而北，东循潮河川，由古北口出。今口北有潮河川新营，其北五十五里为黄天西谷。《边防考》：自黄花镇而东，凡四十八关口，至古北口。古北口外有万塔、黄崖，西南接潮河川，即雾灵山之支麓也。自宣府龙门所北万松沟至此，四五百里，皆崇山叠嶂，得而守之，可以断东西贼往来之路。天德，见陕西榆林卫。

石塘岭关，县西北四十里。有城，周二里有奇，内有石塘营。其北十三里，曰柏楂儿岭，亦曰柏楂山。又北九里曰贾家谷，又北三十里曰青红岭。皆备御处也。《志》云：石塘岭西北有骠骑堡，有水关，白河从西北塞外流经此。又东北有石佛堡。

白马关，在石塘岭东北四十里，东去潮河川九十里，有城，有水关。其东有陈家峪堡，亦曰陈家峪关。又有吊马峪关，南有冯家峪堡。《边防考》：白马关相近有高家堡。万历中，朵颜犯石塘岭，攻白马关及高家堡，官军御却之。关北七十里有汤河，又北百里为满套儿，贼冲也。自汤河上梢正南行，顺白河至石塘岭，可二百里。山恶水深，称为天险。〇砖朵子关，古北口东第七关口也。又东北为司马台寨，有小城，西去潮河川二十里。其东南为将军台堡。《志》云：司马台北六里，曰虎头山。又有扒头崖，在司马台东。

曹家砦，县东北九十里，西去潮河川六十里，古北口东第十三关口也。近时尝为寇冲，有城，周六里有奇。城西为新营。口外三十五里，为青沙岭。又北五十四里，即小兴州。又有牛心山，在曹家寨土墙边外十四里。〇黑谷关在曹家寨东北，有水关。其北十四里，曰榆树林。又鹁子塘，在黑谷关东南三十六里。又南十里，曰窄道儿。东北过斗里库，贼巢也。《边防考》：黑谷关东南为吉家庄营。又东五十里，曰大安子岭。又东三十里，曰黄土岭。又东北三十里，曰红门川。又有恶谷砦，在黑谷关南境。嘉靖间，议者请于恶谷、红土谷、香炉石等处，堑崖壁以为固。其地盖相近也。

墙子岭关，县东北七十五里古北口之东南。城周一里有奇，有水关。嘉靖二十四年，朵颜酋影克纠东西虏二十万骑溃此而入，大掠通州及顺义、三河诸县。四十二年，俺答复由此入犯。崇祯十二年，官军败绩于此。守御要地也。又东北为磨刀峪关，亦嘉靖时寇由此入犯处。《边防考》：自墙子岭而东十六里，曰城子谷。又东五里，曰响水川。又东有陡子口、李家庄、青羊岭、三垒诸处。自三垒口东至红门川十二里，西至墙子岭七十二里。又大、小黄崖关，在磨刀寨东北，其南为北水峪堡，东有黄门关堡。又有熊儿峪寨，在墙子岭东南，东接峨嵋山寨。《志》曰：自古北口而东接峨嵋山寨，凡二十四关口。〇镇虏营在墙子岭南三十里，有新旧两城。其东有渔子山堡，西北与熊儿峪相接，东入平谷县境。

峨嵋山寨，县东北百十里，其东曰黄松峪关、将军石关。自将军石而北十三里，曰夹城岭，又北一里曰私盐岭，又北十六里曰斗子峪。又有车道谷，在将军石关东北五十三里，东至盘道岭五里，又东七里，曰季家台。《志》曰：自峨嵋山寨，东至蓟州之黄崖谷关，凡五口。

石匣营，县东北六十里。营西有石如匣，因名。旧有石闸驿，在县南里许，宣德四年，徙于此。弘治十七年，筑城，周四里有奇。自是增兵置守，益为要地。自石匣东北行十里，为腰亭铺，始入山。又十里为新开岭，又十里为老王店。《金史》：贞祐二年，潮河溢，漂古北口铁裹门关至老王谷，即此。又十二里至古北口，水浅则涉潮河，水大则纤回从山顶行，故石匣至古北，计程为六十里。

李家庄，在墙子岭东三十馀里。嘉靖二十二年，总兵郤永出塞袭李家庄。李家庄为朵颜别部，善盗边，然不通北寇。自是以后，往往导之入寇，为边患。隆庆初，三卫酋，董忽力勾土蛮入蓟州寨，总兵李世忠壁李家庄不敢出，为敌所困，救至乃解。

保要镇，在县境。《唐会要》：妫州东至檀州二百五十里。檀州有三叉、横山、米城等三城，临河、黄崖二戍，又有大王、北来、保要、鹿固、赤城、邀虏、石子瓴等七镇。唐会昌初，雄武镇将张仲武举兵讨幽州叛卒，遣军吏吴仲舒至京师，言幽州粮食皆在妫州及北边七镇。是也。今蓟州平谷县，即故大王镇。

金沟馆。县东北四十五里。自顺义、密云至此，多山溪之阻，至馆川原平旷，谓之金沟淀。沈括曰：檀州东北五十里有金沟馆，自馆少东北行，乍原乍隰，三十馀里至中顿，过顿屈折北行峡中，济滦水，道三十馀里，钩折投山隙以度，所谓古北口也。盖旧道出古北口，由金沟馆云。

附见：

密云中卫。在密云县治东，洪武四年建。〇密云后卫，在县东北百二十里，即古北口也。有城周四里有奇，雄踞山巅，至为险峻。洪武十一年，置守御千户所于此。三十年，改建今卫。又营州左屯卫，在顺义县治东，本属大宁。永乐初，移建于此。

勃海守御千户所。在昌平州东北百里，黄花镇城东三十里。弘治中，增置，以为山陵北面之备。万历初，移置于慕田峪关。四年，复还旧治。《志》云：所西北有擦石口、磨石口、驴鞍岭、大榛峪、南冶口、大长峪、小长峪等堡。又有铜矿，嘉靖三十六年封闭。

○蓟州，府东二百里。东至永平府三百里，南至天津卫二百里，北至古长城二百三十五里。

战国时燕地。秦置渔阳郡，两汉因之。晋为燕国及北平郡地。后魏仍置渔阳郡。隋初郡废，开皇六年，徙置玄州，治无终，即后魏安州也。后周改为玄州，皆治密云郡。《隋志》：开皇六年，立玄州总管府。大业初，府废。炀帝遂改置渔阳郡。唐初郡废，属幽州。开元十八年，析置蓟州。天宝初曰渔阳郡。时置静塞军于郡城内。《新唐书》：蓟州南二百里有静塞军，本障塞军。开元十九年，更名。又有渔阳府，盖贞观中府兵所居。乾元初，复曰蓟州。辽因之，亦为尚武军。宋宣和四年，赐名广川郡。金亦曰蓟州，属中都路。元属大都路。明仍为蓟州，以州治渔阳县省入，编户二十六里。领县四。今仍曰蓟州，领县二。

州控卢龙之险，扼柳城之道，襟带郊圻，称为重地。大宁未移，开平未弃，山川完固，风尘可以无警也。自藩篱日坏，伏莽兆忧，渐成入室之形，遂致剥床之患。正统以后，修完捍卫，亦孔棘矣。今东起山海，西迄居庸，延袤曲折几二千里，皆属蓟镇。按：《九边志》蓟州自山海关，西至居庸东之灰岭，隘口共一百二处，相去约二千二百里。又自州以西，有边墙三重。由州北黑谷等关，西达密云砖朵子关，为第一重。自州东北峰台谷寨，西达密云之墙子岭南谷寨，为第二重。自州东彰作里关，西达密云峨嵋山寨及香河县，为第三重。而密云之桃儿冲寨，与砖朵子相接，边墙至此，始合为一。又西为古北口，又西则居庸关也。《边防考》：隆庆二年，督臣谭纶、帅臣戚继光治塞垣，夹垣为台，高数丈，矢石相及，环蓟而台者三千垣周，二千馀里，自是寇不敢深入。边分东、中、西三路。东路所急者四：东路帅驻台头营，见昌黎县。曰山海关，辖一片石等冲口，见抚宁县。曰石门，寨在抚宁县东，辖义院口、黄土岭、大毛山诸冲口。曰燕河营，在永平府北，辖界岭、青山等冲口。曰建昌营。在迁安县北，辖胡林、冷口诸冲口。中路所急者四：中路帅驻三屯营，见迁安县东。曰太平寨，在迁安县西北，辖擦崖子、榆木岭等冲口。曰喜峰口，见遵化州东北，辖董家谷、李家口诸冲口。曰松棚谷，在遵化州北，辖罗文谷、潘家口、洪山口诸冲口。曰马兰谷。在遵化州东北，辖宽佃谷、大安口、将军石、黄崖谷诸冲口。西路所急者四：西路帅驻石匣营，在密云县东北。曰墙子岭，在密云东北，辖墙子岭、镇虏关诸冲口。曰曹家寨，在密云东北，辖黑谷关、吉家庄诸冲口。曰古北口，在密云北，辖潮河川、司马台诸冲口。曰石塘岭。在密云西北，辖白马关、大水谷诸关口。其边墙皆依山凑筑，大道为关，小道为口。屯军曰营，列守曰寨。郭造卿曰：守边者宜专要害，而以馀兵备策应。故兵虽省而不乏，常聚而不分。今不论要害奇正，而徒议摆守。夫蓟边山川盘旋，道路崎岖，几二千里，就使增兵，岂能遍守？备者多则战者寡，兵分势弱，其何以支？积而不改，有各守汛地之虚名，无相机策应之实用。声援隔绝，首尾衡决，必不免矣。戚继光曰：蓟地有三：平易交冲，内地之形也；险易相半，近边之形也；山谷仄隘，林薄蓊翳，边外之形也。平原利车，近边利骑，边外利步。三者迭用，可以制胜。

渔阳废县，今州治。汉为右北平无终县地。故渔阳郡治，在密云县界。隋末，始移渔阳郡于无终，改置渔阳县。唐初属幽州，武后时营州陷于契丹，寄治渔阳。神龙初，县改属营州。开元四年，复属幽州。十八年，置蓟州治焉。自是州郡皆治此。明初废。州城，洪武四年筑，周六里有奇。

北平城，在州境。《括地志》：渔阳县东南七十里，有北平城，倚燕山为板筑。西汉右北平郡治平刚，或以为即此城也。又州西南有博陆城。薛瓒曰：博陆在渔阳，汉宣帝封霍光为侯邑。○犷平城，在州西。汉县，属渔阳郡。服虔曰：犷，音巩。东汉因之。建安十年，乌桓攻渔阳太守鲜于辅于犷平，曹操引兵渡潞水救之，乌桓走出塞。晋县废。

雄武城，在州东北。《唐志》：蓟州广汉川有雄武城，天宝六载，安禄山筑此以贮兵器。其后置军使于此，为州境要地。会昌二年，回鹘部那丹颉啜南趋雄武军，窥幽州。节度使张仲武遣军败之。广明初，卢龙帅李可举奉诏讨李克用，侵蔚、朔等州。克用分兵守朔州，自将其众拒可举于雄武军，即此。○安远城，在州西北。唐末置安远军。五代梁时，晋将周德威攻燕刘守光，拔安远军，蓟州将成行言等降于晋。又洪水城，在州东北九十里，唐所置守捉城也。《新唐书》：州有洪水守捉。又东北三十里，即盐城守捉矣。

盘山，州西北二十五里，一名盘龙山。《志》云：山高二千仞，周百馀里，势磅礴而盘桓，因名。《图经》云：南距沧溟，西尽沟水，东放碣石。自远望之，层峦叠嶂，崒嵂律排空，真为雄胜。山北数峰林立如削，曰紫盖，曰宿猿，尤为奇特。其最高者曰上盘。上有二龙潭，下有潮井，又有泽钵泉。稍下者，曰中盘。东行十馀里，蔚然深秀，怪石突起者为白崙。其南又有一小岭，陡绝难行，曰砂岭。高二百馀仞，周六里，泉水沿石窦而下，为砂河，东流合遵化州之五里河。

甘泉山，州西北七十里。山下有泉，极甘美，因名。一名石鬃山。又有桃花山，在州西南六十里。旧《志》以为州境之名山也。○崆峒山，在州东北五里，相传黄帝问道处。又有螺山，在州南五里。《图经》：州西北三里有渔山，高百馀丈，周五里。郡在此山之阳，故曰渔阳。下有渔水，即今州城南之龙池河也。

药儿岭，在州北。胡氏曰在雄武军之西。唐广明初，李克用自雄武军西还，李可举遣将韩玄绍邀之于药儿岭，大破之。即此。

龙池河，州城南。一名渔水。源自州北卢儿岭口流入，南合遵化州之梨河，经玉田县，入宝坻县之白龙港。成化间，西北盘山水发，始合州境之砂河、窑河及五里河，并入沽水。

沟水，一名广汉川，在州北四十里，发源黄崖口。一支西南流，经盘山之阴，入平谷，为沟河。一支东南流，经盘山之阳，过三垒口，入宝坻县之白龙港。宋广川郡之名以此。《水经注》渔阳有㶟水，流经石门峡，入徐无县境。或云㶟水盖即滦水支流，自遵化州县流经石门，下流至玉田县，合于梨河。

沽河，州南五里。自阳河以西，沟水以东，诸水皆入焉。其下流经新开河，至直沽，达于海。漕运溯流而上，直抵城南。《通典》渔阳有鲍丘水，又名潞水，即沽水矣。后汉兴平二年，幽州牧刘虞为公孙瓒所杀，虞从事鲜于辅等合兵攻瓒，破瓒于鲍丘水。《水经注》：鲍丘水从塞外来，南过渔阳县东，即鲜于辅等破瓒处。一名东潞水。今在通州东者，曰西潞水。在蓟州南者，为东潞水。下流皆合于宝坻县，亦兼有鲍丘水之名。李贤曰：今海滨有二沽，一曰水套，一曰新开，相去才十里。天顺初，开河通潮，以便蓟州漕运，此二水也。

阳河，州西五里。亦名五里河，以去城五里而名。源出城西鹅毛台，台亦名纸坊山。下流入于沽水，水性暖，遇寒不冰，故曰阳河。相去一里有源泉水，泉出地中，方广丈馀，盛暑弥凉，因名。

平虏渠，在州南。《唐志》渔阳有平虏渠，傍海穿漕，以避海险。又其北涨水为沟，以拒契丹，皆神龙中沧州刺史姜师度所开。《屯政考》：今州北之黄崖营，州西之白马泉、镇国庄，州东之马申桥、夹林河，州西之别山铺，夹阴流河以至阴流淀，皆可疏渠为田云。

白龙港，州南七十里。亦曰白龙江。绕桃花山下，洵河、沽河诸水皆汇焉，入宝坻县界，亦名潮河，以河通潮汐也。《志》云：州城北有金泉河，平地泉涌，流为马申河。

黄崖峪关，州北四十里。其北三十五里，曰寻思峪，又北十五里，为柞儿峪。又车道峪堡，在黄崖峪东。《志》曰：自车道峪、黄崖口直北，即元人之大兴州也。○宽佃峪关，《志》云：黄崖峪东第六关也。自黄崖峪以东，至遵化州之马兰关，凡十口，而宽佃峪为要路。

石门镇，州东六十里。山峡崭绝壁立，其中洞开，俗呼为石门口。《水经注》以为灅水所经也。后汉中平五年，渔阳张纯等叛，诏中郎将孟溢率公孙瓒等讨之，战于石门，纯败走。宋宣和五年，辽萧幹败宋兵于石门镇，遂陷蓟州。寇掠燕城，为郭药师所败，幹走死。今为石门镇驿。宣德三年，征兀良哈。自石门驿出喜峰口。是也。《志》云石门峡在遵化州西五十里，盖境相接云。○五里镇，在州西五里，因名。宣德三年，驾至五里镇，遂前行至石门驿。是也。

鸡苏砦。在州西。五代梁开平年，刘守文以沧州之众，并招契丹、吐谷浑，共讨其弟守光，战于鸡苏砦，为守光所获。

○**玉田县**，州东南八十里，西南至宝坻县九十里。春秋时，为山戎无终子国。秦置无终县。汉因之，属右北平郡。后汉因之。晋属北平郡。后魏属渔阳郡。隋初属玄州。大业初，为渔阳郡治。隋末废。唐乾封二年，复置无终县，属幽州。万岁通天二年，改为玉田县。神龙初，改属营州。开元四年，还属幽州。八年，复属营州。十八年，改属蓟州。辽因之。宋宣和四年，改置经州。金复曰玉田县。今仍之。城周四里，编户十八里。

无终城，在县治西。春秋时山戎国也。秦置无终县。项羽封韩广为辽东王，都无终。汉初臧荼击杀广于无终，并其地。汉灭荼，亦置无终县。后汉初，更始以苗曾为幽州牧，治无终，吴汉斩之。晋隆安三年，慕容盛使其将李旱讨叛将李朗于令支，朗请救于魏，自迎魏师于北平。旱克令支，遣别将孟广平击斩朗于无终。唐改玉田，而无终之名隐。《五代志》：玉田，西至幽州三百里。五代梁开平初，刘守文引沧、德之兵讨刘守光，战于玉田，败还。

徐无城，在县东。汉县，属右北平郡。后汉因之。晋为北平郡治。咸康三年，后赵石虎攻段辽于令支，至徐无。后魏县属渔阳郡。后周废入无终县。

徐无山，县东北二十里。后汉末，田畴入徐无山，营深险平敞地而居之，百姓归之，至五千馀家。建安十一年，曹操伐乌桓，令畴为乡导，上徐无山。是也。今其山绵延深广。《志》云：县东北二十五里有小泉山，泉源出石罅间，俗呼为小泉。西南流五里许，合大泉山之水，入白龙港。二山即徐无之别阜矣。〇无终山，县东北三十里。《图经》云：无终子国于此。春秋襄四年：无终子嘉父使孟乐如晋。又昭元年：晋中行穆子败无终于太原。盖无终本在晋阳之境，后为晋所败，因徙于此也。《寰宇记》：无终山，一名翁同山，又名阴山。盖亦徐无之支陇矣。又种玉山，在县北十里，县以此名。

燕山，县西北二十五里。《志》云：山自西山一带，迤逦东来，延袤数百里，抵海岸。苏辙诗：燕山如长蛇，千里限夷汉，首衔西山麓，尾挂东海岸，中间哆箕毕，末路牵一线。盖实录也。东晋咸康四年，石虎攻段辽，辽将北平相阳裕登燕山以自固，即此。〇傍山，在县西北二十五里，回崖壁立，突兀嵯峨。有堡可以避兵，其相连者曰麻山。《志》云：麻山在县北十五里。又县西北二十里，有石鼓山。

梨河，在县东二十里。自遵化州南流经县境，又南入宝坻县界，县东境诸水多流入焉。〇蓝水，在县西北二十里，出县北境三乐台山，西南流入州南白龙港。

庚水，县东北四十里。《水经注》：庚水出徐无县北塞中，南历徐无山，有黑牛谷水、沙谷水，并西出山东，流注庚水。又有灅水，亦自徐无县西北，东南流，合于庚水。庚水下流合于梨河，即丰润县之浭水。

后湖庄，在县北。《屯政考》：县有清庄坞，导河可田，后湖庄疏湖可田三里屯，及大泉、小泉，引泉可田也。○阳樊驿，旧在县西二十里。嘉靖二年，迁于县之西关。又有双桥，在县东四十里，通道所经。

壕门戍。在县北。《唐志》玉田县有壕门、米亭、三谷、礓石、方公、白扬等六戍，又偏林，在县境。《金史》：大定二十年，以玉田县行宫之地偏林为御林。即此。

○平谷县，州西北八十里。西南至三河县四十里。本汉县，属渔阳郡。晋废入通州地。今县本唐渔阳县之大王镇。金始置平谷县于此。元初废。寻复置，属蓟州。今城周二里有奇，编户十三里。

斛盐废县，在县西北。汉县，属渔阳郡。后汉县废。明帝时，谓之盐田。世谓之斛盐城。北魏时，有斛盐戍。《水经注》：大榆河自密云东南流经斛盐城，西北去御夷镇三百里。孝昌三年，安州石离、穴城、斛盐三戍兵反，应上谷贼杜洛周。洛周自松硎赴之。石离、穴城二戍，盖在斛盐戍西。松硎，《唐志》营州西北百里有松陉岭。或曰在今延庆州界，其地多长松，即今松林地也。《括地志》：滑盐地宜五谷，有盐池之利。

瑞屏山，县北二十里。连峰耸拔，秀列若屏。又妙峰山，在县东北二十五里，峰峦峻秀，下有九沽泉。《志》云：县东北十里，有渔子山，上有大冢，相传为黄帝陵也。其北有渔子山堡，与密云县熊儿峪相接。

城山，县东六十里。四山高耸，中宽平如城。又碣山，在县东五十里，峰峦峭拔，林谷深邃。《志》云：县南八里又有泉水山，泉流入河，民赖灌溉。

沟河，在县东南。自蓟州流入界，又南入三河县境。《志》云：县东十里，有马庄河，源出县东北海子，与县东北三十里独乐河及县境之五百沟河、乡泰河，俱合流入于沟河。

洳河，在县东南五里。源出密云县石峨山，流经县境，又西南流入三河县界。县西十里有周村河，源出口外，下流入洳河。

逆流河，在县东南。一名小碾河。源出县南泉水山，西北流，凡九十九曲，而入沟河。又有龙泉，在县东南十里，明成祖尝驻跸于此，饮水而甘，锡以今名。

夏谦泽，县东北百馀里。晋隆安初，后燕慕容宝为拓跋珪所迫，自中山至蓟尽徙府库，北趋龙城。珪将石河头时屯渔阳，引兵追之，及于夏谦泽，为慕容会所败。胡氏曰：泽去蓟北二百馀里。今县东北有海子，或以为即故泽也。《水经注》：鲍丘水南入夏泽，泽南纡曲渚一十馀里，北佩谦泽，眇望无垠。盖在潞县境内云。

黄松峪关，在县东。又东与密云县将军石关相接。关北为熊儿峪关，又西为熊儿峪营。今边界分属密云，而其地则逼近县境。

龙家务庄。在县东六里。《屯政考》县有水峪寺、龙家务庄，旧为耕屯处。

○遵化州，东至永平府迁安县一百七十里。

秦无终县地也。唐于此置马监及铁冶。后唐始置遵化县。辽重熙中，置景州及清安军治焉。宋宣和四年，仍曰景州，亦曰滦川郡。金州废，县隶蓟州。元因之。明亦曰遵化县，属蓟州。今称遵化州，城周六里，编户二十里。领县一。

盐城，在州北。唐守捉城也。《唐志》：出蓟州雄武军东北行百二十里，至盐城守捉。又东北渡滦河，即古卢龙镇。或以为即汉滑盐县。恐误。○平安城，在县西南五十里，周五里。旧传唐太宗征辽遘疾，经此旋愈，因名。又喜峰口东北有小城，相传徐达所筑，亦谓之徐太傅城。岁久弥坚，远望如碧玉，悬崖陡耸，人迹罕到。

南龙山，州南八里。其北有北龙山，两山相望，蜿蜒如龙。又明月山，在县西南十三里，高百馀仞，上有石穴，南北相通，望之如月。县南二十里，又有清风山，高三百馀仞。

五峰山，州东北二十五里。山势磅礴，突起五峰。又三台山，在县东北九十里，其山盘曲三层。又东北二十里，为大团亭山，山北为小团亭山，皆县境之险也。

灵灵山，州东南六十里，山高九百馀丈，为县境群山之冠。又磨台山，在县南四十里，山高耸而顶圆如磨。○夹山，在县西南二十五里，以两山相夹而名。又关山，在县西北五十里，以山近边关而名也。

鹿儿岭，在州北塞外。明初，常遇春讨元馀孽，出遵化，度鹿路岭，至会州，即此。《志》云：岭一名鹿路，或讹为路儿岭。

龙门峡，州南十里。其山上合下开，开处高六丈许，水自悬崖倾泻而下，触石成井，奔荡之声，轰然若雷。一名独固门，以凭藉险固，绝壁云耸，疏通若门，故名也。《水经注》以为沽水所径。

滦河，在州东北。自县北塞外，径团亭寨，流入内地，东南入永平府迁安县境。《迁安志》：滦河发源炭山，乱泉喷涌，合流百二十里至宣府。又东北二百一十里至云州堡，又东北二百六十里至桓州，又自桓州过口北，又自北而南入上都开平界，东流七百里，自潘家口入县界，又百八十里至迁安县。唐开元二年，幽州帅薛讷出檀州击契丹，至滦水山峡中。契丹伏兵遮其前后，从山上击之，讷大败。即此地也。今详大川滦河。

梨河，在州西南。源出县北山谷中。旧《志》云：出滦州界，流入县境。县西北有汤河，出占鱼口。又有清水河，出道沟峪，俱流合焉。经玉田县，入宝坻县界，合于潮河。明建文三年，辽东兵围遵化燕兵，败之于清水寺桥。桥盖在清水河上。〇五里河，在县北五里，源自一片石谷口。流经沙坡峪，至县西南，入于梨河。或谓之沙河。建文初，大宁帅刘贞引兵至沙河，攻燕遵化。永乐二年，成祖北征三卫，还驻跸沙河，即五里河也。

涌泉湖，在州西南。湖不甚广，而泉水澄渟不竭。徐贞明曰：县西南平安城及沙河铺、涌泉湖、韭菜沟、上素河、下素河，皆利于耕屯处也。

马兰峪关，州西北七十馀里。为守御要地，有城。关外六十七里，曰牟马岭。又鲇石关，马兰关东第二关口也。正德四年，朵颜入寇，自鲇石毁垣入马兰峪。十年，兀良哈寇马兰峪，参将陈乾战死。嘉靖三十四年，俺答亦自此入犯。马兰峪其东为大安口，亦要口也。嘉靖三十八年，尝为寇所陷。口北二十六里，曰柳林。又北二里，曰白枣林。又北十六里，曰新开岭。又有沙坡峪口，在大安口东。〇罗文峪关，在县西北十里，马兰峪东第十四关口也。其北五十九里，曰窟窿山。又北七里，曰神山岭。又北十三里，曰白马川。又北十一里，曰石夹口。又有三道岭寨，在罗文峪东。

洪山口关，州北三十里。有城，其内为松棚营。关北百十七里，为黄土岭。又北三十里，为乔家岭。又北四十里，曰车河川。《边防考》：洪山口东，又有龙井儿关，贼冲也。其内为三屯营，接迁安县界，其东曰三台山关。关北五十二里，曰寺儿峪。又北十六里，曰土松岭。又北六十七里，曰谢儿岭。又北有恼奴河、傍牌川等处，皆贼径也。〇潘家口，在县东北四十里。嘉靖三十八年，朵颜导寇入犯，度滦河，由潘家口而西，大掠蓟州。其东曰团亭寨，又东即喜峰口也。《志》云：自马兰峪至大喜峰，凡三十一关口。

喜峰口关，州东北七十里。三卫属夷入贡通衢也。关城周三里，关口有来远楼，可容万人。《道里记》：由喜峰口东北六十里，曰椴木峪关。又六十里，曰松亭关。自松亭关至大宁废卫，凡三百六十里，为控御之要。宣德三年，车驾由喜峰口，大败三卫贼酋于宽河。嘉靖十年，三卫虏帅入犯喜峰口。自此益增兵戍守，为蓟边重地。又李家口，喜峰口东第三口也。其北四十里，曰天津峪。又北十里，曰九磴岭。又有董家口，在李家口东。隆庆三年，二卫寇突犯，帅臣戚继光御却之。其北十里，曰桃树峪。又北六十五里，地名聂门。又北三十里，曰龙须门。又北七十里，即废会州也。《志》曰：自喜峰口至永平府迁安县之青山口，凡七口。万历初，朵颜犯喜峰，戚继光勒兵出青山口，败之。是也。

松亭关。在喜峰口北百二十里。辽人自燕京之中京，每自松亭趋柳河。宋至和二年，刘敞奉使契丹，契丹导之行，自古北口至柳河，回环殆千里，欲夸示险远。敞曰：自松亭趋柳河，甚径且易，不数日可抵中京，何为故导此？驿相顾骇愧。明洪武二十年，大帅冯胜出松亭关讨纳哈出。建文初，大宁帅刘贞等引兵出松亭关，驻沙河，攻遵化，燕王驰援，贞等退保松亭。既而燕王谋取大宁，诸将曰：大宁必道松亭关，关门险塞，守备方严，恐难猝拔。乃从别径趣大宁，还收松亭。是也。大宁废后，松亭亦弃不守矣。

○丰润县，西北至蓟州百七十里，东至永平府百六十里。本玉田县之永济务。金泰和中，置丰润县，属蓟州。元至元二年，省。四年，复置。明因之。今城周四里，编户二十二里。本朝康熙十五年改隶遵北州。

土垠废县，县西北六十里。汉县，属右北平郡。后汉为郡治。晋属北平郡。后魏属渔阳郡，后属安乐郡。魏收《志》：真君九年，置土垠县，似废而复置也。旧《志》：土垠城，在密云东百里陈宫山下。即此城矣。

后齐废。《昌平记》: 顺义城北一里, 又有废土垠县, 疑后魏所改置也。今县有垠城铺, 在县东十里, 以旧县名。垠, 音银。

俊靡废县, 在县北。汉县, 属右北平郡。靡, 音麻。后汉因之。建武中, 遣吴汉等击尤来、大枪贼, 穷追至俊靡。是也。晋属北平郡, 后废。

鸦鹘山, 县西北二十里。峰峦秀拔, 高数百仞, 有孟家、赵家二洞。又西有两山口。两山者, 狼山、管山也。两崖对峙, 中有路通遵化州, 又有莲花池水注焉。○灵应山, 在县西北四十里, 其山悬崖壁立, 岩畔有泉喷流而下, 注于沙流河。

马头山, 县东二十里。其山数峰驰骤, 最南一峰, 昂若马首。又有车轴山, 在县南二十里, 山孤圆而高, 如卧毂然。○朝月山, 在县东八十里, 两峰特起, 状如偃月, 山阴为石坑冈。又腰带山, 亦在县东八十里, 上有石崖绕山半, 如束带然。又西为大岭山, 亦行旅所经也。

陈宫山, 县北七十里。萦回数十里, 东临还乡河, 西接黄土岭。山南有峰, 其色苍翠, 一名华山。○崖儿口山, 在县东北八十里。其山绵连而中断, 东为崖儿口, 西为白霫口。有水自崖而入, 因名。

浭水, 县北八十里。一名还乡河, 或谓之云浭水。源自迁安县, 历崖儿口, 西南流经县境, 入玉田县界, 合于梨河。又沙流河, 在县西四十里, 源出县西北五十里之党峪山下, 经两山口, 又西南流, 会于还乡河。元致和初, 怀王袭位, 上都兵自辽东入讨, 撒敦等拒之于蓟州东沙流河。是也。

沙河, 在县南。源出滦州界, 西北流经县之越支社, 又屈而东南流, 入于海。《志》云: 明成祖北征三卫, 还驻跸沙河, 即此。似误。又韩城镇河, 在县南五十里韩城镇, 源出车轴山, 经镇北, 又西流十馀里入漫泊, 下流会还乡河。

越支社, 县南百里。亦曰越支场。今有宋家营盐课司。又义丰驿,在县东三十里。县西北二十里，又有梁家务，皆津途所经。

鸦洪桥。在县西，与玉田县接界。《一统志》：还乡河至鸦洪桥，合于梨河。《屯政考》：县南有大寨及刺榆坨、史家河、大王庄之地，东则榛子镇，西则鸦洪桥，夹河五十馀里，皆可屯之区也。又自水道沽关、黑岩子墩，至宋家营诸处，东西百馀里，南北百八十里，地皆濒海，平旷可耕。

附见：

蓟州卫，在州治东北。洪武八年建。

镇朔卫在蓟州卫西。永乐中建。又营州右屯卫，在州治北，本在大宁卫境，永乐二年移建于此。

兴州左卫屯，在玉田县东南百四十里。旧在开平卫境，永乐初，移建于此。○兴州前屯卫，在丰润县治西，永乐二年移建。

遵化卫在遵化州治南。洪武十年建。

东胜右卫，在遵化卫西。永乐初，移建于此。○忠义中卫，在今遵化州治东南。永乐初建。

营州中屯卫。在平谷县治东，永乐二年移建于此。《备边录》平谷县西北十里有故城，今营州中屯卫戍于此，与黄松峪等关、熊儿峪等营官军互为屯御，常近数千人。

宽河守御千户所。在今遵化州治南，建文二年建。

读史方舆纪要卷十二

北直三 保定府

〇保定府，东至河间府静海县三百五十里，东南至河间府二百十里，西南至真定府定州百五十里，西北至山西蔚州二百八十里，北至保安州二百六十里。自府治至京师三百三十里，至南京二千四百五十里。

《禹贡》冀州地。战国时属赵。秦为上谷、钜鹿二郡地。汉为涿郡及中山国地，后汉因之。晋属范阳、高阳、博陵、中山等郡国。后魏亦为中山、范阳等郡地。隋属上谷、博陵、河间三郡。唐属易、定、瀛、莫等州。五代唐置奉化军。天成三年，升为泰州。宋建隆初，置保塞军。太平兴国六年，改为保州。政和初，赐名清苑郡。金仍曰保州。天会七年，置顺天军，初属河北东路，后改属中都路。蒙古改州为顺天路。至元十二年，又改为保定路。明初为保定府，属北平布政司。永乐十八年，直隶京师。领州三，县十七。今仍曰保定府。

府重山西峙，群川东汇。宣府、大同为之屏障，倒马、紫荆为之阻隘。联络表里，翊卫京师，诚重地也。在昔河朔有难，保定恒先受之。自唐天宝之季，迄宋靖康之年，清苑左右，大抵皆战场矣。宋置保塞军，为备边要地。时易州既没于契丹，军城以西，塘水差少，于是广植林木，以限寇骑奔冲。盖府境自西而北而东，虽多层峦列嶂，而步骑易于突入，自东而南，地尤坦平，滱、易诸川塘泺之利，皆在安州以东，故宋人保塞之备，比诸边为尤切。蒙古取幽燕日，劲卒捣居庸，北扐其背，大军出紫荆，南扼其吭。郡于两关，若左右臂。然东西互发，如风如雨，两路之兵，可使形格势禁，自为解也。明建文三年，燕王举南下，盛庸拒之于德州，檄大同守将房昭入紫荆，略保定州县。燕王在大名，闻之曰：保定股肱郡，脱有不虞，即北平危矣。遂旋师击却之。土木之变，于忠肃于保定、涞水诸城，皆增设重兵，京师得以保固。《边防考》：府居三关之中，谓居庸、紫荆、倒马内三关也。形势适均，缓急可赖。国家特设重臣驻守，平时练将训兵，肃清畿甸。一旦有警，则禁旅不惊，折冲立奏。诚三辅之长城，两边之内险也。谓宣、大两边。《边略》：今自居庸至倒马关南狼牙口，边墙有内外两重，皆与宣府、大同接界。而居庸属蓟镇，倒马属真定，其文武大臣，则俱驻保定，谓之真保镇。

清苑县，附郭。本汉樊舆县地，属涿郡。后汉废。后魏太和中复置，改扶舆县。寻析置永宁县治此，属高阳郡。北齐以乐乡县省入，因改县曰乐乡。隋开皇十八年，又改曰清苑，属瀛州。唐初属蒲州。贞观初，属瀛州。景云三年，改属莫州。后唐置奉化军，寻为泰州治。宋改为保塞县，保州治焉。金大定十六年，复曰清苑县。元因之。今编户十四里。

清苑废县，在府东北七十里。后魏主宏太和初，分新城置清苑县治此，以境内有清苑河而名。高齐省入乐乡。隋因改乐乡为清苑。唐建中四年，李晟与易定兵围朱滔将郑景济于清苑，累月不下。朱滔自魏州北驰救，晟败保易州，即今县也。《城邑考》：郡城，金元时故址。明建文四年，燕将孟善修筑。弘治五年重修。隆庆中，复营治，始称完固。今城周十二里有奇。

樊舆城，府东南三十里。汉置县于此，武帝封中山靖王子修为侯邑。后汉废。魏收《志》：晋复置樊舆县，属高阳郡，兵乱复废。今《晋志》不载。或以为石赵所置。后魏太和中，改置扶舆县，仍属高阳郡。后齐省入永宁。又广望城，在府西南。汉县，属涿郡。武帝封中山靖王子忠为侯邑。亦后汉废。

乐乡城，府南二十七里。本汉信都国属县。后汉省。后魏侨置于此，属高阳郡。魏收《志》：乐乡县，晋复置，魏因之。或以为亦石赵所置也。北齐省入永宁县。刘昫曰：清苑县，本汉故乐乡县。《城冢记》：乐乡城在今府治西北，高齐天保七年省，寻自易州满城县界移永宁县理此。似皆误。故乐乡，今见深州。

清凉城，府东南四十里。《水经注》云：汉之将梁也。武帝封中山靖王子朝平为侯邑，后讹曰清凉。《寰宇记》：后汉初，王梁驻军避暑于此，因城其地，目曰清凉。有塔在焉。〇广养城，在府东九里。《城冢记》：城周五里，南有河薮，相传燕昭王筑此城以牧马。又高阳城，在府东南六十里。址周九里，相传古颛顼所筑。

壁阳城，府西南二十里。或曰五代时营垒处也。石晋开运二年，符彦卿败契丹兵于壁阳，即此。又府西南四十五里，有白城。宋咸平六年，王继忠与契丹将耶律瓜奴战于康村，傍西山而北至白城，力不能支，被执。康村，见庆都县。又有积粮城，在府东，相传金人尝积粮于此。又府东南有废柏陵城，未知所始。

朗山，府西北五十里。一名狼山。《水经注》：徐水屈东北径郎山，又屈径其山南。山岭竞举，若竖鸟翅，立石崭岩，亦同剑杪。汉戾太子之子远遁斯山，因名。其东北为燕王仙台，相传燕昭王求仙处。其东为石虎冈，东汉中山简王焉之空也。所遗石虎二，后人因以名冈。宋置狼山砦于山上。金末亦置寨于此。

松山，府西北七十里，其山多松。又西北二十里，有百花屿，高数仞，广数十丈，中多花卉。宋时尝置戍于此。

清苑河，府西二里。源出府西三十里鸡距泉，至此分流，绕城南北，经城东，合流入黄狗窊，又东入安州界。一名沉水。《宋志》：缘边塘泺，起安肃、广信军，南至保州西北，蓄沉河为塘，横广三十里，纵十里，深至五尺，浅三尺，曰沉苑泊。又自保州西，合鸡距泉、尚泉，为稻田、方田，衡广十里，深五尺至三尺，曰西塘泊。今多湮废。

徐河，府北十五里。出易州西五回岭，经满城县北，名大册河。出郎山下，东南流至府北，名徐河。又东入安州界，入于易水。《水经注》：徐水出北平，东径清苑县城东，而至高阳县。是也。唐武德五年，刘黑闼遣其弟十善等击唐幽州总管李艺于鼓城，既而战于徐河，十善等大败。宋太平兴国四年，契丹入寇，镇州都钤辖刘延翰帅众御之，先至徐河口。六年，八作使郝守濬开徐河、鸡距河，五十里入白河，以济关南之漕。咸平六年，知保州赵彬奏决鸡距泉，又分徐河水南注运渠，置水陆屯田。景德初，边臣阎承翰开漕渠，复堰徐河水入鸡距泉，以息挽舟之役。又于保州境内屯田凡百馀顷。范成大曰：徐河在清苑北十里，绕流于保州威虏洞，宋每恃此以御契丹。金人谓之馈粮河。鼓城，今晋州也。

石桥河，府南二十里。自满城县方顺河东流，经此入黄狗窊。俗亦名梁头河，合于清苑河。又梁河，在府东三十里，自唐县唐河分流经此，又东入安州境，合于易水。○土尾河，在府东南九十里。源自蠡县唐河，分流经此，入高阳县界。《宋志》：缘边塘泺，东起顺安军，西边吴淀，至保州，合齐女淀、劳淀为一水，横广三十馀里，纵百五十里，深一丈三尺，或一丈。今二淀俱湮废。

一亩泉，府西三十里。一名尚泉。其流与鸡距泉合，亦曰西塘泊。民多利之。〇鸡距泉，亦在府西三十里。泉水喷流，状如鸡距，与一亩泉合流，由城外壕出为减水口。元张柔作新渠，凿西城以入水。水循市东行转北，别为东流，垂及东城，又折而西，双流交贯，由北水门而出，为一城之胜，即清苑河上流矣。

固城镇，府北八十里。有龙泉井，其水常溢。洪武八年，置固城巡司于此，今废。〇弘阳镇，在府西北。《志》云：唐初高开道复以蔚州叛，数侵易、定，尝置镇于此。又府境有统汉镇，盖金人所置。

张登店，府南六十馀里。道出庆都县，为往来津要，有巡司戍守。《志》云：司旧置于满城县方顺桥，嘉靖十三年始移于此。又解家庄，在县东南，道出河间。

三陵。在城东，宋祖陵也。宋太祖世籍清苑，既即位，尊其四世祖朓曰僖祖，陵曰钦陵。曾祖珽曰顺祖，陵曰庆陵。祖敬曰翼祖，陵曰安陵。谓之三陵，皆置军护卫。

〇满城县，府西北四十里。西南至完县五十里，北至易州百二十里。汉北平县地，属中山国。后魏主诩正光末，析置永乐县，又侨置乐浪郡治焉。北齐为昌黎郡治。隋初罢郡，以县属易州。唐仍为永乐县。天宝初，改为满城县。五代晋徙泰州治此。周广顺二年，泰州废，县属易州，寻又废入清苑县。金复析置满城县，属保州。蒙古初，张柔取满城，建帅府于此，寻移治清苑，以县属焉。今城周四里有奇，编户十一里。

满城故城，在县北眺山下，旧县治此。唐长庆初，朱克融叛据卢龙，焚掠满城，及易州涞水、遂城。五代晋开运二年，契丹陷泰州，诸军寻攻拔之，进取满城及遂城，因以满城为泰州治。宋咸平四年，契丹入寇，自遂城进至满城而还。景德间，县废。金大定二十八年，改置县于塔院村，在今县西二里。明废为柴厂，寻移今治。《志》云：县西北五里鱼条山下有乐城，即后魏永乐县及乐浪郡治。

五公城，在县西。《河北记》：汉王谭之子兴，不从王莽之乱，与五子避难于此。光武封其五子为列侯，因名。唐开元中，易州刺史田琬以五回旧县东迁于五公城，即此城也。一名五大夫城。五回，见易州。

眺山，县东北三里。巍然特立，可以眺远，因名。山北有舞马、黄金二洞，容数百人。○陵山，县西南三里，山不甚高，相传古帝王陵墓，因名。元至正二年，改曰灵山。

黄土山，县北十里。山顶平旷可居，石中有泉，昔人避兵于此，亦名黄土寨。又五里为玉山，山多白石如玉，所谓燕石次玉者也。下有玉山店。又北十里为环山，一名紫口山。山势环抱，状若列屏。○荆山，在县西北十五里，山势险阻。其西南有杨家陀寨，昔人据守处也。又西北有松山，上多松树，望之蔚然。

抱阳山，县西南十里。山势南拱，谷内温和，有石洞七十二，大者容二三百人，小者容数十人。又有龙潭，水常不竭，在山上圣教寺中。《金志》：抱阳山，保州之名山也。

徐河，县北十里。自易州流经县界，下流入清苑县。

方顺河，县南五十里。其上源即完县之祁水也。东流入县境，曰方顺河，亦曰顺水。又东入清苑县，为石桥河。《水经注》：光武追铜马、五幡于北平，破之于顺水，乘胜追北，为其所败。短兵接，光武自投崖下，遇突骑王丰，下马授之，始仅免，退保范阳。即此水也。

陉阳堡。县南四十里。陉阳马驿，亦置于此。《志》云：县西南又有方顺堡，北有北铺店堡。嘉靖中，北寇内犯，因增筑城堡，守堡乡民又置墩台十二。亦设小堡，以便守望云。

○**安肃县**，府北六十里。东南至安州四十里，西北至易州九十里，北至定兴县七十里，西至满城县六十里。本易州遂城县地。五代唐置宥戎镇，周为梁门口砦。宋太平兴国六年，置静戎军，兼置静戎县隶焉。
景德初，又改为安肃军，县亦曰安肃县。金天会七年，改置徐州，军号如
故。废主亮天德二年，改为安肃州，亦曰徐郡军。元废县存州。明洪武
六年，降州为县。《城邑考》县有二城。五代梁末，晋将李存审夹河筑
二城。宋杨延朗复修之，以拒契丹，后南城圮。明景泰、隆庆中，相继增
修，皆北城也。周四里有奇，编户十六里。

遂城废县，县西二十五里。战国时燕之武遂也。赵李牧伐燕，拔武
遂、方城。又秦破赵将扈辄于武遂，斩首十万，即此。汉为北新城县，属
中山国。后汉属涿郡。晋属高阳国。后魏曰新城县，属高阳郡。世谓之英
雄城。魏主诩孝昌中，营州陷。永熙二年，置南营州于此，领昌黎、辽东、
建德、营丘、乐浪五郡，皆侨郡也。北齐惟存昌黎一郡，领永乐、新昌二
县。隋开皇初，废南营州。三年，并废昌黎郡。十八年，改置遂城县，属易
州。唐因之。刘昫曰：遂城即后魏所置新昌县也。五代时亦为遂城县。周
复三关，此为沿边要地。宋开宝三年，契丹寇定州，田钦祚御之，战于满
城。虏少却，乘胜至遂城。太平兴国六年，于梁门砦置静戎军，于遂城县
置威虏军。时号铜梁门，铁遂城，言其险固也。咸平二年，契丹攻遂城，
宋将杨延昭登陴固守。会天大寒，汲水灌城上，倏忽为冰，坚滑不可登，
契丹引去。四年，契丹复入寇，大帅王显大败之于遂城。是时安肃、遂城
最为虏冲。景德初，改为广信军。金主晟天会七年，改为遂州，寻又号为龙
山郡。泰和四年，州废。贞祐二年，复故。元废县存州。明初，州废，以其地
并入安肃县。《宋史》：广信军，在易州东南八十里，当五回、狼山之要道，
戍守特重。方城，见前固安县。

北新城废县，县西南二十里。汉县盖治此。《汉志》云：燕南得涿
郡之北新城。是也。《水经注》：新城在武遂南，即燕督亢地。晋隆安
初，慕容宝弃中山，奔龙城，魏遣将长孙肥等追宝至范阳，不及，破其新
城戍而还，即此。后魏末，侨置新昌县，以新城并入。

长城，在县东北。俗以为秦将蒙恬所筑，误也。盖战国时，燕赵分界处。今有长城口。石晋开运三年，李守贞奏：大军至望都县，相次至长城，遇寇转斗，败之。即此长城。胡氏以为在固安县南。又长城旧址，亦谓之黑卢堤。宋太平兴国四年，契丹入寇，刘延翰御之于徐河，别将崔彦师潜军出黑卢堤，北缘长城口，衔枚蹑敌后。亦即此处矣。

桑丘城，在县西南。《括地志》：桑丘城，俗名敬城。战国时燕之南界也。《史记》：田齐桓公田午五年，袭燕，取桑丘。《魏世家》：武侯七年，齐伐燕，魏伐齐以救燕，至桑丘。又汉成帝封东平思王子顷为桑丘侯，盖邑于此。又徐城，在县南，相传周景王时，将军徐浚所筑。又敌城，在县东。相传战国时，赵将赵葱、颜聚与秦将王翦相持处。

釜山，县西四十五里，以形似名。西接黑山，东临峭壁，中有谷甚宏敞。初入曰釜阳口，内为釜山村，泉甘土肥，物产鲜美。黄帝朝诸侯，合符釜山，或以为即此山也。

围道山，县西北四十五里。四面高爽，中为大谷，豁然平旷，道路围绕其内，因名。又西北五里，曰牟山，土阜无石，一望坦夷，土脉深厚，居人多占为田，谓之牟山村。

龙山，县西五十里。俗名龙堂坡，以其盘绕深曲也。相近者为黑山，背阳面阴，土壤深黑，下有黑山村。后汉末，黑山贼张燕聚众数十万，纵横河北。《志》谓燕盖屯据于此。非也。燕本起于黎阳之黑山，此特名相类耳。又杨山，亦在县西，与龙山相接，俗传宋杨延昭藏兵于此，以御契丹。

易水，在县北。自定兴县流入境，又东入容城县界，即白沟河也。《水经注》：易水东流，屈径长城西，又东南流，过武遂县南，新城县北，俗谓是水为武遂津。晋咸康六年，慕容皝伐后赵，自蓟城进破武遂津。是也。津北对长城门，谓之汾门。《史记·赵世家》：孝成王十九年，赵以汾门与燕。即此。亦曰分门，又谓之梁门。《志》云：易水东分为梁门陂。五代周置梁门口砦，以此。宋范成大《北使录》：自安肃军出北门十五里，至白沟河，又一百五里至涿州。

徐水，县南四十里。与清苑县分界，上有徐桥。《志》云：县南二十五里有曹水，西北出曹河泽，东南流，经北新城南，入于徐水。○南昌水，在县西。《舆地记》：南昌水东流过梁门，去县西二十里，引为陂塘，以溉民田。

鲍水，在县西北。自易州流入境，又东南流，入容城县界。今城北有鲍河渡，即此水也。《宋会要》：咸平四年，知静戎军王能，请自姜女店东决鲍河水，北入阎台淀。又自静戎之东，引河北注三台、小李村，其水溢入长城口而东，又壅使北流，东入于雄州。议者以阎台村地高，决河引水非便。议寝。五年，顺安军都监马济，请自静戎军，东引鲍河，开渠入顺安军。又自顺安军西引入威虏军，置水陆营田于渠侧，以达粮运，以隔敌骑。从之。《金志》遂城县有鲍河，下流合于易水。又县北有赵旷川，旧为戍守处。宋人所云赵旷川、长城口，皆契丹出入要害。是也。○柳湾，在县北。《志》云：宋与契丹分界二十里。即此。俗名芦草湾，今湮。

白塔店。县北二十里。其地有白浮图，因名。道出定兴县。《志》云：县北十里有白沟驿，元置。明洪武六年，移于县治东。

○定兴县，府北百二十里。西至易州六十里，北至涿州六十五里，东至新城县四十里。本范阳县地。金大定六年，始析范阳之黄村置定兴县，属涿州。元属易州。明洪武六年，改今属。城周五里有奇，编户二十一里。

百楼城，县西南二十里。相传唐太宗征辽还，驻军于此，营城以居军士。今为百楼村。

拒马河，县西一里。亦谓之涞水。自涞水县流经此，与五里河、白沟河合入安肃县界。其合处有渡，曰河阳渡。《志》云：刘琨尝守此，以拒石勒，因名。守处盖在县境。

白沟河，在县西。自易州流入县界，东合拒马河，即易水也。又五里河，在县西南十里，自易州白杨岭流入县界，东流入拒马河。

遒阑河，县西北三十五里。自涞水县流入界，下流与易州之梁村水、白杨岭水、马跑泉水合流，而东入拒马河。一名沙河。宋雍熙三年，曹彬等败于岐沟，夜渡拒马河，南趋易州。方濒沙河而饭，闻契丹将耶律休哥追至，惊溃，死者过半，沙河为之不流。即此水也。

河阳镇。县南十里。有巡司。又县治东南有宣化马驿。○固城镇，在县南四十里。《志》云宋与辽分界处，今与清苑县接境。

○新城县，府东北百五十里。北至涿州六十里，东南至霸州百十里，东至顺天府固安县九十里。古督亢地也。汉宣帝封燕剌王子庆于新昌为侯国，属涿郡。后汉省。唐大历四年，分固安县地，置新昌县。太和六年，又析新昌地，置新城县，属涿州。后唐同光二年，契丹寇新城，即此。辽金亦曰新城县。元升为新泰州，寻复曰新城县。至元二年，改属雄州。明初因之。洪武六年，改今属。城周三里有奇，编户三十六里。

新昌废县，县东三十里。汉旧县，后废。唐复置，属涿州。李克用克幽、燕，避父讳，省入新城县。《志》云：县有古城，或以为古燕城也。

白沟河，县南三十五里。自安肃、容城县界流入境，亦曰拒马河。宋人与辽分界于此，亦曰界河。石晋开运二年，契丹入寇，晋兵败之于阳城，契丹逾白沟而去。盖自此逾河而北也。《邑志》县东南有王大本口堤，昔人筑此以防拒马河之泛溢。永乐十年，堤溃，寻复修塞。阳城，见完县。

马村河，县西北四十里。自涞水县流入境，东南流合于白沟河。

《志》云：马村河本自拒马河分流，由涞水县东南境赤土社，经县之马村，因名。宋咸平五年，修堤塘，壅鲍河，开渠入顺安军及威虏军。诏莫州部署石普护静戎军，壁于马村，以张军势，即此。

南里河，县东北二十里。《志》云琉璃河支流也，与顺天府良乡县接界。又县东三十里，为浑河，自顺天府固安县分流，合南里河，经雄县境，而入霸州界。

三甲店。县北三十五里，北至涿州之中道也。又高密店，在县西北三十五里。元至治中，尝游畋至此，亦名驻跸庄。○巨河镇，在县西南，旧有巡司，今废。又有汾水马驿，在县治东。

○**雄县**，府东北百二十里。西至安州六十里，东至霸州保定县八十里，南至河间府任丘县七十里，北至新城县六十五里。汉易县地，属涿郡。后汉属河间国。晋曰易城县。后魏复为易县，属高阳郡。北齐天保七年，省入鄚县。唐武德五年，置归义县，兼置北义州治焉。贞观初，州县俱省。八年，复置归义县，属幽州。大历四年，改属涿州。五代晋初，没于契丹。周显德六年，收复，置雄州。宋太平兴国初，改县曰归信，而州如故。政和三年，赐郡名曰易阳。金仍曰雄州，又为永定军。元因之。明洪武初，省归信县入州。七年，改州为县。城周九里有奇，编户十七里。

废易县，在今县北三十五里。本燕故邑也。春秋鲁庄公时，燕桓侯徙于临易。即此。战国时，赵惠文王与燕、鄚、易。鄚与易相接也。汉因置易县。后汉建安十一年，曹操征乌桓，至易，留辎重，轻兵兼道而进。晋曰易城。唐曰归义。宝应二年，官军追史朝义，及于归义，朝义败走。宋太平兴国初，讳义，改曰归信。宋白曰：唐归义县，本属涿州，周移县治瓦桥，宋改为归信县。而涿州所属之归义，乃在界河之北，仍治汉易县故城，属契丹境内。自是一县而两境分置，宋之雄州治归信，契丹之涿州领归义也。金人始以归义并入归信，仍为雄州治。明初县始废。又《括地志》曰：归义废县东南十五里，有故易城，乃汉易县治云。

易京城，在县北。《水经注》：易京城在易城西四五里，易水经其南。《尔雅》曰：绝高谓之京，并人力谓之丘。杜佑曰：归义县南十八里即易京城。后汉末，公孙瓒据幽州，有童谣云：燕南垂，赵北际，中央不合大如砺，惟有此间可避世。瓒以为易京地当之，遂徙镇易，为固垒十重，于堑里筑京，京皆高五六丈，为楼其上。中堑为京，特高十丈，自居焉。《后汉史》：瓒筑易京城，修营垒楼观，临易河，通辽海，以铁为门，乃曰：兵法，百楼不攻。今吾诸营楼橹数十重，积谷三百万斛，足以待天下之变矣。及为袁绍所攻，瓒南界别营，或降或溃。绍军径至其门，为地道穿楼下，施木柱之，度足达半，便烧之，楼辄倾倒，稍至京中。瓒与子书云：袁氏之攻，状若鬼神，冲梯舞于楼上，鼓角鸣于地中。竟为绍所破。晋建兴四年，石勒以李回为高阳太守，回徙居易京。咸康四年，段辽袭后赵幽州刺史李孟，孟退保易京。其后石季龙击慕容隽还，至此，恶其险固而隳之。今旧址仅存。

亚谷城，在县东。《城冢记》：汉景帝时，匈奴王卢它之降，封为亚谷侯。即此。又县西有杨关城，相传宋将杨延昭守关南时所筑。

大雄山，县治西南二里。高崤数十丈，峰顶广夷。一名望山，以其标领群岫，为众望也。其左翼为小雄山，奇峰牙列，石罅甘泉出焉。五代周置雄州，盖因山为名。

易水，县南二十五里，自安州流入境。相传燕太子丹送荆轲于易水上，盖在此处。唐光化三年，朱全忠遣将张存敬寇易、定，幽州帅刘仁恭遣其子守光救定州，军于易水上，存敬袭败之。一名瓦济河。《志》云：易水至雄县南，东合白沟河，是为瓦济河。又东合清河，是为三岔口河。县西三里有黄湾河，则易水之支流也。

白沟河，县北三十里，亦曰巨马河。自新城县流入境，即宋之界河也。宋宣和四年，童贯伐辽，至高阳关，遣种师道总东路兵趋白沟。既而师道次白沟，辽人击败其先锋杨可世于兰沟甸，师道退保雄州。未几，童贯复遣刘延庆等出雄州，度白沟以侵辽，至良乡为辽所败。明建文中，燕王与李景隆大战于白沟河，即此处也。宋《北使行程记》：雄州之北，界河之南，有白沟驿。

雄河，县南三里。自安州易水分流，径县界东流，仍合于易水。《宋会要》：沿边塘泺，东南起保定军，西北抵雄州，合百水淀、黑羊淀、小莲花淀为一水，衡广六十里，纵二十五里，或十里，其深八尺，或九尺，后废。今县南五里有闸河，相传宋杨延昭浚此运粮。又南十里为高阳河，自高阳县流入而名。又县东南五十里有清河，俱流合于易水。

瓦桥关，在县南易水上。旧《志》：关在涿州南百二十里，莫州西三十里。唐大历九年，魏博帅田承嗣叛，发诸道兵讨之，卢龙留后朱滔军于瓦桥。成德帅李宝臣叛附承嗣，袭败滔。光化二年，幽州帅刘仁恭为汴将葛从周所破，自乾宁军退保瓦桥，既而汴将张存敬复攻仁恭，拔瀛、景、莫三州，下二十城，将自瓦桥趣幽州，道泞不得进，乃西攻易、定，取祁州。五代梁乾化二年，晋将周德威攻燕，遣裨将李存晖等攻瓦桥关，关及莫州皆降于晋。贞明三年，契丹据平州，晋王存勖自瓦桥运粮输蓟城，屡被契丹抄掠。后唐同光二年，契丹入寇，至瓦桥，遣将屯戍。周显德六年，伐契丹，赵匡胤先至瓦桥关，契丹守将以城降。周主以其地控扼幽、蓟，建为雄州，割容城、归义二县隶焉。宋太平兴国五年，契丹主贤入寇，围瓦桥关，官军陈于水南，耶律休哥帅精骑渡水逆战，官军败绩，休哥追至莫州。宋白曰：瓦桥亦谓之瓦子济桥，在涿州南，易州东，东至益津关八十里，当九河之末，周世宗收复三关之一。沈括曰：瓦桥关素无关河为阻。仁宗时，六宅使何承矩守瓦桥，始议因陂泽之地，临水为寨。庆历中，内侍杨怀敏复踵为之。熙宁中，又开徐村、柳庄等泺，皆以徐、鲍、沙、唐等河，叫候、鸡距、五眼等泉为源，东合滹沱、易、白等水并大河，于是自保州西北沉远泺，东尽沧州泥姑海口，凡八百里，悉为渚淀。自是倚为藩篱。乾宁军，见青县芦台城。

大姑寨。在县东。今有大姑村。《宋志》：县境有双柳、红城、新垣、大涡、木场、张家、三桥等共八寨，皆五代周及宋时所置，为备御要地。金废。○驻驾台，在县东七里，高数丈，相传周世宗曾驻跸于此。《志》云：县城东南有城子台，平地特起，状若城垣。又县西北三十里，有凉马台，高数丈，相传燕赵分易水为界，筑二台以登陟而耀武云。

○**容城县**，府东北九十里。东南至雄县五十里，东北至新城县七十里，西至安肃县四十五里，西北至定兴县五十里，汉置容城县，属涿郡。高帝封赵将夕为侯邑，又景帝封匈奴降王徐卢于此。后汉省。晋复置容城县，属范阳国。后魏属范阳郡。北齐省。隋未改置遒县于此。唐初，属北义州。贞观初，属易州。圣历二年，契丹入寇，县固守得全，因改曰全忠。天宝初，复为容城县。五代晋入于契丹。宋初复置县于巨马河南，属雄州。金改属安肃州。元因之。明初，省入雄县。洪武十四年，复置，属保定府。今城周四里有奇，编户六里。

容城故城，在今县西北三十里，西距易州八十里。汉唐以来县盖治此。五代梁乾化初，燕刘守光侵易、定，攻容城，即此。石晋初，地入于辽，居民皆避居巨马河南，宋因置县以统之。《辽志》云：容城故城，本在雄州西南，辽侨置于涿州新城县界，仍属易州，盖以宋所置城为故城也。金初以北容城并入南容城。明景泰二年，相地筑城，复迁治于拒马河北，南去旧县十馀里，即今县城也。○三台城，在县西南。《城冢记》：燕、赵分易水为界，筑三台并置城于此。

易水，在县南。自安肃县流入境，复东北流，经新城县境，又东南入雄县界。亦曰白沟河，亦曰拒马河。《水经注》：易水径容城县南，又东渥水注之，其水上承二陂于容城县东南，谓之大小渥淀，南流注易水，谓之渥洞口。今渥水湮废久矣。《邑志》：县自东而北有长堤，延袤五十里，以防白沟河涨溢。永乐十四年，溃决，寻修塞之。

濡水。在县西。自易州流入境，亦曰北易水。《水经注》：濡水出故安县西北穷独山南谷，东流至容城县西北大利亭，又东南与易水合。《邑志》：县西南二十里有黑龙渡，易水与鲍河合流处。误以濡水为鲍水也。○雹水，在县南，即鲍水也。自安肃县流入境，又东南入新安县，为长流河。

○唐县，府西南百二十里。东南至祁州九十里，南至真定府定州六十里，北至山西广昌县二百里。古唐邑。汉置唐县，属中山国。后汉及晋因之。后魏属中山郡。北齐省入安喜县。隋开皇十六年，复置唐县，属定州。唐因之。五代梁改为中山县。唐复故。晋又改为博陵县，汉复为唐县。宋仍属定州，金因之。元改属保定路。今城周四里有奇，编户二十二里。

唐城，即今县。相传尧为唐侯时，国于此。春秋时属北燕国，谓之阳邑。昭十二年，齐高偃帅师纳北燕伯于阳。《传》曰：纳北燕伯款于唐。是也。后为鲜虞邑。赵灭鲜虞，亦为唐邑。汉置唐县于此。晋太元九年，慕容垂将平规攻秦幽州刺史王永，屯于蓟南。故代将刘库仁遣其将公孙希救永，败规，进据唐城，即此城也。

中山城，在县西北十三里峭岭上。《括地志》：中山故城，一名中人亭。春秋昭十二年，晋荀吴帅师侵鲜虞及中人。是也。《史记》：赵敬侯十一年，魏、韩、赵共灭晋，分其地，伐中山，战于中人。又赵孝成王七年，齐田单将赵师取燕中阳。孔颖达曰：即中人也。《载记》燕慕容垂都中山。王氏曰：在唐县之中山城。杜佑以为唐昌，误也。刘昫曰：中山亭在唐县西四十里。徐广又为在县之东北。唐昌，见无极县。

左人城，县西北四十里。《晋语》：赵襄子使新穉穆子攻翟，胜左人、中人。即此左人也。后魏孝昌三年，五原降户鲜于修礼等帅北镇流民反于左城。盖谓左人城。刘昭曰：唐县有左人乡。魏收以为左人也。刘昫曰：唐县旧治左人城。圣历初，移于今所。

王陵城，在县西北三十里唐河东岸。相传汉高屯于白登，王陵将援兵屯此，因名。又有灌城，在县西四十里唐河西岸，与王陵城相对，旧传灌婴所筑。晋太和五年，秦苻坚灭燕，追慕容暐至灌城，即此城也。《寰宇记》县北五十里有贾复城。后汉初，贾复追击铜马五番贼，筑城于此。又有鸿郎城，在县北，相传尧子丹朱所居。

大茂山，县西北百八十里，即恒岳也。北亘云、蔚，南连镇、定，为河东、河北之翰蔽。缘山有村，曰石门。《志》云：今有岳岭口巡司，在县西北百十里，即大茂山之东麓。馀详见名山恒山。

唐山，县北八里。一名唐岩，亦名尧山。又县东北十五里有孤山，四面平坦，不与他山相接。一名都山，亦名亘山，又谓之望都山。张晏曰：都山在望都县南，尧母庆都所居。尧山在其北。登尧山，望都山，故以望都为名，即此二山也。

灵源山，县东北十五里。山溪环错，岩壑绝胜。又育山，在县北十五里，与灵源相峙。○粟山，在县西北十五里，古有委粟关，盖置于山上。又东南三里，曰锣鼓山，崖壁峭险，古中山城盖在其上，其旁又有杨庄岭。

神和山，县西北三十五里。旧名石河山，居民避兵于此得免，因改今名。其相接者，曰父子山、白合山、柏岩山，参差列峙，为县之险。○葛洪山，在县西北七十里，山宫观环列，岩壑颇胜。徐广曰：鸿上水出葛洪山，山与恒山相接，下有杨家峪。《志》云：县西北高尖峪，空闲窑诸处，旧尝产银，谓之银洞。明初尝采矿练银，力多利少，闭不复采。

唐河，县西三十里。古呕夷水也，源出漳、源州界恒山谷中。自山西灵丘县东南流，经倒马关至县境，又东南流，经曲阳县入定州界，谓之滱水。至祁州与沙河合。《水经注》：唐水导源卢奴县西北，至唐城西北竭而为湖，其水南入小沟，下注于滱水。似误。

鸿上关，县西北百十里。旧《志》作七十里。徐广曰：故关今名洪城，一名鸿山关。《水经注》：滱水东流，历鸿山关。是也。亦谓之唐关，与定州接界，盖即今之倒马关矣。《舆程记》：倒马关北十五里，为柳角安口。又北五十里，曰插箭岭，即山西广昌县界矣。今有倒马关巡司。县志：司在县西北栢五十里。馀详见前重险倒马关。

八渡关，县西北五十里。关下有水，屈曲凡八渡，因以名关。《寰宇记》：汉所置关也，当山溪之险道。金时置军城镇。明初亦置军城镇巡司，为戍守要地。镇南即定州曲阳县也，今亦见曲阳县。又军城驿，在县西北九十里。洪武二年，置马驿于此，道出山西，以军城镇名。万历九年废。

赤岸镇，在县北。唐武德六年，高开道入寇，自易州而南，掠赤岸镇。《九域志》：镇在定州。《唐县志》云：县又有预备仓四。曰汀都，在县西八里。山羊，在县东北十里。高昌，在县东二十五里。留泉，在县南二十里。皆以村社为名。

周家堡。县西北百十里，倒马关东路戍守处也。有周家镇巡司，又有中窑谷口，在倒马关西北五十里，亦为戍守要地。《舆程记》：周家堡口东至玉河安口十里，西至营沟口十五里，自周家堡西南至倒马关六十里。

○庆都县，府西南九十里。西至唐县三十里，东北至满城县七十里，南至定州六十里，西南至定州曲阳县七十里。汉望都县，属中山国。后汉及晋因之。后魏仍属中山郡，孝昌中改属北平郡。高齐废入北平。隋开皇六年又置，大业初又废。唐武德四年，复置望都县，属定州。宋因之。金改为庆都县。元改属真定路，寻又改属保定路。今城周四里有奇，编户八里。

望都故城，县西北七里。本战国时赵邑。《史记》：秦始皇七年，将军蒙骜死，以攻龙、孤、庆都。《括地志》：定州恒阳县有白龙山，又有扶龙山，唐县东北有孤山，所谓龙、孤也。庆都盖邑名。汉因置望都县于此。刘昫曰：唐初分安喜、北平二县，置望都县，治安险故城。贞观八年，始移今治。五代梁龙德初，晋王存勖败契丹于新乐，契丹主阿保机自定州退保望都，晋王追败之，逐北至易州。是也。恒阳，今见定州曲阳县。安险，亦见定州。

柳宿城，县东南四十五里。汉武元朔三年，封中山靖王子益为柳宿侯，邑于此，后废。今为六宿堡，音讹也。

恒岭，县西二百里。《志》云：恒山在县西，与曲阳县接界。

龙泉河，在县西北。有龙泉，与县西南诸泉汇而为河，东流溉田三百馀顷。《志》云：县北里许有黄、黑二泉，相去仅十馀步，二色分明，与龙泉水合流，绕为城壕，隆冬不冰，相传中有温泉云。其下流亦南汇于唐河。

清水河，县西南一里。流经县南，东流二里，合于龙泉河。又有灞龙河，在县西南五里，东北流七里，合于清水河。《志》云：县西三里有坚功泉，又西二里有西堤泉，又县西南有沈家泉、涌鱼泉，俱平地涌出，合于龙泉河，盖即龙泉之上源矣。

马安关，在县西。《晋地道记》：望都县有马安关，或曰马溺关也。《中山记》：八渡、马溺是山曲要害之地，有马溺水，出上曲阳县东北，东流合于滱水。《志》云：县附城有东南两关，隆庆初，增建。又有翟城马驿，在县治北。

康村。在县东北。宋咸平六年，契丹寇定州之望都，高阳关将王继忠等赴救，至康村，为敌所困，且战且行处也。今讹为狼村铺，道出满城县。又固店，在县西南，道出定州。

〇**博野县**，府南九十里。西南至祁州三十里，西至定州九十里，东南至晋州饶阳县七十里。汉蠡吾县地，属涿郡。后汉元嘉初，置博陵县。魏因之。晋改县曰博陆，为高阳国治。后魏改为博野县，属高阳郡。隋属瀛州。唐武德五年，置蠡吾州治此，八年州废。九年改置蠡州。贞观初，又废，县属瀛州。永泰中，改属深州。五代周属定州。宋雍熙四年，置宁边军。景德初，改永定军。天圣七年，又改永宁军。金改置宁州，亦曰博野郡。天德三年，又改为蠡州，治博野。元至元三年，省博野入蠡州。三十一年，复置博野县，属保定路。明洪武初，属祁州。六年，改今属。城周四里，编户二十一里。

陆成废县，县南十六里。汉置陆成县，属中山国。武帝封中山靖王子贞为陆成侯，邑于此。后汉废入蠡吾县。旧《志》云：桓帝更置博陵县，盖治此。后魏博野县亦治焉，寻移今治。唐长庆初，横海帅杜叔良讨成德叛将王庭凑，大败于博野。石晋天福六年，成德帅安重荣以晋主臣契丹，耻之，遣骑掠幽州南境，军于博野。即今县也。

唐河，在县南。亦曰滱水。自祁州流经县界，又东入蠡县境。《志》云：唐河、沙河、滋河三水，俱自祁州流入县南，合为一川，谓之三岔口。东入蠡县，谓之阳村河。〇博水，在县西北，自完县东南流，经县西。《寰宇记》云：博水入县境，合于滱水。又小店河，亦在县北。其西又有西庄河，俱合流达安州界，会于九河。

蟾河，县东南二十五里。其西有龙塘河，流合蟾河，下流注于滹沱。

白牛逻。在县东南。昔时置戍巡警处也。北魏孝昌二年，元深蹑定州贼葛荣于交津。荣至白牛逻，掩深别将元融杀之，深遂还趋定州。交津，见晋州武强县。

○蠡县，府南九十里。西至博野县十八里，南至晋州饶阳县七十里，东南至河间府九十里。汉置蠡吾县，属涿郡。后汉属中山国。晋属高阳国。后魏属高阳郡。北齐省入博野县。唐置蠡州。元至元初，州属真定路，废博野县。寻复置县，而移州治于此。明洪武八年，改州为县。城周八里有奇，编户二十七里。

蠡吾城，县东二里。汉县。后汉属中山，安帝封河间王开子翼为侯邑。其子志入继大统，是为桓帝，追尊蠡吾侯为孝崇皇，陵曰博陵，因析置博陵县，而蠡吾如故。

清梁城，县西二十里。石赵所置城也。晋永和六年，慕容儁击后赵，至无终。赵将王午、邓恒弃蓟城，走保鲁口。儁自蓟进击之，军至清梁，邓恒将鹿勃早来袭，败去。魏收《志》蠡吾县有清凉城，即此。又南安城，在县南，亦石赵所置。晋永和七年，慕容儁遣慕容评攻王午于鲁口，至南安，斩午将郑生。是也。鲁口，见晋州饶阳县。

杨村河，县南三里，亦谓之唐河。《志》云：滋河、沙河、唐河之水，自祁州合流，经博野县而合为三岔口，入县界为杨村河，引而东。初自县东南流入河间府境，其后自兰家圈口北决，由玉田渚口入高阳县境。又有小陈河，源出庆都县界，经县东北流，入安州界。今湮。

土尾河，在县东北。《志》云：唐河经县东南，分流为土尾河。又东北经清苑县及高阳县境，下流仍合于滋、沙诸河。

石羊垒。在县东。魏收《志》蠡吾县有石羊垒，盖昔人屯戍处。今埋。

○完县，府西七十里。西南至唐县四十里，东北至满城县五十里，北至易州百二十里。秦曲逆县地。汉为北平县地，属中山国。后汉及晋因之。后魏属中山郡。孝昌中，分置北平郡，治北平。北齐郡废。隋属定州。唐初因之。万岁通天二年，契丹来攻不下，改为徇忠县。神龙初，复曰北平县。五代唐改为燕平县，寻复曰北平，属易州。石晋改属定州。宋因之，庆历四年，移置北平军于此，仍隶定州。金曰永平县，属中山府。贞祐二年，升为完州。元仍改为永平县，寻复曰完州。明洪武二年，改州为县。城周九里有奇，编户十八里。

北平废县，县东二十里。汉县治此，高祖封功臣张苍为侯邑。顺水经其地。光武击尤来、大枪诸贼于元氏，追至北平，战于顺水北，即此处也。唐长庆初，义武帅陈楚败卢龙叛将朱克融兵于望都及北平。五代时，县移今治。宋置北平寨于此。景德初，契丹寇威虏顺安军，进攻北平寨，总管田敏击走之。东侵保州，复败却。庆历二年，于北平寨置北平军。四年，即县治置军，以寨属焉。金废。

曲逆城，在县东南二十里。《左传》：齐国夏伐晋，取逆畤。郦道元以为即曲逆也。后为赵邑。秦置县。汉七年，高祖击韩王信，自代还，过曲逆曰：壮哉县，吾行天下多矣，惟见洛阳与是耳。因封陈平为曲逆侯。十一年，陈豨反。豨将王黄军曲逆，高祖自将击之。张晏曰：濡水于城北，曲而西流，故曰曲逆。后为县，属中山国。后汉章帝巡北岳至此，丑其名，改曰蒲阴。晋亦属中山国。后魏属北平郡。北齐废入北平县。隋开皇六年，复置蒲阴县。大业初又废。

阳城，县东南五十里。《续汉志》：中山蒲阴县有阳城。阳城在蒲阴东南三十里。晋隆安初，慕容宝闻拓跋珪攻信都，出屯深泽，遣慕容麟攻阳城，杀魏守兵。拓跋珪因还屯阳城，既而拓跋仪攻慕容德于邺，珪以军食不给，命仪去邺，徙屯钜鹿，积租阳城。石晋开运二年，契丹入寇，晋军与战于阳城，败去。《水经注》：博水出中山望都县，东径阳城，散为诸泽，世谓之阳城淀。宋景德元年，契丹犯保州，不克，进攻定州。宋兵拒之于唐河，契丹遂驻阳城淀，即此。

夏屋城，在县西北。《竹书纪年》：魏殷臣、赵公孙哀伐燕，还取夏屋城曲逆者也。《水经注》：蒲水东北流，径夏屋故城，实中险绝。又东有贾复城，其城因河为壕，昔贾复从光武追铜马、五幡于北平所作，世俗音转讹为寡妇城。《一统志》：贾复城，在唐县北。又有尧城，在县南，相传唐尧所筑。

林尖山，县北二十里。峰巅高耸，远望皆见。又北二十里，曰柏山，平阔五百馀步。周回居民甚众。昔时山多栢，因名。又北有峨山，巍峨高峻，俯视诸山，皆列其下。〇白崖山，在县西北四十里，峰峦秀拔，四面多白石，因名。

马耳山，县西三十里。高耸干云，有两峰并峙，状若马耳。《志》云：县境诸山，马耳为之冠。中有桃花洞及桃花泉。又大岿山，在县西二十里，以山势岿峨而名，五云泉水出焉。〇伊祁山，亦在县西三十里，祁水出焉。伊祁，尧姓也。相传尧母所居，或以此为尧山。张晏曰：尧山与都山相去五十里，即此山云。《志》云：县西有坛山，高耸参天，其上平整，远望无际。又有油山，在县西南，屹然峭峙，石壁莹润，因名。

祁水，在县南。发源伊祁山，东流经县境，又东入满城县界，即方顺河之上源也。又五灵水，出大岿山。又县西二十里有流九水，三十里有店头水，出马耳诸山，流合五云水，共为一川，东南流合于博水。

博水，在县东南。《水经注》：博水出望都县东南，其流旋伏旋见，东南连三梁亭，疑即古勺梁。《竹书纪年》：燕人伐赵，围浊鹿。赵灵王及代人救浊鹿，败燕师于勺梁。今广昌岭东有山，俗名曰浊鹿，盖赵地也。博水径阳城县，散为泽渚，是为阳城淀，下流入博野县境，注于唐河。今源流多淤。

濡水，在县西南。《水经注》：濡水出蒲阴县西，枉渚回湍，率多曲复，亦谓之曲逆水。《志》云：今县北一里有曲逆水，绕县东南，合于祁水。或以此即祁水之别源，非故濡水也。又有蒲水。《水经注》：蒲水出县西北蒲阳山，径蒲阴县北，下流合于濡水，又东入于博水。今故道多湮。○龙池，在县北四十里，旧有灌溉之利，今湮。

安阳关，在县西北。《晋地道记》：蒲阴有安阳关，安阳都尉治焉。《水经注》：蒲水南径安阳亭，即安阳关也。

水谷砦，在县西北。宋嘉定十三年，金人以蒙古侵掠，分命易水公靖安民戍守水谷、懽谷、东安等寨。或曰：其地皆近县境，今县西北有水谷等口。○鹰捕岭口，在县西北五十里，东北去水谷口二十里，又西南去五虎岭口二十里。又西十里曰银山口。《志》云：自水谷口至唐县之周家堡口，凡一十三关口。

白团卫村。在故阳城南四十里。石晋开运二年，败契丹于阳城。师还至白团卫村，契丹复至，遂大战于此，契丹败却，晋兵逐北二十馀里。契丹散卒至阳城东南水上，稍复布列，晋人前击，皆渡水遁去。晋师还保定州。旧史作白坛卫村。

附见：

大宁都司。在府治西，明洪武二十年，建北平行都司于大宁。建文三年，燕王迁置于此。永乐初，又改为大宁都司，领营州、兴州等卫十一，宽河所一。卫、所散建于顺天、永平府境内。○保定左卫，在都司治西，永乐中建。又有中、前、后及右卫，俱置于府城内。

○祁州，府南百二十里。东至河间府百七十里，南至真定府晋州百里，西至真定府定州百二十里。

春秋时晋地，战国时赵地。秦属钜鹿郡。两汉属中山国。晋属博陵郡。后魏因之。隋属定州。大业初，属博陵郡。唐仍属定州。景福二年，始置祁州。易定节度使王处存奏置，治无极县。五代因之。宋仍为祁州。景德初，移治蒲阴县，赐郡名曰蒲阴。金属真定路。

元改属保定路。明仍曰祁州，以州治蒲阴县省入，编户一十四里。
领县二。今仍曰祁州。

州川原平衍，水陆四通，右翼中山，左达瀛海，前临晋冀，背
负幽燕。使防维不修，藩篱既决，震渔阳之鼙鼓，斗河北之戈矛，
东西云扰，寇来无方。州之地势，固战场也。唐之末造，既已当其
弊矣。联臂指之形，豫折冲之略，地无险易，备无缓急，近息滹沱
之沸腾，远销太行之斥堠。司其任者，庶加之意哉！

蒲阴废县，今州治。汉安国县地，属中山国。后汉因之。晋属博陵
郡。后魏因之。北齐废。隋开皇七年，改置义丰县，属定州。唐因之。建
中三年，张孝忠以易州兵，与幽州帅朱滔，共攻成德叛帅李维岳，败其兵
于束鹿。孝忠引还军于义丰。五代周广顺初，置义丰军。二年，契丹寇定
州，围义丰，败去。宋废军。太平兴国初，改曰蒲阴县，寻为祁州治。金元
因之，明省。州城，成化二十年以后，历代增修，周四里有奇，门四。

安国城，州东南六里。汉县治此，高帝封王陵为侯邑。北魏封王肃
为安国侯，又魏主恭普泰元年，幽、营、安、平四州行台刘灵助叛，引兵
南至博陵之安国城，即此。

唐河，在州城南。自真定府定州流入境，又东入博野县界，滋、沙
诸河皆自州境流合焉。

沙河，州西南十五里。亦自定州流入境，东北流入博野县境，合于
滋河。○滋河，在州西南三十里，自无极县东流入深泽县界，又东北流，
径州境合于沙河，又东流会于唐河。

解渎亭。在县东北。汉阳嘉初，封河间孝王子淑为解渎亭侯，淑子
苌，苌子宏，即灵帝也。《元和志》：义丰县有故解渎亭。

○深泽县，州南六十里。南至晋州四十里，西北至定州九十里，西

至真定府无极县四十里。汉为南深泽县,高祖封功臣赵将夕为侯邑,即南深泽也,属涿郡。后汉属安平国。晋属博陵国。后魏曰深泽县,属博陵郡。北齐时废。隋开皇六年,复置,属定州。唐因之。景福二年,改属祁州。宋熙宁六年,省。元祐初,复置。元至元二年,省入束鹿县。明年,复置,仍属祁州。今城周四里有奇,编户十二里。

南深泽城,在县东南五十七里。《十道志》云:汉置深泽县,属中山国,今县治是也。又于滹沱河南置南深泽县,属涿郡,此城是也。后汉废深泽县,而南深泽如故。后魏改为深泽县。北齐废。隋复置县于滹沱河北,即汉故深泽县治,而南深泽遂废。唐武德初,群贼魏刁儿作乱,据深泽,掠冀、定间,称魏帝。窦建德击灭之。

滋河,县西十八里。其源出山西蔚州之枚回岭,流经真定府境内,自无极县流入界。又县西二十五里,有神渚水,滹沱河、滋河之水冲啮所成,方广四百步,其深无际。又东北入祁州界,会于沙河。

苦水村。县东南十五里。相传光武尝经此,饮水而苦,因名。○西河店,亦在县东南,道出束鹿县。

○**束鹿县**,州南百二十里。东至深州二十五里,西至晋州七十里,东南至深州衡水县百里。汉鄡县地,属钜鹿郡。鄡,颜师古曰:苦么反读若鹝。后汉曰鄡县。晋属赵国。后魏仍属钜鹿郡。北齐改曰安国县。隋开皇六年,改曰安定。十八年,改曰鹿城,属冀州。唐初,属廉州。贞观元年,改属深州。至德二年,又改为束鹿县。胡氏曰:天宝十五载,明皇以安禄山叛,改常山之鹿泉曰获鹿,饶阳之鹿城曰束鹿,以压之。是也。建中三年,李维岳以成德军叛,诏诸镇兵进讨。幽州帅朱滔拔束鹿,围深州。既而维岳引兵围束鹿,复为滔所败。宋初属真定府。淳化中,仍属深州。金因之。元初省。寻复置,属祁州。今城周五里有奇,编户十七里。

鄡县城,在县东北二十里。汉县治此。文帝封齐王肥舅父驷钧为鄡侯。光武初，击破铜马贼于鄡阜。是也。后魏仍为鄡阜县，移于今县治。唐先天二年，分饶阳鹿城县地，置陆泽县，治古鄡阜城，又徙深州治焉。朱滔拔束鹿，进围深州，即此城也。五代周移深州治下博，县废入束鹿。《深州志》云：州东北五里有陆泽城。误。

安定城，县西七里。汉县，属钜鹿郡。宣帝封燕刺王子贤为侯邑。后汉省。《通志》云：在今冀州西南。恐误。又西梁城，在县南六十里，亦汉县，属信都国。宣帝封广川戴王子辟兵为侯邑。后汉省。

贳城，在县西南。汉贳县，属钜鹿郡。贳，师古曰：式制反。高帝封越将合傅胡害为贳侯，邑于此。又元帝时封梁敬王子平为侯邑。后汉初，光武自堂阳击贳，降之。耿纯率其宗族宾客迎谒于贳。是也。县寻废。堂阳，见武邑县。

晏城废县，在县西。隋开皇十六年，分鹿城置晏城县。大业初废，隋末复置。唐武德五年，将军桑显和击刘黑闼于晏城，破之，即此。县寻废。

束鹿岩，在县北，外隘内广，可容千人。一名三丘古洞。县盖以此岩名。

黄丘，在县南。《地形志》：鄡县有黄丘。晋永和七年，后赵石琨自信都救石祇于襄国，冉闵遣将孙威拒琨于黄丘，琨败却。或以为即此丘也。又县有青丘、牛丘、驰丘、灵丘，与黄丘共为五丘。

滹沱河，县南三十里。自晋州流经县境，又东历安平县，入深州界。《通典》县有衡漳水。今名衡水，一名苦水。自赵郡宁晋县流入境，盖即胡卢河之北溢者。

鸦儿河。县南十里。亦自晋州流入境，复合于滹沱，又分流而东南出，入深州界，《志》以为滹沱支流也。旧时春冬则涸，今淤。《志》云：鸦儿河旧自县南进丘社东北达博野县，合于滋河，九河之一也。

○安州，府东七十里。东南至河间府百二十里，西南至祁州百二十里，东北至顺天府涿州百四十里。

春秋时晋地。战国属赵。秦上谷郡地。汉为涿郡地。后汉因之。晋为高阳国地。后魏为高阳郡地。隋属瀛州。唐因之。五代亦属瀛州。宋淳化三年，置顺安军。治唐兴寨。金天会七年，升为安州，后又置高阳军。治葛城县，寻又移治渥城县。元初因之。州还治葛城县。至元二年废。未几，复置安州，属保定路。明洪武七年，以州治葛城县省入，又降州为县。十四年，复为州，编户二十二里。领县二。今仍曰安州。

州控临幽蓟，川泽回环。宋时为制御契丹之要地，边臣何承矩等规画详矣。端拱二年，何承矩为沧州节度使，上言：臣自幼征行关南，熟知北边道路川原之势，若于顺安砦西开易河蒲口，导水东注于海，东西三百馀里，南北百七十里，资其陂泽，筑堤潴水为屯田，可以遏敌骑之奔轶。俟期岁间，关南诸泊，悉皆壅固，即播为稻田。其缘边州军临塘水者，止留城守军士，不烦发兵广戍，收地利以实边，设险固以防塞，御边之要策也。其顺安军以西，抵西山百里许，无水田处，亦望选兵戍守。从之。于是雄、莫、霸州、平戎、破虏、顺安等军，兴堰六百里，置斗门，引淀水灌溉，水田稻熟，公私获利，而莞蒲蜃蛤之饶，民皆赖之。咸平三年，承矩知雄州，又言：近者建设陂塘，绵亘沧海。昨契丹犯边，高阳一路，东负海，西抵顺安，士庶安居，即屯田之利也。今顺安西至西山，地虽数军、路才百里，纵有丘陵冈阜，亦多川渎泉源，因而广之，制为塘埭，自可息边患矣。《宋会要》：自何承矩议开置屯田，筑堤储水，为阻固，其后益增广之。凡并边诸河，若滹沱、葫卢、永济等河，皆汇于塘水。天圣以后，领于沿边屯司。或曰：以无用之塘，废可耕之田，不如勿广，以息民。议者曰：河朔幅员二千里，地平夷，无险阻，自边吴淀至泥姑海口，绵七州军，屈曲九百里，深不可以舟行，浅不可以徒涉，虽有劲兵，不能度也，孰谓无益？明道二年，成德守刘平奏：自边吴淀望赵旷川、长城口，乃契丹出入要害之地，东西不及百五十里。今契丹多事，我乘此以引水植稻为名，开方田，随田塍四面穿沟渠，纵一丈，深二丈，鳞次交错，两沟间屈曲为径路，才令通步兵，引曹、鲍、徐河、鸡距泉，分注沟中，地高则用水车汲引，灌溉甚便。敕行之。塘日益高。嘉祐五年，知雄州赵滋言：徐河筑堤，断水入塘，宜开水窦、修石限以节之。八年，河北提刑张问视八州军塘，出土为堤，以蓄西山之水，则入夏河溢，而民田无患。诏施行之。《宋志》：河北自雄州东际海，多积水，戎人患之，未尝敢由是路。顺安军西至北平二百里，地平无阂，故多从此入寇。泥姑海口，即今直沽口。赵旷川、长城口，俱见安肃县。元王偞曰：安之为郡也，群山连属，西峙而北折，九水合流，南汇而东注，陂池薮泽，萦带左右。秋水引退，土脉沃衍，有禾、麻、秫、麦，亩收数钟之利。此宋人所以屯戍守御，筑堤浚塘，恃为边备者欤？

葛城废县，今州治。《括地志》：葛城，一名依城，亦曰西阿城。在瀛州高阳县西北，以徐、滋二水并过其西，又曲径其北，故曰阿齐。有东阿，此因曰西阿。《史记》：赵孝成王十九年，与燕会阿，又与燕易土。燕以葛城与赵，即此。续汉志：葛城即西阿城。后汉未尝置依政县于此，后废。金大定二十八年，始置葛城县，徙安州治焉。泰和八年，复移州治渥城县，以葛城为属县。元还治葛城。至元二年，州废，县亦废为葛城镇，寻复故。明省入州。州城，明初因旧址修筑。弘治及嘉靖初，增修。周五里有奇，门四。

唐兴城，州东南二十里。唐武后如意元年，分高阳、河间县地置武昌县，属瀛州。长安四年，改属莫州，寻还隶瀛州。神龙初，改为唐兴县。景云二年，仍隶莫州。五代时废。宋太平兴国七年，高阳关镇将奏败契丹于唐兴口，因置唐兴砦。淳化三年，建顺安军，筑城置戍。金改置安州，又移治葛城县，此城遂废。

易水，在州城北。府境曹河、徐河、石桥河、一亩泉河、滋河、沙河、鸦儿河、唐河，与易水为九河，合流于此，统名为易水。至雄县南而为瓦济河。旧《志》云：瓦桥关当九河之末。是也。○丘家道口河，在州东南三十里，自高阳县马家河东流径此，下流入任丘县界之白羊淀。

徐河，在州西。自清苑县流入境，又东合于易水。宋端拱二年，契丹入寇，诏大帅李继隆发镇定兵，并护粮运数千乘趋威虏。契丹将耶律休哥闻之，帅精骑邀诸途，北面巡简尹继伦适将兵巡徼，遇之，休哥不顾而南。继伦潜蹑其后，行数十里，至徐河，突入其军，休哥败遁。《宋史》作唐州徐河，误也。盖兴唐县之徐河耳。或曰唐州当作保州。

淘河，在州东。易水东出之别名也。宋咸平二年，诏边民越拒马河塞北市易，知雄州何承矩上言：缘边战櫂司自淘河至泥姑海口，屈曲九百馀里，此天险也。太宗置寨十六，铺百二十五，增设戍卒，部舟百艘，往来巡警，大为要害，若听人马交渡，深非便宜。从之。或曰宋人以塘泊为边备，往往疏浚，以防淤淀，故沿边诸河，皆曰淘河。

边吴泊，在州西南。亦曰边吴淀。九河合流，溢而为泊处也。城南旧有边吴塔。又有古堤，在州城北易水滨，东自边村而下接雄县，南自板桥而下接蠡县，皆以防九河之决溢。《宋志》：沿边塘泺，东起雄州，西至顺安军，合大莲花淀、洛阳淀、牛横淀、康地淀、畴淀、白羊淀为一水，衡广七十里，纵三十里，或四十五里，深一丈，或六七尺。今废。又《会要》云：边吴淀西望长城口尚百馀里，皆山阜高卬，水不能至。契丹每言：宋人安事塘泊？吾骑驰突，得此路足矣。明道末，亦引塘水开方田，始有险可恃。

刘家淀。州西二十里。石桥河、一亩泉河，自清苑县流入境，汇而为淀，北流入于易水。又州境旧有五门、幞头等港。宋庆历五年，屯田司葛怀敏奏：知顺安军刘宗言闭五门、幞头港，下赤、大涡、柳林口漳河水，不使入塘。臣已复通之，令注白羊淀。盖南引漳水入塘之道也。今俱废。《志》云：州西北五里有牙家港，在易水旁。又朱家港，在州西南十五里，与濡水相连，入白羊淀。

○高阳县，州南四十里。西南至蠡县六十里，东至河间府任丘县七十里，东南至晋州饶阳县百二十里。汉涿郡高阳县地。后汉属河间国。晋属高阳国。后魏为高阳郡治。隋郡废。开皇十六年，置蒲州于此。大业初，州废，县属河间郡。唐武德四年，复置蒲州。贞观初，州废，县属瀛州。宋初因之。至道三年，改属顺安军。熙宁六年，废为镇。十年，复故。金属安州。元因之。明洪武中，尝废，寻复置。今城周四里有奇，编户十四里。

高阳城，县东二十五里。战国时燕邑。《国策》：燕封宋荣蚠为高阳君。即此。汉为高阳县治。司马贞曰：高阳氏所兴也。应劭曰：在高河之阳，因名。晋太和五年，燕主暐自邺出奔高阳，为秦追兵所获。隋大业七年，伐高丽，敕河南、淮南、江南造戎车五万乘送高阳。十二年，贼帅赵万海自恒山寇高阳。唐宋以来，县皆治此。明洪武三年，河溢县圮，始迁今治。《高阳记》：故城，颛帝所筑，一名化龙城。今废。城亦名化龙村，盖传讹也。

安都城，县西南三十八里。汉文帝十六年，立齐悼惠王子安都侯志为济北王，此即安都废邑。又县西有广信军新城。宋熙宁中，议移广信军于此，因筑此城。寻罢。

马家河，县东三里，滹沱河支流也。自晋州饶阳县铁灯竿口导流而北，经蠡县境，又东北至县南延福村，杨村河、土尾河俱流合焉。潴为马家河淀，复东北流入安州界，注于易水。○杨村河，即唐河下流，在县西。《志》云：自三岔口社接蠡县境，东经宋家桥，而汇于马家河淀。又土尾河，亦自蠡县及清苑县境流入界，至宋家桥，而合马家河淀。《邑志》：县西南有三叉口堤，延袤十五里，以防土尾河泛溢。

高河，县东二十五里。自马家河淀分流，其别出者曰猪龙河，俱引而东，经高阳故城南，又东北经安州界，下流入白羊淀，合雄县之瓦济河。《志》云：高河旧流自县境东南入，至河间县界，下流注于滹沱，此非故流矣。今亦见河间县。○榆堤，在县东南，延袤二十馀里，县当马家河诸水下流，藉堤以防决溢之害。又县东有娄堤，延袤五十里，以障猪龙河之水。

高阳关。在县东。《志》云在县之三叉口社。一名草桥关。五代周显德六年，收复三关，建为高阳关砦，即三关之一也。宋属顺安军，与瓦桥、益津互相联络，而高阳实为根本。控扼幽蓟，戍守特重。

○新安县，州东二十里。东至雄县四十里，北至容城县三十里，西北至安肃县五十里，东南至河间府任丘县七十里。本容城县地。金主璟泰和四年，析置渥城县。八年，移安州治焉。元至元二年，废州，改县为新安镇。九年，升为新安县，属保定路。明洪武七年，省入安州，寻复置。今城周九里，编户十一里。

渥城故县，即今县治。《水经注》容城东南有渥水，南流入易水，城盖以此名。五代晋时，尝戍守于此。或谓之浑渥城，又讹为浑泥城。金因置渥城县。元以金人移安州治此，故曰新安。○长城，在县西北，自县境入安肃县界，绵延断续，势如冈阜。或以为古大堤。盖即战国时燕、赵分界处。又三台城，在县西二十里，今亦见容城县，盖境相接也。《志》云：台傍有刘盆子寨，下有洞，长数里。盖亦传讹矣。

长流河，县西南五里。一名长沟河。其上流即易州之鲍河也，经安肃、容城县，流入县境。又东南流，至雄县，入于瓦济河。或以为即渥水旧流也。《志》云县南三里有梁头河，即长流河下流也。景泰中，疏河引流，自城西南隅过南门，至东门外三里，接梁头河，末流达于瓦济河。

温义河。县西南八里。源有二，一出安肃县南十里之曹河，一出安肃县南四十里之徐河，俱东南流入县境。至县南，合流为温义河。又东南入于长流河。《志》云县南八里有三岔河、马家砦迤西温义河分流也。上接温义，下达四汊，南通猪龙河，因名。○四汊河，在县东南十五里，即温义河支流也。经雄县南二十里月样桥，入瓦济河。《志》云：元至正中，凿此河，分易水为四流，中央为汊，因名。

○易州，府西北百二十里。东至顺天府涿州一百七十里，西北至山西蔚州二百二十里，北至保安州百二十里。

春秋、战国时为燕地。秦置上谷郡。汉属涿郡。后汉因之。晋属范阳国。后魏亦属上谷郡。隋初曰昌黎郡，旋改易州。炀帝初，改曰上谷郡。唐复为易州。开元十四年，置高阳军于郭内。天宝初，亦曰上谷郡。乾元初，复故。五代晋开运二年，没于契丹。孙方简以易州叛，附于契丹。周显德六年，收复，仍曰易州。宋因之。端拱二年，复为契丹所陷，兼置高阳军。宣和中，得其地。亦曰遂武郡。寻没于金，仍为易州，属中都路。元初属大都路。至元中，改属保定路。明初，仍曰易州，以州治易县省入，编户三十八里。领县一。今仍为易州。

州控据西山，指顾朔、代。东下则岐沟、督亢不可为固。西出则飞狐、雁门不足为险也。是故燕代有事，易州常为必争之地。于忠肃公曰：险有轻重，守亦有缓急。居庸、紫荆，并为畿辅噤喉。论者常先居庸，而后紫荆，不知寇窥居庸，其得入者什之三，寇窥紫荆，其得入者什之七。正如秦人守函谷，而不知武关不固，咸阳遂倾。蜀人守剑阁，而不知阴平已逾，成都先丧也。欲保京师，则紫荆不可不防；欲防紫荆，则易州不可不守。正统十四年，增兵易州议。

废易县，今州治。本汉之故安县，属涿郡。文帝封申屠嘉为侯邑。后汉仍属涿郡。建安九年，袁谭败袁尚于中山，尚走故安，依袁熙。晋属范阳国，后魏属范阳郡。北齐县废。隋开皇十六年，改置易县，为易州治。唐以后因之。明初省。《城邑考》：州城，辽金时故址。明正统十四年，甃甓完固。隆庆二年，增修。有门二，城周九里有奇。

范阳城，州东南六十里。秦县。《史记》：张耳、陈馀略地燕赵，蒯通说范阳先下。是也。汉仍曰范阳县，属涿郡。应劭曰：在范水之阳，因名。后汉初，世祖追击尤来等贼于北平，为贼所败，收散兵归保范阳。晋属范阳国，后魏属范阳郡。孝昌二年，为上谷贼杜洛周所残破。高齐因移置县于故城北十七里之伏图城，时谓之小范阳，旧城遂废。隋开皇初，改置遒县，属易州。《志》云：隋末遒县移置于故容城，距小范阳三十馀里。今为容城县地。

武阳城，州东南二十七里。《志》云故燕之下都也。《史记》：赵孝成王十九年，与燕易土，燕以武阳与赵。《水经注》：武阳，燕昭王所城。东西二十里，南北十七里。其东南又有小城，东西二里，南北一里，即故安县故城也。又《图经》云：州南有古燕国，广袤六十里，召公后皆都此，亦谓之古燕城。

五回城，州西南百里。唐开元二十三年，州刺史卢晖奏分易县置城于五回山下，谓之五回县。明年，又迁于五公城，复析故地，置娄亭、板城二县。天宝后俱废。《志》云：娄亭城，在州西北四十里。五公城，见满城县。〇长安城，在州西南。《志》云：汉宣帝时，幽州刺史李宣尚范阳公主，忆长安，筑此城以象之。《寰宇记》：城在州东南二十七里，俗名为斗城。

长城，在州西南。《水经注》：易水东届关门城，西南即燕之长城门也。盖燕赵时故址。《寰宇记》：州西七里又有荆轲城，在荆轲山下。又南二里为樊馆山，相传樊于期授首处，俗名血山。又州东南十六里有高渐离城，渐离故居也。

龙迹山，州西南三十里。石上有龙迹。其西麓谷中有坑，大如车轮，中有四穴，春则风出东，夏出南，秋出西，冬出北。孔颖达以为即燕之龙兑也。赵孝成王与燕易土，以龙兑与燕。汉六年，郦商从击臧荼，战于龙脱，先登陷陈，破荼军易下。盖即龙兑矣。

孔山，州西南五十里。山有三孔，因名。宋嘉定十一年，蒙古将张柔帅兵南下，克雄、易、保安诸州。金将贾瑀据孔山台，柔攻之不下。台无井泉，汲山下，柔先断其汲道，瑀穷困，乃降。柔引兵次于满城。《志》云：山有黄栢阳洞，深里许，中有二水，东西相隔丈许，其南为月明洞，北为众军山。明成祖尝屯军于山上，与平安大战处也。

穷独山，州西北三十里。一名马头山，濡水所出。《志》云：州北有洪崖山，高可万仞，隆冬积雪，经春不消。又燕丹山，在州西北百里，山色黑白斑驳，俗名驳牛山，高万仞。唐天宝中，改为燕丹山，亦曰燕王山。其相近者，为五公山。又西二十里，曰西五公山，旧设五公砦于此戍守。〇万仞山，在州西九十里。《志》云：在紫荆关南数里，高峻壁立。又屏山，在关城北，夹河环翠，如屏障然。又对敌山，在关东北石港口，两山对峙，峰峦相匹。又九泉山，在关东白马湾口，上有八宝砦。《边防考》：关城四面，山之得名者，凡数十计云。

五回山，州西南百二十里，亦曰五回岭。其相接者，曰狼牙岭。又为五回道。《水经注》：代郡广昌县东南有大岭，世谓之广昌岭，高四十馀里。二十里中，委折五回，方得达其上。其南层崖刺天，积石之处，壁立直上，有五回道，下望层山，如蚁垤然。唐武后圣历初，突厥默啜入寇赵、定诸州，自五回道引去。开元中，置五回县，盖以山名。宋嘉定六年，蒙古大败金兵于五回，遂拔涿、易二州。《方舆记》云：易州有武夫关，武水所出。盖即五回山之误也。俗又讹为五虎岭。今有五虎岭巡司。

齐眉山，州西南百里。明建文三年，平安自真定引兵救房昭于西水砦，与燕兵战于此，败绩。亦曰蛾眉山。又狼山，在州西南九十里，群峰耸踞，状如狼牙，上有天成砦、北楼院、大蛾眉及东、西二水砦。

白杨岭，州西北四十里。岭多白杨树，俗讹为白羊，路通蔚州。其并峙者曰奇峰岭，有奇峰口，相传唐置娄亭县于此。口外乌龙、金水诸沟，冲要处也。今置奇峰口巡司于此。又西北十里，曰官座岭，四山环拱，一径而入，俨若官座。有官座岭巡司。又西五里，为官坐口，皆戍守处也。〇黄土岭，在州西南九十里，路达山西广昌县，今置城设兵于此，防御要害。

紫荆岭，州西八十里。峰峦环列，岭上有关，路通山西大同。《志》云：关东有栖梯、连泉、大寒、八砦、唐胡、退鱼、佛儿诸岭，关北有拒房、耽迟、鞍头、箔儿、骆驼诸岭，关南又有接天岭，关西有薄儿岭，参差连接，真天设之险也。〇石兽冈，在州西南六十里，冈有石如虎，亦曰石虎冈，鼍水出于此。

易水，州南三十里。源出西山，东流经州境，入定兴县，合于拒马河。一名白沟河。《寰宇记》：州境易水有三，此为中易水。〇女思谷水，在州西南五十里。《水经注》：源自县西南女思涧，东北流，注于易水，谓之三会口。

濡水，在州北。源出穷独山，东南流，支分入城。又东四里许，渊而不流，曰圣女水。又东南流，入容城县界，或谓之北易水。《名胜记》：

南、北二易水会于黑龙口，在容城、新安二县间，即古燕赵分界处。今濡水经容城县，而东与易水合。《记》误以中易水为南易水也。

雹水，在州西南。源出石兽冈，亦名鲍。水经安肃县，入新安县界，为长流河。或谓之南易水。

雷溪，在县西南。发源五回岭，即徐河上流也。滩石湍急，声闻若雷。《水经注》：河水出广昌县东南大岭下，东北径五回岭。或云：雷溪水分流，西南入完县界，亦谓之濡水，即所云曲逆水也。

子庄溪，州西南五十里，即紫荆关水也。自紫荆关流径州南，下流入白沟水。旧《志》谓之子庄溪。○源泉，在州西北八里，南流注于易水。又州东北二十里，有马跑泉，相传唐太宗征高丽驻跸于此，马跑泉出，因名。

紫荆关，在紫荆岭上。控扼西山之险，为燕京上游，防戍最切。《志》云：关城，正统初改筑。十四年，始调重兵防秋。景泰二年，修浚城池，益兵守御。三年，并拨真武、神武二卫官军防守。弘治二年，增设近关城堡。自是以后，备御益密。馀详见前重险紫荆。

西水砦，在州西南百里万山中。建文三年，大同帅房昭入紫荆关，略保、定诸县，驻兵于此，欲据险为持久计，燕王击败之。○金坡镇，在州西五十里，去紫荆关城三十里，有巡司戍守。

东峪口，紫荆关东北三十里，戍守要地也。《志》云：东峪口西去官座岭口十里。○金水口，在关北八十里，其西有石塘、横岭等口。《志》云：关西北六十里，有乌龙沟口，接广昌县界，外口极冲也。

盘石口，紫荆关西十里，地名玉峰社。又西二十里为塔崖口，旧有塔崖马驿，今废。又西南有白石、葫碑等口，接广昌县界。○小龙门口，在紫荆关西南四十一里。又西南三十里为黄沙口。又二十五里，接完县之水峪口。

金台，州东南三十里。《图经》：台在易水东南十八里，燕昭王筑以事郭隗。《水经注》：固安县有金台陂，台在陂北十馀步，高十馀丈，土人呼为贤士台。一名招贤台，亦曰黄金台。晋咸康四年，石虎击段辽于令支，自将进屯金台。王隐《晋书》：时段匹䃅进屯故安，燕太子丹金台是也。又慕容垂尝置戍守于此。《志》云：州东南十八里有王公台，亦燕昭王所筑，以养士处。

候台，在州治西。相传周武王所筑，为日者占候之所。战国时，燕昭王建五楼于其上，更名五花台。辽主隆绪尝驻于此。《图经》：隋初于遂城县，移南营州居燕之候台，改曰易州，以州南易水为名也。

清风店。在州西南。正统十四年，瓦剌乜先薄都城，败遁。伯颜帖木儿复奉上皇出紫荆关，石亨蹑战于清风店，大破之。一云店在州西五十里。○上陈驿，在紫荆关东十五里，旧与塔崖驿为二驿。今塔崖废，而上陈驿移置于关城内。

○涞水县，州东四十里。东至涿州五十五里，东南至新城县六十里。汉涿郡遒县地，景帝封匈奴降王隆疆为侯邑。后汉仍属涿郡。晋属范阳。后魏属范阳郡。后周省。隋开皇初，改范阳为遒县，更置范阳县于此。六年，改曰固安。八年，废。十年，复置永阳县。十八年，改为涞水，属易州。唐因之。今城周四里有奇，编户二十五里。

遒县城，在县北。汉置。《志》云：旧城在拒马河西北二里，俗名周城湾。后徙治县北一里之北庄，俱为易水所坏，乃移今治。魏收《志》云：遒县有南北二遒城。是也。○板城废县，《志》云在县北。汉高帝征匈奴时，经此所筑也。或曰：唐开元中，刺史卢晖奏置板城县，盖即此城云。

亭山，县北二里，以山形亭亭特峙而名。其北里许，曰云溪山。又武山，在县西北九里，山下平坦，可以用武。或曰四山周围如剑戟，因名。○

紫凉山，在县西北三十里，高百馀丈。其并峙者，曰龙宫山，中有石洞，又有石井，泉流潜相灌注。又乐平山，亦在县西北三十里，高耸甲于群山。

长堤山，县西十里。高耸突峙，可以远眺。又西北有金山，一名金丝山，群峰并耸，其最高者曰朝阳岭，岭色如金。又墙山，亦在县西北，峭削如壁。又西有水峪山，山半出泉。其相接者，曰遍竹山。○石龟山，在县北。山巅有石，状如龟，内有岩，可容千百人，下有龙湫。又山左一洞，深不可测，相传外狭内宽，有路可通广昌。又龙湾山，亦在县北，山麓有龙潭，兵乱时人多潜匿其中，俗呼铁裹寨。

檀山，在县西北。峰峦秀丽，中多檀木，与州西北界之白杨岭相连，濡水经其下。○白石岭，在县东。唐长庆元年，朱克融以卢龙叛，易州刺史柳公济败幽州兵于白石岭。

涞水，县东北三十里，县以此名。源出保安州之涞山，东南流入定兴县境，亦曰巨马河，流合白沟河。《水经注》：涞水源出代郡广昌县涞山，经遒县北，谓之巨马河，亦曰渠水。汉袁绍遣别将崔巨业攻固安，不下，退还。公孙瓒追击之于巨马水，死者六七千人。又晋刘琨守此，以拒石勒。《五代史》：梁开平四年，刘守光发兵屯涞水，欲侵易、定。又贞明三年，晋王存勖以契丹围逼幽州，使李嗣源救之，嗣源军于涞水，扼祁、潢诸关，以俟贼势。是也。祁沟，今见顺天府涿州。

遒阑河，县西十里。发源乐平山，东流至定兴县界，合于拒马河。《志》云：河旁有长堤，自北山引而南，以防涨溢之患。○稻子沟，在县东十五里，即拒马河分流，至新城县西南注白沟河。

石泉固，在县西北。《水经注》：固在众山之内，平川之中，四周绝涧，阻水八丈有馀，石高五丈，石上赤土又高一丈，四壁直立，广四十五步，路不容轨，仅通人马，谓之石泉固。《一统志》县西北有石泉城，即此也。

马水口。在县北。《志》云：口北至保安州百六十里。又西为康家沟、狼儿沟等口，皆戍守处也。《舆程志》：县北四十里，曰乾河口，旧有乾河口巡司。又黄庄巡司，万历十二年设，今废。又西北四十里，曰白马湾口，又西五十里，为马头崖口，南去易州城三十里。

附见：

茂山卫。在州治南，旧在府城内。景泰元年，移建于此。○真武卫，在紫荆关城内。又有神武卫，俱景泰三年调置紫荆关城内。

读史方舆纪要卷十三

北直四　河间府

〇河间府东至海丰县三百里，南至山东德州二百五十里，西南至真定府冀州三百三十里，西至真定府定州三百有八里，西北至保定府安州百里。自府治至京师四百十里，至南京二千一百四十里。

《禹贡》冀州地。春秋时属晋。战国时为燕、赵、齐三国之境。秦为钜鹿、上谷二郡地。汉置河间国。初为赵地，文帝二年，别为河间国。应劭曰：在两河之间也。后汉初并入信都。和帝永元三年，复置信都国。晋因之。后魏置瀛州，太和十一年，分冀、定二州置。兼置河间郡，治武垣。隋罢郡存州。大业初，复曰河间郡。唐仍为瀛州。天宝初，亦曰河间郡。乾元初，复为瀛州。五代晋时，契丹据其地。周显德六年，收复。宋仍曰瀛州，《宋志》旧名关南。大平兴国初，曰高阳关。庆历八年，始置高阳关路，统瀛、莫、雄、贝、冀、沧、永静、保定、乾宁、信安等十州、军。大观二年，升为河间府。赐名瀛海军。金因之。置河北东路于此。元曰河间路。明初曰河间府，属北平布政司。永乐七年，直隶京师，领州二，县十六。今仍曰河间府。

府北拱京师，南临青、济，水陆冲要，饷道所经。自古幽燕有事，未有不先图河间者。春秋时，齐由此翦孤竹，服北燕。及战国之季，清河、勃海间，几于无岁不战也。后汉末，袁绍、公孙瓒角逐于前，曹操踵其后，从而并幽、蓟，平乌桓。迨典午失纲，五胡浊乱，于是滹沱沸浪，横漳腾波。北不得河间，青、冀之祸未烈；南不得河间，幽、平之患未深也。拓跋世衰，群盗竞起，耽耽虎视，恒在瀛州。岂非以海曲隩阻，鱼盐沃饶，利则进攻，不利则退守，地势为可恃乎？隋末，窦建德奋臂一呼，据有乐寿，纵横四出，雄于河北。唐藩镇之患，卢龙一道称最强者，以瀛、莫南下，易、定、镇、冀不得不避其锋也。朱全忠欲吞幽州，先争瀛、莫。及晋人取燕，既得瀛、莫，而刘守光不旋踵亡矣。石晋以瀛、莫入契丹，河北之衅，曾不逾时，甚且饮马河津，毒流汴洛。周世宗惩其弊，力战以复关南，戎夏之防，藉以少固。宋人因之，兴塘泺，列军屯，尝为重镇。及女真肆恶，邀盟割地，则首及关南，知其利于深入也。蒙古攻金燕京，分军大掠瀛、莫诸州，所至残破。燕京资储，以关南为根本，自是公私耗竭，国无以立矣。元末，群贼毛贵等由清、沧而北，趣河间，逾直沽，元祚遂岌岌焉。明初，大军北伐，舟师、步骑皆自河间而进，直薄元都。及靖难之师，东西驰突，河间每为孔道。至于碣石之烽烟晨举，黎阳之鼙鼓宵驰，而筹国事者，若未遑措意于河间也。谓之何哉？说者曰：郡境陂泽沃衍，宜于耕植。宋人屯田关南，岁收数倍。且地滨沧海，盐鹾之利，军府所资。又舟车通利，四方供亿，皆取给焉。诚京师之南府，天下之津途也。

〇河间县，附郭。汉州乡县地，属涿郡。后汉为武垣县地，改属河间国。高齐始置河间县，为河间郡治。隋为瀛州治，唐以后因之。今编户二十五里。

武垣城，府西南三十八里。本赵邑。《史记》：赵孝成王九年，秦围武垣。即此。秦置县。汉属涿郡。后汉改属河间国。晋因之。后魏为河间郡。隋大业初，省入河间县。唐武德五年，复置武垣县，属瀛州。贞观初，又废。《志》云：今府城亦名东武垣城。后汉废州乡入武垣，又移武垣县于此。其后复还旧治，因谓之东武垣。高齐改置河间县。《城邑考》：今郡城亦谓之瀛州城，隋唐以来故址，宋熙宁初改筑，后复圮坏，明初增修。今城周十七里有奇，有门四。

束州城，府东北六十里。俗名如林乡。汉县，属勃海郡。后汉因之。晋属章武国。后魏属章武郡。高齐废。隋开皇十六年复置，属瀛州，寻改曰束城。唐因之。五代周显德五年，成德帅郭荣攻契丹束城，拔之。是也。宋熙宁六年，废为束城镇。元祐初，复置县。金复废为镇。元置巡司于此。《水经注》：易水东经束州县南。其城旧有三重，今故址已堙。

州乡城，府东北四十里。汉县，武帝封河间献王子禁为侯邑。后汉省入武垣。魏收《志》：武垣县有小陵城，亦曰萧陵。盖石赵所置。《寰宇记》云：在河间城西北五里。又城北六里有乞活城，晋东瀛公腾尝掠羯户万人居此，任其乞活，因名。

滹沱河，府西南二十里。自晋州饶阳县流入境，又东南经献县南、交河县北，又东至青县岔河口，合于卫河。《志》云：府境有铁灯竿口水，其上流自武强、饶阳之境，汇漳河、滹沱诸流，又北接博野、蠡县沙、滱诸河，下流潴为陂池。纤回散漫，经府境而北，地益平衍，几数百里，通静海直沽以达海。其支流环绕郡城，每遇夏秋水发，一望无际，因筑堤以捍冲啮。馀详大川滹沱河。

高河，在府西南。自高阳县流入境，东南流至交河县，入于滹沱。旧《志》云：郡在滹沱、高河之间，故曰河间。今源流断续，非复故迹也。○滱水，在城西，即易水支流也。亦自安州高阳县境分流经此，又北流入任丘县界，仍合于易水。

大浦淀，在府西二十五里。下流注于滹沱。其决入之处，一名百道口，亦曰大廉陂。○长丰渠，《唐志》云：在河间县西北百里。贞观二十一年，瀛州刺史朱潭所浚。又开元二十五年，刺史卢晖引滹沱河，由束城以东，通漕溉田，仍曰长丰渠。

七里井，在府境。隋大业十三年，诏涿州留守薛世雄讨李密，并诛剪所在盗贼。行至河间，军于七里井，窦建德袭破之。胡氏曰：井去河间城七里，因名。

麹义，垒在束城镇北十四里。汉末，公孙瓒据河北，袁绍令麹义攻之，因筑此垒。又毛精垒，在府北三十里。《志》云：汉博士毛苌宅冢也。后人于其地为营垒。

瀛台在府城东南。高五丈，阔倍之，登台一望，四远在目下。有旧城壕。一名驻旗台。又城东北有高阳台，与瀛台相望。《志》云：瀛州旧置高阳关台，因以名。

君子馆，府西北三十里。宋雍熙三年，刘廷让帅师并海而北，将趣燕。契丹将耶律休哥闻之，以兵扼要害，逆战于君子馆。时廷让分精兵属李继隆为后，继隆退保乐寿，廷让力不敌，一军尽没。

廉良镇，在府北。宋咸平二年，镇定高阳关都部署傅潜奏：先锋田绍斌等败贼众于廉良路，即此镇也。又府北有南阳务。石晋开运二年，杜威等袭契丹瀛州间。其将高谟翰引兵先出，遣梁汉璋将骑追之，遇契丹于南阳务，败死。○景和镇，在府东六十里，旧有巡司。又商家林，在府南三十里，南去献县亦三十里，行旅必经之地也。

青凌桥。府东门外。滹沱、滱水诸川，交流并注于城东，此桥为之锁钥。其后桥坏，夏秋水发，辄有涨溢之患。嘉靖间，于县南开苏家、徐家二口，分杀水势，而行旅往来病于艰阻。万历十八年，复修此桥，连亘凡六里。又八里堤，在府南八里庄，自苏家口迄徐家口，亘二十里，以防涨水，亦万历中修筑。

○献县，府南六十里。东至沧州百三十里，西至晋州饶阳县九十里。本汉乐成县，高祖封功臣丁礼为侯邑，后为河间国治。后汉因之。曹魏曰乐城县。晋因之，仍属河间国。后魏属河间郡。隋开皇十八年，改为广城县，属瀛州。仁寿初，又改曰乐寿县。唐初因之，永泰初改属深州。宋属河间府。金天会七年，置寿州。天德三年，又改为献州。元至元二年，州废，寻复为献州治。明初，省县入州，又改州为县。城周六里，编户二十四里。

乐成废县，刘昫曰：在今县东南十六里。汉县治此。后魏移县西北，近古乐寿亭。隋因改为乐寿县，即今县治也。宋白曰：后魏太和十一年，河间郡自乐成移理于今县西一里乐寿亭城。《郡国志》云：今县西南十里，曰乐寿岩，汉乐成县治此，隋乐寿县亦治焉。大业十三年，窦建德自号长乐王，都乐寿，其所居曰金城宫，亦在乐寿岩西。今湮废。是乐寿旧治县西南，唐始移今治也。又乐寿东南有慎园，俗呼二王陵。汉灵帝尊母董氏为慎园贵人，即此。

景城废县，县东南九十里。汉曰景成县，属勃海郡。宣帝封河间献王子雍为侯邑。后汉省。后魏徙成平县治此，属章武郡。隋开皇十八年，改为景城县，属瀛州。唐初亦属瀛州。贞元初，改属沧州。天宝后还属瀛州。宋因之。熙宁六年，省为镇，属乐寿县。《金志》交河县有景城镇。○成平废县，在故景城南二十里。汉县，属勃海郡。武帝封河间献王子礼为侯邑。后汉改属河间国。晋因之。后魏徙治于废景城县。又建成废县，在故景城东南三十里，汉县，属勃海郡。后汉省。

中水废县，县西北三十里。汉县，高帝封吕马童为侯邑，属涿郡。应劭曰：县在易、滱二水之中，因名。后汉及晋俱属河间国。后魏属河间郡，高齐废。又阿武城，在县西北三十九里。汉县，属涿郡。武帝封河间献王子豫为侯邑。后汉废。

滹沱河，县西南十八里。其地有完固口，在滹沱北岸，旧时山水泛滥，往往从此横决。嘉靖十三年，筑堤为备，因以完固名。又县西南为陈家渡，滹沱河津济处也。建文中，燕王渡此，击败盛庸之师。自此又东南入交河县界。

鬲津枯河，县西二里。旧《志》云：东北流入故饶安县界入海。又马颊河，在县东六十里，上源从山东商河县流入境。又钩盘河，在县东南五十里。上源自山东德平县流入境，盖后人凿以导水，而附以九河旧名也。今悉堙废。

房渊，县北三十里，《水经注》以为漳水所决入也。《志》云：渊方三百步。石勒时水忽变赤，慕容隽时水忽生盐，形如印，一日再长再减，不失其度。元时有龙潜其中。其水清澈，委流入于滹沱。

单家桥。县南十二里。跨滹沱河上，行旅通途也。明建文三年，燕王败平安等于单家桥。又宣德初，驾征高煦，还驻跸于此。一名五节桥，以正德间流寇乱，有五妇死节于此也。旧有单桥巡司。又大慈桥，在县东五十里槐家镇，亦为东西孔道。乐成驿，在县治西南，明初置。

○阜城县，府西南百四十里。西南至冀州武邑县五十里，东南至景州六十里。汉县，属勃海郡。后汉属安平国，光武封王梁为侯邑。晋属勃海郡。后魏属武邑郡。隋属冀州，唐因之。天祐二年，朱全忠改曰汉阜县。五代唐复故。宋嘉祐八年，省入东光县。熙宁末，复置，属永静军。金属景州。元因之。洪武七年，改今属。城周五里，有门六。编户二十五里。

阜城故城，县东二十里。刘昫曰：故县治此，隋改筑县城，移今治。《寰宇记》：县东二十里有安平城，汉安平国治此。盖即故阜城矣。《城邑考》：今城周五里，当南北之冲，沧、瀛、德、冀、深、景诸州，烽烟或警，县未有不被其患者。

蒲领县，在县东。汉县，属勃海郡。武帝封广川惠王子嘉为侯邑。昭帝时，又封清河刚王子禄于此。后汉省入蓨县。《寰宇记》：故城去县三里。又沧州鲁城北六十里，有故蒲领城，相传后汉末黄巾之乱，蒲领人流寓其地，因筑此城。○简子城，在县东南三十里，相传赵简子所筑。一名东城。城下有简子津。《寰宇记》：县有宅阳城，一名沙丘。

胡卢河，在县西北七里。即衡漳之别名。自晋州武强县流入境，又东入交河县界，合于滹沱河。今漳水东合卫河，经流往往浅涸。

流冷河，县北七里，本胡卢河之支流也。又有潢卢河，自冀州枣强县来，东北流注之，入交河县界，注于滹沱。俗作刘麟河。刘豫，阜城人也，其子麟尝渡此而名。今涸。又有王莽故河，在县西南，即屯氏河之下流也。今亦埋塞。

苻融垒，县东北二十四里。《志》云：苻坚灭燕，遣融引军东略，尝屯于此，因名。

漫河店。县东南三十里。自此达景州亦三十里，今曰新中驿。又富庄驿，在县北三十里，自此达献县之单家桥，亦三十里。皆往来通道也。

○肃宁县，府西北五十里。西北至安州高阳县六十里，南至晋州饶阳县六十五里，东北至保定府雄县百里。本河间县地。宋雍熙三年，置平虏砦。淳化初，改平虏城。景德二年，又改为肃宁城。金升为县，属河间府。元至元二年，废为镇，寻复故。今城周六里有奇，编户十三里。

肃宁废县，在今治东南。《志》云：旧城周十六里，内有子城，周三里，宋时筑以屯兵。城旁又有肃宁砦，地名南阳疃，亦曰曲阳疃，亦宋所筑。金废。今县城周六里有奇。

中堡河，县东北三十里。《志》云：保定府蠡县以东，高阳县以南之水，溢入于县境，播为洋东五十二淀，俱注于中堡河，流经雄县界，会于瓦济河。其洋东五十二淀，俱在县东南二十馀里，即唐河、滋河及滹沱诸河散流所汇也。

玉带河，县东三十五里。洋东五十二淀之水，分流为玉带河，又东北入任丘县界。《元志》云：玉带河经雄州归信县界，入于易水。

唐河堤，在县南二十里。《志》云：县西接保定府蠡县界二十里，堤起自蠡县之三岔口，东至韩村张王口，回曲五十馀里，口岸凡十八处。失时不修，自县以东，则河间、任城、雄县，以西则蠡县、高阳、安州，以北则新安、容城、安肃，一遇水潦，辄有溃溢之患。

南阳务。在县城东北。石晋开运三年，契丹伪以瀛州降，天雄帅杜威引军至瀛州，契丹将高谟翰伪遁，威遣别将梁汉璋追之，至南阳务，遇契丹，败死。或曰今县治即其地。又丰乐堡，在县东，亦宋置戍守处也。

○**任丘县**，府北七十里。东至霸州大城县九十里，北至雄县七十里，西北至安州亦七十里。汉鄚县地，属涿郡。平帝元始二年，使中郎将任丘筑城于此，以防海寇，因名。高齐始置任丘县。隋省。唐武德五年，复置，属瀛州。景云二年，改属莫州。宋为莫州治，金因之。贞祐二年，降州为鄚亭县，以任丘县并入。元初复故。至元二年，与州俱省，寻复置，属莫州。明洪武七年，以莫州省入，改今属。今城周五里有奇，编户三十二里。

莫州城，县北三十里。汉置鄚县，属涿郡。后汉属河间国。晋因之。后魏属河间郡。隋属瀛州。唐景云二年，分置鄚州于此。先天初，于州北置勃海军。开元十三年，改为漠州，旋又为莫州县，亦曰莫县，兼置唐兴军。天宝初曰文安郡。乾元初，复为莫州。建中三年，朱滔、田悦叛，易定帅张孝忠等规取涿、莫二州，断幽、魏往来之路。是也。《五代史》：瀛、莫二州，相去百十里，其地多水淀。晋天福末，契丹内犯，赵延照自贝州退遁瀛、莫，阻水自固。宋仍为莫州，改治任丘县。咸平三年，契丹内犯，范廷召追败之于莫州。熙宁六年，废莫县入任丘。元祐二年复置，寻又废为镇。金莫州亦治任丘。贞祐二年，降州为鄚亭县。元初，改置莫亭县于此。至元二年，省入河间县，寻复置鄚亭县，莫州治焉。明州县俱废，置鄚城驿于此，寻移入县城内。今有鄚城递运所，盖其地为往来孔道也。

高郭城，县西十七里。汉县，属涿郡。宣帝封河间献王子曋盖为侯邑。后汉省。又阿陵城，在县东北二十六里，亦汉县，属涿郡。后汉初封任光为侯邑，后省。

长丰城，县东北六十里。唐开元十九年，分文安、任丘二县置，属莫州。宋因之。熙宁六年，废为长丰镇，属任丘县。金因之。《郡志》云：郡城东北七十里有长丰城。即此。○谒城，在县南二十六里。相传汉桓帝崩，窦武等率群臣诣河间迎灵帝入即位，此其朝谒处。《寰宇记》云：本名渿城，讹为谒。灵帝封解渎亭侯，在今祁州界，不应于任丘有谒城也。又颛顼城，在县东北三十八里。后魏邢颖《三郡记》云颛顼所造，亦传讹也。

金沙岭，县东四十里，以土阜参差而名，本无岭也。《志》云：回环断续，隐约蜿蜒，如见如伏，凡数十里。断处有细沙流出，如金星，因名。○桂岩，旧《志》云在县西北。岩多桂，其中深邃，俨如巨室，为邑之胜。又县南有白马峰，其后水流决溢，皆堙为平陆。

易水，县西十六里。其上流自高阳、安州境流经此，复绕流东北，出入雄县界。旧《志》：莫州去雄县四十里，易水为分界处。自安州而东，会九河之水，经州北十五里，一名瓦济河，亦曰白沟河。又东汇于五官淀，下流合滹沱河入海。〇漉水，在县城西，即易水支流也。其上源一自高阳、新安，而东汇于白洋淀。至县西，又经县东北赵堡口，仍会于易水。又一支自府城西门外北流，过半截河，经县东东庄桥，至五官淀，亦合于易水。或曰：今漉水即铁灯竿口之水导流而北者。

濡水，县西北二十里。旧《志》云：在莫州西二十里，东合易水。《水经注》：濡水自容城县北大利亭东流，经鄚县注于易水。《左传》昭七年，齐侯伐燕，盟于濡上。即此处也。今与易水交流，不复别为一川矣。又《志》云：县北五十里有高阳河，自高阳县来，经赵堡口，合易水。此亦易水支流，以县境旧为高阳关地而名。〇滹沱河，《志》云：在县南二里，宋时自高阳县流入莫州，至金口分界，东北流入霸州文安县境。今滹沱正流在献县，南宋人引水为塘泊，此其故道也。

镜河，在城南。其上源即肃宁县之玉带河也，流经县南八里，会马圈泊。又北至县南三里，会莲花泊。又城东南齐家泊，亦流合焉。环城为濠，亦名玉带河。又北至五龙潭，东出斜沟，会于五官淀。《志》云：县北四十里，又有玉带河，东注沙湾，北环古莫，今淤。

白洋淀，县西三十里。周六十里，跨安州、新安、高阳之境。《志》云：淀在县之开成村，众水汇流处也。又三浒淀，在县东北十三里，西接五龙潭。县西北唐堤之南，又有居龙淀，前后有塘，为众流之壑。〇五官淀，在废阿陵县之东，上流诸水悉汇于此，东北接通州武清县为三角淀，达直沽以入于海。《志》云：五官淀即武清淀。是也。又有赵家泊，在县东二十里，亦流入于五官淀。

掘鲤淀，在县东南。铁灯竿口之水，自河间县引流，东北出入县境，汇而为淀。遇霖潦，则洪波东注，溢入于五官淀而入海。《唐志》：莫州有九十九淀。今县境以淀名者不一处，掘鲤淀其一也。

通利渠，县南五里。《唐会要》：武德中，凿通利渠。开元四年，县令鱼思贤复开浚，以泄陂淀之水，自城南至城西北，注于滱水，得地二百馀顷，土人因名曰鱼君陂。○长丰渠，在县西北二十里，即唐贞观中刺史朱潭所浚。其西南五里，亦曰长丰渠。开元中刺史卢晖，自束城引滹沱东入淇水通漕溉，田五百馀顷。是也。淇水，即今卫河。

五龙潭，县北十一里。县西十八里，为白龙潭水，皆渊渟，大旱不竭。○唐堤，在县西北，高阜绵延，凡十馀里，以障水患。盖亦以唐河而名。

赵堡口，县东北五十里。易水流经此。《志》云即宋时唐兴口也。○马村砦，在县西。《宋志》县有马村、王家二寨。政和三年，改马村砦曰定安，王家砦曰定平。金废。

清源栅，在县西南。唐长庆初，义武帅陈楚奏：破卢龙叛将朱克融莫州清源三栅。是也。○马东圈，在县东南。前朝正德中，刘六等作乱，由马东圈越霸州，犯雄县。或曰：今县南马圈泊，盖以马东圈而名。

东庄桥。县东三十里滱水上，广三十八丈。县南境之水，俱由此达于五官淀。又月漾桥，在废莫州北易水上。前朝建文二年，燕王败李景隆之兵，破雄县，伏兵月漾桥，莫州兵来援，遇伏败走。桥盖与雄县接界。○新中驿，在县西南四十里，又三十里而达河间府。

○交河县，府南百十里。西南至阜城县四十五里，西至晋州武强县天十里。汉中水县地。唐为乐寿县地。宋曰交河镇。金初为石家圈。大定七年，置交河县，属献州，以滹沱、高河二水交流而名。元至元二年省，寻复旧，仍属献州。明初因之。洪武七年，改今属。城周六里，编户十四里。

滹沱河，县北六十里。自献县流经此，濒河为高川镇。又有北济桥跨其上。北流入青县界。○高河，在县西北五十里，自河间县流入境，东流合于滹沱。《一统志》：县南有交河，以高河、滹沱河合流而名。误也。合处盖在县北。

卫河，县东五十里，与南皮县分界。自东光县流经县东南五十里之七里口，又经县东北九十里之马家口，而入沧州界。今运道所经也。详见大川卫河及川渎漕河。

泽河，县南五里，亦曰枯泽渠，即阜城县之胡卢河。东北流经此，有南济桥跨其上。又东北流五十里，为三岔河、泽河、滹沱河会流处也。亦曰三汉河。

清河，县西二十五里。旧为泽河支流，自富庄驿引而东，至县东北三十五里，经刘解镇，又经县东北六十里之张家桥，又东五里，散流入于诸村镇。俗名清河头，一名盐河，亦曰赵王运粮河。或云：五代梁时，赵王镕曾运粮于此，以饷晋师也。又李村河，亦自县西二十五里，分泽河支流。有西济桥跨其上，流经县东北四十里李村桥，又东合于清河。

倒流河，县东北九十里。县东境之水汇流于此，西流四十里，会为三岔河，注于滹沱，故曰倒流。一名蔡河。又县东三十里，旧有沙河，今涸。又有蛤螺河，在县北二十五里，下流亦入于滹沱。

张大洼，县东三十里，为钟水之处。万历中，开沟五道以通泽河。洼旁之田，始无水潦之患。又县东北七十里，有达达洼。万历中，邑令马中良议决沟开渠，导入蔡河。又议于县东北九十里洼东，洼凿沟十里，入阳气寺古河，注于鸭绿淀。《志》云：阳气寺古河，一名平成河，在县东北八十里。

泊头镇，县东五十里，卫河西岸，商贾凑集，筑城于此，管河别驾驻焉。有泊头镇巡司，并置新桥驿，俗名泊头驿。又富庄驿，在县西二十五里，即西达阜城，北走献县之通道也。

景城南镇。县东北六十里，即故景城县地。金置镇于此。景城，详见献县。《金志》：县境又有大树、刘解、槐家、参军、贯河、北望、夹滩、策河、沙涡共十镇，皆商民环聚之地。兵燹之后，堙废过半矣。

〇**青县**，府东一百五十里。西北至霸州大城县八十里，东南至兴济县四十里。唐幽州芦台军地。乾宁中，改置乾宁军。五代晋初，陷入契丹，置宁州于此。周显德六年收复，置永安县，属沧州。宋太平兴国七年，复置乾宁军及乾宁县。大观二年，升为清州。金贞元初，改县为会川，而州如故。元初，改州为清宁府，寻复为清州。明初以州治会川县省入。洪武七年，改清州为青县。城周五里，有门三。编户六里。

会川废县，今县治。后周置永安县，宋改曰乾宁。熙宁六年，省为镇。元符二年，复旧。崇宁三年，再省。政和五年，又复。金人改曰会川。元因之。明初省。

芦台城，在县东卫河西岸。《九域志》云：在沧州西北九十里，瀛州东百六十里。唐置芦台军，其城周三里，后废为冯桥镇。乾宁中，复置芦台军，亦曰乾宁军。光化三年，幽州帅刘仁恭以沧州为汴将葛从周所围，将兵赴救，营于乾宁军。从周留别将守沧州砦，自将精兵逆战于老鸦堤，大破之。五代梁开平二年，刘守文以其弟守光篡逆，举沧德兵讨之，军于芦台，为守光所败。乾化三年，晋将周德威攻燕，拔其芦台军。后唐同光以后，以契丹屡入寇，芦台、瓦桥皆增设重兵，命将戍守。天成二年，芦台戍军乱，寻击平之。石晋初，没于契丹。周显德六年，亲征契丹，命大帅韩通将前军自沧州治水道入契丹境，栅于乾宁军南。通奏补坏防，开游口三十六，遂通瀛、莫。既而周主至乾宁，契丹宁州刺史王洪举城降。宋白曰：军城东临御河，接沧、幽二州之境。周世宗由此复关南，自是常为戍守重地。

中山，县南二里。旧《志》云：山岩耸峙，悬瀑凡数十丈。今俗呼为高土冈。又西山，在县西南五里，四周高峻，其顶平衍，昔人尝立营寨于此。

卫河，在城东一里。自兴济县流入境，合于滹沱，又东北流，经静海县，过天津卫入海。亦名御河，亦曰永济河。《宋志》：缘边塘泺为御防要地，其一水东起沧州界，距海岸黑龙港，西至乾宁军，沿永济河，合破船淀、方淀诸水，横广百二十里，纵九十里至一百三十里，深五丈。西至信安军，与永济渠为一水。今为运道所经，筑堤浚浅，防维最切。又有盘古沟，在县南十五里，东流入御河，虽旱不竭。县南七里，有盘古冢沟，因以名。

滹沱河，县南三十里。自交河县东北流入境，合于卫河。其合处为岔河口，并流而经县东，水势汹涌，阔数十丈。

独流河，在县北。旧《志》云：黄、御河支流。自兴济县北流，经县境，又北流，入于易水，谓之独流水。《九域志》云：乾宁军北百二十里，有独流口。五代周显德六年，亲征契丹，自乾宁军御龙舟而北，至独流口，溯流西至益津关。是也。宋熙宁九年，高阳关言：信安、乾宁塘泺，因独流决口不收，至今乾涸，命有司相视。元丰四年，河决澶州小吴口，北流入御河，合西山诸水，至清州独流寨砦叉口入海。旧时河流甚盛，其后黄、御分流，遂至浅塞。

老鸦堤，在县东南。旧筑堤于此，防卫河泛溢，以形似名。汴将葛从周败刘仁恭处也。又东堂堰，在县东北。宋景德初，知雄州何承矩请令沧州乾宁军视斗门，引潮入御河东堂堰，以益塘水。今皆堙废。

坚固砦，在县南。唐太和二年，李同捷据沧、景叛，易定节度使柳公济讨之，奏拔其坚固寨。《唐书》：时同捷筑寨于沧州西，抗拒官军，以坚固为名。

钓台寨。在县北六里。宋置寨于此，设兵戍守。又有独流北、独流东二寨，俱在县境，以滨独流河而名，皆宋人所置。金废。

○兴济县，府东百八十里。南至沧州八十里。宋清州范桥镇地。大观初，改置兴济县。金初属沧州。大定六年，改属清州。元省，寻复置，属清州。明初改今属。县无城，编户十里。县今废。

卫河，在县城西。自沧州流经此，又北入青县界。旧为大河所经。《宋史》：庆历八年，大河自澶州商胡口，北流至乾宁军入海。熙宁初，议者欲闭北流，回河东注。提举河渠王亚言：黄、御河带北行，入独流东砦，经乾宁军、沧州等八寨边界，直入大海。海口阔至六七百步，深八九丈。三女砦以西，阔四百步，深五六丈，其势愈深，其流愈猛，此天所以限契丹也。若再开二股，渐闭北流，此未睹黄河在界河内东流之利耳。不报。宋末，大河南徙。元引会通河，而卫河遂为转输要道。县城西北，旧有范桥渡，为卫河津口，县名兴济盖以此。

独流河，在县北。《志》云：自县西北四十里，而至青县。旧时黄、御二河，皆溢入于此。今县有独流浅，其地多蒲苇之利。

西泺，在县西南。东西横亘凡十馀里，南北二十馀里。秋后水涨，一望无际。鱼蒲之利，每钟于此。

海清砦。在县东北。宋初，置巷孤砦，属沧州，为沿边戍守处。政和二年，改曰海清。金废。乾宁驿，在县治西，洪武中置。

○静海县，府东北百八十里。西南至青县七十里，西北至霸州文安县八十里。汉东平舒县地，属渤海郡。宋为清州窝口砦。金明昌四年，始置静靖海县，属清州。元初省，寻复置。明初改靖为静，又改今属。土城周六里，编户十五里。

当城，县北六十里。宋之当城砦也。又十里为里堡城，地名稍直口，北去小直沽二十里。宋咸平中，议者以北河可涉，宜有城守，以备北边。诏筑城其地，谓之当城。郭谘曰：决黄河、御河之水，下注当城。是也。金废。《志》云：县南二十里有古城，盖亦宋时戍守处。

军粮城，县东北百六十里。《志》云：元海运时屯粮之所。又吕彭城，在县境天津卫西北二十里。相传彭越、吕布皆尝屯兵于此，因名。

海，在县东北百五十里，与山东、辽东接境。古名勃海。应劭曰：海之横出者，曰勃。元行海运，以天津海道为咽喉要地。前朝亦尝通运于此。嘉靖三十八年，辽抚侯汝翼，以辽东大饥，议移粟天津。其入辽之路，自海口发舟，至广宁右屯河通堡，不及二百里，中间若曹泊店、月沱、桑沱、姜女坟、桃花岛、咸可湾泊，各相去四五十里，无风涛、盗贼之虞。从之。寻复罢。《志》云：天津一隅，东南漕舫鳞集其下，去海不过百里，风帆驰骤，远自闽浙，近自登、辽，皆旬日可达。控扼襟要，诚京师第一形胜处也。

卫河，在县城西北。自青县合滹沱河流入境，至小直沽，与白河会。东南漕舟，悉由此北达，而南北群川，尽从小直沽以达于海。

小直沽，县北九十里。《志》云：出县北五十里，为杨柳青。又十里为当城，又十里为里堡城，又十里为小南湖，又十里即小直沽。其北则白河，受北路之水。其南则卫河，合南路之水。皆会于此，同流入海。天津卫设焉，为京师东面襟喉之地。由直沽而西北三十里，即武清县之杨村驿矣。○大直沽，在县东。《志》云：出县南十五里，有双塘渡，又东五里为古城渡，又七十里至大直沽。今天津卫东南十里，即大直沽渡也。小直沽受群川之委流，大直沽又在其东南，地势平衍，群流涨溢，茫无涯涘，故有大直沽之名。又东与小直沽并注于海。

丁字沽，在天津卫东北五里。自武清县汇白河之水，注于直沽。今有丁字沽渡。又新开沽，在天津卫东九十里，相去十里曰水套沽，其长四十馀里，亦名新河，即天顺初议开海滨二沽，以通蓟州运道处也。

咸水沽，在天津卫东六十里，即古豆子䴚也。《括地志》：自勃海至平原，其间滨海煮盐之处，土人多谓之豆子䴚。隋大业十二年，河间贼帅格谦据豆子䴚，称燕王。王世充击斩之。《隋书》：平原东有豆子䴚，负海带河，地形深阻。自高齐以来，群盗多匿其中。大业七年，刘霸道聚众于此，既而格谦亦据其地。王氏曰：豆子䴚在平原、勃海、河间三郡之交，环带河海，形势阻深，兼有盐䲴之利。今大河南徙其地，不可考矣。罗氏曰：河间之豆子䴚，今咸水沽是也。沽东去海四十里，地斥卤，广数十里，宋时亦置戌于此。又卫东北四十里，有塌河淀，周百里。

信安湾，在天津卫西北，即漕河曲折处也。前朝正德中，畿辅贼刘六等犯天津，守将贺勇遏之于此，贼败走。○尹儿湾，在天津卫城东。永乐初，建百万仓于此，因筑城置卫，以贮海运。今去城八里，有运粮河，旧自海口达尹儿湾之运路也。

劈地口，在县东北。宋元丰四年，河决澶州，入御河。李立之言：臣自决口相视，河流至乾宁军，分入东西两塘，次入界河，于劈地口入海。其地盖在小直沽东。○马家口，在天津卫东南二里。又东南十三里，有寇家口渡。《志》云：今县南十五里，有双塘渡，当南北通衢。

河平砦，在县东北，即小直沽口也。宋初置泥姑砦于此，属沧州。政和二年，改为河平砦。又有三河砦，在县东，初曰三女砦，属沧州。政和二年，改曰三河。又有小南河砦，在县东北八十里，亦宋置，属沧州。今讹曰小南湖。○百万砦，在县北，亦宋置，属清州。诸寨皆金废。

海防营。在县东北。《志》云：其地名葛沽，去天津卫城六十里，又天津之外护也。奉新驿，在城外，明永乐十三年置。

○宁津县，府东南二百九十里。东南至山东武定州百三十里，南至山东德平县八十里。宋为保安镇地。金始置宁津县，属景州。元初属济南路。至元初，改属河间路。今城周五里，编户二十二里。

宁津故城，县西南二十五里，县初治此。《邑志》云：金初置临津县。天会六年，圮于水，因迁今治，改曰宁津县。城周三里，亦金时故址。云又有空城，在县东四十里，城周五里，相传汉光武所筑。其相近又有永州城，或云隋末所置。今为杨盘镇。

古黄河，县西三十里。广约一里，自吴桥县东北流入界，又东北流入南皮县境。两岸废堤，窿然峭立，居人谓之卧龙冈。又隋堤，在县北三十五里，相传隋炀帝曾驻于此，令军士筑堤以防河。今屹如垣墙，谓之耿家圈，其中居民甚众。

土河，县南二十五里。其上流自山东德州，经德平县西北流入境内，相传即古笃马河。又东流入山东乐陵县界。县东四十里有迟河，又有流河，俱入于土河，谓之三渡口。○龙湾，在县北二十里。自景州吴桥县流入界，亦名谷家河。东南流于土河。

中安镇，县东北二十五里。宋置，今名中五店。又县西南二十五里，有保安镇，今名包头店。《志》云即临津故城也。《金史》：县有西保安及广平、会津等镇。

安州砦。县西北十八里。有前后两寨，相传五代初屯兵处。又县西四十里，有何家寨。县东南十八里，有枣砦，亦昔时屯兵处也。《志》云：县东北四十里，有青积务，元置。金废。

附见：

河间卫，在府治南，永乐中建。又府治东南，有沈阳中屯卫，治西有大同中屯卫，俱永乐初建。

天津卫。府东北三百里，水行三百五十里。南至静海县七十五里，水行百里。东至通州宝坻县梁城所百四十里，水行百七十里。北至通州武清县杨村驿六十里，水行七十里。西北至顺天府二百五十里，水行四百里。城周九里，北濒卫河，东绕潞河，漕舟悉出于此。永乐二年，筑城置戍。三年，调天津卫及天津左卫驻焉。四年，复调天津右卫驻焉。初设备兵使者于此，其后辽左多事，增置重臣，屯列将领，为京师东面之巨镇。

○景州，府南百八十五里。东北至沧州百九十里，南至山东德州七十里，西南至真定府冀州百五十里，西北至深州百六十里。

春秋时齐、晋二国之境。战国为齐、赵二国地。秦属钜鹿郡，汉属勃海郡。后汉及魏、晋因之。后魏亦属勃海郡。隋初，属德州。开皇九年，置观州。治东光县。大业初州废，以其地属平原郡。唐武德四年，复置观州。治弓高县。贞观十七年，州废，改属沧州。贞元五年，始置景州。其后废置不一。长庆元年，州废。二年复置。太和四年废。景福元年，又置。天祐五年，自弓高移治东光。五代周曰定远军。《州志》云：石晋改州曰永静军。周显德三年，更曰定远军。宋仍为景州。景德初，改曰永静军。金亦为景州，后改曰观州。《金志》：大安中，以章宗讳璟改焉。元至元二年，复曰景州。移治蓨县。明初，以州治蓨县省入，编户二十八里。领县三。今仍曰景州。

州南襟德、棣，北带沧、瀛，转输百万，悉出其郊。漳、卫之滨，处处皆险也。若其连青、济之甲，走深、冀之道，河北诸州，皆将奔命焉。盖地形四通，可左可右。驰驱燕赵，此亦发轫之所也。五代梁乾化二年，晋争河北地，梁人合兵攻蓨即今州治。晋将李存审时屯德州，谓诸将曰：蓨县方急，若坐而视之，使贼得蓨，必西侵深、冀，患益深矣。乃出奇破梁兵，自是梁不能复有河北。然则州之所系，岂浅鲜哉？

废蓨县，今州治。汉蓨县，属信都国。颜师古曰：蓨，读曰条。文帝时，周亚夫封条侯，即此也。后汉改属勃海郡。晋及后魏因之。隋开皇五年，改曰蓨县，属冀州。大业初，属信都郡。唐属德州。永泰二年，改属冀州。刘昫曰：故城在今县南十二里，隋移今治。天祐三年，义昌帅刘守文攻冀州, 拔蓨县, 进攻阜城。五代梁乾化二年, 侵镇、冀, 遣军围蓨县。既而梁主全忠复自将攻围, 为晋将李存审等所败。宋仍属冀州。金改属景州。元初, 升县为元州。寻复故, 自东光徙州治焉。明初省。今州城, 元时故址, 天顺以后屡经修筑, 周五里有奇。

安陵城州东十七里。本蓨县地。《风俗记》: 修县东四十里, 有安陵城, 故县也。水经大河故渎, 经蓨县故城东, 又北径安陵县西。郦道元以为安陵乡。晋置东安陵县, 属勃海郡。石赵为安陵县。后魏仍属勃海郡。高齐废。隋为蓨县之宣府镇。唐武德四年, 复置安陵县, 属观州。州废, 改属德州。刘昫曰: 旧县在蓨县东四十里。永徽二年, 移治白社桥, 即此地也。景福初, 改属景州。宋省入蓨县。今州东十里, 有安陵巡司, 盖因旧县而名。

弓高城, 州东北四十里。汉县, 属河间国, 文帝封韩颓当为侯邑。后汉仍为弓高县。晋省。隋开皇十六年, 复置, 属德州。刘昫曰: 弓高城, 汉平原郡鬲县地也。唐武德四年, 置观州于此, 州寻废。贞元中, 又为景州治, 自是景州废置不一, 县常为州治。长庆二年, 幽州叛将朱克融陷弓高, 遂围下博。是时, 成德叛将王庭凑攻围深州。官军恃横海以通运, 弓高陷, 而深州之饷道遂绝。天祐五年, 移州治东光, 弓高属焉。五代梁乾化三年, 魏博帅杨师厚攻赵王镕, 陷下博。寻自弓高渡御河, 而东逼沧州。弓高盖深、沧诸州之要地也。宋初并入蓨县。今故城接东光县界。

龙颔城, 州东三十里。汉县, 属平原郡。武帝封韩增为龙颔侯。是也。后汉省入弓高。崔洁曰: 弓高县有龙颔村。又侯井城, 旧《志》云: 在弓高城西北三十五里, 汉县, 属河间国。亦后汉废。

长河城, 在州西南。汉置广川县, 北齐省入枣强。隋于故县东八十里, 复置广川县, 属德州。仁寿初, 以太子讳广, 改曰长河。大业十二年, 窦建德袭败涿郡通守郭绚于长河。唐亦曰长河县, 仍属德州。刘昫曰: 隋置长河县，为水坏。唐元和四年，移就白桥，于永济河西岸置县，东去故县十三里。十年，又改置于河东岸小胡城。十一年，横海军使程执恭奏：败成德叛帅王承宗兵于长河。宋省为长河镇。《宋志》：景祐初，移将陵县治长河镇。将陵，今山东德州治，是盖州境与德州相接也。

修市城，州西北二十里。汉县，属勃海郡。宣帝封清河刚王子寅为侯邑。修，亦读条。后汉省。又鬲县城，《括地志》：在修县西南四十六里。《战国策》：乐毅曰：故鼎反乎历室。历当作鬲。或讹为磨。即此地也。汉置鬲县，属信都国。《史记·功臣表》有磨侯程黑，《汉书》作鬲侯。亦即此邑也。后汉省。又州西有九城，中有邸阁，亦谓之邸阁城。或曰：五代梁初，尝储粟于此。

卫河，州东十七里。自德州流入境，经州东，安陵巡司在其西岸。又东北入东光县界。五代梁时，杨师厚自弓高渡御河而东，逼取沧州。即卫河也。

胡卢河，在州东北。其上源亦自阜城县来，北流入东光县境。五代时，导胡卢河，以限敌骑于深、冀、景、沧数州间，纡回曲折，恃以为险。此其故渠也，今多埋废。

千顷洼，州东北三十里。地卑衍，旧为钟水处。前朝宣德中，大河北决，自德州溃入境内，居民危迫。州臣刘深开渠，导入此洼，水害遂息。

障水堤，在州城外。《志》云：州昔当大河之冲，地平土疏，无冈陵之阻，往往决溢为患，因于城外三里周回筑堤，恃以为固。宋熙宁七年，深州静安令任迪，议引永静军双陵口河，溉南北田二万七千馀顷。盖决淤水以为溉田之利也。

宋门镇，州西北三十里。正德六年，畿辅盗赵燧等犯境，官军败之于此。又州北有鉴桥，亦是时官军败贼处。○李晏镇，旧《志》：在州东北，当胡卢河南岸。此为东李晏口。又有李晏镇，在今深州南。盖五代时尝置军屯戍于此，以控胡卢河之险。

薛家屯。在州西。其相近者曰三老集，西接冀州枣强县界。正德中，官军败贼处也。又有白家屯，在州北。天启中，妖贼丁志弘等剽掠阜城、武邑间，官军讨斩之。其党牛朝利等退保白家屯，掘深壕伐木为堑，固守以拒官军，久之始平。

〇吴桥县，州东五十里。东至宁津县七十里，南至山东乐陵县八十里。唐德州将陵县地。宋为吴川镇。金始置吴桥县，属景州。元因之。今城周四里有奇，编户十一里。

重合城，县西南二十里。汉县，属勃海郡。武帝封马通为侯邑，旋复为县。后汉仍属勃海郡。晋因之。后魏正平初，并入安陵县。太和十八年，复置，仍属勃海郡。熙平中，属乐陵郡。东魏天平初，改属安德郡。高齐时废。旧《志》云：重合城东至乐陵郡五十里。乐陵，今山东属县。

卫河，县西三十里，与州接界。又北入东光县境。志云：县西北五十里有连窝驿，漕舟自安陵曲折而东北出，四十里至连窝，又三十里至东光县。《漕河考》：安陵至连窝，盖六十里。此往来者必经之道也。

王莽河，在县东北，古屯氏河也。又有鬲津河，昔为大河所经。《志》云：宋时大河出沧、景之间，今县南地名澜阳，即大河汇流处。又有河仓在城南，金人所置也。城南又有古堤，相传即黄河旧堤。西南入德州境，东北入宁津县界，故址犹存。

漳河，县东二十五里。卫河挟漳河而北，每遇霖潦，往往涨溢，此即卫、漳二水决而东出者，非漳河正流也。旧自县境引流，东北入东光县界。今涸。又龙湾，在县东十二里，或曰古大河馀流也。东注宁津县界，亦名谷家河，下流合于土河。

连窝驿。县西北五十里，水驿也。漕舟所经。

○**东光县**，州东北七十里。南至吴桥县五十里，北至南皮县五十五里。汉县，属勃海郡。后汉初，封耿纯为侯邑。晋亦曰东光县，仍属勃海郡。后魏因之。东魏改置勃海郡于此。隋开皇初，郡废。九年，于县置观州。大业初，州废，县属平原郡。唐属沧州。贞元五年，改属景州。天祐五年，景州移治焉。五代周为定远军治。宋为永静军治。金为观州治。元属景州。今城周六里，编户七里。

东光故城，县东二十里，汉县治此。宋白曰：高齐天保七年，移治于今县东南三十里陶氏故城。隋开皇三年，又移于后魏之废勃海郡城，即今县治。○西光故城，在县西。隋《图经》：后魏孝昌二年，贼葛荣略取其地，对东光筑城据之，因名。

顺成城，县西南三十里。汉昭帝封钩弋夫人父为顺成侯，邑于此。今为顺成乡。《志》云：城盖与弓高城相近。又有废玺城，在县东二十里，未详所始。

天胎山，县南十里。土阜隆起，南临靳河。一名天台山。又有青山，在县西北三十里。县西南境又有山，曰鲁阳山，皆冈陇之属也。今亦堙废。

卫河，县西三里。自景州流入县界，又东北入南皮县境，《水经注》所谓清水也。《志》云：卫河有大小龙湾，萦回而下，经县北二十里，其地名下口。居民鳞集，行旅辐凑，俨然城市，谓之下口镇。

漳水，县西一里。自吴桥县流入境，又北仍合于卫河。今上流已涸，不复至县西也。又胡卢河，在县西三十里，自州境流入，又东北入交河县境，本横漳下流也。今亦浅塞。

胡苏河，县东三里。《汉志》：东光有胡苏亭。《水经注》：清水东至东光县，西南径胡苏亭，世谓之羌城。非矣。又东北右会大河故渎，又径东光县故城西。后汉初平二年，黄巾贼三十万入北海，公孙瓒破之于东光南，斩首数万，流血丹水。即是处也。齐乘云：东光县东连沧州，有古胡苏亭。又旧《志》：县东南有古鸣犊河。今皆堙。○靳河，在县南二十里，自州东废安陵县流入境，又东北入沧州之浮河。唐开元中所开。

马头镇，县西三里，下临卫河。又县西南三十里，为连窝镇，即吴桥县界连窝驿也。与县北二十里之下口镇，皆卫河所经，商旅凑集于此。○半壁店。在县北。正德中，流寇犯境，官军御却之于半壁店。即此。

白桥。在县西南，跨永济渠上。唐元和十二年，横海节度使程权奉诏讨成德叛帅王承宗军于长河。承宗遣兵入东光，断白桥路。权不能御，引还沧州。旧《志》：县西四里为永济渠，渠上有桥。当自县通弓高之路。

○故城县，州南九十里。西至冀州枣强县六十五里，东至山东德州九十五里，南至山东恩县四十里，西南至山东武城县六十五里。宋恩州历亭县地。金为故城镇。元初升为故城县，属河间路。至元二年，仍省为镇，寻复置县，属景州。今城周五里，编户八里。

东武垣城，县东北三十八里。《志》云：唐初置县于此，后废。又县北二十里有南蓨城，或以为窦建德所置也。今正史皆不载。

卫河，在城南。自山东武城县北流，经恩县境，入县界，绕城而东入德州界。郡人马伟云：卫河亘县城之前，涟漪映带，环绕左右，帆樯相接，随风若飞。上溯武城，下达德州，朝发夕至，呼吸可通。县介京师、山东之间，诚为襟束要地矣。

潢卢河，县西南五十里。一名索卢河，亦曰枯河。其水无源，数年一至，泛滥则波涛汹涌，漂庐拔树，随流而下。遇旱辄涸，民播种其中，收获倍利。北流入冀州枣强县界。或以为即卫河之支流云。

沙溪，县西北二十五里。一名南河。自武城县界流入，汇于县西之龙潭，又东北至州境，注于千顷洼。春至则涸。○孟家沟，在县东二里，漳水决入处也。一名柳行港。自县北达州西，为青草河。又东北注于千顷洼。今涸。

岸堤，在县西南。起自武城县北二十里之甲马营驿，达于县东十八里四柳树镇，皆筑堤以防卫河泛溢，高数尺以上。又有长堤，起自县西田村，达于州界。《志》云：宋元丰间筑，以防潢卢河之溃溢。○金堤，《志》云：在县西南，自大名府大名县界，逶迤而东北入县境，即后汉王景所筑。又有鲧堤，亦在县西南三十里，自顺德府广宗县界，东入县境。相传鲧治水时筑二堤，皆横亘千里云。

郑家镇，县西南二十五里。又县西南十五里为方堑屯，与县东四柳树诸镇，皆临卫河，居民商旅往往市易于此。

窦堡。县北十里。相传窦建德曾屯兵于此。又县西北五十里有太子营，沙溪所经也。相传唐太子建成讨刘黑闼，尝驻于此。又马家砦，在县西北五十里。旧传红巾寇乱，居民于此树栅，据崇冈茂林以为固，寇不能犯。

○沧州，府东百五十里。东北至永平府五百里，南至山东德州二百四十里，东南至山东武定州二百五十里。

春秋、战国时为燕、齐二国之境。秦属钜鹿郡。汉置勃海郡。后汉因之。《汉志》：郡治浮阳县。后汉尝为勃海国，移治南皮。晋仍为勃海郡。刘宋亦尝置勃海郡，盖侨置于临淄境内。后魏初曰沧水郡，寻复故。魏主焘改郡曰沧水。太和二十一年，复为勃海郡，治南皮县。又分置浮阳郡，太和十一年置，治浮阳县。寻又兼置沧州。魏收《志》：熙平二年，分瀛、冀二州置，治饶安城。高齐因之。隋初郡废州存。大业初州废，改置勃海郡。《隋志》：开皇六年，置棣州，治阳信县。大业二年，改为沧州。明年，又改为勃海郡，仍治阳信。阳信，见山东武定州。唐初，仍置沧州。初治清池，又移饶安。武德六年，移治胡苏县。贞观初，还治清池。开元十四年，置横海军于郭内。天宝初，亦曰景城郡。乾元初复故。贞元三年，置横海节度治此。太和五年，改为义昌军。详见州域形势说。五代仍曰沧州。梁改曰顺化军，唐复曰横海。《五代史》：梁乾化五年，沧州始属梁。明年，为晋王存勖所得，仍称横海。宋亦为沧州。亦曰景城郡、横海军。金因之。亦曰横海军。《元志》作临海军。元亦曰沧州，属河间路。明初，以州治清池县省入，编户二十七里。领县三。今仍曰沧州。

州控水陆之冲，绾海王之利。江、淮贡赋，由此达焉。燕、赵鱼盐，由此给焉。太公赐履，北至无棣。桓公用之，遂以兴霸。盖襟带雄远，便于驰逐。燕得之，势足以弱齐。齐得之，势足以胁燕动赵矣。汉置郡于此，以禁约东诸侯。地饶给，五方错居。燕、齐有事，必先争勃海，地利然也。唐季藩镇割裂，横海一道，分地最狭，而介于河北淄、青间者百馀年。刘仁恭袭取之，逞其雄心，图兼河北，兵锋辄及于贝、魏。朱全忠患其强，屡攻沧州，而未能有。其后有之，而不能守也。归于河东，而河北诸州，河东且坐收之矣。石晋以瀛、莫入契丹，沧州之患益亟。周世宗虽复关南，以州境据河滨海，北望辽、碣，仓卒可至，于是列营戍守。宋承其辙，而不敢变也。宋时有沧州八寨，今见于《志》者，为乾符、巷孤、三女、泥姑、小南河五寨。五寨分见前静海、兴济二县境。蒙古取燕，先残沧、景。及山东群盗共起亡元，陷清、沧，据长芦，郊圻皆战地矣。明师北伐，亦先下长芦。迨建文中用兵幽蓟，命将徐凯城沧州。时议者亦以州居燕、齐之襟要,谓可以遏南下之冲也。燕兵突至,州遂不守。论者谓南北之成败,关于沧州者十之五。夫地有所必争,争地而不得其人,犹之以地与敌而已。

清池废县,今州治也,旧治在州东南四十里。汉置浮阳县,为勃海郡治,以在浮水北而名。后汉属勃海郡。建武十五年,改封平乡侯歆为侯邑,后复为县。晋因之。后魏亦曰浮阳县,为浮阳郡治。高齐因之,隋废郡,县寻属棣州,隋开皇十八年,改为清池县。唐武德元年,置沧州,治清池。寻徙治饶安。四年,以县属景州。五年,属东盐州。贞观初,还属沧州。又自胡苏县徙州治焉。宋亦为州治。金因之。元延祐初,徙沧州路治长芦镇,并徙县于郭下。明初省县入州。今谓旧城为沧州故城。《城邑考》:州旧无城。今城天顺五年创筑,周八里有奇,有门四。

长芦废县,在州治西北。《志》云:去旧州治西北四十四里。汉为参户县地。宇文周大象中,置长芦县,并置漳河郡。盖以水傍多芦苇而名。隋初郡废,县属瀛州。开皇十六年,又置景州于此。大业初,州废。唐武德四年,复置景州治焉,旋陷于刘黑闼。明年,黑闼平,复为景州,兼置总管府于此。贞观初,州废,改属沧州。《唐志》:旧治永济河西。开元十六年,移治河东。太和三年,李同捷据横海叛,诏诸军进讨。卢龙帅李载义拔其长芦。天祐三年,朱全忠攻刘守文于沧州,自白马渡河至沧州,军于长芦。五代周省为镇,宋初复旧。熙宁四年,又省为镇。属清池县。元迁沧州于此。至正十八年,山东群盗毛贵等陷清、沧二州,据长芦镇。时州未有城,故仍以镇为名。

参户城,在州城西北三里。城中古有大树,谓之木门城。《春秋》襄二十七年:卫侯之弟鱄专出奔晋,托于木门。或以为即此城也。汉置参户县,属勃海郡。武帝封河间献王子免为侯邑。后汉省入浮阳。宋元符三年,张商英请开木门口,泄徒骇河东流,即此地云。

乾符城，州东北八十里。本章武县。汉文帝封窦广为章武侯，邑于此。后为县，属渤海郡。后汉因之。晋置章武郡，县属焉。后魏章武县属浮阳郡。正光中，分置西章武县，在今太城县境。齐省章武县。隋开皇十六年，置鲁城县，属瀛州。唐武德四年，属景州。六年，高开道掠幽蓟以南，至文安鲁城。将军平善政邀击破之。贞观初，县属沧州。《括地志》：汉章武，今鲁城县。是也。乾符中，生野稻二千馀顷，燕魏饥民就食之，因更曰乾符，以年号为名。五代周废入清池。宋废为乾符镇，又为乾符寨。金人亦曰乾符镇。

饶安城，州东北七十里。战国时齐邑。《史记》：赵悼襄王四年，庞煖攻齐，取饶安。汉为千童县地，属勃海郡。后汉灵帝时，改置饶安县于此。晋仍属勃海郡。后魏属浮阳郡。熙平二年，置沧州治焉。隋初郡废。大业二年，改棣州为沧州，而饶安之沧州废。寻属勃海郡。唐武德初，移县治故千童城，沧州亦徙治焉。六年，州移治胡苏城。贞观十二年，又移饶安县治故浮水城，仍属沧州。宝历二年，武宁帅王智兴讨横海叛帅李同捷，其将李君谋绝河，残无棣，降饶安壁。是也。宋仍属沧州。熙宁四年，省入清池，为饶安镇。〇浮水城，在州东五十里。本高城县地。隋开皇十六年，析置浮水县，属沧州。大业初，省入盐山县。贞观中，为饶安县治。《金志》：清池县有新、旧饶安二镇。浮水城，即新饶安镇也。

定县城，在旧饶安东南三十里。汉县，属勃海郡。武帝封齐孝王子越为侯邑。后汉时，省入饶安县。〇五垒城，《志》云：在清池旧县西南二里。汉宣帝封河间献王子雍为景成侯，侯营别邑于此，使五子分居城中，各筑一垒，因名。又有麻姑城，《寰宇记》：汉武东巡，祠麻姑于此，因名。

燕留城，《括地志》：燕留故城，在长芦县东北十七里。《史记·燕世家》：庄公二十七年，山戎侵燕，齐桓公救燕，遂北伐山戎而还。燕君送齐桓公出境，桓公因割燕君所至地与燕，燕君筑此城，名曰燕留城。

灶儿坡，县东北百里。居民于此煮盐为业，因名。前朝建文二年，盛庸等遣将分兵屯沧州。燕王曰：沧州土城，溃圮日久，修之不易，当乘其未备急攻之。遂由通州至直沽，谓诸将曰：彼所备者，惟青县、长芦。今博垛儿、灶儿坡数程无水，彼不为备，趣此可径至沧州城下。乃一日夜兼行三百里，掩至沧州，遂克之。又有马奄落坡，在州东北二十五里，元尝置巡司于此。

海，在州东百八十里。东接登、莱，北连辽、碣，茫然巨浸。

卫河，在城西，市西桥跨其上。其上游自南皮县流入境，又东北入兴济县界。州南二十里有砖河水驿，为卫河津要处。《元志》：永济河在清池县西三十里，时州治未移也。又州西北五里有永济堤，唐永徽二年，刺史姜师度筑。州东南三十里，又有永济北堤，唐开元十六年所筑。

漳河，在州西。《唐会要》：清池县西四十里，有横漳堤，显庆元年筑。西北六十里，又有横漳东堤，开元十年筑。旧漳河盖自阜城交河以东，直至城西，即长芦河也。今故流多堙废。

浮河，州东南五十四里。旧《志》云：在清池县南二十里。汉时自大河分流，东北出，经浮阳县南，又东北流入于海。今自东光县南界之永济渠分流而东北，下流亦注于海。《唐志》：清池县东南二十里，有渠注毛河。东南七十里，有渠注漳，并引浮水，皆神龙中刺史姜师度所开。又县南十五里有浮河堤，开元十六年所筑。《史记》云：赵之南界有浮水焉。即此河矣。又《十三州志》：浮水东入海，其西南二十三里有迎河，从南皮县来，分漳水以入于浮水。

毛河，州西南五十七里。来自南皮，亦名屯氏河。经盐山县城南，又东北入于海。又阳通河，《志》云在旧州城东南十五里。唐开元十六年，开以导永济渠之涨溢，下流合于毛河。有阳通河堤，亦开元十六年筑。

无棣河，《唐志》：在清池县西南五十七里。亦曰无棣渠，一名无棣沟。《唐史》：永徽元年，薛大鼎为沧州刺史，界内无棣河久填废，大鼎浚治属之海，商贾流行，里民歌之。又疏长芦、漳、横三渠，泄污潦之水，州境遂无水害。

减水河，州南十五里。西接卫河，东达于海。弘治中，开以备卫河之泛溢。既以去海尚远，涨水往往由此决入田间，大为民患。乃复塞之。○徒骇河，在州西，昔时大河支流也。今堙。《唐志》：清池县西五十馀里，有徒骇河西堤。又县西四十五里，有明沟河东堤，皆永徽三年所筑。

李彪淀，州西南十里，旧为钟水处。《唐志》：清池县西五十里有李彪淀东堤，永徽三年筑。又三堂泺，亦在旧清池县北。《宋志》云：沧州北旧有三堂等塘泺，为黄河所注，后河改而泺塞。程昉尝请开琵琶湾引河水，而功不成。熙宁六年，屯田使阎士良，请堰水绝御河，引西塘水灌之。乃命士良专兴修筑椿口，增灌东塘淀泺。今皆堙废。

萨摩陂，州东北五十里。陂周五十馀里，有蒲鱼之利。又仵清池，在旧清池县东南十八里。《舆地志》：浮阳县有大连淀。北魏延兴初，淀水溢注，破仵清村，因潴为池。今名大梁五龙堂，其流西逾东光，东至海。齐乘以为古之胡苏河也。

长芦镇，即故长芦县。明初，置长芦都转盐运使司，在今州治西南，领盐课司二十四。在州境者十二，在山东青州府境者亦十二。每岁额办大引折小引盐十八万八百引有奇。又长芦巡司及递运所、税课局，俱置于此。

合口镇，在州西。《水经注》：衡漳水过勃海建成县，又东左会滹沱别河故渎，又东北入清河，谓之合口。魏收《志》：浮阳县西接漳水，横水入焉，谓之合口。晋太元十三年，后燕慕容楷等将兵会慕容隆于合口，击叛将张申于高成，平之。隆安二年，魏拓跋珪得河北，置行营于中山，命拓跋遵镇勃海之合口，即此。建成，见前献县。

盟亭，在州南。《志》云：古燕、齐分界处，二国尝结盟于此，因名。又州治东有狼烟台，相传周世宗备契丹，筑此以为边候。○郭桥，在县东。《金志》：清池县有郭桥镇，后废。又有郭疃镇，亦在清池县界。

砖水河驿。在州治西南，水驿也。洪武初置。漕舟往来，路必经此。

○南皮县，州西南七十里。西南至东光县五十五里，西至交河县六十六里，东南至山东乐陵县百二十里。汉县，属勃海郡。景帝封窦彭祖为侯邑。阚骃曰：章武有北皮亭，故此曰南皮。后汉为勃海郡治。魏、晋因之。后魏勃海郡亦治焉。隋初属沧州，寻属勃海郡。唐初属景州。贞观初属沧州。宋因之。城周三里，今编户九里。

南皮故城，在县东北八里。《志》云：《春秋》庄三十年，齐桓北伐山戎，缮修皮革，因筑城焉。或曰秦末尝置成安郡于此。项羽闻陈馀在南皮，因环封之三县，号为成安君。汉置南皮县于此。后汉建安八年，袁谭、袁尚相攻，战于邺城门外，谭败，引兵还南皮。九年，曹操攻袁谭，拔平原。谭走南皮，临清河而军。清河，即卫水也。十年，操攻南皮，斩谭。《三国志》：曹丕为五官中郎将，射雉南皮。皆此城也。宋白曰：南皮县西去景州六十里。县北有迎河，河北有故皮城，即汉勃海郡所理。

高乐城，县东南四十里。汉县，属勃海郡。后汉省。俗名思乡城，亦曰西乡城。又临乐城，在县南。汉县，亦属勃海郡。武帝封中山靖王子光为侯邑。后汉省。郦道元曰：临乐更名乐亭。王莽时名也。《晋太康记》：乐陵国有新乐县。或曰即故临乐县改置。刘宋时，亦置新乐县，属乐陵郡。后魏因之。盖郡县皆侨置于青州高苑县界，非故城也。

临津城，县西南六十里。本东光县地，东魏置胡苏县于此，属勃海郡。高齐废。一云高齐置，后周废。隋开皇十六年，复置胡苏县，属德州。刘昫曰：县置于胡苏亭，因名。唐武德四年，属观州。六年，改属沧州，又移沧州治焉。贞观初，沧州移治清池，胡苏县还属观州。十七年，州废，仍属沧州。天宝初，改为临津县。贞元二年，改属景州。州寻废，还属沧州。天祐五年，仍属景州。五代时，又改属沧州。宋初因之。熙宁六年，省入南皮县，为临津镇。今曰临津店。

卫河，县西二十里。自东光县流入境，与交河县接界，又东北流入沧州界。《河纪》云：县北卫河岸有大堤，自南亘北五十里，高丈馀，东接沧州境，西接南皮境。卫河水涨，西境为患特甚。有郎儿口，向为泄水处。下流又有河，名曰盘河，东注于海。元延祐中，为屯军所筑塞。卫河泛溢，浸没民田，互相诘讼。泰定初，乃议开掘，截然中断二十馀丈，水由中流，县境遂无水患。《志》云：郎儿口，在县东北四十五里，北去沧州三十馀里。又冯家口，在县西北三十里，亦与交河县接界。县西南二十里，又有十二里口，皆卫河所经。又齐家堰，在县西北二十里，即卫河东岸。河流至此，湍悍迅急。万历十一年，修筑齐家堰堤，自东光县之北下口至冯家口，共计一千七百馀丈。

毛河，在县南，东北流入沧州界。《唐志》：开元十三年，自临清县南开毛河入清池县，以泄永济渠之泛滥。是也。又县东南五十里，曰古黄河。县西门外有废胡苏河，县东南数里又有废王莽河。《志》云：县城北有古太史河。

迎河，在县城北，即卫河之支渠也。《水经注》：清河又东北，经南皮县故城西，王莽名县曰迎河亭。旧有迎河渎，自县境东流，入清池县界，合于浮水。今湮。

曹公固，县东南二里。旧《志》云：汉青州刺史隽不疑冢也。高五丈有奇。曹操攻袁谭，因冢为固，因名。又有观台，在县东四里，一名袁侯台，相传即袁谭所筑。曹操攻谭，谭败，被擒于此。县东二十五里，有射雉台，相传曹丕游南皮时筑。一名燕友台，丕尝宴集宾友于此也。

魏家庄。县西六里。元至正十八年，董抟霄守长芦，屯兵魏家庄，为山东群盗毛贵所袭，战死处也。又应桥镇，在县东南五十里。又东南二十里，有刁官楼镇。又三十里，有旧县镇，或以为即晋新乐县治。

○盐山县，州东九十里。东至山东海丰县百二十里，南至山东乐陵县六十里。春秋时齐之无棣邑。汉置高成县，属勃海郡，郡都尉治焉。后汉曰高城县。晋因之。后魏属浮阳郡。隋开皇十八年，改县曰盐山，属棣州。大业中，属勃海郡。唐武德四年，置东盐州于此。贞观初，州废，县属沧州。宋因之。《县志》：旧城在大角里，即旧城镇。又曰：旧城在今县东北三十五里。明洪武九年，移治香鱼镇，即今治。成化二年，筑土城，周九里。今土城周八里，编户二十三里。

高城故城，县南六里，汉县治此。刘昫曰：旧县在今盐山县南。是也。晋永和六年，燕慕容隽以贾坚为乐陵太守，治高城，即此。

合骑城，县北七十五里。汉武帝封公孙敖为合骑侯，即此城也。今讹为郭堤城。又县有平津乡，武帝封公孙弘为平津侯，盖邑于此。《括地志》在盐山县南四十二里。千童城，在县东北。汉千童县盖置于此。后汉改置饶安县，在今州东境。《舆地志》：高城东北有艸兮城，秦始皇遣徐福发童男女千人，至海求蓬莱，因筑此城，侨居童男女，号曰艸兮。汉因置千童县。

柳县城，县东五十里。汉置柳县，属勃海郡。武帝封齐孝王子阳已为侯邑。后汉省。《风俗记》：高城县东北五十里，有柳亭，汉县也。世谓之辟亭，非矣。又《一统志》县西北有章武城，误。盖即今乾符城也。章武今见霸州大城县。

篋山，县东南四十里，一名峡山。魏氏《土地记》：篋山长七里。又县东南九十里，有阁山，山皆低小，无峰峦林壑之胜。又小山，在县东北七十里，陂陀绵亘，跨山东海丰县界，一名骝山。

盐山，县东南八十里。地产盐，因名。晋大兴初，段匹䃅据蓟，为段末柸柸丕所攻，将南奔乐陵太守邵续。石勒遣将石越邀败之于盐山，即此。

海，县东七十里。潮汐所至，土皆咸卤，煮而为盐，其利甚广。今沿海有场，设官司之。长芦盐利出于县者，十之五六。

古黄河，县南四十里，地名孟家店。大河旧经此入海。○浮河，在县东北百里，自州境流经此入海。

刘公渠，县西南五十里。县境旧承无棣沟下流，大小群川，悉附以入海。无隶沟既塞，每以淫潦为患。万历四十二年，邑令刘子诚开渠，自燕子口至高家湾，四十三里，导入古黄河，直达于海。

漂榆津，县东北百里。晋咸康四年，石虎击段辽于令支，使王华帅舟师十万，出漂榆津。《水经》：清河，东北过漂榆邑，入于海。郦道元曰：漂榆故城，俗谓之角飞城。《赵记》：石勒使王述煮盐于角飞。是矣。魏氏《土地记》：高城县东北百里，北尽漂榆，东临巨海，民咸煮贩，藉盐为业。即此城也。清河自是入于海，盖与静海县接界。

望海台，县东北，一名汉武台。魏氏《土地记》：章武县东百里，有汉武帝台，南北有二，相去六十里，基高六十丈，俗云汉武东巡海上所筑。《唐史》：贞观十九年，自高丽班师，入临榆关，次汉武台，顾问侍臣，对曰：此是燕、齐之士为汉武求仙处。《实录》云：汉武台馀基三成，傍有祠室茔域，其地俯临大海，长澜接天，岸多峻石，奇险错列。太宗刻石纪功而还。

傅家营。县南五十里，又南接山东海丰县境。旧置戍守于此。○利丰镇，在县东北。《金志》：县有海丰、海润、利丰、幞头，凡四镇。

○庆云县，州南百六十里。东至山东海丰县四十里，南至山东阳信县七十里。汉阳信县地。隋开皇六年，析置无棣县，属棣州。大业初，属勃海郡。唐初属沧州。贞观初，省入阳信县。八年，复置，仍属沧州。太和二年，改属棣州。寻复旧。周置保顺军于县南二十里。宋治平中，徙治保顺军，仍属沧州。金因之。元初，割无棣县，半属沧州，半属棣州。其沧州无棣，至元二年并入乐陵，寻复旧置。明洪武八年，以棣州无棣县改置海丰县。而沧州无棣县，永乐初避御讳改今名。城周七里，编户十一里。

阳信城，县东南三十里。相传即汉阳信县治，今详山东阳信县。《志》云：县东南五里有古无棣城，即《管子》所云无棣以东者。《县志》：旧城在鬲津东南，为无棣县治。旧《志》：元至元间，高桂重筑。元末，毁于兵。明洪武六年，移治鬲津北岸，草创城垣。成化二年，修筑，周四里，门四。今详见山东海丰县。又获苴城，《邑志》云：在县东城下。旧有获苴河，直抵海丰。汉武帝封朝鲜降将韩陶为获苴侯，疑邑于此。

马谷山，县东北七十里明月沽东，俗谓之大山。多石无树木，中有洞，深广二丈馀。今亦见海丰县。

长城岭，县南四十里。势如冈陵，旧《志》以为齐之长城。或云禹所筑九河堤。又有卧龙冈，在县东南鬲津河中。

鬲津河，在县南。流经城东，下流入海。唐永徽初，刺史薛大鼎所开。又县西南三里有汉河，即鬲津之支流。县西五里又有纪家河，亦流入于鬲津河。○胡苏河，旧《志》云在县西南，其流经盐山、海丰县境，入于海。又覆鬴河，亦在县西。县东南六十里为古黄河，东北流，经海丰县马谷山南，而注于海。

献河，县南三十里，或谓之陷河。县西北境之水，多汇于此。经海丰县，引流东注于海。《齐乘》云：无棣县北有陷河，阔数里，西通德、棣，东至海，盖即献河上源也。今县东南三十里有枣园店桥，长里许，跨献河上。

无棣沟，在县南。相传春秋时即有此沟，分大河支流，东注于海。隋开皇中，因以名县。大业末，沟渐填废。唐永徽初，薛大鼎为沧州刺史，奏开之，外引鱼盐，海商骈至。百姓歌曰：新河得通舟楫利，直达沧海鱼盐至，向日徒行今骋驷，美哉薛公滂泽被。今湮。〇八会口，《齐乘》云：在县北。水流交会处也。自沧州大连淀，南至县境百馀里，有大河、沙河，皆濒古堤，会流于此，合于陷河。

月明沽，县东北七十里。东接马谷山，濒海煮盐处也。

板达营。县南二十里。《志》云：明宣宗征高煦时，驻跸于此。〇通济桥，《志》云：有大小二桥。大桥在县城东关之南，为燕、齐要路，胡苏、鬲津二河经流其下，东入于海。小桥在西关之南，上受胡苏、鬲津二河，下通济大桥。又南家桥，在县东三十里，亦跨献河上，与枣园桥皆接海丰县界。《志》云：县南二十里有挂甲口，相传韩信下齐，道出于此。